城市轨道交通通风空调新技术及应用

李国庆 编著

中国建筑工业出版社

图书在版编目（CIP）数据

城市轨道交通通风空调新技术及应用/李国庆编著. —北京：中国建筑工业出版社，2014.6
ISBN 978-7-112-16456-1

Ⅰ.①城… Ⅱ.①李… Ⅲ.①城市铁路-轨道交通-通风设备 Ⅳ.①U239.5

中国版本图书馆CIP数据核字（2014）第030605号

　　为大力降低城市轨道交通的建设规模，减少建设投资，减少运营成本，更好地促进城市轨道交通的可持续发展，结合城市轨道交通建设中遇到的各种实际问题，城市轨道交通通风空调工程技术人员进行了大量的研究和创新，付出了大量的心血，并积极将创新成果应用于工程实践，从系统技术和产品研发以及工程应用都取得了很好的实效。本书介绍了城市轨道交通通风空调系统的发展历程和现状，并重点将近年来出现的突出的城市轨道交通通风空调新技术和新产品进行了详细的论述，同时还客观地展示了其实际应用效果。

责任编辑：王　磊　张伯熙　曾　威
责任设计：李志立
责任校对：张　颖　王雪竹

城市轨道交通通风空调新技术及应用
李国庆　编著

*

中国建筑工业出版社出版、发行（北京西郊百万庄）
各地新华书店、建筑书店经销
北京楠竹文化发展有限公司制版
北京圣夫亚美印刷有限公司印刷

*

开本：787×1092毫米　1/16　印张：33　字数：822千字
2014年10月第一版　2015年1月第二次印刷
定价：**96.00**元
ISBN 978-7-112-16456-1
（25141）

版权所有　翻印必究
如有印装质量问题，可寄本社退换
（邮政编码　100037）

序 一

随着经济的高速发展，我国众多城市规模迅速扩大，城市化和机动化水平不断提高，我国已进入城市轨道交通系统的快速发展时期。截止到2012年底，中国内地已经有17座城市的70条线路开通运营，总里程达2064公里，规划和建设的城市超过50座，全部规划线路超过400条，总里程超过14000公里。2012年北京市轨道交通日客流为750万人次，上海市轨道交通日客流为624万人次，占公共交通的比重均超过36%，已成为城市公共交通的骨干。城市轨道交通通风空调系统担负着事故防灾和为乘客与工作人员创造一个生理与心理上都能满意的适宜环境，并满足各个设备系统正常运转的内部空气环境需要的重要职能，是城市轨道交通系统的重要组成部分。

我国幅员广阔，发展城市轨道交通的城市在气候、地貌上差异较大，同时城市轨道交通通风空调系统耗能较大，在南方城市运营耗电接近50%，在北方城市运营耗电超过30%。据测算到2015年，北京市轨道交通线网规划用电量达13.9亿千瓦时，将占到北京市总用电量的1.2%，城市轨道交通通风空调系统节能减排大有可为。需要城市轨道交通通风空调系统在现有技术、方法基础上，积极探索新技术、新方法与新产品，结合各地的经济、地理、气候和文化等特点，建设富有个性的城市轨道交通通风空调系统，提高运营效益，满足城市轨道交通通风空调系统"安全健康、经济节能、环保美观"的发展要求。

本书作者李国庆先生，多年从事城市轨道交通通风空调系统的设计和科研工作，积累了丰富的实践经验，在技术创新方面投入了大量的精力，取得了可观的创新研究成果，其中多项成果已在北京、上海、广州、沈阳等城市的轨道交通中得以应用，经受了实际工程的检验，并取得了良好的社会和经济效益。在广州地铁二号线江南西站应用"暗挖车站通风空调系统"，体现出了节省运行能耗，减小车站规模的实效，在北京地铁四号线、五号线、六号线等线路上应用"通风空调多功能设备集成系统"，在运行中，也具体表现出了创新技术的节能减排、减小建设规模和降低投资等方面的优越性。

通过李国庆先生多年的实际工作、技术积累和创新实践，出版了这本《城市轨道交通通风空调新技术及应用》，内容丰富，数据资料翔实，理论与实践相结合，有很好的创新性，也体现了很强的实用性，对我国从事城市轨道交通工程建设、科学研究与教学的人员，有重要的参考价值，具有良好的现实意义。

中国工程院院士

施仲衡

2013年11月

序 二

城市的发展，人民生活水平的提高，促使机动车数量剧增，却带来了交通拥堵和空气污染。发展公共交通，并以城市轨道交通为先，已是全球百年来城市化发展的成功经验。中国正处在发展的高峰期，经济腾飞的速度是全世界史无前例的。

中国城市轨道交通迅猛发展，还承担着发达国家发展期所未遇到的技术新难点，诸如：

节能，减排，绿色的建筑标准必须执行；

交通建筑内部环境要求标准更高；

列车车速提升，车次密度增加；

隧道通风及火灾防排烟等必需特殊重视；

地下车站暗挖施工已普遍采用。

这方方面面的进步和变化都对轨道交通建筑的通风空调专业提出了新的挑战，也赐予了创新的空间。

建筑通风空调专业中，轨道交通的专项起步较晚，设计规范、专用设备、运行经验都很缺乏，与土建配合的合理方式，以及通风空调新技术的引入更是少有样板。充分利用轨道交通的有利条件，节能、减排，专业设计更需领先研发。本书作者李国庆教授作了大量有益的工作，带领团队取得了多项科技创新成果。在国内外留下了多项重点工程业绩，在三项国家级的规范编写中承担主要编者，获得过国家省部级和市局级优秀设计奖和科技进步奖，科学技术奖，华夏科学奖等多个奖项。

李教授把他多年的技术成果总结集成这本内容丰富，实用的专著，奉献给同行们学习借鉴，同时也是一个示范。定能促进读者增加为圆我中国之梦的使命感，必对广大科技工作者有良多的启发。

李教授是幸运的——在知名大学选读了有巨大发展前景的通风空调专业，又赶上了他所执业的城市轨道交通专项正处在大发展的时代。

李教授是勤奋的——他的工作都以出色完成为目标。始终对工程问题探求科技理论依据并必求得技术的进步和创新。在日常工作任务繁重的情况下，还长期挤压时间总结经验编写论文。他投入了加倍的辛劳和智慧才取得了这么突出的成效。

李教授是受尊敬的——时代的进步已让我们明白高尚的人生就要追求生活的尊严，国家给予他的种种荣誉证明了他的贡献。

阅读本书，除了能学到专业技术之外，还能得到为人民努力工作，有尊严生活的人生启迪。

吴德绳 2013 年秋

北京市建筑设计研究院有限公司顾问总工程师
中国制冷学会　　　　　　　　　　常务理事
中国建筑学会暖通分会　　　　　　副理事长

前 言

城市轨道交通是解决城市交通拥堵、提高交通效率的最有效的交通方式，具有安全、快捷、高效、节能和环保的特点。目前，中国的城市轨道交通建设正方兴未艾，建设速度达到了历史最高水平。

城市轨道交通通风空调系统是城市轨道交通的重要构成系统之一，担负着为乘客和工作人员提供适宜的内部空气环境，并保证各设备系统正常运转所需要的温度和湿度条件的重要职责，并且当城市轨道交通发生阻塞和火灾等事故状况时，迅速转换为事故通风和排烟系统，确保人员安全和撤离所必须的空气环境条件。

城市轨道交通通风空调系统与乘客健康和安全的乘车环境紧密相关，而且，其在整个城市轨道交通中也显现出了占用面积和空间规模巨大，系统运行能耗名列前茅的现象；同时，由于全国发展或规划发展城市轨道交通的城市所处的气候区域范围分布非常广阔，涵盖了严寒地区、寒冷地区、夏热冬冷地区、夏热冬暖地区以及温和地区等所有的国内气候分区，传统的单一的城市轨道交通通风空调技术思路已经不能够完全适应现实的发展需求，急需有针对性地研发多种适用的新技术和新产品；并且，伴随着现代通风空调行业技术水平的提升和通风空调产品与设备的进步，城市轨道交通通风空调技术也应当符合时代的要求，有所作为、有所创新、有所发展。

为大力降低城市轨道交通的建设规模，减小建设投资，减少运营成本，更好地促进城市轨道交通的可持续发展，结合城市轨道交通建设中遇到的各种实际问题，城市轨道交通通风空调工程技术人员进行了大量的研究和创新，付出了大量的心血，并积极将创新成果应用于工程实践，从系统技术和产品研发以及工程应用都取得了很好的实效。

本书介绍了城市轨道交通通风空调系统的发展历程和现状，并重点将近年来出现的突出的城市轨道交通通风空调新技术和新产品进行了详细的论述，同时还客观地展示了其实际应用效果。

在本书的编写过程中，得到了同行们的大力支持，从技术资料的提供，技术研究和技术探讨等方面都不遗余力地给予了巨大帮助；本书也参考、借鉴和采纳了很多单位和人员的实际工程技术资料，在此一并致谢。

由于作者水平有限，书中难免存在缺点和错误，恳请同行和读者指正。

目 录

第1章 城市轨道交通简介 ··· 1
  1.1 城市轨道交通的特点及建设的必要性 ····························· 1
  1.2 城市轨道交通的发展简介 ··· 1
    1.2.1 初步发展阶段（1863～1924年） ·························· 2
    1.2.2 停滞萎缩阶段（1924～1949年） ·························· 2
    1.2.3 再发展阶段（1949～1969年） ···························· 2
    1.2.4 高速发展阶段（1970年至今） ···························· 2

第2章 城市轨道交通通风空调系统 ······································ 4
  2.1 城市轨道交通通风空调系统的特点 ································ 4
  2.2 城市轨道交通通风空调系统的功能 ································ 8
  2.3 城市轨道交通通风空调系统的发展 ································ 9
  2.4 城市轨道交通通风空调系统的现状 ······························· 17

第3章 城市轨道交通暗挖车站新型通风空调系统 ····················· 36
  3.1 总概述 ··· 36
    3.1.1 背景 ··· 36
    3.1.2 暗挖形式地下车站的特点与需要解决的问题 ············ 36
  3.2 传统地下车站通风空调系统在暗挖车站中的应用分析 ········· 37
    3.2.1 传统通风空调系统的改进应用可行性分析 ·············· 38
    3.2.2 暗挖形式地下车站通风空调系统改造分析 ·············· 38
  3.3 暗挖形式地下车站新型通风空调系统技术概述 ·················· 39
    3.3.1 新型通风空调系统的基本形式 ··························· 39
    3.3.2 新型通风空调系统需要解决的关键问题 ················ 41
    3.3.3 新型空气—水通风空调系统的构成 ······················ 41
    3.3.4 新型空气—水通风空调系统的控制模式 ················ 43
    3.3.5 新型空气—水通风空调系统与传统通风空调系统的比较 ···· 45
    3.3.6 新型空气—水通风空调系统的创新点 ··················· 45

第4章 城市轨道交通通风空调多功能设备集成系统 ··················· 46
  4.1 城市轨道交通通风空调多功能设备集成系统的研发背景 ······· 46
    4.1.1 城市轨道交通通风空调多功能设备集成系统出现的前提和基础 ···· 46
    4.1.2 传统的城市轨道交通通风空调系统应用中存在的主要问题 ···· 47

		4.1.3 城市轨道交通通风空调多功能设备集成系统研发的基本思路	51
		4.1.4 城市轨道交通通风空调多功能设备集成系统研发的难点及解决方案	52
		4.1.5 城市轨道交通通风空调多功能设备集成系统的构成	56
		4.1.6 城市轨道交通通风空调多功能设备集成系统运行模式	57
		4.1.7 城市轨道交通通风空调多功能设备集成系统的负荷调节手段	59
	4.2	城市轨道交通通风空调多功能设备集成系统技术经济性分析	59
		4.2.1 系统功能比较	59
		4.2.2 系统综合经济比较	60
		4.2.3 城市轨道交通通风空调多功能设备集成系统的经济效益	64

第5章 严寒地区通风系统

5.1	绪论	65
	5.1.1 严寒地区城市的气候特征	65
	5.1.2 严寒地区城市轨道交通的建设特点与需求	66
	5.1.3 严寒地区城市轨道交通通风空调系统的特点与需求	67
	5.1.4 国内严寒地区城市轨道交通通风系统现状	69
5.2	沈阳地铁1号线通风系统	73
	5.2.1 沈阳地区气候特点	73
	5.2.2 基础资料	74
	5.2.3 设计原则及设计标准	78
	5.2.4 系统制式和组成	80
5.3	通风工况模拟结果	84
	5.3.1 模拟计算输入资料	84
	5.3.2 气流流动状况模拟	86
5.4	热环境模拟预测	98
	5.4.1 室外气象参数	99
	5.4.2 发热量计算	99
	5.4.3 热模拟方案	99
	5.4.4 热模拟结果与分析	101
	5.4.5 地下车站模拟计算结果	113
	5.4.6 区间隧道模拟计算结果	113
	5.4.7 阻塞工况模拟结果	113
	5.4.8 火灾工况模拟结果	115
5.5	通风系统运行模式及控制工艺	116
	5.5.1 地下车站公共区运行模式	116
	5.5.2 通风系统运行模式	117
	5.5.3 通风系统控制工艺	119

目 录

第6章 可调通风型站台门式通风空调系统 ... 120
6.1 绪论 ... 120
6.1.1 可调通风型站台门式通风空调系统的研究背景 ... 120
6.1.2 可调通风型站台门式通风空调系统的主要研究内容 ... 122
6.2 可调通风型站台门式通风空调系统方案研究 ... 123
6.2.1 概述 ... 123
6.2.2 夏热冬冷地区（以安徽省合肥市为实际案例） ... 126
6.2.3 寒冷地区（以北京市为实际案例） ... 133
6.3 可调通风型站台门式通风空调系统的气流及热环境模拟分析 ... 146
6.3.1 CFD模拟计算研究 ... 146
6.3.2 STESS模拟计算研究 ... 158
6.4 可调通风型站台门式通风空调系统中屏蔽门专业方案研究 ... 174
6.4.1 可调通风型站台门与传统屏蔽门的比较 ... 174
6.4.2 可调通风型站台门的实现方式 ... 175
6.4.3 可调通风型站台门的功能分析 ... 178
6.5 其他相关专业研究 ... 180
6.5.1 FAS/BAS专业 ... 180
6.5.2 建筑专业 ... 181
6.5.3 供电专业 ... 184
6.6 可调通风型站台门式通风空调系统经济性分析 ... 185
6.6.1 夏热冬冷地区（合肥市） ... 185
6.6.2 寒冷地区（北京） ... 186

第7章 可调通风型站台门式通风系统 ... 190
7.1 可调通风型站台门式通风系统 ... 190
7.1.1 严寒地区的气候特征 ... 190
7.1.2 严寒地区可选择的通风空调系统方案 ... 190
7.1.3 可调通风型站台门式通风系统方案 ... 194
7.1.4 可调通风型站台门式通风系统与开式通风系统的功能比较 ... 197
7.1.5 可调通风型站台门式通风系统与开式通风系统的运行能耗比较 ... 198
7.2 可调通风型站台门式通风系统严寒地区一维模型热环境模拟与分析 ... 199
7.3 可调通风型站台门式通风系统经济性分析 ... 203
7.3.1 通风系统设备初投资比较 ... 203
7.3.2 其他设备初投资比较 ... 204
7.3.3 土建投资比较 ... 204
7.3.4 运行耗电费用比较 ... 205
7.3.5 运行费用比较 ... 205
7.3.6 综合经济比较 ... 205

第8章 蒸发冷凝式通风空调系统 ··· 207
8.1 概况 ··· 207
8.2 蒸发冷凝技术 ··· 208
8.2.1 蒸发冷凝技术原理 ··· 209
8.2.2 传统的盘管型蒸发冷凝器 ··· 209
8.2.3 板管型蒸发冷凝技术 ·· 211
8.3 重庆市轨道交通6号线支线蒸发冷凝式通风空调系统方案 ················ 218
8.3.1 会展中心站通风空调冷源系统方案 ······································· 218
8.3.2 黄茅坪站通风空调冷源系统方案 ·· 219
8.3.3 蒸发冷凝式冷水机组的冷凝排风与风道排风混合情况（以会展中心站为例）··· 221
8.3.4 根据重庆特点采取的措施 ··· 221
8.3.5 方案比较 ·· 222

第9章 区间隧道火灾自然排烟 ··· 224
9.1 绪论 ··· 224
9.1.1 区间隧道通风、防排烟与事故通风的意义 ······························· 224
9.1.2 区间自然通风排烟系统模拟研究与分析 ·································· 227
9.2 模拟分析条件 ··· 228
9.2.1 区间隧道火灾模型设计条件及参数 ······································· 228
9.2.2 物理模型的简化 ·· 229
9.2.3 计算模型 ·· 230
9.2.4 计算结果说明 ··· 230
9.3 区间隧道火灾自然排烟模拟计算结果 ·· 231
9.3.1 通风竖井间距20m，有区间隔断，不考虑局部阻力损失 ············· 231
9.3.2 通风竖井间距20m，无区间隔断，不考虑局部阻力损失 ············· 239
9.3.3 通风竖井间距20m，无区间隔断，局部阻力系数设为2.0 ············ 247
9.3.4 通风竖井间距30m，无区间隔断，不考虑局部阻力损失 ············· 256
9.3.5 通风竖井间距40m，无区间隔断，不考虑局部阻力损失 ············· 264
9.3.6 通风竖井间距50m，无区间隔断，不考虑局部阻力损失 ············· 269
9.3.7 通风竖井间距100m，无区间隔断，不考虑局部阻力损失 ············ 276
9.4 模拟计算结果分析 ·· 284
9.4.1 关于是否在区间隧道设置隔断层 ··· 284
9.4.2 关于通风竖井间距 ·· 284
9.4.3 关于区间隧道内梁柱结构的影响 ··· 285
9.4.4 关于通风竖井出口处局部阻力损失 ······································ 286
9.4.5 结论 ·· 291

第10章 地层渗漏气体通风排除技术 ... 292

10.1 概述 ... 292
10.1.1 问题的提出 ... 292
10.1.2 研究现状与研究意义 ... 293

10.2 杭州地铁所遇有害气体的成因、分布和赋存规律 ... 295
10.2.1 杭州地区浅层气体的地质成因 ... 295
10.2.2 杭州地区浅层气体的组分特征 ... 295
10.2.3 杭州地区浅层气体的分布特征 ... 297
10.2.4 杭州地区浅层气体的压力特征 ... 297

10.3 有害气体在隧道内的灾变机理研究 ... 298
10.3.1 甲烷气体特性 ... 298
10.3.2 甲烷（瓦斯）爆炸燃烧特点 ... 298
10.3.3 甲烷（瓦斯）爆炸燃烧所需要的三个条件 ... 299

10.4 城市轨道交通运营期内有害气体的渗气量估算 ... 300
10.4.1 隧道渗水量计算 ... 300
10.4.2 隧道渗气量计算 ... 305
10.4.3 隧道渗水量与渗甲烷量规律分析 ... 318
10.4.4 本章小结 ... 319

10.5 有害气体在隧道内的分布特性 ... 319
10.5.1 研究的边界条件 ... 320
10.5.2 有害气体分布特性的理论分析 ... 322
10.5.3 有害气体分布特性的一维数值模拟（网络法模拟）分析 ... 324
10.5.4 有害气体分布特性的三维数值模拟（CFD场模拟）分析 ... 328
10.5.5 研究结论 ... 338

10.6 目前国外、国内有害气体检测系统调研分析 ... 338
10.6.1 目前主要有害气体监测技术类型及说明 ... 338
10.6.2 技术比较 ... 340
10.6.3 相关厂家及设备信息情况 ... 342
10.6.4 相关类型代表产品的综合性价比分析 ... 351

10.7 推荐的杭州地铁1号线有害气体监测系统方案 ... 356
10.7.1 杭州地铁1号线含有害气体区段统计 ... 356
10.7.2 以有害气体压力较高的湘湖站~滨康路站为例说明监测系统设计情况 ... 357
10.7.3 检测仪表所在位置及数量 ... 358
10.7.4 系统概况 ... 358

10.8 施工期间降低隧道内有害气体浓度通风建议方案 ... 360
10.8.1 目前含有害气体隧道土建施工通风技术介绍 ... 360
10.8.2 目前瓦斯隧道土建施工中瓦斯局部积聚处理 ... 362
10.8.3 区间隧道设备安装期建议方案 ... 363

10.9 主要结论及建议 ... 364

第11章 城市轨道交通通风空调新技术相关设备 ············ 366
11.1 可电动开启式表冷器 ············ 366
11.1.1 简介 ············ 366
11.1.2 门式可电动开启表冷器 ············ 366
11.1.3 中立轴旋转式可电动开启表冷器 ············ 368
11.2 可调通风型站台门 ············ 370
11.2.1 概述 ············ 370
11.2.2 可调通风型站台门系统构成 ············ 370
11.2.3 机械系统 ············ 370
11.2.4 电气系统 ············ 377
11.2.5 可调通风型站台门的测试及结果 ············ 380
11.3 板管型蒸发冷凝式冷水机组 ············ 388
11.3.1 板管型蒸发式冷凝技术 ············ 388
11.3.2 板管型蒸发冷凝式冷水机组工作原理 ············ 388
11.3.3 板管型蒸发冷凝式冷水机组的特点 ············ 389

第12章 城市轨道交通通风空调新技术应用运营案例及实效 ············ 390
12.1 暗挖车站新型通风空调系统 ············ 390
12.1.1 江南西站基本情况 ············ 390
12.1.2 江南西站公共区通风空调系统分析 ············ 391
12.1.3 江南西站热环境测试 ············ 403
12.2 暗挖车站新型通风空调系统技术经济分析 ············ 408
12.2.1 新型通风空调系统初投资分析 ············ 408
12.2.2 新型通风空调系统运行条件 ············ 409
12.2.3 新型通风空调系统运行费用分析 ············ 410
12.2.4 通风空调系统经济比较 ············ 417
12.2.5 相关数据和调查报告 ············ 418
12.3 城市轨道交通通风空调多功能设备集成系统的应用与测试 ············ 422
12.3.1 概述 ············ 423
12.3.2 输入数据 ············ 425
12.3.3 设计原则及标准 ············ 430
12.3.4 通风空调系统制式和组成 ············ 433
12.3.5 正常工况模拟结果 ············ 435
12.3.6 阻塞工况模拟结果 ············ 444
12.3.7 火灾工况模拟结果 ············ 444
12.3.8 车站公共区通风空调系统全年运行工况分析与运行模式 ············ 444
12.3.9 正常通风空调工况的效果实测 ············ 454
12.3.10 事故通风工况的效果实测 ············ 462
12.4 严寒地区通风系统 ············ 466

目 录

  12.4.1 测试背景与目的 …………………………………………………………… 467
  12.4.2 测试内容 ……………………………………………………………………… 467
  12.4.3 测试人员及仪器 ……………………………………………………………… 468
  12.4.4 测试过程 ……………………………………………………………………… 468
  12.4.5 测试数据及分析 ……………………………………………………………… 476
  12.4.6 总结 …………………………………………………………………………… 498

第 13 章 城市轨道交通通风空调技术发展展望 ……………………………………… 499
13.1 中国的城市轨道交通存在巨大的需求 ………………………………………………… 499
13.2 城市轨道交通建设快速发展为城市轨道交通通风空调技术创新和应用提出了
     迫切的需求 ………………………………………………………………………………… 500
13.3 城市轨道交通通风空调系统的发展趋势 ……………………………………………… 501
  13.3.1 安全健康 ……………………………………………………………………… 501
  13.3.2 经济节能 ……………………………………………………………………… 502
  13.3.3 环保美观 ……………………………………………………………………… 503
13.4 城市轨道交通通风空调创新技术的应用应遵循全面分析、统筹考虑的
     原则 ………………………………………………………………………………………… 504
  13.4.1 城市轨道交通通风空调创新技术应因地制宜地加以应用 ………………… 504
  13.4.2 城市轨道交通通风空调创新技术应进行综合应用 ………………………… 504
  13.4.3 城市轨道交通通风空调应做到新系统技术与新产品研发并举 …………… 504

附图 …………………………………………………………………………………………… 506

参考文献 ……………………………………………………………………………………… 514

第1章 城市轨道交通简介

1.1 城市轨道交通的特点及建设的必要性

随着世界经济社会的发展，城市化进程加快、城市地域扩大、人口猛增、人口向城市集中成为世界范围内的共同特点，大中型城市普遍出现了人口密集、机动车数量激增、交通阻塞、环境污染严重以及能源匮乏等城市病症。城市交通是城市发展的生命线，城市交通问题已经成为影响城市的社会经济持续发展的巨大瓶颈，对此，世界各个发达国家都在积极探索有效的解决途径。

城市轨道交通是指采用专用轨道导向运行的城市公共客运交通系统，包括地铁系统、轻轨系统、单轨系统、有轨电车、磁浮系统、自动导向轨道系统、市域快速轨道系统等。城市轨道交通具有大运量、快速、污染少、占用城市用地少、节省能耗、安全、准时与舒适的特点。多年来世界所有发达国家的实践表明，只有大力发展以地铁、轻轨为主体的城市轨道交通，才是解决城市交通问题的最佳途径。

随着我国经济的高速发展，城市规模扩大，城市化水平不断提高，出行需求总量持续增长以及机动化水平的提高，再加上原有的道路及公共交通设施已经难以承载日益增加的车流和人流量，使得城市的交通问题愈加突出，塞车堵车成了习以为常的事情，城市交通拥挤状况日益严重，交通不畅，严重制约了社会发展和人民生活水平的提高，改善城市公共交通已经成为非常急迫的问题。在我国的许多大城市，多年的探索过程中，虽然不断花费巨资修建立交、改建和扩建地面道路，但城市地面道路的改造受到诸多因素的限制，扩容潜力有限。城市轨道交通由于其高效、快捷、安全的特点，在世界各大城市得到广泛应用，已经成为城市大运量公共交通系统的首选。为了解决好城市发展与交通之间的矛盾，我国近年来大力发展城市轨道交通事业，以缓解城市交通问题，使得城市轨道交通的建设进入了快速发展时期，城市轨道交通系统的大量建设和广泛应用已经成为必然。目前，北京、上海、广州以及深圳、南京和沈阳等城市都已有多条线路建成运营，包括这些城市在内，还有多个城市都在进行大规模的城市轨道交通的建设和筹备工作。

1.2 城市轨道交通的发展简介

自1863年1月在英国伦敦开通世界上第一条城市地铁以来，至2013年，世界城市轨道交通的发展已有150年的历史。已有近50个国家的330余座城市修建了城市轨道交通，线路总长度有数万公里。各大城市的地铁、轻轨、城市铁路以及新型的城市轨道交通都得到了很好的发展，为城市的客运交通和经济发展作出了重要的贡献。

世界城市轨道交通的发展经历了一个曲折的过程，大致可分为以下几个阶段：

1.2.1 初步发展阶段（1863～1924年）

在这一阶段，欧美的城市轨道交通发展较快，其间13个城市建成了地铁，还有许多城市建设了有轨电车。20世纪20年代，美国、日本、印度和中国的有轨电车有了很大发展。这种旧式的有轨电车行驶在城市的道路中间，运行速度较慢，正点率很低，而且噪声大，加速性能低，乘客舒适度差，但在当时仍然是公共交通的骨干。

1.2.2 停滞萎缩阶段（1924～1949年）

第二次世界大战的爆发和汽车工业的发展，导致了城市轨道交通的停滞和萎缩。汽车的灵活、便捷及可达性，一度成为了城市交通的宠儿，得到了飞速发展。而城市轨道交通因投资大，建设周期长，一度失宠。这一阶段只有五个城市发展了城市地铁，有轨电车则停滞不前，有些线路还被拆除。美国1912年已有370个城市建有有轨电车，到了1970年，只剩下8个城市保留了有轨电车。

1.2.3 再发展阶段（1949～1969年）

汽车的过度增加，使得城市道路异常堵塞，行车速度下降，严重时还会导致交通瘫痪。加之空气污染，噪声影响严重，大量耗费石油资源，市区汽车有时甚至难以找到停车地方，于是人们又重新认识到，解决城市客运交通必须依靠电力驱动的城市轨道交通。城市轨道交通因此重新得到了重视，而且逐步扩展到日本、中国、韩国、巴西、伊朗、埃及等国家，这期间有17个城市新建了地铁。

1.2.4 高速发展阶段（1970年至今）

世界上很多国家都确立了优先发展城市轨道交通的方针，立法解决城市轨道交通的资金来源。世界各国城市化的趋势，导致人口高度集中，要求城市轨道交通高速发展以适应日益增加的客流运输，各种技术的发展也为城市轨道交通的建设和运营奠定了良好的基础。近几年又有四十几个城市修建了地铁、轻轨或其他类型的城市轨道交通。

我国于1965开始进行北京地铁的建设，并于1969年建成了中国第一条地下铁道——北京地铁1号线，随后北京市又建成了地铁2号线（环线）、地铁复八线（一号线的复兴门～八王坟段）、地铁13号线（城市铁路）、地铁八通线（1号线的八王坟～通州段）。

截止到2010年12月，北京市轨道交通线网已开通运营14条线，运营里程达336km。

到2012年底，北京市又开通运营了地铁8号线二期、9号线、6号线，10号线二期也已经有望全部贯通，运营里程达到了442km。

到2015年，北京市预计将开通地铁7号线、14号线、西郊线、4号线北延等线路，届时北京市的城市轨道交通将形成三环、四横、五纵、八放射的网络格局。

到2020年，北京市轨道交通的运营里程目标为约1000km。

目前，经过40多年的发展，中国进入了城市轨道交通的蓬勃发展时期，已成为世界上城市轨道交通发展最迅速的国家。截止到2011年12月31日，仅在中国内地就已经有北京、上海、广州等14个城市拥有了56条建成并正式运营的城市轨道交通线路，总里程达1714km。另外还有15个城市的首条线路正在建设中。全部在建线路数量达70条，总里程超过2000km。目前中国内地已发展和规划发展城市轨道交通的城市总数已经超过50个，全部规划线路超过400条，总规划里程超过13000km。

可以看出，国内城市在面临交通问题时，正如发达国家所获得的实践经验那样，都将大力发展城市轨道交通作为解决城市交通问题的重要手段，采取了相同的做法。

第 2 章 城市轨道交通通风空调系统

2.1 城市轨道交通通风空调系统的特点

城市轨道交通具有多种线路形式，有地面线路、高架线路，还有为数众多的地下线路。其内部空间构成复杂多样，有地面空间、高架空间和地下空间，尤其是其地下空间，更是有着自己独有的特点和需求：

（1）城市轨道交通的地下部分犹如一个庞大的横置于地下的狭长的箱形建筑，是多个地下车站与区间隧道的巨型集合体，其内部空间与外界相对闭塞，除车站出入口、隧道出入洞口和车站风亭口等少数部位与外界大气相通以外，可以认为城市轨道交通的地下线路基本上是与外界大气隔绝的。

（2）当城市轨道交通正常运营时，将有大量乘客置身于其中，由于列车运行、设备运转和乘客自身等都会散发出大量的热量，若不及时排除，城市轨道交通内部的空气温度就会升高，同时，由于其周围土壤通过围护结构的渗湿量也较大，若不加以排除，地下线路内部的空气湿度将会增大，这些都会使得乘客无法忍受。因此，必须设置通风或空调系统，对城市轨道交通地下线路内部的空气温度、空气湿度、气流速度和空气质量等空气环境因素进行控制。

（3）城市轨道交通列车在区间隧道内高速运行时会产生活塞效应，如果不能予以适当的消除和合理利用，将对地下空间的气流组织产生严重干扰，并影响乘客和工作人员的舒适性。而当区间隧道设置有适当数量和截面积足够大的通道与地面连通时，活塞效应可以导致城市轨道交通内部空间与外界大气之间发生有效的通风换气，这种活塞通风可以有效排除城市轨道交通内部产生的大量热量，可以节省大量的电力消耗。据资料分析，当系统布置合理时，每列车产生的活塞风风量约为 $1500 \sim 1700 m^3$，这种不费能源的活塞效应应优先考虑加以使用。

（4）由于城市轨道交通列车的行车速度日益加大，其最大行车速度在有些城市和线路上已达到或超过 100km/h，个别线路已经在考虑采用 120km/h，甚至是 140km/h 的最大行车速度，这将引起区间隧道内空气压力发生较大变化，从而对城市轨道交通内部的人员造成生理上的影响，这个因素不容忽视，必须与建筑和结构等各个方面一起研究，采取综合措施予以控制。

（5）城市轨道交通的地面车站和高架车站虽然与大气之间连通渠道较多，但由于车站设备及管理用房内的人员和设备运转都对周围的空气环境存在相应的要求，需要采用通风、空调或者供暖系统来予以满足。而且，车站的站厅受建筑和结构型式的影响，其空气环境也需要根据人员和设备的要求，按照适当的标准与建筑和结构协调，尽量采用自然通风等系统型式，达到既满足其对空气环境的需要，又造型美观，同时还有利于节能的目的，当采用自然通风等系统方式受当地气候等自然条件限制，或者对建筑和结构影响巨大，实施起来困难很大时，则应认真分析、研究，采取适当、合理的通风、空调与供暖系统。

因此，城市轨道交通通风空调系统担负着为城市轨道交通的乘客和工作人员创造一个生理和心理上都能满意的适宜环境，并满足各个设备系统正常运转的内部空气环境需要的重要职能，是城市轨道交通不可或缺的重要组成部分。

同时，城市轨道交通的内部空气环境除需要正常的通风空调之外，还需要考虑的另一个重要问题就是，城市轨道交通的地下部分对外连通的口部相对来说是比较少的，一旦发生火灾，浓烟很难自然排除，并且会迅速蔓延充满起火部位及其周围的一定空间，给救援工作带来极大的困难，而且，由于人员要从地下空间疏散到地面，甚至要从区间隧道经过较长的距离撤离，需经过较长的路程才能到达口部，浓烟充满区间隧道会使可见度较低，人员不易行走，安全疏散难度很大，未到达口部就可能会被烟气熏倒。

城市轨道交通事故中火灾发生频率较高，据资料记载，仅从 1971 年 12 月～1987 年 11 月间，欧洲和北美洲的地铁中就发生重大火灾事故 40 多起，造成了重大的经济损失，并且造成了人员伤亡，其中，车辆燃烧着火事故达 30 起，占全部火灾事故的 70%，车站火灾 6 起，占 14%。吸烟的烟头引起火灾 3 起，占 7%，纵火发生 2 起，占 5%，接触网破损和轨道短路导致火灾各 1 起，这些都导致了人员伤亡。

根据国内外资料统计，从城市轨道交通事故造成的死亡人数的比例来看，火灾事故造成的死亡人数占到了绝大多数，超过了城市轨道交通死亡总人数的 60%。而城市轨道交通发生火灾时造成的人员伤亡中，绝大多数是被烟气熏倒、中毒、窒息所致。例如，1979 年旧金山有一列经过海湾隧道的地铁列车着火，导致 1 人死亡，56 人受伤，全部为烟熏所致。

1987 年 11 月 18 日，格林威治时间晚上 19 点 29 分，英国伦敦地铁国王十字勋章地铁站 4 号自动扶梯失火，火灾是由吸烟的烟头引起，波及售票大厅，31 名乘客死亡，100 多人受伤，几周的时间，地铁都中断运行，引起城市轨道交通行业人士的震动，引发了对城市轨道交通防灾体系的更加高度的重视。

2000 年发生的奥地利缆车隧道火灾，更是仅有 2 名乘客得以逃生。

此外，城市轨道交通是大容量公共交通工具，故意纵火犯罪造成的火灾事故也曾经出现，并导致大量的人员伤亡，例如 2003 年 2 月 18 日的韩国大邱市地铁一号线中央路车站发生的乘客故意纵火事故就是其中典型的案例，事故最终造成了 198 人死亡，146 人受伤。这起火灾事故虽然是由乘客故意纵火所致，但在火灾发生后的救灾措施上却暴露出了车站内的通风设备能力不足的问题，并由此致使火灾中产生的大量浓烟难以及时排除，最终导致大量乘客窒息死亡（图 2-1）。

中国的城市轨道交通发展历史上也曾经发生过此类火灾事故，1969 年 11 月 11 日，北京地铁因电气故障造成电气机车发生火灾，浓烟聚集，由于排烟设备不完善，未能形成有组织的通风排烟，因此烟气四处扩散，并从地铁车站的出入口逸出，给人员疏散及救援造成了极大的困难，多人被烟气熏倒，200 多人中毒受伤，这是国内城市轨道交通发展过程中的严重教训。

这些都是血的教训，尽管城市轨道交通建设和运营中采取了各种预防措施，但由于

图 2-1 韩国地铁火灾现场

实际运营过程中各类意外因素的影响，仍然不能完全排除火灾发生的危险，因此，必须强调地下车站及区间隧道要具备完备的防烟、排烟系统和事故通风系统，有效的防烟、排烟及事故通风已经成为城市轨道交通发生火灾时进行救援的不可或缺的重要组成部分。

较好的城市轨道交通通风排烟方法是使人、烟分向流动，用机械排烟设备使烟气在区间隧道内顺着一个方向流动并排出地面，人员从另一个方向撤离，这样才易于脱险。

由于地下车站和区间隧道可提供给通风与空调系统利用的面积和空间是非常有限的，而且，正常通风与空调系统的管道断面尺寸一般都较大，本身布置难度就非常大，再加上通风空调机房需占用的面积很大，倘若另外单独设置一套防烟、排烟和事故通风系统，需要再增加防烟、排烟与事故通风机房，面积就更大，实际工程上非常难以实现。因此，实际工程中，往往将防烟、排烟系统与事故通风和正常的通风与空调系统合用。此种情况下，为安全起见，通风与空调系统就需要采取可靠的防火措施，且应符合防烟、排烟与事故通风系统所需达到的各项标准和要求，并且，还必须同时设置一套可靠的控制系统，确保发生火灾时能够从正常的通风与空调模式快速转换为防烟、排烟与事故通风运行模式，确保火灾发生时能及时有效地满足防烟、排烟和事故通风的要求。因此，通风空调系统又是为城市轨道交通提供安全保证的关键组成部分，在城市轨道交通的建设和运营中都应给予高度的重视（图 2-2～图 2-4）。

2.1 城市轨道交通通风空调系统的特点

图 2-2 韩国地铁火灾排烟场景

图 2-3 瑞典地铁火灾消防场景

图 2-4　国内某市地铁火灾场景

2.2　城市轨道交通通风空调系统的功能

根据城市轨道交通的特点和需求，城市轨道通风空调系统应具备以下的功能：

（1）当列车在正常运行时，对城市轨道交通内部空间的空气温度、湿度、空气流速、压力变化和空气品质等进行控制，保证城市轨道交通内部空气环境控制在规定标准范围内，为乘客和工作人员提供一个适宜的人工环境，满足其生理和心理上的要求；并为城市轨道交通的其他设备系统提供必要的空气温度、湿度以及洁净度等运行条件，保证其正常运转所需的空气环境条件。

（2）当列车阻塞在区间隧道内时，应对阻塞区间进行有效通风；向阻塞区间提供一定的通风量，保证列车空调等设备的正常工作，维持车厢内乘客在短时间内能接受的空气环境条件。

（3）当列车在区间隧道发生火灾事故以及车站内发生火灾事故时，应具备防灾排烟、通风功能；为乘客和消防人员提供足够的新鲜空气，并形成一定的迎面风速，引导乘客安全迅速地撤离火灾现场；并为消防救援创造相应的条件。

从系统功能上可以看出，以满足乘客出行为目的的城市轨道交通需要通风空调与供暖系统，从而为人员创造一个安全良好的内部空气环境，这是保证其开通和运营必不可少的基础和前提条件。

2.3 城市轨道交通通风空调系统的发展

随着城市轨道交通的出现，就需要为乘客及工作人员提供适宜的内部空气环境，这个需求就需要由通风空调与供暖系统来加以实现。随着对城市轨道交通的认识、理解和研究的加深，对工程建设规律的更多掌握以及运营经验的逐步积累和丰富，城市轨道交通通风空调系统经历着从简单的通风设备到复杂的通风与空调设备，从零散堆砌的技术手段应对功能需求到综合整体考虑实施技术措施，从粗放化技术实现手段深入到精细化技术环节的持续的发展过程，一直在继续进步和逐渐完善，并不断出现技术上的新的突破。

1. 英国地铁通风系统简介

早在1863年，英国伦敦的地铁就设置了通风系统，由于早期的伦敦地铁采用蒸汽机车牵引，地下车站和区间隧道内的空气环境非常恶劣，而且区间隧道的顶部覆盖层厚度仅为1~2m左右，因此，当时在这些线路上采用了间隔1000m左右设置与地面相连通的通风口的方式进行通风，通风口的面积约为90m^2。利用自然通风和列车运行产生的活塞效应实现地铁内部空间与外界大气之间的通风换气，以改善地铁内部的空气环境条件（图2-5）。

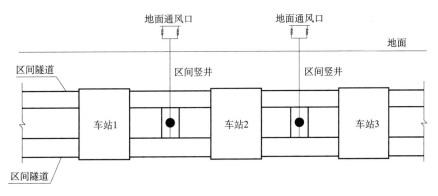

图2-5　伦敦地铁线路通风示意图

尽管在1905年，蒸汽机车就退出了伦敦地铁，但采用通风口进行通风换气的通风方式却一直保留了下来，并且为在地铁内使用现代化电气设备提供了良好的独立通风条件。

伦敦市的第一批深埋地铁线路是市区—南部线和伦敦中央线，分别于1890年和1900年通车，但是伦敦地铁的第一台地下通风机却是到了1903年才首次开始使用，这是城市轨道交通历史上首次采用机械手段对城市轨道交通系统内部的空间进行通风换气。这台风机安装在伦敦中央线路上的森林车道车辆段（靠近牧羊人丛林车站）的西侧隧道口部的位置，风机的风量为47m^3/s，其作用是将从银行站开始的9.3km长的隧道在一个小时内换气一次。风机主要是在地铁列车停运以后，而且是除银行站外，其余各个车站的出入口的人行通道上安装的帆布门帘全部关上的条件下进行工作的。

当时的英国舆论界对此种方式的通风效果并不满意。于是在1906年建成的贝克卢及凯迪利线路和现为北线一部分的德海姆斯坦德铁路中的多数地下车站安装了风量为9.44m^3/s的风机。1911年末，又在伦敦中央线的多数车站处安装了风量为2.36m^3/s的小功率风机，这些风机定时将经过过滤的室外空气送到地下车站的站台，并通过站台端部送进区间隧道，这种通风系统在伦敦地铁中应用了很长的时间。为满足伦敦地铁乘客不断增长的需要，1926～1930年的地铁延长线路大大增加了运营密度。出于必要，原有风机的风量提高到了16.52m³/s，这些风机都是作为送风机来使用。当时对地铁通风效果和地铁内部空间的实际空气温度的调查表明，地铁内部的空气温度太高，令人感觉非常难受。为了改善这种状况，新建工程中安装的风机的风量增加到33.04m³/s，并且这些风机均被作为排风机来使用，负责将地铁内的空气排出到室外，新风则由车站出入口、楼梯间和通风口补充进来。

再往后的地铁建设中，伦敦1968年修建的维多利亚线和1971年修建的布里克斯顿的延伸线，都在两座车站的中间位置安装了既能送风又能排风的可逆式轴流风机。自从1972年底以后，这种方式成为了英国城市轨道交通通风系统的普遍方式。

2. 北美洲城市轨道交通通风空调系统简介

北美洲的第一条城市轨道交通线路于1897年在波士顿正式投入使用，这条线路由波士顿公共花园站的隧道入口至公园街车站，仅有半英里长。即便是在如此早期的城市轨道交通建设年代，技术人员也非常清楚地意识到需要为乘客提供一个适宜的内部空气环境条件。在标注日期为1895年的波士顿建筑委员会的第一份报告中就介绍了一个通风系统方案，并总结道："在使用电力作为动力和照明的地铁中，采用人工通风的方法来保证新鲜空气的供应将是很容易的。"

纽约市于1901年开始地铁的修建。在工程中，对于地铁车站和区间隧道，最初并没有考虑设置专门的机械通风系统，而仅仅是在人行道上开设了覆盖了格栅的通风口，这些通风口与列车运行产生的活塞效应共同作用，实现区间隧道内部与外界大气之间的通风换气。在当时，负责通风系统技术的设计人员确信人行道边的通风口可以为地铁供应足够的新鲜空气。

1904年10月，纽约的第一条地铁线路投入运营。在1905年夏季，也就是仅仅距离开通不到一年的时间内，地铁出现了区间隧道内部空气温度过高的问题，根据分析，造成这种状况的原因是所设置的与地面连接的通风口的数量不足。为了增加区间隧道的通风量，在地铁车站的顶部开设了更多的带有格栅的通风口，并在车站与车站之间修建了风机房和通风道，在风机房中安装了集中的排风机，以便在必要时排出区间隧道内部的空气。这些风机的风量在21000～110000cfm之间，风机的电机功率为11～37kW。

大约在1968年前后，华盛顿地铁在美国的城市轨道交通中第一个采用了空气调节技术。但由于城市轨道交通空气动力学和热力学方面需要考虑的问题极为复杂，因此，当时采用了一些简化的概念性的近似方法，例如，对所有地下车站而言，都最终选择了每个地下车站采用350冷吨的制冷量。其冷源设备使用了由电力驱动的离心式冷冻机和逆流式冷却塔。

在地下车站的设备及管理用房则另外设置了一些独立的单元式空调器（类似于现在的窗式空调器）。

地下车站采用了全空气式通风空调系统对其内部的空气温度和湿度进行控制，并且根据车站的不同的建筑与结构形式进行具体系统布局，简单而言，对于采用侧式站台的车站，通风空调系统的空气处理和输送设备分四组布置在车站的四个角上的设备室内，每组设备担负1/4的车站负荷，空气通过隔声板里的送风口送到站台上，各送风口的间距为8

英尺4英寸（2.54m），然后通过侧式站台下部的回风管道进行回风，被列车下部散发出的热量加热的空气，会有一部分通过车站拱顶的圆形排气口排出。

对于采用岛式站台的车站，采用沿站台中央纵向布置的通风与空调风柱来分布空气，每个风柱最大送风量可达3000英尺^3/分（85m^3/min），呈360°环形送风。回风则通过设在风柱之间同样沿站台纵向设置的长凳的下面的风管来实现。同侧式站台的车站一样，被列车下部散发出的热量加热的空气，会有一部分通过车站拱顶的圆形排气口排出。在相邻的两个车站的区间隧道的中间位置，设置有通风井，并安装有轴流风机用于区间隧道的通风换气与排热，并兼顾火灾排烟的功能（图2-6、图2-7）。

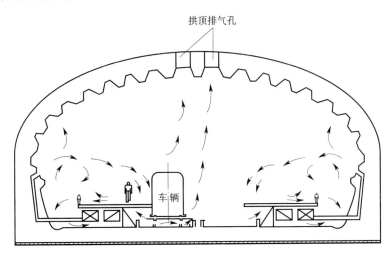

图2-6 华盛顿地铁车站侧式站台送风、拱顶排风示意图

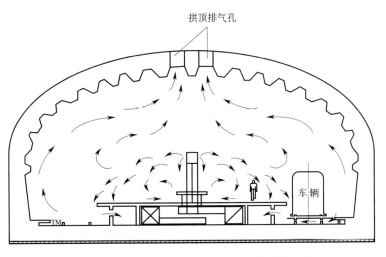

图2-7 华盛顿地铁车站岛式站台送风、拱顶排风示意图

3. 苏联地铁通风系统简介

苏联地铁的建设对中国城市轨道交通具有一定的影响，其通风系统形式对国内城市轨道交通的启蒙阶段的影响更是非常显著。苏联由于其地理位置和气候特点，冬季漫长，室外气温很低，夏季短暂，室外天气凉爽，并且，由于其地铁多为深埋形式，因此，主要采

用机械通风方式排除地铁内部的余热和余湿，并进行与室外的空气交换。其通风系统由区间隧道和车站通风系统、局部通风系统组成。

区间隧道和车站通风系统设置有隧道风机、风阀和消声设备，负责区间隧道、地下车站的站台、售票大厅，以及隐蔽的地面区段等的内部空气环境的通风换气，区间隧道通风系统的方向是可逆性的，可以改变气流的方向。根据室外气候条件，其运行模式也有所不同，设定有两种通风运行模式：冷季模式和热季模式。在最冷月份室外平均气温低于0℃的城市，在气候寒冷的冷季，室外空气经由区间隧道上的通风竖井首先送到区间隧道，再经地下车站排出到大气中。而在气温较高的热季，室外空气被先送入地下车站，再经区间隧道，由区间隧道上的通风竖井排出到大气中。最冷月份室外平均气温超过0℃的城市的地铁，通风系统全年都采用将室外空气先送入地下车站，再经过区间隧道上的通风竖井排出至外界大气的模式运行。在火灾和事故情况下，区间隧道通风系统则用于排烟和事故通风。

局部通风系统负责辅助性、管理性和生产性地下车站用房的通风换气。

最冷月份室外平均气温低于0℃的城市，其地下和地面车站的站厅的售票大厅设置有供暖系统，在车站站厅的出入口设置热空气幕，但在设计上严格规定了绝不允许敷设在车站两端站厅的热力网穿越地下车站。最冷月份室外平均气温超过0℃的城市，在售票用房和经常有工作人员停留的办公用房设置了供暖系统。供暖系统的热源采用热水供暖，或者电力供暖（图2-8～图2-10）。

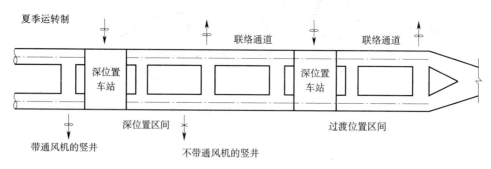

图2-8 苏联深埋地铁通风示意图

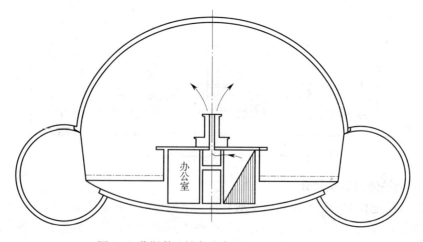

图2-9 莫斯科地铁岛式车站通风示意图（1）

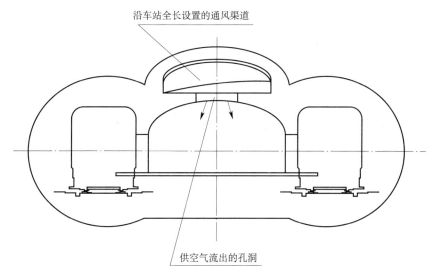

图 2-10 莫斯科地铁岛式车站通风示意图（2）

4. 中国城市轨道交通通风空调系统简介

中国的城市轨道交通建设始于 1965 年开始的北京地铁 1 号线，在建设伊始，就对通风空调与供暖系统给予了高度重视，并在独立研究和借鉴国外城市轨道交通通风空调与供暖技术经验的基础上，充分认识到了城市轨道交通通风空调与供暖系统在防灾排烟与发生事故时应该发挥的重要作用，在实际工程建设中不断探索实践，逐渐形成了具有自己特色的城市轨道交通通风空调系统理念，而且，根据国内不同地域的实际气候特点与城市轨道交通的建设与运营需求，提出并完善了一系列具体的技术措施和工程做法。

（1）北京地铁通风系统

北京地铁 1 号线的车站为浅埋结构，车站的建筑型式为：站台采用单层结构，车站两端为双层结构，并利用两端高于站台的楼板部分构成车站的端头站厅，结合这些特点，并考虑到北京市的气候特征，通风空调与供暖系统充分发挥了列车进出车站时活塞通风效果明显的特点，对车站进行通风换气，同时，在车站的一端设置了风道，内部安装了 2 台可逆转的轴流风机和与之相联动的电动组合风阀以及相应的消声设备，风机的风量为 $55m^3/s$，风压为 500~800Pa（每个车站根据通风系统阻力的差异，风机的风压有所不同），风机反转风量为正转风量的 70%。在各个区间隧道的中部设置了一处区间风道和与之相连并伸出地面的区间风亭，风道内同样安装了 2 台可逆转的轴流风机和与之相联动的电动组合风阀以及相应的消声设备，区间隧道风机的风量为 $55m^3/s$，风压为 500~800Pa（每个区间隧道根据通风系统阻力的差异，风机的风压有所不同），风机反转风量为正转风量的 70%。全线通风系统由活塞通风、车站通风和区间隧道通风组成，其作用主要是排除地铁内的余热和余湿，满足人员对新风量的要求。在火灾和事故工况下，通风系统还要实现排烟通风和事故通风的功能。区间隧道为单层单洞双线结构，在线路中间设置有 0.5~1.0m 厚的中隔墙，并在中隔墙上每隔 30~50m 就设有宽 1.5m、高 2.3m 的连通孔洞，可以实现火灾情况下人员迅速疏散到行车道对侧无烟区的功能。对于设备及管理用房，设置了专门的通风系统，用于房间的通风换气，排除余热、余湿，并兼顾火灾情况下的排烟通风（图 2-11）。

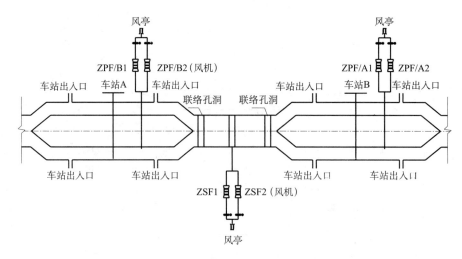

图 2-11　北京地铁 1 号线通风系统示意图

（2）上海地铁通风空调系统

城市轨道交通通风空调与供暖系统是随着社会发展和科技进步而不断发展的，中国的城市轨道交通通风空调系统的情况也不例外。1990 年 1 月上海地铁 1 号线正式开工建设，1995 年 4 月建成通车。上海地铁在国内第一次全线按照地下车站设置屏蔽门的前提，设计了通风空调系统。通风空调系统由以下几个部分组成：车站公共区通风空调系统、站台排热通风系统、车站管理用房和设备用房通风空调系统以及区间隧道通风与事故通风系统。在冬季，由于室外气候条件以及地下车站和区间隧道的蓄热作用的综合影响，没有设置供暖系统，只需要对地下车站进行足够的通风。

上海地铁 1 号线室外空气空调季节计算参数为：干球温度：32.2℃，湿球温度：27.2℃，相对湿度 68%；车站选用的空调季节室内空气计算参数为：车站站厅层干球温度：30℃，相对湿度：65%；车站站台层干球温度：29℃，相对湿度：65%。

车站公共区通风空调系统采用在车站两端各设置一个通风空调机房，配备空调机组、风机、消声器和电动比例风阀、防火阀等设备，为公共区的通风空调服务。每个通风空调机房内均设置一台空调机组，同时与所相对应的空调新风机、全新风机、回/排风机相连接，承担半座车站的通风空调负荷。对在火灾情况下使用的回/排风机的耐温要求为在 150℃ 条件下，可持续有效运转 1h。根据室内外空气的焓值等的相对关系，采用小新风空调、全新风空调和通风运行（图 2-12）。

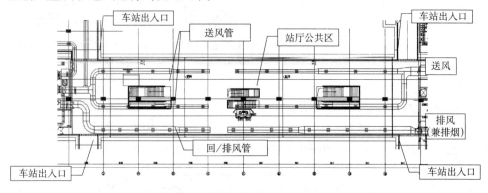

图 2-12　上海地铁 1 号线某车站站厅通风空调平面示意图

通风空调系统的冷源选用冷水机组,并配置相应的冷冻水泵、冷却水泵和冷却塔(图2-13)。

车站管理用房和设备用房根据其使用功能以及设备对空气环境的不同要求设置通风系统和通风空调系统。

区间隧道通风与事故通风系统由区间隧道风井、联络通道、隧道风机和组合式电动比例风阀组成,采用活塞通风、机械通风等方式,负责正常情况下的区间隧道通风、事故情况下的事故通风以及火灾工况下的通风排烟。隧道风机的风量为60m³/s,风压一般为1000Pa。由于隧道风机在发生火灾事故时用于排烟,要求风机能可逆运转,且风机的耐温要求为在150℃条件下,可持续有效运转1h。

站台排热通风系统由列车顶部的排热风系统和站台下的排热风系统以及与二者相连接的独立设置的排热风机共同组成,当列车停站时,利用排热风机,将列车散发的大部分热量及时从排风井排出。排热风机的风量为40m³/s,风压一般为600~1000Pa之间。由于排热风机在站台发生火灾事故时用于排烟通风,因此,要求排热风机的耐温要求为在150℃条件下,可持续有效运转1h。

但是,在上海地铁1号线运行最初的时期,考虑到其客流量大,专家评估时建议近期只是预留屏蔽门的安装条件,因此,屏蔽门在当时并没有实际安装到位,通风空调系统实际上仍按照闭式系统模式运行,直到2005年,屏蔽门才正式安装使用。

(3) 广州地铁通风空调系统

广州地铁1号线于1999年6月28日全线开通,沿线共设车站16座,其中14座车站为地下车站,其通风空调系统选用了闭式系统制式,开闭式运行方式。车站不设屏蔽门。通风空调系统由车站通风空调系统、车站管理及设备用房通风空调系统和区间隧道通风系统组成。空调系统冷源采用冷水机组,并配置相应的冷冻水泵、冷却水泵和冷却塔。

车站通风空调系统采用在车站两端设置通风空调机房,配备空调机组、风机、消声器和电动风阀、防火阀等设备。对火灾情况下使用的回/排风机的耐温要求为在150℃条件下,可持续有效运转1h。根据室内外空气的焓值等的相对关系,采用小新风空调、全新风空调和通风运行。

车站管理用房及设备用房根据其使用功能以及设备对空气环境的不同要求设置通风系统和通风空调系统。

区间隧道通风系统由区间隧道风井、隧道风机和电动比例风阀组成,采用活塞通风、机械通风等方式,负责正常情况下的区间隧道通风、事故情况下的事故通风以及火灾工况下的通风排烟。隧道风机风量为60m³/s,风压一般为1000Pa。由于隧道风机在发生火灾事故时用于排烟通风,要求风机的耐温要求为在150℃条件下,可持续有效运转1h。同时,为解决闭式运行条件下列车阻塞时的通风问题,在地下车站的端部还增设了推力风机或在隧道风机前端加设了喷嘴。

广州地铁2号线共设车站16座,全部为地下线路,是国内首条正式安装和使用屏蔽门的线路,其通风空调系统由车站公共区通风空调系统、隧道通风系统、车站设备及管理用房通风空调系统和空调水系统组成。其中隧道通风系统分为区间隧道通风系统和车站隧道通风系统两部分,空调水系统采用了集中供冷方式供冷,在全线设置了四个集中冷站向全线所有地下车站的公共区通风空调系统提供冷源,各车站的设备及管理用房采用风冷冷水机组分散供冷方式,分别向各个空调负荷区的风机盘管等末端设备提供所需要的冷源

(图2-13、图2-14)。

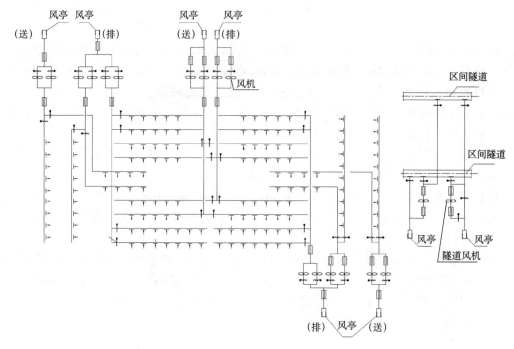

图2-13 广州2号线江南西站通风系统原理图

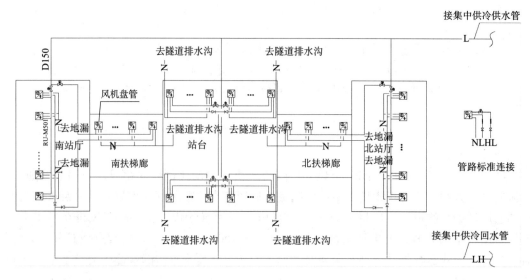

图2-14 广州2号线江南西站水系统原理图

(4) 沈阳地铁通风系统

沈阳地铁1号线是我国严寒地区开通运营的第一条城市轨道交通线路,根据东北严寒地区的气候特点和沈阳地铁1号线的运力状况,其内部空气环境采用了通风系统进行控制。通风系统由车站公共区通风系统、车站设备及管理用房通风系统和区间隧道通风系统组成(图2-15)。

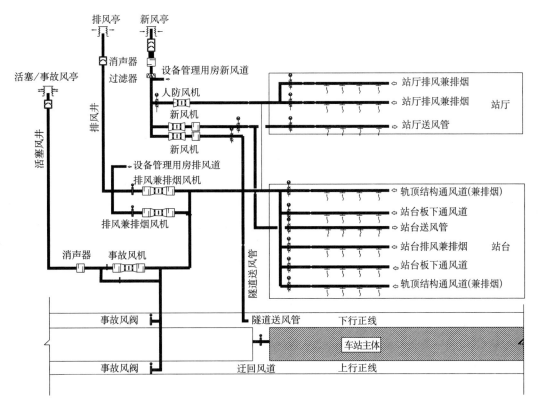

图 2-15 沈阳地铁 1 号线通风系统原理图

2.4 城市轨道交通通风空调系统的现状

1. 城市轨道交通通风空调系统技术现状

国外城市轨道交通通风空调系统是随着工程建设不断发展的，从最初完全采用自然通风，到后来设置机械通风，再发展到空调降温，基本上与地面建筑设备技术是同步前行的。国内城市轨道交通通风空调系统是从 1969 年北京地铁一期工程的通风系统开始，经过不断地实践检验，不断地研究、改进和完善，至今已历经 40 多年的时间，期间经过北京、上海、广州等多个城市的工程建设和运营，对通风空调系统的完善和发展起到了重要作用，同时，在发展过程中也不断借鉴了欧美等国家的城市轨道交通通风空调系统的技术和经验，目前中国的城市轨道交通通风空调系统已经完全能够满足城市轨道交通工程的功能需求，达到了比较成熟可靠的水平，在若干方面已经开始在国际上引领城市轨道交通通风空调技术的发展。

目前国内城市轨道交通已开通运营的城市和正在建设和设计城市轨道交通的城市，从地域上可大致归纳为国内的北部、中部和南部城市，各自具有自身典型的气候特点，从这些城市轨道交通通风空调系统的设置情况来看，考虑到当地的气候条件和城市轨道交通的运输能力等综合因素，主要采用通风或空调系统（通风结合空调的系统，简称空调系统），传统的空调系统为全空气集中空调，可以分为无屏蔽门和有屏蔽门两种情况。按照通风空调设备的配置情况，就目前城市轨道交通通风空调系统的实际状况分析，有以下两种类型三种典型制式技术特征的城市轨道交通通风空调系统形式正得以广泛实际应用,即归结为通风系统和通风空调系统两种类型,通风系统、无屏蔽门通风空调系统和有屏蔽门通风空调系统三种制式。

(1) 通风系统(含自然通风、活塞通风和机械通风)

车站和区间隧道全部不设空调,依靠自然通风、活塞通风和机械通风使城市轨道交通内部与外界交换空气,利用外界空气冷却车站和区间隧道,维持城市轨道交通内部的空气环境,这种系统多用于当地最热月的月平均温度低于25℃的城市轨道交通系统。例如早在20世纪六七十年代建成的北京地铁1号线和80年代建成的北京地铁2号线采用的就是这种系统。纯通风系统不设置空调设备,设备设置和运行模式比较简单,因而,初投资和运行费用均较小,但由于是仅仅依靠通风,对城市轨道交通内部的空气环境,尤其是对车站和列车内部空气环境的控制能力不强,夏季容易出现过热现象。在气候条件存在较大差异的地区,如季节温差大、昼夜温差大的地区,此系统模式的适用性非常好,可以尽量采用这种通风系统,充分利用自然条件(如:活塞风风量),调整运行模式,冬季加大蓄冷量。沈阳地铁1号线和沈阳地铁2号线的通风系统就是此种系统制式。

(2) 通风空调系统

根据《地铁设计规范》GB 50157—2003第12.1.5条规定:在夏季当地最热月空气平均温度超过25℃,且地铁高峰时间内每小时的行车对数和每列车的车辆数的乘积大于180时,可采用空调系统;在夏季当地最热月空气平均温度超过25℃,全年平均空气温度超过15℃,且地铁高峰时间内每小时的行车对数和每列车的车辆数的乘积大于120时,可采用空调系统。其他条件下采用通风系统。

城市轨道交通通风空调系统分为以下两种基本制式:

1) 无屏蔽门通风空调系统

车站设置通风空调系统;车站与区间隧道直接相通,无屏蔽门分隔,或者在车站站台边缘安装有安全门,例如上海地铁2号线、广州地铁1号线、南京地铁1号线、2号线、北京地铁复八线以及北京地铁5号线、北京地铁4号线和北京地铁10号线等,均采用这种通风空调系统制式。该空调制式下,车站空调负荷包括了车站区域和区间隧道区域的负荷,空调季节的冷量需求较大。

2) 有屏蔽门通风空调系统

车站设置通风空调系统;车站站台边缘设置屏蔽门,使区间隧道与车站成为完全隔开的两个空间。车站作为单一的建筑体,不受区间隧道行车时活塞风的影响,车站空调冷负荷仅包括车站区域产生的热量以及车站与区间隧道通过屏蔽门的传热和屏蔽门开启时的对流传热,城市轨道交通通风空调采用此种系统制式时,其空调季节的冷负荷大约是无屏蔽门空调系统制式空调冷负荷的22%~28%。上海地铁1号线、上海地铁3号线(明珠线)、广州地铁2号线、深圳1号线等均采用这种通风空调系统制式,新加坡地铁采用的也是这种制式。

无论站台是否设置屏蔽门,传统的城市轨道交通地下车站通风空调系统方案,通常是采用全空气集中通风空调系统形式,系统在地下车站内采用对称布置:在车站两个端部的附近位置设置空调机房,送回风道均沿车站长度方向由两端向中间纵向布置,保证整个车站长度上的气流组织良好。

对于没有设置屏蔽门的车站,由于列车是主要热源,为了更好地排除列车发热,站台回风道一般包括站台下部排风（排除列车刹车发热）和轨顶排风（排除列车空调冷凝器散热）。

对于设置有屏蔽门的车站，轨道区和车站公共区相对隔离，车站公共区通风空调系统不负担轨道区的通风，因此需要在列车顶部和站台下部设置独立的排热风系统。

2. 城市轨道交通通风空调系统研究现状

（1）国内外城市轨道交通通风空调系统研究现状

从城市轨道交通建设开始，对通风空调与供暖技术的研究就已经成为各方面的共识，尤其是对自然通风、活塞通风、机械通风、空气调节与事故通风和防排烟等方面的研究，多年来，有众多的专业技术人员投入了巨大的精力。美国供暖制冷空调工程师协会（ASHRAE）在《地铁环境控制手册》中提出了各国公认的相对热流指标的方法（Relative Warmth Index）。这种方法指出人们在地铁内的感觉是随时间变化向不同环境移动过程中的瞬态感觉，即根据人们在不同环境、不同运动形式下，一定时间内的出汗状态，确定地铁内合理的空气温度、湿度条件，使乘客对地铁环境变化有相对舒适感。

目前世界各国研究城市轨道交通通风空调的主要方法有试验方法和数值模拟方法，试验方法可分为全尺寸现车试验和缩尺模型试验。数值模拟研究方法有有限差分法、有限元法和特征线法。在物理模型的选取上分网络模型和场模型（局部区域模型）。

现车试验是通过实测城市轨道交通系统中的通风量、风速和空气温度、湿度来确定运行城市轨道交通的通风空调系统的效果。从 20 世纪 70 年代起，日本、德国、苏联等国进行了大量的地铁实测试验，为城市轨道交通通风空调系统研究提供了宝贵的资料。但是现场实验组织和实施难度较大，而且试验条件局限于现有的城市轨道交通，对于一个待建的城市轨道交通系统，当结构、通风空调系统方案等都有较大的出入时，模型实验就显示出它的优越性。模型实验是对真实的城市轨道交通的车站或区间隧道进行简化，并按一定比例缩小的模拟实验。通过模型实验，可以检验各种通风空调系统方案的优劣。但是对于一个待建或改建的城市轨道交通系统，可用的通风空调系统方案有许多，若通过模型实验来确定，工作量巨大。此外，城市轨道交通的实际运行过程是非常复杂的，模型模拟很难准确反映实际情况，因此目前城市轨道交通通风空调系统的研究普遍采用数值计算的方法。

城市轨道交通通风空调系统的数值模拟，主要研究城市轨道交通内部不稳定气体动力学和热力学，利用流体力学、热力学及传热学等基本方程，建立数学模型，并应用计算机对城市轨道交通内部空气环境进行动态模拟。有限差分法（finite difference method）和有限元法（finite element method）被广泛应用于城市轨道交通和隧道的计算中，许多国家的科学工作者都用这种方法研究城市轨道交通与隧道内部的气流流动、空气温度分布以及火灾时的烟气控制。

城市轨道交通通风空调系统的三种研究方法是互为补充的，一般的研究程序为：首先建立研究对象的物理模型和数学模型，确定计算方法和编制计算程序；根据试验的条件，进行城市轨道交通通风空调的模型工况试验，根据试验结果来检验计算方法和计算程序的正确性和适用性；然后利用数值模拟技术模拟计算大量工况，对计算结果进行有效分析，找出规律，提出优化方案，为通风空调系统设计、结构设计与参数选取提供合理依据；当城市轨道交通建成后，在条件允许的情况下进行实测检验，并为城市轨道交通通风空调系统的优化提供数据。

目前城市轨道交通系统的通风空调系统数值模拟，主要是研究城市轨道交通内部的不稳定空气动力学和热力学方面的问题。空气动力学问题主要包括活塞通风、机械通风、空气阻力等问题。为了解决列车通过隧道时引起的空气动力效应，如活塞风、压力波等，日本、英国、德国、法国及奥地利等国都进行了大量的理论和试验研究，并在此基础上开发出了一些隧道空气动力学软件，用于较复杂的隧道通风设计。目前国际上使用较广，相对成熟的城市轨道交通通风空调系统模拟软件是美国交通部开发的地铁环境控制模拟设计软件SES，该软件作为设计计算工具，可以模拟地铁内多列列车运行时车站、隧道和通风井内部空气的风速、温度、湿度以及车站的空调负荷。

我国的城市轨道交通通风空调系统研究于20世纪80年代开始引起较为普遍的关注，清华大学对北京地铁进行了长期现场测试，主要包括空气温度分布、列车散热量、壁面热流量、风速分布的24小时连续变化，以及站台空间气流场等。以此为实验基础，加上对流体网络非稳态流动、地下空间和非均质土壤层不稳定传热过程进行了深入的理论分析，开发了一套地铁热环境模拟分析软件STESS，对地铁车站和隧道热环境控制系统的可行性研究、方案比选和技术经济分析、设计咨询，以及对通风空调系统进行改造、自动控制系统设计指导等提供技术支持。

此外，Jurij Modic对公路隧道火灾工况进行了模拟，得出了在隧道风机启动之前，发生火灾的隧道内的空气速度、温度和壁面温度。同时对风机开启之后隧道内的空气温度、速度场也进行了模拟。

Jojo S. M. Li和W. K. Chow应用CFD对地铁通风系统进行了安全评价，讨论了隧道火灾和通风系统的安全因素。用CFD对地铁列车火灾的空气流动进行了模拟，在模拟结果上，对地铁火灾系统安全因素进行了评价和比较。

R. O. Carvel和A. N. Beard和P. W. Jowitt研究了站台纵向通风系统对地铁火灾的影响。分别模拟了列车着火、货物着火和轻微火灾情况下，站台纵向强制通风对于火灾的控制情况，并将这个情况与自然通风情况下的火灾控制情况进行了对比。

Ming-Tsun Ke、Tsung-Che Cheng和Wen-Por Wang把SES（Subway Environmental Simulation Program）和CFD结合在一起，对台北快速交通系统在不同工况下进行了研究，发现站台板下排风对站台空气温度场有很大影响。风道的横截面积比风道长度对于通风系统的风量有更大的影响。他们还对活塞风引起的压力波以及对于站台屏蔽门的影响也作了一些研究。

Zhang lin和Feng Jiang等应用CFD对香港一个公共交通周转车站的通风系统进行模拟，研究了置换通风效率以及室内空气品质和温度舒适度。在研究置换通风在移除室内污染物的通风效率时，发现上送下回的置换式通风和上送上回的置换式通风都能满足通风系统的要求，但上送上回的置换式通风更能满足室内空气品质和舒适度的要求。

Shih-Cheng Hu和Jen-Ho Lee对站台屏蔽门对地铁通风空调系统能源消耗影响作了研究。他们应用SES模拟通风空调系统参数，应用Carrier E20-Ⅱ程序模拟空调冷负荷。结果表明站台屏蔽门系统能够显著地降低空调期的冷负荷的峰值和平均值，从而降低冷冻设备的容量和运行能耗；但是站台下排热风机的应用，又使得系统用电量大幅增加。从而从整体上来看，应用站台屏蔽门与否，对于总的能源消耗来说，影响不大。

Kazuhiro Fukuyo应用CFD和乘客行为模拟对地铁站台task-ambient空调系统进行了模拟。乘客模拟模型被应用到一个标准地铁站。研究结果表明TA空调系统与传统空调系统相比，能够提高温度舒适度和降低空调系统冷负荷。

Wonhwa Hong 和 Samuel Kim 根据韩国地铁的迅速发展状况，用图、表和曲线的形式，对 1999~2001 年间韩国地铁的能源消耗和能源利用效率进行了比较，同时对节约能源进行了理论分析，并提出了具有可行性的方法。

（2）国内城市轨道交通通风空调系统应用现状

国内城市轨道交通建设存在若干种形式，地铁、轻轨、单轨、直线电机等均有所应用和建设。目前国内已开通运营城市轨道交通的城市有北京、上海、广州和天津、深圳和南京等城市，从这些城市的轨道交通通风空调系统的设置情况来看，前述两种基本类型三种典型技术特征的通风空调系统在工程中均有应用与体现，见表 2-1 所列。

国内轨道交通通风空调系统统计表　　表 2-1

城市	线路	通风空调系统类型	备注
北京	1 号线	通风空调系统、无屏蔽门	
	2 号线	通风空调系统、无屏蔽门	
	4 号线	通风空调系统、无屏蔽门（设安全门）	
	5 号线	通风空调系统、无屏蔽门（设安全门）	
	8 号线	通风空调系统、无屏蔽门（设安全门）	
	9 号线	通风空调系统、无屏蔽门（设安全门）	
	10 号线	通风空调系统、无屏蔽门（设安全门）	
	13 号线	通风空调系统、无屏蔽门（设安全门）	
	机场线	通风空调系统、设置屏蔽门	
	八通线	通风空调系统、加装设安全门	
	亦庄线	通风空调系统、无屏蔽门（设安全门）	
	大兴线	通风空调系统、无屏蔽门（设安全门）	
	昌平线	通风空调系统、无屏蔽门（设安全门）	
	房山线	通风空调系统、无屏蔽门（设安全门）	
上海	1 号线	通风空调系统、后加装屏蔽门	
	2 号线	通风空调系统、后加装屏蔽门	
	3 号线	通风空调系统、设置屏蔽门	
	4 号线	通风空调系统、设置屏蔽门	
	5 号线	通风空调系统、设置屏蔽门	
	6 号线	通风空调系统、设置屏蔽门	
	7 号线	通风空调系统、设置屏蔽门	
	8 号线	通风空调系统、设置屏蔽门	
	9 号线	通风空调系统、设置屏蔽门	
	10 号线	通风空调系统、设置屏蔽门	
	11 号线	通风空调系统、设置安全门	
	13 号线	通风空调系统、设置屏蔽门	
	张江有轨电车	通风空调系统、设置安全门	
	磁悬浮线		

续表

城市	线路	通风空调系统类型	备注
广州	1号线	通风空调系统、后加装屏蔽门	
	2号线	通风空调系统、设置屏蔽门	
	3号线	通风空调系统、设置屏蔽门	
	4号线	通风空调系统、设置屏蔽门	
	5号线	通风空调系统、设置屏蔽门	
	8号线	通风空调系统、设置屏蔽门	
	广佛首通段	通风空调系统、设置屏蔽门	
	珠江新城APM	通风空调系统、设置屏蔽门	
天津	1号线	通风空调系统、设置安全门	
	9号线	通风空调系统、设置屏蔽门	
深圳	罗宝线（1号线）	通风空调系统、设置屏蔽门	
	蛇口线（2号线）	通风空调系统、设置屏蔽门	
	龙岗线（3号线）	通风空调系统、设置屏蔽门	
	龙华线（4号线）	通风空调系统、设置屏蔽门	
	环中线（5号线）	通风空调系统、设置屏蔽门	
南京	1号线	通风空调系统、无屏蔽门（设安全门）	
	2号线	通风空调系统、无屏蔽门（设安全门）	
重庆	1号线	通风空调系统、设置屏蔽门	
	2号线	通风空调系统、设置屏蔽门	
	3号线	通风空调系统、设置屏蔽门	
长春	3号线	通风空调系统、设置安全门	
	4号线	通风空调系统、设置安全门	
武汉	1号线	通风空调系统、设置安全门	
大连	3号线	通风空调系统、设置安全门	
沈阳	1号线	通风系统、无屏蔽门（设安全门）	
	2号线	通风系统、无屏蔽门（设安全门）	
成都	1号线	通风空调系统、设置屏蔽门	
佛山	1号线	通风空调系统、设置屏蔽门	
西安	2号线	通风空调系统、设置屏蔽门	

从上述统计可以看出，国内城市轨道交通随着南北地域的差异，采用了不同的通风空调系统技术形式，基本上是北方气温较低，采用通风和不设置屏蔽门的通风空调系统技术形式，南方气温较高，采用设置了屏蔽门的通风空调系统制式，这种选择趋势是结合了各地的自然气候特点和通风空调与供暖系统的功能及节能要求确定的。

而地上线路则是充分利用了自然通风，北方地区的设备用房根据需要设置供暖系统，南方地区则只需要设置通风与空调系统。

城市轨道交通通风空调系统：通常由通风空调风系统和冷源系统所组成。

1）风系统

风系统由风机、空调机组或空调末端设备以及相应的风阀和管道等构成。

空调机组和车站回/排风机一般对称布置，在车站两端附近位置分别集中设置通风空调机房，通风空调机房内设组合式空调机组和回/排风机（兼排烟风机）。空调机组对空气进行集中处理，由车站冷冻机房或集中冷冻站负责为组合式空调机组提供冷源。为了满足夏季空调最小新风运行的要求，在空调机组前通常设有混合风室，通过风阀调节新风和回风的风量比例。车站的两个端部分别设有混凝土送风道（风亭）、排风道（风亭）、活塞/机械风道（风亭）（或迂回风道）。活塞/机械风道内分别设有事故风机（兼区间隧道通风机），用于区间隧道的通风。对于设有屏蔽门的车站，还需要单独设置排热风风机，用于列车顶部和站台下部的排风（图2-16～图2-18）。

具体到某个地下车站或某段区间隧道，通风空调风系统的布局可能差异较大，但其系统技术型式则都是基于上述形式之一。

2）冷源系统

冷源系统为通风空调系统提供排除热负荷所需的冷量，城市轨道交通冷源系统分两种类型：

①分散冷源：每个车站各设冷冻机房一座（或二座），一般采用水冷冷水机组形式，为各自的车站提供空调冷源。目前城市轨道交通空调系统一般采用这种类型的冷源设置方式。采用此种冷源系统形式运行控制方便，但车站需要在一端或两端留有相当面积的冷冻机房位置，并在机房内设置一套冷水设施（图2-19）。

②集中冷源：集中冷源的基本形式是全线的若干个车站共设一个冷冻站，通过在区间隧道铺设冷冻水管线给这些车站提供空调冷源。如：广州地铁2号线就采用了这种方式。采用此种冷源系统形式，车站节省了冷冻机房的空间，但全线需要在适当位置设置几个集中冷冻站，同时还需在区间隧道中铺设冷冻水管道，冷冻水管的管径较大，沿途冷量损失较多。主要是解决了在车站设置冷源时，冷却塔的室外放置问题。

目前还出现了另外一种形式的集中冷源技术方案构想，即设置集中冷却站的形式，其基本系统形式是全线的若干个地下车站共设一个冷却站，通过在区间隧道铺设冷却水管线给这些车站提供空调冷却水，同时在地下车站需要设置冷冻机房，并配置水冷冷水机组。采用此种冷源系统形式，全线需要在适当位置设置几个集中冷却站，车站的冷冻机房不需设置冷却水泵，但仍需设置冷水机组和冷冻水泵，同时在区间隧道中铺设冷却水管道，其优点是冷却水管不必考虑保温，克服了设置集中冷冻站时出现的冷冻水管沿途冷量损失较多的问题，也解决了在车站设置冷源时，冷却塔的室外放置问题，但是车站仍然需要一定的冷冻机房面积。此种形式的集中冷原技术方案现在还停留在研究阶段，尚未有已经得到应用的工程实际案例。

3. 国内城市轨道交通通风空调系统传统技术现实存在的问题

从国内现有的城市轨道交通通风空调系统的设置和运行状况分析，目前的城市轨道交通通风空调系统能够满足城市轨道交通的功能需求，已经达到了比较成熟可靠的水平，城市轨道交通内部空气环境的舒适性方面是基本能够在不同的水平上实现的，达到了设置城市轨道交通通风空调系统的目的。但在通风空调系统设置的优化和系统运行节能以及系统设备的安装实施等方面还存在许多需要加以考虑和解决的问题，简单归纳有以下几个方面：

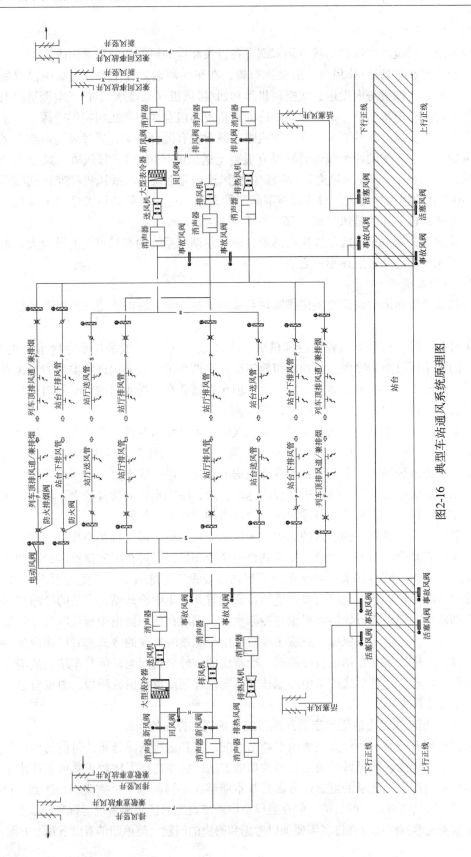

图2-16 典型车站通风系统原理图

2.4 城市轨道交通通风空调系统的现状

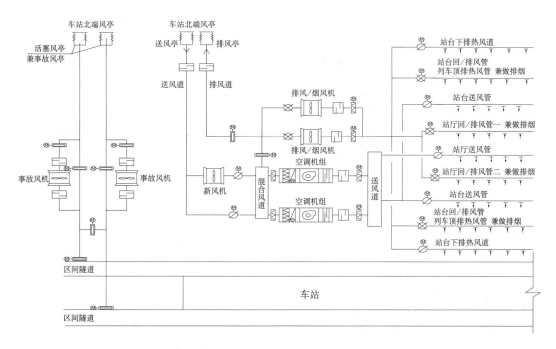

图 2-17 典型车站通风空调系统原理图（站台不设置屏蔽门）

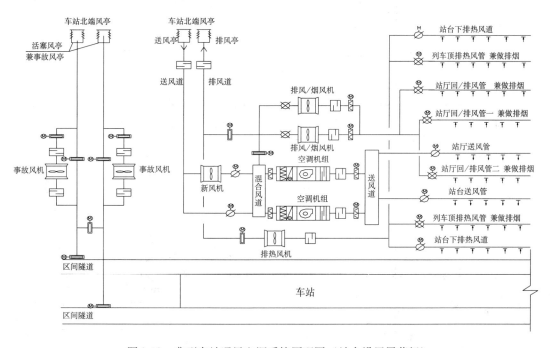

图 2-18 典型车站通风空调系统原理图（站台设置屏蔽门）

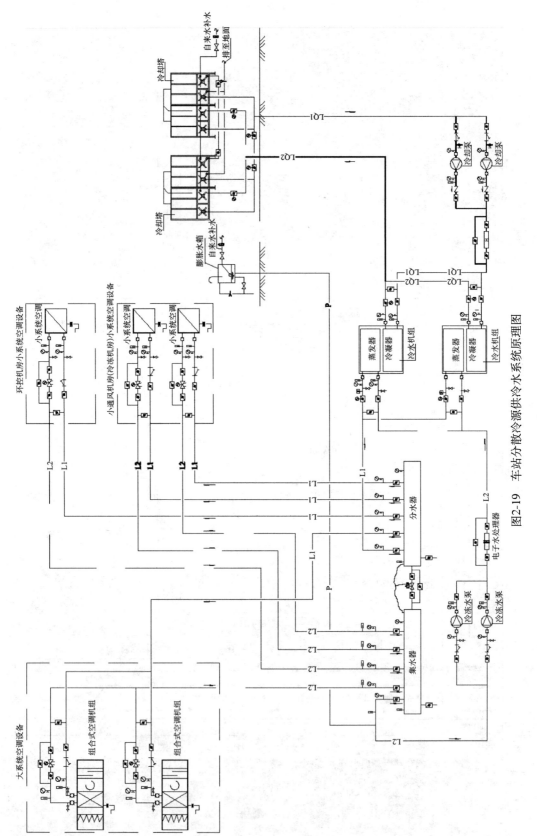

图2-19 车站分散冷源供冷水系统原理图

(1) 系统设置构成方面

现有的城市轨道交通通风空调系统的构成繁复,一般划分为区间隧道通风系统(车站设置屏蔽门时还需要设置列车顶部和站台下部的排热通风系统)、车站公共区通风空调系统、车站设备及管理用房通风空调系统和空调水系统等几个组成部分,在设置上均相互独立,在运行上也具有相对的独立性,例如:车站通风空调系统正常运行时,区间隧道通风系统是处于停运状态的。另一方面,系统的设备构成复杂,如车站通风空调系统的设备就包含了空调机组、空调回/排风机、空调新风机、全新风机和相关的风阀、消声器等诸多设备,这些设备之间相互协调配合完成所设定的通风空调系统的功能。而其投资一般约为每个地下车站1000万~1500万元。

(2) 系统占用地下空间与面积方面

城市轨道交通的巨大投资已经成为我国城市轨道交通发展的一个瓶颈,其中车站土建造价约占总投资的30%。如何降低城市轨道交通的造价成为当前一个急需解决的课题。由于城市轨道交通通风空调系统构成上的复杂性,导致通风空调系统对机房面积的需求大大增加,占用空间过大,现有城市轨道交通通风空调系统形式与车站主体结构的施工方法紧密相连,尤其是通风空调系统占用的地下机房面积比较大,一般在 1200~2500m^2 左右,上海地铁和广州地铁对此有具体的统计数据。

表2-2给出了广州地铁1号线地下车站(未设屏蔽门)设备及管理用房的面积情况。从表中的数据可以看出这些已经实际建成运营的城市轨道交通工程中,通风空调系统的机房面积基本上为$2000m^2$左右,占到所有设备及管理用房面积的55%~60%。

表2-3给出了广州地铁2号线其中一个地下车站(设置屏蔽门)设备及管理用房的面积情况。

广州地铁1号线地下车站设备及管理用房面积汇总　　　　表2-2

站名	通风空调系统用房面积 (m^2)	其他设备及管理用房面积 (m^2)	车站设备及管理用房总面积 (m^2)	通风空调系统用房所占面积比例
黄沙	2074	1346	3420	
长寿路	2192.2	1497	3689.2	
陈家祠	1950.5	1358.6	3309.1	60.66%
农讲所	2199	1445.7	3644.7	
杨箕	2099.6	1171.8	3271.4	
芳村	1999	1603.6	3602.6	
西门口	2061.7	1434.3	3496	
烈士陵园	2054.5	1572.3	3626.8	58.21%
东山口	2120.8	1243.6	3364.4	
体育中心	2124	1583.4	3707.4	
公园前	2700.6	1675	4375.6	
体育西路	2070.9	1729.9	3800.8	55.72%
广州东路	2076.7	2038	4114.7	
花地湾	2018.8	1604.3	3623.1	

注:广州地铁1号线地下车站不设屏蔽门,列车按6节编组确定。

广州地铁 2 号线琶州地下车站设备及管理用房面积汇总 表 2-3

站 名	通风空调系统用房面积（m²）	其他设备及管理用房面积（m²）	车站设备及管理用房总面积（m²）	通风空调系统用房所占面积比例
琶州	1214	1289	2503	48.5%

注：广州地铁 2 号线地下车站设屏蔽门，列车按 6 节编组确定。

当然，不同型式的车站具有各自的不同要求，但从统计数据上可以看出通风空调系统占用房间面积的基本情况。

表 2-4 和表 2-5 涵盖了车站设置屏蔽门和车站不设屏蔽门两种情况，因而具有广泛的代表意义，从表中可以看出，现有的通风空调系统在车站中占用的机房面积是较大的，在车站总面积中占有的百分比也是较大的，在车站设置屏蔽门时，机房面积最小为 1100m²，最大达到了 2100m²，占车站总面积的百分比最小为 12.3%，最大达到了 26.0%，当车站不设屏蔽门时，机房面积最小为 1538m²，最大达到了 3249m²，占车站总面积的百分比最小为 11.9%，最大达到了 29.0%。

从表 2-6 中的数据可以明确看出现有城市轨道交通通风空调系统的机房面积也基本上为 2000m²，而其与其他设备及管理用房所占用的面积相比，基本上前者是后者的 1.5 倍，要占到车站所有用房面积的 55%～60%。

上海地铁 1 号线汇总表 表 2-4

站名	火车站	汉中路站	新闸路站	人民广场	黄陂南路	陕西南路	常熟路	衡山路	徐家汇	上体馆	漕宝路
车站类型	地下车站										
	车站设置屏蔽门（m²）　列车按 8 节编组										
A	1680	2069	1990	1760	1160	2141	1114	1124	1934	1200	1531
B	10331	7963	9482	12425	9436	9420	7985	5520	12320	7323	7385
C	16.2%	26.0%	20.9%	14.1%	12.3%	22.7%	14.0%	20.3%	15.7%	16.4%	20.7%

注：A 表示车站通风空调系统用房面积；
　　B 表示车站总面积；
　　C 表示车站通风空调系统用房面积占车站总面积的百分数。

上海地铁 2 号线汇总表 表 2-5

站名	中山公园	江苏路	静安寺	石门一路	人民公园	河南中路	陆家嘴	东昌路	东方路	杨高路	世纪公园	龙阳路
车站类型	地下车站											
	车站不设屏蔽门（m²）　列车按 8 节编组											
A	2209	2126	2509	2297	2653	2893	3307	1809	2482	3249	2318	1538
B	13820	8603	11907	10724	13582	13924	12714	8706	8568	14775	9674	12946
C	16.0%	24.7%	21.0%	21.4%	20.1%	20.7%	26.0%	20.8%	29.0%	22.0%	24.0%	11.9%

注：A 表示车站通风空调系统用房面积；
　　B 表示车站总面积；
　　C 表示车站通风空调系统用房面积占车站总面积的百分数。

2.4 城市轨道交通通风空调系统的现状

广州地铁 1 号线地下车站设备及管理用房面积汇总表 表 2-6

站　名	D（m²）	E（m²）	F（m²）	G
黄沙	2074	1346	3420	
长寿路	2192.2	1497	3689.2	
陈家祠	1950.5	1358.6	3309.1	60.66%
农讲所	2199	1445.7	3644.7	
杨箕	2099.6	1171.8	3271.4	
芳村	1999	1603.6	3602.6	
西门口	2061.7	1434.3	3496	
烈士陵园	2054.5	1572.3	3626.8	58.21%
东山口	2120.8	1243.6	3364.4	
体育中心	2124	1583.4	3707.4	
公园前	2700.6	1675	4375.6	
体育西路	2070.9	1729.9	3800.8	55.72%
广州东路	2076.7	2038	4114.7	
花地湾	2018.8			

注：D 表示车站通风空调系统用房面积；
E 表示车站其他设备及管理用房面积之和；
F 表示车站设备及管理用房面积总和；
G 表示车站通风空调系统用房面积占车站设备及管理用房总面积的百分数。

当然不同型式的车站具有各自的不同要求，但从统计数据上我们依然可以看出通风空调系统占用面积的情况，在地下空间寸土寸金的建设造价中，此系统所占用的投资之大，可以清晰地显现出来。

机房面积过大带来的问题有两个：第一，在寸土寸金的地下空间建设造价中，通风空调机房所占用的土建造价极高。对于暗挖车站，因为土建造价更高，这一问题更为突出。第二，由目前应用传统通风空调系统形式的车站来看，车站主体结构采用明挖法施工时，车站空间比较富裕，基本能够满足通风空调的机房面积、位置和风管安装空间的要求；当车站采用暗挖形式时，土建面积往往因为施工场地的原因必须减小，导致通风空调机房难以找到合适的位置，车站面积内也根本无法设置足够大的全空气通风空调机房。

（3）系统运行能耗方面

城市轨道交通的电力能源消耗主要体现在城市轨道交通的列车的牵引用电和通风空调系统用电两个方面，在现有的城市轨道交通线路的实际耗能统计中，通风空调系统的耗能巨大，达到了城市轨道交通总能耗的约 30%～50% 左右。

上海地铁 2 号线的通风空调系统每小时耗电量为 903～1572kW，上海地铁 1 号线的通风空调系统每小时耗电量为 1048～2579kW。

据介绍，广州地铁 1 号线的能耗，牵引用电仅占约 17%，而通风空调系统用电约为 48%～50%，如此巨大的能耗，使得城市轨道交通的运营费用居高不下。

通风空调系统中的构成设备水冷机组、空调机组、通风机组等装机容量大，运行耗能巨大。据介绍，广州地铁 1 号线的能耗，仅 1999 年夏季空调系统电耗费用就占到总收入的 2/3。如此巨大的能耗，严重影响了城市轨道交通运营的经济性。

（4）设备选用标准方面

在城市轨道交通通风空调系统的设备的选用方面，出于各类因素考虑，也或多或少的存在着对设备的选型标准过高的情况，也有的情况是相关的设备系统选型标准脱节，个别系统设备选用标准较高，而与之相配合的其他设备系统的选用标准保持在能够满足城市轨道交通功能要求的水平上，二者不相协调，而高标准设备所具备的高标准功能没有得以发挥，或没有存在的必要，这同样造成设备采购和安装以及维护、保养等费用的加大和设备冗余或者设备功能的浪费。

（5）设备安装实施方面

在城市轨道交通建设过程中，设备按照不同设计年限和负荷情况分期实施是既满足实际运营要求，又节省投资的方式，但在现有的城市轨道交通通风空调系统的设备建设安装中，由于出于一次完成投资，担心日后工程实施过程中会出现投资或工程分期施工可能会带来实施上的难度等因素的考虑，目前基本上尚未实现理想上的安装实施方式，不但加大了初期的投入，而实际上也造成了系统设备容量的闲置，系统能耗的增加。

（6）系统标准水平方面

在城市轨道交通的内部空气环境中，国家现行的《地铁设计规范》GB 50187—2003在区间隧道、车站公共区的站厅和站台以及车站的设备及管理用房等的空气温度、湿度等指标方面都提出了控制标准，在人员的新风量上也给出了控制指标，这些都是在充分考虑了人员的生理和心理要求，人员的舒适性需求和设备运转对周围环境条件的要求的基础上，结合系统运行节能的思路而确定的，是满足地铁的运营和乘客、工作人员的要求的，是经过国外逾百年的地铁运营实践证明可行的标准，在国内城市轨道交通内部空气环境的控制上完全可以使用。

在目前的城市轨道交通建设中，出现了个别不考虑城市经济实力和投资，片面追求提高系统设计标准的势头，认为内部空气环境标准越高，越能体现城市轨道交通的档次的想法，这对城市轨道交通建设的投资极为不利，且不言设备和土建费的增加，仅从运行费用上给出一个数据就足以说明问题，假设城市轨道交通地下车站空气温度标准在现行标准的水平上降低1℃，就意味着通风空调系统负荷和耗能大约增加7%，其他标准水平的提高，在初投资和运行费用上的增加，其结果是不言而喻的。

（7）充分利用自然条件方面

与节省运行能耗相适应，充分利用自然条件是一条切实可行的途径，在城市轨道交通地下线路中，利用列车运行所带来的不必消耗能源的活塞通风效应，进行城市轨道交通的通风换气是一种较好的措施，但应根据实际情况加以应用，在活塞效应发挥作用的情况下应尽量加以应用，反之，则可不必强求，而在现有的城市轨道交通建设中确实存在不加分析的照搬照抄现象，给工程建设造成了浪费。

同时，一些与此相关的、未加全面分析的做法也在不时影响我们的城市轨道交通建设，例如地下车站是否设置屏蔽门，需要设置哪种类型的站台门等，就应该经过细致全面的技术和经济比较后再加以抉择。

（8）系统负荷计算方面

城市轨道交通通风空调的负荷计算是城市轨道交通通风空调系统设置的基础，计算负荷对系统设备容量的确定以及与之相配套的供配电设备的容量的确定，都具有决定性的影响，从而对城市轨道交通建设的造价和投资也产生影响。现在，国内外对于城市轨道交通通风空调负荷的计算，具有几种不同的方法，都是以不同的模型和实际运行经验为基础提出的，在国内城市轨道交通的设计上，基本是参考了美国、苏联、日本以及国内相关单位在总结北京、上海等城市的城市轨道交通运营经验基础上提出的计算方式，如何对城市轨道交通的实际情况加以预测和分析，合理采用负荷计算方式，并提出适合实际需求的负荷计算结果至关重要。目前在城市轨道交通的建设中，由于建设历史不长，参与设计的单位经验和水平不一，导致在进行负荷计算时方法盲目，经验不足的现象时有出现，少数单位为保证工程实施的可靠性，不得不人为地加大安全系数，由此对工程造价的增加产生了相当大的影响。

（9）系统技术优化和创新方面

世界上以地铁为代表的城市轨道交通建设只有一百多年的历史，中国的城市轨道建设历程更短，从 1965 年北京地铁的建设至今，只有不到 50 年的时间，在城市轨道交通技术的发展上还存在许多不足，城市轨道交通的通风空调系统技术在国内的发展，也只是在北京地铁 1 号线、北京地铁 2 号线和上海地铁 1 号线等实际工程的基础上从无到有，并在不断改进和完善，至今为止，我们经历了从简单的通风系统到复杂的通风空调系统的发展历程，取得了相当大的成就，但是，也必须和应当看到，自 80 年代的上海地铁 1 号线提出的城市轨道交通通风空调系统方式到现在，在国内大多数城市轨道交通工程建设中，通风空调系统的技术只是在此基础上不断的具体改进和完善，一直没有产生飞跃性的进步，并且，为满足所需功能的要求，系统设置的复杂程度在不断增加，对控制上的要求在不断提高，这就直接造成系统造价和运行费用的直线上升，现在已经到了需要对城市轨道交通通风空调系统进行大力优化，并积极创新，寻求技术和科技进步，以促使其产生技术上的质的提升的时候了。

（10）新技术、新工艺和新设备应用方面

当今世界，科学技术发展迅速，新产品、新工艺、新设备在大量涌现，对于解决存在的问题具有重要作用，但在城市轨道交通建设中对这方面的关注程度还不够高，城市轨道交通建设尤其是城市轨道交通通风空调技术还没有充分享受到由此带来的巨大的益处，若要到不能不引起重视时才意识到，那么我们将停滞不前。

4. 城市轨道交通通风空调创新需遵循的前提

城市轨道交通通风空调与供暖的传统系统技术存在的不足直接导致了城市轨道交通通风空调系统造价的增加和运营费用的加大，对此必须加以切实解决。同时，应该看到，城市轨道交通通风空调系统一定要以创新的技术、创新的理念来克服目前的问题与不足。在此，还必须明确城市轨道交通通风空调系统技术的创新应该在满足系统功能的原则下，本着降低初期投资和长期的运行费用两个方面开展工作，二者是不可偏缺的。

城市轨道交通通风空调系统的创新可以在以下几个方面作深入的研究和探讨。

（1）满足必需的功能要求

城市轨道交通通风空调系统的设置是为了控制城市轨道交通内部的空气环境，并在发生列车阻塞和火灾等事故情况时为人员提供安全保障，这些都是基本的目的，是必须要满足的基本的、必要的使用功能，应该在这些方面给予细化和具体化，不能片面地为减少投资而降低标准，减少系统的功能，降低服务品质，以保证城市轨道交通运营的安全、可靠和舒适。

在此基础上，应特别注意，不应盲目增加不必要的附加功能或过高的功能，以避免投资的浪费。例如：地面建筑中的恒温、恒湿和恒定的气流场等，均不宜在城市轨道交通工程中予以体现。

（2）选择适当与合理的标准

设计标准是系统设置要达到的目的，设计标准不同，对通风空调系统的选择与构成以及设备的选用都会具有决定性的影响，应该根据人民生活水平、国家政策、生活习惯以及城市经济实力的实际情况，制定适当与合理的标准，目前国家现行的《地铁设计规范》GB 50157—2003 提出的控制标准和控制指标，是在充分考虑了人员和设备周围环境条件的要求的基础上，结合地铁系统运行节能，并充分考虑到我们国家经济发展水平和经济实力而确定的，是满足地铁的运营和乘客、工作人员的要求的，在国内城市轨道交通内部空气环境的控制上完全可以予以执行。

当然，不同城市和地区可以结合人们的生活习惯适当提高，但要注意不能无原则地人为将标准拔高，如此的话，对工程投资的压力将大大增加。应在自身条件允许的前提下选择适当和合理的标准。

（3）进行精确的计算

系统计算是在系统标准和外界标准确定的基础上开展的，准确合理的计算结果，对于系统的设备容量和参数选择以及相关的电气设备的选配至关重要，对工程投入影响巨大。

由于城市轨道交通内部情况复杂，各种工况影响因素众多，再加上发展历史很短，工程实验、测试和研究分析等工作还非常不足，在系统计算方面，还有许多工作要深入进行，在城市轨道交通的建设中，应多方参考相关的理论和实践经验，结合城市轨道交通的实际情况进行合理而准确的计算，避免由于没有确定的把握，而人为地增大安全余量，这会造成设备选择容量的加大，供配电设备负荷的增加，从而增大占用的面积，提高设备和土建费用，并会导致系统能力冗余的出现，系统效率也会大大降低，运行费用增高，对运行节能非常不利。

（4）因地制宜选择恰当的系统方式

城市轨道交通内部空气环境的控制，应因地制宜地选择恰当的通风空调系统方式来实现。

在现有的城市轨道交通线路的运营统计中，在空调季节时，城市轨道交通通风空调系统的用电约占城市轨道交通总用电量的 1/3～1/2 的比例，因此，合理的通风空调系统方式，不仅有利于地下空间的节省，更有利于运营成本的降低。

城市轨道交通选择通风空调系统方式时需要考虑的因素应包括以下几方面：

1）气候条件

城市轨道交通建设所在城市和地区的气候条件是影响通风空调系统选用的主要因素，我国地域广阔，覆盖了从亚热带气候至北温带气候的巨大跨度，南方与北方气候变化差异巨大，例如沈阳的最热月的空气平均温度只有 24.6℃，北京则为 25.6℃，而广州就达到了 28.3℃。

2）运力因素

在城市轨道交通系统中，发热量主要来自列车运行散热、乘客人体散热、照明散热、设备及广告散热，当室外空气的焓值高于城市轨道交通地下线路洞内空气的焓值时，还应考虑进入洞内的空气带入的热量，其中列车运行散热是最主要的发热量，几乎占总热量的70%，因此城市轨道交通的运力对通风空调系统的选用具有决定性的影响。

3）结构类型和地质情况

城市轨道交通的结构类型及其周围的地质条件对城市轨道交通的地下建筑的影响巨大，地层是一个大的热容体，它的热物理特性不同，会导致对城市轨道交通放热和吸热情况不同，从而影响通风空调系统的选择。

4）标准、习惯与经济实力

标准不同，系统的选择也会相应进行调整，另外在不同的地区，人们的习惯不同，如夏天南方人要比北方人更喜欢低一些的空气温度环境。

城市的经济实力也是影响通风空调系统选择的重要因素，在经济条件受限制的情况下，系统设备的选择应立足于国产化，降低设备的采购费用，以现有的国内通风空调设备生产水平和能力而言，随着我国的技术进步、技术引进和消化吸收，国内通风空调系统所采用的机电设备的制造厂和制造商的产品质量和服务水平已经获得了长足的进步，大部分已达到或接近国际先进水平，已经可以完全满足城市轨道交通建设和运营的需要，为各城市实施城市轨道交通项目设备的国产化创造了良好的条件。设备的国产化将大幅度地有效降低城市轨道交通的建设投资。

由于各地气候不同，城市轨道交通的客流不同，运力不同，人们的生活习惯和要求存在差异，因此对城市轨道的建设而言需要在全面考虑上述四个方面主要因素的前提下，进行详细的技术经济比较，以确定恰当的通风空调系统方式。

并且，应该强调的是，各地的自然条件对于通风空调系统方式的选择具有非常大的影响，要从城市轨道交通的造价和运营节能的高度给予充分的重视，对于国内北方城市，应充分利用其季节空气温差大、昼夜空气温差大的特点，尽量采用通风系统方式。

《地铁设计规范》GB 50157—2003 规定：①在夏季当地最热月的空气平均温度超过25℃，且地铁高峰时间内每小时的行车对数和每列车车辆数的乘积大于 180 时，可采用空调系统；②在夏季当地最热月的空气平均温度超过25℃，全年空气平均温度超过15℃，且地铁高峰时间内每小时的行车对数和每列车车辆数的乘积大于 120 时，可采用空调系统。

这是在综合考虑了各地的气候条件、地铁运力和地铁围护结构以及土壤的热壅效应等基础上制定的，是考虑既充分利用冬、夏季节和昼夜空气温差的特点，又紧密结合城市轨道交通通风空调系统的运营模式要求所确定的，在城市轨道交通建设中应结合各地的实际情况，给予高度重视，不能简单化的对待。

同时要克服未经全面分析，只看表面现象，对通风空调系统方式照抄照搬的现象，例如，前文所述的屏蔽门的问题就是如此，必须看到屏蔽门在安全方面具有自身的优势，在空调季节具有较好的节省能源的作用。但屏蔽门本身的造价初投入也是巨大的，而且，并不是任何城市、任何情况下都具有上述优势，应该实事求是地加以分析，简单而言，对于南方空调季节较长的城市，从全年能耗角度分析，是具有较好的节能效果，再加上安全方面的特长，可以予以实施，而在空调季节较短的城市，则不必硬性采用，平白无故地加大建设费用，也不利于在空调季节之外的季节充分利用外界自然条件，国内长江流域以北的广大地区，基本上都处于此种状况，至于所担心的安全问题，一方面可以通过良好乘车秩序的形成，良好的乘车环境的建造，良好的乘客素质的培养来加以解决，这在国外的城市轨道交通运行中比比皆是，且行之有效，另一方面，完全可以采用合理设置各种类型的站台门的方式来解决问题，同时还有利于充分利用自然能源，这在国外如巴黎和日本的一些城市中已不乏先例，在地下车站的站台设置了不同的站台门，多年的实践证明完全是合理和可行的措施。

(5) 简化和优化系统方案

通风空调系统方案选定后，在实施过程中，应结合实际情况进行具体的优化，尤其是简化，不能不加分析的将系统方式在不同的情况下，只进行简单的拷贝，要适应实际特点，在坚持系统原则的基础上，加以具体调整和应用，做到既实现功能又精益求精。

(6) 充分利用自然条件

不同城市的外界自然条件，尤其是气候条件存在差异，在同一个城市也存在着昼夜空气温差和季节空气温差，对城市轨道交通的内部空气环境而言，与外部环境的差异也是较大的，应考虑充分利用，例如，城市轨道交通线路上运行的列车在区间隧道内高速运行时会产生活塞效应，当系统布置合理时每列车产生的活塞风风量约为$1500\sim1700m^3$，这种节约能源的条件应充分考虑应用。

(7) 制定科学的运行模式

在城市轨道交通的运营中，通风空调系统的运行模式应根据不同的季节、不同的客流、不同的运行时间和不同的城市气候特点予以制定，这需要不断在实际运营中总结实践规律，从而达到针对实际运营情况采取有效的运行方式，节省运行费用的目的。像北京地铁曾尝试过加强夏季夜间通风和对地铁进行冬季大风量通风等运行方式，实事求是地讲，这些具体做法和措施取得了较好的实际效果，对于北京地铁内部空气温度的降低，起到了不错的效果，而由于在系统操作上和运行方式的详细设置上对北京地铁工作人员所在的实际环境情况有一定的考虑不足，未能坚持下去，殊为可惜，但其思路和做法确实是应该给予肯定和完善的。

(8) 设备容量和数量的有机配置

由于建设周期不同，在时间紧迫的情况下，国内城市轨道交通对于设备分期安装，分期实施的问题现在没有给予更充分的重视，致使初投资增大，运营能耗增加，对于城市轨道交通通风空调系统来讲，其冷量和风量的大小主要取决于城市轨道交通的客流量和列车通过能力，而在不同的时期，这些指标是不同的，城市轨道交通的客流量和列车通过能力远期大于近期，通风空调系统设备的能力应与之相匹配。因为城市轨道交通的土建扩建极为困难，因此通风空调系统应当按城市轨道交通预测的远期运力设定系统的能力，选择设备的容量，当建设和管理体制允许的前提下，在设备的安装上，应分期实施，保证不同的时期不同的投入，并且合理的分配建设资金。

(9) 重视系统技术创新和研发，应用新产品、新设备、新工艺

国内城市轨道交通通风空调系统发展了将近50年的时间，时间还很短，但已经从无到有，并满足了创造城市轨道交通的内部空气环境的功能需要，应该讲已经取得了巨大成

就。然而，近20年，大多数城市轨道交通实际工程项目中，却在通风空调系统技术的发展上和创新上没有取得突破性的进展，显得有些保守，这对于追求技术进步以及由此带来的经济上的效益方面是不足的。出现这种情况的原因在某种程度上可能是由于城市轨道交通建设工程极端重要，投资巨大，对任何一个城市的基础设施建设而言，都是极为重要的，都是城市建设的一号工程，容不得出现任何闪失，因此总会优先采用既有的成熟技术，最多是在此基础上作些微小的调整，而对于新技术的应用和研究存在忧虑，对新产品、新设备、新工艺的应用存有担心。这种心态完全可以理解，完全是出于担心新东西不易把握，应用效果心中没底，怕一旦贸然采用为工程建设带来风险。实际上我们应该提倡的是在翔实、可靠的研究和探讨基础上的系统技术的新发展，不是盲目、随意地使用新东西，既要追求技术上的进步，对新技术应仔细探求其适用性和可靠性，对新事物不加以随便排斥，又不能简单和片面的不加分析的予以采纳，仅仅只是为追求创新而创新。

令人可喜的是在城市轨道交通通风空调技术上，已经出现了一些良好的尝试，并取得了很好的实际效果。

（10）大力开展实际运营测试和理论研究与总结

国内已有北京、上海、广州和天津等多个城市，多条运营的城市轨道交通线路，正在建设和准备建设城市轨道交通的城市或新的城市轨道交通线路更多，通风空调系统的几种基本形式均已得以实际应用，应在实际运营的基础上，开展必要的现场实验和测试，并结合计算机模拟计算进行总结和深入的分析与探讨，完善原有的通风空调系统技术理论，总结实践经验，发展新理论，以指导和规范城市轨道交通的建设，促进城市轨道交通通风空调系统技术的更大发展，更好地为乘客服务，为城市轨道交通建设服务。

5. 城市轨道交通通风空调系统新技术

城市轨道交通的技术发展水平，尤其是核心技术和具有自主知识产权的关键技术的发展水平，从一个侧面体现了国家的科技水平，从降低初投资和节省运营能耗等解决城市轨道交通通风空调传统系统存在的不足出发，多年来，众多的专业技术人员进行了多方的尝试与努力，目前已经在国内研发出了多项新的技术与相应的产品设备，并取得了很好的经济效益与社会效益。最主要的创新技术有以下几个方面：

（1）暗挖车站新型通风空调系统；

（2）通风空调多功能设备集成系统；

（3）严寒地区通风系统；

（4）可调通风型站台门式通风空调系统；

（5）可调通风型站台门式通风系统；

（6）蒸发冷凝式通风空调系统；

（7）区间隧道火灾自然排烟；

（8）地层渗漏气体通风排除技术。

本书在后面的章节中将分别对这些创新技术进行阐述和论证，对新型通风空调系统的运营测试效果进行分析，并对相关设备进行介绍，同时对创新技术的节能效益及发展前景进行展望和论述。

第3章 城市轨道交通暗挖车站新型通风空调系统

3.1 总概述

3.1.1 背景

目前，城市轨道交通地下车站的施工方式通常有全明挖（含盖挖）、全暗挖和明暗结合这三种形式。国外20世纪六七十年代，城市轨道交通建设规模较大，主要是采用明挖法进行城市轨道交通的修建，明挖法虽然成本较低，但施工期间破坏路面，阻断交通，地面建筑拆迁与交通改动费用大，结构建成后，土方回填使地下建筑结构抗震性能下降，从而导致人们日益关注暗挖施工技术。采用暗挖工法施工不影响地面交通和设施，因此越来越得以广泛应用，但这种形式同时也导致了城市轨道交通的建造成本更加高昂。

城市轨道交通具有地上和地下两种线路敷设形式，对于地上线路而言，通风空调系统设置方式简单，最合理的系统设置方式就是将城市轨道交通的线路和车站建筑结构形式与通风空调系统的要求结合考虑，充分利用外界的自然条件，实现有效的内部空气环境的合理性控制，因而造价投入不大，研究重点是地下线路部分的通风空调系统如何能够根据工程建设实际，进行技术上的创新，达到既满足功能需求，又最大限度地降低建设投资和运营能耗。

由于城市轨道交通内部存在的巨大空间和热、湿负荷，通风空调系统的风机、制冷机、空调机组等设备的装机容量都相当大，由此占用了巨大的机房空间，并导致了大量的土建投资和设备投资以及高昂的运行能耗费用，尤其是巨大的运行能耗在城市轨道交通的运营成本上显得极为突出。据有关方面的数据显示，广州地铁1号线（无屏蔽门）1999年夏季票务收入的2/3用于支付电费，其中通风空调系统的用电占据了最大的份额。从国内外城市轨道交通运营的多年实践分析，通风空调系统能耗在城市轨道交通总能耗中通常占到相当大的比例，严重影响着城市轨道交通运营的经济性。因此通风空调系统的节能具有重要的意义，是降低城市轨道交通总投资和运行费用的关键因素。

综上所述，提出一套适合暗挖形式城市轨道交通地下车站的新型通风空调系统技术，以减少土建等建造费用，并降低运营能耗，已经成为城市轨道交通系统研究领域急需研究和解决的重要课题。

3.1.2 暗挖形式地下车站的特点与需要解决的问题

城市轨道交通地下车站通常都设在城市的交通枢纽、商业、居住中心等地带，这些地区交通繁忙，建筑物密集、地下管线及周围构筑物复杂、商业繁华，因此地下车站建造过程中采用明挖法施工难以实施，另外，有的地方线路埋深较大，用明挖法施工经济性较差，因而迫不得已采用不影响地面环境且相对于明挖法经济性较好的暗挖法施工。

暗挖法施工作业均在地下进行,既不影响地面交通,又可减少对附近居民的噪声和振动影响,且不受气候影响,从而避免因地上、地下拆迁、断路、中断交通所带来的经济损失。暗挖类型施工方法的结构顶部覆土通常在 6m 以上,为了更好地承载围岩压力和地面荷载,结构顶部一般做成拱形。根据地质条件、施工方法和使用功能的不同,结构形式可以分为单拱和多连拱的单层形式和双层形式或多层形式。

暗挖法施工的地下车站的拱形结构与明挖法施工的地下车站的平顶框架结构最大的不同,就在于其断面形状为拱形或连拱形,因此在拱顶边墙内存在部分结构构造空间,从建筑空间意义上来看,这些空间当属无用空间,但如能有效利用于各类设备的布置和管线的安装,将可以大大降低各类设备对其他空间的要求。

尽管暗挖形式施工有着工程应用中的种种优点,但其缺点也是很明显的,就是造价要远高于明挖形式施工,平均造价每平方米就要高出数千元。因此,对于城市轨道交通工程来说,能够减少暗挖形式的地下车站的土建面积对于降低造价具有很重要的意义。

3.2 传统地下车站通风空调系统在暗挖车站中的应用分析

由前所述,目前国内城市轨道交通通风空调系统根据当地的气候条件和城市轨道交通的运输能力所确定,主要采用通风或通风空调系统,按照设备的配置情况,城市轨道交通通风空调系统分为通风系统、无屏蔽门通风空调系统和有屏蔽门通风空调系统三种制式,为全空气集中通风空调系统,系统构成复杂,占用空间巨大,并主要由以下几部分组成:

(1) 区间隧道通风系统(兼区间隧道防排烟及事故通风系统):此系统担负区间隧道通风与防排烟和事故通风,从工程建设出发,区间隧道通风机房基本上与地下车站建设相结合,一般设置在地下车站的两端与区间隧道相衔接的部位。当区间隧道需要进行通风、发生事故或灾害时,相关车站的区间隧道通风系统协同动作运行,但根据其布局和机房所处位置与城市轨道交通土建布局与施工建设的相对关系,将此系统纳入车站通风空调系统统筹设置,整体考虑,因此,将其归入车站通风空调系统的组成范畴。

(2) 车站公共区通风空调系统(兼排烟):在正常工况下,为乘客提供过渡性舒适环境;在火灾事故工况下,能够迅速组织有效的排除烟气。

(3) 车站设备及管理用房通风空调系统(兼排烟):在正常工况下,保证各房间内的空气环境符合相关规定标准,满足有关设备专业的工艺要求;并在火灾事故工况下,能够迅速组织有效的排除烟气。

(4) 空调冷源系统:为车站空调系统排除余热、余湿负荷提供稳定可靠的冷源,通常应用最广泛的是由冷水机组、冷冻水泵和冷冻水管线组成的冷冻水系统以及由冷却塔、冷却水泵和冷却水管线组成的冷却水系统,它们共同构成空调水系统。也有采用多联机等其他的冷源形式。

(5) 车站隧道排热风系统:如地下车站站台边缘安装屏蔽门时,在屏蔽门外侧的地下车站停车位置一般称之为车站隧道,在车站隧道的停站列车的顶部空间和站台下部空间设置有排热风系统,可以直接高效地排除列车顶部的空调器散热和底部的机械或电气等的发热。

3.2.1 传统通风空调系统的改进应用可行性分析

1. 通风空调系统减小占用面积的可行性分析

区间隧道通风系统一般构成比较简单,主要设备只有事故风机以及相应的风阀和消声器等,基本上不存在进一步简化的余地。

车站公共区通风空调系统的机房是地下车站中占用面积最大的设备用房。常规地下车站公共区通风空调系统的机房面积大多在 1000m^2 以上,机房内设备相对较多,存在可以优化的余地。

车站设备及管理用房通风空调系统采用的系统形式包括空气—水空调系统、全空气空调系统和通风系统。因为各类设备及管理用房的面积一般都不大,常规车站多在 1000m^2 左右(不含通风用房),所以车站设备及管理用房通风空调系统机房无论采用何种方式,其占用面积都不会很大,一般在 100~150m^2 以内,减小的余地不大。

空调冷源系统的制冷机房在地下车站中所占面积比较小。如果采用集中式冷冻站的方式时,地下车站就不再需要制冷机房。根据目前情况来看,除非制冷技术出现某种革命性的突破,否则制冷设备布置所需面积不会有大规模减小的余地。

因此,为了减少通风空调系统机房面积,实现对城市轨道交通通风空调系统的优化,主要就体现在对车站公共区通风空调系统的优化和改进上。针对采用全空气集中式通风空调系统占用面积过大的问题,以空气—水空调系统的原理为基础,根据地下车站实际建筑和结构形式,结合通风和排烟要求,构造出新型的通风空调系统(简称地下车站新型空气—水系统)是最实际可行的技术路线。

2. 通风空调系统减小运行能耗的可能性分析

对于城市轨道交通通风空调系统而言,空调冷负荷和通风量的大小主要取决于城市轨道交通的客流量和列车通过能力。在不同的时期,这些指标是不同的,实际负荷会发生变化,但通风空调系统的装机容量却是按照综合最大负荷确定的,而且,通风空调设备目前基本上是一次完成安装。当负荷发生变化时,若通风空调系统能够根据实际负荷的大小适时调整冷负荷和通风量,就能够做到最大程度的节省运行能耗。目前所采用的全空气通风空调系统,比较普遍的是应用风机变频设备进行通风量的调节;以及采用变频冷冻水泵进行空调冷冻水流量的调节。

如果采用空气—水空调系统,则是可以采用风机盘管+新风的处理模式,当负荷发生变化时,通过关闭或开启部分风机盘管,可以很容易地做到调整系统负荷的目的,从而实现通风空调系统的运行节能。

3.2.2 暗挖形式地下车站通风空调系统改造分析

城市轨道交通通风空调系统机房面积过大带来的问题主要有两个方面:第一,在寸土寸金的地下空间建设造价中,通风空调机房所占用的土建造价极高。对于暗挖形式的地下车站而言,因为土建造价更高,这一问题就显得更为突出。第二,由目前应用传统通风空调系统形式的地下车站的实际情况来看,当地下车站主体结构采用明挖形式施工时,车站空间比较富裕,基本能够满足通风空调系统的机房面积、位置和风管安装空间的要求;当地下车站采用暗挖形式施工时,车站的土建面积往往因为施工场地和建造费用的原因必须尽量减小，导致通风空调机房难以找到合适的位置以及必要的空间，例如广州地铁2号线江南西站，因为施工场地太小，车站面积内根本无法设置足够大的全空气通风空调系统的机房。

另外，与明挖施工方式或者盖挖施工方式不同，从暗挖施工方式的特点来看，地下车站的规模涉及更高的工程造价和施工难度以及施工工程风险。在明挖施工或盖挖施工方式的地下车站中，由于建造整体上的特点，传统的全空气通风空调系统占用面积和空间过大的情况还不会过于显现，但在暗挖形式施工的地下车站中就成为不可忽视的突出矛盾。如果强求土建工程单位提供相应的通风空调机房面积和空间，还意味着暗挖面积和暗挖断面的加大，施工风险也必然随之增大。因此，需要考虑在不降低城市轨道交通地下车站舒适度的情况下，通过改变通风空调系统设置形式，达到既减少建设土方开挖量、减小施工风险，又降低通风空调系统运行成本的目的，以推动我国日益发展的城市轨道交通建设。

城市轨道交通暗挖车站新型通风空调系统就是结合暗挖形式地下车站的土建特点，充分利用暗挖形式地下车站的空间结构特点而研发的，这套系统通过合理设计通风空调系统形式和运行控制策略，从而达到有效降低城市轨道交通系统土建投资、减小施工风险以及减少通风空调系统的初投资和运行费用的目的。

具体研究内容包括以下几个主要方面的课题：

(1) 结合暗挖形式地下车站的结构设计和施工特点，提出新型的通风空调系统形式。

(2) 通过对实际工程的应用和运行效果测试，确认此种新型通风空调系统的实际应用效果。

(3) 比较传统通风空调系统和新型通风空调系统，分析新型通风空调系统在土建初投资、通风空调系统初投资和运行费用等方面带来的经济效益和社会效益。

3.3 暗挖形式地下车站新型通风空调系统技术概述

从理论上分析，空气—水通风空调系统的原理适合应用于暗挖形式施工的地下车站，但在此之前传统的城市轨道交通通风空调系统设计中，还尚未在地下车站公共区通风空调系统中予以实际应用，需要与城市轨道交通的规律和特点相适应，并应进行相应的具体系统构成与设置上的匹配，也需要针对城市轨道交通的不同运行工况研究与之相协调的系统运行模式，因而，空气—水通风空调系统对于城市轨道交通通风空调系统来说，可归属为一种新型通风空调系统。

3.3.1 新型通风空调系统的基本形式

地下车站的通风空调系统可以分为车站公共区通风空调系统、车站设备及管理用房通风空调系统和空调水系统。其中车站设备及管理用房通风空调系统采用空气—水系统已有应用先例，在此，新型通风空调系统是针对车站公共区通风空调系统而言，以下也仅对此系统进行分析。

新型通风空调系统是考虑在车站公共区采用风机盘管+新风的通风空调系统的形式。但在系统配置上，需要根据城市轨道交通地下车站内部空气环境在不同工况时的需求，来加以设定，并且在不同的运行季节和运行工况采用相应的运行模式。

如图 3-1 所示为新型空气—水通风空调系统原理图。

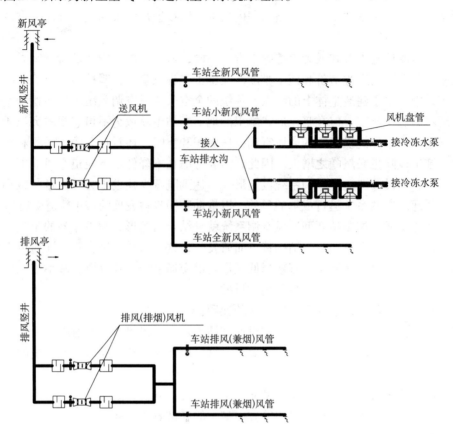

图 3-1 新型空气—水通风空调系统原理图

从原理图上可以看出，新型空气—水通风空调系统的整体构成包括：进风系统和排风系统。进风系统由室外进风亭、竖井送风风道、送风风道、空调小新风机、全新风风机，车站全新风风管、车站小新风风管、风机盘管以及空调水系统组成。排风系统由室外排风亭、竖井排风道、排风风道、车站排风兼排烟风管以及排风兼排烟风机组成。

其中，与传统的城市轨道交通通风空调系统不同的方面，还有风机盘管设备不像传统通风空调系统中的空调机组那样设置在地下车站的通风空调机房内，而是设置在地下车站公共区，因此地下车站的通风空调机房内只需要布置小新风机、全新风机、排风/兼排烟风机等设备，从而节省下了布置组合式空调机组的空间，因而，通风空调机房面积大为减小。布置在地下车站公共区的风机盘管也是合理充分利用车站的角落面积和闲置空间，而不需要另外增加地下车站的建筑面积与空间。这些系统布置上的特点使得新型空气—水通风空调系统应用在暗挖施工的地下车站时，可以节约大量的土建投资。

同时，在通风空调系统运转流程上，也需要进行设计，例如，在空调季节，室外新风需经室外风亭、竖井风道、送风风道，与风机盘管回风混合后，再经过处理送入地下车站的站厅和站台。

3.3.2 新型通风空调系统需要解决的关键问题

新型通风空调系统是基于空气—水通风空调系统的原理，结合地下车站的实际情况，进行的创新性研究与应用，因此，关键是必须要解决好以下几个方面的问题。

1. 传统的空气—水通风空调系统应用于地下建筑时存在的问题

与应用于地下建筑时的情况相同，将空气—水通风空调系统应用于城市轨道交通地下车站时需要解决以下三个方面的问题：

（1）维修问题：传统的空气—水通风空调系统末端采用风机盘管，增加了许多的水路管线。而且，风机盘管和水管均布置在吊顶内，增加了维修量和维修难度。

（2）空调冷凝水排放问题：空气—水通风空调系统的末端装置分散且繁多，增大了空调系统的冷凝水水量。一般的冷凝水排除做法是将冷凝水通过管道引至附近污水泵房来加以排除。这种做法的缺点是冷凝水排放水管管道路径长，坡度较大，需要占用一定的吊顶空间高度，而且系统增加了漏水点，造成了维修的困难。

（3）布置美观问题：风机盘管和风管均布置在吊顶内，既要考虑吊顶内管线和设备的相对位置，又要考虑各种风口的布置美观，布置上比较困难。

2. 与地下车站土建结构形式相结合的问题

传统的空气—水通风空调系统应用在地下车站时，受到地下车站土建结构限制，尤其是断面拱形的暗挖工法施工的地下车站，在有限的土建空间内需要布置下风机盘管、水管、风管、排风和排烟风管等通风空调系统设备和设施，带来了很大的设计和施工的难度。这就需要将传统的空气—水通风空调系统进行变化，解决好暗挖车站土建结构对通风空调系统的空间局限问题。

3. 通风问题

通风系统要满足地下车站站厅和站台在系统不同运行季节的通风空调需要，特别是人员新风量以及通风工况运行时通风量巨大的需求。地下车站需要设置直通地面的进风竖井和排风竖井，以及相应的进风道和排风道。

4. 排烟问题

考虑到城市轨道交通工程的实际情况，通风空调系统在设置上需要兼顾城市轨道的事故与灾害工况时的通风，尤其是火灾工况时的排烟，因此，新型空气—水通风空调系统也需要在满足车站通风空调需要的同时，还必须满足火灾情况下车站的排烟通风要求。当站厅或站台发生火灾时，要考虑如何组织有效的排烟，并保证人员疏散时的迎面风速等要求。

3.3.3 新型空气—水通风空调系统的构成

以设置屏蔽门的通风空调系统为例，具体介绍新型空气—水通风空调系统的原理及实际应用。如图 3-2 所示，为地下车站新型空气—水通风空调系统平面布置图。

1. 末端装置及空调水系统

末端装置及空调水系统的合理性极大地影响到暗挖工法施工的土方开挖量。对于地下车站的明挖或者盖挖部分，结构顶板平整，吊顶内的空间充裕，风机盘管和风管均可以很方便地布置在吊顶内。对于车站的暗挖部分，风机盘管和风道的布置可巧妙地利用暗挖洞

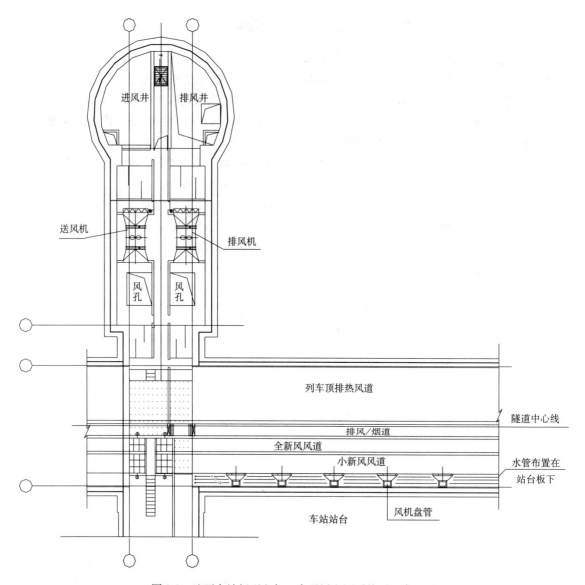

图 3-2 地下车站新型空气—水通风空调系统平面布置图

体的拱形结构进行布置,如图 3-3 所示。

图 3-3 所示为一个站台层采用暗挖方式施工的典型地下车站,站台为拱形结构。由于侧墙为拱形,而装修墙面为竖直墙面,拱形侧墙与竖直装修墙面之间的空间在建筑上并无特别的用途,属于废弃的空间。风机盘管可以充分利用这个空间进行摆放,使这一原本废弃的面积和空间得到了有效利用。

空调水系统包括水冷机组(或风冷机组)、冷冻水泵、冷冻供水管、冷冻回水管、冷凝水管等设备。水管管道布置在站台板下的空间,冷凝水可以由重力作用自然流动进入地下车站的轨行区,并且沿纵向设置的排水沟流动。由于冷凝水水温较低,而地下车站轨行区的环境空气温度较高,因而在流动过程中部分冷凝水将自然蒸发,再加上列车进出车站时的活塞风扰动和列车顶部以及站台下部排热风系统的强制对流换热作用,利用蒸发吸热可以在一定程度上降低行车隧道的空气温度（具体计算参见相关章节），对行车隧道的空气环境改善具有有利作用，同时也可对节能起到较好的效果。

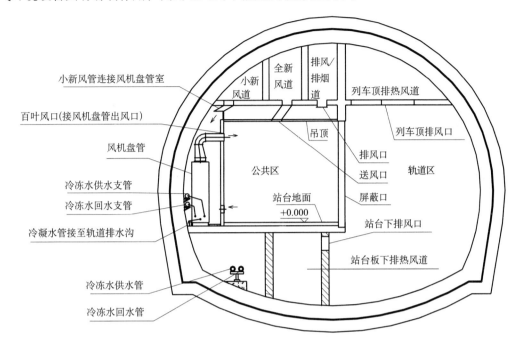

图 3-3　暗挖形式车站站台剖面图（空气—水通风空调系统）

2. 通风系统

地下车站设置屏蔽门时，通风系统构成分别为列车顶部排热风道、站台下部排热风道、车站排风风道、通风季节和全新风季节的送风风道、空调季节的小新风风道，如图 3-3 所示。根据车站具体的形式，将通风系统的机房分散布置，可节省土建空间。通风机房内设有排风风机、送风风机和小新风风机。

拱形的结构顶与平整的吊顶之间的空间对于风管的布置也造成了困难。若采用全空气空调系统，因为空调风管需要保温，采用土建风道比较困难，而采用钢板风管或其他材质的风管需要的安装空间很大，拱形断面的尺寸需要加大，进一步增大了土建投资。采用空气—水通风空调系统就可以很好地解决这个问题，因为新风道、排风道均不需要进行保温，可以采用土建风道的形式，也充分地利用了不规则的土建空间。

3. 排烟系统

将地下车站划分防烟分区，按不同的防烟分区设置排烟系统，组织排烟气流。为节省地下车站土建空间，利用车站的排风系统兼做排烟系统，不再单独设置排烟风机和排烟风道（图 3-3）。当地下车站某防烟分区发生火灾时，启动该区的火灾运行模式，排风系统转为排烟系统，并同时考虑有相应的补风措施。

3.3.4　新型空气—水通风空调系统的控制模式

针对此种新型通风空调系统，结合城市轨道交通的实际特点，可以采取更加方便有效的控制模式以达到城市轨道交通内部空气环境的控制需求，并实现节省运行能耗的目的。

1. 全年运行模式

通风空调系统是根据城市轨道交通室内外空气温度及焓值的差别确定所应采用的运行模式。

（1）小新风空调工况

当空调季节室外新风焓值大于车站排风焓值时，采用小新风空调工况。室外新风不经过处理，经由小新风风道，直接送到风机盘管，与回风混合后，经过风机盘管处理后送入车站公共区。新风量为满足人员要求的最小新风量，公共区的排风量与新风量相当，由排风机排出到室外。

（2）全新风空调工况

当室外新风焓值小于车站排风焓值，但大于空调送风点焓值时，采用全新风空调工况。室外新风不经过风机盘管，经由全新风风道，直接送到车站公共区。新风量为根据换气次数算出的车站通风量，排风量与新风量相当，由排风机排出到室外。此时，风机盘管设备继续运转。

（3）通风工况

当室外新风焓值小于空调送风点焓值，可关闭风机盘管，转入全通风运行，室外新风不经过风机盘管，经由全新风风道，直接送到车站公共区。新风量为根据换气次数算出的车站通风量，排风量与新风量相当，由排风机排出到室外。

新型空气—水通风空调系统运行模式表　　　　　　　　　　　表3-1

工况	室外新风焓值	室外新风	风机盘管
小新风空调工况	大于车站排风焓值	送到风机盘管进行处理	运转
全新风空调工况	小于车站排风焓值，大于空调送风焓值	不进行处理，直接送入	运转
通风工况	小于空调送风焓值	不进行处理，直接送入	关闭

2. 负荷调整的手段

城市轨道交通通风空调系统具有日负荷变化和全年负荷变化均比较大的特点。全空气空调系统定风量的空调送风方案必然造成大量的能源浪费；通过风机变频调速调整风量，可以达到所需要的节能效果，但需要增加一定的初投资。在这种情况下，采用空气—水通风空调系统方案，能充分利用风机盘管控制上的灵活性，有效降低通风空调系统的运行能耗。例如，当车站负荷减小到设计负荷的一半以下时，通过分组控制停止运行一半数量风机盘管，且运行与停止运行的风机盘管均匀间隔交叉布置，以确保部分负荷工况下车站气流场和空气温度场的均匀。

地下车站站厅和站台的空调负荷不一致，而且站厅的环境空气设定温度要高于站台层$1\sim2$℃左右。对于全空气空调系统而言，因为站厅和站台由同一组空调机组送风，送风温度相同，只能通过风量的变化来满足站厅和站台的空气温度差别，很难做到准确控制。采用风机盘管的通风空调系统，则只需要调整站厅和站台风机盘管的负荷就可以很好地实现站厅和站台的空气温度差，从而真正形成一个"室外→站厅→站台"空气温度逐渐降低的变化环境。当乘客从城市轨道交通车站出入口进入后，行走沿途的空气温度逐渐降低，既符合人体的生理舒适性要求，同时又可达到节省运行能耗的目的。

3.3.5 新型空气—水通风空调系统与传统通风空调系统的比较

新型空气—水通风空调系统与传统通风空调系统的比较见表3-2所列。

新型空气—水通风空调系统与传统通风空调系统的比较　　　　表3-2

新旧通风空调系统	新型空气—水通风空调系统	传统通风空调系统
系统末端设备组成	新风+风机盘管	组合式空调机组
机房位置	位置分散，可合理利用废弃空间	集中设置
机房面积（m²）	350~400	700~800
控制模式	控制风机盘管的开启数量	控制空调送风量

3.3.6 新型空气—水通风空调系统的创新点

通过介绍空气—水通风空调系统作为城市轨道交通地下车站公共区通风空调系统的具体构成和控制方式，可以看出新型通风空调系统相对于传统通风空调系统具有以下创新点：

1. 构成新型空气—水通风空调系统

新型空气—水通风空调系统在城市轨道交通的应用中利用了空气—水通风空调系统的原理，并单独设置了小新风道、全新风道、排风道，同时与地下车站通风系统、排烟系统有机结合，构造出了一套满足地下车站所需功能要求的新系统，达到了正常通风、空调和火灾通风排烟三重功效。

2. 充分利用暗挖形式地下车站的结构特点

采用新型空气—水通风空调系统可以将占地面积大的集中通风空调机房分散为若干的占地面积小的机房，并利用暗挖施工的拱形结构特点，巧妙地合理利用废弃的面积和空间布置通风空调机房，从而减少了土建规模，减少了初投资，并有效地降低了施工的工程风险。

3. 系统节能运行

新型空气—水通风空调系统，由车站控制室集中控制。根据不同季节和每日不同时段乘客的客流量分组启停以及分级调节风机盘管的运行，满足车站对冷负荷需求，并达到运行节能的目的。

风机盘管产生的冷凝水的自流排放原本是空气—水通风空调系统的难点所在，新型空气—水通风空调系统方案因地制宜，将冷凝水管布置在站台板下部的空间内，既便于维修，又不受高程的影响，同时将冷凝水引流到地下车站的轨道排水沟内，并沿排水沟纵向流动。由于冷凝水水温较低，轨道排水沟所在的车站轨行区的环境空气温度又相对较高，因而在流动过程中部分冷凝水自然蒸发，再加上列车进出车站时的活塞风扰动和列车顶部以及站台下部排热风系统的强制对流换热作用，利用蒸发吸热可以降低行车隧道的空气温度，对行车隧道的空气环境改善具有有利作用，同时也对运行节能起到了较好的效果。

4. 形成符合人体生理的环境空气温度场

传统的通风空调系统因为空调送风温度一样，只能依靠控制空调送风量来实现站厅—站台的不同空气设计温度，但效果不是很理想。新型空气—水通风空调系统则是根据地下车站的负荷变化情况，通过合理控制风机盘管的开启数量以及分级调节风机盘管的运行来实现地下车站不同区域的空气温度梯度的变化，使车站环境可以有效形成符合人体生理特点的空气温度场。

第4章 城市轨道交通通风空调多功能设备集成系统

4.1 城市轨道交通通风空调多功能设备集成系统的研发背景

4.1.1 城市轨道交通通风空调多功能设备集成系统出现的前提和基础

随着我国国民经济的快速发展，城市交通拥挤状况日益严重，严重制约了社会发展和人民生活水平的提高。为了解决这一矛盾，我国近年来大力发展城市轨道交通事业，使得城市轨道交通的建设进入了高速发展时期。北京市作为全国的政治文化中心，经济发展水平也得到迅速提升，城市发生着日新月异的变化。城市规模的日益扩大，城市化水平的不断提高，无疑对北京城市交通产生着重要的影响。出行需求总量的持续增长以及机动化水平的提高使北京市的城市交通问题愈加突出。在发达国家，很多大城市都将大力发展城市轨道交通作为解决城市交通问题的重要手段。北京在面临城市交通问题时，也采取了相同的做法。

北京市是我国最早建设城市轨道交通的城市，1969年根据战备的需要修建了中国第一条地下铁道，随后建成了地铁2号线（环线）、地铁复八线（1号线的复兴门～八王坟段）、地铁13号线（城市铁路）、地铁八通线（1号线的八王坟～通州段）。截止至2013年底，北京地铁运营线路总里程已经达到442km。目前，北京市正在进行大规模的城市轨道交通建设，北京市多条城市轨道交通线路同时在设计、施工过程中，根据最新的北京城市轨道交通建设规划（2004～2015年）调整方案，2004～2015年北京市将投资1370亿元进行城市轨道交通建设。2015年底，北京城市轨道交通的运营里程将达到667km；到2020年底前，运营里程将达到1000km左右。然而，伴随着北京城市轨道交通的发展，其动辄每公里数亿元的建设投资以及投入运营后居高不下的能耗所带来的矛盾也日渐突出。如何降低城市轨道交通造价和运行能耗已成为北京市城市轨道交通行业研究的长期重点与发展方向。

通风空调系统作为城市轨道交通中的重要设备系统之一，担负着对城市轨道交通地下空间的空气温度、湿度、空气流速和空气品质的控制；列车正常运行时，为乘客和工作人员提供一个适宜的人工环境，满足其生理和心理上的要求；列车阻塞在区间隧道时，向阻塞区间提供一定的通风量，保证列车空调等设备正常工作，维持车厢内乘客在短时间内能接受的环境条件；在发生火灾事故时，提供迅速有效的排烟手段，为乘客和消防人员提供足够的新鲜空气，并形成一定的迎面风速，引导乘客安全迅速地撤离火灾现场；为城市轨道交通各种设备提供必要的空气温度、湿度以及洁净度等条件，保证其正常运转所需的环境条件等多项重要功能。

但是，随着科技和人们生活水平的提高，对城市轨道交通乘车环境的舒适和安全可靠性要求越来越高，致使城市轨道通风空调系统的构成日益复杂，并导致城市轨道交通的土建规模、投资以及运行能耗日益增加。传统的城市轨道交通通风空调系统带来的影响与北京市大力快速发展城市轨道交通的现实已经形成了极大的矛盾，需要下大力气予以改善。由此，导致了新型的城市轨道交通通风空调多功能设备集成系统首先产生在北京市的必然性。可以归结为北京市城市轨道交通的快速发展为城市轨道交通通风空调多功能设备集成系统的产生提出了需求，同时也提供了前提和基础。

4.1.2 传统的城市轨道交通通风空调系统应用中存在的主要问题

在城市轨道交通通风空调多功能设备集成系统产生之前，国内外城市轨道交通采用的通风空调系统的形式基本相同——都是区间隧道通风系统与车站通风空调系统分散独立设置，各个系统的功能均极为单一。传统的城市轨道交通通风空调系统虽然已经经过了长时间的实际应用，工程技术及设备工艺也已较为成熟，但这样的系统形式构成复杂、控制繁琐，是多个单一功能系统的简单堆砌，从而导致了城市轨道交通地下车站土建规模巨大、建设投资极高、运行费用更是居高不下。以北京地铁而言，典型的地下车站通风空调机房及土建风道的面积约为1900m^2，占地下车站总建筑面积的20%左右，土建造价约为1900万元。由于系统设置分散，设备数量较多，车站通风空调系统的设备投资较高，每站约为1000万~1200万元。

另外，传统的城市轨道交通通风空调系统缺乏行之有效的节能降耗手段，系统的运营能耗惊人。据某城市轨道交通运营公司的统计数据显示，城市轨道交通通风空调能耗已占到了城市轨道交通总能耗的约50%，也就是说，通风空调能耗已超过了列车牵引能耗（约占17%），成为城市轨道交通中的第一用电大户。北京城市轨道交通自从地铁复八线设置了制冷空调系统后，通风空调系统电耗过大的问题也日显突出。

正是在北京城市轨道交通快速发展，而传统通风空调系统机房的高土建投资以及系统高运行能耗已成为制约其发展的重要因素的背景下，研究开发了新型的城市轨道交通通风空调多功能设备集成系统，以谋求在满足北京城市轨道交通的各种功能要求的前提下，降低与城市轨道交通通风空调系统相关的造价和运行成本。

1. 传统城市轨道交通通风空调系统简介

目前国内已开通运营的城市轨道交通和正在建设、设计城市轨道交通的城市，从地域上可大致归纳为国内的北部、中部和南部城市，各自具有自身典型的气候特征，从这些城市轨道交通通风空调系统的设置情况来看，根据当地的气候条件和城市轨道交通的运输能力设定，主要采用通风或通风空调系统（通风结合空调的系统），传统的通风空调系统一般为全空气集中空调，可以分为在车站不设置屏蔽门（简称"无屏蔽门"）和设置屏蔽门（简称"有屏蔽门"）两种情况（以下均以车站公共区为例）。一般而言，国内的北方城市适用通风系统形式；南方城市适用有屏蔽门的通风空调系统形式；而中部城市适用无屏蔽门的通风空调系统形式。目前北京大量采用的正是无屏蔽门的通风空调系统（大部分地下车站设置了安全门），因此城市轨道交通通风空调多功能设备集成系统的研究，就是针对无屏蔽门的通风空调系统形式的优化研究。

传统的无屏蔽门的通风空调系统（以下简称传统系统）由以下几部分组成：

(1) 区间隧道通风系统（兼区间隧道防排烟及事故通风系统）：在列车正常运行工况下，保证区间隧道内部空气环境在规定标准内；当列车阻塞在区间隧道时，能够对阻塞处进行有效通风，保证阻塞处的空气温度在许可范围内并提供足够的新风量；当列车在区间隧道内发生火灾时，能够背着乘客疏散方向排烟，迎着乘客疏散方向送新风。

(2) 车站公共区通风空调系统（兼排烟）：在正常工况下，为乘客提供过渡性舒适环境；在火灾事故工况下，能够迅速组织有效地排烟。

(3) 车站设备及管理用房通风空调系统（兼排烟）：在正常工况下，保证各房间内的空气环境符合规定标准，满足相关设备专业的工艺要求；在火灾事故工况下，迅速组织排除烟气。

(4) 空调冷冻水、冷却水系统（简称空调水系统）：为车站空调系统提供稳定可靠的冷源。

传统的无屏蔽门的通风空调系统的系统原理图及典型地下车站通风空调机房布置图如图4-1、图4-2所示。

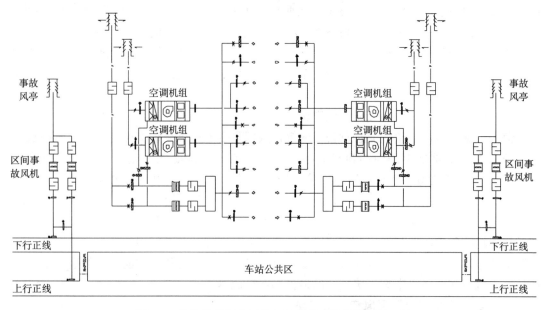

图 4-1 传统的无屏蔽门的通风空调系统的系统原理图

2. 传统的无屏蔽门的通风空调系统运行模式

(1) 车站公共区通风空调系统正常运行方式

1) 当室外空气焓值大于空调回风焓值时，车站公共区通风空调系统采用最小新风空调工况运行。即回风仅一小部分排出地下车站外，由室外送入地下车站所需的最小量的新风并与未排出到外界的大部分回风先行混合，经组合式空调机组处理至送风状态点后送至地下车站的站厅和站台。从外界送入的新风的最小新风量应根据高峰小时客流量计算得出。

2) 当室外空气焓值小于或等于空调回风焓值，且大于空调送风焓值时，采用全新风空调工况，即回风全部排出地下车站外，由室外送入的新风经组合式空调机组处理至送风状态点后送至地下车站的站厅和站台。

4.1 城市轨道交通通风空调多功能设备集成系统的研发背景

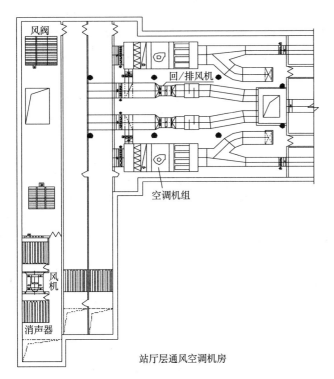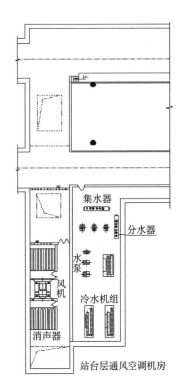

图 4-2 传统无屏蔽门的通风空调系统典型地下车站通风空调机房布置图

3)当室外空气温度低于设定的空调送风温度时,采用通风方式,冷水机组停止运行。最节能的通风方式为回/排风机排风、出入口自然进风的运行模式。

4)冬季一般采用小新风间歇运行方式,也有的城市轨道交通采用机械排风、出入口自然进风的运行模式。

(2)区间隧道通风系统正常运行方式

区间隧道通风系统的运行方式应充分利用土壤"热套效应",做到"冬季蓄冷"、"夏季放冷",有计划地控制区间隧道壁面温度的上升速度,为远期运行打下良好的基础。且应按照根据模拟预测分析制定的运行模式表运行,并且经常测定区间隧道空气温度状况,不断地加以修改完善。

1)在外界气温较高的夏季,开启活塞风道,并启动列车顶部和站台板下部的排风系统,远期需采用隔站排风、隔站活塞风道自然进风的方式组织夜间通风。

2)在过渡季节,开启活塞风道自然通风,并启动列车顶部和站台板下部的排风系统,根据室外空气温度状况、列车的行车密度和区间隧道内空气温度状况综合确定风机的转速和频率。

3)在冬季,早晚室外气温较低且列车运行对数较少时,可停止区间隧道排风系统的运行,其他时刻仍然采用与过渡季节相同的运行方式。

(3)地下车站公共区通风空调系统火灾排烟工况运行方式

当地下车站的站厅层或站台层发生火灾时,地下车站公共区通风空调系统立即停止运行,并转为火灾通风排烟模式运行。

1)当车站站台层发生火灾时,兼做排烟风机的地下车站通风空调系统的回/排风机以最高速运行或开启专用的排烟风机,组合式空调机组可用于排烟的补风,关断站厅层回/排风管,关断站台层送风管,形成站台层排烟、站厅层送风的局面,乘客经楼梯进入站厅层,进而向车站外撤离。另外,如排烟风量不能保证楼梯口 1.5m/s 的向下风速要求时,则需开启区间隧道事故风机协助进行排烟。

2) 当车站站厅层发生火灾时,兼做排烟风机的地下车站通风空调系统的回/排风机以最高速运行或开启专用的排烟风机,形成站厅层排烟、出入口自然进风的局面,站台的乘客经楼梯进入站厅层,进而向站外撤离。

3) 当列车在地下车站的停站区域发生火灾时,处于排风运行状态的回/排风机自动切换至工频,并关闭全部站台板下部的排风管和另一侧停站区域列车顶部的排风管,此时还应关闭车站公共区的空调回/排风,可开启车站公共区组合式空调机组用于排烟的补风。乘客由站台层经楼梯进入站厅层,进而向车站外撤离。

(4) 区间隧道通风系统火灾通风排烟和阻塞通风运行方式

1) 当列车因故障停留在区间隧道内时,应开启由列车运行方向后方一侧的区间隧道事故风机进行送风,启动列车运行方向前方一侧的区间隧道事故风机进行排风。在区间隧道内形成与列车行驶方向相一致的气流,保证列车车载空调器能够正常运行,维持车厢内乘客的新风供给和短时间内能承受的环境空气温度条件。

2) 当列车在区间隧道内发生火灾时,应尽量将火灾列车继续行使至下一地下车站,利用地下车站的条件更有利于人员疏散。并按照列车在地下车站的停站区域火灾模式来组织列车进入的地下车站的通风排烟和乘客疏散。

3) 若起火列车因失去动力被迫停滞在区间隧道内时,则应由区间隧道一端的区间隧道事故风机向火灾区间隧道送风,另一端的区间隧道事故风机将烟气经风道、风井、风亭排出至地面,各处区间隧道事故风机采用送风运行还是排风运行,应根据列车着火时在区间隧道的位置、列车车厢火灾部位及火源距安全通道的距离等因素决定,保证区间隧道内的气流方向总是与最大部分的乘客疏散方向相反,使疏散区最大限度地处于新风区段。区间隧道内气流速度控制在 2~11m/s 范围内,以保证既能及时排除烟气,又能指引乘客安全迅速地撤离。

3. 传统的无屏蔽门的通风空调系统存在的主要问题

(1) 系统设置构成复杂

传统的城市轨道交通无屏蔽门的通风空调系统的构成非常复杂,由前面提到的区间隧道通风系统、车站公共区通风空调系统、车站设备及管理用房通风空调系统和空调水系统等共同组成,各个系统在设置上相互独立,在运行上也具有相对的独立性。系统构成上不是从整体出发,综合考量,因而不可避免存在设备冗余,特别是区间隧道通风系统设备,只有在区间隧道发生事故情况下才加以运行。平时则是长时间闲置,造成了很大的资源浪费。

(2) 系统占用的地下空间多、导致地下车站规模大

由于城市轨道交通通风空调系统构成上的复杂性,导致系统对通风空调机房面积的需求大大增加,占用了大量宝贵的地下空间。采用传统的通风空调系统(无屏蔽门系统)的上海及广州地铁通风空调机房面积情况见表 4-1。

4.1 城市轨道交通通风空调多功能设备集成系统的研发背景

传统系统的机房面积表　　　　　　　　　　　　　　　　　　　　表 4-1

项　目	车站通风空调机房面积（m²）	占车站总面积的百分比（%）
上海地铁 2 号线	1538~3307	11.9~29
广州地铁 1 号	1950~2700	55~60**

注：广州地铁 1 号线数据为通风空调机房面积占全部设备管理用房面积的百分比。

（3）系统运行能耗巨大

传统的城市轨道交通通风空调系统缺乏行之有效的运行节能手段，系统运行能耗很高。上海地铁 1 号线（屏蔽门未安装情况下）通风空调系统小时耗电量为 1048kW~2579kW；上海地铁 2 号线为 903~1572kW。广州地铁一号线刚刚开通时，通风空调系统能耗占到了地铁总能耗的 48%~50%，超过了列车的牵引能耗，仅 1999 年夏季通风空调系统电耗费用就占到总收入的 2/3。如此巨大的运行能耗，使得城市轨道交通的运营费用居高不下，严重影响了城市轨道交通运营的经济效益。

4.1.3　城市轨道交通通风空调多功能设备集成系统研发的基本思路

1. 降低通风空调机房占地面积

城市轨道交通采用传统的通风空调系统的做法时，区间隧道通风系统与地下车站公共区的通风空调系统是完全分开独立设置的，区间隧道通风系统设置专用的大型轴流风机，只在区间隧道发生阻塞或者火灾事故以及早间和夜间通风时才加以使用；地下车站公共区设置组合式空调机组及回/排风机，仅为地下车站公共区的正常通风空调及火灾通风排烟服务。从运行工况角度分析可以看出，在正常运行工况下，区间隧道通风系统与车站公共区通风空调系统这两个完全独立的系统之间不存在同时使用的情况，即地下车站公共区通风空调系统运行时，区间隧道通风系统是关闭的，反之亦然。而且，地下车站公共区通风空调系统需要常年运行，而区间隧道通风系统则长时间闲置。

另外，城市轨道交通地下线路通常是行走在规划道路的下面，设置在地面的风亭要控制在道路红线以外的合适位置，因此，风道一般都很长，少则三四十米，多则七八十米。传统的通风空调系统中风道内部的空间基本上只是用做气流的通道，而不能很好地加以综合利用。如何将长时间闲置的区间隧道事故风机以及风道内部较长的空间有效地利用起来，便成为城市轨道交通通风空调多功能设备集成系统产生的最初动因。

传统的城市轨道交通通风空调系统的区间隧道通风机房与地下车站公共区的通风空调机房一般都设置在地下车站的两个端部，且位置相邻。从区间隧道通风系统和地下车站公共区通风空调系统这两个系统的通风量分析，区间隧道风机的风量约为 20 万 m³/h，地下车站公共区通风空调系统的风量一般为 12 万~18 万 m³/h，两个系统的风量相近，采用变频技术完全可以将两个系统的风机合理匹配兼顾使用，满足风量和风压的要求。从两个系统的通风方向来看，一个面向区间隧道且方向可逆转，另一个面向车站且有送风和排风，如果将两个系统的风机合用后设置在风道内，通过风机及相应风阀的转换即可实现分别对区间隧道和地下车站的通风。车站公共区的空气处理设备，如组合式空调机组内部的表冷器、过滤器等亦可以通过改装后设置在风道中。这样就可以将区间隧道通风系统与地下车站公共区通风空调系统完全合并设置在风道中，既解决了区间隧道风机的闲置问题，又可以有效地利用风道内的空间。

可以说,将区间隧道通风系统与车站公共区通风空调系统完全合并、有机集成设置在风道中是城市轨道交通通风空调多功能设备集成系统的基本思路。

2. 降低通风空调系统运行能耗

城市轨道交通通风空调系统的设备容量一般是按照远期高峰小时运行情况进行配置,而通风空调系统负荷则是随着列车运行的对数以及客流量的变化而变化。在城市轨道交通运营的初期、近期,客流量及行车对数还远没有达到设计水平,因此通风空调系统的设备容量有较大的富裕量;同样,在非高峰时段的通风空调系统负荷较高峰时段也有较大的差距,也存在设备容量富裕的问题。风机采用变频手段控制就能很好地适应通风空调系统负荷变化的情况。在一般民用建筑中,当空调负荷发生变化时,采用调节风量的手段较调节其他手段更加节能的思想已被广泛接受,并已大量采用。从空气动力学理论方面分析,改变通风机转速是最合理的调节方法。因为只改变通风机的转速,通风机的运行点与正常设计工况点空气动力性能相似(即风机的无因次参数相同)。即在管网阻力与流量平方成正比的通风系统中,转速降低,通风机效率保持不变,而功率则由于流量与压力的降低而显著降低,变频后的风机功率 N_2 与变频前的风机功率 N_1 之间的关系为:$N_2 = N_1 \cdot (L_2/L_1)^3$,$L_2$ 为变频后的风机风量,L_1 为变频前的风机风量。对于电动机来说,变频调速可以保证在较低的输出功时有较高的电机效率。另外,在相同的流量和压力下,由于采用变频调速调节通风机时,叶轮的转速较低,通风机的噪声相对于其他调节方法要低;同时由于转速降低,风机叶片所承受的离心力也随之降低,这对于延长通风机叶轮的寿命也是有利的。因而,在城市轨道交通通风空调多功能设备集成系统中采用了风机变频技术,这是节省系统运行能耗的一个合理可行的手段。

设置可电动开启式表冷器设备是城市轨道交通多功能设备集成系统的另一个降低运行能耗的独有手段。传统的城市轨道交通通风空调系统中设置了组合式空调机组,其内部的表冷器的空气侧阻力一般约为150~200Pa,约占风系统总阻力的20%以上。在空调季节需要利用组合式空调机组中的表冷器对空气进行降温除湿处理,表冷器是不可或缺的设备;而在通风季节,组合式空调机组中的表冷器不再发挥作用,而空气还要经过表冷器才能进入地下车站的站厅和站台,因此组合式空调机组中的表冷器变成了多余的设备,只能增加能耗。为此,我们在城市轨道交通通风空调多功能设备集成系统中研发并引入了可电动开启式表冷器设备,作为城市轨道交通通风空调多功能设备集成系统的专有设备。可电动开启式表冷器设计为门式,两侧设轴(或者中间部位设置转轴),可以在通风季节电动控制沿轴向转动开启,使得表冷器设备驻留位置与通风气流方向完全平行,这样就可以大大降低通风空调系统的通风阻力,节约通风运行时的系统能耗。根据实测结果,8 万 m^3/h 的组合式空调机组,表冷器打开前的风机功率为 50kW,表冷器打开后风机功率降为 36.8kW。也就是说,通过表冷器的开启,在通风季节通风空调系统的运行能耗可以降低 28% 左右。这对于北京市城市轨道交通长达 8 个月的通风季节来说,节能意义非常重大。

4.1.4 城市轨道交通通风空调多功能设备集成系统研发的难点及解决方案

1. 集成的不同系统之间风机参数匹配问题

城市轨道交通通风空调多功能设备集成系统中的地下车站送风机和排风机在事故工况

下（包括地下车站排烟工况、区间隧道火灾及阻塞工况），需要兼作为事故通风机。由于不同的功能需求下所需的风机的风量与风压均有所不同，为了使一台风机能够满足所有以上的工况要求，以往的做法是按照系统最大的风量和风压（事故工况）选择风机，这样就导致在正常工况下风机的风量和风压都高于设计值，而运行时再通过风阀的调节进行节流，不可避免会造成一定的浪费。以下面的风机选型为例：若正常通风设计工况为 A 点 $50\text{m}^3/\text{s}$，800Pa；事故通风工况为 B 点 $60\text{m}^3/\text{s}$，1000Pa；风机为工频转速的特性曲线，当此台风机具有在两个工况下运转的需求时，为了满足事故工况点，正常通风工况风机的参数需要调整到 C 点 $54\text{m}^3/\text{s}$，1200Pa。显然，调整后的 C 点风量、风压都高于设计工况点 A，造成系统运行能耗的增大（图4-3）。

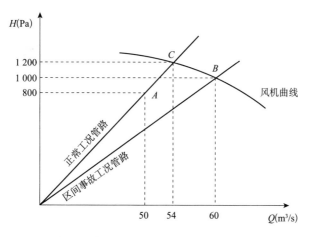

图4-3 未设置变频器的风机选型示意图

为了解决这个问题，采用风机变频技术，从而改变风机的特性曲线，以满足不同的风量、风压要求。仍然以前面的选型为例，通过风机变频我们可以得到一组平行的风机特性曲线，在区间隧道事故工况下，采用额定工频50Hz，工作点为 B 点 $60\text{m}^3/\text{s}$，1000Pa；在正常通风工况下采用频率42Hz，工作点为 A 点 $50\text{m}^3/\text{s}$，800Pa，与设计点完全重合。因此，风机设置变频器可以大大降低正常通风工况的系统运行能耗（图4-4）。

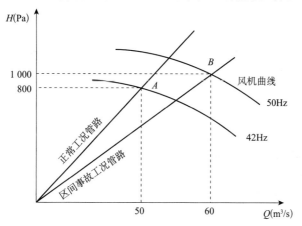

图4-4 设置变频器的风机选型示意图

另外，由于城市轨道交通通风空调多功能设备集成系统中的车站通风机，一机多用，要满足多个工况的需求，同时既有正转又有反转，一台风机要对应多个不同的管路特性曲线。在以往的通风空调系统中，由于可逆转运行的风机仅作为事故风机使用，因此在设备选型时，一般要求风机的正转风量、风压与反转风量、风压基本相等，正转效率约等于反转效率。这样，风机的效率较普通的单向轴流风机有所降低，大约降低8%左右。但是，对于城市轨道交通通风空调多功能设备集成系统而言，风机的正向运转为正常运转状态，反向运转为事故运行状态，如果仍然沿用传统通风空调系统时的风机选型原则，会造成风机正常运转时的效率较低，不利于运行节能。为了解决这个问题，选择风机时，应尽量保证风机正转运行时的效率最高，而对于出现概率极低的风机需要反向运行时的事故工况，风机的效率可适当降低，以保证通风空调系统运行节能目标的实现。同样，在风机正转的各种运行工况中，也应保证正常运行工况下风机的效率处于较高的水平，可以适当损失事故工况下的风机效率。

城市轨道交通通风空调多功能设备集成系统在非空调季节可控制表冷器打开，以减少通风系统的阻力，节省运行能耗。由于这样将改变通风空调系统的阻力特性，使风机工作点发生偏移，因此应注意选择合适的风机，并注意风机叶片角度的选用，应能够使空调工况下风机工作点位于效率最高点左侧，非空调工况下风机工作点位于效率最高点右侧，从而使风机运行的全年总体效率最高，真正得到可开启式表冷器运行节能的好处。以图4-5中的风机选型为例，若风机的最高效率点位于点 C（C_1、C_2），则空调工况点应位于 C 点左侧，即点 A（A_1、A_2）；而通风工况点应位于 C 点右侧，即点 B（B_1、B_2）。这样才能保证通风空调系统的总体效率匹配最佳。

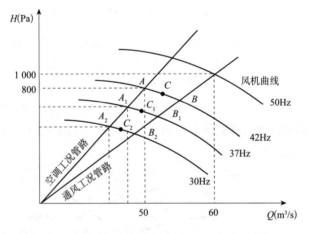

图 4-5 表冷器开启对变频风机选型影响示意图

大型变频轴流风机如图4-6所示，轴流风机变频控制柜如图4-7所示。

2. 可电动开启式表冷器设备的研发

为了实现城市轨道交通地下车站公共区通风空调系统与区间隧道通风系统设备的集成，并充分适应北京地铁风道很长的实际状况，可以将用于夏季冷却空气用途的表冷器移至土建风道中。而表冷器设于土建风道中，火灾排烟时为了避免高温烟气以垂直方向通过表冷器，增大排烟阻力，影响排烟效果，通常的做法是在表冷器所在的风道旁边另外设置

4.1 城市轨道交通通风空调多功能设备集成系统的研发背景

图4-6 大型变频轴流风机

图4-7 轴流风机变频控制柜

一条旁通风道,通过相应的风阀的切换使烟气绕过表冷器。然而,设置旁通风道会增加土建风道的长度和宽度,增大地下工程的实施难度和费用。于是,研发可电动控制开启式表冷器设备的构思出现了。如果表冷器可以电动控制开启与关闭(同时也可人工手动开启与关闭),就可以省去旁通风道,降低土建规模。而且,在通风季节,将表冷器打开,还可以大大降低通风阻力,减少风机运行的能源消耗。

然而,在新型的城市轨道交通通风空调多功能设备集成系统构思完成时,国内外还没有出现"可电动开启表冷器"这样的空调产品。为此,国内多家空调生产企业一同开展了该项新产品的研发工作。经过这些空调生产企业的不懈努力,最终成功地解决了诸如电动、手动开启机构选择;可电动开启式表冷器框架的稳定;表冷器表面风速过高;转动部位的冷冻水密封;表冷器冬季泄水吹扫等一系列技术难题。多家企业的新产品均通过了省部级的新产品技术鉴定。目前,这种崭新的通风空调设备已经成功地应用于北京地铁4号线、5号线、6号线、9号线和10号线一期等实际工程项目中,取得了非常好的运行效果,创造了巨大的社会效益和经济效益(图4-8、图4-9)。

图4-8 可电动开启式表冷器外部

图4-9 可电动开启式表冷器内部(开启状态)

4.1.5 城市轨道交通通风空调多功能设备集成系统的构成

城市轨道交通多功能设备集成系统由若干个子系统组成，各子系统的具体实施方案如下（其中车站设备及管理用房通风空调系统及空调水系统与传统通风空调系统的做法相同，不再赘述）。城市轨道交通通风空调多功能设备集成系统的系统原理图如图4-10所示。

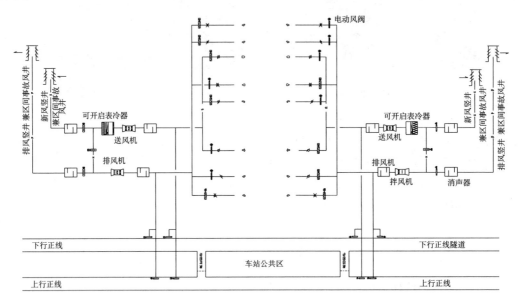

图4-10 城市轨道交通通风空调多功能设备集成系统的系统原理图

从图4-10可以看出，在城市轨道交通通风空调多功能设备集成系统中，区间隧道通风系统与地下车站公共区通风空调系统已经完全集成为一套系统。城市轨道交通通风空调多功能设备集成系统的地下车站公共区通风空调机房布置图如图4-11所示。

1. 地下车站公共区通风空调系统

城市轨道交通典型的地下车站一般是在车站两端分别设置一条送风道和一条排风道，每端的送风道内设置可电动开启式表冷器（包括挡水板）和可电动开启式空气过滤器，并利用地下车站送风道、排风道及风道内的送风机、排风机（$60m^3/s$）、消声器、组合风阀等组成地下车站公共区空气处理系统。通过相应的电动组合风阀的开闭、转换及可电动开启式表冷器的开启和关闭，使得该系统能够满足地下车站公共区空调季节最小新风运行、全新风空调运行和非空调季节通风运行等要求。

地下车站公共区通风空调系统兼做车站站台、站厅的排烟通风系统，排风机兼做排烟风机。地下车站送风机和排风机均为可逆转运行的耐高温轴流变频风机，并同时兼做区间隧道的事故通风机。正常运行工况下，通过风机变频运行调整至地下车站所需的空调送风量、回风量和风机所需的风压要求；火灾事故工况下，采用工频运转，满足地下车站通风排烟的风量和风压等要求。

可电动开启式表冷器主要由两扇门式表冷器组成，而每扇门式表冷器是由3~4个小型模块式表冷器组成，安装在装配式的表冷段之内。整个表冷段在工厂内完成加工、测

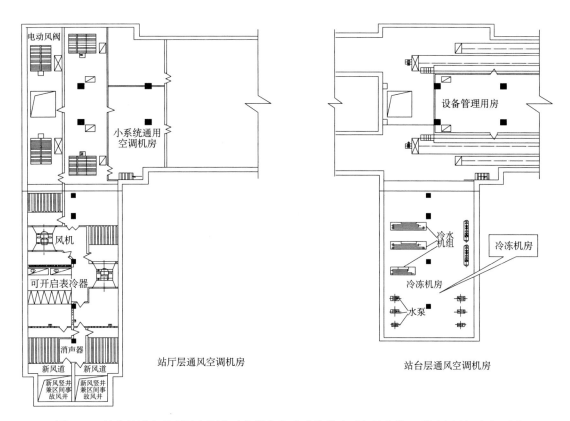

图 4-11 城市轨道交通通风空调多功能设备集成系统的地下车站公共区通风空调机房布置图

试,现场施工管理方便,冬季可采用高压吹风的方法进行泄水防冻。另外,门式表冷器可以电动开启和关闭,开启时间小于30s,遇火灾和非空调季节时可电动打开,也具备人工手动开启和关闭的手段,这样无须另外再设置旁通风道,使得整个通风空调系统结构简单,可以节约造价并节省运行费用。

采用可电动开启式空气过滤器,遇火灾时,过滤器可以旋转开启,开启时间低于30s,形成无阻挡的排烟通道。

2. 区间隧道事故通风系统

如前所述,城市轨道交通地下车站每端总计设置四台地下车站公共区通风空调系统通风机,这四台风机同时兼做区间隧道事故风机,共同组成区间隧道事故通风系统。当区间隧道发生火灾时,这四台风机可以同时对火灾事故区间进行送风或排烟,同时电动开启送风道内的表冷器和空气过滤器,形成无阻挡的送风道或排烟通道;当区间隧道发生阻塞事故时,这四台风机可以同时对阻塞区间进行送风或排风,若阻塞事故发生在空调季节,还可以继续向表冷器输送冷冻水,降低送入阻塞区间的空气的温度,对降低夏季阻塞区间的空气温度非常有利,可以为采取其他应急措施争取宝贵的时间。

4.1.6 城市轨道交通通风空调多功能设备集成系统运行模式

1. 地下车站公共区通风空调系统正常运行模式

地下车站公共区的通风空调系统根据室外气象条件分为空调季节最小新风空调、空调季节全新风空调、非空调季节的通风以及冬季通风运行工况这四种运行模式。

（1）空调季节最小新风空调工况运行模式：当外界空气焓值高于地下车站通风空调系统的回风空气焓值时，采用最小新风空调工况运行模式，即回风仅一小部分排出地下车站外，由室外送入地下车站所需的最小量的新风并与未排出到外界的大部分回风先行混合，经表冷器处理至送风状态点后送至地下车站的站厅和站台。从外界送入的新风的最小新风量应根据高峰小时客流量计算得出。另外，根据城市轨道交通地下车站空调负荷的变化，调节冷水机组的制冷量，并利用变频风机调节与制冷量相适应的空调风量，达到运行节能的效果。

（2）空调季节全新风工况运行模式：当外界空气焓值低于或等于地下车站空调系统回风空气焓值，且大于空调送风焓值时，采用全新风空调工况运行模式，即回风全部排出地下车站外，由室外送入的新风经表冷器处理至送风状态点后送至地下车站的站厅和站台。

（3）非空调季节通风工况运行模式：当外界空气温度低于设定的空调送风温度时，采用通风运行模式，停止冷水机组运行，电动控制表冷器开启，外界空气不经冷却处理直接送至地下车站公共区，排风则全部排出车站外界。也可以考虑采用回/排风机进行排风，出入口自然进风的通风运行模式。

（4）冬季运行模式：冬季室外气温较低，采用活塞风从出入口自然换气的方式或采用变风量机械通风，保证地下车站有足够的新鲜空气量，并可保证冬季全线地下车站内部的空气温度不低于7℃，但不高于16℃。此时，可通过吹扫将组成电动开启式表冷器的若干个小表冷器中的冷冻水泄空，防止盘管冻裂。

2. 区间隧道通风系统正常运行模式

（1）闭式运行模式：当地下车站公共区通风空调系统采用最小新风空调运行模式时，开启迂回风阀，采用闭式运行模式，靠列车运行产生的活塞效应携带地下车站的部分冷空气冷却区间隧道。冬季室外气温较低时，为保证地下车站和区间隧道内部的空气温度不低于设计温度，也采用闭式运行模式。

（2）开式运行模式：在全新风空调季节和过渡季节，关闭迂回风阀，采用开式运行模式，加大活塞效应从出入口和活塞风亭的有效换气量。

3. 地下车站公共区通风空调系统火灾排烟通风运行模式

（1）地下车站站台火灾排烟通风模式：关闭空调水系统，通过电动防烟防火阀和电动排烟防火阀的开启和关闭，开启负责火灾部位防烟分区的车站排风/排烟风机对火灾防烟分区进行排烟，同时地下车站另一侧的送风机向站厅内送风。

（2）地下车站站厅火灾排烟通风模式：关闭空调水系统，通过电动防烟防火阀和电动排烟防火阀的开启和关闭，开启负责火灾部位防烟分区的地下车站排风/排烟风机对该防烟分区排烟，由出入口自然补风。

4. 区间隧道通风系统火灾排烟通风和阻塞通风运行模式

（1）阻塞通风运行模式：由阻塞区间列车运行方向前方车站的4台车站送/排风机同时排风，后方车站的4台车站送/排风机同时送风，同时关闭这两座车站的迂回风道，若阻塞发生在空调季节，则后方车站的空调水系统可以正常运行。

（2）火灾排烟通风运行模式：列车在区间隧道发生火灾时，应尽量将列车继续行驶至前方的车站，利用地下车站的条件，有利于人员疏散。此时按照站台层火灾工况组织排烟通风和人员疏散。当列车在区间隧道发生火灾并因失去动力无法运行，而停滞在区间隧道内时，应根据列车起火部位组织排烟通风，以下两种方式中，地下车站可电动开启式表冷器和空气过滤器均电动开启，迂回风阀均关闭：

1) 区间隧道内列车一头着火时，列车着火端一侧地下车站的4台车站风机均进行排烟，另一侧地下车站的4台车站风机均进行送风。乘客迎着送风方向撤离。

2) 区间隧道内列车中部着火时，距列车较近的地下车站的4台车站风机均进行送风，较远的地下车站的4台车站风机均进行排烟。乘客迎着送风气流向较近的车站撤离。

3) 对于设有中间风道的区间隧道，根据列车火灾停靠位置和火灾部位，由中间风道的风机和地下车站的送/排风机共同组织通风和排烟。

4) 对于设有区间射流风机的区间隧道，根据列车火灾停靠位置和火灾部位，由射流风机协助临近地下车站送/排风机组织通风和排烟。

4.1.7 城市轨道交通通风空调多功能设备集成系统的负荷调节手段

城市轨道交通通风空调系统具有日负荷变化和全年负荷变化均比较大的特点。如前所述，定风量的通风空调送风方案必然造成大量的能源浪费；通过风机变频调速根据通风空调实际负荷分时段、分季节、分年段地调整通风量，可以达到很好的运行节能效果。因此，城市轨道交通通风空调多功能设备集成系统的运行调节方式首选变风量调节。

另外，结合室外气象条件，城市轨道交通通风空调多功能设备集成系统也充分利用非空调季节室外的自然冷源对城市轨道交通的内部空间进行冷却，尽量减少通风空调系统的运行时间，节约运行能耗。

4.2 城市轨道交通通风空调多功能设备集成系统技术经济性分析

4.2.1 系统功能比较

无论是城市轨道交通传统的通风空调系统还是城市轨道交通通风空调多功能设备集成系统都需要实现以下几种功能：地下车站公共区通风空调、地下车站公共区火灾排烟、区间隧道通风、区间隧道阻塞通风、区间隧道火灾排烟通风。

采用传统的通风空调系统或集成通风空调系统方案，都可以使地下车站公共区的空气温度、湿度达到所需要的标准。当地下车站公共区发生火灾时，都能够有效地进行火灾排烟通风，相互之间没有优劣之分。正常工况下，区间隧道内部的空气环境都能达到设计标准的温度、湿度要求。当区间隧道发生阻塞时，都能够对列车的阻塞部位进行有效的通风。采用集成通风空调系统时，由于兼做区间事故风道的送风道内设有可电动开启式表冷器，所以可以在区间隧道进行阻塞通风时向区间隧道内送入冷风，更容易实现对阻塞区间的空气温度控制。在区间隧道发生火灾时，都能够有效地进行火灾排烟通风，相互之间没有优劣之分。

系统功能比较表 表 4-2

新旧通风空调系统	传统通风空调系统	集成通风空调系统
地下车站公共区通风空调功能	满足	满足
地下车站公共区火灾排烟通风功能	满足	满足
区间隧道通风功能	好	好
区间隧道阻塞通风功能	满足	好
区间隧道火灾排烟通风功能	满足	满足

4.2.2 系统综合经济比较

对于传统的通风空调系统与集成通风空调系统,从设备投资、相关土建费用、运行费用、维护费用等多方面进行了综合经济比较。通过比较可以看出,集成通风空调系统较传统通风空调系统在经济性方面具有明显优势。

1. 设备初投资比较

通风空调系统设备按照远期负荷所需的设备容量进行比较。以全线平均负荷为标准站负荷,仅对标准站进行比较。以北京地铁 5 号线车站为例:标准地下车站平均空调冷负荷为 1500kW,平均空调风量为 34 万 m^3/h。

(1) 传统通风空调系统设备配置

传统通风空调系统标准站通风空调主要设备配置见表 4-3 所列。

传统通风空调系统标准站通风空调主要设备配置表 表 4-3

设备名称	规格	数量(台)
水冷螺杆式冷水机组	制冷量 800kW	2
组合式空调机组	风量 9 万 m^3/h	4
回/排风机	风量 9 万 m^3/h	4
区间隧道事故风机	风量 $60m^3/s$ 可逆转	4
冷冻水泵	流量 $170m^3/h$	2

(2) 集成通风空调系统设备配置

采用集成通风空调系统的标准站与传统通风空调系统相比,集成通风空调系统虽然减少了 4 台回/排风机和 4 台组合式空调机组,但增加了 2 台可电动开启式表冷器和 4 套变频器,见表 4-4 所列。

集成通风空调系统标准站通风空调主要设备配置表 表 4-4

设备名称	规格	数量(台)
水冷螺杆式冷水机组	制冷量 800kW	2
风道表冷器	最大过风量 18 万 m^3/h	2
区间隧道事故风机兼地下车站送/排风机	风量 $60m^3/s$ 可逆转,带变频器	4
冷冻水泵	流量 $170m^3/h$	2

(3) 系统设备初投资比较结论

通风空调系统设备初投资比较见表4-5所列。

通风空调系统设备初投资比较表（万元）　　表4-5

新旧通风空调系统	传统通风空调系统	集成通风空调系统
通风空调系统设备初投资	1200	1120

2. 土建投资比较

（1）传统通风空调系统土建投资

按照北京地铁5号线的实际工程情况比较，采用传统的通风空调系统，其地下标准车站的通风空调机房及风道总面积约为1900m²（风井的位置与地下车站周边环境有关，实际可能存在很长的风道，进行方案比较时仅计算必需的最小面积范围，不考虑延长部分），按照地下车站土建造价约7000元/m²的价格，折合土建投资约为1330万元。

北京地铁5号线的地下车站设置2个事故风亭和2个排风亭、2个新风亭，风亭的具体外形差别很大，准确造价很难计算，每个风亭连同风井可以暂按100万元的平均价格估算，这样6个风亭的土建投资约为600万元。

综上所述，传统通风空调系统的土建投资总计约为1930万元/站。

（2）集成通风空调系统土建投资

采用集成通风空调系统时，其地下标准车站的通风空调机房及风道总面积约为1500m²，按照地下车站土建造价约为7000元/m²的价格，折合土建投资约为1050万元。

地下车站需要设置2个排风亭、2个新风亭，按每个风亭连同风井100万元的平均价格估算，4个风亭的土建投资为400万元。

综上所述，集成通风空调系统的土建投资总计约为1450万元/站。

（3）土建投资比较结论

通过以上比较，可以得到表4-6所列的结论。

通风空调系统土建投资比较表（万元）　　表4-6

新旧通风空调系统	传统通风空调系统	集成通风空调系统
通风空调系统土建投资	1930	1450

3. 运行耗电费用比较

按照远期通风空调负荷，对传统通风空调系统和集成通风空调系统进行运行费用的比较。

（1）传统通风空调系统运行耗电费用

传统通风空调系统运行耗电费用统计表4-7所列。

（2）集成通风空调系统耗电费用

集成系统运行耗电费用统计表4-8所列。

（3）运行耗电费用比较结论

通过以上比较，可以得到表4-9所列的结论，其中电费按0.68元/kW·h计算。

传统通风空调系统运行耗电费用统计表　　　　　表 4-7

季节天数、总计	设备名称	功率（kW）	台数	开启时间（h）	耗电（kW·h）	备注
夏季 122 天	送风机	40	4	732	117120	
		40	2	1464	117120	
	排风机	40	4	732	117120	
		40	2	1464	117120	
	冷水机组	190	2	2196	408895	
	冷冻水泵	22	2	2196	67636	
	冷却水泵	30	2	2196	92232	
	冷却塔	15	2	2196	46116	
	小计				1083359	
过渡季 153 天	送风机	40	4	918	146880	
		40	2	1836	146880	
	排风机	40	4	918	146880	
		40	2	1836	146880	
	小计				587520	
冬季 90 天	送风机	40	2	270	21600	
	排风机	40	2	270	21600	
	小计				43200	
总耗电量					1714079	
年耗电费（万元）					117	

集成系统运行耗电费用统计表　　　　　表 4-8

季节天数、总计	设备名称	功率（kW）	台数	开启时间（h）	耗电（kW·h）	备注
夏季 122 天	送风机	75	2	732	109800	1. 风机变频按风量60%计算； 2. 全日平均负荷按高峰时的70%计算； 3. 每天运营18h； 4. 空调季与过渡季有6h以最大风量运行，有12h以一半风量运行； 5. 过渡季将表冷器打开； 6. 冬季风机每天运行3h
		15	2	1464	43920	
	排风机	75	2	732	109800	
		15	2	1464	43920	
	冷水机组	190	2	2196	408895	
	冷冻水泵	22	2	2196	67636	
	冷却水泵	30	2	2196	92232	
	冷却塔	15	2	2196	46116	
	小计				922319	

续表

季节天数、总计	设备名称	功率(kW)	台数	开启时间(h)	耗电(kW·h)	备注
过渡季153天	送风机	65	2	918	119340	
		15	2	1836	55080	
	排风机	65	2	918	119340	
		15	2	1836	55080	
	小计				348840	
冬季90天	送风机	15	2	270	8100	
	排风机	15	2	270	8100	
	小计				16200	
总耗电量					1287359	
年耗电费（万元）					87	

通风空调系统运行耗电比较表　　　　表4-9

新旧通风空调系统	传统通风空调系统	集成通风空调系统
车站年耗电量（kW·h）	1714079	1287359
年耗电费用（万元）	117	87

4. 运行维护费用比较

通风空调系统每年的运行维护费用按设备费用的3%折算。设备费用约占通风空调系统初投资的48%，由此得出表4-10所列的结论。

通风空调系统运行维护费用比较表（万元）　　　　表4-10

新旧通风空调系统	传统通风空调系统	集成通风空调系统
年运行维护费用	17	16

5. 综合经济比较

通风空调系统综合经济比较见表4-11所列。

通风空调系统综合经济比较表（万元）　　　　表4-11

新旧通风空调系统	传统通风空调系统	集成通风空调系统
通风空调设备投资	1200	1120
土建投资	1930	1450
初期投资合计	3130	2570
设备年费（按20年折算）	104	97
土建年费（按100年折算）	116	87
初投资折合年费用	220	184

续表

新旧通风空调系统	传统通风空调系统	集成通风空调系统
年耗电费用	117	87
年运行维护费用	17	16
年运营费合计	134	103
年综合费用	354	287
差值（传统通风空调系统为0）	0	-67
比例（传统通风空调系统为1）	1.00	0.81

通过上面的比较可以看出，集成通风空调系统较传统通风空调系统在经济性方面具有明显的优势。

4.2.3 城市轨道交通通风空调多功能设备集成系统的经济效益

城市轨道交通通风空调多功能设备集成系统能够较大幅度地降低城市轨道交通地下车站的土建规模和工程造价。就一个标准的地下车站而言，通风空调多功能设备集成系统的通风空调机房及土建风道面积比传统通风空调系统节约 500~800m^2，地下车站长度可缩短近20m，同时可节省地面的拆迁费用。通风空调多功能设备集成系统形式简单，通风设备一机多用，每个地下车站通风空调设备投资可有所降低。因此全面衡量，每个标准的地下车站可降低综合造价约500万元。按目前采用了此系统的方案并已通车运营的北京地铁5号线、10号线一期的共计38座地下车站计算，已实现了节省初投资1.9亿元。而此系统正在北京地铁4号线、6号线、9号线、10号线二期及青岛地铁3号线的总计近百座地下车站中应用，再加上其具备的巨大的推广应用前景，不难看出城市轨道交通通风空调多功能设备集成系统可以产生的巨大的节省社会资源的作用。

城市轨道交通通风空调多功能设备集成系统采用"可电动开启风道表冷器"及风机变频等节能技术，可以较大幅度地降低城市轨道交通通风空调系统的运行能耗。经测算，城市轨道交通通风空调多功能设备集成系统每个标准地下车站的年运营费用可比传统通风空调系统减少31万元，仍按北京地铁5号线、10号线一期计算，每年可节省运营费用1178万元。

城市轨道交通通风空调多功能设备集成系统采用风机变频技术，根据城市轨道交通通风空调负荷的变化来调节通风机的工作状态，在夜间低负荷状态采用低转速运行，设备噪声低，可减少地面风亭噪声对周边环境的影响。

城市轨道交通通风空调多功能设备集成系统能够提高乘客在地下车站候车的舒适程度，同时，还可在列车在区间隧道发生阻塞事故时，向事故地点送入冷风，提高城市轨道交通应对事故的能力，使城市轨道交通成为更加舒适、安全的交通工具。有利于将地面客流吸引到城市轨道交通中，减少地面交通的压力，缓解道路拥堵，具有一定的社会效益。

由此可见，城市轨道交通通风空调多功能设备集成系统的实施可以较大幅度地降低城市轨道交通工程建设期的初期资金投入，对加快我国城市轨道交通的建设速度、节约有限的国家建设资金有积极作用；同时通过运行节能手段降低运营成本，可减少国家对城市轨道交通行业的巨额补贴压力，带来巨大的社会效益。

第5章 严寒地区通风系统

5.1 绪论

我国拥有广袤的北部地区，国土疆域南北距离 5500 多 km，南北纵跨的纬度近 50 度，从北纬约 54 度的黑龙江省漠河以北的黑龙江主航道中心线到北纬 3 度左右的南海的南沙群岛中的曾母暗沙。跨越多种气候类型，气候跨度变化非常巨大，从北方的严寒地区、寒冷地区到温带、亚热带地区，很多人口密集的大城市遍布北方，像哈尔滨、长春、吉林、沈阳等。

同时，由于长期处于所在地区的气候条件下生活，各地的人员的生理习惯和生活习惯都存在各自不同的实际状况，迥异的气候条件和差异化的着装习俗都决定了不同区域的人员对于建筑物内部空气环境的不同需求。

随着社会经济的发展和人口的增长，和国内其他大城市所面临的情况相同，北方很多大城市的交通问题也日益突出，改善城市公共交通已经成为相当急迫的问题，大力发展城市轨道交通已经成为必需，也同样是解决城市交通的最佳途径。

5.1.1 严寒地区城市的气候特征

根据我国各地的实际气候情况，为区分国内不同地区气候条件对建筑影响的差异性，明确各气候区域的建筑基本要求，提供建筑气候参数，从总体上做到合理利用气候资源，防止气候对建筑的不利影响，国家有关部门专门制定了国家标准《建筑气候区划标准》（GB 50178—1993），此标准中的建筑气候的区划根据我国气候特型，采用综合分析和主导因素相结合的原则，将全国划分为第Ⅰ建筑气候区、第Ⅱ建筑气候区、第Ⅶ建筑气候区等共计 7 个气候区，即东北严寒区、华北寒冷区、华中夏热冬冷区、华南炎热区、云贵温和区、青藏高原区和西北干寒区。

为适应建筑热工设计的需要，使民用建筑热工设计与地区气候相适应，保证建筑物室内基本的热环境要求，并与国家节约能源的方针相吻合，提高投资效益，《民用建筑热工设计规范》（GB 50176—1993）在《建筑气候区划标准》（GB 50178—1993）的基础上，将国内各区域划分为 5 个建筑热工设计分区，即严寒地区、寒冷地区、夏热冬冷地区、夏热冬暖地区和温和地区。

其中《建筑气候区划标准》（GB 50178—1993）中的第Ⅰ建筑气候区，也就是《民用建筑热工设计规范》（GB 50176—1993）中的严寒地区，此地区位于国内北部区域，所辖的行政区范围包括：黑龙江省、吉林省全境，辽宁省大部，内蒙古自治区中、北部及陕西省、山西省、河北省、北京市北部的部分地区。这个气候区的气候表征为冬季漫长严寒，夏季短促凉爽，气温年较差很大，冰冻期长，冻土深，积雪厚，太阳辐射量大，日照丰富，冬季多大风。地处此气候区的城市气候条件特点鲜明，1 月份平均气温均在 -10℃ 以下，极端最低气温普遍低于 -35℃；7 月份平均气温低于 25℃；气温年较差为 30~50℃，年平均气温日较差均在10℃以上，3～5月份平均气温日较差最大，可达25～30℃；年日平均气温低于5℃的日数很多，超过4个月。年大风日数较多，一般为40～160天，个别地区大风日数将近150天。

例如已有城市轨道交通线路运营或者正在进行城市轨道交通建设的我国北方城市辽宁省省会沈阳市和黑龙江省省会哈尔滨市都是地处北方严寒地区，其气候特征均为典型的严寒地区气候。

根据所处的地理位置和特殊的气象条件，沈阳市和哈尔滨市等严寒地区城市进行城市轨道交通建设时，均需要充分考虑到其特有的严寒气候条件因素所造成的巨大影响。

5.1.2 严寒地区城市轨道交通的建设特点与需求

严寒地区建筑物的建设受到气候状况的极大影响，有其具体的特点和需求，建筑物对于冬季防寒、保温、防冻等的要求极高，建筑物的建筑形式，结构构造都有独特的要求，要充分考虑到冬季漫长严寒的实际气候状况，采取有效措施，满足冬季日照和防御寒风的需要，并减少外露面积，加强冬季的密闭性，并考虑到气温年较差大以及大风等不利影响，消除积雪和冻融的危害。但严寒气候地区的夏季防热问题则可不在考虑范畴之内。此地区建筑物的通风空调的应用与系统技术、系统设备的设置都要根据实际的气候条件加以分析论证，并采取合理可行的技术措施和手段。

与建筑物类似，严寒地区城市轨道交通的建设也同样受到气候状况的巨大影响，具有与其他地区不同的特点与需求。其中冬季漫长对施工的影响需要给予高度重视；同时，冬季大气温度过低，夏季大气温度升高，冬夏大气温差过大对结构壁面的影响如不能有效消除或控制在一定限度内，对围护结构的防水层也会造成加速破坏；冻融环境对柔性防水层的影响主要体现在以下几个方面：

（1）混凝土裂缝内的水气受冻膨胀，使裂缝开展，降低结构自防水效果。

（2）结构混凝土的低温收缩和高温膨胀，会导致防水层与结构之间产生差异变形，使防水层与结构之间出现脱层，降低柔性防水层的整体防水性能。

（3）防水层周边地下水冻结膨胀，易对防水层产生压力破坏，导致防水层局部破损。

另外严寒地区混凝土工程防冻问题也是不可忽视的重要方面：

混凝土在凝结过程中如温度在0℃之下，水泥的水化作用受到阻碍，其中游离水分开始结冰，有使混凝土冻裂而严重影响混凝土质量的危险。采用妥善的养护方法，防止早期受冻是保证混凝土冬期施工质量的关键，一般应根据气温情况、结构特点和现场能源条件选择防冻措施。在东北严寒地区，为了防止遭受早期冻害，通常要求开始养护时的混凝土温度不低于5℃，可采用搭设大棚、烧暖炉的措施加强保温防风，提高混凝土环境温度，其养护温度需提高到10℃以上。除加热养护外，冬季混凝土也可掺用早强剂、防冻剂等拌制，以降低其冰点，使混凝土在负温（0℃之下）下硬化。也可掺入引气剂，其目的是利用混凝土含有大量分布均匀的微孔，以减缓游离水的冻结压力对混凝土中毛细孔结构的破坏，从而提高其抗冻能力。但含气量增大会影响混凝土的密实度和强度，应加以控制。

同时对于地面以下、冻土线以上的结构，如以地铁为典型代表的城市轨道交通工程的出入口、风亭等，也应采取措施解决其长期使用时的防冻问题，可以设置保温层加强保温，采用铺设砂垫层或回填多孔材料防止冻胀影响。

冬季外界大气严寒温度下，人员着装很厚，进入城市轨道交通地下车站时既要满足其对新风量的要求，并保证一定的空气温度标准，又要避免大量冷空气进入对设备和管线的正常运转所需的环境空气温度条件造成冲击。

而且，城市轨道交通内部存在大量的给水管道、排水管道、污水管道和消防水管等各类水管线，在冬季均需要考虑完备的措施防止冻结；城市轨道交通与外界的接口部位，例如地下车站出入口、列车出入洞口和通风道的风亭等部位，由于内外空气温差较大，也需要防止结露，否则将对人员安全通行和结构的安全耐久性等方面造成不利后果。

这些都是严寒地区与其他地区城市轨道交通建设和运营管理所不同的特殊问题，也是严寒地区建设城市轨道交通所必需面临和要加以切实解决的。

在国外的一些城市中，高纬度气候寒冷地区的城市轨道交通建设与运营已经有一些实际工程和实践经验。例如加拿大多伦多市（Toronto）位于北纬43°39′，其第一条地铁线路开通于1954年，蒙特利尔市（Montreal）位于45°06′，其第一条地铁线路开通于1966年，俄罗斯莫斯科市（Moscow）位于北纬55°71′，其第一条地铁线路开通于1935年，虽然这些地铁线路的建设年代较早，当时对城市轨道交通的认识还存在局限性，各种技术手段也受发展时代的影响，还很有限，但是，这些地铁线路几十年的实际经验对于国内严寒地区城市轨道交通的建设具有很好的参考意义。

5.1.3　严寒地区城市轨道交通通风空调系统的特点与需求

严寒地区城市轨道交通通风空调系统在城市轨道交通中的应用、系统技术的确定以及系统设备的配置等都必须在充分考虑当地气候条件等实际情况的前提下，按照城市轨道交通的建设与运营的规律和原则，采取适当可靠的系统方式和系统设备配置，并采取切实可行的系统运行模式，以保证既实现系统功能需求，又保证系统的技术经济综合效益也达到最佳状态。城市轨道交通通风空调系统的设置是根据城市轨道交通工程的建设实际、运力需求，按照人员的生理和心理需要，当地居民的生活习惯，结合当地气候条件等实际情况而综合确定的。其中，修建城市轨道交通的城市的气候条件是影响城市轨道交通通风空调系统的主要因素。按照《地铁设计规范》（GB 50157—2003）的规定可以设置通风空调系统，但其适用空调的时间是较短的，从6月份开始到9月份，总计约3个月的时间，同时昼夜空气温差较大，有时用通风的方式就可以解决城市轨道交通内部空气环境的问题。而在其他季节，由于外界空气温度较低，采用通风方式即可以实现通风空调系统的功能需求。广州市的情况就有很大不同，广州市一年中的最热月为7月份，月平均气温为28.3℃，但5月份和9月份的气温都超过25℃，4~10月底均需要使用空调。地处中国东北的沈阳市则又具有与北京市和广州市都不相同的气候特点，沈阳市一年中的最热月也是7月份，但是其7月份的平均气温只有24.6℃，从气候条件来看，空气温度较低，这对于城市轨道交通内部空气环境采用通风的方式来排除余热和余湿是非常有利的。

国外严寒地区城市轨道交通工程对其内部空气环境的控制一般都是采用通风方式，苏联地铁的通风系统就是最具有典型代表意义的做法。苏联《地下铁道设计规范》中规定：地下铁道线路建筑物的通风应该采用机械通风，通风系统应该有区间隧道通风和建筑物局部通风。并在工程设计上，在地下车站、区间隧道、线路之间的辅助支线隧道、通向车辆段和尽端线的隧道，以及封闭的地面区段，车站的设备及管理用房等部位都设置了通风系统。

　　苏联的地铁设计上，按照外界气候情况，把全年分为冷季和热季。所谓冷季是指一年中室外空气的月平均气温低于土壤的自然温度的持续时间。而热季则是室外空气的月平均温度大于或者等于土壤的自然温度的持续时间。在通风系统设计和通风系统的运行模式上根据不同城市室外气温的差异，均采用了不同的方案。在最冷月室外平均气温高于0℃的城市，采用的通风模式是全年向车站送风，送风气流经过车站和区间隧道，并最终经区间隧道排出到地面。而对于最冷月室外平均气温低于0℃的城市，其通风系统则是在热季向车站送风，送风气流经过车站和区间隧道，并最终经区间隧道排出到地面。在冷季则采用逆向通风，将室外空气先送入区间隧道，送风气流经过区间隧道和车站，并最终经车站排出到大气之中。多年的运行实践表明，这套通风系统对于其地铁内部的空气环境的保证确实起到了预期的实效，完全满足了人员乘车的需要，是行之有效的技术手段，完全可以在严寒地区的城市轨道交通中加以广泛应用，莫斯科市的地铁通风系统就是其中最典型的代表。

　　中国的城市轨道交通通风空调系统技术经过40多年的研究与实践，基本上已经形成了通风与通风空调两种类型，以及通风、设置屏蔽门的通风空调系统和不设置屏蔽门的通风空调系统这三种制式。但是，此前的城市轨道交通从建设实际情况来看，都是从地处华北的北京地铁开始，最先在广州、深圳等华南城市，上海、南京等华东城市，以及武汉等华中城市开始大规模的建设，并投入实际运营。而这些城市的一个普遍气候特点是全年平均气温较高，夏季炎热，持续时间较长，而冬季室外气温不太低，持续时间也相对较短，过渡季节气候条件处于两者之间。因而，从客观上看，国内城市轨道交通通风空调技术的研究与应用也延循着这样一种发展的路线，更多地将研究与探索重点放在了夏季的空调系统上，对于过渡季节以及冬季的研究，尤其是严寒地区的城市，例如：哈尔滨、长春和沈阳等城市的城市轨道交通通风系统技术的研究涉及较少，研究的深度也有所不足。随着北方城市和地区的城市轨道交通建设的大力发展，已有的通风技术在这些地区和城市的城市轨道交通工程中的应用上的欠缺和不足也日益显现，目前的一般做法基本上都是将南方原有的通风空调系统技术移植到北方城市的城市轨道交通工程上，只是将空调系统中的冷水机组等冷源设备和组合式空调机组等空气降温设备去除，只保留通风设备。但在系统构成、系统设备的配置、通风系统与北方城市气候以及城市轨道交通的协调关系等重要而且具有针对性的环节上则探讨甚少，对于室外气温很低时的严寒冬季的通风系统运行模式与相关技术手段以及严寒的冬季时城市轨道交通内部空气环境对建筑和结构等方面的实际影响等方面的涉猎更是少之又少。

　　借鉴莫斯科、蒙特利尔和多伦多等城市的城市轨道交通内部空气环境控制的实际做法和经验，可以得出基本的结论，即中国北方严寒地区城市进行城市轨道交通建设和运营时，从这些城市的实际气候条件分析，其城市轨道交通内部的空气环境也完全可以采用通风方式来进行控制。但与莫斯科市地铁采用的线路深埋敷设方式所不同的是，中国的城市轨道交通线路敷设基本上都是浅埋敷设方式，而且，经过国内城市轨道交通若干年的发展，对于其建设和运营管理也有了更加深刻的认识，对于城市轨道交通通风空调系统而言，基本上是继承了以往的良好技术理念，同时，随着科技水平的提高，技术上也有了更大的发展，更加注重以人为本，更加注重自然条件的应用，在保障安全可靠方面，在系统配置和系统控制以及系统运行模式上都有了更全方位的提升和更大的进步，因而，在如何更好地适应严寒地区气候特点，根据乘客的生活习惯和不同季节着装特点，确定合理的空气环境温度、湿度标准，构造具有针对性的系统方式，制定合理可行的系统运行模式，并充分利用外界自然条件实现最大限度的系统运行节能以及有效消除车站出入口和风亭出口的围护结构壁面可能产生的空气结露现象，防止各类水管因周围空气温度过低而造成冻结等许多方面，都需要加以更加深入的研究与探讨。

5.1.4 国内严寒地区城市轨道交通通风系统现状

地处国内严寒地区的长春市的地面轻轨线路已于2002年开通运营，但其地铁线路还正在建设过程中，目前还没有地下线路的运营实践，哈尔滨市的城市轨道交通一直在筹建之中，并且也已经开展了施工设计工作，这两个城市的城市轨道交通通风系统方案也已经基本落实，虽然还有待实际运行检验，但其现已取得的成果已经可以作为研究的对象，作为分析的参考。尤其是沈阳市已经有两条城市轨道交通线路（沈阳地铁1号线和2号线）开通运营，其通风系统也已经取得初步的运行经验，有关单位还专门组织了对沈阳地铁1号线的通风系统运行实效的实际测试，取得了第一手的测试结论，完全可以在总结提炼的基础上，进行完善和改进通风系统技术的有益尝试。

1. 哈尔滨市轨道交通1号线工程通风系统方案

哈尔滨市地处欧亚大陆东部的中高纬度，属大陆性季风气候，在建筑热工分区上属于严寒地区。其主要气候特征为四季分明，冬季漫长，夏季短暂。从10月下旬至次年4月中下旬超过半年的时间都是冬季，气候寒冷、干燥。据气象统计资料显示，哈尔滨市日平均气温在0℃以下的寒冷日数平均为166天，冬季平均气温−13.8℃。冬季最冷月平均温度为−19.2℃，1月份的平均最低气温−24.8℃，最高气温仅为−13.2℃。夏季日最高气温高于30℃的日数仅有18天。夏季平均气温为21.2℃，最热月平均气温为22.8℃，7月份最高平均气温为28℃，最低平均气温为18.1℃。而且，全年气温波动巨大，气温年较差为41.8℃，极端最高气温为36.4℃，极端最低气温为−38.1℃。

哈尔滨市轨道交通1号线是哈尔滨市轨道交通网中的正南~东北方向的主干线，南起学府路上医大二院附近，沿学府路—西大直街—东大直街—曼街—东直路—桦树街至哈尔滨东站，途经南岗区和太平区。其一期工程全长约14.41km，全部为地下线路，沿线共设18座车站，1座车辆段、1座停车场、1座控制中心。

结合哈尔滨市的气候特点，此条线路的地下线路采用通风系统，开式运行方式，充分利用自然冷源、热源和列车活塞效应。

地下线路通风系统由以下三部分组成：地下车站通风系统（公共区通风系统）；区间隧道通风系统；地下车站设备及管理用房通风、空调与供暖系统（介绍省略）。

（1）区间隧道通风系统

在地下车站两端分别设置一座机械/活塞风井，内设两台区间隧道通风机（TVF风机），上下行线路合用活塞风道，在地下车站的站台层两端区间与地下车站衔接处设置面积约30m^{2}的迂回风道。

（2）地下车站通风系统

地下车站通风系统构成：

地下车站的站厅和站台公共区均设置一套机械通风系统，兼顾地下车站火灾排烟通风。通风系统采用轴流风机进行排风,设置相关的风阀、风管和消声器。结合地下车站建筑结构型式,在地下车站两端各设置一套通风系统。地下车站的站厅通风管道沿地下车站长度方向布置,风口均匀设置。地下车站的站台通风管道设在地下车站轨行区的顶部及站台板的底下,沿站台长度方向布置,风口正对列车散热部位。同时,在地下车站列车进站端设置集中的排风口。

(3) 系统通风运行模式(正常工况时)

地下车站在夏季及通风季节采用机械排风与活塞通风相结合的方式控制地铁内部空气温度保持在合适的范围内。地下车站通风系统采用机械排风运行,站台排风管将列车产热、人员散热和设备产热等地下车站主要产热直接排出到外界,通过地下车站出入口、活塞风道自然进风。

冬季为提高地下车站站厅层的空气温度,有效利用站台层的列车和设备、人员散热,并控制列车活塞风对地下车站以及地下车站出入口的冲击,采用地下车站内部空气循环利用,站台端部集中机械泄压的通风方式,即利用通风系统的风阀转换,将地下车站轨行区的顶部及站台板底下的排风风管收集的热风送至地下车站的站厅,同时,站端的集中排风口开启,主动利用机械排风减弱列车活塞风对站台的冲击,以减少地下车站出入口的换气量。活塞风井的活塞风阀少量开启,通过活塞风井及地下车站出入口渗漏进入部分外界新风,补充地铁内部对外界新风的需求量。

(4) 系统排烟通风运行模式(火灾工况时)

地下车站根据建筑布局和用房要求划分相应的防烟分区。

地下车站站厅发生火灾时,站厅排风系统迅速转换为排烟系统进行排烟,同时,关闭站台排风系统。

地下车站站台发生火灾时,站台排风系统迅速转换为排烟系统进行排烟,并关闭站厅排风系统,同时开启地下车站两端的区间隧道风机辅助排烟。

区间隧道内列车火灾:列车在区间隧道发生火灾时,只要列车未失去动力,必须将着火列车运行至前方地下车站,然后在前方地下车站疏散乘客,排烟系统按照地下车站的站台火灾工况进行排烟。一旦列车失去动力,无法继续运行至前方地下车站,则开启区间隧道两端的区间隧道风机进行推拉式通风排烟,保证区间隧道内的通风排烟风速不小于2m/s,并且高于计算的临界风速,人员在区间隧道中下车,并背向排烟方向,迎着送风方向撤离。

(5) 通风系统运行的有效性

哈尔滨地铁目前尚未投入实际运营,其通风系统的运行实效也未得到实际运行的检验,但基于现在已经进行的研究和分析,初步结论认为,采用上述的通风系统及运行模式,基本可以实现其地铁内部空气环境的控制要求。

但分析认为,哈尔滨地铁通风系统运行可能存在冬季室外冷风对站厅出入口通道及站厅空气温度的较大影响。

由于哈尔滨市位于我国东北严寒地区,冬季室外气温很低,哈尔滨冬季的供暖设计温度为-26℃,冬季通风室外空气计算温度为-20℃,室外风速为3.8m/s,冬季室外气温经常超过-30℃,在如此寒冷恶劣的气候条件下,再加之列车运行时的活塞效应影响,室外冷风对地下车站的站厅出入口附近将造成强烈的吹风感,导致出入口处空气温度较低,使置身此处的人员产生强烈的冷感觉。当冷风侵入剧烈时,冷风还会影响站厅内部的空气温度分布，使站厅空气温度降低，空气温度场分布极不均匀。当出入口处空气温度低于露点温度时，由于热压和列车活塞作用，站内热空气通过出入口流向室外，发生冷热空气交会情况，又极易在出入口处出现结冰现象，影响乘客安全。

要改善这个突出问题，就必须采取多种措施，例如站厅出入口大门的朝向在允许的条件下应尽量避免布置在冬季主导风向一侧，在开启频繁的站厅出入口处设置门斗和前室，门斗上加装门帘阻挡冷空气进入，减小冷风侵入风速，也可在出入口安装热空气幕，或者多种手段同时应用。

总之，由于严寒气候原因，哈尔滨地铁工程通风系统运行上遇到的特殊问题，需要认真加以注意，并继续深入研究，探索采用合理的技术手段和措施加以切实解决。

2. 沈阳市地铁 1 号线通风系统

沈阳市是辽宁省省会，东北地区政治、金融、文化、交通、信息和旅游中心。同时也是我国最重要重工业基地。沈阳位于中国东北地区南部，辽宁省中部，以平原为主，属于北温带受季风影响的半湿润大陆性气候，年平均气温 6.2～9.7℃，自 1951 年来，沈阳市的极端最高气温为 38.3℃（1952 年 7 月 18 日），极端最低气温为 -32.9℃（2001 年 1 月 15 日）。沈阳市春季气温回暖比较快，日照充足，出现大风的机率比较大，大于 6 级风的日数占全年大风日数的 46% 左右；夏季炎热多雨，空气湿润，这个季节的降水占全年总降水量的 60% 左右，7 月气温最高，月平均气温为 24.6℃；秋季天高气爽，凉爽舒适，但比较短促；冬季漫长寒冷，降雪较少，大气平均最高温度也在 0℃ 以下。根据《民用建筑热工设计规范》（GB 50176—1993），沈阳市属于严寒地区。

（1）沈阳地铁 1 号线工程简介

沈阳地铁 1 号线是我国北方严寒地区修建的第一条地铁线路，位于沈阳城区东西方向的主轴线上，横跨市内五区（铁西、和平、沈河、大东、东陵），具有重要的战略地位。其中已经开通的一期工程及西延线西起十三号街站，东至黎明广场站，连接沈阳经济开发区、铁西工业区和沈阳站、太原街商业区、中街商业区等客流集散地区，全长 27.9km，共设车站 22 座。图 5-1 为沈阳地铁 1 号线一期工程及西延线示意图。

图 5-1　沈阳地铁 1 号线一期工程及西延线示意图

沈阳市地铁 1 号线一期工程，自张士经济开发区至黎明文化宫。线路全长 22.115km，全部为地下线，一期工程全线设 18 座地下车站。西延线自张士站西至十三号街站，除张士站外，另设 4 座车站。

通风、空调与供暖系统的设计分析范围包括全部 18 座地下车站和地下区间隧道。

（2）线路平、纵断面布置

沈阳市地铁 1 号线平均站间距 1.274km，洪湖北街至重工街的站间距为 1.900km，为全线最大站间距，中街站至小什字街站间距 0.809km，为全线最小站间距。根据运营需要，在张士站、黎明文化宫站设起终点折返线，在重工街站、小什字街站设区间折返线，在铁西广场站、青年大街站设有临时存车线。全线正线采用的最大坡度为 32.4‰，共 1 处，位于南市站东侧，坡段长 210m。

（3）车站建筑、结构型式及施工方法

张士站及沈新路站客流量不大，地面条件良好，为减少投资，采用地下单层侧式站台方案，并将车站的设备及管理用房结合站厅设于地面。其他车站均为双层岛式地下车站。各车站的编号、施工方法和结构型式详见表 5-1 所列。

车站编号、施工方法和结构型式表　　　　表 5-1

编号	车站名称	车站型式	施工方法
Z01	张士站	单层地下侧式	明挖法
Z02	开发大道站	单层地下侧式	明挖法
Z03	于洪广场站	双层地下岛式	明挖法
Z04	迎宾路站	双层地下岛式	明挖法
Z05	重工街站	双层地下岛式	明挖法
Z06	启工街站	双层地下岛式	明挖法
Z07	保工街站	双层地下岛式	盖挖顺作法
Z08	铁西广场站	双层地下岛式	明挖法
Z09	云峰北街站	双层地下岛式	明挖法、暗挖法结合
Z10	沈阳站站	双层地下岛式	明挖法、盖挖顺作法结合
Z11	太原街站	双层地下岛式	盖挖顺作法
Z12	南市场站	双层地下岛式	盖挖顺作法
Z13	青年大街站	三层地下岛式	明挖法、暗挖法结合
Z14	怀远门站	双层地下岛式	盖挖顺作法
Z15	中街站	双层地下岛式	盖挖顺作法
Z16	东中街站	双层地下岛式	明挖法
Z17	滂江街站	双层地下岛式	明挖法、暗挖法结合
Z18	黎明文化宫站	双层地下侧式	明挖法

区间隧道的施工方法和结构型式详见表 5-2 所列。

	区间隧道施工方法和结构型式		表 5-2
序号	区间名称	施工方法	断面类型
1	起点~张士	明挖法	矩形
2	张士~开发大道	明挖法	矩形
3	开发大道~于洪广场	明挖法	矩形
4	于洪广场~迎宾路	暗挖法	拱形
5	迎宾路~重工街	明挖法/盾构法	矩形/圆形
6	重工街~启工街	盾构法	圆形
7	启工街~保工街	盾构法	圆形
8	保工街~铁西广场	暗挖法	拱形
9	铁西广场~云峰北街	盾构法	圆形
10	云峰北街~沈阳站	盾构法	圆形
11	沈阳站~太原街	盾构法	圆形
12	太原街~南市场	盾构法	圆形
13	南市场~青年大街	暗挖法	拱形
14	青年大街~怀远门	暗挖法	拱形
15	怀远门~中街	盾构法	圆形
16	中街~东中街	暗挖法	拱形
17	东中街~滂江街	明挖法/盾构法	矩形/圆形
18	滂江街~黎明文化宫	暗挖法/明挖法	拱形/矩形
19	黎明文化宫~终点	明挖法	矩形

（4）通风亭设置情况

沈阳地铁 1 号线每个地下车站设置 2 处通风亭，分别位于地下车站的两端。每处风亭负责半个地下车站的新风供给与排风以及区间隧道的活塞通风，由 1 个地下车站通风亭和 1 个活塞风亭，以及 2 个小的车站设备及管理用房送、排风亭组成。

洪湖北街站~重工街站特长区间隧道中部以及黎明文化宫站东面线路终点处设区间隧道风井，风井内设置风机，在进行区间隧道通风和遇区间隧道事故工况时运行。

5.2 沈阳地铁 1 号线通风系统

5.2.1 沈阳地区气候特点

通风空调系统的任务是对地下车站及相应的区间隧道内的空气温度、湿度、风速、噪声和空气质量进行全面控制，并在紧急状况下为人员安全疏散提供一定的新风量和风速，以保证乘客安全和舒适，确保设备使用寿命。城市轨道交通内部的环境控制与室外环境条件密切相关，因此研究通风系统应从当地的室外气候特点分析开始。

沈阳市位于我国东北地区南部，城区坐落在辽河平原与东部山区的衔接地带。地理坐标为东经 122°25′09″~123°48′24″，北纬 41°11′51″~42°17′30″。沈阳城区东北~东南与天柱山、辉山坡麓相连，西北西南与辽河冲积平原相连，高程一般在 40~60m 之间。

沈阳市属北温带半湿润的季风性气候，同时受海洋、大陆性气候的控制。其特征是冬季漫长寒冷，春季干燥多风，夏季炎热多雨，秋季凉爽湿润，春秋季短、冬夏季长。根据全国建筑热工设计分区图，沈阳市属严寒地区。历年主要气象参数如下：

极端最高气温：38.3℃，极端最低气温：-30.6℃，年平均气温：7.8℃，最热月（七月）平均气温24.6℃，最冷月（一月）平均气温-12℃；平均降水量：734.4mm，平均蒸发量：1431.4mm，历年最大风速：29.7m/s。

5.2.2 基础资料

1. 列车行车计划

沈阳地铁1号线通车后第3年、10年、25年为2013年、2020年及2035年。分别为初期、近期、远期。

行车密度为初期：15对/h；近期：25对/h；远期：30对/h。

列车编组为初期：4节编组（2动2拖）；近期：4节编组（2动2拖）；远期：6节编组（3动3拖）。

沈阳地铁1号线运营时间为5~23点，全天运营18h。初期（2013年）全天单方向单行149列车，近期（2020年）全天单方向开行229列车，远期（2035年）全天单方向开行243列车。

初、近、远期的行车计划见表5-3所列。

初、近、远期的车站停站时间安排见表5-4所列。

行 车 计 划　　　　　　表5-3

时段	初期		近期		远期	
	列车对数	间隔（min）	列车对数	间隔（min）	列车对数	间隔（min）
5~6	6	10	6	10	6	10
6~7	10	6	15	4	16	3.75
7~8	15	4	25	2.4	30	2
8~9	12	5	20	3	20	3
9~10	8	7.5	15	4	18	3.3
10~11	8	7.5	15	4	15	4
11~12	8	7.5	15	4	15	4
12~13	8	7.5	12	5	12	5
13~14	8	7.5	12	5	12	5
14~15	8	7.5	12	5	12	5
15~16	8	7.5	15	4	15	4
16~17	10	6	15	4	16	3.75
17~18	8	7.5	10	6	12	5
18~19	8	7.5	10	6	12	5
19~20	6	10	10	6	10	6
20~21	6	10	10	6	10	6
21~22	6	10	6	10	6	10
22~23	6	10	6	10	6	10
合计	149		229		243	

车站停车时间表 表5-4

车站	初期（s）	近期（s）	远期（s）
张士	25	30	30
开发大道	20	20	20
于洪广场	25	25	25
迎宾路	25	25	25
重工街	30	30	30
启工街	20	20	20
保工街	25	25	25
铁西广场	25	30	30
云峰北街	20	20	20
沈阳站	25	35	30
太原街	25	30	30
南市场	25	25	20
青年大街	25	25	30
怀远门	25	25	20
中街	35	35	30
东中街	25	30	35
滂江街	25	25	20
黎明文化宫	35	35	30
合计	460	490	470

2. 客流量

远期2035年早高峰小时断面客流量，见表5-5所列。

沈阳地铁1号线早高峰小时断面客流量（2035年） 表5-5

张士~黎明文化宫（上行）			站名	黎明文化宫~张士（下行）		
上车	下车	客流量		客流量	上车	下车
4221	347		张士		400	3554
		11571		10719		
2563	345		开发大道		369	2346
		13789		12696		
4120	471		于洪广场		468	3714
		17438		15942		
4168	426		迎宾路		463	3878
		21180		19357		
4032	890		重工街		983	4115
		24322		22489		
4477	1311		启工街		1314	3531
		27488		24706		
6165	1622		保工街		1636	5333
		32022		28403		
6817	2725		铁西广场		2411	6017
		36114		32009		

续表

张士~黎明文化宫（上行）			站名	黎明文化宫~张士（下行）		
上车	下车	客流量		客流量	上车	下车
2228	2530		云峰北街		1898	2532
		35812		32643		
7023	5461		沈阳站		4938	6706
		37374		34411		
5574	4639		太原街		4013	5929
		38309		36327		
4379	2153		南市场		2729	3988
		40535		37586		
3395	6761		青年大街		6878	3844
		37169		34552		
2132	6115		怀远门		5777	2237
		33186		31012		
2267	11227		中街		8818	2720
		24226		24914		
1003	4483		东中街		4599	974
		20746		21289		
614	3989		滂江街		3646	613
		17371		18256		
703	3489		黎明文化宫		3878	676

远期 2035 年全日断面客流量，见表 5-6 所列。

沈阳地铁 1 号线全日断面客流量（2035 年）　　表 5-6

张士~黎明文化宫（上行）			站名	黎明文化宫~张士（下行）		
上车	下车	客流量		客流量	上车	下车
28783	2668		张士		2874	30234
		88247		90795		
20028	2702		开发大道		2847	22186
		105573		110134		
28283	3205		于洪广场		3284	28752
		130651		135602		
29433	2993		迎宾路		3120	30622
		157091		163104		
31710	6121		重工路		6272	32633
		182680		189465		
30354	9591		启工街		10610	31512
		203443		210367		
43724	12421		保工街		12889	45782
		234746		243260		

续表

张士~黎明文化宫（上行）			站名	黎明文化宫~张士（下行）		
上车	下车	客流量		客流量	上车	下车
48204	17529		铁西广场		19489	50458
		265421		274229		
19574	15817		云峰北街		15995	20436
		269178		278670		
55597	44930		沈阳站		46581	58039
		279845		290128		
45379	37779		太原街		38471	47444
		287445		299101		
31920	17489		南市场		18756	32892
		301876		313237		
28992	51813		青年大街		58757	29816
		279055		284296		
17724	45575		怀远门		46998	18280
		251204		255578		
21368	78736		中街		79465	22172
		193836		198285		
8433	33163		东中街		33631	8205
		169106		172859		
5625	27492		滂江街		28693	5224
		147239		149390		
5962	23887		黎明文化宫		24338	5773

3. 列车参数（B型车）

供电方式：架空接触网；

列车长度：117.12m（6节编组），78.08m（4节编组）；

车辆最大宽度：2800mm；

车辆高度：3800mm（车顶距轨面高度）；

动车空车重量：不大于35t；

拖车空车重量：不大于28t；

额定载客量（有司机室动车）：230人/辆；

最高运行速度：80km/h；

正常运行平均加速度：

0~40km/h，平均加速度为0.83m/s^2；

0~80km/h，平均加速度为0.5m/s^2；

正常运行列车常用平均制动减速度：1.0m/s^2；

紧急制动平均减速度：1.2m/s^2；

每节列车设两台车顶单元式空调器，制冷功率2×40kW。

4. 区间隧道

区间横断面积：19.2m²/21.9m²；

钢筋混凝土衬砌厚度：350~600mm；

衬砌导热系数：$\lambda = 1.55 W/m \cdot K$；

衬砌导温系数：$\alpha = 7.39 \times 10^{-7} m^2/s$。

5. 土壤热工特性

导热系数：$\lambda = 1.367 W/m \cdot K$；

导温系数：$\alpha = 7.74 \times 10^{-7} m^2/s$。

6. 车站设备

照明：20W/m²；

广告牌：按实际设计数量每台以400W计算；

自动扶梯：按实际电机功率进行计算；

售票机：按实际设计数量每台以300W计算；

检票机：按实际设计数量每台以220W计算；

指示牌、导向牌：按实际设计数量每块以100W计算。

7. 人员负荷

上车客流在车站停留时间为4min，其中集散厅停留2min，站台停留2min。下车客流在车站停留时间为3min，集散厅、站台各停留1.5min。

乘客在车站区域人体产热按145W/人计算，乘客在列车上人体产热按111W/人计算。

8. 活塞风道

岛式地下车站的线路中心线正上方设置活塞风孔，面积为每端20m²×2，并设有电动组合风阀，净面积为16m²×2。正常开始运行时，根据需要开启其中的一个活塞风孔。两个活塞风孔并联后，设置一条共用的活塞风道。

侧式地下车站的线路一侧设活塞风孔，面积为每端20m²，并设有电动组合风阀，净面积为16m²。

5.2.3 设计原则及设计标准

1. 设计原则

（1）地下车站公共区按通风系统设计，开、闭式运行。通风系统按远期2035年高峰小时运行条件进行设计。

（2）要满足地铁系统各种运行工况对通风系统的功能要求：

地铁系统正常运行时，控制地铁系统内（地下车站和区间隧道）的空气温度、湿度、空气质量、气流场和气流速度，为乘客提供过渡性较舒适的乘车环境，为管理人员提供较舒适的工作环境。

列车阻塞在区间隧道时，对阻塞的区间隧道进行机械通风，提供列车空调系统运行所需的空气冷却能力，以在阻塞期间维持列车内乘客能接受的热环境条件。

地铁系统内发生火灾时，根据火灾发生地的具体情况，采取有效的排烟通风措施，以便乘客安全撤离火灾区域和消防人员进行灭火工作。

（3）全线地下车站和区间隧道按同一时间内仅有一处发生火灾进行设计。

(4) 系统设计要安全可靠、技术先进、经济合理、运行节能。

(5) 与地铁结合的物业开发建筑,其通风空调系统单独设计,但进风井和排风井考虑宜与地铁风井合用。

2. 设计标准

(1) 室外空气计算参数

室外空气计算干球温度：设备及管理、办公用房夏季空调：31.4℃；

　　　　　　　　　　　设备及管理、办公用房夏季通风：28℃；

　　　　　　　　　　　公共区、区间隧道夏季通风：24.6℃；

　　　　　　　　　　　冬季通风：-12℃。

夏季空调室外计算湿球温度：设备及管理、办公用房夏季空调：25.4℃。

(2) 地铁内部设计参数

站厅夏季室内空气计算参数：干球温度≤29.5℃。

站台夏季室内空气计算参数：干球温度≤29.5℃。

冬季公共区室内空气设计参数：干球温度≥12℃，且≤16℃。

列车内夏季空调计算参数：干球温度≤27℃。

相对湿度45%~65%。

区间隧道通风设计参数：

列车正常运行时区间隧道内最热月日最高空气平均温度≤35℃；

列车阻塞区间隧道列车顶最不利点的空气温度≤45℃；

冬季区间隧道空气温度≥5℃，且≤12℃。

设备及管理、办公用房：根据《地铁设计规范》(GB 50157—2003) 的要求确定。

(3) 新风量标准

站厅、站台通风系统开始运行时，每位乘客新风量为30m³/h；闭式运行时，每位乘客新风量≥12.6m³/h。

有工作人员的设备及管理用房，每人新风量为30m³/h。

(4) 防排烟设计标准

1) 每个防烟分区面积不大于750m²。

2) 地下车站的站台、站厅火灾时的排烟量，根据一个防烟分区的建筑面积按1m³/m²·min计算。当排烟设备负担两个防烟分区时，其设备能力按同时排除2个防烟分区的烟量配置。当地下车站的站台发生火灾时，应保证站厅到站台的楼梯和扶梯口处具有不小于1.5m/s的向下气流。

3) 超过20m的封闭内走道及超过60m的地下通道设排烟设施，排烟口距最不利排烟点不超过30m。

4) 同一个防火分区内设备和管理用房总面积超过200m²，或单个房间超过50m²且经常有人停留的设备和管理用房设有排烟设施。

5) 区间隧道排烟风机应保证在150℃时能连续有效工作1h，烟气流经的相关辅助设备如风阀、消声器等与风机的耐温标准相同。

6) 地下车站公共区和设备及管理用房排烟风机应保证在250℃时能连续有效工作1h，烟气流经的相关辅助设备如风阀、消声器等与风机的耐温标准相同。

(5)噪声标准

通风空调设备传到站厅、站台的噪声≤70dB（A）；

通风空调设备传到设备、管理及办公用房的噪声<60dB（A）；

通风空调机房的噪声≤90dB（A）；

通风空调设备传到地面风亭的噪声应符合《声环境质量标准》（GB 3096—2008）的有关规定。

(6)流速设计标准

区间隧道阻塞通风风速≥2.0m/s，且≤11m/s；

区间隧道内事故排烟通风风速≥2.0m/s，且≤11m/s；

钢制风管最大排烟风速≤20m/s；

钢制风管：主风管风速8～10m/s；

分支风管风速3～6m/s；

混凝土风道最大排烟风速≤15m/s；

混凝土风道风速5～8m/s；

风亭百叶迎面净风速3～4m/s（百叶有效面积取70%）；

消声器片间最大风速（净风速）不超过10m/s。

5.2.4 系统制式和组成

1. 系统制式

从目前国内外已建或者在建的城市轨道交通工程的通风空调系统情况分析，一般采用开式通风系统或者空调系统。《地铁设计规范》（GB 50157—2003）第12.1.5条规定：夏季当地最热月的平均空气温度超过25℃，且地下铁道高峰时间内每小时的行车对数和每列车车辆数的乘积大于180时，可采用空调系统；夏季当地最热月的平均空气温度超过25℃，全年平均空气温度超过15℃，且地铁高峰时间内每小时的行车对数和每列车车辆数的乘积大于120时，可采用空调系统。沈阳市最热月平均气温为24.6℃，全年平均气温仅为7.8℃；1号线采用B型车，每列车6节编组，高峰小时开行30对。从以上条件可以看出，无论是最热月平均空气温度还是全年平均空气气温，都没有达到设置空调系统需要达到的25℃和15℃，因此，沈阳地铁1号线工程选择采用开式通风系统。

沈阳市夏季时间较短，冬季时间很长，采用合理的运行方式，能够充分利用冬季降低隧洞壁面温度，达到夏季蓄热、冬季放热的良性循环。

通过地下热环境模拟预测分析，沈阳地铁1号线采用通风系统完全可以达到相对舒适的环境要求。

相对于通风系统，采用空调系统虽然能够更容易地控制地下线路内部空气环境的温度波动，但无论从系统设备投资、车站规模，还是系统运行维护费用、运行复杂程度方面，均大大高于通风系统。因此，当条件具备时，优先选用通风系统对城市轨道交通的内部空气环境进行控制是最为合理可行的。沈阳地铁1号线的情况就是如此。

2. 通风系统组成

沈阳地铁1号线通风系统由地下车站公共区通风系统、区间隧道通风系统以及车站设备及管理用房通风空调系统组成。并且，与原有城市轨道交通通风系统不同的是，沈阳地铁 1 号线通风系统应用了适合严寒地区城市轨道交通的通风技术,其中的地下车站公共区通风系统、区间隧道通风系统采用集成方式设置,通过运行模式的转化,可以实现地下车站与区间隧道的开式运行、闭式运行、区间隧道阻塞通风、区间隧道火灾排烟通风和夜间通风等功能需求。

(1) 地下车站公共区通风系统

沈阳地铁 1 号线采用机械通风结合活塞风道和出入口自然通风的地下车站公共区通风系统,根据沈阳市全年气温变化较大的气候特点,以及地下车站公共区全年得热基本恒定的特点,在地下车站的每端均设置了通风道,通风道内并联设置两台相同参数的地下车站通风机 SVF(这两台排风机为可逆风机,同时兼做地下车站公共区排烟风机和区间隧道事故风机)。这样,就可以方便地调节不同季节、不同行车运行对数条件下的通风量。根据地下车站得热量计算,并采用计算机模拟分析的手段,确定这两台排风机的风量采用 12 万 m^3/h ($33m^3/s$)。

在夏季,地下车站用通风机进行排风,出入口、活塞风道自然进风。在冬季,地下车站用通风机进行送风,出入口、活塞风道自然排风。为了实现系统的节能运行以及冬季的小通风量运行,这两台地下车站通风机均采用变频调速技术。

在站台层气流组织方面,针对地铁列车的主要发热部位,在站台层设置了列车顶部通风道和站台板下部通风道。其中,列车顶部的风口正对列车空调冷凝器,以便及时排走列车空调散热;站台板下部的风口应正对列车刹车电阻,尽量减少列车停站时电阻散热侵入站台。列车顶部通风道兼做站台层排烟风道。

在冬季,为了使室外新风先流经发热量大的区域,以便其被加热后,再进入乘客候车区,利用了站台层轨道顶部的风道作为冬季的送风道,将室外冷风均匀送入地下车站。

在站厅层气流组织方面,沿地下车站纵向设置站厅层排烟风管。正常通风时,通过站台层排风,出入口自然进风经过站厅层时实现对站厅层的冷却。

为了降低冬季出入口活塞风的影响,在每个地下车站出入口处均设置了 1 道电热风幕。

地面集散厅采用自然通风方式。设置了热水供暖系统,热源采用市政热力管网。

(2) 区间隧道通风系统

区间隧道通风系统是由活塞风道、迂回风道、区间隧道事故风机 TVF、地下车站通风机和地下车站出入口等组成的纵向通风系统。

地下车站的每端均设置一条活塞风道,并设置了电动组合风阀与两条区间隧道相连接,在不同的季节开启对应不同区间隧道的电动组合风阀,实现夏季活塞风道排风(减少列车在区间隧道的散热进入地下车站)、冬季活塞风道进新风(利用列车在区间隧道的散热加热新风)的通风模式。活塞风道的断面一般不小于 $16m^2$。

双洞区间隧道在地下车站端部或临近区间隧道内设置迂回风道,迂回风道内设置电动卷帘门或电动组合风阀,通过活塞风道和迂回风道内的电动组合风阀的开启与关闭组合,可以实现区间隧道的开式运行和闭式运行。迂回风道的面积一般按照相应区间隧道断面积的 2 倍计算,条件困难时一般不低于 $25m^2$。

地下车站每端与活塞风道并联设置一台事故风机 TVF,此事故风机为可逆转轴流风机,并设置相应的电动风阀和消声器,该风机平时不投入运行。根据模拟计算要求,事故风机风量为 21 万 ~23 万 m^3/h ($60 \sim 65 m^3/s$)。

地下车站通风机也是区间隧道通风系统的一部分，每个地下车站两端的两台地下车站通风机同时兼做区间隧道事故风机，当区间隧道发生阻塞或火灾事故时，与事故风机同时对事故区间进行送风或排风/排烟。

洪湖北街站～重工街站区间长度较大，为了保证区间隧道阻塞和火灾事故情况下的通风排烟要求，该区间隧道设置了区间隧道中间风道。区间隧道中间风道内设置两台大型可逆转轴流风机、消声器和风阀等，通风风阀的开闭组合，两台事故风机能够并联对一条区间隧道送风或者排风。

在地下区间隧道停车线、出入线的部位设置射流风机，配合两端地下车站的事故风机和地下车站通风机组织该区间隧道的事故通风与排烟。

(3) 车站设备及管理用房通风、空调和供暖系统

车站设备及管理用房通风空调系统包括变电所通风系统、设备及管理用房通风空调系统、厕所排风系统等。

变电所采用机械送风、排风的通风方式，送风机和排风机设置在通风机房内，并且排风量略大于送风量，以保持变电所内的热空气不会侵入地下车站。

车站控制室、通信、信号机房等车站设备及管理用房采用全空气空调系统。在通风机房内设置组合式空气处理机组和回/排风机，根据室外气温的不同，采用小新风空调、全新风空调和通风模式运行。

厕所采用独立的排风系统，防止异味扩散至其他房间。电池室、气瓶间等房间设置机械排风、自然进风的通风系统。

车站设备及管理用房的空调系统的冷源采用风冷式冷水机组，与地下车站室外风亭相结合，设置1台风冷式冷水机组，冷冻水供/回水温度为7℃/12℃。冷冻水泵与风冷式冷水机组一一对应，采用定压罐定压补水，并设置在通风机房内。

地下部分的管理用房采用电暖器供暖。

位于地面的车站控制室、通信、信号机房等设备及管理用房设置多联分体空调。变电所设置机械排风、自然进风的通风系统。地面设备及管理用房设置热水供暖系统，热源采用市政热力管网。

3. 通风系统运行模式

根据沈阳市的气候特点，以及地铁内部各种不同运营条件的要求，沈阳地铁1号线通风系统的运营模式有正常情况下的开式运行、闭式运行和夜间通风，事故情况下的区间阻塞通风运行、车站火灾排烟通风运行和列车区间隧道火灾排烟通风运行等几种运行模式，以下将详细论述。

在实际运行中，应根据外界气候条件、客流量、发车密度以及监测到的车站内的空气温度、空气质量状况，采用合理的运行方式组合。

(1) 开式运行模式

开启地下车站通风机对地下车站公共区进行机械通风，根据地下车站公共区所需的通风量和压头，确定风机的实际工作频率。

开启地下车站端部的活塞风道、关闭迂回风道，利用列车运行活塞效应，从列车出站端活塞风道引入室外冷空气，吸收列车在区间隧道的发热后，从列车进站端活塞风道排出。

开式运行主要在过渡季节、夏季室外气温低于地下车站设计空气温度时采用。

(2) 闭式运行模式

关闭地下车站送、排风机,关闭活塞风道,开启迂回风道,依靠列车活塞效应从出入口引入室外空气,根据计算分析,一般情况下都可以满足人员的新风量要求。

(3) 夜间通风模式

当夏季夜间停运时,可利用地下车站的送、排风机采用隔站送风、排风的方式组织夜间通风,区间隧道通风机也应该参与夜间通风,充分利用夜间外界空气温度较低的特点,排出区间隧道积存的热量,降低区间隧道内的空气温度。

(4) 区间隧道阻塞通风模式

当列车因故障或前方车站未发车而必须停滞在区间隧道时,该区间隧道前方站的8台地下车站送/排风机同时对阻塞区间进行排风,后方站的8台地下车站送/排风机同时向阻塞区间进行送风,此时应关闭地下车站公共区通风系统,同时关闭这两座地下车站的活塞风道和迂回风道,通过区间隧道事故风阀和活塞风阀的开启和关闭组合,向阻塞区间进行送风与排风,在阻塞区间内形成一定的风速,排除列车散热和人员散热,并提供给乘客所需的新风。

(5) 地下车站火灾排烟通风运行模式

当地下车站的站台层发生火灾时,开启地下车站送、排风机,关闭站台层送风管、站厅层排风管和站台板下部的排风道,开启站台层排风管和站厅层送风管,形成火灾侧排风机从站台层排烟,另一侧送风机向站厅层送风的局面。

当地下车站的站厅层发生火灾时,开启地下车站送、排风机,关闭站厅层送风管和站台层排风管,开启站厅层排风管和站台层送风管,形成火灾侧排风机从站厅层排烟,另一侧送风机向站台层送风的局面。

当地下车站设备及管理用房发生火灾时,开启负责车站设备及管理用房的排烟风机进行排烟,并由开设在地下车站公共区的进风口进行补风。

(6) 区间隧道火灾排烟通风运行模式

当列车在区间隧道发生火灾时,应尽量将列车继续行驶至前方的地下车站,充分利用车站的条件,有利于人员疏散,此时按照地下车站的站台层火灾工况进行处理。当列车在区间隧道发生火灾并失去动力停在区间隧道内时,通过区间隧道事故风阀和活塞风阀的开启和关闭组合,根据列车起火部位组织排烟和通风,以下两种方式中,空气过滤器电动开启,形成无阻挡的排烟道,迂回风阀、地下车站公共区通风系统风管上的电动风阀均应关闭:

1) 区间隧道内列车一头着火时,列车着火端一侧的地下车站的4台或8台地下车站风机均进行排烟,另一侧地下车站的4台或8台地下车站风机均进行送风。乘客迎着送风方向撤离。

2) 区间隧道内列车中部着火时,距离列车较近的地下车站的4台或8台车站风机均进行送风,距离较远的地下车站的4台或8台车站风机均进行排烟。乘客向较近的地下车站撤离。

对于设有区间隧道中间风道的区间隧道,根据列车火灾停靠位置和火灾部位,由区间隧道中间风道风机和地下车站送/排风机组织通风和排烟。

对于设有区间射流风机的区间隧道,根据列车火灾停靠位置和火灾部位,由射流风机协助临近地下车站送/排风机组织排烟和通风。

(7) 气体灭火房间火灾运行模式

部分重要的车站设备用房如变电所等房间设置有气体灭火设施,对于此类房间,在房间的送风口、排风口上均设置电动风阀，遇火灾时关闭地下车站风机及风口上的电动风阀，灭火后，开启相应的排风机排除该房间的废气。

5.3 通风工况模拟结果

严寒地区城市轨道交通通风系统作为一种新型的通风系统型式在沈阳地铁1号线工程中是第一次实际加以应用，为了确保其能够达到所需要的运行功能需求，结合沈阳地铁1号线各专业的具体设计情况，对此进行了专门的计算机模拟分析。

5.3.1 模拟计算输入资料

1. 土建情况

沈阳地铁1号线地下车站和区间隧道构造复杂多样：地下车站有单层车站、双层车站两种建筑类型，站台构造有侧式站台和岛式站台两种形式，区间隧道断面形状有矩形、圆形、马蹄形这三种形状。其中张士站、沈新路（开发大道）站为单层侧式站台，起点～张士～沈新路（开发大道）区间隧道为矩形断面；其余车站为双层岛式站台，区间隧道为圆形或马蹄形。各地下车站站台有效长度均为120m。地下车站的站端共设置4条机械风井，风井内设置风机，可正向运转或反向运转，正常情况时提供车站的送风、排风服务，在事故发生时可正转或反转兼做事故风机。各地下车站的站端均设有迂回风道及活塞风道（单层侧式地下车站不设迂回风道），根据实际需要分别开启使用。沈阳地铁1号线工程线路如图5-2所示，各区间长度见表5-7所列，区间隧道及地下车站断面等见相关土建资料。

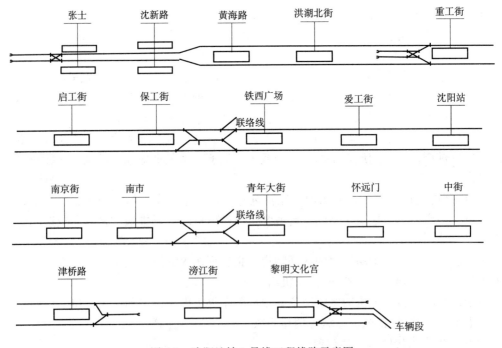

图5-2 沈阳地铁1号线工程线路示意图

5.3 通风工况模拟结果

区间长度表　　　　　　　　　　　　　　　　　　　　　　　　表5-7

区间分段	长度（m）	区间分段	长度（m）
下地面~张士	440	沈阳站~南京街（太原街）	840
张士~沈新路（开发大道）	1430	南京街（太原街）~南市（南市场）	1310
沈新路（开发大道）~黄海路（于洪广场）	1405	南市（南市场）~青年大街	1100
黄海路（于洪广场）~洪湖北街（迎宾路）	1120	青年大街~怀远门	1340
洪湖北街（迎宾路）~重工街	1970	怀远门~中街	1235
重工街~启工街	885	中街~津桥路（东中街）	1375
启工街~保工街	1130	津桥路（东中街）~滂江街	1170
保工街~铁西广场	1400	滂江街~黎明文化宫	1330
铁西广场~爱工街（云峰北街）	1005	黎明文化宫~出地面	400
爱工街（云峰北街）~沈阳站	1230		

2. 行车组织、列车密度和客流基础数据

各区间运行时间见表5-8所列。一天内各时刻客流密度系数未给出，故参考其他城市轨道交通的地下车站的站台客流密度系数，拟出沈阳地铁1号线工程的客流密度系数，见表5-9所列。地下车站固定设备及照明发热功率见表5-10所列。结构散湿量按$1.5g/m^2$计，人员平均体重为60kg，在站厅和站台总平均逗留时间为4min。

各区间运行时间（s）　　　　　　　　　　　　　　　　　　　表5-8

区间	上行	下行	区间	上行	下行
下地面~张士	40	40	沈阳站~南京街（太原街）	72	73
张士~沈新路（开发大道）	118	119	南京街（太原街）~南市（南市场）	112	112
沈新路（开发大道）~黄海路（于洪广场）	116	116	南市（南市场）~青年大街	94	94
黄海路（于洪广场）~洪湖北街（迎宾路）	90	94	青年大街~怀远门	113	110
洪湖北街（迎宾路）~重工街	147	150	怀远门~中街	105	104
重工街~启工街	80	79	中街~津桥路（东中街）	113	114
启工街~保工街	94	95	津桥路（东中街）~滂江街	96	96
保工街~铁西广场	116	117	滂江街~黎明文化宫	97	91
铁西广场~爱工街（云峰北街）	85	84	黎明文化宫~出地面	40	40
爱工街（云峰北街）~沈阳站	103	101			

各时刻的客流密度系数（表中时间7表示6:00~7:00，余依此类推）　　表5-9

时间	1	2	3	4	5	6	7	8	9	10	11	12
客流系数	0.00	0.00	0.00	0.00	0.00	0.18	0.70	1.00	0.65	0.31	0.31	0.31
时间	13	14	15	16	17	18	19	20	21	22	23	0
客流系数	0.31	0.39	0.34	0.36	0.65	0.80	0.5	0.27	0.24	0.25	0.10	0.00

车站固定设备及照明发热功率（kW）　　　　表 5-10

序号	车站	车站固定设备及照明发热功率（kW）
1	张士	88.0
2	沈新路（开发大道）	89.6
3	黄海路（于洪广场）	112.0
4	洪湖北街（迎宾路）	116.0
5	重工街	116.0
6	启工街	116.0
7	保工街	116.0
8	铁西广场	120.0
9	爱工街（云峰北街）	116.0
10	沈阳站	124.0
11	南京街（太原街）	116.0
12	南市（南市场）	116.0
13	青年大街	120.0
14	怀远门	118.0
15	中街	116.0
16	津桥路（东中街）	116.0
17	滂江街	110.0
18	黎明文化宫	104.0

3. 车辆

数据详见第 4 章内容。

4. 通风系统要求

详见第 4 章内容。

5.3.2　气流流动状况模拟

1. 通风系统方案

地下车站的站端设置 4 条机械风井，每条风井里各有 2 台风机，可以并联到同侧运行。每台风机最大风量为 33m³/s（12 万 m³/h），压头 1000Pa，可进行变频调节，且各风机均要求可逆转，逆转时最大风量与正转时相同。在事故发生时站端风机作为事故风机使用，故要求其满足耐高温的相应标准要求。根据风井的设置情况和通风系统设计，考虑如下几种通风运行模式：

（1）活塞通风运行

全线活塞通风，关闭全部机械风井，只有乘客出入口或活塞风道与外界相连。沈阳地铁 1 号线具有迂回风道与活塞风道，因此活塞通风方案分为开启迂回风道的活塞通风运行方案与开启活塞风道的活塞通风运行方案。活塞通风系统不开启机械风机，利用列车活塞作用通过各地下车站乘客出入口或活塞风道进行区间隧道及地下车站的通风换气，供给满足乘客所需的新鲜空气量。两种活塞通风运行方案分别如图 5-3、图 5-4 所示。

图5-3 开启迂回风道的活塞通风方案

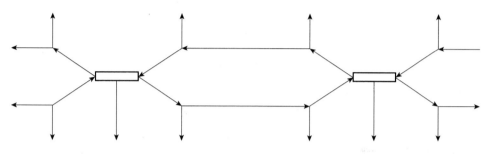

图5-4 开启活塞风道的活塞通风方案

(2) 机械通风运行

机械通风系统是利用机械的方法使城市轨道交通内部与外界进行空气交换。车站风机开启排风，利用地下车站的出入口进风来冷却车站，在不同时间段根据站台温度设定风机开启的台数。开启迂回风道和开启活塞风道的两种机械通风运行方案分别如图5-5、图5-6所示。

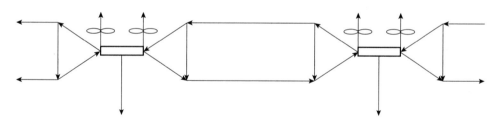

图5-5 开启迂回风道的机械通风方案

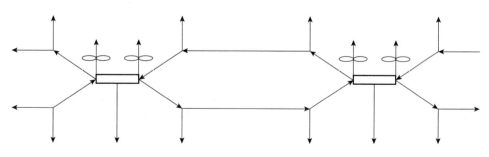

图5-6 开启活塞风道的机械通风方案

(3) 火灾防排烟

按照城市轨道交通火灾事故的一次性原则，在模拟分析中只考虑同一时间只有一个着火点。区间隧道发生火灾时,送风方向按着火点靠近列车头部还是尾部区分。原则是控制火焰和烟气的蔓延方向,保证多数乘客的安全。乘客背着着火点方向迎着风撤离;靠近着火点附近风速不低于2m/s,如图5-7所示。

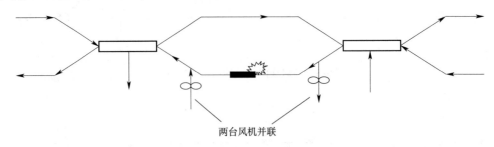

图5-7 火灾排烟通风方式

（4）区间隧道阻塞通风

由于国家标准规定区间隧道阻塞时阻塞区间的通风标准也是风速不低于2m/s,与火灾事故时相同,区间隧道发生阻塞时的通风方案参照火灾工况执行。

2. 通风模拟的基本数据

模拟中采用的主要空气通道尺寸和阻力见表5-11所列。

主要空气通道尺寸及阻力系数　　　　表5-11

部位	截面积（m²）	长度（m）	局部阻力系数	分项局部阻力系数
圆形隧道	21.6/洞		0	0
矩形单线	21.0/洞		0	0
阻塞断面	11.0/洞	120		
张士	102.8	120	0	0
沈新路（开发大道）	102.8	120	0	0
黄海路（于洪广场）	87.8	120	0	0
洪湖北街（迎宾路）	87.8	120	0	0
重工街	87.8	120	0	0
启工街	87.8	120	0	0
保工街	87.8	120	0	0
铁西广场	96.6	120	0	0
爱工街（云峰北街）	87.8	120	0	0
沈阳站	96.6	120	0	0
南京街（太原街）	96.6	120	0	0
南市（南市场）	87.8	120	0	0
青年大街	96.6	120	0	0
怀远门	87.8	120	0	0
中街	87.8	120	0	0
津桥路（东中街）	87.8	120	0	0

续表

部位	截面积（m²）	长度（m）	局部阻力系数	分项局部阻力系数
浑江街	87.8	120	0	0
黎明文化宫	96.6	120	0	0
乘客出入口1	4×16	55	9.6	4个弯头（1.15），1处门洞（2），2处突扩突缩（1.5）
风机风井或活塞风道	4×4	50	115.0	8个弯头（1.15），出风百页（3.5），消声器（28.5），过滤器（20），2处突扩突缩（0.5），施工粗糙（5），风机[1.5×(18/3)²]

3. 模拟结果与分析

图 5-8～图 5-35 是各种通风方案的时均风量分布，单位为 m³/s。

（1）活塞通风运行时通风状况

活塞通风运行时，所有通风机均不工作。但在列车活塞作用下，各地下车站均能满足卫生要求。按每人在站台和站厅总计平均停留时间 4min 计，早高峰小时预测车站客流量最大的中街站为 25032 人/h，相当于地下车站平均每时每刻同时有 1669 人，人员新风量标准按 12.6m³/(h·人) 计，所需新风量为 5.8m³/s 即可满足卫生要求，因此地下车站通风系统一般不需要单独处理室外新风。模拟结果如图 5-8～图 5-17 所示。

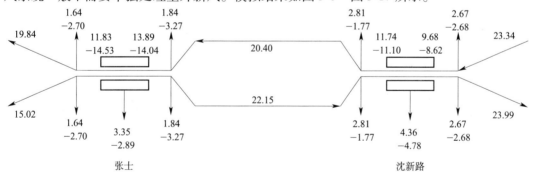

图 5-8 侧式站台活塞通风 6 对车

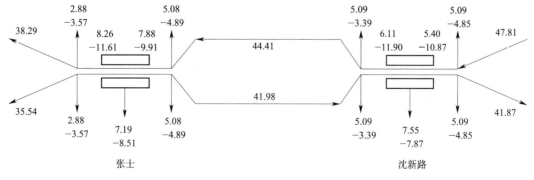

图 5-9 侧式站台活塞通风 15 对车

第 5 章 严寒地区通风系统

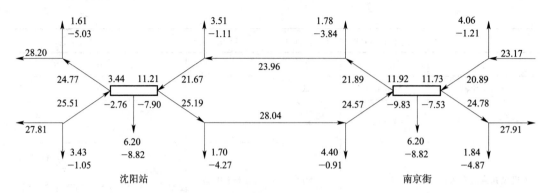

图 5-10　活塞风道开启活塞通风 6 对车

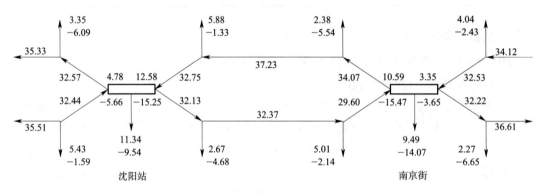

图 5-11　活塞风道开启活塞通风 10 对车

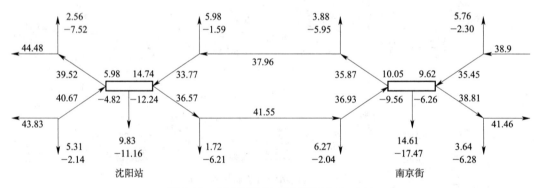

图 5-12　活塞风道开启活塞通风 12 对车

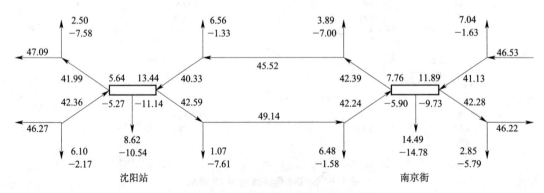

图 5-13　活塞风道开启活塞通风 15 对车

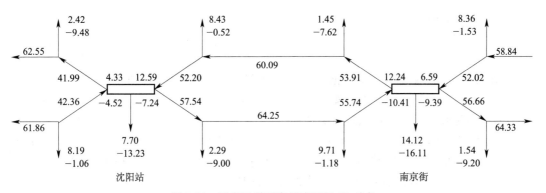

图 5-14 活塞风道开启活塞通风 30 对车

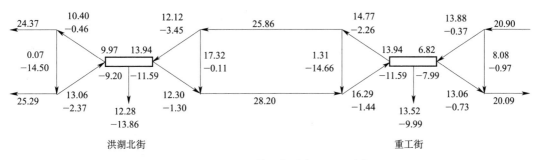

图 5-15 迂回风道开启活塞通风 6 对车

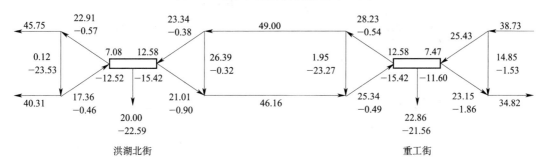

图 5-16 迂回风道开启活塞通风 12 对车

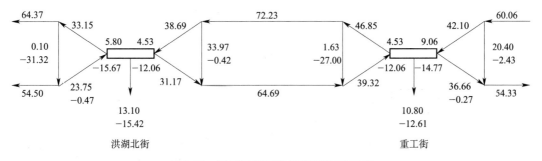

图 5-17 迂回风道开启活塞通风 30 对车

（2）机械通风运行

机械通风运行时，本研究模拟了根据风量设定要求进行的机械通风工况，其中单层侧式地下车站的风机开启风量为 24 万 m^3/h，双层岛式地下车站的风机开启风量为 30 万 $m^3/$

h。机械通风有效地增加了沈阳地铁1号线与外界的空气交换,尤其是地下车站的通风量增加,而且室外新风首先送入地下车站,有利于排除地下车站的发热量,避免地下车站内部空气超温。图5-18~图5-26是不同机械通风运行模式下通风模拟结果。图中各站所示风机台数并不表示实际风机开启数目,应根据各个车站的排风风量要求来确定实际风机数目。

(3) 火灾排烟通风(阻塞通风与火灾排烟通风相同)

1) 最短区间隧道火灾排烟通风模拟

假设火灾发生的区间隧道为沈阳站站~南京街(太原街)站上行方向,且为列车的车头着火,该段区间隧道站间距离为840m,区间隧道长度为660m,该区间坡度是全线最大坡度,为25‰,区间隧道通风模拟结果如图5-27所示。

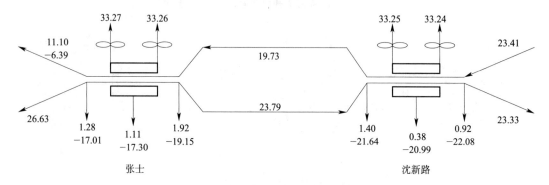

图5-18 侧式站台机械通风6对车

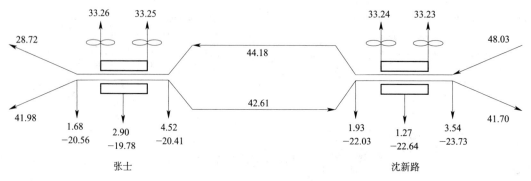

图5-19 侧式站台机械通风15对车

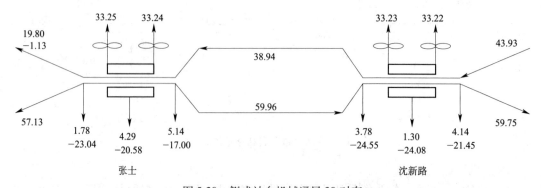

图5-20 侧式站台机械通风30对车

5.3 通风工况模拟结果

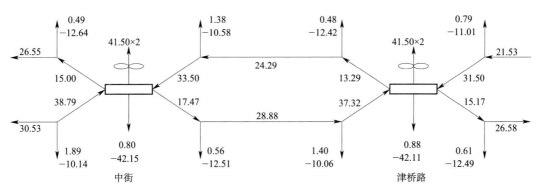

图 5-21　活塞风道开启机械通风 6 对车

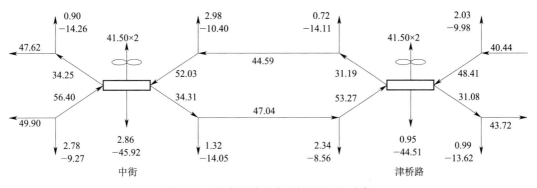

图 5-22　活塞风道开启机械通风 15 对车

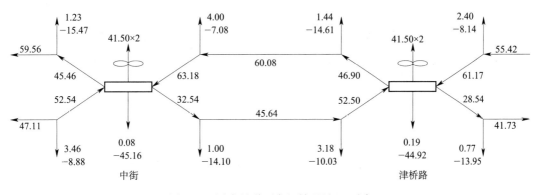

图 5-23　活塞风道开启机械通风 30 对车

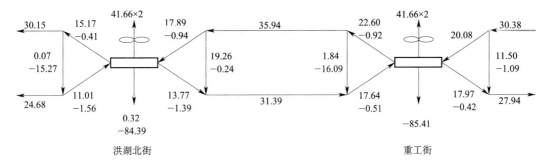

图 5-24　迂回风道开启机械通风 6 对车

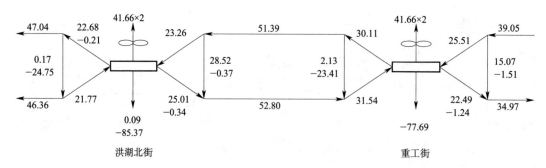

图 5-25 迂回风道开启机械通风 15 对车

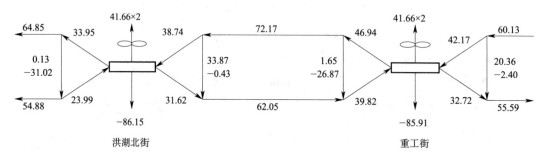

图 5-26 迂回风道开启机械通风 30 对车

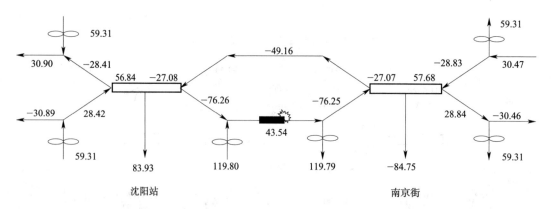

图 5-27 沈阳站站~南京街（太原街）站上行区间隧道列车车头火灾模拟结果

沈阳站站开启全部 8 台风机向区间隧道进行送风，南京街（太原街）站开启全部 8 台风机向外排风。发生火灾的区间隧道两侧的地下车站并联所对应的车站站端风机，向该区间隧道送风或者排风。由初步模拟结果可以看出该区间隧道火灾排烟通风满足着火点风速大于 2m/s 的标准要求。若火灾发生于上行列车的车尾，则将图中风机反转即可，下行线路发生事故通风方案参照模拟方案，调整相应风机运转方向即可。

2）最长区间隧道火灾通风模拟

假设火灾发生的区间隧道为洪湖北街（迎宾路）站~重工街站上行方向，且列车的车头着火，该段区间隧道站间距离为 1970m，区间隧道长度为 1790m，区间隧道通风模拟结果如图 5-28 和图 5-29 所示。

图 5-28 为开启两站全部的 16 台风机模拟结果。其中，洪湖北街（迎宾路）站开启全部 8 台风机向该区间隧道进行送风，重工街站开启全部 8 台风机向外排风。发生火灾的区

间隧道两侧地下车站并联所对应的车站站端风机，向该区间隧道送风或者排风。由初步模拟结果可以看出该区间隧道火灾排烟通风不满足着火点风速大于2m/s的设计标准要求，应考虑加设区间隧道中间风井，并设置风机。

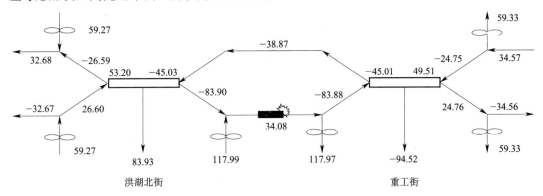

图 5-28　洪湖北街（迎宾路）站～重工街村站上行区间隧道列车车头火灾模拟结果（一）

图 5-29 为开启火灾发生区间隧道站端的 16 台排烟风机，同时开启区间隧道的 2 台排烟风机的模拟方案。

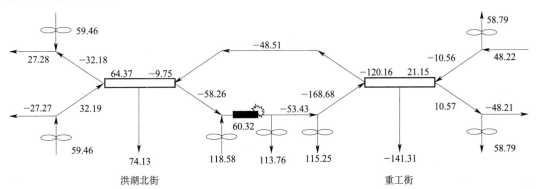

图 5-29　洪湖北街（迎宾路）站～重工街村站上行区间隧道列车车头火灾模拟结果（二）

由图 5-29 可以看出，添加区间隧道中间风井风机后，可以有效提高火灾发生时区间隧道的排烟通风效果，满足设计要求。具体应用时可根据实际情况选择合理的通风方案。

上行列车的车尾火灾情况及下行支路火灾通风情况可调整模拟方案中所对应的风机的转向运行，即可满足实际情况的需要。

3）中等长度区间隧道火灾模拟

假定火灾发生的区间隧道为保工街站～铁西广场站上行方向，且列车车头着火，该段区间隧道站间距离为1400m，区间隧道长度为1220m，区间隧道排烟通风模拟结果如图 5-30 和图 5-31 所示。

开启两站的全部 16 台风机，采用火灾区间隧道并联风机送/排风的通风方案，由初步模拟结果可以看出该区间隧道火灾排烟通风不满足着火点风速大于2m/s的设计标准要求。此时可加开保工街～铁西广场区间前后各一个站［即启工街、爱工街（云峰北街）］的排烟风机，使用四站共 32 台风机进行送风和排风的通风方案，如图 5-31 所示。根据模拟结果可以看出，开启四站 32 台风机可保证着火点风速符合设计标准要求。

第5章 严寒地区通风系统

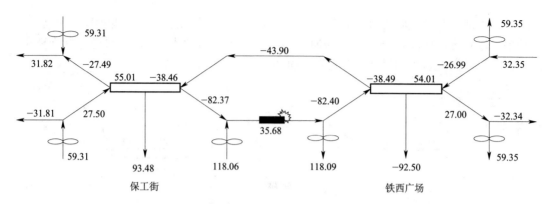

图 5-30　保工街站~铁西广场站上行区间隧道列车车头火灾模拟结果（一）

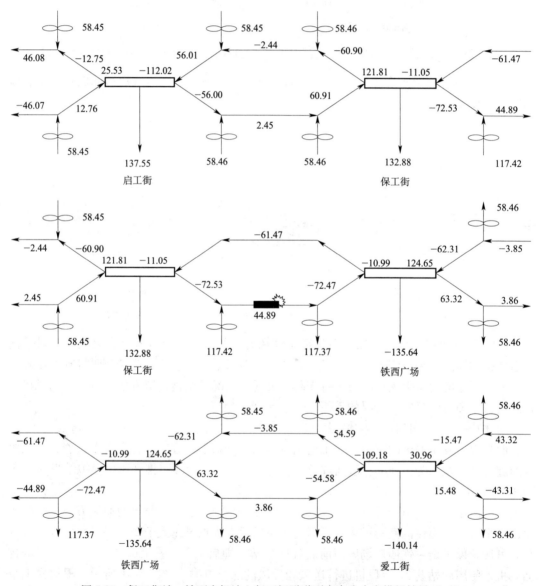

图 5-31　保工街站~铁西广场站上行区间隧道列车车头火灾模拟结果（二）

(4) 侧式地下车站相邻的区间隧道火灾模拟

假定火灾发生的区间隧道为张士站~沈新路（开发大道）站的上行方向，且列车车头着火，该段区间隧道站间距离为1430m，区间隧道长度为1270m，区间隧道通风模拟结果如图5-32和图5-33所示。

开启两站全部的16台风机，采用火灾区间隧道并联风机送排风的通风方案，由初步模拟结果可以看出该区间隧道火灾排烟通风不满足着火点风速大于2m/s的设计标准要求。此时可加开该区间隧道向后一个地下车站［即黄海路（于洪广场）站］的排烟风机，使用三站共24台风机进行送风或排风的通风方案，如图5-33所示。根据模拟结果可以看出，开启三站24台风机可满足着火点风速设计要求。

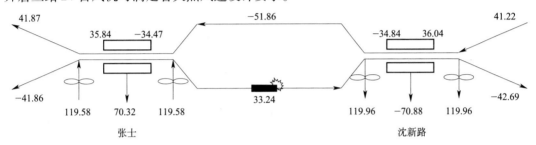

图5-32 张士站~沈新路（开发大道）站上行区间隧道列车车头火灾模拟结果（一）

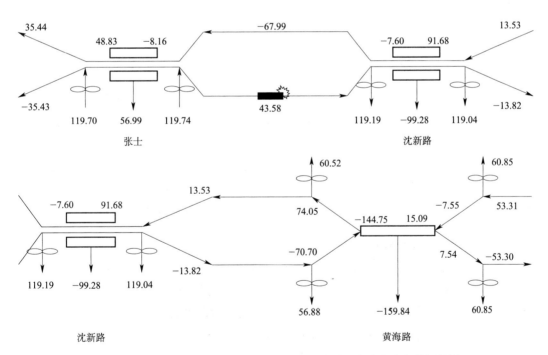

图5-33 张士站~沈新路（开发大道）站上行区间隧道列车车头火灾模拟结果（二）

(5) 出入地面的区间隧道火灾模拟

假定火灾发生的区间隧道为黎明文化宫站~出地面的下行方向，且列车车头着火，该段区间隧道站间距离为400m，区间隧道长度为320m，区间隧道通风模拟结果如图5-34和图5-35所示。

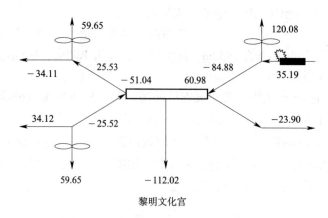

图 5-34 黎明文化宫站～出地面下行区间隧道列车车头火灾模拟结果（一）

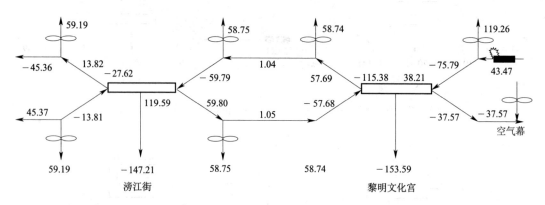

图 5-35 黎明文化宫站～出地面下行区间隧道列车车头火灾模拟结果（二）

开启黎明文化宫站 8 台风机，采用火灾区间隧道并联风机送风或排风的通风方案，由初步模拟结果可以看出该区间隧道火灾排烟通风不满足着火点风速大于 2m/s 的设计标准要求。此时可加开该区间隧道向前一个地下车站（即漭江街站）的排烟风机，使用两站共 16 台风机进行全排风的通风方案，同时在出地面的另一区间隧道的口部采用空气幕。根据模拟结果可以看出，开启两站 16 台风机并使用空气幕可满足着火点风速的设计标准要求。

4. 区间隧道阻塞通风时的隧道断面的温度模拟

对区间隧道阻塞通风时的隧道断面的温度模拟，可以得出以下结论和建议：

（1）三维场的模拟分析表明，对于沈阳地铁 1 号线各种典型断面的区间隧道，按照《地铁设计规范》（GB 50157—2003）要求的区间隧道断面风速不小于 2m/s 的风速下限来设计的阻塞通风模式，都能充分满足列车阻塞时的列车空调器正常工作的要求。

（2）列车发生阻塞时，对于矩形断面的区间隧道，来流风速为 2m/s 时，列车空调冷凝器上方的平均温度为 43℃，能保证空调器能正常工作。

5.4 热环境模拟预测

前面已就沈阳地铁 1 号线目前准备采用的通风形式进行了模拟分析。本部分进一步对

5.4 热环境模拟预测

上述初步选定的各通风方案进行热环境状况的模拟预测分析,以便确定最合理的通风系统设计和运行方案。

5.4.1 室外气象参数

为了保证气象数据的典型性,利用清华大学的 Medpha2.0 软件(供热空调能耗分析用逐时气象数据生成系统),按照正常年份产生沈阳市的全年逐时气象参数,作为本次模拟的室外气象参数。计算出的沈阳市室外月平均空气温度见表 5-12 所列。由于近年来沈阳市年平均空气温度基本在 8.36~8.96℃之间变化,因此该组气象数据是具有典型代表性的。

沈阳市室外月平均温度℃ 表5-12

月份	1	2	3	4	5	6	
温度(℃)	-11.80	-6.31	1.49	10.95	17.85	21.80	
月份	7	8	9	10	11	12	年平均
温度(℃)	24.69	24.22	18.24	10.1	-0.49	-6.87	8.66

5.4.2 发热量计算

城市轨道交通内部各种热源、湿源产生的热量和湿量是影响城市轨道交通热环境状况的重要因素。地下车站的主要热源包括人员散热、照明、设备和列车散热,主要湿源是人员散湿,地下车站侧墙、顶板、底板按 $1.5g/m^2 \cdot h$ 计算。地下车站通风期间计算负荷时还应加上送风机的风机温升带来的负荷以及新风进入地下车站带来的热湿负荷。

乘客在地下车站的站厅和站台内逗留的总时间为每人平均 4min,列车在早高峰时的载客量按定员计算,其他时间通过客流系数计算求得。

5.4.3 热模拟方案

沈阳地铁 1 号线初期、近期和远期夏季地下车站的站厅和站台均不设置空调,车厢内设有空调。方案拟订的原则是:尽量利用列车活塞作用通风,减少机械通风的使用。

每年 1、2、3、11、12 月为冬季,4、5、6、9、10 月为过渡季节,7、8 月为夏季。热模拟方案见表 5-13 所列。

热模拟方案 表5-13

序号	通风方式			夜间通风	模拟时间	模拟季节	备注
	夏季	过渡季节	冬季				
Ⅰ	活塞通风	活塞通风	活塞通风	无	初期	冬季	
	活塞通风	活塞通风	活塞通风	无	初期	夏季	
	活塞通风	活塞通风	活塞通风	无	近期	冬季	
	活塞通风	活塞通风	活塞通风	无	近期	夏季	
	活塞通风	活塞通风	活塞通风	无	远期	冬季	
	活塞通风	活塞通风	活塞通风	无	远期	夏季	

第5章 严寒地区通风系统

续表

序号	通风方式			夜间通风	模拟时间	模拟季节	备注
	夏季	过渡季节	冬季				
II	活塞通风、高峰机械通风	活塞通风	活塞通风、高峰机械通风	无	初期	冬季	6:00~8:00 机械通风；17:00~18:00 机械通风
	活塞通风、高峰机械通风	活塞通风	活塞通风、高峰机械通风	无	初期	夏季	6:00~8:00 机械通风；17:00~18:00 机械通风
	活塞通风、高峰机械通风	活塞通风	活塞通风、高峰机械通风	无	近期	冬季	6:00~8:00 机械通风；17:00~18:00 机械通风
	活塞通风、高峰机械通风	活塞通风	活塞通风、高峰机械通风	无	近期	夏季	6:00~8:00 机械通风；17:00~18:00 机械通风
	活塞通风、高峰机械通风	活塞通风	活塞通风、高峰机械通风	无	远期	冬季	6:00~8:00 机械通风；17:00~18:00 机械通风
	活塞通风、高峰机械通风	活塞通风	活塞通风、高峰机械通风	无	远期	夏季	6:00~8:00 机械通风；17:00~18:00 机械通风
III	活塞通风、高峰机械通风	机械通风	活塞通风、高峰机械通风	无	初期	冬季	6:00~8:00 机械通风；17:00~18:00 机械通风
	活塞通风、高峰机械通风	机械通风	活塞通风、高峰机械通风	无	初期	夏季	6:00~8:00 机械通风；17:00~18:00 机械通风
	活塞通风、高峰机械通风	机械通风	活塞通风、高峰机械通风	无	近期	冬季	6:00~8:00 机械通风；17:00~18:00 机械通风
	活塞通风、高峰机械通风	机械通风	活塞通风、高峰机械通风	无	近期	夏季	6:00~8:00 机械通风；17:00~18:00 机械通风
	活塞通风、高峰机械通风	机械通风	活塞通风、高峰机械通风	无	远期	冬季	6:00~8:00 机械通风；17:00~18:00 机械通风
	活塞通风、高峰机械通风	机械通风	活塞通风、高峰机械通风	无	远期	夏季	6:00~8:00 机械通风；17:00~18:00 机械通风
IV	活塞通风、高峰机械通风	机械通风	活塞通风、高峰机械通风	无	初期	冬季	5:00~9:00 机械通风；17:00~23:00 机械通风
	活塞通风、高峰机械通风	机械通风	活塞通风、高峰机械通风	无	初期	夏季	5:00~9:00 机械通风；17:00~23:00 机械通风
	活塞通风、高峰机械通风	机械通风	活塞通风、高峰机械通风	无	近期	冬季	5:00~9:00 机械通风；17:00~23:00 机械通风
	活塞通风、高峰机械通风	机械通风	活塞通风、高峰机械通风	无	近期	夏季	5:00~9:00 机械通风；17:00~23:00 机械通风
	活塞通风、高峰机械通风	机械通风	活塞通风、高峰机械通风	无	远期	冬季	5:00~9:00 机械通风；17:00~23:00 机械通风
	活塞通风、高峰机械通风	机械通风	活塞通风、高峰机械通风	无	远期	夏季	5:00~9:00 机械通风；17:00~23:00 机械通风

5.4 热环境模拟预测

续表

序号	通风方式			夜间通风	模拟时间	模拟季节	备注
	夏季	过渡季节	冬季				
Ⅴ	活塞通风、高峰机械通风	机械通风	活塞通风、高峰机械通风	无	初期	冬季	7:00~9:00 机械通风；17:00~19:00 机械通风
	活塞通风、高峰机械通风	机械通风	活塞通风、高峰机械通风	无	初期	夏季	5:00~9:00 机械通风；17:00~21:00 机械通风
	活塞通风、高峰机械通风	机械通风	活塞通风、高峰机械通风	无	近期	冬季	7:00~9:00 机械通风；17:00~19:00 机械通风
	活塞通风、高峰机械通风	机械通风	活塞通风、高峰机械通风	无	近期	夏季	5:00~9:00 机械通风；17:00~23:00 机械通风
	活塞通风、高峰机械通风	机械通风	活塞通风、高峰机械通风	无	远期	冬季	6:00~9:00 机械通风；17:00~21:00 机械通风
	活塞通风、高峰机械通风	机械通风	活塞通风、高峰机械通风	无	远期	夏季	5:00~9:00 机械通风；17:00~23:00 机械通风

5.4.4 热模拟结果与分析

模拟方案确定后，对上述运行方式进行了热模拟，本次初期模拟年份取 2015 年、近期模拟年份取 2020 年、远期模拟年份取 2035 年。当热回收系数等于 0.1 时，得到如下模拟结论：

（1）热模拟方案Ⅰ：夏季各地下车站的站台、站厅空气温度均超过 30℃，冬季部分站台、站厅空气温度超过 23℃。

（2）热模拟方案Ⅱ：夏季部分地下车站的站台、站厅空气温度超过 30℃，冬季近、远期部分站台、站厅空气温度超过 23℃。

（3）热模拟方案Ⅲ：夏季部分地下车站的站台、站厅空气温度超过 30℃，冬季站台、站厅空气温度均不超过 23℃。

（4）热模拟方案Ⅳ：夏季地下车站的站台、站厅空气温度均不超过 30℃，冬季站台、站厅空气温度均不超过 10℃，部分车站空气温度低于 5℃。

（5）热模拟方案Ⅴ：夏季地下车站的站台、站厅空气温度均不超过 30℃，冬季站台、站厅空气温度均在 8~15℃ 之间。

热模拟方案Ⅴ各地下车站与区间隧道的具体结果如图 5-36~图 5-71 所示，从图中可以看出此方案符合沈阳地铁 1 号线热环境的要求。

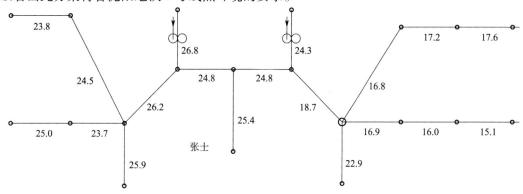

图 5-36 方案Ⅴ初期夏季张士站月平均空气温度（℃）

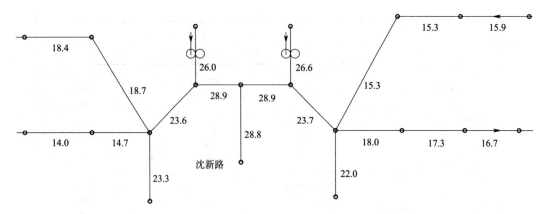

图 5-37　方案Ⅴ初期夏季沈新站月平均空气温度（℃）

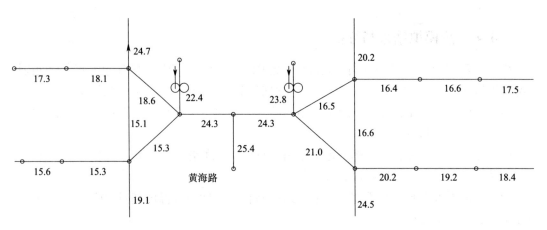

图 5-38　方案Ⅴ初期夏季黄海路站月平均空气温度（℃）

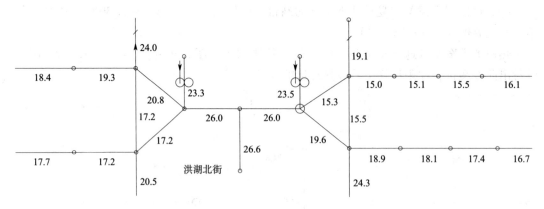

图 5-39　方案Ⅴ初期夏季洪湖北街站月平均空气温度（℃）

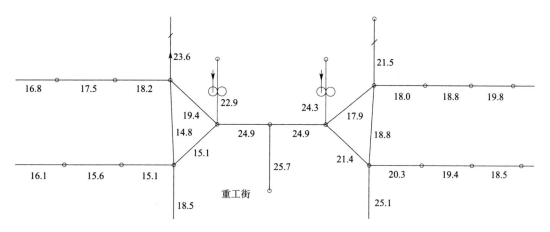

图 5-40 方案 V 初期夏季重工街站月平均空气温度（℃）

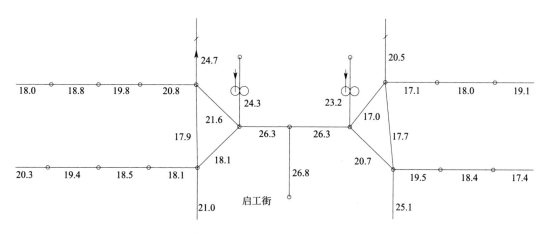

图 5-41 方案 V 初期夏季启工街站月平均空气温度（℃）

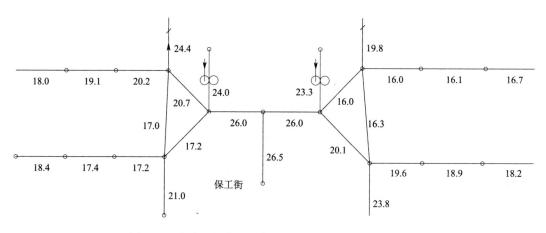

图 5-42 方案 V 初期夏季保工街站月平均空气温度（℃）

第 5 章 严寒地区通风系统

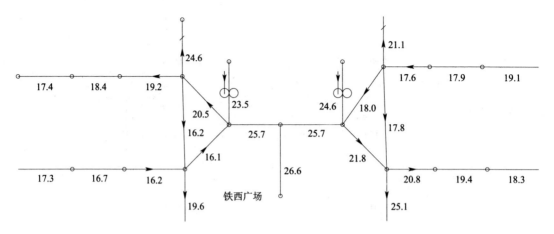

图 5-43　方案 V 初期夏季铁西广场站月平均空气温度（℃）

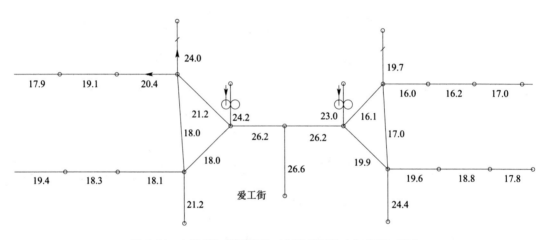

图 5-44　方案 V 初期夏季爱工街站月平均空气温度（℃）

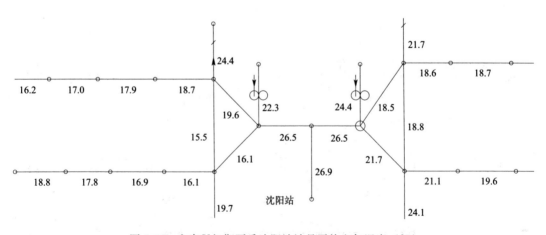

图 5-45　方案 V 初期夏季沈阳站站月平均空气温度（℃）

5.4 热环境模拟预测

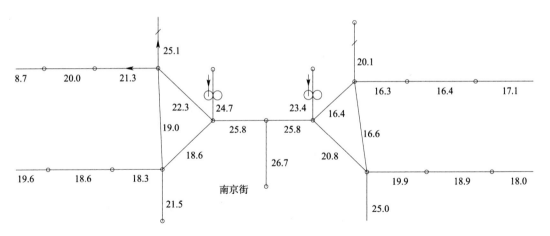

图 5-46　方案V初期夏季南京街站月平均空气温度（℃）

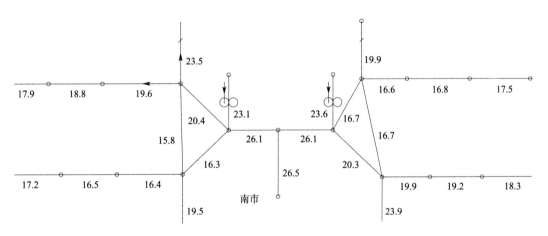

图 5-47　方案V初期夏季南市站月平均空气温度（℃）

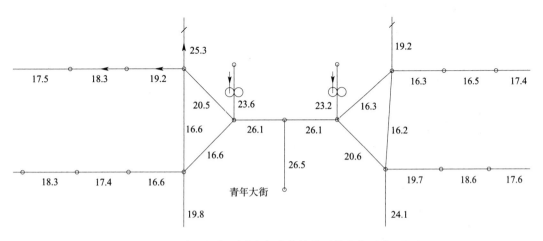

图 5-48　方案V初期夏季青年大街站月平均空气温度（℃）

第 5 章 严寒地区通风系统

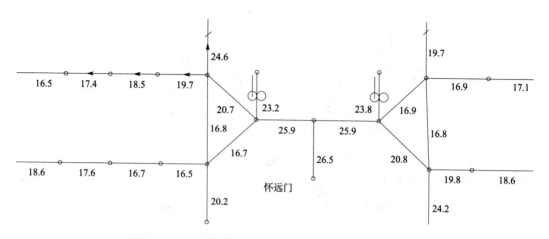

图 5-49　方案 V 初期夏季怀远门站月平均空气温度（℃）

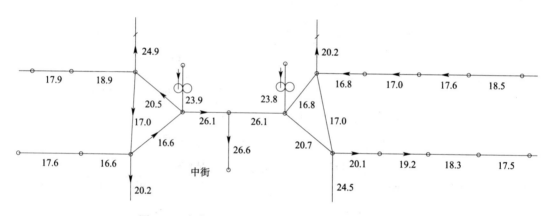

图 5-50　方案 V 初期夏季中街站月平均空气温度（℃）

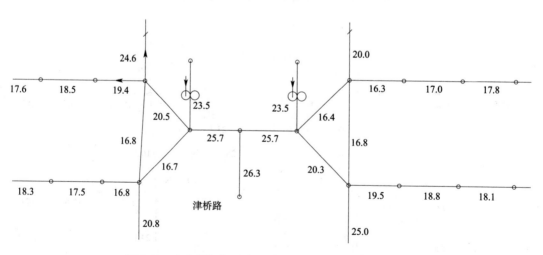

图 5-51　方案 V 初期夏季津桥路站月平均空气温度（℃）

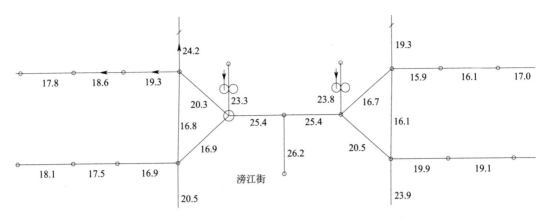

图 5-52 方案 V 初期夏季涝江街站月平均空气温度（℃）

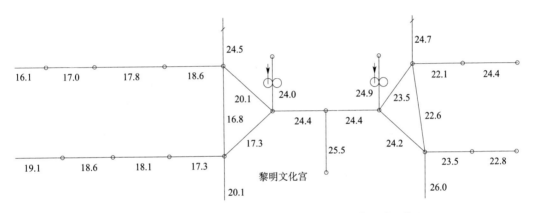

图 5-53 方案 V 初期夏季黎明文化宫站月平均空气温度（℃）

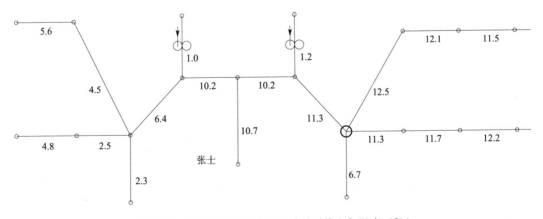

图 5-54 方案 V 初期冬季张士站月平均空气温度（℃）

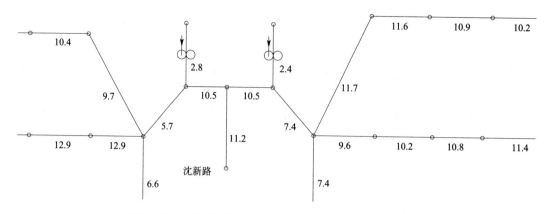

图 5-55　方案Ⅴ初期冬季沈新路站月平均空气温度（℃）

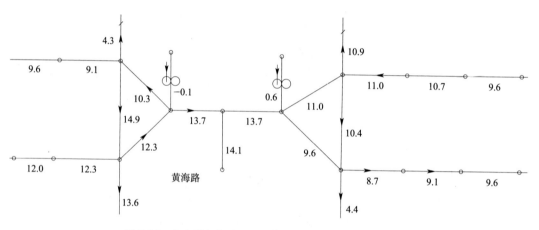

图 5-56　方案Ⅴ初期冬季黄海路站月平均空气温度（℃）

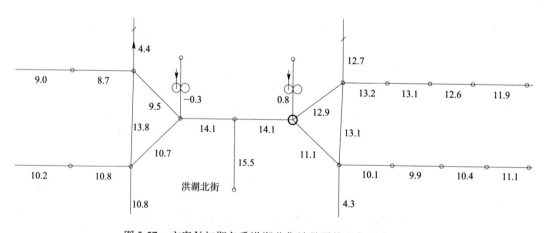

图 5-57　方案Ⅴ初期冬季洪湖北街站月平均空气温度（℃）

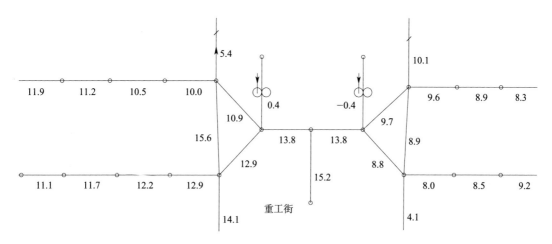

图 5-58　方案 V 初期冬季重工街站月平均空气温度（℃）

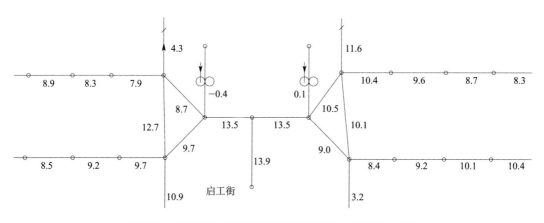

图 5-59　方案 V 初期冬季启工街站月平均空气温度（℃）

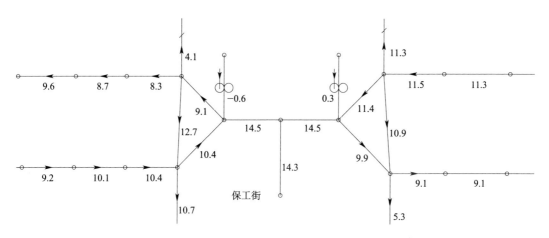

图 5-60　方案 V 初期冬季保工街站月平均空气温度（℃）

第 5 章 严寒地区通风系统

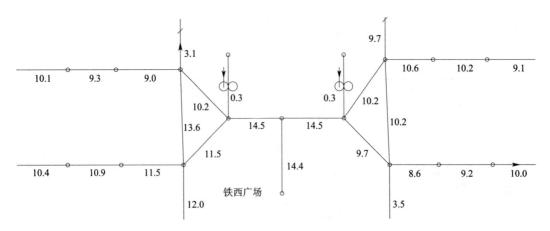

图 5-61 方案 V 初期冬季铁西广场站月平均空气温度（℃）

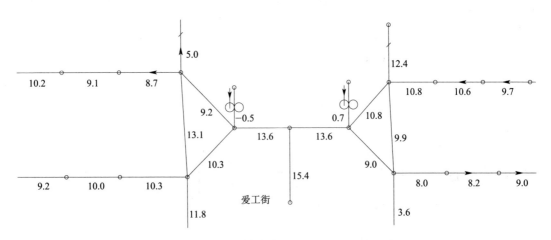

图 5-62 方案 V 初期冬季爱工街站月平均空气温度（℃）

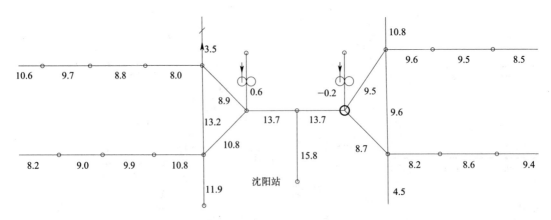

图 5-63 方案 V 初期冬季沈阳站站月平均空气温度（℃）

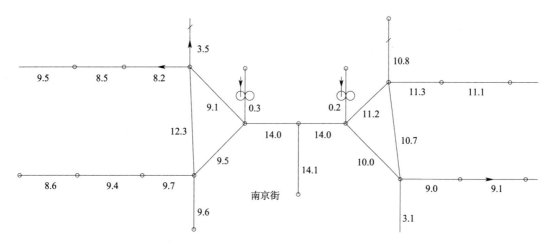

图5-64 方案Ⅴ初期冬季南京街站月平均空气温度（℃）

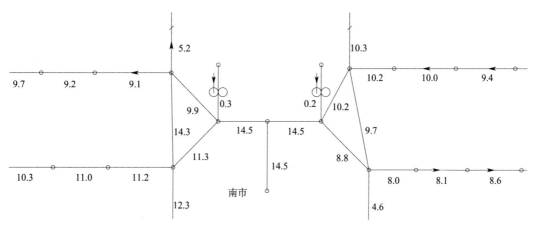

图5-65 方案Ⅴ初期冬季南市站月平均空气温度（℃）

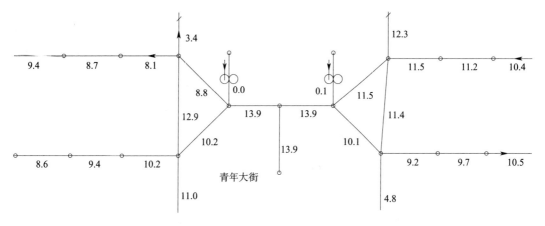

图5-66 方案Ⅴ初期冬季青年大街站月平均空气温度（℃）

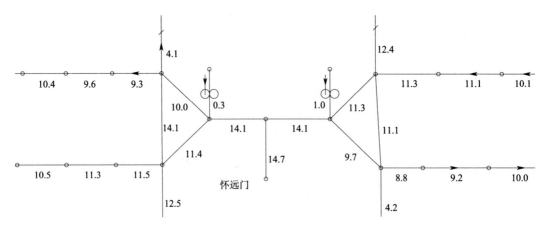

图 5-67　方案Ⅴ初期冬季怀远门站月平均空气温度（℃）

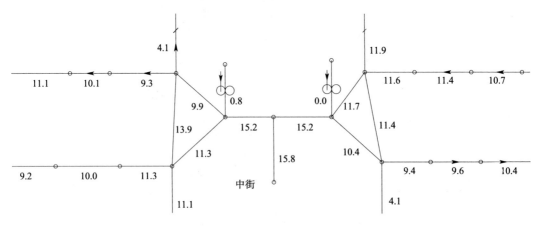

图 5-68　方案Ⅴ初期冬季中街站月平均空气温度（℃）

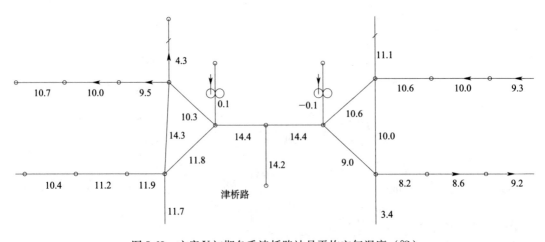

图 5-69　方案Ⅴ初期冬季津桥路站月平均空气温度（℃）

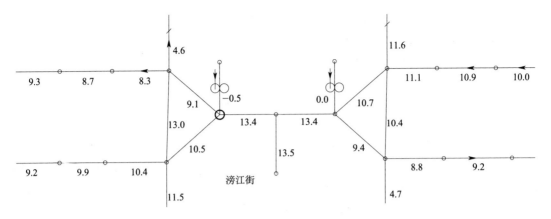

图 5-70　方案Ⅴ初期冬季涝江街站月平均空气温度（℃）

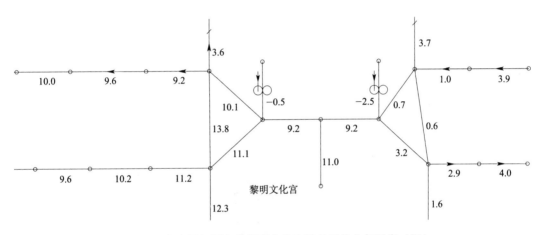

图 5-71　方案Ⅴ初期冬季黎明文化宫站月平均空气温度（℃）

5.4.5　地下车站模拟计算结果

沈阳地铁 1 号线通风系统设计采用 STESS3.0 进行了全线各种工况下气流流动状态及热环境的模拟。并且根据沈阳地铁 1 号线的建设规划确定初期模拟年份取 2013 年、近期模拟年份取 2020 年、远期模拟年份取 2035 年。模拟方案确定后，对若干个通风方案组合进行了热模拟。最终确定了推荐通风方案组合，见表 5-13 所列。

推荐通风方案的夏季地下车站的站台、站厅的空气温度均不超过 30℃；冬季站台、站厅空气温度均在 12～16℃ 之间。此方案符合沈阳地铁 1 号线热环境的要求。

5.4.6　区间隧道模拟计算结果

推荐通风方案的夏季区间隧道内的空气温度不超过 35℃；冬季区间隧道温度内的空气温度在 5～12℃ 之间。此方案符合沈阳地铁 1 号线热环境的要求。

5.4.7　阻塞工况模拟结果

1. 列车阻塞工况温度标准

根据《地铁设计规范》（GB 50157—2003）的要求，列车阻塞在区间隧道内时，阻塞列车顶部最不利点的空气温度应≤45℃。同时,区间隧道内的风速应≥2.0m/s,且≤11m/s。

2. 列车阻塞工况模拟计算结果

根据模拟计算,列车阻塞时,采用区间隧道火灾工况的通风方案,区间隧道内的风速均能满足《地铁设计规范》(GB 50157—2003)的要求。

三维场的模拟分析表明,对于沈阳地铁1号线各种典型断面的区间隧道,按照《地铁设计规范》(GB 50157—2003)要求的区间隧道断面风速不小于2m/s的风速下限来设计的阻塞通风模式,都能充分满足列车阻塞后,阻塞列车的空调器正常工作的要求。

列车发生阻塞时,对于矩形断面的区间隧道,来流风速为2m/s时,阻塞列车空调冷凝器上方的平均空气温度为43℃,能保证空调器正常工作。模拟结果如图5-72~图5-74所示。

对于典型盾构圆形断面的区间隧道,模拟分析表明:来流风速为2m/s时,阻塞列车空调冷凝器上方的平均空气温度为38℃,可以满足阻塞工况的要求。模拟结果如图5-75~图5-77所示。

图5-72 列车冷凝器上方10cm高度剖面温度示意图(矩形断面)

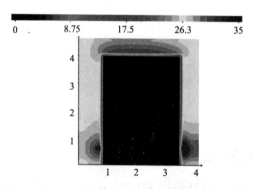

图5-73 列车第1节车厢中部横剖面温度示意图(矩形断面)
(冷凝器上方平均温度为28℃)

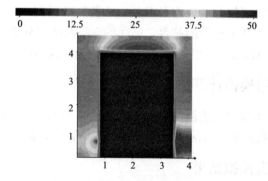

图5-74 列车第6节车厢中部横剖面温度示意图(矩形断面)
(冷凝器上方平均温度为43℃)

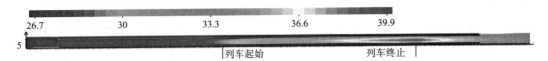

图 5-75 列车冷凝器上方 10cm 高度剖面温度示意图（盾构圆形断面）

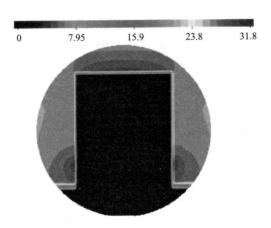

图 5-76 列车第 1 节车厢中部横剖面温度示意图（盾构圆形断面）

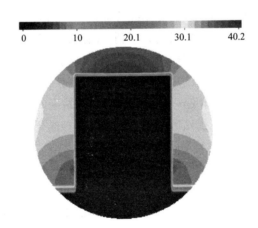

图 5-77 列车第 6 节车厢中部横剖面温度示意图（盾构圆形断面）

5.4.8 火灾工况模拟结果

1. 列车火灾强度的确定

沈阳地铁 1 号线通风系统设计中列车的火灾强度采用 7.5MW。

2. 区间隧道火灾工况风速标准

根据《地铁设计规范》（GB 50157—2003）的要求，列车在区间隧道发生火灾时，区间隧道内的风速应≥2.0m/s，且≤11m/s。

3. 区间隧道段列车火灾工况模拟计算结果

（1）正常区间隧道火灾排烟通风模拟

列车在区间隧道发生火灾或者事故时，排烟通风的方向选择为：区间隧道一端的地下车站的风机进行送风、另一端的地下车站的风机进行排风,人员向送风方向的地下车站疏散。根据模拟结果,开启着火区间隧道前2个地下车站和后2个地下车站的全部24台区间隧道事故风机时,该区间隧道内的风速可以达到《地铁设计规范》(GB 50157—2003)要求的最小2m/s的风速标准。

(2) 长大区间隧道火灾排烟通风模拟

对于长大区间隧道,在区间隧道中部设置区间风机房和中间风井。当该区间隧道发生火灾或者事故时,该区间隧道中部的区间风机与地下车站的风机联合运行。根据模拟结果,增加了区间风机房后,该区间隧道内的风速可以达到《地铁设计规范》(GB 50157—2003)要求的最小2m/s的风速标准。详见洪湖北街站~重工街站区间隧道火灾的模拟结果。

(3) 端头站的区间隧道火灾模拟

由于端头站只有一端有区间隧道,当发生火灾需要通风、排烟时,其气流分配规律与一般地下车站有所不同,因此单独进行模拟。根据模拟结果,通过区间隧道风机的联合运行,区间隧道内的风速可以达到《地铁设计规范》(GB 50157—2003)要求的最小2m/s的风速标准。详见张士站~沈新路站、滂江街站~黎明文化宫站区间隧道火灾的模拟结果。

(4) 存在大断面的区间隧道火灾模拟

有些区间隧道内有渡线、折返线、停车线等辅线,结构断面较大,且上下行区间隧道相连通,对于这些区段的火灾排烟通风极为不利。因此,对存在大断面的区间隧道进行了单独的火灾排烟通风模拟计算。根据模拟结果,通过区间隧道风机的联合运行以及在局部区段增加射流风机,该区间隧道内的风速可以达到《地铁设计规范》(GB 50157—2003)要求的最小2m/s的风速标准。详见沈新路站~黄海路站区间隧道;保工街站~铁西广场站区间隧道;小什字街站~滂江街站区间隧道火灾的模拟结果。

(5) 区间隧道通风排烟设备容量

沈阳地铁1号线通风系统设计中的区间隧道通风排烟风机包括地下车站每端2台地下车站通风机SVF,1台区间隧道风机TVF。根据模拟计算,地下车站通风机风量为12万m^3/h($33m^3$/s),区间隧道风机风量为21万~23万m^3/h($60~65m^3$/s)。

(6) 地下车站公共区火灾气流组织

当地下车站的站台层发生火灾时,开启地下车站的通风机,关闭站厅层排烟管和站台下通风道,开启站台层轨道顶部风管进行排烟。同时,开启站端的区间隧道风机进行排烟,形成火灾站台层排烟,出入口、楼梯口自然进风的局面。

当地下车站的站厅层发生火灾时,开启地下车站的通风机,关闭站台层风管,开启站厅层排烟管进行排烟,形成火灾站厅层排烟,出入口自然进风的局面。

5.5 通风系统运行模式及控制工艺

5.5.1 地下车站公共区运行模式

地下车站公共区全年运行工况分析见表5-14所列。

5.5 通风系统运行模式及控制工艺

全年通风系统运行工况表　　　　　　表5-14

年段	季节	通风方式	闭式通风时段	活塞通风时段	机械通风时段	机械通风量	备注
初期	夏季	闭式、高峰机械通风	13:00~16:00	无	5:00~13:00; 16:00~23:00	排风 90m³/s	开进站端 活塞风道
初期	过渡季	机械通风	无	无	5:00~23:00	排风 90m³/s	开进站端 活塞风道
初期	冬季	活塞通风、高峰机械通风	无	5:00~7:00; 10:00~15:00; 17:00~23:00	7:00~10:00; 15:00~17:00	送风 40m³/s	开出站端 活塞风道
近期	夏季	闭式、高峰机械通风	13:00~16:00	无	5:00~13:00; 16:00~23:00	排风 90m³/s	开进站端 活塞风道
近期	过渡季	机械通风	无	无	5:00~23:00	排风 90m³/s	开进站端 活塞风道
近期	冬季	活塞通风、高峰机械通风	无	5:00~7:00; 10:00~15:00; 17:00~23:00	7:00~10:00; 15:00~17:00	送风 40m³/s	开出站端 活塞风道
远期	夏季	闭式、高峰机械通风	13:00~16:00	无	5:00~13:00; 16:00~23:00	排风 120m³/s	开进站端 活塞风道
远期	过渡季	机械通风	无	无	5:00~23:00	排风 120m³/s	开进站端 活塞风道
远期	冬季	活塞通风、高峰机械通风	无	6:00~7:00; 10:00~15:00; 17:00~23:00	7:00~10:00; 15:00~17:00	送风 40m³/s	开出站端 活塞风道

5.5.2 通风系统运行模式

1. 夏季运行模式

（1）机械通风模式

开启地下车站通风机对地下车站的公共区进行排风，开启地下车站进站端的活塞风道、关闭迂回风道，利用列车运行活塞效应及室内负压，从出入口引入室外冷空气，吸收列车在区间隧道的发热后，从列车进站端的活塞风道排出。

机械通风主要在夏季室外气温低于地下车站设计空气温度时采用。

（2）闭式运行模式

关闭地下车站通风机，关闭活塞风道，开启迂回风道，依靠列车活塞效应从地下车站的出入口引入室外空气，根据计算分析，一般情况下都可以满足人员的新风量要求。

闭式运行主要在夏季室外气温高于车站设计空气温度时采用。

2. 冬季运行模式

（1）活塞通风模式

关闭地下车站通风机，开启地下车站出站端的活塞风道、关闭迂回风道，开启地下车站出入口处的热风幕，利用列车运行活塞效应，从出站端的活塞风道引入室外冷空气，直接进入区间隧道，吸收列车在区间隧道的发热后，从下一车站的出站端的活塞风道排出。

活塞通风主要在冬季列车对数较少时采用。

117

(2) 机械通风模式

地下车站通风机反向运转，通过站台层轨道顶部风道向站台进行送风，开启地下车站出站端的活塞风道、关闭迂回风道，开启地下车站出入口处的热风幕，利用列车运行产生的活塞效应，从出站端的活塞风道引入室外冷空气，直接进入区间隧道，吸收列车在区间隧道的发热后，从下一车站的出站端的活塞风道排出。同时，由于站内正压，热空气通过活塞风道向室外排出。

机械通风主要在冬季列车对数较多时采用。

3. 过渡季节运行模式

由于沈阳市冬季温度太低，通过冬季大量通风的方法进行区间隧道蓄冷，会使冬季地下车站以及区间隧道温度过低，不满足人员的舒适性要求。这样，区间隧道蓄冷降温的任务就转移到了过渡季节，过渡季节应适当增加通风量，将区间隧道在夏季吸收的热量尽量放出来，以减少远期夏季区间隧道的降温压力。此时，大量通风不至于产生区间隧道温度过低的问题。

机械通风时，开启地下车站的排风机对地下车站公共区进行排风，开启地下车站进站端的活塞风道、关闭迂回风道，利用列车运行活塞效应及室内负压，从地下车站的出入口引入室外冷空气，吸收列车在区间隧道的发热后，从列车进站端活塞风道排出。

4. 地下车站火灾运行模式

当地下车站的站台层发生火灾时，开启地下车站通风机，关闭站厅层排烟管和站台板下部的通风道，开启站台层轨道顶部风管排烟。同时，开启站端区间隧道风机排烟，形成火灾站台层排烟，出入口、楼梯口自然进风的局面。

当地下车站的站厅层发生火灾时，开启地下车站通风机，关闭站台层风管，开启站厅层排烟管排烟，形成火灾站厅层排烟，出入口自然进风的局面。

5. 区间隧道火灾排烟通风运行模式

列车在区间隧道发生火灾时，应尽量将列车继续行驶至前方的地下车站，利用车站的条件有利于人员疏散。此时按照地下车站站台层火灾工况处理。当列车在区间隧道发生火灾并失去动力停在区间隧道内时，通过区间隧道事故风阀和活塞风阀的开、闭组合，根据列车起火部位组织排烟和通风。此时，迂回风阀、地下车站公共区通风系统风管上的电动防火阀均应关闭。

（1）区间隧道内列车一头着火时，列车着火端一侧的2个地下车站的12台车站、区间隧道风机均排烟，另一侧2个地下车站的12台车站、区间隧道风机均进行送风。乘客迎着来风方向撤离。

（2）区间隧道内列车中部着火时，距列车较近的2个地下车站的12台车站、区间隧道风机均进行送风，较远的2个地下车站的12台车站、区间隧道风机均进行排烟。乘客向较近的地下车站撤离。

（3）对于设有区间中间风道的区间隧道，根据列车火灾停靠位置和火灾部位，由区间风机和地下车站的风机组织排烟通风。

（4）对于设有区间射流风机的区间隧道，根据列车火灾停靠位置和火灾部位，由射流风机协助临近地下车站的风机组织排烟通风。

6. 区间隧道阻塞运行模式

区间阻塞运行运营模式与区间火灾相同。

5.5.3 通风系统控制工艺

1. 控制分类工艺要求

通风空调系统的控制由中央级控制、车站级控制和就地控制三级组成。

2. 中央级控制

中央级控制设置在控制中心，是以中央监控网络和车站设备监控网络为基础的网络系统，对全线的通风及空调系统进行监视，向车站下达各种运行模式指令或执行预定运行模式。

3. 车站级控制

车站级控制设置在车站控制室，对车站和所管辖区的各种通风及空调设备进行监控，向中央控制系统传送信息，并执行中央控制室下达的各项命令。火灾发生和在控制中心授权的条件下，车站控制室作为车站指挥中心，根据实际情况将有关通风空调系统转入事故模式运行。

4. 就地控制

就地控制设置在各车站通风空调电控室，具有单台设备就地控制和模式控制功能，便于各设备及子系统调试、检查和维修。就地控制具有优先权。

第6章 可调通风型站台门式通风空调系统

6.1 绪论

6.1.1 可调通风型站台门式通风空调系统的研究背景

1. 城市轨道交通节能降耗需求

城市轨道交通相对于其他城市交通工具而言，具有安全、舒适、快捷、环保、运力大和能源消耗少的特点，因此得到了快速的推广和发展。按照同等运力比较，城市轨道交通的能源消耗只相当于小汽车的1/9，公交车的1/2，而且占地小，运营成本低。因此，选用城市轨道交通方式作为未来城市公共交通的主要形式，本身就具有重要的节能意义，有利于建设资源节约型、环境友好型社会。虽然按同等运力比较，城市轨道交通的运营能耗比其他形式交通方式要小，但由于其大运量的特点，使得城市轨道交通系统总的耗电量相当巨大，是名副其实的耗能大户。以北京市为例，2002年北京地铁1号线全年耗电量为52139240kW·h，环线地铁的全年耗电量为75751220kW·h，复八线地铁的全年耗电量为50734670kW·h，这三条线全年的耗电总量为178625130kW·h。目前，城市轨道交通运营成本居高不下的问题日显突出，而运营成本中有50%来自于城市轨道交通的运行能耗。北京市政府每年给北京地铁的运营亏损补贴多达数亿元。这种运营成本高、政府补贴过大的现象，在国内的其他城市的城市轨道交通项目中都是普遍现象。应该说，尽快找到大幅度降低城市轨道交通运行能耗的方法，已成为保持城市轨道交通高速可持续发展必须解决的重要问题之一（图6-1）。

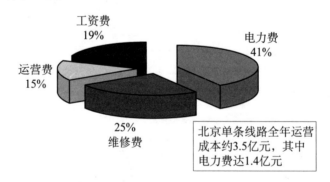

图6-1 北京市城市轨道交通单条线路运营成本构成图

通过对北京市及全国各地既有的以地铁为典型代表的城市轨道交通线路运营情况的调研，发现电能费用占到了城市轨道交通运营费用的50%左右，而其中，通风空调系统用电一般又占到了城市轨道交通用电总量的30%以上，在南方一些城市的城市轨道交通运行能耗中，通风空调系统的运行能耗甚至接近总能耗的50%，已经无可争辩地成为了城市轨道交通中名列前茅的耗电大户（图6-2）。

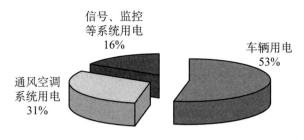

图6-2 城市轨道交通系统能耗构成示意图（以北京地铁为例）

通风空调系统作为城市轨道交通中的重要环境控制设备系统之一，担负着对城市轨道交通的地下空间的空气温度、湿度、空气流速和空气品质等进行控制；在列车正常运行时，为乘客和工作人员提供一个适宜的人工环境，满足其生理和心理上的要求；当列车阻塞在区间隧道时，向阻塞区间提供一定的通风量，保证列车空调等设备正常工作，维持车厢内乘客在短时间内能接受的环境条件；在发生火灾事故时，提供迅速有效的排烟手段，为乘客和消防人员提供足够的新鲜空气，并形成一定的迎面风速，引导乘客安全迅速地撤离火灾现场；为城市轨道交通各种设备提供必要的空气温度、湿度以及洁净度等条件，保证其正常运转所需的空气环境条件等多项重要功能。

在国外城市轨道交通发达的城市，城市轨道交通通风空调系统的运行能耗问题也备受关注。例如，新加坡地铁就是出于降低空调季节通风空调系统能耗考虑，设置了世界上第一套站台屏蔽门系统。从此，屏蔽门式通风空调系统成为了炎热地区城市轨道交通通风空调系统的首选方案。除此之外，采用高效低耗的通风空调系统设备、设置先进的自动控制系统也是降低城市轨道交通通风空调系统运行能耗的重要手段。可以说，如何降低城市轨道交通通风空调系统运行能耗已经成为国内外城市轨道交通行业研究的重点与发展方向之一。

2. 屏蔽门与安全门之争

与地面建筑中的通风空调系统不完全一致，城市轨道交通通风空调系统能耗的高低不仅与系统自身的完善程度有关，还与包括车站屏蔽门在内的其他环境控制设备系统关系极为密切。一直以来，在行业内部一直存在着所谓"屏蔽门与安全门之争"，这个争论自20世纪80年代至今一直持续不断。根据行业的普遍认知，城市轨道交通在空调季节的运营过程中，设置屏蔽门的通风空调系统与设置安全门的闭式通风空调系统（开闭式运行）相比，在一定程度上具有节能的优势。但是，在非空调季节，由于设置屏蔽门的通风空调系统无法利用列车运行产生的活塞风对车站进行自然通风，因此，需要延长空调时间或通风机运行时间，而且屏蔽门外侧，车站隧道的列车排热系统还需要随运营时间持续运行，这样就使得城市轨道交通设置屏蔽门时的通风空调系统的运行能耗高于设置安全门的闭式通风空调系统。简而言之就是：相比较而言，"屏蔽门式通风空调系统在空调季节节能性好；而安全门式通风空调系统在非空调季节节能性好"。因此，空调季节的长短成为地下车站对屏蔽门与安全门选择的基本依据。但是由于设计计算以及系统比选分析涉及大量数据处理，针对同一条城市轨道交通线路，特别是长江流域的一些城市，不同设计单位可能得出不同的选择结论。长期以来，这一现象都没有得以很好的解决，在城市轨道交通行业中也没有达成普遍的共识，一直困扰着设计单位及建设单位。

在这样的背景下，通过技术途径，实现屏蔽门式通风空调系统与安全门式通风空调系统的有机转换，构建一种全新的节能型通风空调系统——可调通风型站台门式通风空调系统，在不同季节充分发挥各自的节能优势，同时又弥补各自的不足之处，实现城市轨道交通通风空调系统的全年节能运行就成为研发此项新技术的最基本的出发点。

因此，在全国城市轨道交通大发展的背景下，开展了一项以通风空调系统和屏蔽门系统、安全门系统为核心的涉及多个相关专业的综合研究课题——可调通风型站台门式通风空调系统研究与实际应用工作就具有非常重要的意义和价值。该研究属于发展循环经济、推进节约型社会建设主题，主题的推进方式主要是通过开展城市轨道交通节能技术的研究与今后的示范应用，降低城市轨道交通的运营成本，实现城市轨道交通的可持续发展，充分发挥其改善城市交通拥堵情况的作用。

6.1.2　可调通风型站台门式通风空调系统的主要研究内容

目前，对于我国长江以南的地区，空调季节较长，而通风季节相对较短，城市轨道交通采用屏蔽门式通风空调系统较多；而对我国长江以北的地区，空调季节较短，而通风季节相对较长，城市轨道交通采用安全门式通风空调系统较多。如何将这两种系统的优点充分结合起来，使得城市轨道交通通风空调系统不仅在空调季节能够节省运行能耗，在过渡季节和非空调季节也同样可以实现节能运行，从而降低全年运行能耗，是可调通风型站台门式通风空调系统的研究的出发点和目的。

可调通风型站台门式通风空调系统的主要研究内容如下：

（1）进行可调通风型站台门式通风空调系统专业方案研究，根据我国不同地区的气候特征，分别对夏热冬冷地区、夏热冬暖地区的可调通风型站台门式通风空调系统专业方案进行分析和研究，研究不同地区的可调通风型站台门式通风空调系统的构成、系统功能满足性分析、系统运行能耗与传统通风空调系统的比较等。

（2）应用三维软件 CFD 和一维软件 STESS 对可调通风型站台门式通风空调系统的气流及热环境进行模拟，以证明可调通风型站台门式通风空调系统能够满足国家现行标准《地铁设计规范》的要求，而且具有更佳的运行节能效果。

（3）对与可调通风型站台门式通风空调系统相配合的屏蔽门专业的方案进行研究，确定新型屏蔽门——可调通风型站台门的通风开口位置、开闭方式等，并分析可调通风型站台门的功能及可靠性；通过与传统屏蔽门系统和安全门系统进行对比，对可调通风型站台门的实现方式进行分析，研究可调通风型站台门对屏蔽门系统或者安全门系统的影响以及注意事项。

（4）对与可调通风型站台门式通风空调系统应用有密切关系的其他相关专业，包括FAS/BAS、建筑、供电等专业的影响进行分析研究，以验证可调通风型站台门式通风空调系统的可实施性以及其应用能够降低供电系统的造价，在满足系统功能的前提下，不会对FAS/BAS 系统带来不利影响，同时能够满足建筑专业对吊顶以及管线综合等方面的要求。

（5）对可调通风型站台门式通风空调系统的经济性进行综合分析研究，综合分析系统设备初投资、相关土建费用、运行能耗、运行维护费用，并按照新系统的不同的应用地区进行研究、分析和对比。

6.2 可调通风型站台门式通风空调系统方案研究

6.2.1 概述

城市轨道交通可调通风型站台门式通风空调系统的提出与应用是多个专业综合协调配合的结果，不仅包含通风空调专业，还包含了屏蔽门专业、FAS/BAS 专业、供电专业、建筑专业等相关专业。它是以通风空调专业为基础，密切结合屏蔽门专业而构建的一种崭新的城市轨道交通通风空调系统——可调通风型站台门式通风空调系统，该系统不仅能够满足城市轨道交通中的传统通风空调系统的所有功能要求，而且还可以适应不同地区的气象参数，在满足更多地区的城市轨道交通要求的同时，实现通风空调系统运行的更加节能。

在传统采用屏蔽门式通风空调系统的地区，屏蔽门式通风空调系统最大的优点就在于空调季节可以节约运行能耗，但其最大的不足则是由于在车站的站台边缘安装的屏蔽门将区间隧道与地下车站完全隔离开，因而在过渡季节和冬季无法利用列车运行产生的活塞效应，实现城市轨道交通内部空气与外界大气之间的交换，同时还需要运转相应的通风设备，进行与外界的机械通风，因而在非空调季节其运行能耗比闭式通风空调系统运行能耗更高。

在采用传统的闭式通风空调系统的地区，地下车站的站台边缘安装安全门（或者不设置任何门体设备），安全门对区间隧道与地下车站只起到物体遮挡的作用，保证人员不会有意或无意掉落到行车道中，对区间隧道与地下车站之间的气流交换则不会造成隔绝，从而可以利用列车活塞效应实现城市轨道交通内部空气与外界大气之间的交换，这样机械通风量就可以消除或减少，在非空调季节具有比屏蔽门式通风空调系统更加节能的优势，但其最大的不足则发生在空调季节，由于地下车站与区间隧道的空气连通，列车运行时会卷吸一部分的车站空调风量进入区间隧道，而且地下车站的出入口部也会由于活塞效应的影响发生室外温度较高的空气进入地下车站的情况，这样就造成了地下车站的空调负荷有所损失，因而造成通风空调系统在空调季节的运行能耗的升高。

相比传统的通风空调系统而言，可调通风型站台门式通风空调系统在过渡季节及冬季，可以充分利用活塞风，满足地下车站公共区及隧道区间的空气的温度和湿度的要求，并实现城市轨道交通地下车站内部空气与外界大气之间适度的通风换气，从而节约地下车站公共区风机的运行能耗以及区间隧道风机的运行能耗，达到节约能源的目的，在空调季节还可以较好地隔绝区间隧道与地下车站的连通，消除列车运行产生的活塞效应对地下车站的影响，保证地下车站空调负荷不致损失，实现通风空调系统运行的节能。在地下车站站台层发生火灾时，可以打开可调通风型站台门上方的风阀，利用区间隧道风机或者排热风风机辅助地下车站排烟系统进行排烟。从而增大站台火灾时的排烟量，使得站厅到站台的气流在经过楼梯口时，很容易能够达到 1.5m/s 向下的风速要求。从而更好地满足规范要求，更加有效地保证人员安全疏散。

第6章 可调通风型站台门式通风空调系统

我国幅员辽阔,气候变化很大,按照纬度从北往南,依次可分为严寒地区、寒冷地区、夏热冬冷地区、夏热冬暖地区、温和地区这5大气候区域。城市轨道交通通风空调系统的设置,与每个地区的气候密切相关。不同的地区,气候不同,室外气象参数不同,采取的通风空调系统形式不同,使用的屏蔽门或者安全门形式也各不相同。

结合国内外既有城市轨道交通的实际情况,目前国内应用较多的通风空调系统形式见表6-1所列,各自的原理如图6-3~图6-5所示。

通风空调系统形式对比表 表6-1

序号	系统名称	主要特点	应用实例
1	传统闭式通风空调系统	车站公共区通风空调系统和区间隧道通风系统作为两套独立的系统进行设备配置。车站公共区通风空调系统需要设置空调进、排风道,配置组合式空调机组和回/排风机;区间隧道通风系统需要设置事故风道,配置区间事故风机。站台需设置安全门	上海地铁2号线(无安全门)、广州地铁1号线(无安全门)
2	传统闭式通风空调系统(变频)	车站公共区通风空调系统风机设置变频器,根据需要调节风量。其他与传统闭式通风空调系统相同	南京地铁1号线(无安全门)
3	集成闭式通风空调系统	车站公共区通风空调系统和区间隧道通风系统的风道及风机等设备共用。在送风道内设置大型表冷器、过滤器等以代替组合式空调机组;风机配置变频器,在正常工况时低速运行,对车站进行送风和排风	北京复八线(无安全门)、北京4号线、5号线、9号线、10号线、南京地铁2号线、天津地铁1号线(无安全门)
4	传统屏蔽门式通风空调系统	车站公共区通风空调系统和区间隧道通风系统作为两套独立的系统进行设备配置。车站公共区通风空调系统需要设置空调进、排风道,配置组合式空调机组和回/排风机。区间隧道通风系统需要设置事故风道,配置区间隧道事故风机,同时需要设置活塞风道;车站轨行区还需要设置车站轨行区排热系统,设置排热风道和排热风机。站台边缘需设置屏蔽门	上海地铁1号线、4号线、广州地铁2号线、重庆地铁2号线、天津地铁2号线、3号线
5	传统屏蔽门式通风空调系统(变频)	车站公共区通风空调系统及排热系统风机设置变频器,根据需要调节风量。其他与传统屏蔽门式通风空调系统相同	北京地铁奥运支线、深圳地铁一期工程(部分车站)
6	集成屏蔽门式通风空调系统	车站公共区通风空调系统和区间隧道通风系统的风道及风机等设备共用。车站不需设置组合式空调机组,而是利用风道内设置的表冷器及车站通风机组成空气处理系统,为车站提供通风空调。车站通风机、排热风机同时兼做区间隧道事故风机	天津地铁6号线
7	集成屏蔽门式通风空调系统+可调通风型站台门	具有集成屏蔽门式通风空调系统的优点,同时与集成屏蔽门式通风空调系统的最大区别在于:在过渡季节可以转换为安全门系统使用;从而节约过渡季节的运行能耗,更加节能	北京、上海、西安等城市的地铁工程中正在研究的前沿性技术

目前在严寒地区,通常采用通风+安全门系统;在寒冷地区通常采用集成闭式通风空调+全高安全门系统;在夏热冬冷和夏热冬暖地区通常采用屏蔽门系统;温和地区通常采用通风+安全门系统。

根据各地区不同的气候特征,依次对可调通风型站台门式通风空调系统在每个适宜采用的地区的应用进行分析。因为夏热冬暖地区的空调季节很长,而过渡季节和冬季较短,对于这个地区的系统,采用可调通风型站台门系统,节能效果并不是非常明显,在本文中

6.2 可调通风型站台门式通风空调系统方案研究

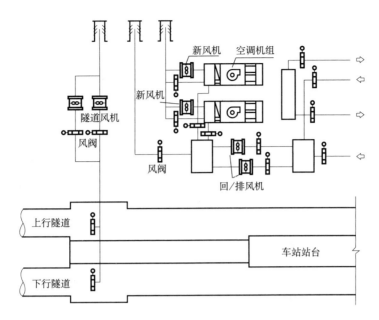

图 6-3 传统闭式通风空调系统原理图

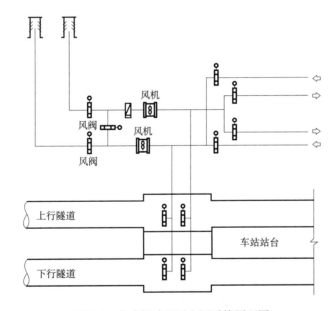

图 6-4 集成闭式通风空调系统原理图

对该地区的应用没有进行充分论述。对于温和地区而言，采用通风系统更有利于节能，因此本文对该地区的内容也没有进行充分论述。对于严寒地区，都是采用通风系统，不设置空调，其研究是另外一个重要课题，要解决的问题也不完全相同，属于可调通风型站台门式通风系统的研究范畴，故而，这里只论述设置空调的城市和地区的城市轨道交通通风空调的系统形式。

第6章 可调通风型站台门式通风空调系统

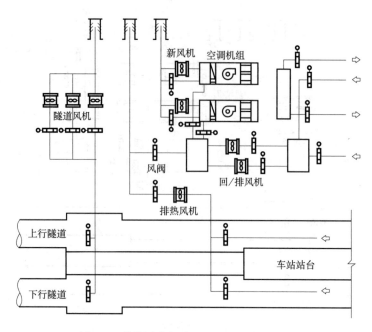

图 6-5 传统屏蔽门式通风空调系统原理图

6.2.2 夏热冬冷地区（以安徽省合肥市为实际案例）

1. 夏热冬冷地区的气候特征

上海、南京、武汉、重庆、合肥、南昌、无锡、苏州、常州等城市，属于夏热冬冷地区。这些地区最冷月平均空气温度为 0~10℃，最热月平均空气温度为 25~30℃。下面以合肥市为例，对城市轨道交通可调通风型站台门式通风空调系统的应用进行分析研究。

2. 夏热冬冷地区可供选择的通风空调系统方案

由于在夏热冬冷地区大部分城市的城市轨道交通工程中都采用了传统的屏蔽门式通风空调系统，下面主要比较传统屏蔽门式通风空调系统和可调通风型站台门式通风空调系统的功能特点与经济性。

3. 传统屏蔽门式通风空调系统方案

目前在上海、杭州等城市的城市轨道交通的新线项目中均设置的通风空调系统一般采用传统屏蔽门式通风空调系统，在地下车站的站台边缘纵向设置屏蔽门，隔绝地下车站的站台和区间隧道。其通风空调系统由以下几个部分组成：区间隧道通风系统（兼区间隧道防排烟系统及事故通风系统）、地下车站轨行区排热系统（兼排烟系统）、地下车站公共区通风空调系统（兼排烟系统）、地下车站设备及管理用房通风空调系统（兼排烟系统）、空调冷冻水系统。

各系统的功能分别为：

（1）区间隧道通风系统（兼区间隧道防排烟系统及事故通风系统）

区间隧道通风系统为机械通风结合活塞通风。

地下车站两端对应于每一区间隧道各设一条区间隧道活塞/事故风道，通过活塞/事故风阀与相对应的区间隧道连通。每条风道内设置一台区间隧道事故风机，并设置与风机联动的事故风阀，风机旁边的过流面积满足活塞通风要求，在该过流断面上设置活塞风阀。

两条风道之间通过风阀可以连通,通过开启和关闭不同的风阀,可以实现活塞通风工况,或者两台区间隧道事故风机对同一区间隧道进行通风或排烟的工况(图6-6)。

(2)地下车站轨行区排热系统(兼排烟系统)

在地下车站轨行区,设置列车顶部和站台板下部的排热风系统,以排除部分列车余热。在列车顶部和站台板下部分别设置排热风道,与排热风机相连接。排热风机布置于地下车站两端,每端一台,风机配置变频器。风机前后设置消声器。

(3)地下车站公共区通风空调系统(兼排烟系统)

地下车站公共区通风空调系统采用全空气一次回风通风空调系统,在站厅层两端设置通风空调机房,各负担地下车站一半公共区的通风空调。机房内设置组合式空调机组、回/排风机(兼排烟风机)和空调新风机(小新风机)。组合式空调机组和回/排风机均配置变频器。回/排风机数量和组合式空调机组一一对应。回/排风机兼做地下车站排烟风机,也可单独设置排烟风机。站台排烟时,排热风机同时运行排除烟气。

(4)地下车站设备及管理用房通风空调系统(兼排烟系统)

地下车站设备及管理用房通风空调系统单独设置,地下车站设备及管理用房根据运营及工艺要求设置双风机全空气通风空调系统或通风系统。进风亭、排风亭分别与地下车站公共区通风空调系统的风亭共用。系统进风应直接采自大气,排风宜直接排出地面。设备及管理用房区的排烟系统单独设置,送风系统兼做排烟时的补风系统。

(5)空调冷冻水系统

空调冷冻水系统采用一次泵系统。冷冻站集中设置在地下车站一端的制冷机房内。地下车站公共区应根据各地下车站冷负荷的大小,选择若干台具有相同制冷能力的水冷螺杆式冷水机组。地下车站设备管理用房的通风空调系统冷源根据空调需要运行时间上的差异、列车停运后夜间需要运行的房间负荷所占车站总负荷的比例大小等因素,综合考虑是否设置独立的水冷冷水机组。

组合式空调机组设置电动二通阀,供/回水干管或集水器和分水器间设置压差式旁通阀。冷冻水系统的定压、补水采用膨胀水箱,膨胀水箱可置于地面上。

4. 城市轨道交通可调通风型站台门式通风空调系统方案与传统通风空调系统方案的功能比较

地下车站安装了屏蔽门后,基本隔断了地下车站与区间隧道之间的空气流通,将大部分的列车发热隔绝在区间隧道内,因而减少了区间隧道的空气环境和列车活塞风对地下车站空气环境的影响。地下车站通风空调系统只需要负担地下车站的照明、广告、电梯、扶梯、人员以及热交换等热负荷。区间隧道主要采用自然通风的方式,地下车站每端分别对应上行和下行区间隧道设置活塞风道,以排除列车行驶产热和列车空调器的散热。地下车站通风空调系统中组合式空调机组、回/排风机和排热风机可配备变频器,使风机的运行能耗可以得到一定程度的降低(图6-7)。

可调通风型站台门式通风空调系统的通风空调方案在机房面积、设备布置上均与传统的屏蔽门式通风空调系统相同,两种系统方案也均能满足城市轨道交通内部的通风、空调、消防排烟的功能要求,均是技术可行方案。在地下车站公共区及区间隧道发生火灾时,都能够有效地进行火灾排烟与事故通风,在区间隧道阻塞时都能够对列车阻塞部位进行有效的通风(表6-2)。

第6章 可调通风型站台门式通风空调系统

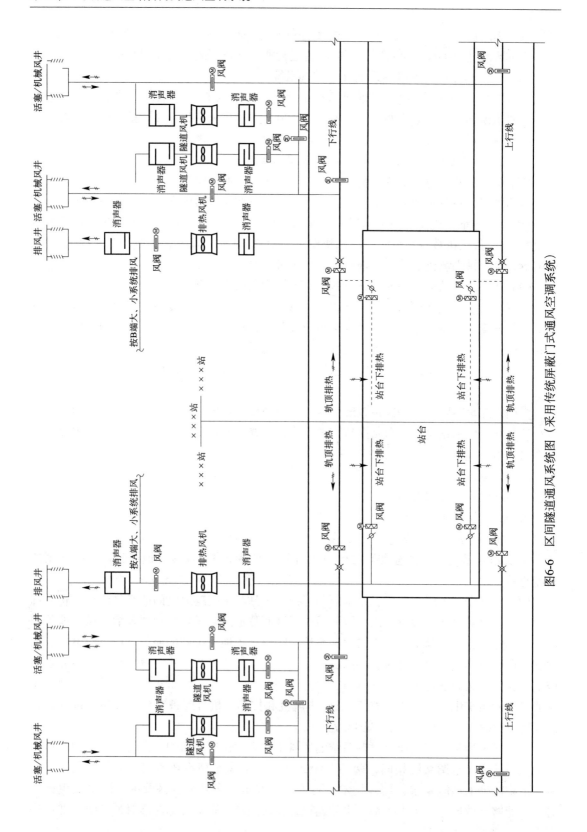

图6-6 区间隧道通风系统图（采用传统屏蔽门式通风空调系统）

6.2 可调通风型站台门式通风空调系统方案研究

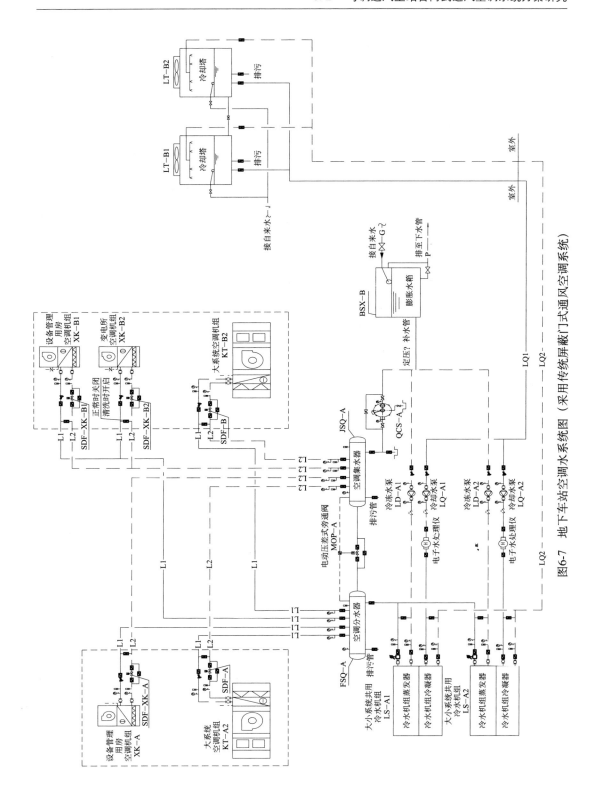

图6-7 地下车站空调水系统图（采用传统屏蔽门式通风空调系统）

系统功能比较表　　　　　　　　　　　　表6-2

功能名称	传统屏蔽门式通风空调系统	可调通风型站台门式通风空调系统
地下车站公共区通风空调功能	好	好
地下车站公共区火灾排烟通风功能	满足	好
区间隧道通风功能	好	好
区间隧道阻塞通风功能	好	好
区间隧道火灾防排烟功能	好	好

虽然可调通风型站台门式通风空调系统的通风空调方案与传统的屏蔽门式通风空调系统相近，但在对后者作了充分研究的基础上，通过在不同工况下，控制屏蔽门上设置的特殊构造装置——百叶通风窗的开启状态，可调通风型站台门系统的通风空调方案可以在不同的系统模式之间灵活转换，实现地下车站通风空调系统的最优化运行。

在空调季节，与传统的屏蔽门式通风空调系统运行模式一致；在非空调季节，可以通过开启屏蔽门上部的百叶通风窗，将屏蔽门转换为安全门。外界空气不经冷却处理直接送至地下车站公共区，排风则全部排至地下车站之外，这样就可以充分利用室外温度较低的空气，节约风机运行能耗，以达到节能的目的。

当站台层发生火灾时，开启地下车站的回/排风机排除站台的烟气，同时开启组合式空调机组向地下车站站厅补风，并开启车站屏蔽门上部的百叶通风窗，启动车站排热风机、区间隧道事故风机参与排烟。这样既可使排热风机、区间隧道事故风机参与排烟工况，加大站台层的排烟量，保证《地铁设计规范》（GB 50157—2003）第19.1.39强制性条文中"当车站站台发生火灾时，应保证站厅到站台的楼梯和扶梯口处具有不小于1.5m/s的向下气流"的规定，又不必打开屏蔽门，从而避免乘客失足掉下隧道，有力地保障乘客疏散安全。

5. 可调通风型站台门式通风空调系统方案与传统通风空调系统方案的运行能耗比较

合肥市各月平均空气温度参数表（2001～2009年）　　　表6-3

月份	1	2	3	4	5	6
温度（℃）	3.19	6.3	10.64	17.09	22.15	26.06
月份	7	8	9	10	11	12	年平均
温度（℃）	28.9	27.57	23.93	18.37	11.99	5.23	16.79

合肥市四季的时间分布规律为春秋季短，冬夏季长，按室外平均气温低于10℃为冬季，高于22℃为夏季，10℃～22℃之间为春季、秋季的划分，从表6-3可以看出合肥地区的空调季节是5月15日～10月15日，总计152天的时间；而冬季为12月1日～次年的3月1日，总计90天；其他时间为过渡季节，总计123天。

合肥市地铁1号线的水阳江路站为标准车站，下面以此站的公共区通风空调系统为例对两类系统运行的能耗作分析比较。水阳江路站的公共区（站厅+站台）冷负荷约为514kW，送风量为110748m^3/h。传统屏蔽门式通风空调系统和可调通风型站台门式通风空调系统的通风空调系统主要设备容量完全一致，系统负荷完全相同。

合肥市地铁的空调季节约152天，过渡季节123天，按照每天运行18h计算，空调季节一般全天约有6h以最大风量运行，有12h以一半风量运行。满负荷运行时，空调机组约耗功率30kW，排风机功率约为22kW。由于空调机组、排风机配有变频器，在半负荷运行时空调机组功率约为10kW，排风机功率约为7kW。

由此水阳江站传统屏蔽门式通风空调系统全年的运行能耗见表6-4所列。

传统屏蔽门式通风空调系统标准站全年运行能耗　　　表6-4

季节天数与合计	设备名称	功率（kW）	台数	开启时间（h）	耗电（kW·h）	备注
空调季节152天	空调机组	30	2	912	54720	1. 风机变频按风量60%计算； 2. 全日平均负荷按高峰时的70%计算方法； 3. 空调季节按高峰时的70%计算方法； 4. 每天运营18h； 5. 空调季节与过渡季节有6h以最大风量运行，有12h以一半风量运行
		10	2	1824	36480	
	排风机	22	2	912	40128	
		7	2	1824	25536	
	排热风机	55	2	2736	300960	
	冷水机组	93	2	2736	508896	
	冷冻水泵	11	2	2736	60192	
	冷却水泵	15	2	2736	82080	
	冷却塔	5.5	2	2736	30096	
	小计				1139088	
过渡季节123天	空调机组	30	2	738	44280	
		10	2	1476	29520	
	排风机	22	2	738	32472	
		7	2	1476	20664	
	排热风机	55	2	1476	162360	
		10	2	984	19680	
	小计				308976	
冬季90天	空调机组	10	2	1620	32400	
	排风机	7	2	1620	22680	
	排热风机	10	2	1620	32400	
	小计				87480	
总耗电量	合计				1535544	
年耗电费用					122.8	

注：运行费用均为理论计算值，实际运行费用会有偏差。其中电费按0.80元/kW·h计算。

由上分析，传统屏蔽门式通风空调系统全年运行耗电总计约1535544kW·h，年耗电费用122.8万元。

可调通风型站台门式通风空调系统全年的运行能耗见表6-5所列。

第6章 可调通风型站台门式通风空调系统

可调通风型站台门式通风空调系统标准站全年运行能耗 表6-5

季节天数与合计	设备名称	功率（kW）	台数	开启时间（h）	耗电（kW·h）	备注
夏季152天	送风机	30	2	912	54720	1. 风机变频按风量60%计算； 2. 全日平均负荷按高峰时的70%计算方法； 3. 空调季节按高峰时的70%计算方法； 4. 每天运营18h； 5. 空调季节有6h以最大风量运行，有12h以一半风量运行； 6. 过渡季节有4h以最大风量运行，有8h以一半风量运行
		10	2	1824	36480	
	排风机	22	2	912	40128	
		7	2	1824	25536	
	排热风机	55	2	2736	300960	
	冷水机组	93	2	2736	508896	
	冷冻水泵	11	2	2736	60192	
	冷却水泵	15	2	2736	82080	
	冷却塔	5.5	2	2736	30096	
	小计				1139088	
过渡季节123天	送风机	30	2	492	29520	
		10	2	984	19680	
	排风机	22	2	492	21648	
		7	2	984	13776	
	排热风机	55	2	492	54120	
		10	2	984	19680	
	小计				158424	
冬季90天	送风机	10	2	540	10800	
	排风机	7	2	540	7560	
	排热风机					
	小计				18360	
总耗电量	合计				1315872	
年耗电费用					105.3	

注：运行费用均为理论计算值，实际运行费用会有偏差。其中电费按0.80元/kW·h计算。

由上分析，可调通风型站台门式通风空调系统的全年运行耗电总计约1315872kW·h，年耗电费用105.3万元。

通过以上比较，可以得到表6-6所列的结论分析，其中电费按0.80元/kW·h计算。

通风空调系统运行耗电比较表 表6-6

比较项目	传统屏蔽门式通风空调系统	可调通风型站台门式通风空调系统
车站年耗电量（kW·h）	1535544	1315872
年耗电费用（万元）	122.8	105.3
比例	1	0.86

注：运行费用均为理论计算值，实际运行费用会有偏差。其中电费按0.80元/kW·h计算。

从运行费用的比较分析，可调通风型站台门式系统的通风空调方案在过渡季节和冬季能够充分利用活塞风对地下车站的站台和站厅进行通风，可以节省由于通风产生的风机运行能耗。合肥市地铁 1 号线采用可调通风型站台门式通风空调技术，能够节约通风空调系统运行能耗，降低运行费用，可调通风型站台门式通风空调系统比传统的屏蔽门式通风空调系统能够节约运行费用比例约为 14%。

在夏热冬冷地区，可调通风型站台门式通风空调系统的运行模式见表 6-7 所列。

可调通风型站台门式通风空调系统运行模式表　　　　表 6-7

工况	车站风机	排热风机	区间隧道风机	可调通风型站台门上部百叶	可调通风型站台门下部百叶	活塞风道
空调季节	开	开	关	关	关	开
过渡季节	开	开/关	关	开	开	开
冬季	开/关	关	关	开	开	开
站厅火灾	开	关	关	关	关	关
站台火灾	开	开	关	关	关	关
区间隧道火灾	—	开	开	关	关	关

6.2.3　寒冷地区（以北京市为实际案例）

1. 寒冷地区的气候特征

寒冷地区主要分布在我国北方，主要包括北京、太原、天津、大连、石家庄、济南、青岛、郑州等城市。这些城市的夏季空调季节不是很长，冬季最冷月平均空气温度约为 $-10\sim0℃$。下面以北京市为例，对可调通风型站台门式通风空调系统的应用进行分析研究。

2. 寒冷地区可供选择的传统通风空调系统方案

在寒冷地区，采用的传统通风空调系统主要包括：集成闭式通风空调系统；传统屏蔽门式通风空调系统。

（1）集成闭式通风空调系统

目前北京地铁的新线工程均采用通风空调系统，应用最多的通风空调系统是集成闭式通风空调系统，并在站台边缘纵向设置 2.5m 高的安全门。通风空调系统包括以下子系统：地下车站公共区通风空调系统（兼防排烟系统）、区间隧道通风系统（兼防排烟系统和事故通风系统）、地下车站设备及管理用房通风空调系统（兼防排烟系统）、空调水系统。

1）地下车站公共区通风空调系统（兼防排烟系统）

地下车站公共区通风空调系统一般设计为双风机系统，地下车站送风机、排风机与区间隧道通风机合用。地下车站两端的送风道内设置可电动开启式大型表冷器，并利用地下车站送风道、排风道及其内部的送风机、排风机、可自动清洗式空气过滤器、消声器、组合风阀等组成空气处理系统。通过风阀的转换及可电动开启式表冷器的开启与关闭，该系统能满足空调季节最小新风运行、过渡季节全新风运行和非空调季节的通风运行。

车站公共区通风空调系统按站厅、站台均匀送风、回/排风设计。车站设置有站台板下部回/排风风道和列车顶部的回/排风风道。站台板下部的排风口与列车刹车电阻箱对齐；列车行道正上方的回/排风道采用土建结构风道形式，排风口与列车空调冷凝器对齐。

地下车站空调回/排风机宜兼做地下车站的排烟风机，回/排风道兼做地下车站排烟风道。

2）区间隧道通风系统（兼防排烟系统和事故通风系统）

区间隧道通风系统按闭式系统设计，即正常运行时，无论空调季节还是非空调季节均利用列车活塞风作用携带车站的一部分气流冷却区间隧道。

车站每端的车站送风机和排风机同时兼做区间隧道的夜间及事故通风机。在区间隧道火灾和阻塞工况时，由区间隧道两端相邻车站的风机联合运行对区间隧道进行排烟或通风，使区间隧道内空气达到相应的风速及温度要求。在正常运行时，可组成纵向夜间通风系统。

区间隧道风机（即车站送风机、排风机）前后设扩压器和消声器。风机通过变频控制使系统的风量、风压满足列车阻塞运行、火灾运行以及各工况下的节能运行要求。

区间隧道为单洞单线型式时，在地下车站的两个端部分别设置迂回风道，以减少闭式运行工况时活塞风对地下车站的影响。迂回风道设置在区间隧道内距地下车站端部约30m处，面积按30m²设置。

3）地下车站设备及管理用房通风空调系统（兼防排烟系统）

地下车站的站厅层和站台层虽设有集中式通风空调系统，但由于车站设备及管理用房与地下车站公共区的全年空调、通风系统使用时间并不同步，总结了其他各条地铁线的实际经验后，采用了独立于车站公共区的通风空调系统。车站设备及管理用房采用全空气通风空调系统，设置空调机组及回/排风机，根据要求进行空气过滤和除湿降温处理。

车站设备及管理用房的排风系统兼做排烟系统。在发生火灾时，回/排风机兼做排烟风机，根据火灾发生的具体位置组织排烟。

4）空调水系统

地下车站公共区根据车站冷负荷选择若干台制冷能力相同的水冷螺杆式冷水机组。冷冻水泵、冷却水泵及冷却塔与冷水机组台数相对应。车站设备及管理用房设置了1台水冷冷水机组，冷冻水泵、冷却水泵及冷却塔对应设置，其空调水系统与地下车站公共区冷源系统并联，达到互为备用目的。冷冻站集中设置在地下车站一端的空调通风机房内，位置尽可能靠近负荷中心，力求缩短冷冻水供/回水管的长度。

空调冷冻水温度的设计标准为：供水温度7℃，回水温度12℃；冷却水温度的设计标准为：供水温度32℃，回水温度37℃。冷冻水系统采用一次泵系统，可电动开启式表冷器或空调机组设置电动二通阀，供/回水干管或集水器和分水器间设置压差式旁通阀（图6-8、图6-9）。

（2）传统屏蔽门式通风空调系统

屏蔽门基本隔断了地下车站与区间隧道之间的空气流通，将大部分的列车发热隔绝在区间隧道内，地下车站通风空调系统只需要负担车站照明、广告、电梯扶梯、人员、新风负荷以及地下车站内部空气与外界大气和区间隧道空气之间的热交换等的热量。由于地下车站与行车隧道隔开，减少了列车运行噪声和活塞作用对地下车站的影响；区间隧道采用通风的方式排除列车行驶、列车空调和照明散热，一般每个地下车站设置4条活塞风道，并设置列车停站区域的排热风道，并有活塞风道自然进风和排风；以往已经投入应用的传统屏蔽门式通风空调系统，地下车站公共区设置的组合式空调机组和回/排风机都未采用

6.2 可调通风型站台门式通风空调系统方案研究

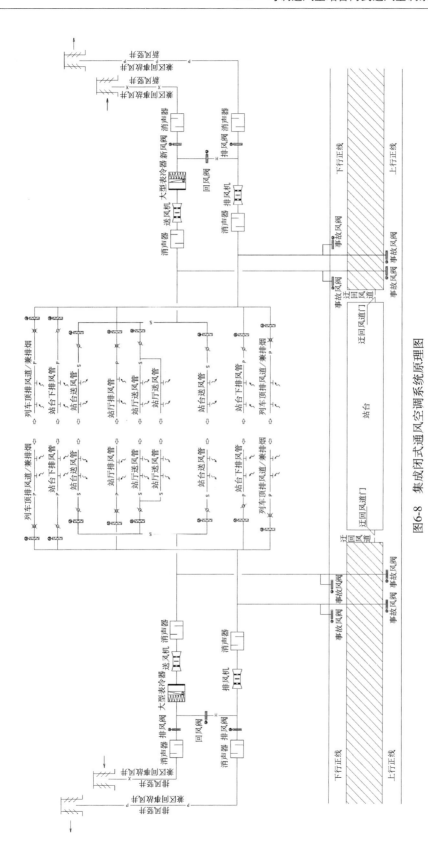

图6-8 集成闭式通风空调系统原理图

第6章 可调通风型站台门式通风空调系统

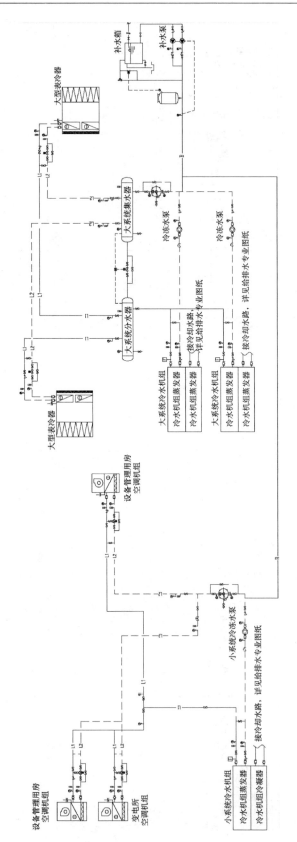

图6-9 地下车站空调水系统图（采用集成闭式通风空调系统）

变频技术，风机的风量无法随空调负荷的减少而降低，造成一定的风机能耗损失；如果给这些设备配备了变频器，风机的运行能耗会得到一定程度的降低。

地下车站公共区通风空调系统和区间隧道通风系统作为两套独立的设备系统进行配置。地下车站公共区通风空调系统需要设置新风进风道和排风道，配置组合式空调机组和回/排风机。区间隧道通风系统需要设置事故风道，配置区间隧道事故风机，同时还需要设置活塞风道；地下车站轨行区还需要设置车站轨行区排热风系统，设置排热风道和排热风机。区间隧道为开式通风，在区间隧道处应强化活塞作用，并取消闭式通风空调系统中设置于地下车站两端的迂回风道。

3. 可调通风型站台门式通风空调系统构成和运行模式

（1）可调通风型站台门式通风空调系统构成

北京地铁可研究采用的可调通风型站台门式通风空调系统的具体构成方案形式为：集成屏蔽门式通风空调系统 + 可调通风型站台门。下面对该系统的构成进行详细论述。

集成屏蔽门式通风空调系统的主要特点是：地下车站公共区通风空调系统和区间隧道通风系统的风道及通风机等设备共用。地下车站不需要设置组合式空调机组，而是利用风道内设置的可电动开启式表冷器及地下车站通风机组成空气处理系统，为地下车站提供通风与空调。地下车站的通风机、排热风机同时兼做区间隧道事故风机。

地下车站公共区通风空调系统、地下车站排热风系统的设备分别与区间隧道通风系统设备集成设置，减少平时闲置设备，降低通风空调系统的机房占用面积，土建费用可以大大减少；非空调季节将可电动开启式表冷器打开从而降低非空调季节通风设备的运行能耗；选用轴流送风机和排风机进行通风，其效率高于组合式空调机组；采用此种系统形式，在空调季节，地下车站公共区的空调负荷较小，冷却塔的容量相应减少，冷却塔的噪声也相对较低，冷却水的管径减小，冷却塔的布置灵活性增加，可以有效降低设置在地面的冷却塔的规划条件的协调难度。

集成屏蔽门式通风空调系统还可以采用单活塞风道方式，即在地下车站每端只设置一条活塞风道，通过活塞风阀同时连通上行、下行线两条区间隧道。每端的送风道内设置可电动开启式表冷器、消声器、电动组合风阀和送风机（兼做区间隧道事故风机）；每端排风道内设置1台排风机和1台排热风机（兼做区间隧道事故风机）。

本文中采用的可调通风型站台门，在北京地区的集成屏蔽门式通风空调系统中，当空调季节时，可调通风型站台门上的百叶通风窗的风阀关闭，可以转换为屏蔽门使用，此时的通风空调系统为集成屏蔽门式通风空调系统；当过渡季节或者冬季时，可调通风型站台门上的百叶通风窗的风阀开启，可以转换为安全门使用，此时的通风空调系统为集成闭式通风系统。

当转化为屏蔽门式通风空调系统使用时，此时的通风空调系统的公共区冷负荷相比采用安全门时的通风空调系统来说，要小很多，从而能够节约空调季节的运营能耗，降低运营费用；当过渡季节或冬季转换为安全门系统使用时，可以充分利用室外空气来冷却区间隧道和地下车站公共区，从而减少地下车站公共区通风空调系统的风机的开启和运行时间，降低系统在过渡季节和冬季的运行能耗。

可调通风型站台门式通风空调系统，即集成屏蔽门式通风空调系统 + 可调通风型站台门的主要优点如下：

与传统屏蔽门式通风空调系统相比，将地下车站公共区通风空调系统、地下车站排热风系统设备分别与区间隧道通风系统设备集成设置，减少平时闲置设备，降低系统的机房面积，土建费用大大减少。

与传统屏蔽门式通风空调系统相比，非空调季节将可电动开启式表冷器打开，这样可以大大降低非空调季节通风设备的运行能耗；选用轴流送风机和排风机进行通风，其效率高于组合式空调机组。

与集成闭式通风空调系统+安全门相比，夏季地下车站公共区空调负荷较小，冷却塔的容量相应减少，冷却塔的噪声降低，冷却水管径减小，冷却塔的布置灵活性增加，可降低地面设置冷却塔的规划条件的协调难度。

与集成闭式通风空调系统+安全门相比，增加了活塞风道、排热风道，地下车站规模略有加大，地面规划条件的协调难度会有所增加。

与集成屏蔽门式通风空调系统相比，过渡季节可以充分利用活塞风来冷却地下车站公共区和区间隧道，从而降低过渡季节及冬季的运行能耗，节约运行费用。

（2）可调通风型站台门式通风空调系统的运行模式

可调通风型站台门式通风空调系统运行模式包括区间隧道通风系统运行模式、地下车站通风空调系统运行模式两部分。

1）区间隧道通风运行模式

①在空调季节，通过列车行驶形成的活塞风和地下车站轨行区排热风系统的共同作用，将区间隧道中的列车行车产热排至室外。

在过渡季节和冬季，通过列车行驶产生的活塞风将区间隧道中的列车行车产热排至室外。

②事故工况分为区间隧道阻塞和区间隧道火灾两种情况。

A. 区间隧道阻塞通风运行

在空调季节：当列车因故障或前方车站未发车而必须停在区间隧道超过4min时，该区间隧道前方车站的4台区间隧道事故风机同时排风，后方车站的2台区间隧道事故风机同时送风，同时关闭这两座车站的活塞风道；如该段区间隧道内有射流风机或区间隧道中部有区间隧道事故风机，需同时开启，气流方向与列车运行方向相同。控制区间隧道内的空气温度在可接受范围内。

在过渡季节和冬季：先关闭可调通风型站台门上的百叶通风窗的风阀，然后按照空调季节的区间隧道阻塞通风运行模式来运行。

B. 区间隧道火灾事故运行

在空调季节：列车在区间隧道内发生火灾，只要起火列车运行动力允许，就要尽可能将列车行驶到前方的地下车站，若起火列车失去运行动力无法继续行驶，不得不停在区间隧道中时，需根据列车的着火部分进行处理。若是列车的一个端部着火，则列车着火端一侧的地下车站的风机均进行排烟，而另一端地下车站的风机均进行送风，乘客迎着来风方向撤离；如该段区间隧道设置有射流风机或区间隧道中部设置有事故风机，需同时开启，气流方向流向列车着火一端。若列车中部着火，距列车较近的地下车站的风机进行送风，距列车较远的地下车站的风机进行排风，乘客向较近的地下车站撤离；如该段区间隧道设置有射流风机或区间隧道中部设置有事故风机，需同时开启，气流方向流向较远地下车站一端。以上两种排烟通风运行模式中，相邻两座地下车站的活塞风道均需要予以关闭。

在过渡季节和冬季：先关闭可调通风型站台门上的风阀，然后按照空调季节区间隧道火灾事故的运行模式来运行。

2）地下车站通风空调系统运行模式

①地下车站通风空调系统正常运行工况分为空调季节最小新风运行、空调季节全新风运行和非空调季节通风运行这三种工况。

A. 空调季节最小新风运行工况

将可调通风型站台门上的百叶通风窗的风阀关闭，通风空调系统转换为屏蔽门式通风空调系统运行。

当室外空气焓值大于地下车站通风空调系统回风空气焓值时，采用最小新风空调运行，从外界为地下车站提供所需要的最小新风风量，同时一部分排风排出地下车站外，其余的大部分回风循环使用。

B. 空调季节全新风运行工况

将可调通风型站台门上的百叶通风窗的风阀关闭，通风空调系统转换为屏蔽门式通风空调系统运行。

当室外空气焓值小于或等于地下车站通风空调系统回风空气焓值，但室外空气焓值大于等于组合式空调机组或可电动开启式表冷器的出风焓值，室外空气干球温度大于通风工况的空气转换温度时，采用全新风空调运行，室外新风经处理后送至地下车站公共区，排风则全部排至地下车站之外。

C. 非空调季节通风运行工况

将可调通风型站台门上的百叶通风窗的风阀开启，通风空调系统转换为安全门式通风空调系统运行。当室外空气干球温度小于通风工况的空气转换温度（通常为15℃）时，停止冷水机组的制冷运行，采用机械通风模式，室外新风全部送至地下车站公共区，排风则全部排至地下车站之外。

②火灾运行工况

A. 地下车站内发生火灾时，立即停止地下车站的空调水系统，转换地下车站通风空调系统进入火灾模式。

当站厅层公共区发生火灾时，站厅回/排风系统进入排烟状态，同时站台送风、排风及站厅送风停止，由出入口自然补风。

当站台层公共区发生火灾时，可调通风型站台门的上部百叶通风窗的风阀开启，下部百叶通风窗的风阀关闭，转换为安全门式通风空调系统运行。站厅送风和排风以及站台送风停止，站台回/排风系统进入排烟状态，由楼梯口和区间隧道自然补风。此时，排热风机运行对站台层辅助排烟。

B. 当地下车站轨行区发生火灾时，可调通风型站台门上的百叶通风窗的风阀关闭，活塞风道关闭，排热风机对该侧轨行区进行排烟，区间隧道事故风机也同时运行，进行辅助排烟，由楼梯口和区间隧道自然补风。

C. 当有排烟要求的车站设备及管理用房发生火灾时，由该区域的排烟风机将烟气经风井排至地面，送风系统兼做补风系统；当有气体灭火要求的设备及管理用房发生火灾时，起火房间的进排风关闭，待灭火后开启排风系统排出废气（图6-10）。

第6章 可调通风型站台门式通风空调系统

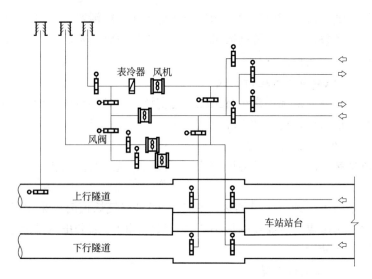

图6-10 集成屏蔽门式通风空调系统原理图

寒冷地区可调通风型站台门式通风空调系统的运行模式见表6-8所列。

可调通风型站台门式通风空调系统运行模式表（寒冷地区） 表6-8

工况	车站风机	排热风机	区间隧道风机	屏蔽门上部百叶通风窗的风阀	屏蔽门下部百叶通风窗的风阀	活塞风道
空调季节	开	开	关	关	关	开
过渡季节	开	开/关	关	开	开	开
冬季	—	关	关	开	开	关
站厅火灾	开	关	关	开	开	开
站台火灾	开	开	关	开	开	开
区间隧道火灾	—	开	开	关	关	关

4. 可调通风型站台门式通风空调系统方案与传统通风空调系统方案的功能比较

地下车站公共区通风空调系统和区间隧道通风系统需要实现以下几种功能：地下车站公共区通风空调、地下车站公共区火灾排烟通风、区间隧道通风、区间隧道阻塞通风、区间隧道火灾防排烟。

(1) 地下车站公共区通风空调功能

采用四种不同的通风空调系统方案，都可以使地下车站公共区的空气温度、湿度达到所需要的标准。采用屏蔽门式通风空调系统时，由于屏蔽门将地下车站的公共区和轨道区的空气环境分隔开，地下车站公共区处于一个相对封闭的环境内，基本消除了活塞风所带来的吹风感以及区间隧道的灰尘和异味；并且由于屏蔽门具有一定的隔声作用，地下车站公共区的噪声比闭式通风空调系统有所下降。所以，屏蔽门式通风空调系统公共区的舒适性要好于闭式通风空调系统。

(2) 地下车站公共区火灾排烟通风功能

采用四种不同的通风空调系统方案，在地下车站公共区发生火灾时，都能够有效地进行火灾排烟通风,对于安全门式通风空调系统及可调通风型站台门式通风空调系统而言,更容易满足地下车站的站厅和站台间楼梯口部在火灾时需达到的 1.5m/s 风速的要求。

(3) 区间隧道通风功能

采用四种不同的通风空调系统方案,正常工况下区间隧道内的空气环境都能达到设计标准的温度、湿度要求。采用闭式通风空调系统时,区间隧道与地下车站公共区的空气环境是连通的。在空调季节,通过列车的活塞作用把地下车站公共区的一部分冷空气携带到区间隧道,以冷却区间隧道。采用屏蔽门式通风空调系统时,区间隧道与地下车站公共区的空气环境是隔离的。在空调季节,通过列车的活塞作用,从活塞风道引入室外新风以冷却区间隧道。空调季节室外新风的温度远高于地下车站公共区的空气温度,对区间隧道的冷却作用有限。所以,采用闭式通风空调系统时,与采用屏蔽门式通风空调系统时相比,一般情况下,区间隧道内的空气温度要低 5℃ 左右,这对于列车空调的运行效率会产生一定的影响,具体的数值将在后面"运行耗电费用比较"一节中进行分析。由于设置了区间隧道活塞风道,屏蔽门式通风空调系统的区间隧道内的人员新风量更容易满足要求。

(4) 区间隧道阻塞通风功能

采用四种不同的通风空调系统方案,在区间隧道阻塞时都能够对列车阻塞部位进行有效的通风。采用集成式通风空调系统时,由于兼做区间隧道事故风道的送风道内设有可电动开启式表冷器,所以可以在阻塞通风时向区间隧道内送入冷风,更容易实现对阻塞区间的空气温度控制。但是,采用屏蔽门式通风空调系统更容易实现区间隧道阻塞通风时的风速要求。

(5) 区间隧道火灾防排烟功能

采用四种不同的通风空调系统方案,在区间隧道发生火灾时,都能够有效地进行火灾排烟通风。但是,采用屏蔽门式通风空调系统更容易实现区间隧道火灾运行时的风速要求。

(6) 系统功能比较结论

通过以上比较,可以得到表 6-9 所列的结论分析。

系统功能比较表　　　　　　　　　　　表 6-9

系统功能	可调通风型站台门式通风空调系统	集成闭式通风空调系统+安全门	传统屏蔽门式通风空调系统+变频器	集成屏蔽门式通风空调系统
地下车站公共区通风空调功能	好	满足	好	好
地下车站公共区火灾排烟功能	好	好	满足	满足
区间隧道通风功能	好	满足	好	好
区间隧道阻塞通风功能	好	满足	好	好
区间隧道火灾防排烟功能	好	满足	好	好

注:可调通风型站台门式通风空调系统即集成屏蔽门式通风空调系统+可调通风型站台门式通风空调系统。

5. 可调通风型站台门式通风空调系统方案与传统通风空调系统方案的运行能耗比较

对这两种通风空调系统的运行能耗按照远期通风空调负荷进行比较，仅比较区间隧道和地下车站公共区的通风空调运行耗电。

（1）集成闭式通风空调系统+安全门的运行耗电费用

北京地铁空调季节约有4个月（6~9月，122天），按照每天运行18h计算。采用集成闭式通风空调系统，其标准站的排风机总功率约75kW；送风机总功率约75kW；制冷系统耗电功率可按190kW计算。由于送风机、排风机配有变频器，空调季节一般全天约有6h以最大风量运行，有12h以一半风量运行。以一半风量运行时排风机功率约为15kW，送风机功率约为15kW（表6-10）。

集成闭式通风空调系统运行耗电分析表　　　　表6-10

季节天数、总计	设备名称	功率（kW）	台数	开启时间（h）	耗电（kW·h）	备注
夏季122天，6~9月	送风机	75	2	732	109800	1. 风机变频按风量60%计算； 2. 全日平均负荷按高峰时的70%计算方法； 3. 空调季节按高峰时的70%计算方法； 4. 每天运营18h； 5. 空调季节与过渡季节有6h以最大风量运行，有12h以一半风量运行； 6. 过渡季节将表冷器打开
		15	2	1464	43920	
	排风机	75	2	732	109800	
		15	2	1464	43920	
	冷水机组	133	2	2196	584136	
	冷冻水泵	22	2	2196	96624	
	冷却水泵	30	2	2196	131760	
	冷却塔	15	2	2196	65580	
	小计				1141920	
过渡季节153天，3~5月、10~11月	送风机	65	2	918	119340	
		15	2	1836	55080	
	排风机	65	2	918	119340	
		15	2	1836	55080	
	小计				348840	
冬季90天，12月~次年2月	小计				0	
总耗电量	合计				1490760	
年耗电费用（万元）					93.92	

（2）传统屏蔽门式通风空调系统+变频器的运行耗电费用

采用传统屏蔽门式通风空调系统+变频器，其标准站的回/排风机、组合式空调机组、制冷系统设备的最大功率与传统闭式通风空调系统相同。由于回/排风机和组合式空调机组配有变频器，空调季节运行时可以根据负荷变化调整风量，一般全天约有6h以最大风量运行，有12h以70%风量运行。以70%风量运行时回排风机功率约为15kW，组合式空调机组约为15kW（表6-11）。

6.2 可调通风型站台门式通风空调系统方案研究

传统屏蔽门式通风空调系统运行耗电分析表　　表6-11

季节天数、总计	设备名称	功率(kW)	台数	开启时间(h)	耗电(kW·h)	备注
夏季122天，6～9月	空调机组	45	2	732	65880	1. 风机变频按风量60%计算； 2. 全日平均负荷按高峰时的70%计算方法； 3. 空调季节按高峰时的70%计算方法； 4. 每天运营18h； 5. 空调季节与过渡季节有6h以最大风量运行，有12h以70%风量运行
		15	2	1464	43920	
	回/排风机	45	2	732	65880	
		15	2	1464	43920	
	排热风机	65	2	732	95160	
		10	2	1464	29280	
	冷水机组	90	2	2196	395280	
	冷冻水泵	15	2	2196	65880	
	冷却水泵	17	2	2196	74664	
	冷却塔	10	2	2196	43920	
	小计				923784	
过渡季节153天，3～5月、10～11月	送风机	45	2	918	82620	
		15	2	1836	55080	
	排风机	45	2	918	82620	
		15	2	1836	55080	
	排热风机	65	2	1836	238680	
		10	2	918	18360	
	小计				532440	
冬季90天，12月～次年2月	送风机	15	2	1620	48600	
	排风机	15	2	1620	48600	
	排热风机	10	2	1620	32400	
	小计				129600	
总耗电量	合计				1585824	
年耗电费用（万元）					99.91	

（3）集成屏蔽门式通风空调系统运行耗电费用见表6-12所列。

集成屏蔽门式通风空调系统运行耗电分析表　　表6-12

季节天数、总计	设备名称	功率(kW)	台数	开启时间(h)	耗电(kW·h)	备注
夏季122天，6～9月	送风机	35	2	732	51240	
		12	2	1464	35136	
	排风机	35	2	732	51240	
		12	2	1464	35136	

续表

季节天数、总计	设备名称	功率(kW)	台数	开启时间(h)	耗电(kW·h)	备注
夏季122天，6~9月	排热风机	65	2	732	95160	1. 风机变频按风量60%计算； 2. 全日平均负荷按高峰时的70%计算方法； 3. 空调季节按高峰时的70%计算方法； 4. 每天运营18h； 5. 空调季节与过渡季节有6h以最大风量运行，有12h以一半风量运行； 6. 过渡季节将表冷器打开
		10	2	1464	29280	
	冷水机组	90	2	2196	395280	
	冷冻水泵	15	2	2196	65880	
	冷却水泵	17	2	2196	74664	
	冷却塔	10	2	2196	43920	
	小计				876936	
过渡季节153天，3~5月、10~11月	送风机	35	2	918	64260	
		12	2	1836	44064	
	排风机	35	2	918	64260	
		12	2	1836	44064	
	排热风机	65	2	918	119340	
		10	2	1836	36720	
	小计				372708	
冬季90天，12月~次年2月	送风机	12	2	1620	38880	
	排风机	12	2	1620	38880	
	排热风机	10	2	1620	32400	
	小计				110160	
总耗电量	合计				1359804	
年耗电费用（万元）					85.67	

（4）可调通风型站台门式通风空调系统：即集成屏蔽门式通风空调系统＋可调通风型站台门式通风空调系统的运行耗电费用见表6-13所列。

集成屏蔽门式通风空调系统＋可调通风型站台门式通风空调系统的运行耗电分析表

表6-13

季节天数、总计	设备名称	功率(kW)	台数	开启时间(h)	耗电(kW·h)	备注
夏季122天，6~9月	送风机	35	2	732	51240	
		12	2	1464	35136	
	排风机	35	2	732	51240	
		12	2	1464	35136	
	排热风机	65	2	732	95160	
		10	2	1464	29280	
	冷水机组	90	2	2196	395280	

6.2 可调通风型站台门式通风空调系统方案研究

续表

季节天数与总计	设备名称	功率（kW）	台数	开启时间（h）	耗电（kW·h）	备注
夏季122天，6~9月	冷冻水泵	15	2	2196	65880	
	冷却水泵	17	2	2196	74664	
	冷却塔	10	2	2196	43920	
	小计				876936	1. 风机变频按风量60%计算； 2. 全日平均负荷按高峰时的70%计算方法； 3. 空调季按70%计算方法； 4. 每天运营18h； 5. 空调季有6h以最大风量运行，有12h以一半风量运行； 6. 过渡季将表冷器打开
过渡季节153天，3~5月、10~11月	送风机	35	2	918	64260	
		12	2	1836	44064	
	排风机	35	2	918	64260	
		12	2	1836	44064	
	排热风机	65	2	612	79560	
	小计				296208	
冬季90天，12月~次年2月						
总耗电量	合计				1173144	
年耗电费用（万元）					73.91	

（5）运行耗电费用比较结论

通过以上比较，可以得到表6-14所列的结论分析，其中电费按0.63元/kW·h计算。

通风空调系统运行耗电比较表 表6-14

耗电比较	可调通风型站台门式通风空调系统	集成闭式通风空调系统＋安全门	传统屏蔽门式通风空调系统＋变频器	集成屏蔽门式通风空调系统
车站年耗电量（kW·h）	1173144	1490760	1585824	1359804
年耗电费用（万元）	73.91	93.92	99.91	85.67

6. 可调通风型站台门式通风空调系统与开式通风系统的功能比较

地下车站公共区通风系统和区间隧道通风系统需要实现以下几种功能：地下车站公共区通风、地下车站公共区火灾排烟、区间隧道通风、区间隧道阻塞通风、区间隧道火灾防排烟。

（1）地下车站公共区通风功能

采用开式通风系统方案，可以使车站公共区的空气温度、湿度达到所需要的标准。采用屏蔽门式通风空调系统时，由于屏蔽门将地下车站公共区和轨道区的空气环境分隔开，地下车站公共区处于一个相对封闭的环境内，除了严冬季节有升温效果外，还可以消除活塞风带来的吹风感以及区间隧道的灰尘和异味；并且由于屏蔽门具有一定的隔声作用，地下车站公共区的噪声比闭式通风空调系统有所下降。所以，采用可调通风型站台门式通风空调系统时，地下车站公共区的舒适性要好于开式通风系统。

（2）地下车站公共区火灾排烟功能

地下车站公共区发生火灾时，两者都能够有效地进行火灾排烟通风，相互之间没有优劣之分。

（3）区间隧道通风功能

采用开式通风系统，正常工况下区间隧道内的空气环境都能达到设计标准的空气温度、湿度要求。采用可调通风型站台门式通风空调系统时，当启用屏蔽门式通风空调系统运行模式时，隔绝了区间隧道与外界的通风换气，只能通过活塞风道或者新风机向区间隧道送风以满足区间隧道的新风要求。故采用屏蔽门式通风空调系统时，区间隧道的通风会受到一定影响，但在冬季运行时，却可以较容易地保证区间隧道内的空气温度。

（4）区间隧道阻塞通风功能

可调通风型站台门转换成屏蔽门后，隔断了区间隧道与外界的空气流通通路，这样有利于保证区间隧道的阻塞通风效果。

（5）区间隧道火灾防排烟功能

可调通风型站台门转换成屏蔽门后，隔断了区间隧道与外界的空气流通通路，这样有利于保证区间隧道的排烟效果。

（6）系统功能比较结论

通过以上比较，可以得到表6-15所列的结论分析。

系统功能比较表　　　　　表6-15

实现功能	可调通风型站台门式通风空调系统	安全门式通风空调系统
车站公共区通风功能	好	满足
车站公共区火灾、排烟功能	满足	满足
区间通风功能	满足	满足
区间阻塞、通风功能	好	满足
区间隧道火灾、防排烟功能	好	满足

6.3　可调通风型站台门式通风空调系统的气流及热环境模拟分析

对可调通风型站台门式通风空调系统的气流进行模拟分析，通过三维模拟，得到可调通风型站台门式通风空调系统的空气温度场及速度场，从而验证此种城市轨道交通新型通风空调系统能够满足地下车站公共区内部空气环境的热舒适性要求。通过STESS一维模拟，对夏热冬冷地区、寒冷地区的可调通风型站台门式通风空调系统进行分析，从而论证该新型系统的节能性分析。

6.3.1　CFD模拟计算研究

1. 研究对象

通过CFD（Computational Fluid Dynamics，计算流体力学）模拟计算方法，更准确、形象地研究不同的车站通风空调系统形式下的气流组织，对比各种系统方案的舒适性；通过对屏蔽门百叶通风窗的数值模拟，得出阻力系数，为网络法模拟提供依据。

2. 计算工具介绍

随着计算机技术的日益发展，计算流体力学也得到了长足进步，已经成为城市轨道交通通风空调设计和研究的重要工具，可以对城市轨道交通工程具体部位的空气速度场、温度场、浓度场等给出形象的描述。STAR-CD 软件是成熟的商用 CFD 软件之一，采用基于完全非结构化网格和有限体积方法的核心解算器，具有丰富的物理模型、最少的内存占用、良好的稳定性、易用性、收敛性和众多的二次开发接口。本研究采用该软件的版本为 STAR-CD v3.2。

3. 数学模型

采用被广泛使用的标准 $k\text{-}\varepsilon$ 两方程湍流模型进行求解。速度-压力耦合采用 SIMPLE 算法，STAR-CD 软件自身采用有限体积法（Finite Volume Method，FVM）推导离散方程。

（1）数值求解过程

数值解法是一种离散近似解法，它所能获得的解不像分析解那样，是被研究区域中未知量的连续函数，而只是某些代表性的点（称为节点）上的近似值。在传热学中所应用的数值计算方法很多，大多数方法的基本思想可以归结为：把原来在时间、空间坐标中连续的物理量的场（如速度场、温度场、浓度场等），用有限个离散点上的值的集合来代替，按一定方式建立起关于这些值的代数方程并求解，以获得物理量场的近似解。一个传热问题数值求解的总体步骤如图 6-11 所示。

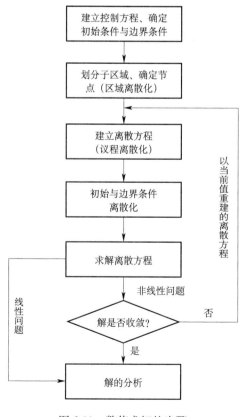

图 6-11 数值求解的步骤

(2) 湍流模型

湍流是一种高度复杂的非稳态三维流动,在湍流中流体的各种物理参数,如速度、压力等都随时间发生随机的变化。从物理结构上说,可以把湍流看成是由各种不同尺度的涡旋叠加而成的流动。这些涡旋的大小及旋转轴的方向分布是随机的。大尺度的涡旋主要由流动的边界条件所决定,其尺寸可以与流场的大小相比拟,是引起低频脉动的原因;小尺度的涡旋主要是由黏性力所决定,其尺寸可能只有流场尺度千分之一的量级,是引起高频脉动的原因。大尺度的涡旋破裂后形成小尺度的涡旋。较小尺度的涡旋破裂后形成更小尺度的涡旋。因而在充分发展的湍流区域内,流体涡旋的尺寸可在相当宽的范围内连续地变化。大尺度的涡旋不断地从主流获得能量,通过涡旋间的相互作用,能量逐渐向小尺寸的涡旋传递。最后由于流体黏性的作用,小尺度涡旋不断消失,机械能就转化(或称耗散)为流体的热能。同时,由于边界的作用、扰动及速度梯度的作用,新的涡旋又不断产生,这就构成了湍流运动。这样,由于流体内不同尺度涡旋的随机运动造成了湍流的一个重要特点——物理量的脉动。无论湍流运动多么复杂,非稳态的 Navier-Stokes 方程对于湍流的瞬时运动仍然是适用的。

(3) 控制方程

描述空气运动过程的控制方程包括连续方程、动量方程、能量方程、湍能方程、湍能耗散率方程。上述方程均满足如下形式的通用方程:

$$\frac{\partial}{\partial t}(\rho\phi) + \mathrm{div}(\rho\vec{u}\phi) = \mathrm{div}(\Gamma\mathrm{grad}\phi) + S \tag{6-1}$$

式中 ϕ——通用因变量,代表 $(u, v, w, T, k, \varepsilon, l)$;

$\vec{u}$——速度矢量;

ρ——密度;

Γ——扩散系数;

S——源项。

以式 (6-1) 为基础,采用控制容积法进行离散,ϕ 考虑标量的稳态传输守恒方程,在给定的网格上,方程 (6-1) 经过离散后可以写成如下的通用形式:

$$a_p\phi = \sum_{nb} a_{nb}\phi_{nb} + b \tag{6-2}$$

式中 nb——相邻的网格;

a_p、a_{nb}——ϕ 和 ϕ_{nb} 的系数;

b——源项。

模拟计算时用变量的分布假设、收敛原则、松弛因子的确定汇总于表 6-16 中。

通风方案 CFD 模拟相关设置　　表 6-16

湍流模型	变量	压力	动量	k	ε
标准 $k-\varepsilon$ 双方程模型	离散格式	Body Force Weighted	二阶迎风格式	二阶迎风格式	二阶迎风格式
收敛准则	欠松弛系数	0.3~1.0			
流动:0.001	求解格式	压力 AMG	动量 AMG	k AMG	ε AMG
	循环类型	V 类型	Flex 类型	Flex 类型	Flex 类型

4. 模拟计算结果

（1）闭式通风空调系统（无安全门）气流组织模拟

对闭式通风空调系统（无安全门）站台气流组织的影响进行模拟计算，模拟结果如图 6-12～图 6-16 所示。

从计算结果上看，闭式通风空调系统（无安全门）站台层排风口均设在车行道一侧顶部和下部，送风口设置在站台一侧的顶部，站台与区间隧道之间没有任何阻挡，没有列车时，气流较为均匀；列车进出站时，站台风速较大，但不会形成气流死区，区间隧道活塞风与站台空气交换量大。

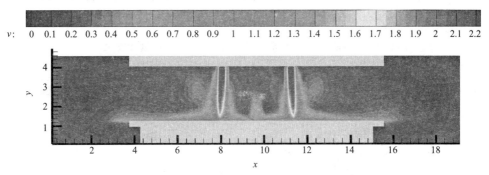

图 6-12　没有列车进站时站台层速度等高云图（无安全门）

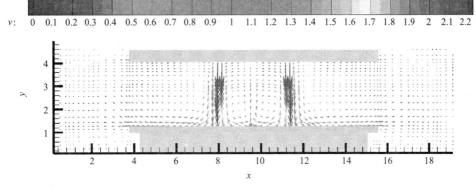

图 6-13　没有列车进站时站台层速度矢量图（无安全门）

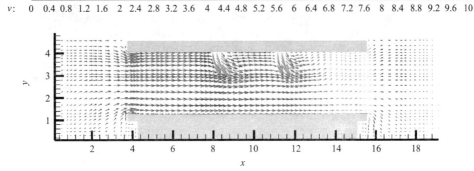

图 6-14　一侧列车进站时站台进站端断面速度矢量图（无安全门）

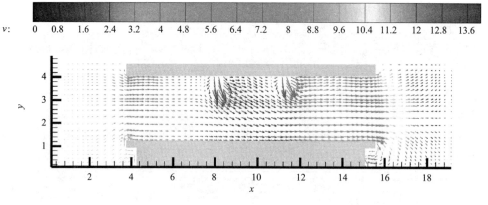

图 6-15　一侧列车进站时站台中部断面速度矢量图（无安全门）

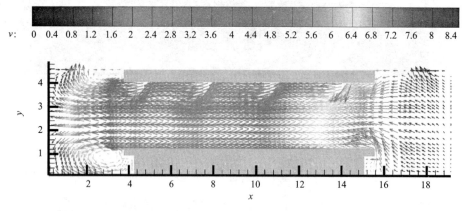

图 6-16　一侧列车进站时站台出站端断面速度矢量图（无安全门）

（2）闭式通风空调系统（设置全高安全门）气流组织模拟

对闭式通风空调系统（设置全高安全门）站台气流组织的影响进行模拟计算，模拟结果如图 6-17～图 6-27 所示。

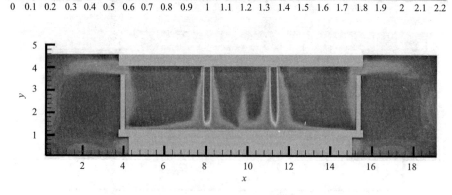

图 6-17　没有列车进站时站台层速度等高云图（设置全高安全门）

6.3 可调通风型站台门式通风空调系统的气流及热环境模拟分析

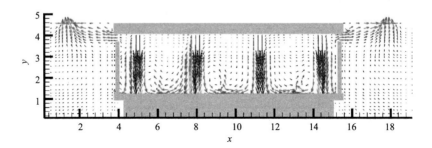

图 6-18 没有列车进站时站台层速度矢量图（设置全高安全门）

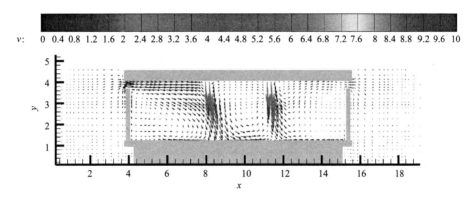

图 6-19 一侧列车进站时站台进站端断面速度矢量图（设置全高安全门）

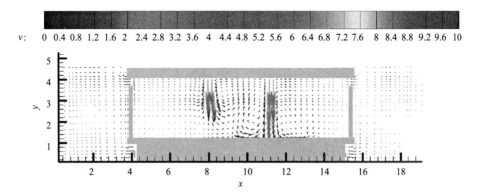

图 6-20 一侧列车进站时站台中部断面速度矢量图（设置全高安全门）

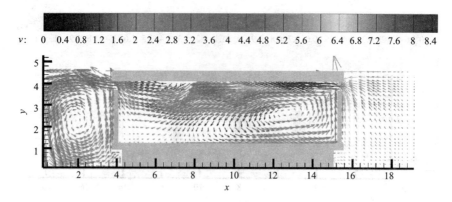

图 6-21　一侧列车进站时站台出站端断面速度矢量图（设置全高安全门）

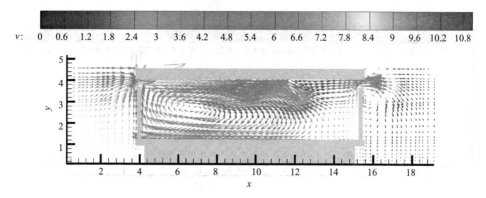

图 6-22　两侧列车进站时站台北端断面速度矢量图（设置全高安全门）

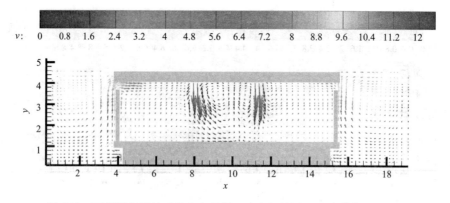

图 6-23　两侧列车进站时站台中部断面速度矢量图（设置全高安全门）

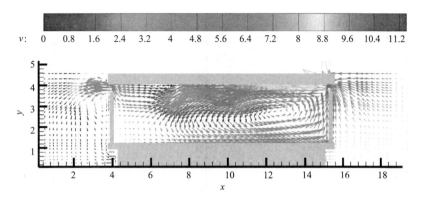

图 6-24 两侧列车进站时站台南端断面速度矢量图（设置全高安全门）

从计算结果上看，闭式通风空调系统（设置全高安全门）站台层排风口均设在车行道一侧的顶部和下部，送风口设置在站台一侧的顶部，在没有列车时，气流较为均匀；在有列车进站时，气流组织被打乱，安全门下部的乘客区域形成气流死区，对站台层乘客的舒适度有一定影响，区间隧道活塞风与站台空气的交换量较小。

（3）闭式通风空调系统（设置全高安全门下部开百叶）气流组织模拟

对闭式通风空调系统（设置全高安全门下部开百叶）站台气流组织的影响进行模拟计算，模拟结果如图 6-28～图 6-30 所示。

从计算结果上看，闭式通风空调系统（设置全高安全门下部开百叶）站台层排风口均设在车行道一侧的顶部和下部，送风口设置在站台一侧的顶部，在没有列车时，气流较为均匀；在有列车进站时，气流组织被打乱，由于安全门下部有百叶，乘客区域不易形成气流死区，区间隧道活塞风与站台空气的交换量较大。

（4）可调通风型站台门式通风空调系统开式运行时气流组织模拟

对可调通风型站台门式通风空调系统开式运行时站台气流组织的影响进行模拟计算，模拟结果如图 6-31～图 6-36 所示。

从计算结果上看，可调通风型站台门式通风空调系统开式运行时，在没有列车时，气流较均匀；在有列车进站时，气流组织被打乱，由于可调通风型站台门的上、下部均有百叶，乘客区域不易形成气流死区，区间隧道活塞风与站台空气的交换量较大。

（5）可调通风型站台门式通风空调系统开式运行时百叶阻力系数计算

对可调通风型站台门式通风空调系统开式运行时的百叶阻力系数进行计算，百叶的阻力系数计算公式如下：

$$\Delta p_j = \zeta \frac{v^2 \rho}{2} \qquad (6-3)$$

式中 ζ——局部阻力系数（Local Drag Coefficient）；

v——与 ζ 对应的断面平均流速。

根据模拟计算结果，百叶的阻力系数对应百叶处流速为 28.1；由于网络法软件模型中一般将安全门（屏蔽门）的阻力加在出入口处，因此将百叶阻力系数折算到出入口断面，结果为 4.9。

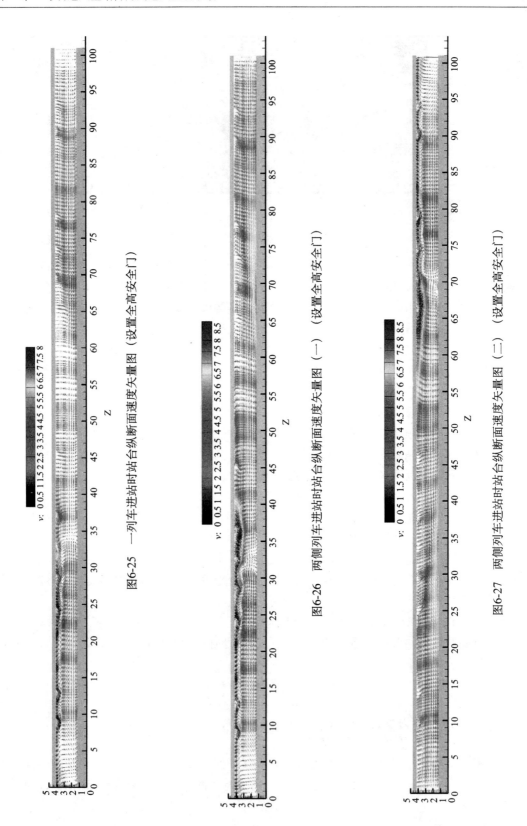

图6-25 一列车进站时站台纵断面速度矢量图（设置全高安全门）

图6-26 两侧列车进站时站台纵断面速度矢量图（一）（设置全高安全门）

图6-27 两侧列车进站时站台纵断面速度矢量图（二）（设置全高安全门）

6.3 可调通风型站台门式通风空调系统的气流及热环境模拟分析

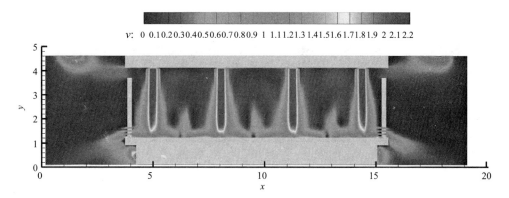

图 6-28 没有列车进站时站台层速度等高云图（设置全高安全门下部开百叶）

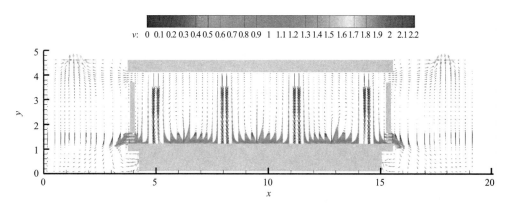

图 6-29 没有列车进站时站台层速度矢量图（设置全高安全门下部开百叶）

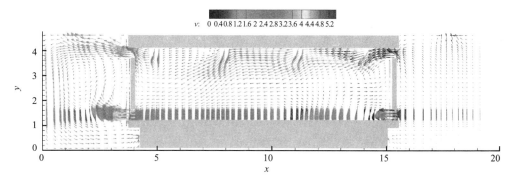

图 6-30 一侧列车进站时站台断面速度矢量图（设置全高安全门下部开百叶）

第6章 可调通风型站台门式通风空调系统

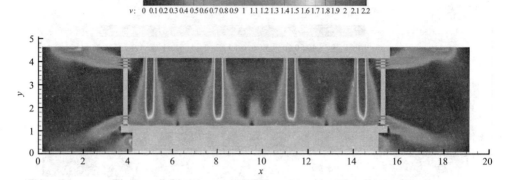

图6-31 没有列车进站时站台层速度等高云图（设置新型屏蔽门）

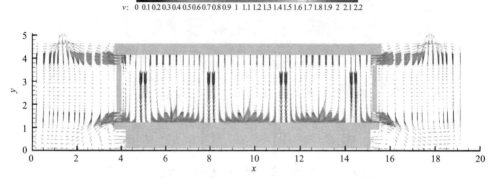

图6-32 没有列车进站时站台层速度矢量图（设置新型屏蔽门）

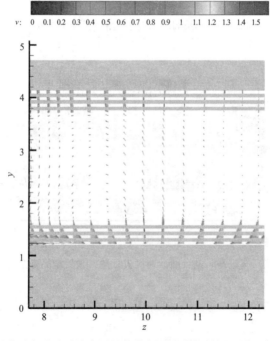

图6-33 没有列车进站时站台层局部纵断面速度矢量图（设置新型屏蔽门）

6.3 可调通风型站台门式通风空调系统的气流及热环境模拟分析

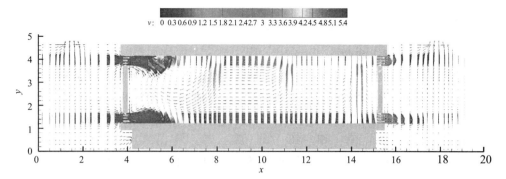

图 6-34　一侧列车进站时站台断面速度矢量图（设置新型屏蔽门）

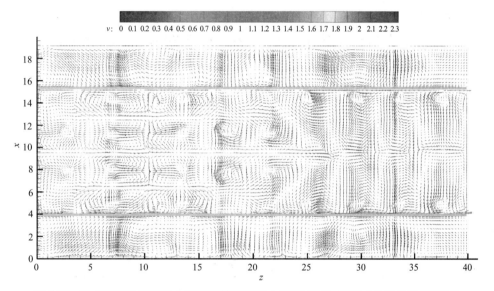

图 6-35　没有列车进站时站台层局部俯视平面人行区速度矢量图（设置新型屏蔽门）

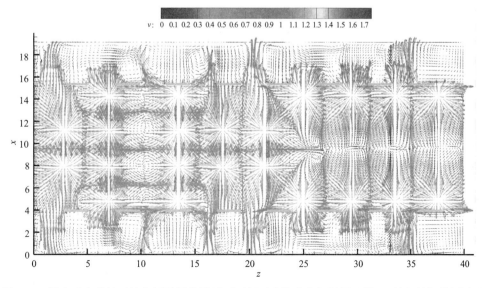

图 6-36　没有列车进站时站台层局部俯视平面下部百叶处速度矢量图（设置可调通风型站台门）

6.3.2 STESS模拟计算研究

1. 一维模型主要输入参数

根据模拟的需要,建立一条模拟线路,包含5座地下车站及6个区间隧道,其中车站为地下双层岛式车站,区间隧道为圆形盾构断面。模拟线路的区间隧道参数见表6-17所列,车站参数见表6-18所列,行车参数见表6-19所列,逐时客流密度系数见表6-20所列。

模拟线路运营划分为3个年段,初期为2016~2022年,近期为2023~2037年,远期为2038年以后。

车辆技术指标如下:
(1)运行的最高时速80km/h,平均运行速度不小于35km/h。
(2)额定载客量情况下,列车速度从启动加速到40km/h,启动平均加速度不小于0.83m/s^2;列车速度从启动加速到80km/h,启动平均加速度不小于0.5m/s^2;
(3)额定载客量情况下,列车从最高运行速度到停车,常用制动不小于0.94m/s^2;紧急制动不小于1.2m/s^2。
(4)列车尺寸:长×宽×高=19.5×2.8×3.7(m)。
(5)列车重量:动车自重约38t,拖车自重约35t。
(6)列车载客:1440人/列。
(7)车辆编组:初期、近期与远期均按3动3拖编组。

乘客体重按照60kg计,在车站内停留时间按4min考虑。地下车站与区间隧道壁面散湿量按1~2g/m^2计。

区间隧道参数　　　　　　　　　　　　　　　　　表6-17

区间隧道	区间隧道长度(m)	运行时间(s)	备注
入地面起点~模拟站1	480	45	
模拟站1~模拟站2	740	62	
模拟站2~模拟站3	740	62	含单渡线
模拟站3~模拟站4	950	79	
模拟站4~模拟站5	1020	85	
模拟站5~出地面终点	480	45	

车站参数　　　　　　　　　　　　　　　　　表6-18

车站	车站长度(m)	停站时间(s)	设备发热量(kW)	远期高峰客流(人/h)
模拟站1	120	30	160	8000
模拟站2	120	30	160	8000
模拟站3	120	30	160	8000
模拟站4	120	30	160	8000
模拟站5	120	30	160	8000

6.3 可调通风型站台门式通风空调系统的气流及热环境模拟分析

行车参数　　　　　　　　　　　　　　　　　　　　　　　　　　表6-19

时刻	发车密度（对/h）		
	初期2016年	近期2023年	远期2038年
5:00~6:00	6	6	8
6:00~7:00	8	10	12
7:00~8:00	12	18	30
8:00~9:00	10	16	20
9:00~10:00	8	10	12
10:00~11:00	8	10	12
11:00~12:00	8	10	12
12:00~13:00	8	10	12
13:00~14:00	8	10	12
14:00~15:00	8	10	12
15:00~16:00	8	10	12
16:00~17:00	8	10	12
17:00~18:00	12	16	25
18:00~19:00	10	12	20
19:00~20:00	8	10	12
20:00~21:00	8	10	12
21:00~22:00	8	8	10
22:00~23:00	6	8	8
小计	152	194	253

逐时客流密度系数　　　　　　　　　　　　　　　　　　　　　　表6-20

时间	1	2	3	4	5	6	7	8	9	10	11	12
客流系数	0.00	0.00	0.00	0.00	0.00	0.18	0.70	1.00	0.65	0.31	0.31	0.31
时间	13	14	15	16	17	18	19	20	21	22	23	0
客流系数	0.31	0.39	0.34	0.36	0.65	0.80	0.5	0.27	0.24	0.25	0.10	0.00

2. 一维模型通风模式

模拟线路通风空调系统形式包括两种形式——屏蔽门式通风空调系统与安全门式通风空调系统。图6-37为屏蔽门式通风空调系统模拟线路模型，图6-38为安全门式通风空调系统模拟线路模型。

屏蔽门式通风空调系统线路模型中，上行、下行区间隧道之间没有其余支路相连，相对独立。上行、下行区间隧道分别以棕色支路表示区间隧道，以两段绿色支路表示站台屏蔽门外侧的轨行区，在轨行区的中部设置排热风机一台，风量按40m³/s设置。在地下车站上行、下行分别对应的进站端与出站端各设置1条活塞风井，共4条活塞风井。

安全门式通风空调系统线路模型中，因地下车站不设屏蔽门，则车站轨行区与站台公共区相连，可看做一个整体的空间，因而安全门式通风空调系统的地下车站以两段绿色支路表示整体站台部分（含车站轨行区），所对应的上行、下行区间隧道支路分别与地下车站支路链接。地下车站支路中部设置一条支路表示出入口，直接与外界相连。地下车站的支路两端设置机械风机，风量按照地下车站通风空调系统配置容量设置。安全门式通风空调系统线路模型的4条活塞风井设置情况与屏蔽门式通风空调系统线路的模型相同。

根据安全门式通风空调系统形式地下车站的特点，同时根据设置安全门的地下车站的站台气流组织的三维计算流体力学（CFD）计算，可以获得安全门设置后的局部阻力系数ζ。该局部阻力系数ζ反映于安全门模型中，体现于地下车站与外界相连的出入口支路的阻力增加，即站台安全门的存在，增大了区间隧道内列车活塞风经由地下车站流出室外或由室外经由地下车站流入区间隧道的气流阻力。

当此局部阻力系数$\zeta=0$时，即表示地下车站不设置安全门，地下车站采用的通风空调系统形式为普通的闭式通风空调系统形式；在极限情况下，当此局部阻力系数$\zeta=+\infty$时，即表示地下车站安全门阻力无穷大，则地下车站应为设置屏蔽门的车站；当此局部阻力系数$\zeta=n$时，即表示地下车站形式为设置一般的安全门，n与安全门高度、百叶通风窗开启形式等有关。

本文中，可调通风型站台门式通风空调系统在转化为安全门系统形式后，在门体上部的百叶通风窗与门体下部的百叶通风窗均开启的情况下，其局部阻力系数取值为$\zeta=4.9$。这一局部阻力系数将应用于模拟线路的安全门系统形式的车站模型中。当门体仅开启上部百叶通风窗，关闭下部百叶通风窗的工况下，其局部阻力系数取值为$\zeta=6.2$。

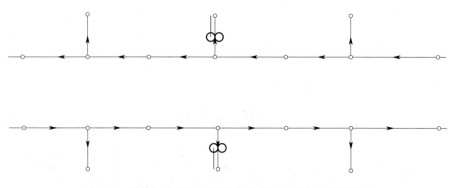

图 6-37　屏蔽门式通风空调系统形式的地下车站线路模型

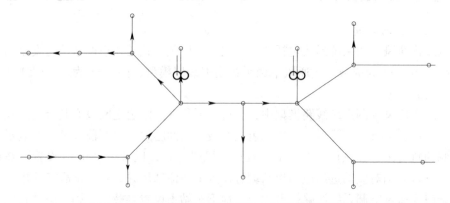

图 6-38　安全门式通风空调系统形式的地下车站线路模型

模拟线路通风空调系统的运行模式主要有以下两种：

（1）闭式运行——地下车站机械风机停止运行，仅依靠列车运行产生的活塞风效对地下车站或区间隧道进行通风换气。屏蔽门式通风空调系统的闭式运行模式如图 6-39 所示，安全门式通风空调系统的闭式运行模式如图 6-40 所示。

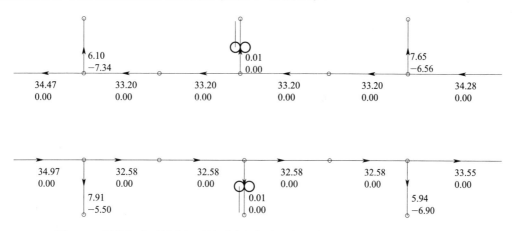

图 6-39 屏蔽门式通风空调系统形式的闭式运行模式（区间隧道排热风机停止）

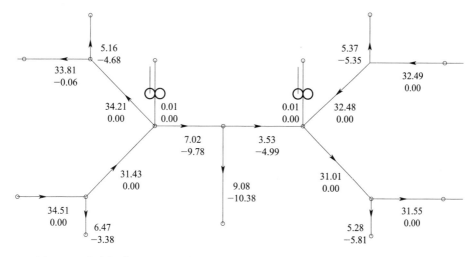

图 6-40 安全门式通风空调系统形式的闭式运行模式（地下车站机械风机停止）

（2）机械通风——车站机械风机开启，依靠机械通风对地下车站或区间隧道进行通风换气。屏蔽门式通风空调系统的机械通风运行模式（排热风机运行）如图 6-41 所示，安全门式通风空调系统的机械通风模式（地下车站送风机或排风机运行）如图 6-42、图 6-43 所示。

3. 一维模型通风模拟结果与分析

当采用机械通风模式时，由于机械风机的运行，地下车站及区间隧道与外界的气流交换的主要动力来源于机械风机。此时，屏蔽门式通风空调系统形式的地下车站，车站轨行区设置轨道顶部及站台板下部排风，活塞风井以进风为主，略有少量出风，此时活塞风井的总进风量基本上与排热风机的排风量相当。由于地下车站公共区与轨行区之间由屏蔽门隔断，除通过屏蔽门的少量漏风外，地下车站公共区基本不与区间隧道以及室外进行显著

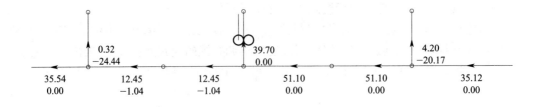
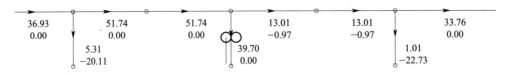

图 6-41 屏蔽门式通风空调系统形式的机械通风运行模式（区间隧道排热风机开启）

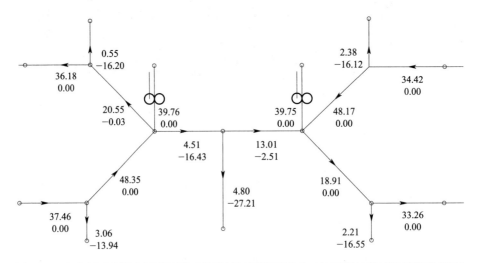

图 6-42 安全门式通风空调系统形式的机械通风运行模式（地下车站机械风机开启排风）

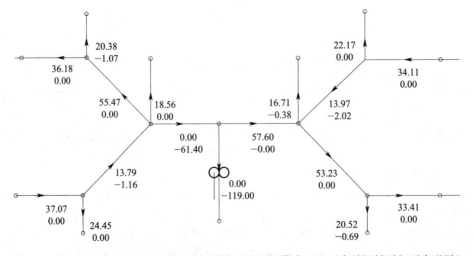

图 6-43 安全门式通风空调系统形式的机械通风运行模式（地下车站机械风机开启送风）

的气流交换。

安全门式通风空调系统形式的机械通风模式，可开启地下车站送风机或排风机。若地下车站采用"单排"模式，只开启排风机时，地下车站出入口与活塞风井均以进风为主，略有少量出风，此时车站出入口与活塞风井的总进风量基本与车站排风机的排风量相当。反之，当地下车站采用"单送"模式，只开启送风机时，车站出入口与活塞风井均以出风为主，略有少量出风，此时车站出入口与活塞风井的总出风量基本与车站送风机的送风量相当。

当采用闭式运行模式时，由于机械风机关闭，地下车站及区间隧道与外界的气流交换的动力只来源于列车往复运行产生的活塞效应。由于安全门式通风空调系统形式的地下车站较之屏蔽门式通风空调系统形式的地下车站，除同时具有四条活塞风井外，还可以通过车站出入口与外界进行气流交换，因此，两种不同系统形式的车站在闭式运行模式下的进出风量产生了差别。

表6-21~表6-25是在不同发车密度情况下，分别选取屏蔽门式通风空调系统形式模型与安全门式通风空调系统形式模型的模拟线路中间的三座模拟车站（模拟站2、3、4），分别统计车站及区间隧道与外界进行气流交换的风量小时平均值数据。

发车密度为8对/h的两种通风空调系统形式车站进出风量统计表　　表6-21

车站	8对/h					
	屏蔽门		安全门			
	活塞风井进风量 (m³/s)	活塞风井出风量 (m³/s)	活塞风井进风量 (m³/s)	活塞风井出风量 (m³/s)	出入口进风量 (m³/s)	出入口出风量 (m³/s)
模拟站2	19.8	23.4	15.9	19.1	8.0	7.9
模拟站3	25.0	18.4	18.0	15.4	9.3	5.8
模拟站4	22.7	23.6	17.4	19.0	8.6	8.1
平均值	22.5	21.8	17.1	17.8	8.6	7.3
百分比	100%	100%	76.0%	81.9%	38.4%	33.4%

发车密度为10对/h的两种通风空调系统形式车站进出风量统计表　　表6-22

车站	10对/h					
	屏蔽门		安全门			
	活塞风井进风量 (m³/s)	活塞风井出风量 (m³/s)	活塞风井进风量 (m³/s)	活塞风井出风量 (m³/s)	出入口进风量 (m³/s)	出入口出风量 (m³/s)
模拟站2	25.4	24.4	20.1	20.6	9.9	8.7
模拟站3	26.3	27.6	19.2	22.3	10.4	9.1
模拟站4	28.0	26.5	21.9	21.0	10.5	8.9
平均值	26.6	26.2	20.4	21.3	10.3	8.9
百分比	100%	100%	76.8%	81.4%	38.6%	34.1%

发车密度为 12 对/h 的两种通风空调系统形式车站进出风量统计表　　表 6-23

车站	12 对/h					
	屏蔽门		安全门			
	活塞风井进风量 (m³/s)	活塞风井出风量 (m³/s)	活塞风井进风量 (m³/s)	活塞风井出风量 (m³/s)	出入口进风量 (m³/s)	出入口出风量 (m³/s)
模拟站 2	26.2	29.3	22.1	23.6	9.9	11.3
模拟站 3	31.5	32.0	23.1	25.7	12.4	10.7
模拟站 4	30.4	32.5	22.3	24.9	11.0	10.5
平均值	29.4	31.2	22.5	24.7	11.1	10.9
百分比	100%	100%	76.6%	79.2%	37.9%	34.7%

发车密度为 20 对/h 的两种通风空调系统形式车站进出风量统计表　　表 6-24

车站	20 对/h					
	屏蔽门		安全门			
	活塞风井进风量 (m³/s)	活塞风井出风量 (m³/s)	活塞风井进风量 (m³/s)	活塞风井出风量 (m³/s)	出入口进风量 (m³/s)	出入口出风量 (m³/s)
模拟站 2	40.0	42.1	29.9	36.6	17.7	15.2
模拟站 3	41.6	40.5	29.9	31.4	17.6	13.8
模拟站 4	39.0	40.2	24.6	31.5	17.3	11.5
平均值	40.2	41.0	28.1	33.2	17.6	13.5
百分比	100%	100%	70.0%	81.0%	43.7%	32.9%

发车密度为 30 对/h 的两种通风空调系统形式车站进出风量统计表　　表 6-25

车站	30 对/h					
	屏蔽门		安全门			
	活塞风井进风量 (m³/s)	活塞风井出风量 (m³/s)	活塞风井进风量 (m³/s)	活塞风井出风量 (m³/s)	出入口进风量 (m³/s)	出入口出风量 (m³/s)
模拟站 2	42.3	44.2	26.0	26.6	6.1	7.6
模拟站 3	42.9	41.7	23.8	27.9	17.5	14.6
模拟站 4	38.0	39.0	24.4	29.1	18.1	12.3
平均值	41.1	41.6	24.7	27.8	13.9	11.5
百分比	100%	100%	60.1%	66.9%	33.9%	27.6%

闭式运行模式下，发车密度影响车站出入口或活塞风井的进出风量。在一维模型输入参数的条件下，车站出入口或活塞风井的进出风量随着发车密度的提高而逐渐增加。但当发车间隔达到一定密度后，车站出入口或活塞风井的进出风量不再具有明显的增势变化（甚至有减少的趋势，如 30 对发车密度时，安全门系统形式车站与外界的总交换风量小于 20 对发车密度的工况）。

由于安全门式通风空调系统形式的地下车站不仅可以通过 4 条活塞风井与外界进行气

流交换,还可以通过出入口将由列车活塞效应引起的空气流动直接与室外进行交换。这些通过车站出入口与外界交换的进出风量,对于非空调季节闭式运行时排除地下车站公共区设备发热量以及人体的余热和余湿是非常有利的。

根据表6-21~表6-25的模拟结果统计,以屏蔽门式通风空调系统形式车站的4条活塞风井的总进风量与总排风量作为比较的对象,其比例系数分别定为100%。在发车密度分别为每小时8对、10对、12对、20对、30对的一维模型计算条件下,与屏蔽门式通风空调系统形式的地下车站及区间隧道相比,安全门式通风空调系统形式车站的4条活塞风井的总进风量比例系数约为60%~76%,总排风量比例系数约为66%~81%。安全门式通风空调系统形式的车站,通过活塞风井直接与外界进行交换的空气量减少约1/4~1/3。两种通风空调系统形式的活塞风井进出风量数据汇总见表6-26所列。图6-44所示为两种通风空调系统形式在不同发车密度情况下平均总进出风量的对比图。

各种发车密度工况下两种通风空调系统形式的活塞风井总进出风量平均值统计表　　表6-26

发车密度	三座模拟站的平均统计风量（m³/s）					
	屏蔽门		安全门			
	活塞风井总进风量	活塞风井总排风量	活塞风井总进风量	活塞风井总排风量	总进风量变化	总排风量变化
8对/h	22.5	21.8	17.1	17.8	-5.4	-4.0
10对/h	26.6	26.2	20.4	21.3	-6.2	-4.9
12对/h	29.4	31.2	22.5	24.7	-6.9	-6.5
20对/h	40.2	41.0	28.1	33.2	-12.1	-7.8
30对/h	41.1	41.6	24.7	27.8	-16.4	-13.8
平均值	31.9	32.4	22.6	25.0	-9.4	-7.4
百分比	100%	100%	70.6%	77.2%	-29.4%	-22.8%

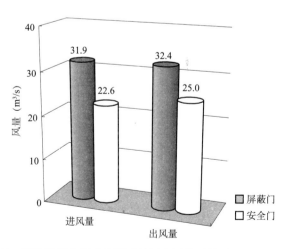

图6-44　两种通风空调系统形式的活塞风井平均总进出风量对比图

与此同时,通过安全门式通风空调系统形式的地下车站的出入口直接与外界交换的进风量比例系数约为33%~43%,出风量比例系数约为27%~34%,这部分通过车站出入口直接与外界交换的空气量约占屏蔽门式通风空调系统形式的总进出风量的 1/3。由于安全门式通风空调系统形式的地下车站,可以通过出入口直接与室外进行气流与热量的交换,此工况下地下车站在过渡季节将充分利用室外空气对地下车站进行冷却降温,具备更为显著的节能效果。两种通风空调系统形式的地下车站出入口的进出风量数据汇总见表 6-27 所列。图 6-45 所示为两种通风系统形式在不同发车密度情况下平均总进出风量的对比图。

按照平均利用室外进风量 12.3m^3/s 进行核算,采用安全门式通风空调系统形式的地下车站,在闭式运行模式下,将比采用屏蔽门式通风空调系统形式的地下车站,每小时直接利用室外进风量 457.6m^3。按过渡季节运行 4 个月,每月运行 30 天,每日闭式运行时间 10h,则可计算全年过渡季节运行期间,采用安全门式通风空调系统形式的地下车站将比采用屏蔽门式通风空调系统形式的地下车站,直接有效利用列车活塞风效应产生的室外新风达到 565m^3。

各种发车密度工况下两种通风空调系统形式的地下车站出入口总进出风量平均值统计表

表 6-27

发车密度	三座模拟站的平均统计风量(m^3/s)			
	屏蔽门(忽略门体漏风)		安全门	
	出入口总进风量	出入口总排风量	出入口总进风量	出入口总排风量
8 对/h	0.0	0.0	8.6	7.3
10 对/h			10.3	8.9
12 对/h			11.1	10.9
20 对/h			17.6	13.5
30 对/h			13.9	11.5
平均值	0.0	0.0	12.3	10.4

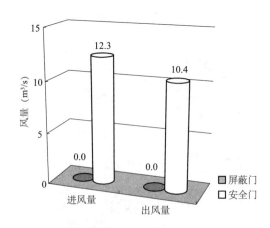

图 6-45 两种通风空调系统形式的地下车站出入口平均总进出风量对比图

将安全门式通风空调系统形式的地下车站,通过出入口与活塞风井与外界交换的气流量进行相加,作为安全门式通风空调系统形式的地下车站的总进风量与总排风量,用以与屏蔽门式通风空调系统形式的地下车站进行比较。表 6-28 为各种发车密度工况下两种系统形式地下车站总进出风量平均值统计表。由表中数据可以看出，除每小时 30 对发车密度工况外，其余发车密度对应的工况下，安全门式通风空调系统形式的地下车站与外界气流交换量比屏蔽门式通风空调系统形式的地下车站增加 10%～15% 左右。

各种发车密度工况下两种通风空调系统形式地下车站总进出风量平均值统计表 表 6-28

发车密度	三座模拟站的平均统计风量（m³/s）					
	屏蔽门		安全门			
	总进风量	总排风量	总进风量	总排风量	总进风量变化	总排风量变化
8 对/h	22.5	21.8	25.7	25.1	+3.2	+3.3
10 对/h	26.6	26.2	30.7	30.2	+4.1	+4
12 对/h	29.4	31.2	33.6	35.6	+4.2	+4.4
20 对/h	40.2	41.0	45.7	46.7	+5.5	+5.7
30 对/h	41.1	41.6	38.6	39.3	(-2.5)	(-2.3)
平均值	32.0	32.4	34.9	35.4	+2.9	+3.0
百分比	100%	100%	109.1%	109.3%	+9.1%	+9.3%

按照平均增加的总进风量与总排风量 3.0m³/s 进行核算，则采用安全门式通风空调系统形式，在闭式运行模式下，将比采用屏蔽门式通风空调系统形式，每小时增加约 10800m³/h 与外界的总换气量。按过渡季节运行 4 个月，每月运行 30 天，每日闭式运行 10h，则可计算全年过渡季节运行期间，采用安全门式通风空调系统形式的地下车站将比采用屏蔽门式通风空调系统形式的地下车站，多利用列车活塞风效应产生的与室外总空气交换量达到 138.7m³。

当可调通风型站台门式通风空调系统在转化为安全门式通风空调系统形式后，仅开启门体上部百叶通风窗的风阀，关闭门体下部百叶通风窗的风阀时，其局部阻力系数取值为 $\zeta = 6.2$。表 6-29 为各种发车密度、不同阻力系数情况下，安全门式通风空调系统形式车站出入口进出风量平均值统计表。

安全门式通风空调系统形式不同门体阻力系数车站出入口进出风量平均值统计表 表 6-29

发车密度	三座模拟站的平均统计风量（m³/s）					
	安全门（局阻 4.9）		安全门（局阻 6.2）			
	出入口总进风量	出入口总排风量	出入口总进风量	出入口总排风量	总进风量变化	总排风量变化
8 对/h	8.6	7.3	8.1	6.9	-0.5	-0.4
10 对/h	10.3	8.9	9.7	8.5	-0.6	-0.4
12 对/h	11.1	10.9	10.4	10.2	-0.7	-0.7
20 对/h	17.6	13.5	16.2	12.8	-1.4	-0.7
30 对/h	13.9	11.5	13.3	11.1	-0.6	-0.4
平均值	12.3	10.4	11.5	9.9	-0.8	-0.5
百分比	100%	100%	93.8%	95.0%	-6.2%	-5.0%

可以看出，当门体下部百叶通风窗的风阀不开启时，通过车站出入口的总进出风量，较之减少约6%左右，按平均减少风量0.8m³/s计算，每小时进风量减少约2800m³/h。按过渡季节运行4个月，每月运行30天，每日闭式运行时间10h，则可计算全年过渡季节运行期间，若安全门式通风空调系统形式的车站，门体下部百叶通风窗的风阀不开启时，将少利用列车活塞风效应产生的室外新风达到$3.36 \times 10^6 m^3$。

4. 夏热冬冷地区一维模型热环境模拟与分析

合肥市属于夏热冬冷地区，图6-46为采用气象数据生成软件Medpha v1.0绘制的合肥市全年逐时气象温度曲线。

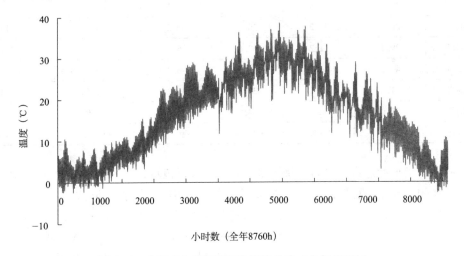

图6-46 合肥市全年逐时气象温度曲线（全年8760h）

取过渡季节典型月（4月）的全月30天逐时空气温度进行平均，可以得到过渡季节典型月每日地铁运行时间段内（早5点~晚23点）室外空气平均温度曲线，如图6-47所示。每日运行时间段内的室外空气平均温度极值点分别为5点时刻的12.0℃与14点时刻的21.1℃，日间平均空气温度为17.5℃（即图中虚线所示）。

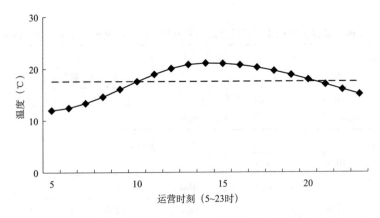

图6-47 合肥市过渡季典型月（4月）日均逐时空气温度曲线（运营时刻5~23时）

根据合肥市的气象参数，对模拟线路在过渡季节分别采用屏蔽门式通风空调系统形式与安全门式通风空调系统的模拟运行工况进行对比计算，获得远期2040年4月的地下车

6.3 可调通风型站台门式通风空调系统的气流及热环境模拟分析

站与区间隧道内的空气温度结果。两种不同通风空调系统形式的模拟线路模型,在过渡季节所采用的机械通风的总风量、开启时间、运行时段都是相同的,以获得相同运行工况下地下车站与区间隧道模拟空气温度的差异,进一步分析两种通风空调系统形式的节能运行。图 6-48 为合肥市过渡季节采用屏蔽门式通风空调系统形式的模拟站 3 的区间隧道空气温度分布结果。图 6-49 为合肥市过渡季节采用安全门式通风空调系统形式的模拟站 3 的地下车站及区间隧道空气温度分布结果。

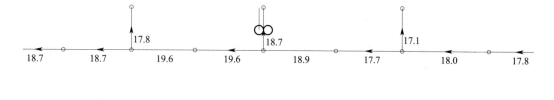

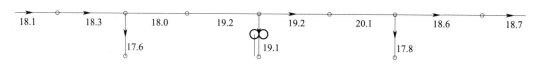

图 6-48 远期过渡季节典型月(2040 年 4 月)区间隧道月平均空气温度
(合肥市屏蔽门式通风空调系统模拟站 3)

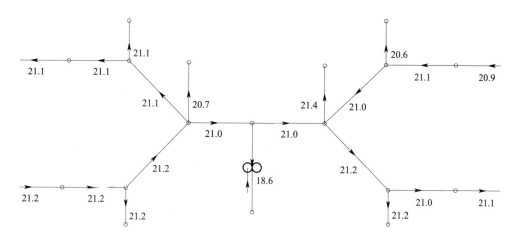

图 6-49 远期过渡季节典型月(2040 年 4 月)地下车站与区间隧道月平均空气温度
(合肥市安全门式通风空调系统模拟站 3)

由图 6-48 可以看出,在合肥地区远期过渡季节(2040 年 4 月),模拟线路采用屏蔽门式通风空调系统形式时,模拟站 3 的前后区间隧道日平均空气温度范围在 17.8~20.1℃,活塞风井日平均空气温度范围在 17.1~17.8℃。此模拟工况采用的是上、下行区间隧道的排热风机的风量为 40m³/s,全天按开启 12h 额定风量运行。

同时,由于站台屏蔽门的存在,地下车站公共区与区间隧道视为完全隔开。按照过渡季节通风以排除站内余热和余湿的要求,假定车站过渡季采用机械通风的风量为 40m³/s,根据下式可计算求得对应的地下车站公共区平均空气温度。

$$Q = c\rho G(T_\mathrm{n} - T_\mathrm{w}) \tag{6-4}$$

式中　　Q——站内余热（kW）；
　　　　c——空气比热（kJ/kg·K）；
　　　　ρ——空气密度（kg/m³）；
　　　　G——通风量（m³/h）；
　　　　T_n——车站公共区温度（℃）；
　　　　T_w——室外空气温度（℃）。

经计算可得，地下车站公共区空气温度与室外空气温度有如下关系 $T_n = T_w + 5.4℃$，即可知地铁运营时段内，屏蔽门式通风空调系统形式的车站空气温度范围在 17.4~26.5℃，日平均空气温度为 22.9℃。若假定车站过渡季采用机械通风的风量为 30m³/s，则车站公共区与室外空气温度关系式变为 $T_n = T_w + 7.2℃$，即车站内部空气温度范围变为 19.2~28.3℃，日平均空气温度变为 24.7℃。

由图 6-49 可以看出，在合肥地区远期过渡季节（2040 年 4 月），模拟线路采用安全门式通风空调系统形式时，模拟站 3 的前后区间隧道日平均空气温度范围在 20.9~21.2℃，活塞风井日平均空气温度范围在 20.6~21.2℃，车站日平均空气温度为 21.0℃，两端出入口的日平均空气温度分别为 20.7℃ 与 21.4℃。此模拟工况采用的是车站机械通风的总风量为 120m³/s（该风量等同于屏蔽门式通风空调系统形式的上行、下行各一台 40m³/s 的排热风机加上地下车站公共区假定的 40m³/s 的机械风量），全天按开启 12h 额定风量运行，与前述屏蔽门模型的机械通风模式相同。

表 6-30 为上述两种通风空调系统形式的模拟线在远期过渡季节空气温度对比结果表。从表中可以看出，在合肥市远期过渡季节采用相同的机械通风总风量、开启时间、运行时段的条件下，安全门式通风空调系统形式的车站日平均空气温度低于屏蔽门式通风空调系统形式的车站日平均空气温度，而安全门式通风空调系统形式的区间隧道日平均空气温度却高于屏蔽门式通风空调系统形式的区间隧道（含轨行区）日平均空气温度。

合肥市远期过渡季节典型月（2040 年 4 月）
地下车站与区间隧道日平均空气温度对比表　　表 6-30

日平均空气温度	系统形式	屏蔽门	安全门
区间隧道空气温度（℃）		17.8~20.1	20.9~21.2
活塞风井空气温度（℃）		17.1~17.8	20.6~21.2
轨行区空气温度（℃）		18.9~19.6	（认为与车站公共区相同）
车站公共区空气温度（℃）		22.9	21.0
出入口空气温度（℃）		（认为同车站公共区）	20.7 与 21.4
隧道机械风量（m³/s）		80（运行 10h）	—
车站公共区机械风量（m³/s）		40（运行 18h）	120（运行 10h）

产生这种情况的原因，是由于安全门式通风空调系统形式将地下车站公共区与轨行区连通，可将地下车站与区间隧道视为一个整体空间。由于地下车站公共区存在乘客与固定设备的发热，一部分热量会通过列车活塞风效应散发至区间隧道，从而引起区间隧道温度的升高。而屏蔽门式通风空调系统形式的车站，站台公共区与轨行区是完全隔断开的，列

车运行的活塞风效应只能通过活塞风井与室外进行气流交换,且这部分气流交换量大于安全门式通风空调系统形式活塞风井与外界的气流交换量,加之地下车站公共区人员与设备发热大部分由机械通风系统排出室外,仅有很少部分热量通过屏蔽门门体的热传导而散入区间隧道内,所以屏蔽门式通风空调系统形式的远期过渡季节区间隧道日平均空气温度低于安全门式通风空调系统形式的区间隧道空气温度。

由于安全门式通风空调系统形式下,车站出入口与外界连通,使车站公共区能够充分利用非机械通风时段内的室外新风,在列车活塞风效应下直接对车站进行冷却降温。而屏蔽门式通风空调系统形式下,车站公共区具有相对独立性与封闭性,其内部产生的余热和余湿,只能通过机械通风排出室外。而在非机械通风时段内,车站公共区与室外没有明显的气流交换量,无法达到利用室外进风对车站降温的效果,这将会造成在非机械通风时段内站内空气温度会显著上升,因此屏蔽门式通风空调系统形式的地下车站公共区机械通风时间将极大延长。在同等于安全门式通风空调系统形式的模型参数条件下,屏蔽门式通风空调系统形式的车站日平均空气温度将有显著升高。

一般地,根据地下车站设置通风空调系统的目的,原则上应以控制地下车站的站厅与站台公共区的空气温度为主,保证乘客进站候车及下车出站期间的热舒适感受。根据上述对比结果可以初步判定,当两种通风空调系统形式的模拟线路采用相同的运行模式时,安全门式通风空调系统形式的地下车站空气温度控制效果在过渡季节时段内是优于屏蔽门式通风空调系统形式的。当两种通风空调系统形式的模拟线路针对地下车站空气控制温度指标相同时,安全门式通风空调系统形式的地下车站在机械风机容量、机械通风总风量、机械风机运行总时长这三方面的节能效果是优于屏蔽门式通风空调系统形式的。

根据上述模拟计算结果与分析,可以初步得出,在合肥市气象条件下,可调通风型站台门式通风空调系统,在过渡季节通过开启可调通风型站台门上的百叶通风窗的风阀,转化为安全门式通风空调系统形式,将充分利用列车活塞风效应通过出入口对地下车站进行通风降温,同时可有效减小车站机械通风系统的容量配置,减少机械通风的总风量与风机运行时长。在车站空气温度控制指标相同条件下,比屏蔽门式通风空调系统形式具有明显的运行节能效果。

需要补充的是,由上述两种通风空调系统形式的模拟计算结果可以看出,在该给定模拟运行模式工况下,该模拟线路中模拟站3的地下车站与区间隧道空气温度在过渡季节时段内应属于偏低范围。在实际运营过程中,应根据地下车站及区间隧道实时空气温度情况及发车密度变化,调整机械风机的运行频率或开启时间,更为灵活地进一步实现节能运行。

5. 寒冷地区一维模型热环境模拟与分析

根据模拟线路模型在合肥市气象条件下,对安全门式通风空调系统形式与屏蔽门式通风空调系统形式在全年不同季节的运行情况分析,结合北京市的气象条件,可进一步模拟计算两种不同系统形式的线路在北京市应用的温度分布情况,以校验可调通风型站台门式通风空调系统在寒冷地区应用的情况。

北京市属于寒冷地区,图6-50为采用气象数据生成软件 Medpha v1.0 绘制的北京市全年逐时气象温度曲线。

第6章 可调通风型站台门式通风空调系统

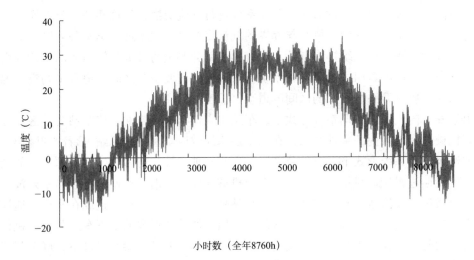

图 6-50 北京市全年逐时气象温度曲线（全年 8760h）

取过渡季节典型月（4月）的全月 30 天逐时空气温度进行平均，可以得到过渡季节典型月每日地铁运行时间段内（早 5 点～晚 23 点）室外空气平均温度曲线，如图 6-51 所示。每日运行时间段内的室外空气平均温度极值点分别为 5 点时刻的 8.9℃ 与 14 点时刻的 20.9℃，日间平均空气温度为 16.1℃（即图中虚线所示）。

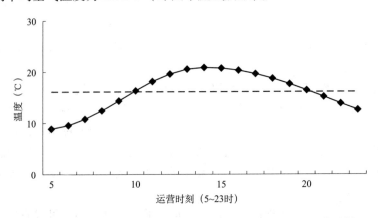

图 6-51 北京市过渡季节典型月（4月）日均逐时空气温度曲线（运营时刻 5～23 时）

根据北京市的气象参数，对模拟线路在过渡季节分别采用屏蔽门式通风空调系统形式与安全门式通风空调系统的模拟运行工况进行对比计算，获得远期 2040 年 4 月的地下车站与区间隧道空气温度结果。两种不同通风空调系统形式的模拟线路模型，在过渡季节所采用的机械通风的总风量、开启时间、运行时段都是相同的，以获得相同运行工况下地下车站与区间隧道模拟空气温度的差异，进一步分析两种通风空调系统形式的节能运行。图 6-52 为北京地铁过渡季节采用屏蔽门式通风空调系统形式的模拟站 3 的区间隧道空气温度分布结果。图 6-53 为北京地铁过渡季节采用安全门式通风空调系统形式的模拟站 3 的地下车站及区间隧道空气温度分布结果。

依据模拟线路在合肥地区应用的模拟分析方法，可以获得表 6-31 所列的上述两种通风空调系统形式的模拟线在远期过渡季节空气温度对比结果表。从表中可以看出，在北京

6.3 可调通风型站台门式通风空调系统的气流及热环境模拟分析

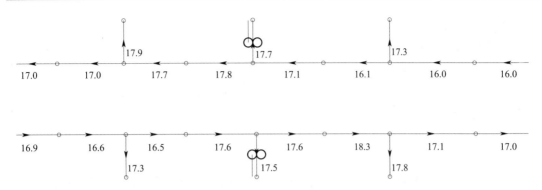

图 6-52 远期过渡季节典型月（2040 年 4 月）隧道月平均空气温度（北京屏蔽门系统模拟站 3）

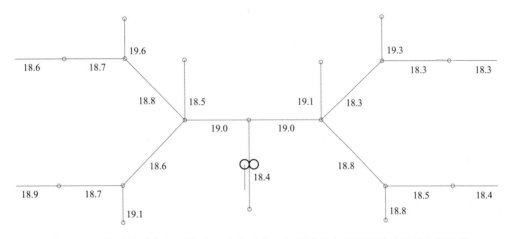

图 6-53 远期过渡季节典型月（2040 年 4 月）地下车站与区间隧道月平均空气温度
（北京地铁安全门式通风空调系统模拟站 3）

地铁远期过渡季节采用相同的机械通风总风量、开启时间、运行时段的条件下，安全门式通风空调系统形式的地下车站日平均空气温度低于屏蔽门式通风空调系统形式的地下车站日平均空气温度，而安全门式通风空调系统形式的区间隧道日平均空气温度却高于屏蔽门式通风空调系统形式的区间隧道（含轨行区）日平均空气温度。

北京地铁远期过渡季节典型月（2040 年 4 月）地下车站与区间隧道日平均空气温度对比表

表 6-31

日平均空气温度 \ 系统形式	屏蔽门	安全门
区间隧道空气温度（℃）	16.0～18.3	18.3～18.9
活塞风井空气温度（℃）	17.3～17.9	18.8～19.6
轨行区空气温度（℃）	17.1～17.8	（认为同车站公共区）
车站公共区空气温度（℃）	21.5	19.0
出入口空气温度（℃）	（认为与车站公共区相同）	18.5 与 19.1
隧道机械风量（m³/s）	80（运行 10h）	—
车站公共区机械风量（m³/s）	40（运行 18h）	120（运行 10h）

根据上述模拟计算结果与分析，可以初步得出，在北京市的气象条件下，可调通风型站台门式通风空调系统，在过渡季节开启可调通风型站台门上的百叶通风窗的风阀，转化为安全门式通风空调系统形式，将充分利用列车活塞风效应通过出入口对地下车站进行通风降温，同时可有效减小车站机械通风系统的容量配置，减少机械通风的总风量与风机运行时长。在车站空气温度控制指标相同条件下，比屏蔽门式通风空调系统形式具有明显的运行节能效果。

6.4 可调通风型站台门式通风空调系统中屏蔽门专业方案研究

6.4.1 可调通风型站台门与传统屏蔽门的比较

安装于地铁、轻轨等城市轨道交通地下车站的站台边缘，将轨道区与站台候车区隔离，设有与列车车门相对应，可多级控制开启与关闭滑动门的连续屏障，称做城市轨道交通站台屏蔽门。包括全高屏蔽门和半高屏蔽门。

全高屏蔽门包括封闭和非封闭两种。全高封闭式屏蔽门（即通常所说的屏蔽门，以下称做屏蔽门）的门体从站台面开始直到站台吊顶以上，将整个站台区和区间隧道区域完全隔开，两侧空气在正常情况下不可流通。应用效果如图 6-54 所示。全高非封闭式屏蔽门（即通常所说的全高安全门，以下称做全高安全门）的门体从站台面开始，通常高度为 2.5m 左右，未将站台区与区间隧道区域完全隔开，两侧空气可正常流通。全高安全门有全底部支撑方式（门体上部无吊柱）和上下固定方式（门体上部有吊柱，有个别项目还设置开口——固定式，如南京地铁和沈阳地铁项目），应用效果如图 6-55 所示。

图 6-54 屏蔽门应用效果示例

根据通风空调系统的需求，可调通风型站台门综合了屏蔽门和全高安全门的特点，即从型式上采用上下固定方式的全高安全门，在门体的适当位置（上部或下部）设置开口，开口采用活动式，根据通风空调系统的需求必要时将开口关闭，则实现屏蔽门的功能。

因此，从上述分析，对于新型的可调通风型站台门和传统屏蔽门，从屏蔽门自身的功能特点——也就是说和列车车门一一对应同步开启方面没有本质的区别，不同之处只是在不影响滑动门开、关的适当位置设置必要的活动式开口，并根据通风空调系统的具体需要将开口关闭或打开。

6.4 可调通风型站台门式通风空调系统中屏蔽门专业方案研究

图 6-55　全高安全门应用效果示例

6.4.2　可调通风型站台门的实现方式

1. 开口方式的选择

根据通风空调系统的需求，在屏蔽门门体上需要根据需求设置一定的开口，开口在夏季空调季节关闭，关闭时作为屏蔽门系统的一部分，满足漏风量的要求。

根据初步估算，在每座地下车站屏蔽门门体上设置的开口，需要保证每侧站台屏蔽门门体上总计有效开口面积大小约为 $40 \sim 60 m^2$。

上海嘉成轨道公司响应国家节能减排的发展号召，率先在城市轨道交通行业中开展了屏蔽门/安全门转换技术产品——可调通风型站台门设备的研发工作，以实现城市轨道交通通风空调系统与屏蔽门系统的有机联接，并于 2009 年底初步试制成功了行业内首创的可调通风型站台门（节能屏蔽门与安全门转换样机）。在设计过程中对多种形式的开口进行了比较，最终确定采用风阀的方式实现屏蔽门/安全门的转换。

其中主要针对如下三种方案进行了开口的比较：

第一种，开口采用穿孔板形式，电机制动的密封板可掩住穿孔板风口。后置回风口，以螺栓紧固在门机梁与工字钢之间。

第二种，开口采用百叶风阀形式，电机制动的百叶并附有橡胶条密封。后置回风口，以螺栓紧固在门机梁与工字钢之间。

第三种，开口采用风阀形式，选型单层格栅出风口。后置电机制动的风阀，以螺栓紧固在门机梁与工字钢之间。

通过样机制作情况，从传统屏蔽门的设计理念、项目运营经验和美观角度出发，风阀形式的开口更易于满足通风空调系统的需要，同时式样相对美观，故确定采用风阀方式。风阀叶片的具体式样结合通风量的需求以及美观等因素，同时通过对百叶通透性、阻尼系数、泄漏量、噪声等相关的测试不断进行优化。

2. 开口位置的确定

通过上述分析，可调通风型站台门的实现方式也就是活动开口部分的实现方式和开闭方式。可调通风型站台门开口的设置首先不得影响传统屏蔽门对滑动门的开关功能需求，不得影响乘客上下车，这应是首要的基本的原则。

根据屏蔽门的结构特点,从站台面往上分别为:门体部分(包括滑动门扇、固定门扇、应急门扇、端门活动门扇和端门固定门扇等)、顶箱(包括门控单元、门机系统以及门单元配电设备和供其安装固定的屏蔽门顶箱横梁及前后盖板等)以及顶箱上部固定盖板(包括屏蔽门与上部土建连接的连接钢构件、伸缩装置以及密封作用的固定盖板等)。

通过对屏蔽门门体结构的分析,可设置开口的部分有:固定门门扇、应急门门扇、端门门扇和顶箱以上部分的固定盖板。总体来说可分为以下三种情况:

(1) 全上部开口

开口位置在屏蔽门顶箱以上部分(高度约0.5m,距装修层地面2.5~3.0m范围)的固定盖板设置开口,对应滑动门、固定门、应急门及端门单元上方均可进行开口。

(2) 全底部开口

开口位置在固定门、应急门、端门单元门扇的底部靠近站台一定高度范围内(高度约0.5m,距装修地面层0.2~0.7m范围)设置开口。

(3) 上下部开口

开口位置在固定门、应急门、端门单元门扇的底部靠近站台一定高度范围内(高度约0.5m)以及顶箱以上部分的固定盖板(高度约0.5m,距装修层地面2.5~3.0m范围)设置开口。

以上开口,无论采用哪种方式,从屏蔽门的门体结构设计、结构强度、刚度上通过采取必要的措施均可满足需要。同时开口的具体形式也可根据具体工程的特点和需要采用不同的类型,通过前述比较,风阀是通常可采用的方式,以下均按风阀作为开口进行分析。图6-56~图6-58分别显示为上部开口、底部开口和上下部开口的活动开口(电动风阀式)百叶案例。

图6-56 全上部开口案例(站台侧)

图6-57 全底部开口案例

6.4 可调通风型站台门式通风空调系统中屏蔽门专业方案研究

图 6-58 上下部开口案例

3. 开闭方式

可调通风型站台门的活动开口部分可采用多种控制方式，以便与通风空调系统的运行相适应。

(1) 手动开闭

采用手动方式开启，即开口部分不设置驱动电机，仅通过机械方式实现活动开口在需要时打开或关闭。对应每侧站台的开口数量较多，若统一控制对开口设置的要求较高，可分单元进行设置。

此种方式从系统设置方面最简单，投资也最省，但不足之处是开闭时比较费时，运行管理工作非常繁杂。

(2) 电动开闭

活动开口部分可设置风阀，通过电动方式控制开口的打开和关闭。

风阀可分为两种调节方式：

第一种：可称做开闭式，即百叶后的可开启阀门，采用开闭式调节，只有打开和关闭两种状态。通过电动方式实现，将每侧站台的所有开口的开关集中设置，统一实现开停；当发生火灾时，开启和关闭时间，满足火灾时的时间要求。

第二种：可称做调节式，即百叶后的可开启阀门，可采用无级调节，可在 0~100% 范围内开启。按照具体车站长度，可分为两~三个大的调节段，每一段的开启角度可以相同也可不同。当发生火灾时，开启和关闭时间，满足火灾时的时间要求。

根据具体通风空调系统的上述不同需要，可调通风型站台门活动百叶可进行不同的风阀设计，即风阀的开启、关闭时间可以根据通风空调系统的不同要求进行设置，从而满足相应的需求，实现相应的功能。

上述两种开闭方式各有利弊，前者结构简单，投资低，但操作比较麻烦，推荐采用后者，即电动开闭方式，具体根据通风空调系统的设置需求采用。

4. 监控管理

对于电动开闭式开口，为便于对风阀系统的运行状态进行实时掌控，具体设计时风阀系统可以向外部监视系统（如环境与设备监控系统 BAS）提供风阀的实时状态，纳入城市轨道交通地下车站的环境与设备监控中。如有开口发生故障,则车站控制室值班人员可及时掌握开口的关闭状态,进行应急处理。

车站火灾等紧急情况下,开口部分可根据当时的开闭状况以及通风空调系统的需要在30s内实现打开或关闭,从而满足通风空调系统的排烟需求。

6.4.3 可调通风型站台门的功能分析

1. 可调通风型站台门的外观效果分析

传统的全封闭屏蔽门将站台和吊顶之间的区域用玻璃和不透明钢结构全部隔离开来,整体感比较强,除了不可见的钢构件(不锈钢或铝合金立柱、盖板等)以外全部为玻璃,外观效果平整、美观、大气,对于站台环境视野整体感、立体感较强。而设置活动开口后将从空间视觉感上将屏蔽门的外形进行了分隔,外观效果上存在不同,图 6-59、图 6-60 分别为未设开口的广州地铁屏蔽门和上下均设置固定开口的南京地铁站台门外观效果比较示意。

图 6-59 广州地铁屏蔽门实例(无开口)

图 6-60 南京地铁站台门应用实例(上下固定开口)

图 6-59 和图 6-60 两种屏蔽门均根据通风空调系统的设置需求确定，从图示可见，其外观效果各有千秋。

对于需要设置活动开口的可调通风型站台门，其风阀将根据通风空调系统的具体需要打开或关闭，因此其对外观的影响将比固定式开口的影响略大，尤其是对于底部开口部分。

为此，对于设置活动式开口的可调通风型站台门，为改善门体的整体外观效果，应在风阀的站台侧安装固定开口（百叶或其他类型）。固定开口的颜色、形状、大小与可调通风型站台门整体外观效果以及车站公共区装修的视觉效果相适应，确保风阀及其外边百叶的颜色、形状不会对可调通风型站台门整体及站台装饰产生不合适的影响，从而尽可能减小开口的可调通风型站台门外观效果的影响。

2. 可调通风型站台门的基本功能分析

可调通风型站台门门体开口除与外观效果有关外，还与门体强度和运行功能两个方面有关。

（1）可调通风型站台门门体强度分析

全高封闭式屏蔽门的门体结构将承受地下车站活塞风压、乘客挤压力和冲击力以及地震载荷等的作用，同时由于其安装位置位于站台边缘，为提高乘客上下车的安全性，在不侵入限界的情况下，屏蔽门的安装位置还应尽量靠近轨道，减小屏蔽门与列车之间的间隙，因此屏蔽门门体结构需具有足够的强度和刚度，以在满足上述承载的基础上不得侵入列车行驶动态包络线。屏蔽门的门扇、顶箱和上部盖板在承受载荷作用后将受力通过门体结构立柱传递给底部和顶部土建结构，因此主要承载构件为立柱。故门体开口对常规屏蔽门门体结构强度有一定影响，但影响不大，应在通过前期结构设计时通过相应调整来保证，但具体的应根据通风空调系统的需要，对结构进行不同的设计来减小开口对屏蔽门自身结构的影响，同时采取必要的措施保证开口部分自身的结构强度，尤其是充分考虑其开口关闭后承受活塞风压（位于门体底部的开口还应考虑乘客作用力）的作用。经过各项分析、计算和实验，可调通风型站台门的门体强度应完全符合上述要求。

（2）运行功能分析

可调通风型站台门设置在站台边缘，其最大的功能是隔离站台区域和轨道区域。其滑动门与列车车门一一对应同步开闭，在没有列车到站的情况下，整列可调通风型站台门是站台边缘的隔离屏障，但列车到站停稳后，滑动门开启，作为乘客上下车的一道道闸门，确保乘客安全的候车和安全上下车，这是屏蔽门最主要的也是最基本的功能。因此任何附件设施包括门体上开口的设置都不应影响滑动门的正常开闭。

通过前述分析可见，位于屏蔽门上部的开口（顶箱以上固定部分）对滑动门的开闭基本无影响。但是对于门体底部的开口，则要综合考虑确定。由于滑动门是运动部件，如果门体上设置开口，则当有异物进入开口后滑动门开启时将带来危险，因此滑动门不能设置开口，只能在固定门、应急门的门扇底部设置开口，同时其开口及风阀的设置应不能影响滑动门的开关功能。

除上述以外，活动开口对常规屏蔽门的正常运行功能基本不存在影响。

3. 其他

（1）可调通风型站台门上开口大小安全性及注意事项

位于可调通风型站台门门体上部的开口不在乘客可接触区域，故基本不存在安全性风险。当位于可调通风型站台底部的开口其形状、大小则存在一定的安全风险。可调通风型站台门位于站台侧边缘，乘客可直接接触到，尤其是门体底部如果设置开口，则小孩的手指或乘客手持的细长物件存在有意、无意伸入开口中的可能，一方面在滑动门打开时影响其正常开启，另一方面则可能给乘客带来安全隐患，因此位于门体底部的开口建议尽量采用小缝隙或者小孔口形式，其开口的大小和形状设计应充分考虑避免小孩或乘客手持细长物件伸入的可能性，从而提高安全。

（2）噪声的影响及注意事项

由于地下车站有列车运行活塞风的作用，因此开口部分活塞风通过风阀和百叶后，有可能会产生啸叫，影响站台候车的舒适性，因此开口风阀的设计应充分考虑该因素，尽量避免产生啸叫声。由于啸叫的产生是多方面的，包括区间隧道风的风速、风阀的开口大小、百叶的开口大小、可调通风型站台门的整体设计等因素，故需在具体工程实施时结合通风空调系统的设计综合分析确定。

（3）运营维保的影响及措施

城市轨道交通地下车站环境比较恶劣，列车运行产生的粉尘等对轨道两侧设备的运营维保带来了很多工作量。因此位于站台边缘的可调通风型站台门其门体本身就会受到城市轨道交通恶劣环境的影响，但设置开口后，开口位置的清洁问题便首当其冲。因此，可调通风型站台门活动开口的设置应充分考虑城市轨道交通运营环境的特点，从开口的颜色、形状、材质选择及表面处理工艺以及安装维护固定等均需综合考虑，以便于拆卸清洗，尽量便于后期运营维护时的清扫除尘工作。

（4）可调通风型站台门投资的影响

在屏蔽门门体一定部位设置的开口，形成新型的可调通风型站台门设备，这将在一定程度上增加屏蔽门系统的投资。通过初步分析，但采用电动方式且上下均开口时的可调通风型站台门将在原有屏蔽门投资基础上增加约10%的投资。

6.5 其他相关专业研究

6.5.1 FAS/BAS专业

1. 概述

根据目前我国的气候分区，国内主要修建城市轨道交通的城市可划分为5个区域，其中与应用可调通风型站台门式通风空调系统关系密切的地区主要为3个区域：严寒地区（如长春、沈阳等）、寒冷地区（如北京、天津、太原、青岛等）、夏热冬冷地区（如上海、南京、合肥、无锡、重庆、武汉等）。

考虑到不同的地区区域和气候特征，通风空调系统的系统制式与形式都不相同。FAS、BAS也将根据不同的控制模式，实现对通风空调设备的群组控制。

可调通风型站台门式通风空调系统中采用的站台门为传统屏蔽门上设置可开闭式通风

装置的形式,门体上的百叶风阀开口方案为:固定门的下部 0.5m 范围内(初步按照距装修层地面 0.2m~0.7m 范围)、屏蔽门的上部 0.5m 范围内(初步按照距装修层地面 2.5m~3.0m 范围;此范围包括固定门和活动门)。

2. 接口关系及控制要求

(1)接口关系

根据通风空调专业的设计要求,严寒地区、寒冷地区、夏热冬冷地区、夏热冬暖地区均可按照车站公共区正常运行方式、车站公共区火灾运行方式、区间隧道正常运行方式、区间隧道火灾事故运行方式等几种情况进行分析。不同的运行方式下,可调通风型站台门上的百叶风阀或开或闭,从而达到正常运行方式下节能,火灾运行方式下高效排烟的目的。

火灾自动报警系统(FAS)用于探测火灾灾情并进行必要的消防联动,将灾害的损失降到最低。环境与设备监控系统(BAS)用于实现对通风空调、给水排水、照明、电扶梯等机电设备的智能化管理,以便节省人力、降低劳动强度、降低城市轨道交通的运营管理成本。

由于城市轨道交通工程的特殊性、负责性,某些机电设备如风机、阀门等,既参与正常运行工况,又参与火灾运行工况。可调通风型站台门上的门体百叶风阀就属于此类设备。对于该类设备,考虑仅由 BAS 对其进行监控,FAS 不再与其存在接口关系。这样做的好处在于分工明确、配置合理、接口简化,且 BAS 采用工业级 PLC 设备,性能稳定可靠,完全可满足城市轨道交通防灾的需要。

(2)控制要求

通风空调专业按照两种情况对可调通风型站台门上的百叶风阀进行分析。

第一种:百叶后的可开启阀门,为无级调节,可在 0~100% 开度范围内调节。

第二种:百叶后的可开启阀门,为开闭调节,只有打开和关闭两种状态。

针对第一种情况,BAS 须配置模拟量输入、输出模块即 AI、AO 模块对阀门进行监视控制。

针对第二种情况,BAS 须配置开关量输入、输出模块即 DI、DO 模块对阀门进行监视控制。

无论是两种情况中的任意一种情况,BAS 均须返提几点要求,以达到良好的控制效果:

1)建议可调通风型站台门上的百叶阀门按照地下车站的长度,分为若干个大的调节段,每一段的阀门有相同的开、闭或开启角度要求。这样可精简 BAS 的设备投入,以较少的投入达到较大的收益。

2)无级调节的阀门或开闭调节的阀门,在选型时均要满足消防要求,火灾运行方式下接到 BAS 的控制指令后能够快速动作到位。

3)阀门的控制点在可调通风型站台门控制装置内,平时安装在屏蔽门控制室。

6.5.2 建筑专业

我国地域辽阔,南北气候差异极大,因此城市轨道交通地下车站公共区采用的通风空调系统不同,可调通风型站台门系统方式也有所不同,其设施对城市景观、车站建筑布局、空间效果、工程实施难度等方面均有不同程度的影响。

1. 夏热冬冷地区（合肥）

（1）通风空调系统概述

对于合肥等夏热冬冷地区，城市轨道交通地下车站大部分采用传统的屏蔽门式通风空调系统。

此类地区拟采用的可调通风型站台门式通风空调系统形式为：屏蔽门式通风空调系统+可调通风型站台门。当空调季节时，可调通风型站台门上的百叶关闭，转换为屏蔽门使用，此时的通风空调系统为屏蔽门式通风空调系统；当过渡季节或者冬季时，可调通风型站台门上的百叶开启，转换为安全门使用，此时的通风空调系统为闭式通风空调系统。

新型可调通风型站台门式通风空调系统与传统屏蔽门式通风空调系统构成相同，最大区别在于：在过渡季节时可以转换为安全门式通风空调系统使用，从而节约过渡季节的运行能耗。

（2）对车站建筑的影响

1）城市景观

由于新型可调通风型站台门式通风空调系统与传统屏蔽门式通风空调系统构成相同，其风亭、冷却塔设置也一致，对于城市景观的影响基本没有变化。

2）建筑布局

由于新型可调通风型站台门式通风空调系统与传统屏蔽门式通风空调系统构成相同，其设施对建筑布局基本无影响。原传统屏蔽门式通风空调系统的站台空间能满足新型可调通风型站台门式通风空调系统的要求，机房布置也无变化。

3）空间效果

传统屏蔽门与新型的可调通风型站台门对于地下车站的站台空间的围合效果基本一致，均能将车行道与乘降区完全隔绝，车行道上风管及电缆对站台乘降空间无影响。新型可调通风型站台门在公共区范围内统一设计，立面效果好，但须重视新型可调通风型站台门上开设百叶的位置和色彩等，做到尽量与地下车站站台公共区装修风格统一。

4）工程实施

由于新型可调通风型站台门式通风空调系统与传统屏蔽门式通风空调系统构成相同，因此工程实施难度与原系统一样。

（3）小结

由于新型可调通风型站台门式通风空调系统与传统屏蔽门式通风空调系统构成相同，新型可调通风型站台门式通风空调系统所需的车站吊顶空间、机房规模、风亭及冷却塔的设置均与原系统一致。建议新型可调通风型站台门开设百叶与车站装修风格协调一致，以取得良好的室内空间效果。

2. 寒冷地区（北京）

（1）通风空调系统概述

对于北京地区等寒冷地区，新建线路基本上采用集成闭式通风空调系统+全高安全门。

北京地区可研究采用的可调通风型站台门式通风空调系统形式为：集成屏蔽门式通风空调系统+可调通风型站台门。当空调季节时，可调通风型站台门上的百叶风阀关闭，转换为屏蔽门使用,此时的通风空调系统为集成屏蔽门式通风空调系统;当过渡季节或者冬季时,可调通风型站台门上的百叶风阀开启,转换为安全门使用,此时的通风空调系统为集成闭式通风空调系统。

与集成闭式通风空调系统相比,空调季节可调通风型站台门转换为屏蔽门使用,使得地下车站公共区空调负荷较小,节约了夏季运行能耗。

(2) 对车站建筑的影响

1) 城市景观

①冷却塔减小

由于采用了可调通风型站台门式通风空调系统,夏季地下车站公共区空调负荷较小,冷却塔容量相应减少,冷却塔噪声降低,冷却水管径减小,冷却塔布置灵活性增加,对城市景观的影响稍有改善。

②增加活塞风亭

采用可调通风型站台门式通风空调系统,需增加活塞风亭,与原集成闭式通风空调系统相比,对城市景观的影响有所增大。

2) 建筑布局

①利于管线综合布局

由于采用了可调通风型站台门式通风空调系统,夏季地下车站公共区空调负荷较小,车站公共区通风空调系统的风管相应减小,给车站设备区及公共区管线的布设提供了更好的安装和检修条件。原集成式通风空调系统设计的车站吊顶空间完全可以满足新型系统的要求。

②工程规模有所增加

采用可调通风型站台门式通风空调系统,比原集成式通风空调系统增加了活塞风道、排热风道,风机房规模相应增大。

3) 空间效果

全高安全门与可调通风型站台门对于站台空间的围合效果基本一致,均能将车行道与乘降区完全隔绝,车行道上风管及电缆对站台乘降空间无影响。全高门在公共区范围内统一设计,立面效果好,但须重视可调通风型站台门上开设百叶的位置、色彩等,做到尽量与车站公共区整体装修风格统一。

(3) 工程实施

采用可调通风型站台门式通风空调系统,由于冷却塔的容量减少,噪声较低,布置相对灵活,因此规划协调难度有所减小,但系统需增加活塞风亭,其规划协调难度加大。

(4) 小结

北京地区的城市轨道交通工程若由原先采用的集成闭式通风空调系统调整为可调通风型站台门式通风空调系统(即:集成屏蔽门式通风空调系统+可调通风型站台门)后,由于夏季地下车站公共区空调负荷较小,车站公共区通风空调系统风管相应减小,有利于站内管线综合布设,方便安装和检修。吊顶空间有压缩余地,可减少车站埋深,降低土建投资。

采用新型可调通风型站台门式通风空调系统,虽冷却塔容量减少,布置灵活性增加,规划协调难度有所减小,对城市景观的影响有所改善,但新系统需增加活塞风亭,规划协调难度加大,因此需妥善处理活塞风亭对城市景观的影响。

采用新型可调通风型站台门式通风空调系统,通风机房面积比原有系统略有加大,地下车站长度略有增加;可调通风型站台门上开设百叶需与车站装修风格协调一致。

6.5.3 供电专业

1. 供电专业变配电设备投资比较

通过"可调通风型站台门式通风空调系统与传统通风空调系统方案的运行能耗比较"内容分析,对各种通风空调系统运行设备台数及总设备最大运行状态(空调季节)用电负荷比较如下:

(1)夏热冬冷地区通风空调系统最大运行状态负荷见表6-32所列。

在夏热冬冷地区通风空调系统最大运行状态负荷　　表6-32

比较项目	可调通风型站台门式通风空调系统	传统屏蔽门式通风空调系统
用电设备台数(台)	14	14
空调季最大用电负荷(kW)	497	497

在变配电设备投资方面"可调通风型站台门式通风空调系统"与"传统屏蔽门系统"没有差距。

(2)寒冷地区通风空调系统最大运行状态负荷见表6-33所列。

寒冷地区通风空调系统最大运行状态负荷　　表6-33

比较项目	可调通风型站台门式通风空调系统	集成闭式通风空调系统+安全门	传统屏蔽门式通风空调系统+变频器	集成屏蔽门式通风空调系统
用电设备台数(台)	14	12	14	14
空调季节最大用电负荷(kW)	534	700	574	534

通过上述表格分析"可调通风型站台门式通风空调系统"用电设备台数比"集成闭式通风空调系统+安全门"多2台设备的用电,与其他系统用电设备数量相当,但"集成闭式通风空调系统+安全门"总设备容量要比"可调通风型站台门式通风空调系统"大近166kW。从变电设备一次投资方面比较:采用"可调通风型站台门式通风空调系统"与"集成闭式通风空调系统+安全门"用电负荷减少造成每站每台变压器选型容量减少约100kV·A左右,差价为1.5万元(2台变压器共3万元)。配电设备方面:单台送风机、排风机容量:"可调通风型站台门式通风空调系统"为35kW,"集成闭式通风空调系统+安全门"为75kW;冷水机组设备"可调通风型站台门式通风空调系统"为90kW,"集成闭式通风空调系统+安全门"为130kW;为上述2种通风空调系统配电的配电柜配电回路(抽屉)、断路器等电气元器件、配电电缆的价格方面:"可调通风型站台门式通风空调系统"比"集成闭式通风空调系统+安全门"将减少13万元(每站各2台设备,共节约26万元)。

从变配电设备投资方面:"可调通风型站台门式通风空调系统"与"传统屏蔽门式通风空调系统+变频器"、"集成屏蔽门式通风空调系统"基本上没有差距。

2. 运行耗电费用比较

（1）夏热冬冷地区（如合肥市）："可调通风型站台门式通风空调系统"与"传统屏蔽门式通风空调系统"在空调季节时耗电费用没有差距，但在过渡季节和冬季时由于"可调通风型站台门式通风空调系统"可以充分利用活塞风来冷却地下车站公共区和区间隧道，降低运行能耗，节约运行费用，每站全年能耗相比较，采用可调通风型站台门式通风空调系统可减少用电208872kW·h，节约电费约16.7万元。

（2）寒冷地区（如北京市）："可调通风型站台门式通风空调系统"在空调季节的用电设备总容量仅为534kW，明显低于"集成闭式通风空调系统+安全门"的700kW，"传统屏蔽门式通风空调系统+变频器"的574kW，可以看出"可调通风型站台门式通风空调系统"与其他形式的通风空调系统比较在运行能耗方面具有明显优势，此处不再过多论述。

6.6 可调通风型站台门式通风空调系统经济性分析

6.6.1 夏热冬冷地区（合肥市）

通风空调系统初投资包括设备费用、设备材料安装费及其他费用等。传统屏蔽门式通风空调系统和可调通风型站台门式通风空调系统的通风空调方案设备系统一致，设备投资与维护费用相同。设备总投资约为1200万元。

合肥市轨道交通1号线水阳江站主要设备容量和耗电量见表6-34所列。

通风空调系统主要设备表　　　　表6-34

设备名称	规格	功率（kW）	数量（台）
水冷螺杆式冷水机组	制冷量460kW	93	2
组合式空调机组	风量65000m^3/h	30/10	2
回排风机	风量65000m^3/h	22/7	2
区间隧道事故风机	风量60m^3/s 可逆转	90	4
排热风机	风量50m^3/s	55/10	2
冷冻水泵	流量80m^3/h	11	2
冷却水泵	流量100m^3/h	15	2
冷却塔	冷却水量：110m^3/h	5.5	2

传统屏蔽门式通风空调系统和可调通风型站台门式通风空调系统的通风空调方案中，车站的机房面积相当，例如水阳江站的通风空调机房及风道总面积约1900m^2，按照地下车站土建造价约8000元/m^2的价格，折合土建投资约1520万元。车站需要4个活塞/事故风亭、2个排风亭、2个新风亭，按每个风亭连同风井100万元的平均价格估算，8个风亭的土建投资为800万元。两个系统的土建造价相同。

由于可调通风型站台门在屏蔽门门体上增设了百叶等设备及相应的控制系统，可调通风型站台门式通风空调系统的投资略高。按合肥市地铁1号线地下车站有效站台长度，设置传统屏蔽门的初投资为600万元/站，设置可调通风型站台门的初投资为660万元/站。

通过对车站通风空调系统运行的分析，可以得出水阳江站采用可调通风型站台门式通风空调系统后，通风空调系统年运行费用为106.1万元，只有传统屏蔽门式通风空调系统年运行费用的86%。可调通风型站台门系统增加的费用约为60万元，通风空调系统总投资约为1200万元，屏蔽门系统的总造价约为600万元，车站的总投资约为9000万元。则可调通风型站台门的改造费用，占到通风空调系统总投资的比例约为5%，占屏蔽门系统总造价的比例约为10%；占车站总投资的比例约为0.6%。投资回收期只有4年。

根据计算分析，合肥市地铁1号线的一个标准地下车站，每年理论上可节约运行费用16.7万元，以合肥市地铁1号线23个地下车站为例，每年可节约运行费用384.1万元。合肥市轨道交通规划6条线，共128个车站，则每年节约的运行费用可多达约2137.6万元。

由以上的结果可以看出，采用可调通风型站台门式通风空调系统，可以节约通风空调系统运行能耗，从而降低合肥市轨道交通系统的运营成本，保证合肥市轨道交通发展的可持续性。

6.6.2 寒冷地区（北京）

为了方便比较，对北京地区的城市轨道交通通风空调系统的比较中，选择了现在能够考虑的传统屏蔽门式通风空调系统+变频器、集成屏蔽门式通风空调系统、集成闭式通风空调系统+全高安全门、可调通风型站台门式通风空调系统等；对这四个系统的功能性、初投资、运行费用等进行了比较。

1. 通风空调系统设备初投资比较

通风空调系统设备按照远期负荷所需设备容量进行比较。以全线平均负荷为标准站负荷，仅对标准站进行比较。

（1）集成闭式通风空调系统设备初投资

集成闭式通风空调系统与传统闭式通风空调系统的通风空调负荷是相同的。与传统闭式通风空调系统相比，集成闭式通风空调系统虽然减少了4台回/排风机和4台组合式空调机组，但增加了2台可电动开启式表冷器和4套变频器，所以总的系统设备造价差别不大，按照1150万元/站的指标配置。

（2）传统屏蔽门式通风空调系统+变频器设备初投资

传统屏蔽门式通风空调系统+变频器的主要设备与传统屏蔽门式通风孔系统相同，只是多了4台变频器，大约折合25万元，因此总费用可以按照925万元/站的指标估算。

（3）集成屏蔽门式通风空调系统设备初投资

集成屏蔽门式通风空调系统的通风空调负荷与传统屏蔽门式通风空调系统相同。类似传统闭式通风空调系统与集成闭式通风空调系统的区别，可调通风型站台门式通风空调系统的设备造价也差别不大，可以按照880万元/站的指标配置。

（4）可调通风型站台门式通风空调系统设备初投资

可调通风型站台门式通风空调系统的通风空调负荷与传统屏蔽门式通风空调系统相同。可调通风型站台门式通风空调系统与集成屏蔽门式通风空调系统的设备造价基本相同，可以按照880万元/站的指标配置。

6.6 可调通风型站台门式通风空调系统经济性分析

（5）系统设备初投资比较结论

通过以上比较，可以得到表6-35所列的结论分析。

通风空调系统设备初投资比较表（万元） 表6-35

比较项目	可调通风型站台门式通风空调系统	集成闭式通风空调系统+安全门	传统屏蔽门式通风空调系统+变频器	集成屏蔽门式通风空调系统
通风空调系统设备初投资	880	1150	925	880

2. 其他设备初投资比较

除了通风空调系统设备的不同，采用不同的系统方案对于其他系统的设备投资也有影响。按北京地铁6号线地下车站有效站台长度，设置可调通风型站台门的初投资为660万元/站，设置屏蔽门的初投资为600万元/站，设置安全门的初投资为580万元/站。采用闭式通风空调系统的通风空调用电容量比屏蔽门式通风空调系统约高350kW/站，折合供电系统的设备初投资约为30万元/站（表6-36）。

其他设备初投资比较表（万元） 表6-36

比较项目	可调通风型站台门式通风空调系统	集成闭式通风空调系统+安全门	传统屏蔽门式通风空调系统+变频器	集成屏蔽门式通风空调系统
屏蔽门初投资	660	0	600	600
安全门初投资	0	580	0	0
供电系统设备差价	0	30	0	0
合计	660	610	600	600

3. 土建投资比较

（1）集成闭式通风空调系统+安全门土建投资

采用集成闭式通风空调系统，其标准站的通风空调机房及风道总面积约为1480m²，按照地下车站土建造价约6500元/m²的价格，折合土建投资约为962万元。车站需要2个排风亭、2个新风亭，按每个风亭连同风井100万元的平均价格估算，4个风亭的土建投资为400万元。集成闭式通风空调系统+安全门的土建投资总计约为1362万元/站。

（2）传统屏蔽门式通风空调系统+变频器土建投资

采用传统屏蔽门式通风空调系统，其标准站的通风空调机房及风道总面积约为1860m²，按照地下车站土建造价约6500元/m²的价格，折合土建投资约为1209万元。车站需要2个活塞/事故风亭、2个排风亭、2个新风亭，按每个风亭连同风井100万元的平均价格估算，6个风亭的土建投资为600万元。传统屏蔽门式通风空调系统的土建初投资总计约为1809万元/站。传统屏蔽门式通风空调系统+变频器的土建投资与传统屏蔽门式通风空调系统相同。

（3）集成屏蔽门式通风空调系统土建投资

采用集成屏蔽门式通风空调系统，其标准站的通风空调机房及风道总面积约为1520m²，按照地下车站土建造价约6500元/m²的价格，折合土建投资约为988万元。车站需要2个活塞风亭和2个排风亭、2个新风亭，按每个风亭连同风井100万元的平均价格估算，6个风亭的土建投资为600万元。传统屏蔽门式通风空调系统的土建初投资总计约为1588万元/站。

（4）可调通风型站台门式通风空调系统土建投资

可调通风型站台门式通风空调系统土建投资与集成闭式通风空调系统相同。

（5）土建投资比较结论

通过以上比较，可以得到表6-37所列的结论分析。

通风空调系统土建投资比较表（万元）　　　　表6-37

比较项目	可调通风型站台门式通风空调系统	集成闭式通风空调系统+安全门	传统屏蔽门式通风空调系统+变频器	集成屏蔽门式通风空调系统
土建投资	1588	1362	1809	1588

4. 运行耗电费用比较

按照远期通风空调负荷进行比较，仅比较区间隧道和地下车站公共区通风空调耗电。可以得到表6-38所列的结论分析，其中电费按0.63元/kW·h计算。

通风空调系统运行耗电比较表　　　　表6-38

比较项目	可调通风型站台门式通风空调系统	集成闭式通风空调系统+安全门	传统屏蔽门式通风空调系统+变频器	集成屏蔽门式通风空调系统
车站年耗电量（kW·h）	1173144	1490760	1585824	1359804
年耗电费用（万元）	73.91	93.92	99.91	86.67

5. 运行费用比较

通风空调系统每年的运行维护费用按设备费的3%折算，屏蔽门与安全门的运行维护费用基本相当，不列入比较。由此得出表6-39所列的结论。

通风空调系统运行维护费用比较表（万元）　　　　表6-39

比较项目	可调通风型站台门式通风空调系统	集成闭式通风空调系统+安全门	传统屏蔽门式通风空调系统+变频器	集成屏蔽门式通风空调系统
年运行维护费用	28.0	34.5	27.75	26.4

6. 综合经济比较

经过以上各项经济分析，还需采用年值法对四种系统进行动态比较。通风空调设备、屏蔽门、安全门、供电设备等使用寿命在20年左右，所以确定比较的期限为20年。地下车站的土建使用年限为100年，所以按100年进行折算。贷款利率按6.12%计算。综合比较结果见表6-40所列，可调通风型站台门式通风空调系统的年值最小，其次为集成屏蔽门式通风空调系统，然后是集成闭式通风空调系统+安全门、传统屏蔽门式通风空调系统。

可调通风型站台门式通风空调系统的年值与集成屏蔽门式通风空调系统非常接近，但应该注意到，可调通风型站台门式通风空调系统的年耗电费用低于集成屏蔽门式通风空调系统。现在运营节能问题越来越受到大家的重视，能源的价格也处于不断地增长状态，所以系统的节能性应作为重点考虑因素，在这一点上可调通风型站台门式通风空调系统具有明显的优势。

通风空调系统动态经济比较表（万元） 表6-40

比较项目	可调通风型站台门式通风空调系统	集成闭式通风空调系统+安全门	传统屏蔽门式通风空调系统+变频器	集成屏蔽门式通风空调系统
通风空调设备投资	880	1150	925	880
其他设备投资	660	610	600	600
土建投资	1588	1362	1809	1588
初期投资合计	3128	3122	3334	3068
设备年费（按20年折算）	140.47	162.81	143.16	138.80
土建年费（按100年折算）	97.44	83.57	111.00	97.44
初投资折合年费用	237.91	246.38	254.16	236.24
年耗电费用	73.91	93.92	99.91	86.67
年运行维护费用	28.0	34.5	27.75	26.4
年运营费合计	101.91	128.42	123.6	113.07
年综合费用	339.82	374.8	381.82	349.31
差值（以传统屏蔽门系统+变频器为基础）	-42	-7.02	0	-32.51
比例（以传统屏蔽门系统+变频器为基础）	0.89	0.98	1	0.91

7. 小结

从以上的分析可以看出，采用四种通风空调系统均能满足城市轨道交通的功能要求，其中可调通风型站台门式通风空调系统和集成闭式通风空调系统的经济性比较好。在北京地区，使用可调通风型站台门式通风空调系统，可以满足通风空调系统的要求，同时还能节约运行能耗，降低运行费用。

第 7 章 可调通风型站台门式通风系统

7.1 可调通风型站台门式通风系统

可调通风型站台门式通风系统，在严寒地区城市轨道交通地下车站中的应用具有其独特的意义，其最主要目的就是为了给地下车站营造一个舒适的乘车环境，避免冬季地下车站站厅和站台的空气温度过低。因在严寒地区的城市轨道交通中，其内部空气环境的控制只要采用通风系统方式就可以达到预期的目的，不需要设置空气调节，因此在严寒地区设置可调通风型站台门时的城市轨道交通通风新型系统的名称可定义为可调通风型站台门式通风系统。本章所研究的内容，均是在严寒地区的城市轨道交通的通风新系统。

7.1.1 严寒地区的气候特征

严寒地区主要分布在我国东北，主要包括沈阳、大连、长春、哈尔滨等城市。这些城市夏季空调季节很短，冬季长达 5 个月以上，最冷月平均温度小于 -10℃。下面以沈阳市为例，对可调通风型站台门式通风系统的应用进行分析研究。

7.1.2 严寒地区可选择的通风空调系统方案

东北地区城市轨道交通目前采用的通风空调系统形式主要是开式通风系统，具体特点见表 7-1 所列。

通风空调系统形式对比表　　　　　　表 7-1

序号	系统名称	主要特点	应用实例
1	开式通风系统（一）	地下车站公共区通风系统在站厅、站台、站台板下设置通风道，地下车站端部设置活塞风道和迂回风道，同时设置区间隧道事故风机。地下车站通风机不变频且和区间隧道事故风机兼通风、事故通风以及火灾排烟功能于一体。冬季闭式运行时抽取站台板下风，经过处理后混合室外新风往站厅、站台送风。站台设置全高安全门。出入口设置电热风幕	哈尔滨地铁 3 号线、哈西联络线
2	开式通风系统（二）	地下车站公共区通风系统在站厅、站台、站台板下设置通风道，地下车站端部设置活塞风道和迂回风道，同时设置区间隧道事故风机。地下车站通风机变频运行且和区间隧道事故风机兼通风、事故通风以及火灾排烟功能于一体。站台设置全高安全门。出入口设置电热风幕	沈阳地铁 1 号线、2 号线
3	开式通风系统（三）	地下车站公共区通风系统在站厅、站台、站台板下设置通风道，地下车站端部设置活塞风道和迂回风道。地下车站通风机一送一排、变频运行且兼区间隧道和地下车站事故通风以及火灾排烟风机。站台设置全高安全门。出入口不设置电热风幕	大连地铁 1 号线、2 号线

续表

序号	系统名称	主要特点	应用实例
4	可调通风型站台门式通风系统	在开式通风系统（二）基础上将全高安全门更换，采用可调通风型站台门	本课题在沈阳和长春地区的研究内容，适合应用于沈阳地铁、沈阳—辽阳城际铁路工程Ⅰ期、长春地铁1号线、2号线等工程

上述各系统原理如图7-1、图7-2所示。

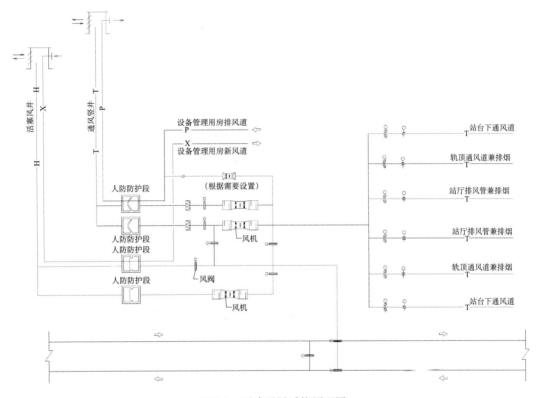

图 7-1 开式通风系统原理图

实际上，从上述严寒地区现有的三种公共区及区间隧道模式来看，均属于开式通风系统，沈阳地铁通风系统在公共区没有设置独立的送风管和排风管，而是根据季节的不同，将通风系统的功能进行转换，风管兼用，大连和哈尔滨系统公共区设置了独立的送风管和排风管，具体如下：

1. 开式通风系统（二）（沈阳地铁1号线、沈阳地铁2号线通风系统）

通风系统由地下车站公共区通风系统、区间隧道通风系统以及地下车站内设备及管理用房通风空调系统组成。其中，地下车站公共区通风系统、区间隧道通风系统集成设置，通过运行模式的转化，可以实现地下车站与区间隧道的开式运行模式、闭式运行模式、区间隧道阻塞通风功能、区间隧道火灾排烟通风和夜间通风功能。

（1）地下车站公共区通风系统

采用机械通风结合活塞风道和出入口自然通风的车站公共区通风系统，根据沈阳市全年气温变化较大的气候特点，以及地铁车站公共区全年得热基本恒定的特点，在地下车站

第7章 可调通风型站台门式通风系统

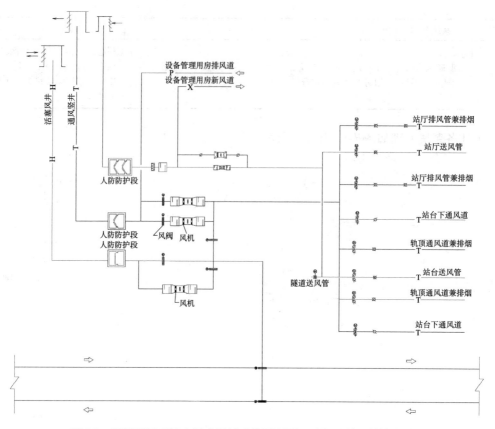

图7-2 可调通风型站台门式通风系统原理图（沈阳地铁、长春地铁）

的每端均设置通风道，通风道内并联设置两台相同参数的地下车站通风机 SVF（这两台排风机为可逆风机，同时兼做地下车站公共区排烟风机和区间隧道事故风机）。根据地下车站得热量计算，并采用计算机模拟分析的手段，确定这两台排风机的风量采用 12 万 m^3/h（33m^3/s）。

在夏季，地下车站通风机进行排风，出入口、活塞风道自然进风。在冬季，地下车站通风机进行送风，出入口、活塞风道自然排风。为了实现通风系统的节能运行以及冬季的小通风量运行，这两台地下车站通风机均采用变频调速技术。这样，就可以方便地调节不同季节、不同列车运行对数条件下的通风量。

在站台层气流组织方面，针对地铁列车的主要发热部位，在站台层设置列车轨行区顶部的通风道和站台板下部通风道。其中，列车顶部风口正对列车空调冷凝器，以便及时排走列车空调器的散热；站台板下部风口应正对列车刹车电阻，尽量减少列车停站时刹车电阻散热侵入地下车站的站台。列车顶部通风道兼做站台层排烟风道。

在冬季，为了使室外新风先流经发热量大的区域，被加热后再流经乘客候车区，利用地下车站站台轨道顶部设置的风道作为冬季的送风道，将室外冷风均匀送入地下车站。

在站厅层气流组织方面，沿车站纵向设置站厅层排风排烟风管。夏季正常通风时，通过站台、站厅层排风，出入口自然进风实现对站厅层的冷却。

地下车站通风道内设置可电动开启式空气过滤器，用于冬季送风时，对室外空气进行过滤。在夏季排风及火灾排烟时，过滤器电动开启，减少风道阻力。

为了降低冬季出入口活塞风的影响，在每个地下车站出入口靠近室外的位置均设置1道电热风幕。

沈阳地铁2号线地下车站站台设置了全高安全门，并且在安全门底部设置了通风孔，以增加站台与区间隧道的气流交换。

（2）区间隧道通风系统

区间隧道通风系统是由活塞风道、迂回风道、地下车站通风机、区间隧道事故风机和车站出入口等组成的纵向通风系统。

地下车站的每端均设置一条活塞风道，并设置电动组合风阀与两条区间隧道相连，在不同的季节开启对应不同区间隧道的电动风阀，实现夏季活塞风道进风、冬季活塞风道排风的通风模式。活塞风道的断面一般不小于 $16m^2$。

与双洞区间隧道相邻的地下车站的端部设置迂回风道，并在迂回风道内部设置组合式电动风阀，通过活塞风道和迂回风道内的电动风阀的开启与关闭组合，可以实现区间隧道的开式运行、闭式运行。迂回风道面积一般按照相应区间隧道断面积的2倍计算，条件困难时一般不低于 $25m^2$。

地下车站每端与活塞风道并联设置一台事故风机TVF，为可逆转轴流风机，并设置电动风阀和消声器，该风机平时不投入运行。根据模拟计算要求，事故风机风量为21万 m^3/h（$60m^3/s$）。

地下车站通风机也是区间隧道通风系统的一部分，每座地下车站两端的两台车站通风机兼做区间隧道事故风机，当区间隧道发生阻塞或火灾事故时，与事故风机同时对事故区间隧道送风或排风。

在超长区间隧道内均设置双活塞区间隧道风井，每条活塞风道内设置1台区间隧道通风机TVF风机，当该区间隧道发生阻塞或火灾事故时，与地下车站事故风机同时对事故区间隧道送风或排风。

在地下区间隧道中设置有停车线、出入线的部位设置射流风机，配合两端的地下车站的事故风机和地下车站排风机组织该地下区间的事故通风。

2. 开式通风系统（三）（大连1号线、2号线系统）

开式通风系统（三）的设置方式类似于沈阳地铁1号线和沈阳地铁2号线系统，但是在地下车站公共区加设了独立的送风管和排风管。

只在地下车站的站端设置两台风量为 $60m^3/s$ 的地下车站通风机和一台小新风风机，风机采用变频运行，夏季及过渡季节对地下车站采用一送一排的通风形式，送风量占排风量的一半；冬季采用小新风送风运行，保证地下车站和区间隧道的新风需求，站厅、站台设有新风管。地下车站通风机兼区间隧道事故风机。

地下车站出入口和出入段线均不设置电热风幕。

3. 开式通风系统（一）（哈尔滨地铁3号线、哈西联络线系统）

开式通风系统（一）的设置方式为地下车站每端设置3台机械轴流风机（排热风机、车站送风机、车站排风机），1台小新风机，1台新风换热机组，以及静电除尘装置、消声器、组合风阀等设备。

地下车站的站台层采用全高安全门。在过渡季节，开启地下车站两端的活塞风阀，利用活塞风对地下车站的公共区进行换气；夏季，开启排热风机通过地下车站的列车轨行区顶部风管、站台板下部风管进行排风，开启车站送风机和车站排风机对地下车站公共区进行通风换气；冬季采用闭式运行，开启车站两端的迂回风道，开启车站小新风机、新风换热机组、排风机（排风机连通至轨顶、轨底排热风道），室外新风经新风换热机组送至地下车站公共区，满足人员所需的最小新风量。

夏季正常工况开启地下车站送风机、排风机对地下车站公共区进行通风，车站送风机、排风机的单台风量为 $33m^3/s$，开启两端的排热风机对地下车站的轨行区进行排风，排热风机的单台风量为 $50m^3/s$；冬季采用闭式运行，车站小新风风机单台风量为 $6.6m^3/s$，轨行区顶部、站台板下部的排风量（新风换热机组所需的风量）为 $16.5m^3/s$；地下车站火灾工况时车站排风机、排热风机兼做车站公共区排烟风机，车站送风机分别对站厅或站台进行送风；区间隧道事故工况时车站排热风机、排风机、送风机均兼做区间隧道事故风机。

地下车站每端设置 1 处活塞风道及风井，活塞风道内设置电动组合风阀分别与两条区间隧道相连，在不同的季节开启对应不同区间隧道的电动组合风阀，实现不同的通风模式。为了减少闭式运行时活塞风对车站的影响，在车站端部设置迂回风道。

地下车站出入口设置电热风幕、出入段线设置水热风幕机组。

7.1.3 可调通风型站台门式通风系统方案

1. 可调通风型站台门式通风系统引入的必要性

已经建成并投入试运营的沈阳地铁 1 号线是国内严寒地区第一条投入试运营的线路，具有划时代的意义，对整个中国东北严寒地区的城市轨道交通工程建设都具有重要的参考价值。但从建设过程和目前运营阶段来看，在冬季存在地下车站和区间隧道内部空气温度偏低的不利状况。

2009 年冬季的严寒期较长，加上出入口及风亭有的没有施工完成、设备系统调试阶段经常开启车站风机进行排风、没有试运营，在这种现实条件下测量，最寒冷的季节，白天地下车站的站厅空气温度在 0~5℃，站台层空气温度局部在 0℃以下，区间隧道空气温度更低，活塞风道处的区间隧道空气温度在 -5℃以下，空气温度最低的地方在地下车站站厅层两端的土建风道内，主体内的站厅土建风道内的空气温度在 -10℃以下，风道、区间隧道中的结冰现象普遍存在。虽然有上述的各种不利因素，但是很难说试运营后冬季严寒季节的地下车站和区间隧道的空气温度能够满足地铁规范的要求，很可能会出现此时段空气温度偏低的局面。

从 2010 年 10 月 1 日过后的试运营阶段来看，进入严冬季节后，地下车站和区间隧道空气温度偏低，12 月 11~15 日这几天晚间室外空气温度均在 -20℃以下，白天运营时段地下车站的站厅空气温度在 1~4℃左右，站台空气温度在 3~7℃左右，地下车站站台层端部空气温度局部更是降至 0℃以下。如果能在严寒季节时段，尽量减少通过活塞风道和出入口活塞风的条件下，地下车站公共区的空气温度和区间隧道空气温度会有一定的上升幅度，据分析，能够达到《地铁设计规范》GB 50157—2003 要求的冬季地下车站和区间隧道内空气的温度标准要求。

另外，结合初步设计时的模拟计算资料，冬季正常活塞通风时地下车站的站厅和站台一天中的空气平均温度初期在10℃以上，出入口的空气平均温度初期在0℃以上，但采用计算机程序计算的结论毕竟是地下车站和区间隧道的平均空气温度，具体到某一时段、某一具体地点，还是有空气温度处于0℃以下的情况存在。

这种低于《地铁设计规范》GB 50157—2003 要求的空气温度标准的状况如果存在，对于地下车站公共区环境而言，势必影响乘客的舒适感，对于区间隧道空气的低温情况来看，还可能会有冻结消防水管的情况出现，势必加大水管电伴热的范围，给地铁的正常运营和管理带来较大的麻烦。因此，需要对原有通风系统进行一定的改进，改进的方向是设法提高地下车站和区间隧道在冬季严寒季节的空气温度，以确保达到和超过《地铁设计规范》GB 50157—2003 要求的空气温度标准。

2. 可调通风型站台门式通风系统方案

沈阳地铁、沈阳—辽阳城际铁路工程Ⅰ期以及长春地铁1号线、长春2号线工程等位于严寒地区的城市轨道交通工程均适宜采用可调通风型站台门式通风系统形式。下面对可调通风型站台门式通风系统的构成进行详细论述。

（1）可调通风型站台门式通风系统的构成

在地下车站的站台层所安装的全高安全门上方设置可启闭的百叶风阀，在固定门下方也设置可启闭的百叶风阀，这样的门体结构形式就构成可调通风型站台门。在冬季严寒季节闭式运行期间，关闭可调通风型站台门上方和下方的百叶风阀，可调通风型站台门就转换为屏蔽门，并消除了列车运行产生的活塞效应对地下车站的影响，从而也切断了活塞风导致的出入口大量的进出气流的影响，这样有利于地下车站的站厅、站台和区间隧道空气温度的提升。

由于可调通风型站台门转换为屏蔽门后，割断了活塞风对出入口进出气流的影响，但同时也切断了地下车站和区间隧道的新风渠道，故需要在此期间对地下车站和区间隧道送入适当数量的室外新风，以满足人员最小新风量的要求。地下车站和区间隧道的新风井可以和设备及管理用房新风井合并设置。

本系统方式目前拟在长春地铁1号线工程、长春地铁2号线工程中运用。

（2）可调通风型站台门式通风系统的运行模式

采用可调通风型站台门式通风系统后，城市轨道交通通风系统全年运行模式可按如下考虑：

1）夏季及过渡季节运行模式（此模式与全高安全门开式通风系统的运行模式相同）

①机械通风模式

开启地下车站排风机对地下车站公共区进行排风，开启地下车站进站端的活塞风道、关闭迂回风道，利用列车运行活塞效应及室内负压，从出入口及活塞风道引入室外冷空气，吸收列车在区间隧道的发热后，从地下车站排风系统排出。

②活塞通风模式

关闭地下车站排风机，关闭迂回风道，开启进站端活塞风道，通过列车活塞效应从活塞风道和地下车站的出入口引进新风。

③闭式运行模式

关闭车站排风机，关闭活塞风道，开启迂回风道，依靠列车活塞效应从地下车站的出入口引入室外空气。

以上运行模式可以根据具体情况，由运营管理人员以节能为原则进行选择，一般是：地下车站空气温度较高时采用机械通风模式，地下车站空气温度不高时采用活塞通风模式，室外空气温度过高时采用闭式运行模式。

2）冬季运行模式

①活塞通风模式

关闭地下车站通风机，开启地下车站出站端的活塞风道、关闭迂回风道，开启出入口热风幕，利用列车运行活塞效应，从活塞风道引入室外冷空气，直接进入区间隧道，吸收列车在区间隧道的发热后，从下一地下车站的活塞风道排出。

②闭式运行模式

关闭地下车站排风机，关闭活塞风道，开启迂回风道，依靠列车活塞效应从地下车站的出入口引入室外空气。

③屏蔽门模式

关闭地下车站排风机，打开迂回风道，关闭可调通风型站台门上方和下方的百叶风阀（可调通风型站台门转化成屏蔽门），同时开启地下车站新风机给地下车站和区间隧道送新风，以满足人员最小新风量要求。

以上运行模式也可以根据具体情况，由运营管理人员以节能为原则进行选择，一般是：室外空气温度较高时尽量采用活塞通风模式，室外空气温度较低时可以采用闭式运行模式，室外空气温度很低时，采用屏蔽门模式（表7-2）。

可调通风型站台门式通风系统运行模式表（严寒地区） 表7-2

工况	地下车站风机	区间隧道风机	可调通风型站台门上方百叶	可调通风型站台门下方百叶	活塞风道
机械通风	开	关	开	开	开
活塞通风	关	关	开	开	开
闭式运行（一）	关	关	开	开	关
闭式运行（二）	关	关	关	关	关
站厅火灾	开	关	开	开	开
站台火灾	开	开	开	开	关
区间隧道火灾	开	开	关	关	关

3. 可调通风型站台门式通风系统的主要优点

对于严寒地区的城市轨道交通工程，这种新型的可调通风型站台门式通风系统与传统的开式通风系统相比，最大的优点就在于在冬季的严寒时段可以提高地下车站和区间隧道的空气温度，特别适合室外空气冬夏温差大的东北地区，同时也是在地下车站不供暖的前提下最大限度满足严冬季节地下空间空气温度的有效措施，也是减少给水排水系统电伴热敷设长度的有效保证。

4. 可调通风型站台门式通风系统车站公共区空气温度估算

按照目前城市轨道交通通风系统在设计阶段的工作特点，虽然在城市轨道交通初步设计阶段的通风系统空气温度计算文件中需要给出地下车站和区间隧道在相应时段的平均空气温度值，但是那是在冬季活塞通风工况下算出来的，对于可调通风型站台门转化成屏蔽门以后的闭式运行时段，地下车站公共区空气温度还是可以估算出来的。具体过程如下：

估算的手段还是把地下车站公共区看做一个房间系统，通过系统得热量和失热量的平衡来试算其空气温度。估算前需要确立以下几点原则：

(1) 计算以乘客较少的城市轨道交通运营初期的地下车站为对象，这样计算的空气温度可以表示全线地下车站冬季严寒季节的最低空气温度。

(2) 计算的空气温度条件：由于列车发热量不能通过活塞风传至站外，故区间隧道的空气温度可取5℃。室外空气温度取－23℃。

(3) 除出入口外，地下车站和区间隧道均深埋地下，土壤传热不予计入。

(4) 出入口开启电热风幕，地下车站的站厅空气温度高于站台的空气温度，站厅和出入口散热量以及站厅的新风负荷由站厅得热量和电热风幕负担，站厅与站台之间没有热量传递。

由此，就简化成站台空气温度的计算：

1) 站台得热量

取典型的地下车站为计算案例，可设站台的面积为1000m^2，站台上人员数量为200人。

A 灯具、广告、设备等发热量：$25 \times 1000 = 25kW$

B 人员发热量：$200 \times 145 = 29kW$

由此站台总得热量为54kW。

2) 站台失热量

计算思路是先预设一个地下车站的站台层空气温度，再计算站台失热量，使得失热量和上面计算的得热量相等的空气温度即为站台空气温度。这是一个校核计算的过程。

①可调通风型站台门对区间隧道失热量：这个失热量虽然计算比较麻烦，但可以简单处理，先假设地下车站的站台层空气温度为12℃、可调通风型站台门综合传热对流系数为$3W/m^2 \cdot ℃$、可调通风型站台门面积取750m^2，则失热量为$3 \times 750 \times (12-5) = 15.7kW$

②人员新风负荷：$200 \times 12.6/3600 \times 1.2 \times 1.01 \times (12+23) = 30kW$

由此站台层的总失热量为45.7kW，小于站台层得热量，说明站台层的空气温度要比12℃高，经过试算，站台层的空气温度是14℃。

而程序计算的结果，初期客流量小的地下车站空气温度基本在10℃左右。采用可调通风型站台门式通风系统后，冬季严寒季节的地下车站温度至少可以提升5℃。需要指出的是，上述计算的取值还是趋于保守的，实际的地下车站的站台层的空气温度应该比14℃还要高一些。

以上计算的虽然比较简略，但是说明了一个问题，那就是：采用可调通风型站台门式通风系统可以提升地下车站公共区的空气温度，对于东北严寒地区，冬季室外空气温度特别低时如果不设置可调通风型站台门式通风系统，采用常规闭式通风系统和地下车站送新风方式，地下车站公共区空气温度很可能要低于程序计算的数值，区间隧道内空气温度会较低，甚至局部有冻结危险。

7.1.4　可调通风型站台门式通风系统与开式通风系统的功能比较

地下车站公共区通风系统和区间隧道通风系统需要实现以下几种功能：地下车站公共区通风功能、地下车站公共区火灾排烟通风功能、区间隧道通风功能、区间隧道阻塞通风功能、区间隧道火灾防排烟功能。

1. 地下车站公共区通风功能

采用开式通风系统方案，可以使地下车站公共区的空气温度、湿度达到所需要的标准。采用可调通风型站台门式通风系统时，在严寒的冬季，由于可调通风型站台门可转换为屏蔽门，从而将地下车站公共区和轨道区的空气环境分隔开，使得地下车站公共区处于一个封闭的环境中，除了严冬季节有升温效果外，还可以消除活塞风对地下车站带来的吹风感以及区间隧道的灰尘和异味；并且由于屏蔽门具有一定的隔声作用，使得地下车站公共区的噪声比采用闭式通风系统时有所下降。所以，采用可调通风型站台门式通风系统时，地下车站公共区的舒适性要比采用传统的开式通风系统时要好。

2. 地下车站公共区火灾排烟通风功能

在地下车站公共区发生火灾时，两者都能够有效地进行火灾排烟通风，相互之间没有优劣之分。

3. 区间隧道通风功能

采用开式通风系统，正常工况下区间隧道环境都能达到设计标准的空气温度、湿度要求。采用可调通风型站台门式通风系统时，当启用屏蔽门模式时，隔绝了区间隧道与地下车站以外的通风换气，只能通过新风机往区间隧道送风以满足区间隧道的新风要求。故采用屏蔽门模式时，区间隧道通风会受到一定影响，但同时最主要的是在严寒季节保证了区间隧道内的空气温度。

4. 区间隧道阻塞通风功能

可调通风型站台门转换成屏蔽门后，隔断了区间隧道与地下车站以外的空气流通通路，这样非常有利于区间隧道的阻塞通风。

5. 区间隧道火灾防排烟功能

可调通风型站台门转换成屏蔽门后，隔断了区间隧道与地下车站以外的空气流通通路，这样非常有利于区间隧道的通风排烟。

6. 系统功能比较结论

通过以上比较，可以得到表 7-3 所列的结论分析。

系统功能比较表 表 7-3

实现功能	可调通风型站台门式通风系统	开式通风系统
地下车站公共区通风功能	好	满足
地下车站公共区火灾排烟功能	满足	满足
区间隧道通风功能	满足	满足
区间隧道阻塞、通风功能	好	满足
区间隧道火灾、防排烟功能	好	满足

7.1.5 可调通风型站台门式通风系统与开式通风系统的运行能耗比较

按照城市轨道交通远期通风负荷进行比较。为了避免可调通风型站台门式通风系统与开式通风系统不在同一个城市，而且年运行时段不同的情况，也就是为了不失去各类通风系统进行比较的相对性，假设上述通风系统均应用在沈阳市的城市轨道交通工程上，这样就可以仅比较不同的通风系统型式下的区间隧道和地下车站公共区通风系统的运行耗电，不必考虑地下车站的出入口电热风幕的耗电。由于所研究的对象均位于同一城市即沈阳市，故在此可以按照沈阳地铁的运行状况，假设夏季全部机械排风运行时间为1551h，过渡季节活塞通风运行时间为3102h，冬季闭式运行（小新风送风）的运行时间为1551h。

1. 开式通风系统（一）的运行耗电费用

夏季开启：地下车站的轨顶排风机2台，单台输入功率为48kW；地下车站送风机和排风机4台，单台输入功率11kW。

冬季开启：地下车站的新风机2台，单台输入功率为7.5kW。

故地下车站通风设备年运行耗电量为240405kW·h。

2. 开式通风系统（二）的运行耗电费用

夏季开启：地下车站排风机4台，单台输入功率为28kW。

故地下车站通风设备年运行耗电量为173712kW·h。

3. 开式通风系统（三）的运行耗电费用

夏季开启：地下车站的轨顶排风机2台，单台输入功率为48kW；地下车站送风机2台，单台输入功率24kW。

冬季开启：地下车站的新风机2台，单台输入功率为7.5kW。

故地下车站通风设备年运行耗电量为246609kW·h。

4. 可调通风型站台门式通风系统运行耗电费用

夏季开启：地下车站排风机4台，单台输入功率为28kW。

冬季开启：地下车站的新风机2台，单台输入功率为11kW。

故地下车站通风设备年运行耗电量为207834kW·h。

5. 运行耗电费用比较结论

通过以上比较，可以得到表7-4所列的结论分析，其中电费按0.70元/kW·h计算。

通风空调系统运行耗电比较表　　表7-4

比较项目	开式通风系统（一）	开式通风系统（二）	开式通风系统（三）	可调通风型站台门式通风系统
地下车站年耗电量（kW·h）	240405	173712	246609	207834
年耗电费用（万元）	16.83	12.16	17.27	14.55

7.2　可调通风型站台门式通风系统严寒地区一维模型热环境模拟与分析

对应用可调通风型站台门式通风系统时城市轨道交通内部空气环境的气流进行模拟分析，通过三维模拟，得到可调通风型站台门式通风系统的空气温度场及速度场，从而验证可调通风型站台门式通风系统能够满足地下车站公共区的热舒适性要求。通过应用STESS软件进行一维模拟，对严寒地区的可调通风型站台门式通风系统进行分析，从而论证该系统在严寒地区城市轨道交通工程中应用的可行性与优越性。

沈阳市属于严寒地区，图7-3为采用气象数据生成软件Medpha v1.0绘制的沈阳市的全年逐时气象温度曲线。

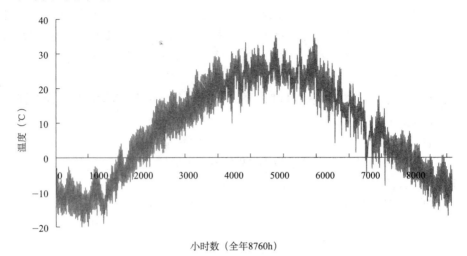

图 7-3 沈阳市全年逐时气象温度曲线（全年 8760h）

取冬季典型月（1 月）的全月 30 天逐时气象温度进行平均，可以得到冬季典型月每日地铁运行时间段内（早 5 点～晚 23 点）室外空气平均温度曲线，如图 7-4 所示。每日运行时间段内的室外空气平均温度极值点分别为 6 点时刻的 $-16.3℃$ 与 14 点时刻的 $-5.8℃$，日间平均空气温度为 $-10.2℃$（即图中虚线所示）。

根据沈阳市的气象参数，采用与第 6 章可调通风型站台门式通风空调系统相同的模拟线路模型进行分析。模拟线路包含 5 座地下车站及 6 个区间隧道，其中车站为地下双层岛式车站，区间隧道为圆形盾构断面。对模拟线路在冬季分别采用屏蔽门模式与安全门模式的模拟运行工况进行对比计算，获得远期 2040 年 1 月的地下车站与区间隧道空气温度结果。以进一步优化城市轨道交通通风空调系统的冬季运行模式。图 7-5、图 7-6 为沈阳市冬季采用安全门模式的模拟站 3 的地下车站及区间隧道内的空气温度分布结果。图 7-7 为沈阳市冬季采用屏蔽门模式的模拟站 3 的地下车站及区间隧道内的空气温度分布结果。

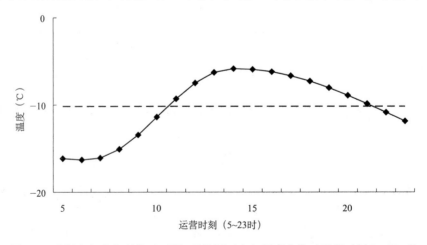

图 7-4 沈阳市冬季典型月（1 月）日均逐时空气温度曲线（运营时刻 5～23 时）

7.2 可调通风型站台门式通风系统严寒地区一维模型热环境模拟与分析

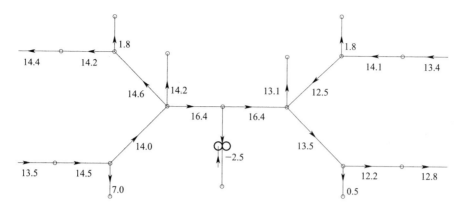

图 7-5 远期冬季典型月（2040 年 1 月）地下车站与区间隧道月平均空气温度
（沈阳地铁安全门模式模拟站 3）

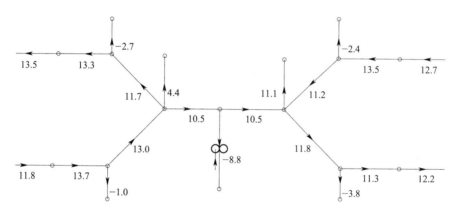

图 7-6 远期冬季典型月（2040 年 1 月）地下车站与区间隧道日最低小时月平均空气温度
（沈阳地铁安全门模式模拟站 3）

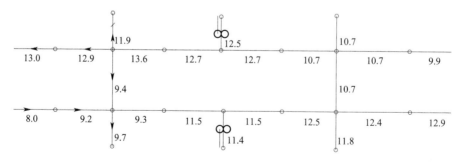

图 7-7 远期冬季典型月（2040 年 1 月）区间隧道月平均空气温度（沈阳地铁屏蔽门模式模拟站 3）
（沈阳地铁安全门模式模拟站 3）

由图 7-5、图 7-6 可以看出，在沈阳地区远期冬季（2040 年 1 月），模拟线路采用安全门模式运行时，模拟站 3 的前后区间隧道日平均空气温度范围在 12.2~14.5℃，活塞风井日平均空气温度范围在 0.5~7.0℃，地下车站日平均空气温度为 16.4℃，地下车站两端出入口的日平均空气温度分别为 13.1℃ 与 14.2℃。模拟站 3 的前后区间隧道日最低小时月平均空气温度范围在 11.2~13.7℃，活塞风井日最低小时月平均空气温度范围在 -3.8~

−1.0℃，地下车站日最低小时月平均空气温度为10.5℃，地下车站两端出入口的日平均空气温度分别为4.4℃与11.1℃。此模拟工况采用的是地下车站早高峰小时机械通风1h，总风量为120m³/s，全天其余时间均按闭式运行，4条活塞风井按开启设置。

由图7-7可以看出，在沈阳地区远期冬季（2040年1月），模拟线路采用屏蔽门模式运行时，模拟工况为关闭上行、下行区间隧道的排热风机，关闭活塞风井，开启迂回风道。模拟站3的前后区间隧道日平均空气温度范围在8.0℃~13.0℃，活塞风井（关闭）日平均空气温度范围在9.7℃~11.9℃，迂回风道日平均空气温度为9.4℃与10.7℃。

同时，由于可调通风型站台门转换为站台屏蔽门，地下车站公共区与区间隧道可视为完全隔离开。按照冬季通风以排除地下车站内余热余湿的要求，假定地下车站公共区拟控制空气温度为15℃，根据下式可计算出沈阳地铁冬季地下车站公共区需要的机械通风量。

$$Q = c\rho G(T_n - T_w)$$

式中　Q——站内余热（kW）；
　　　c——空气比热（kJ/kg·K）；
　　　ρ——空气密度（kg/m³）；
　　　G——通风量（m³/h）；
　　　T_n——地下车站公共区空气温度（℃）；
　　　T_w——室外空气温度（℃）。

经计算可得，地下车站公共区所需的平均机械风量 G 的计算值为8.6m³/s，约31000m³/h。因此，在沈阳地铁冬季运营时段内，可调通风型站台门式通风系统转换为屏蔽门系统形式运行，地下车站通过调节机械通风时的风机频率，根据室内外空气温差的变化而调节机械通风量，即可在冬季采用小风量机械通风工况下，将地下车站的空气温度控制在15℃左右。在上述小风量机械通风工况下，地下车站的出入口与室外应无直接交换的空气流量，并同时考虑出入口通道处安装的热空气幕，可有效抵御室外严寒空气袭入站内，则地下车站的出入口、站厅、站台公共区的空气温度控制于适宜范围内，满足乘客候车及站务人员正常工作的需要。

沈阳远期冬季典型月（2040年1月）地下车站与区间隧道日平均空气温度对比表　表7-5

日平均空气温度＼系统形式	安全门模式	屏蔽门模式
区间隧道空气温度（℃）	12.2~14.5	8.0~13.0
活塞风井空气温度（℃）	0.7~7.0 −3.8~−1.0 （日最低小时月平均）	8.6~10.9（关闭）
地下车站轨行区空气温度（℃）	（认为同车站公共区）	11.5~12.7
地下车站公共区空气温度（℃）	16.4 10.5 （日最低小时月平均）	15（设定控制值）
地下车站出入口空气温度（℃）	13.1与14.2 4.4与11.1 （日最低小时月平均）	（认为同地下车站公共区）
区间隧道机械风量（m³/s）	—	0（排热风机关闭）
地下车站公共区机械风量（m³/s）	120（早高峰1h）	8.6（变频）

表7-5为上述两种系统形式的模拟线路在远期冬季空气温度情况的对比结果表。从表中可以看出，在沈阳地铁远期冬季采用安全门模式的模拟工况下，地下车站通过出入口、活塞风井与室外连通，闭式运行时由于列车活塞风效应的影响，室外严寒空气对地下车站及区间隧道存在一定的影响。在地下车站的出入口、活塞风井等位置，将出现空气温度较低的情况，如出现出入口处空气温度低于5℃，活塞风井空气温度低于0℃等情况，不仅对于上述位置安装管线（水管）的冬季保温有较高要求，同时对进出站的乘客及站内工作人员的热舒适感觉也存在较大影响。

而采用新型可调通风型站台门式通风系统，在沈阳地铁冬季运行时，将可调通风型站台门上的百叶风阀关闭，即可以将可调通风型站台门转化为屏蔽门形式，同时关闭活塞风井，开启迂回风道，将地下车站公共区与区间隧道分隔开。在此工况下，区间隧道空气温度与地下车站的空气温度均可控制在适宜的范围内，同时活塞风井、地下车站出入口没有与室外的直接交换气流，可将活塞风井与车站出入口的空气温度保持在沈阳地层土壤温度附近，防止极端低温情况的出现。这样将有利于安装在活塞风井、地下车站出入口的管线（水管）的冬季保温防冻，同时可为进出站乘客及站内工作人员提供一个较为舒适的站内热环境。

7.3 可调通风型站台门式通风系统经济性分析

东北地区以地铁为典型代表的城市轨道交通工程数量不多，而且除沈阳地铁1号线和沈阳地铁2号线外均处于建设时期或者建设准备期，虽然各条线路不在同一城市，在此，还是把上述四类通风系统作一比较；对这四类通风系统的功能性、初投资以及运行费用等进行比较。为方便比较，也视为这四类通风系统均假设在沈阳地铁中出现。

7.3.1 通风系统设备初投资比较

通风系统设备按照城市轨道交通远期负荷所需设备容量进行比较。以全线平均热负荷为标准站负荷，在此，仅按照标准站的情况进行比较。

1. 开式通风系统（一）（哈尔滨地铁3号线、哈西联络线系统）的系统设备初投资

此系统比开式通风系统（二）稍稍复杂，主要是由于采用了冬季混风机组送风系统，经向有关单位咨询，可取800万元/站的指标。

2. 开式通风系统（二）（沈阳地铁1号线、2号线通风系统）的系统设备初投资

开式通风系统（二）是上述四类通风系统中设备初投资最少的系统，根据实际经验，取550万元/站的指标。

3. 开式通风系统（三）（大连地铁1号线、2号线系统）的系统设备初投资

和开式通风系统（二）比较，每站多设置2台$60m^3/s$风机，减少4台$30m^3/s$风机，多设置2台$6m^3/s$新风机。地下车站的站厅和站台各多出4条送、排风管，经向有关单位咨询，约取700万元/站的指标。

4. 可调通风型站台门式通风系统的系统设备初投资

可调通风型站台门式通风系统也采用地下车站和区间隧道送新风系统，设置区间隧道和地下车站新风机，并在地下车站的站厅和站台设置新风管，但不设回风管，减少了部分原有的送、排风管道，总的来看初投资比开式通风系统（二）稍高。

5. 系统设备初投资比较结论

通过以上比较,可以得到表 7-6 所列的结论分析。

通风系统设备初投资比较表(万元) 表 7-6

比较项目	开式通风系统(一)	开式通风系统(二)	开式通风系统(三)	可调通风型站台门式通风系统
通风系统设备初投资	800	550	700	580

7.3.2 其他设备初投资比较

除了通风系统设备的不同,采用不同的通风系统方案对于城市轨道交通工程其他设备系统的设备投资也会产生影响。但是这些影响经过分析是仅限于安全门本身投资的变化,虽然像 BAS 等系统也会有投资影响,但是很小,可以忽略不计。可调通风型站台门式通风系统(开式通风+可调通风型站台门)每站投资约 660 万,传统的通风系统(开式通风系统+全高安全门)每站投资约 580 万,可调通风型站台门多投资约 80 万元。

7.3.3 土建投资比较

1. 开式通风系统(一)的系统土建投资

类比沈阳地铁 1 号线和 2 号线工程,采用开式通风系统(一)时,通风系统占用的土建部分面积约为 2100m²,但用 2 个新风井替代 4 个小系统风井,土建投资稍有增加,故总投资约为 1750 万元。

2. 开式通风系统(二)的系统土建投资

经查建筑招标工程量清单,标准站的通风空调机房、风道及风井总面积约为 1700m²,按照土建造价约 8000 元/m² 的价格,折合土建投资约为 1360 万元。地下车站需要 2 个活塞风亭、2 个通风亭、4 个小系统风亭,总的地面面积约为 200m²,按 3000 元/m² 的价格,折合装修投资约为 60 万元。故总投资约为 1420 万元。

3. 开式通风系统(三)系统土建投资

与开式通风系统(二)类似,考虑到土建部分面积稍小一点,投资稍有减少,但用 2 个新风井替代 4 个小系统风井,土建投资稍有增加,故总投资约为 1400 万元,与开式通风系统(二)持平。

4. 可调通风型站台门式通风系统土建投资

如果在开式通风系统(二)上进行系统变换,根据实际经验,2 个新风井土建部分面积约增加 80m²,土建投资增加约 60 万,但减少了 4 个小系统风井,土建投资减少约 30 万元,总的土建投资增加约 30 万元。

5. 土建投资比较结论

通过以上比较,可以得到表 7-7 所列的结论分析。

通风空调系统土建投资比较表(万元) 表 7-7

比较项目	开式通风系统(一)	开式通风系统(二)	开式通风系统(三)	可调通风型站台门式通风系统
土建投资	1750	1420	1400	1450

7.3.4 运行耗电费用比较

按照城市轨道交通远期通风负荷进行比较,仅比较区间隧道和地下车站公共区通风系统耗电。可以得到表7-8所列的结论分析,其中电费按0.70元/kW·h计算。

通风系统运行耗电比较表 表7-8

比较项目	开式通风系统（一）	开式通风系统（二）	开式通风系统（三）	可调通风型站台门式通风系统
地下车站年耗电量（kW·h）	240405	173712	246609	207834
年耗电费用（万元）	16.83	12.16	17.27	14.55

7.3.5 运行费用比较

通风系统每年的运行维护费用按设备费的3%折算,可调通风型站台门与安全门的运行维护费用基本相当,不列入比较。由此得出表7-9所列的结论。

通风系统运行维护费用比较表（万元） 表7-9

比较项目	开式通风系统（一）	开式通风系统（二）	开式通风系统（三）	可调通风型站台门式通风系统
年运行维护费用	24	16.5	21.0	17.4

7.3.6 综合经济比较

经过以上各项经济分析,还需采用年值法对四类通风系统进行动态比较。通风设备、安全门、供电设备等使用寿命在20年左右,所以将比较的期限确定为20年。地下车站的土建使用年限为100年,所以按100年进行折算。贷款利率按6.12%计算。综合比较结果见表7-10所列。

通风系统动态经济比较表（万元） 表7-10

比较项目	开式通风系统（一）	开式通风系统（二）	开式通风系统（三）	可调通风型站台门式通风系统
通风设备投资	800	550	700	580
其他设备投资	580	580	580	660
土建投资	1750	1420	1400	1450
初期投资合计	3150	2570	2700	2690
设备年费（按20年折算）	69	56.5	64	62
土建年费（按100年折算）	17.5	14.2	14	14.5
初投资折合年费用	86.5	70.7	78	76.5
年耗电费用	16.83	12.16	17.27	14.55
年运行维护费用	24	16.5	21.0	17.4

续表

比较项目	开式通风系统（一）	开式通风系统（二）	开式通风系统（三）	可调通风型站台门式通风系统
年运营费合计	40.83	28.66	38.27	31.95
年综合费用	127.33	99.36	116.27	108.45
差值［以开式通风系统（二）为基础］	+27.97	0	+16.91	+9.09
比例［以开式通风系统（二）为基础］	1.28	1	1.17	1.09

但应该注意到，可调通风型站台门式通风系统的年耗电费用在与各类开式通风系统比较中都具有较好的表现，现在节能减排问题越来越受到大家的重视，节能减排也已经成为国策，能源的价格也处于不断地增长状态，作为能源消耗巨大的城市轨道交通工程，其各个系统，尤其是在城市轨道交通系统运行耗能中名列前茅的通风系统的节能性应作为重点考虑因素，再加之可以为城市轨道交通保证冬季良好的内部空气环境，因而，可调通风型站台门式通风系统具有明显的优势。

从以上的分析可以看出，采用四种类型的城市轨道交通通风系统均能满足城市轨道交通的功能要求，虽然可调通风型站台门式通风系统的经济性不是最优，但其经济性与最优的通风系统仅有微弱差距，更令人欣慰的是应用可调通风型站台门式通风系统能在严寒季节提高地下车站和区间隧道的空气温度，提高了舒适度，有很大的使用价值。在沈阳市和长春市等严寒地区的城市轨道交通工程中使用可调通风型站台门式通风系统，可以满足通风系统的各项功能要求，同时还能保证严冬季节地下车站和区间隧道的空气设计温度，对例如给水排水和消防水管等设备和管线的保温与防冻也具有很好的帮助意义。

第8章 蒸发冷凝式通风空调系统

8.1 概况

近年来，随着我国城市化进程的快速推进，作为城市公共交通网络重要组成部分的城市轨道交通网络建设也在快速发展。国内众多城市都在建设或拟建多条城市轨道交通线路，由于国内城市轨道交通建设起步较晚，开始于1965年的北京地铁1号线是国内的第一条城市轨道交通线路，在此之后的将近50年的这段发展历程中，中国的城市轨道交通建设速度与进度都与城市的交通需求不相吻合，基本上是处于缓慢的发展初期。随着经济的发展，城市化的发展也非常快，城市的地面建筑与道路建设步伐迅速，机动车保有量急剧增大，而机动车增长量的快速加大，造成了城市，尤其是大型城市的交通状况日益恶化，虽然城市道路建设在一定程度上可以缓解交通拥堵的状况，但至今为止，已经证明仅仅依靠城市道路的加快建设是无法从根本上解决交通拥堵的问题，或者能够对城市交通阻塞状况有效地加以改善，究其原因就在于城市轨道交通建设极为不足，只是到了最近十几年，对这方面的认识才逐渐清晰，看法才逐步趋同，城市轨道交通建设的力度才得以逐渐加大，然而城市轨道交通建设需要的周期较长，从规划到建成通车需要若干年的时间，与城市发展的速度相比还大大的有所不如，这样，不可避免地导致城市轨道交通建设欠账很多。城市轨道交通的基本发展过程都不外乎是城市格局比较固定，地面交通条件难以承担巨大的交通负荷，而且地面改造条件制约严重时，为解决日益严重的交通拥堵，才得以走向城市轨道交通的建设。而且各个城市在考虑城市轨道交通的建设时，都是首先要最大限度地疏散既有的城市规划、建设发展区域的地面交通流量，这样，各个城市先期建设的城市轨道交通线路都无一例外地需要穿越城市中心繁华地段和人口较多的区域。在此种实际建设状况的前提下，城市轨道交通建设会遇到诸多限制因素，除经济实力和技术水平等原因之外，最主要的限制因素当属城市既有规划和建设现状方面。一方面城市轨道交通建设要解决已经形成的城市人员密集区域的交通问题，另一方面，这些区域的已有建筑物数量较多，建筑规划红线已经形成，已有的道路宽度也没有考虑为城市轨道交通建设预留足够的余量，城市轨道交通需要与地面联系的相应部位、所需要的地面构筑物以及需要设置在地面的设施等的位置和面积都需要与现状进行细致的协调，寻找出可能的解决途径，例如：城市轨道交通地下车站的出入口、地面风亭、地面电梯间和冷却塔、空调室外机等均需与地面条件仔细配合，各方面矛盾交叉的现象非常突出，难度非常之大。其中，地面冷却塔的设置和摆放就是无法回避的一个现实问题。

城市轨道交通的地下车站受当地气候条件和行车需求的影响，内部空间的热负荷较大，依靠简便的通风方式已经无法经济有效地为人员和设备运转创造适宜的内部空气环境时，就需要采用空调方式，这样，作为冷源系统的主要构成部分的冷却水系统中的关键组成设备之一的冷却塔就必须予以使用，而冷却塔的安放位置和空间都有其自身要求，系上合理的做法是将冷却塔设置在地面上，通过水管将其与设置在地下车站制冷机房中的冷却水泵和冷水机组相连接。在实际工程中经常出现的做法是将冷却塔的设置与出到地面的风亭相结合，一般将冷却塔设置在风亭的顶部。在这种做法下，风亭与冷却塔组合体的体量就非常庞大，对地面就会造成景观方面的影响，同时，在冷却塔运行期间，噪声较高，也不时遭到周围居民的投诉；部分地下车站由于地面景观要求较高，还有些地下车站受所在位置的地面条件限制较多，在地面上设置冷却塔比较困难，对此，需要采取合理稳妥的技术手段加以解决。实际工程上已经出现的做法有的是将冷却塔与地面建筑协调配合，将冷却塔设置在地面已有建筑物的顶部，可以解决此矛盾，但带来的后果是冷却水管线过长，对地面建筑物屋面顶板的承重需要提出特殊要求，并且需要协调地面建筑与城市轨道交通的关系，二者如不是同属一家业主所有或者管理，尤其是地面建筑物已经存在时，运行管理和结构荷载条件等都是很大的制约因素。工程上也存在着另一种实际做法，即将若干地下车站的冷却塔（有的还包括冷水机组以及冷冻水泵、冷却水泵）集中设置在某个位置，然后通过水管与相关地下车站的空调设备相连接，这就是通常所说的集中冷冻站或者集中冷却站的方案，这样的做法从技术上也可以解决问题，但其需要考虑的是要将水管布置在区间隧道中，沿区间隧道长度方向伸展，除对城市轨道交通区间隧道的限界要提出要求外，还要穿越设置在区间隧道与地下车站衔接部位的人防防护门，需要采取一些特殊的做法，难度很大，而且，在通风空调系统实际运行期间，由于地下车站之间的站间距较大，平均站间距都在 1km 以上，水管铺设的长度较长，沿程局部阻力也较大，造成空调水系统输送能耗较高，如果采用集中冷冻站的方案，则沿线冷负荷的散失也不同程度的存在，这些因素都不利于系统的运行节能。

如何能够研发出一套合理的技术方案，既可以解决冷却塔设置在地面所造成的景观问题，又可以实现空调水系统的运行节能，就成为摆在技术人员面前的一道难题，为此，结合城市轨道交通的实际工程建设和需求，城市轨道交通蒸发冷凝式通风空调系统的研究就提出了一条新的技术路线。

8.2 蒸发冷凝技术

蒸发冷凝技术在国外已经得到较为广泛的应用，在国内的民用建筑中也得到了一定程度的推广。但目前在城市轨道交通中还没有大量的应用先例，在此之前也没有将蒸发冷凝技术与城市轨道交通特点相结合，将其进行有针对性的完善与改进应用的研究与分析，现在，结合本研究，在北京地铁复—八线的西单车站已经开始了应用的探索，虽然还需要进一步加大研究力度，完善和解决细节问题，但初步的效果令人满意。

蒸发式冷凝技术在城市轨道交通中的应用需要满足两个方面的要求：一方面是在保持蒸发冷凝设备高效的前提下能够替代传统的冷却塔设备，并有机地布置在地面以下，以解决对城市景观的影响问题；另一方面是应与城市轨道交通的建筑、结构特点以及运行规律相协调，达到各种资源和工况条件的有机衔接、充分利用，最大限度地实现系统的运行节能。

其中，能够适应城市轨道交通工程的独有特点，可以满足城市轨道交通实际需求的蒸发式冷凝空调产品的开发应用是基础性的前提，蒸发式冷凝机组是蒸发冷凝技术的开发应用,这个方面解决得合理就能够为城市轨道交通通风空调提供能效更高、无需冷却塔、系统更为紧凑、控制更方便的新型节能空调产品,满足节省安装占地面积、节约用水的需求。

8.2.1 蒸发冷凝技术原理

蒸发式冷凝器就是将水冷冷凝器和冷却塔合二为一,省略冷却水从冷凝器到冷却塔的传递阶段;充分利用水的蒸发潜热冷却工艺流体,在实际运行中,其用水量仅为水冷式冷凝器用水量的约50%;蒸发冷凝器是以水和空气作冷却介质,利用水的蒸发带走气态制冷剂的冷凝热(图8-1)。

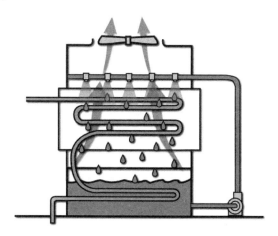

图 8-1 蒸发冷凝器示意图

8.2.2 传统的盘管型蒸发冷凝器

1. 盘管形式

传统的蒸发冷凝设备中,其冷凝器的结构形式基本上都是采用盘管形式,盘管的具体形状有圆形、椭圆形以及交变扭曲形等,盘管的材质有铜管、无缝钢管等。

(1)铜管材质圆形盘管蒸发冷凝器如图8-2所示。

图 8-2 铜管材质圆形盘管蒸发冷凝器

(2)无缝钢管材质椭圆形盘管蒸发冷凝器如图8-3所示。

图 8-3　无缝钢管材质椭圆形盘管蒸发冷凝器

（3）无缝钢管材质交变扭曲管盘管蒸发冷凝器如图 8-4 所示。

图 8-4　无缝钢管材质交变扭曲管盘管蒸发冷凝器

这些盘管结构形式存在的一个突出问题就是结垢难以清理。

2. 传统盘管蒸发冷凝器的应用

在美国，蒸发冷凝技术已经广泛应用于大型集中冷站、大型冷冻站及大型中央空调系统中，产品的生产厂家较多，例如：美国益美高等。

在国内，蒸发冷凝技术也已广泛应用于地面建筑的大型集中冷站、大型冷冻站及大型中央空调系统中，国内也有不少设备生产厂家如：大连冷冻机厂、烟台冷冻机厂等（图 8-5）。

图 8-5　传统盘管蒸发冷凝器应用示意图

3. 传统盘管型蒸发冷凝器的缺陷

传统盘管型蒸发冷凝器存在以下六个方面的主要的缺陷：

（1）设备体积庞大，大型设备无法实现机组一体化。
（2）设备存在"背风面"，系统运行中换热效率低。
（3）设备运行时存在换热"干点"，盘管易结垢，且不易清理。
（4）设备防腐性能差，寿命短。
（5）设备运行中会产生"飞水"，耗水量较大。
（6）设备的维修保养困难。

8.2.3 板管型蒸发冷凝技术

1. 板管型蒸发冷凝技术

板管型蒸发冷凝技术在结构形式上就是将水冷冷凝器和冷却塔合二为一，省略冷却水从冷凝器到冷却塔的传递阶段；充分利用水的蒸发潜热冷却工艺流体，实际运行中的用水量仅仅为水冷式冷凝器的约50%（图8-6）。

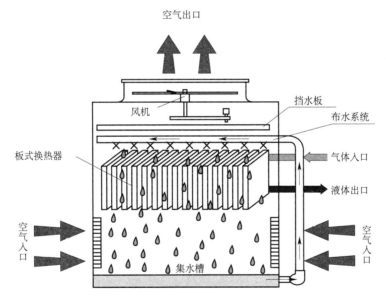

图8-6 板管型蒸发冷凝器示意图

2. 板管型蒸发冷凝器工作原理

（1）板管型蒸发冷凝器是以水和空气作冷却介质，利用水的蒸发带走气态制冷剂的冷凝热。

（2）板管型蒸发冷凝器工作时冷却水由水泵送至冷凝管组上部喷嘴，均匀地喷淋在冷凝排管外表面，形成一层很薄的水膜，高温气态制冷剂由冷凝排管组上部进入，被管外的冷却水吸收热量冷凝成液体从下部流出，吸收热量的水一部分蒸发为水蒸气，其余大部分落在下部集水盘内，供水泵循环使用，风机强迫空气以3~5m/s的速度掠过冷凝排管促使水膜蒸发，强化冷凝管外放热，并使吸热后的水滴在下落的进程中被空气冷却，蒸发的水蒸气随从空气被风机排出，其余大部分未被蒸发的水滴被挡水板阻挡住落回水盘。

（3）水盘中设浮球阀，自动补充冷却水量。

3. 平面液膜蒸发冷凝技术

板管型蒸发冷凝器在运行中可以实现100%的冷却水覆盖率；其独有的板管式平面液膜换热技术具有非常好的防结垢特性，同时对于防飞水也有很好的效果（图8-7）。

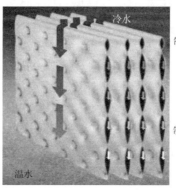

图8-7 平面液膜蒸发式冷凝技术示意图

4. 板管型蒸发冷凝技术加工工艺

板管型蒸发冷凝技术加工工艺采用德国引进的激光焊接技术，很好地保证了设备的加工精度，确保设备不会发生制冷剂的泄漏，有效地提高了产品质量。

5. 板管型蒸发冷凝技术的优点

板管型蒸发冷凝机组如图8-8所示。

图8-8 板管型蒸发冷凝机组示意图

板管型蒸发冷凝技术具有以下三个主要方面的优点：

(1) 设备系统整体为成熟的机组整体化技术。

(2) 设备运行过程中可以实现100%的冷却水覆盖率;设备所独有的板管式平面液膜换热技术具有非常好的防结垢特性,同时对于防飞水也有很好的效果。

(3) 板管型蒸发冷凝器采用不锈钢材质,防腐蚀性强,确保了产品的寿命,并且清洗和维护方便。

6. 与其他系统比较

在所测试的气象条件下,如果考虑板管型蒸发冷凝机组不是全部时间满负荷运行,机组随负荷进行卸载停机,而机组的性能系数基本不变,冷冻水泵和冷却水泵仍然按工频运行,分别计算负荷为测试实际负荷的80%、70%和60%时,各空调系统的性能系数和节能率,具体计算结果见表8-1~表8-3所列(其中水冷冷水机组空调系统是目前城市轨道交通最常用的系统)。

板管型蒸发冷凝空调系统同其他方案的性能对比结果(80%实测负荷)　　表8-1

项　目	板管型蒸发冷凝空调系统对比	
	风冷冷水机组空调系统	水冷冷水机组空调系统
性能系数提高率(%)	27.7	16.9
节能率(%)	21.8	14.5

板管型蒸发冷凝空调系统同其他方案的性能对比结果(70%实测负荷)　　表8-2

项　目	板管型蒸发冷凝空调系统对比	
	风冷冷水机组空调系统	水冷冷水机组空调系统
性能系数提高率(%)	28.3	20.7
节能率(%)	22.2	17.3

板管型蒸发冷凝空调系统同其他方案的性能对比结果(60%实测负荷)　　表8-3

项　目	板管蒸发冷凝空调系统对比	
	风冷冷水机组空调系统	水冷冷水机组空调系统
性能系数提高率(%)	29.3	25.7
节能率(%)	22.7	20.5

从上述测试和分析结果可以得出以下结论:

(1) 板管型蒸发冷凝空调系统同风冷冷水机组空调系统和水冷冷水机组空调系统相比,系统性能系数最高。

(2) 板管型蒸发冷凝空调系统同风冷冷水机组空调系统相比的优势在于板管型蒸发冷凝机组的性能系数远远高于风冷冷水机组。

(3) 板管型蒸发冷凝空调系统同水冷冷水机组相比的优势在于系统的输送能耗比例相对较小,系统的性能系数高于冷水机组,而且蒸发冷凝系统随负荷变化,对系统性能系数的影响最小,对负荷变化的适应性最强,系统运行综合性能系数最高。

7. 板管型蒸发冷凝器和风冷冷凝器、水冷冷凝器的区别

(1) 风冷冷凝器原理如图8-9所示。

风冷式冷凝：
空气→风冷冷凝器（显热）→带走冷凝热，
空气温度升高→大风量轴流风机→大气。
单位 kW 冷量，风机风量为 420~500m³/h，
冷凝温度在 45℃ 以上，
单位 kW 冷量，风机能耗 = 0.026kW

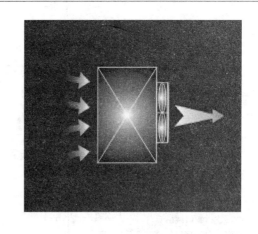

图 8-9　风冷冷凝器原理示意图

（2）水冷冷凝器原理如图 8-10 所示。

水冷式冷凝：
冷却水→水冷冷凝器（潜热）→带走冷凝热，
冷却水温度升高→大功率冷却泵→冷却水塔
（潜热交换）→冷却塔风机→大气。
每 100kW 冷量循环水量为 22m³/h，
冷凝温度在 40℃ 左右，
单位 kW 冷量耗能 = 0.028（冷却泵能耗）+
0.01（冷却塔风机能耗）= 0.038kW

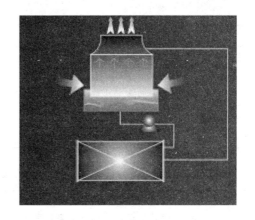

图 8-10　水冷冷凝器原理示意图

（3）蒸发冷凝器原理如图 8-11 所示。

蒸发式冷凝（效率最高的冷凝方式）：
冷凝热→蒸发式冷凝器（显热）→冷凝热传递
给水膜→水膜蒸发（潜热交换）→冷却空气小
风量轴流风机→大气。
单位 kW 冷量，风机风量为 110~125m³/h，相
当于风冷冷凝所需风量的 1/4，
每 100kW 冷量循环水量为 10~12m³/h，相
当于水冷冷凝所需水量的 1/2，
冷却水泵扬程 5m，
冷凝温度在 38℃ 以下，
单位 kW 冷量耗能 = 0.006（冷却泵能耗）+ 0.008
（冷却塔风机能耗）= 0.014kW

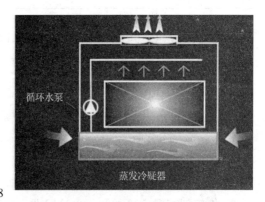

图 8-11　蒸发冷凝器原理示意图

(4) 板管型蒸发冷凝器和风冷冷凝器、水冷冷凝器的区别汇总见表8-4所列

三种冷凝器区别汇总表 表8-4

冷凝方式	风冷式	水冷式	蒸发式
冷凝温度	45℃	42℃	38℃
单位冷量风机风量	420~500m³/h	120~200m³/h	80~110m³/h
冷却水泵能耗	—	视楼层而定，最少扬程需20m	3~5m扬程即可
单位冷量冷凝能耗	0.026kW	0.038kW	0.014kW
系统COP	2.5~3.2	3.2~3.8	4.2~4.8
蒸发冷凝对比节能	35%以上	15%~20%	—

(5) 板管型蒸发冷凝空调机组与传统的风冷冷水机组和水冷冷水机组的对比

相对于传统的风冷冷水机组和水冷冷水机组在建筑空调系统中的应用，板管型蒸发冷凝空调机组在建筑空调系统中的应用还是较为新颖的技术，但从技术原理上看，板管型蒸发冷凝技术可以降低冷凝压力，减少压缩机功率，结构上将冷却塔和冷凝器合为一体，不需要独立设置冷却塔，大大减少冷却水泵流量与扬程，提高整个空调系统的能效比，并且具有节约水资源的优势（表8-5、表8-6）。

板管型蒸发冷凝空调与传统水冷冷水机组的对比表 表8-5

空调方案	板管型蒸发冷凝空调系统	传统水冷冷水机组
运行特点	系统能效比高，机组性能受环境影响较小，机组制冷量相对较稳定，运行可靠，而且系统性能系数随负荷变化较小	系统能效低于蒸发式空调系统，由于冷却水泵输送系统能效比例较大，系统性能随负荷变化影响较大
环保性能	无"飞水"污染及冷却塔噪声污染，由于没有大功率冷却水泵，噪声也相应降低	冷却塔对周边环境造成"飞水"及噪声污染，增加冷却水泵使噪声增加
建筑要求	设备可全部安放在机房或室外，布置灵活	冷却塔需要安放在建筑外，影响建筑外观
系统安装	一体化设计，安装方便，省去了冷却水系统的安装及调试，缩短设计周期，安装工程量下降	复杂，冷却水系统需由施工队伍在现场安装施工，质量较难保证，施工过程中易在冷却水系统中留下焊渣等杂物，对系统的正常运行产生隐患
系统工况及寿命	采用蒸发冷凝技术，系统稳定，超强耐腐蚀高导热性特殊金属材质蒸发冷凝器使用寿命长达20年	主机寿命一般在15~20年左右，冷却塔寿命更低些，冷却塔不及时清洗或更换填料，空调效果随使用年限递减
冷却系统维护	采用不锈钢板管式蒸发冷凝器，抗结垢能力强，更便于清洗与维护	壳管式水冷冷凝器和冷却塔极易结垢及滋生苔藻，只能用化学清洗方式。对设备有较大腐蚀风险，降低使用寿命，并且每年要支付一大笔维护清洗费用
可靠性	由于主机系统简单，不易出故障，可靠性强	机组系统繁琐，冷却塔管路及热交换器会结垢堵塞，使热交换效率降低，影响制冷效果，需定期清洗
售后服务	一体化设计、维修简单	系统供应商多，售后服务关系处理相对复杂，并且会增加设备在施工过程中的运输与保管工作

板管型蒸发冷凝空调与传统风冷冷水机组的对比表　　　　表 8-6

空调方案	板管型蒸发冷凝空调系统	传统风冷冷水机组
运行特点	机组制冷量相对较稳定，运行可靠，而且系统性能系数随负荷变化较小	机组性能受环境影响较大，尤其在夏季环境空气温度较高时，机组可靠性下降
冷凝排风	总冷凝排风量小（相当于风冷排风量的1/4）	总冷凝排风量大
外界影响	冷凝器水蒸发散热，制冷性能稳定	当室外空气温度升高时，风冷冷凝器效率下降，增加能耗
环保性能	冷凝排风机噪声小	冷凝排风机风量大，排风机数量多，噪声大
建筑要求	设备可全部安放机房	风冷主机一般只能放在室外安装
系统安装	小，安装方便	机组体积较大，吊装或安装困难
系统工况及寿命	采用蒸发冷凝技术，系统稳定，超强耐腐蚀高导热性特殊金属材质蒸发冷凝器使用寿命长达20年	主机寿命一般在10年左右，压缩机运行工况易受室外环境影响，系统安全可靠性低，空调效果随使用年限递减
冷却系统维护	采用不锈钢板管式蒸发冷凝器，抗结垢能力强，更便于清洗与维护	风冷机组采用铝片穿铜管冷凝器，维护困难，维修率高，维修费高

8. 板管型蒸发冷凝器对压缩系统节能分析

制冷压缩机是制冷系统的核心部件，它是决定蒸汽压缩式制冷机组能力大小的关键部件。在制冷系统的内在参数中，对制冷机性能影响最大的是冷凝温度和蒸发温度，制冷剂过冷度和压缩机吸气温度对制冷系数的影响相对较小。蒸发冷凝、水冷冷凝和风冷冷凝这三种冷凝方式下冷凝温度分别为：蒸发冷凝温度 $t_k = 38℃$，水冷冷凝温度 $t_k' = 42℃$，风冷冷凝温度 $t_k'' = 45℃$。

假定三种冷凝方式下的过热度和过冷度均为5℃，制冷剂采用R22，可以计算三种冷凝方式下的理论制冷量和理论压缩功。

相对于水冷系统，蒸发冷系统理论压缩功节约18.7%，而风冷系统理论压缩功则增加27.8%。

9. 板管型蒸发冷凝技术在空调系统中的节能、节水应用

板管型蒸发冷凝空调设备在通风空调冷却系统中的节能优势主要体现在：

（1）冷凝压力降低，压缩功率减少。

（2）冷却水泵流量与扬程减小。

（3）冷却风量减少，冷却风机功率减小。

因此，相比较水冷空调系统而言，板管型蒸发冷凝空调系统要节能15%以上，全天耗水量同水冷冷水机组空调系统耗水量相比，节水率≥50%。

相比较风冷空调系统而言，板管型蒸发冷凝空调系统要节能35%以上。

板管型蒸发冷凝器只是利用水的汽化来带走制冷剂蒸气冷凝过程放出的冷凝潜热，一般1kg冷却水能带走16.75～25.12kJ的热量，而1kg水在常压下蒸发能带走约2428kJ的热量，因此蒸发冷凝系统所消耗的冷却水只是补给散失的水量，这比水冷式的冷却水用量要少得多，循环水量约为水冷式的1/3～1/2。

板管型蒸发冷凝器是一种高效换热设备，应用于空调系统中，其节能节水作用是非常明显的，应属国内目前最节能的中央空调产品之一。与传统的水冷式中央空调系统相比，可以节电15%以上，节水50%以上；与风冷式中央空调系统相比，节能更达35%以上，具有显著的节能效果。另外蒸发冷凝器进口空气湿球温度对换热量影响很大，进口空气湿球温度越低，在同样的风量下，冷却水蒸发量越大，冷凝效果越好，因此室内排风合理回收有利于冷凝，而且节能效果非常好。

10. 板管型蒸发冷凝空调系统的控制工艺

板管型蒸发冷凝空调系统采用智能化控制工艺，系统运行安全可靠，采用微电脑智能控制器，控制先进，功能齐全，自动化程度高，能实现机组启停程序管理、定时控制、全功能故障报警及故障自我诊断等功能。控制器具有完善的自动控制功能和超强的抗干扰能力，并具备缺相、相序、三相不平衡、压缩机过载、风机过载及吸排气压力异常、防冻保护等多重保护，确保机组运行安全可靠。

11. 板管型蒸发冷凝器的维护

正确的维护和及时的维修有利于保证冷水机组时刻处于最佳状态、保持最高效率、延长机组的寿命。

（1）日常维护

每天按规定的程序执行开机和停机顺序。

按一定的时间间隔记录机组运行参数。

机组开始运行24h后对冷冻水、冷却水过滤器清洗一遍。

通过控制柜上压力表显示检查机组的蒸发器和冷凝器压力，根据压力温度对照表，检查蒸发温度和冷冻水出水温度的差值。注意它们的变化趋势。蒸发压力读数一般应在380~450kPa的范围内，冷凝压力一般应在1200~1600kPa的范围内，温差值一般应在1~3℃范围内。

检查制冷剂过滤干燥器，如果发现过滤干燥器出口位置有结霜现象，则说明存在堵塞，这个现象通常伴随着蒸发压力过低以及蒸发温度与冷冻水出水温度的差值增大的现象。应注意及时更换制冷剂过滤干燥器。

检查油箱中的油位，正常的油位一般应在视镜的中部位置。如果发现油位有较大的下降，应及时添加冷冻油。

（2）蒸发式冷凝器的清洗方法

根据水质和机组周围空气环境的实际状况确定冷凝器的清洗周期，清洗前需先打开排污阀，并依次对过滤网、填料、播水盘、板片、接水盘进行清洗。

过滤网：每周用中性清洁剂清洗过滤网一次，滤网太脏时清洗次数可多些。若滤网堵塞，吸入空气不够，将导致性能恶化甚至机组故障。

填料：将填料从换热板片中抽出，单片刷洗，有黏着性污渍可用中性清洁剂清洗，待整个冷凝器清洗完毕排列整齐放入板片之间（图8-12）。

图8-12 蒸发冷凝机组填料

播水盘：对播水盘进行刷洗，可用中性清洁剂，如有黏着性污渍堵塞播水孔可用高速水冲洗（图8-13）。

换热板片：用长刷通过板片间的间隙对板片进行刷洗，可用中性清洁剂清除黏着性污渍。

接水盘：水盘底部的污渍可用长刷通过板片间的间隙并加中性清洁剂清洗（图8-14）。

图8-13 蒸发冷凝机组播水盘

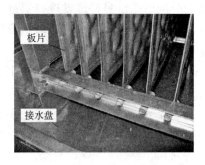

图8-14 蒸发冷凝机组接水盘

8.3 重庆市轨道交通6号线支线蒸发冷凝式通风空调系统方案

以板管型蒸发冷凝式冷水机组为例，对蒸发冷凝技术应用于城市轨道交通进行有针对性的研究，并提出适应城市轨道交通特点和规律的蒸发冷凝式通风空调系统，从而解决困扰城市轨道交通的环境景观与规划协调等具体问题。

系统包含三大选型机组：（1）整体式冷冻水空调系统；（2）分散式冷冻水空调系统；（3）分体式冷媒直膨空调系统。其中前两种选型机组运用较多。

重庆市轨道交通6号线的若干座地下车站受周边环境条件影响，为解决景观的问题，对蒸发冷凝式通风空调系统在城市轨道交通工程中的应用进行了研究，经分析比较，选择了板管型蒸发式冷凝器设备作为研究对象，结合相关地下车站的实际情况，对地下车站的通风空调系统方案进行了设计工作，现将其设计和研究情况进行初步的介绍。

8.3.1 会展中心站通风空调冷源系统方案

1. 会展中心站的车站总平面布置

会展中心站位于会展中心广场南侧会展大道下方，为了不影响整个会展中心广场的景观，车站的出入口、风亭、安全出入口等均排列在会展大道两侧，采用低矮的敞口造型。由于出口较多，对会展中心广场整体布局造成了一定的影响。若采用传统的城市轨道交通通风空调系统方案，需要考虑设置冷却塔设备对冷却水进行散热降温，原设想采用的传统通风空调冷源系统方案中的冷却塔原定布置在东南侧风亭旁边，但冷却塔高度为4m左右（含基础），为了降低高度，曾考虑可以采用下沉式冷却塔设置方案，但在此情况下，冷却塔设置的占地面积需扩大一倍左右，与周边的规划协调困难极大。根据这种情况，重庆市轨道交通6号线的会展中心车站的通风空调冷源系统考虑采用新型的蒸发冷凝式冷水机组。

2. 制冷机房平面布置

重庆市轨道交通6号线会展中心车站采用蒸发冷凝式冷水机组作为通风空调系统制冷的冷源，在制冷机房的设置上可以利用原有的制冷机房位置重新布置相关设备，其中，减少了地面设置的冷却塔，也减去了冷冻机组和冷却水泵，但增加了蒸发冷凝式冷水机组和排风机。蒸发冷凝式冷水机组的热量排入排风竖井，在新风井处开设百叶风口，作为排风

8.3 重庆市轨道交通6号线支线蒸发冷凝式通风空调系统方案

系统的补风。

排风机的风量为72000m³/h，风压为500Pa，电功率为15kW。蒸发冷凝式冷水机组的布置如图8-15所示。

根据制冷机房排风和补风的风量需求，原有的排风井和新风井面积需各增加7m²左右，经调整总平面风井的位置可以满足设计要求。

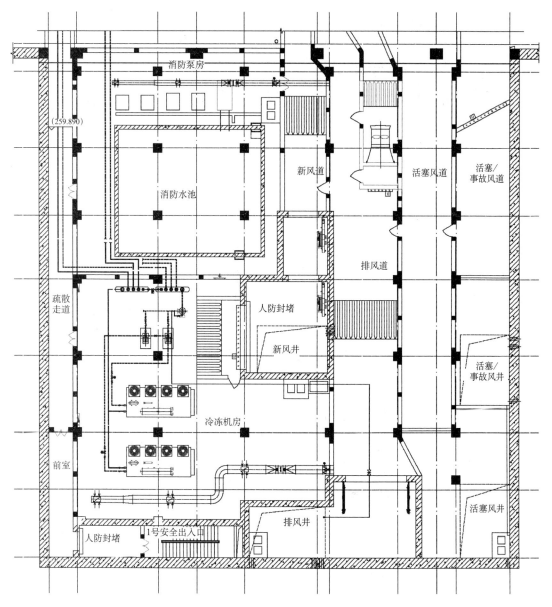

图8-15 会展中心站蒸发冷凝式冷水机组机房布置平面图

8.3.2 黄茅坪站通风空调冷源系统方案

1. 车站总平面布置

黄茅坪站位于现状金山大道路下，车站为西南、东北方向布置。站址处金山大道两侧

第8章 蒸发冷凝式通风空调系统

均为黄茅坪工业园区，基本实现规划；道路西北侧现状为工业用厂房，道路西南侧现状为农田，规划为商业、住宅及教育科研用地，近期实现规划。车站设两组风亭，风亭设置在金山大道道路两侧人行道范围内，由于人行道西北侧地块已基本实现规划，原通风空调冷源系统方案中需要设置的冷却塔布置极为困难。根据这种情况，重庆市轨道交通6号线的黄茅坪车站的通风空调冷源系统考虑采用新型的蒸发冷凝式冷水机组，取消地面设置的冷却塔。

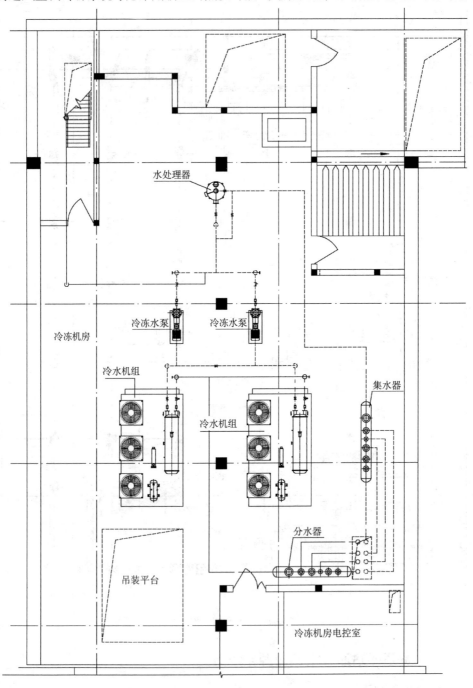

图8-16 黄茅坪站蒸发冷凝式冷水机组机房布置平面图

2. 制冷机房平面布置

黄茅坪站蒸发冷凝式冷水机组机房布置如图8-16所示。

黄茅坪车站采用蒸发冷凝式冷水机组作为通风空调系统制冷的冷源，在制冷机房的设置上可以利用车站原有的制冷机房位置重新布置相关设备，其中，减少了地面设置的冷却塔，减去了冷冻机组和冷却水泵，但增加了蒸发冷凝式冷水机组和排风机。蒸发冷凝式冷水机组的热量排入排风竖井，在新风井处开设百叶风口，作为排风系统的补风。

排风机的排风量为52805m^3/h，风压为569Pa，电功率为15kW。

由于施工图阶段车站原有排热风机的风量以及公共区的送风量和排风量进行了调整，根据制冷机房排风和补风的风量需求进行了核算，现有的新风井和排风井面积可以满足蒸发冷凝式冷水机组的排风量和补风量，不需要调整增加面积。

8.3.3 蒸发冷凝式冷水机组的冷凝排风与风道排风混合情况（以会展中心站为例）

（1）根据负荷计算，选用制冷量为680kW的蒸发冷凝式冷水机组，单台机组排风量为20m^3/s，2台机组共40m^3/s的冷凝排风量，排风温度为38℃，湿度为95%。

（2）车站排风道总风量为68m^3/s，排风温度为37℃，湿度为78%。

（3）蒸发冷凝式冷水机组的冷凝排风和风道排风混合后，经计算，风亭百叶处排风温度为37.4℃，湿度为85.6%。

8.3.4 根据重庆特点采取的措施

（1）整体式蒸发冷凝螺杆冷水机组冷凝水盘的处理如图8-17所示。

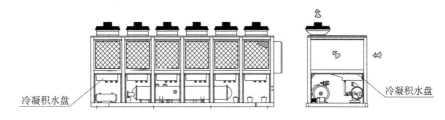

图8-17 冷水机组冷凝水盘处理

考虑到重庆的水质，凝结水盘的水易有粉尘或杂质，在工程上采取了如下措施：

第一步：在空气过滤中加大过滤器的过滤等级；

第二步：在冷却循环水泵的入口处增加智能全自动反冲洗过滤器，滤过精度为350~1300μm，除垢率>97%，防垢率>99%，杀菌率>95%，灭菌率>97%；

第三步：定期排水，清洗积水盘。

（2）由于蒸发冷凝式冷水机组是在高温和高湿环境下运行的机组，其钣金零部件外壳要求经过热浸锌处理。

（3）蒸发冷凝式冷水机组的噪声为70dB左右，由于增加了排风机，因此可以取消机组原自带的排风机，所加排风机的噪声约为80~85dB，大于原机组的噪声，故在风管上需加设消声器,以满足声环境质量标准。

由于蒸发冷凝式冷水机组的排风相对湿度较大,故所选用的风管、排风机必须在防腐、防潮等具体环节上提出相应的特殊要求。

8.3.5 方案比较

针对蒸发冷凝式冷水机组冷源方案和常规的冷水机组冷源方案在设备投资和经济运行上作出如下比较(以会展中心站为例)。

(1)经济运行对比见表8-7所列。

经济运行对比表 表8-7

空调方案	整体式蒸发冷凝式冷水机组方案	常规制冷机组方案
总冷量	$657 \times 2 = 1314$kW	$660 \times 2 = 1320$kW
主机数量	2台	2台
主机规格	$Q = 657$kW,$N = 133$kW	$Q = 660$kW,$N = 150$kW
冷却水系统	不需要	冷却水泵电量(22×2) + 冷却塔(5.5×2)$= 55$kW
功率合计	$133 \times 2 = 266$kW	$150 \times 2 + 55 = 355$kW
机组综合能效比	$EER = 1314/266 = 4.9$	$EER = 1320/355 = 3.7$
机组年耗电(含冷却水)	$180 \times 18 \times 266 = 86.1$万kW(每年制冷运行180天,每天开18h)假定满负荷运行	$180 \times 18 \times 355 = 115.0$万kW(每年制冷运行180天,每天开18h)假定满负荷运行
年耗电费	$86.1 \times 0.7 = 60.27$万元(电费按0.7元/kW·h)	$115 \times 0.7 = 80.5$万元(电费按0.7元/kW·h)
年节约电费	20.23万元	0
年耗电量比例	0.75	1
耗水量	$0.84 \times 2 = 1.68$m^3/h	(120×2)$\times 1.5\% = 3.6$m^3/h(水塔耗水、飞水一般取水量的1.5%)
年运行时间	$180 \times 18 = 3240$h	$180 \times 18 = 3240$h
年运行水费	$1.68 \times 3240 \times 3 = 1.6$万元(水费按3元/t)	$3.6 \times 3240 \times 3 = 3.5$万元(水费按3元/t)
年节约水费	1.9万元	0
年耗水量比例	0.54	1

合计年总节省费用为:节电 + 节水 $= 20.23 + 1.9 = 22.13$万元。

(2)设备初投资对比见表8-8所列。

设备初投资对比表 表8-8

整体式蒸发冷凝式冷水机组方案					
序号	设备名称	规格	数量	单价(万元)	总价格(万元)
1	整体式蒸发冷凝式冷水机组方案	680kW	2台	91.56	183.1
2	总 计				183.1

续表

常规制冷机组方案

序号	设备名称	规格	数量	单格（万元）	总价格（万元）
1	水冷螺杆冷水机组	660kW	2台	49	98
2	冷却塔	150m³/h	2台	15	30
3	冷却水泵	120m³/h	2台	2	4
4	冷却水管及相关阀件			10	10
5	合计				142

注：未包含冷冻水设备。

（3）综合经济比较见表8-9所列。

综合经济性比较表 表8-9

投资项目	分项	整体式蒸发冷凝式冷水机组方案投资（万元）	常规制冷机组方案投资（万元）
初投资	供冷设备	183.1	142
	土建	100	90
	自动控制费	8	10
	小计	291.1	242
小结	整体式蒸发冷凝式冷水机组方案比常规制冷机组方案初投资多49.1万元		
运行投资	全年运行电费	60.27	80.5
	全年运行水费	1.6	3.5
	设备维修费用	6.3	6.9
	小计	68.17	90.9
小结	整体式蒸发冷凝式冷水机组方案比常规制冷机组方案运行费用节省22.73万元/年，运行1.5年可以利用节省费用回收所高出的投资差价		

整体式蒸发冷凝式冷水机组方案与常规制冷机组方案相比，减少了冷却塔及冷却水泵的配置，但增加了蒸发冷凝式冷水机组，虽设备的初投资较高，但系统运行费用比采用常规制冷机组要大大降低，从这个意义上来说应属节能产品。

蒸发冷凝式冷水机组设置于地下，无须设置地面冷却塔，规划协调难度大为下降，在目前重庆市轨道交通以及其他城市的轨道交通等规划线路的建设过程中，不失为是一种解决规划和景观问题的良好举措，同时还避免了冷却塔噪声扰民的问题，给运营管理提供了很大的方便。

蒸发冷凝式空调产品的开发应用，对推动城市轨道交通行业设备的国产化，对于城市轨道交通装备产业而言，是一条又好又快发展的必由之路。对于市场而言，城市轨道交通装备的国产化为城市发展轨道交通提供了更多、更优的选择。

蒸发冷凝式冷水机组是蒸发冷凝技术的开发应用，能够为城市轨道交通通风空调系统提供能效更高、无需冷却塔、系统更为紧凑、控制更方便的新型节能空调产品，节省安装占地面积，节约用水达50%以上，对于提高城市轨道交通通风空调系统的节能水平、推动城市轨道交通装备产业的发展有着非常深远的意义。目前北京地铁、重庆地铁的蒸发冷凝式冷水机组已经安装到位，其中北京地铁的西单站以及建国门站已经经过了两个完整的空调季节的使用，实际运行效果良好。

第 9 章 区间隧道火灾自然排烟

9.1 绪论

9.1.1 区间隧道通风、防排烟与事故通风的意义

城市轨道交通必须保证安全运营，为乘客和工作人员提供安全可靠的出行环境。城市轨道交通人员相对集中而且停留时间较长的场所有两个：车站和区间隧道。在城市轨道交通运营过程中，应对这两个关系到大量人员生命安全的区域给予高度的重视，采取可靠的手段和措施来提供满足人员需要的出行安全条件，并切实保证城市轨道交通运营过程中的内部空气环境的安全。

1. 区间隧道正常通风

城市轨道交通正常运营时，通风空调与供暖系统要为身处在区间隧道中的乘客和工作人员创造一个生理和心理上都能满意的适宜环境，并满足车辆运行及设备系统正常运转的内部空气环境需要。

城市轨道交通的地下线路是一座狭长的地下建筑，除各地下车站出入口和通风道口部与大气沟通以外，可以认为城市轨道交通基本上是与外界大气相隔绝的。与地下车站相比较，城市轨道交通区间隧道的内部空气环境更加具有限制性，一般而言，只有位于每段区间隧道的两个端部的活塞风道可以将区间隧道与外界大气相连通，条件最好的情况下，每段区间隧道的两端各有两条活塞风道通向地面；有些线路受到风亭出口部位与地面规划和地面建筑现状的制约，只在某些区间隧道的两端各设置一条活塞风道，这种情况下，区间隧道的通风换气条件不可避免就会有所消弱；更加不利的情况是，当地下车站采用闭式通风空调系统，站台边缘安装安全门时，如果地面风亭出口位置受各方面因素影响，只能设置在地下车站建筑本体一定距离之外时，出于降低土建建设规模、减少土建投资等方面因素考虑，活塞效应将减弱或者消失，活塞风道可能予以取消，这样将导致区间隧道只能通过地下车站的出入口与外界大气间接发生联系，或者只能在区间隧道机械通风系统运转时，通过区间隧道机械通风机将外界新鲜空气送入区间隧道，并通过机械排风排除区间隧道内部的污浊空气，实现区间隧道与外界大气之间的通风换气，但在城市轨道交通系统正常运营时，机械通风的时间是极为短暂的，只有列车发车前和收车后各不超过一小时的时间。

而在区间隧道内部，正常运营过程中会存在着大量的乘坐在行使列车上的人员，运行在区间隧道内的列车数量以及行使时间都是非常庞大的，区间隧道内还设置着数量众多的机电设备和供电设备。由于列车运行、设备运转和乘客等会散发出大量的热量，若不及时排除，区间隧道内部的空气温度就会升高，同时，由于地下区间线路周围土壤通过区间隧道围护结构的渗湿量也较大，若不加以排除，城市轨道交通地下线路内部的空气湿度会增大，这些都会使得乘客无法忍受。同时，列车内部的空气条件有赖于列车所在的区间隧道

的空气条件来加以保证，需要通过为区间隧道内部提供充足的外界新鲜空气量，来间接保证满足乘坐在区间隧道中的列车上的乘客生理需求的新风量。因此，必须对区间隧道进行有效的通风，符合相关通风要求，实现对城市轨道交通地下区间线路内部的空气温度、空气湿度、气流速度和空气质量等空气环境因素的控制。而且，由于城市轨道交通的行车速度日益加大，其最大行车速度在有些城市和线路上已达到或超过100km/h，个别线路上最大的行车速度已达到120km/h，这将引起区间隧道内空气压力发生较大变化，从而对城市轨道交通内部的人员造成生理上的影响，这个因素也不容忽视，必须将有效的通风泄压手段与建筑和结构等各个方面一起研究，采取综合措施予以控制。

根据《地铁设计规范》（GB 50157—2003）规定，列车在区间隧道运行过程中，需要保证其生理健康所需要的空气环境条件，并规定区间隧道内空气的CO_2的日平均浓度应小于1.5‰。同时，列车上的乘客对外界新风的要求也需要予以满足，规定对区间隧道内所供应的新鲜空气量应根据区间隧道内的乘客客流量，按照每个乘客每小时不少于12.6m³的标准执行，这些具体的标准的要求都需要由对区间隧道的有效通风来加以实现。

2. 区间隧道事故通风

在行车过程中，受各种不确定因素影响，行使的列车可能需要在区间隧道中驻留，其原因是多方面的，可能是列车故障导致无法继续运行，也可能是接受运营行车调度的指令，暂时在区间隧道停留，或者列车运行前方车站停站列车还没有发出，影响到后续列车无法进站而需要在区间隧道中等待，凡此种种情况时，列车虽未面临着火的危险，但当列车在区间隧道停留时间过长时，如不能保证区间隧道适当的通风换气条件，将造成列车上乘客的呼吸条件恶化，处于循环利用的污浊空气环境中，没有足够数量的新鲜空气量，使得乘客对车厢内的空气环境无法忍受；同时，受列车空调冷凝器持续散热的影响，列车停留所在的区间隧道，尤其是列车周围的空气温度将不断上升，车载空调也将随着周围空气温度的增高逐渐降低效率，当空气温度上升到一定程度时，车载空调将无法正常运转，发生降效甚至失效，导致列车上的乘客处于闷热憋气的空气环境中，生理需求将难以保证，因而，当列车阻塞在区间隧道时，向阻塞区间提供一定的通风量，保证列车空调等设备正常工作，保证乘客需要的新鲜空气，维持车厢内乘客在短时间内能接受的空气环境条件，是区间隧道通风必须要实现的功能；而当列车在区间隧道阻塞时间较长，根据运营组织的调度，需要人员下车并沿区间隧道向车站以行走的方式疏散时，更有必要对区间隧道进行有组织的通风。

3. 区间隧道火灾防排烟

城市轨道交通运营是一项极为复杂的系统工程，火灾是发生频率较高的城市轨道交通事故，据资料记载，仅从1971年12月~1987年11月间，欧洲和北美地铁中就发生重大火灾40多起，并导致人员伤亡。而且，由于城市轨道交通客流集中、空间受限，一旦发生火灾事故，极易造成重大人员伤亡，需要城市轨道交通主管部门及运营单位引起高度重视，在城市轨道交通的建设与运营过程中，不能忽视火灾的防范和应急处理这个潜在的问题，并需要在工程技术方案上、运营管理措施上以及火灾事故的预防和消除火灾事故影响，保证人员安全的硬件设施配置、应对措施等各个方面都做好充分的准备。

城市轨道交通火灾与地面建筑火灾相比具有其特殊的性质，具体表现在下面几个方面：

（1）烟量大：火灾时的发烟量与可燃物的物理性质、化学性质、燃烧状态、供气充足程度有关。一般来说，可燃物阴燃时发烟量大，明火时发烟量小。地下建筑火灾时，一般供气不足，温度开始上升较慢，阴燃时间较长，因而发烟量大。

(2) 排烟和排热条件差：由于地下建筑通风条件不如地面建筑，对流条件也较差，因而排烟和排热条件也不如地面建筑。

(3) 人员疏散困难，且逃生的出口和线路少：火灾时正常电源切断，只能依靠事故照明，人的视觉完全靠事故照明和疏散标志指示灯保证。同时可燃物燃烧时产生大量烟气和有毒气体，严重遮挡视线，使能见度大大降低，疏散极为困难。

(4) 火灾时会造成严重缺氧：当空气中含氧量降到15%时，人的肌肉活动能力开始下降；当下降到10%~14%时，人就会四肢无力；当下降到10%以下时，人就会昏倒。

(5) 可燃物燃烧时会产生大量有毒气体，同时燃烧产生的热气和火焰也会造成对人体的伤害。

据国内外的多年研究和资料统计，城市轨道交通发生火灾时造成的人员伤亡中，绝大多数是被烟气熏倒、中毒、窒息所致。例如1979年旧金山有一列经过海湾隧道的地铁列车着火，1人死亡，56人受烟熏致伤。根据日本、英国的火灾统计资料，火灾死亡的人数中，被烟气熏死的人所占的比例最高达78.9%。

由于城市轨道交通对外连通的口部相对来说是比较少的，人员疏散到安全区域的距离较长，一旦发生火灾，将导致浓烟很难自然排除，尤其是当区间隧道发生火灾，而且着火列车还失去动力，无法运行到前方车站时，状况将最为危险，火灾烟气将会迅速蔓延充满区间隧道，给救援工作带来极大的困难，同时由于人员要在狭长的区间隧道中撤离，需经过较长的路程才能到达连接地面的口部位置，浓烟充满区间隧道会使可见度较低，乘客从列车撤出到区间隧道的条件不会很便捷，完全疏散出来，可能需要较长的时间过程，再加之对疏散环境也不熟悉，又有轨道、轨枕、轨旁设备等各种设施和设备妨碍行走，照明条件也不是非常理想，人员不易行走，未到达疏散口部位置就会被烟气熏倒。

保证人员安全较好的方法是使人、烟分向流动，用机械排烟设备使烟气在区间隧道内顺着一个方向流动并排出地面，人员从另一个方向撤离，这样才易于脱险。1969年11月11日，北京地铁因电气故障造成电气机车发生火灾，浓烟聚集，由于排烟设备不完善，未能形成有组织的排烟，因此烟气四处扩散，并从地下车站的口部逸出，给人员疏散及救援造成极大的困难，多人被烟气熏倒，200多人中毒受伤，这是严重的教训。由这些事故得到了经验教训，现在城市轨道交通都把防排烟系统放在了重要地位。

尽管城市轨道交通建设和运营中采取了各种预防措施，但由于实际运营过程中各类意外因素的影响，仍然不能完全排除火灾发生的危险，因而，当在发生火灾事故时，必须提供迅速有效的排烟通风手段，及时有效地排除烟气，并为乘客和消防人员提供足够的新鲜空气，同时还需要形成一定的迎面风速，引导乘客安全迅速地撤离火灾现场。因此有效的防烟、排烟已成为城市轨道交通发生火灾时救援的重要组成部分。

相比较而言，事故或火灾工况时，地面车站、高架车站以及开敞的地面和高架区间的通风与排烟条件相对较好，实现手段也更加丰富。地下车站的排烟与通风设施在建设过程中会结合土建工程统一考虑并设置，同时，地下车站在建造时，开挖面积和空间较大，通风和排烟系统在设置上也有很好的基础条件。在设置通风与排烟系统时，最为困难的区段当属长度较大的区间隧道和地上全封闭车道，因此，即使是在此类场所发生火灾，只要车辆仍有运行的动力，就一定要将列车运行至前方车站，利用车站的良好条件进行人员疏散，并利用车站的设施进行通风与排烟。同时，还必须强调城市轨道交通的区间隧道要具备完备可靠的防烟和排烟系统，这是城市轨道交通不可或缺的重要需求，也是不可或缺的重要环节，在区间隧道整体防灾体系中，需要设置完善、可靠的防烟、排烟的技术措施，确定合理的防排烟方案和手段。

根据多年的研究与实践，区间隧道和全封闭车道当连续长度大于300m时，必须设置有针对性的防烟、排烟系统和事故通风。

9.1.2 区间自然通风排烟系统模拟研究与分析

1. 前言

我国《地铁设计规范》（GB 50157—2003）规定：地下车站及区间隧道内必须设置防烟、排烟系统和事故通风。而且规定下列场所应设置机械防烟、排烟设施：

（1）地下车站的站厅和站台；

（2）连续长度大于300m的区间隧道和全封闭车道；

（3）防烟楼梯间和前室。

同时，对于连续长度大于60m，但不大于300m的区间隧道和全封闭车道规定宜采用自然排烟；当无条件采用自然排烟时，应设置机械排烟。

工程实际中，对于连续长度大于300m的区间隧道的通风与排烟，最通用的技术手段是机械通风和排烟，设计规范规定：区间隧道火灾的排烟量，按单洞区间隧道断面的排烟流速不小于2m/s，且高于计算的临界风速计算，但风速不得大于11m/s。以上设计规范要求是针对机械通风系统而言。但如果区间隧道的条件具备，也完全可以采用自然通风排烟，设计规范规定：当区间隧道和全封闭车道采用自然排烟时，要求排烟口应设置在上部，且排烟口的净面积不应小于整个区间隧道或全封闭车道顶部向下最大投影面积的5%，排烟口的位置距最远排烟点的水平距离不应超过30m。也就是说，对于自然通风系统，针对实际工程进行具体分析时，如区间隧道相应的地面条件至少需要满足区间隧道顶部开设的排烟口部面积大于区间隧道顶部向下最大投影面积的5%，而且排烟口在区间隧道中的位置布置距离最远排烟点的水平距离不应超过30m时，也可以采用自然通风排烟。

区间隧道采用自然通风排烟条件下，城市轨道交通车辆发生火灾时，烟气污染区域是以火灾源为中心，向区间隧道两端蔓延一定的区域，其扩散区域的大小取决于区间隧道区间构造、火灾规模以及通风情况。在工程上如何具体设置区间隧道自然通风排烟系统，需要对区间隧道火灾事故工况时的通风排烟状况进行深入分析研究的基础上予以确定，分析预测发生火灾时的通风状况，可以采用现场实验、模型实验或数值实验的方法。对于前两类方法，由于火灾实验具有危险性大、费用高等特点，实施起来较为困难，因此数值实验方法得到了广泛的应用。

2. 数值实验分析方法简介

运用CFD（计算流体力学）技术，进行数值模拟分析，具有费用低，分析数据全面，所需时间短等多方面优点。国内城市轨道交通工程应用CFD模拟方法已完成大量的工程计算报告，其中城市轨道交通火灾模拟分析方面的相关报告中具有代表性的有德黑兰地铁1号线、深圳地铁4号线、天津地铁1号线的防烟、排烟方案模拟分析等。

9.2 模拟分析条件

9.2.1 区间隧道火灾模型设计条件及参数

1. 环境参数

室外空气计算温度：25.0℃；室外大气压力：10135.0Pa。

2. 火灾车厢发热量

设列车中部一节车厢长度发生火灾，该节车厢总散热量为10MW。

3. 区间隧道通风竖井位置纵剖面结构图

区间隧道通风竖井位置纵剖面结构图如图9-1所示。

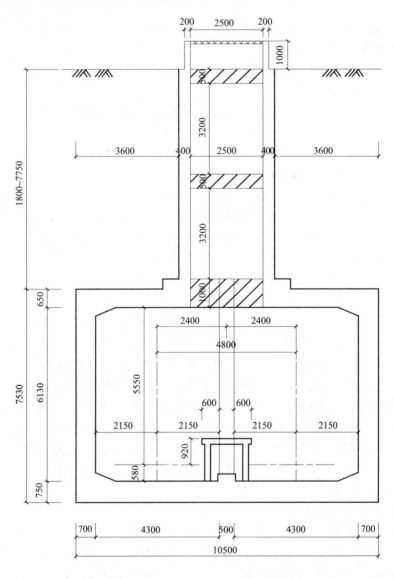

图9-1 区间隧道通风竖井位置纵剖面结构图

4. 自然排烟条件

区间隧道内相隔一定距离设置通风竖井，且无机械通风机。

通风竖井开启面积为 $10.3m \times 2.5m = 25.75m^2$，位置居于区间隧道的中心线上，如图 9-2 所示。

通风竖井顶部钢板格栅局部阻力系数设为 2.0。

9.2.2 物理模型的简化

实际区间隧道内部结构较为复杂，为简便计算过程，作以下几点简化：

（1）按照最不利工况计算，发生火灾的车厢恰位于区间隧道中的两个通风竖井中间，由其对称性可将模型简化为一半尺度。

（2）忽略区间隧道内部电缆线对空气流动的影响。

（3）忽略区间隧道轨道枕木等因素对空气流动的影响。

（4）对于列车车厢，其外形与长方体近似。

物理模型如图 9-2~图 9-6 所示（先设定区间隧道通风井间距为 20m）。

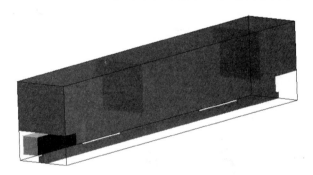

图 9-2 区间隧道 Phoenics 建模图（有区间隔断）

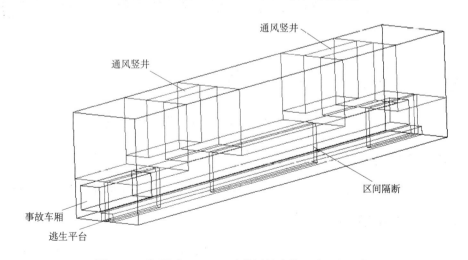

图 9-3 区间隧道 Phoenics 建模图轮廓线（有区间隔断）

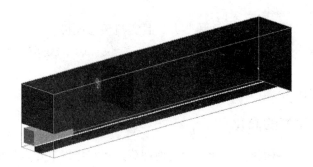

图 9-4　区间隧道 Phoenics 建模（无区间隔断）

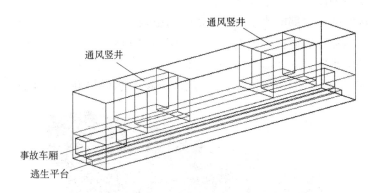

图 9-5　区间隧道 Phoenics 建模轮廓线（无区间隔断）

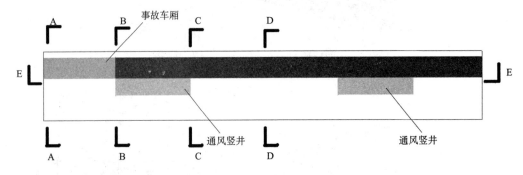

图 9-6　Phoenics 建模区间隧道俯视图

9.2.3　计算模型

计算程序采用商业通用 CFD 软件 Phoenics3.5。计算模型采用标准的 $k\text{-}\varepsilon$ 湍流模型。

9.2.4　计算结果说明

温度单位统一采用℃；高度单位统一采用 m；压力单位统一采用 Pa；速度单位统一采用 m/s。

9.3 区间隧道火灾自然排烟模拟计算结果

9.3.1 通风竖井间距20m，有区间隔断，不考虑局部阻力损失

1. A-A 断面

事故车厢中部断面（图9-6中A-A断面）计算结果整理如图9-7~图9-9所示。

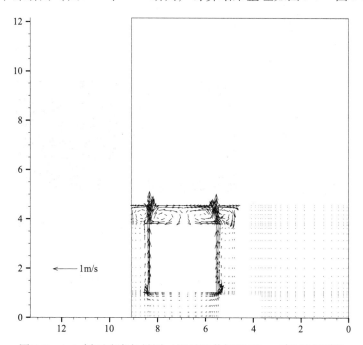

图9-7 A-A剖面速度矢量图（通风竖井间距20m、有区间隔断）

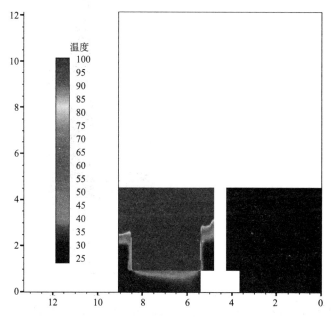

图9-8 A-A剖面温度分布图（通风竖井间距20m、有区间隔断）

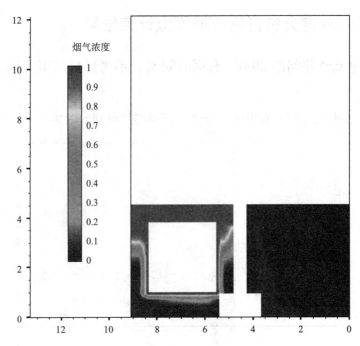

图 9-9　A-A 剖面烟气浓度分布图（通风竖井间距 20m、有区间隔断）

2. B-B 断面

事故车厢端部断面亦即通风竖井端部断面（图 9-6 中 B-B 断面）计算结果整理如图 9-10～图 9-14 所示。

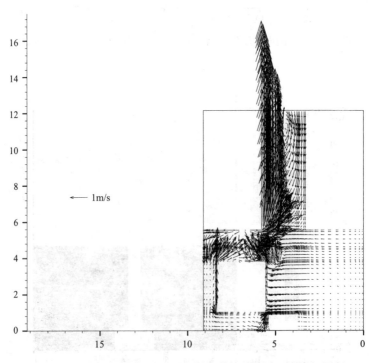

图 9-10　B-B 剖面速度矢量图（通风竖井间距 20m、有区间隔断）

9.3 区间隧道火灾自然排烟模拟计算结果

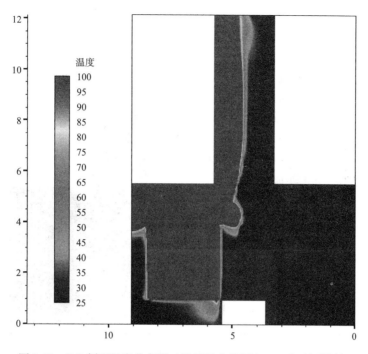

图 9-11 B-B 剖面温度分布图（通风竖井间距 20m、有区间隔断）

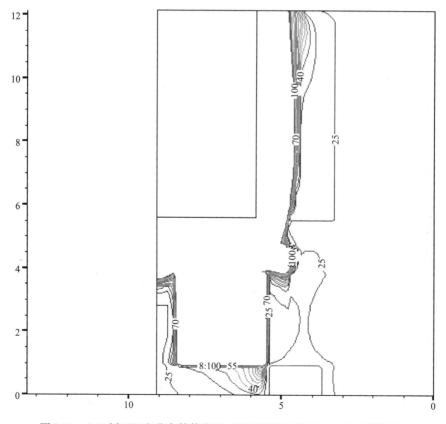

图 9-12 B-B 剖面温度分布等值线图（通风竖井间距 20m、有区间隔断）

第9章 区间隧道火灾自然排烟

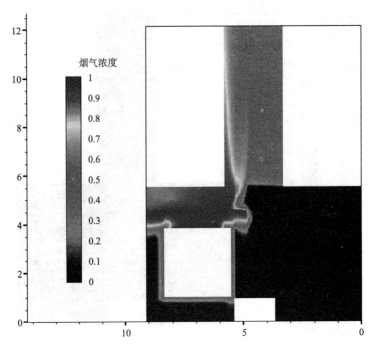

图 9-13　B-B 剖面烟气浓度分布图（通风竖井间距 20m、有区间隔断）

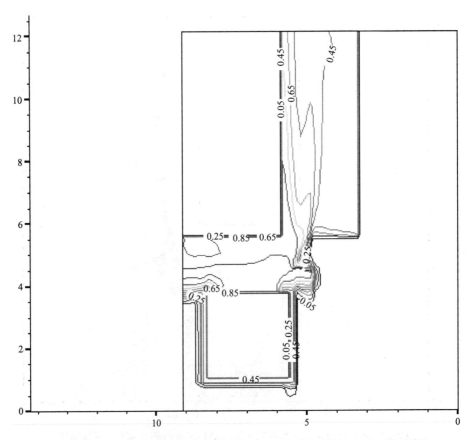

图 9-14　B-B 剖面烟气浓度分布等值线图（通风竖井间距 20m、有区间隔断）

3. C-C 断面

通风竖井端部断面亦即与事故车厢相邻的第一节车厢中部（图 9-6 中 C-C 断面）计算结果整理如图 9-15 ~ 图 9-17 所示。

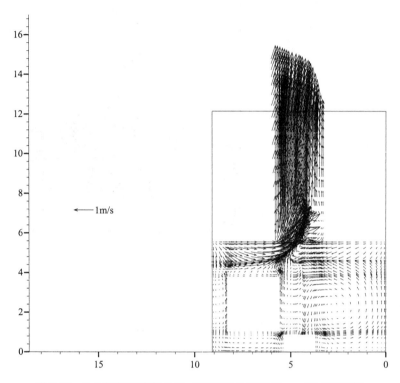

图 9-15 C-C 剖面速度矢量图（通风竖井间距 20m、有区间隔断）

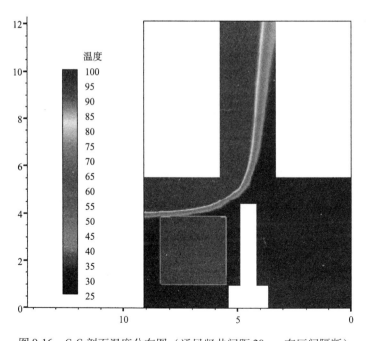

图 9-16 C-C 剖面温度分布图（通风竖井间距 20m、有区间隔断）

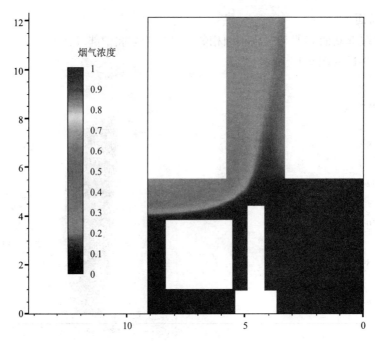

图 9-17　C-C 剖面烟气浓度分布图（通风竖井间距 20m、有区间隔断）

4. D-D 断面

与事故车厢相邻的第一节车厢尾部断面（图 9-6 中 D-D 断面）计算结果整理如图 9-18 ~ 图 9-20 所示。

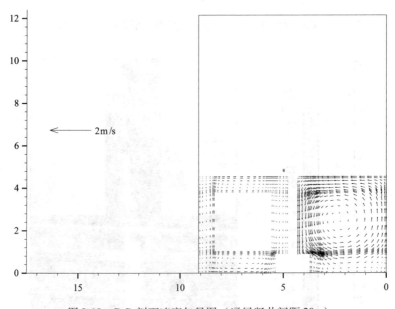

图 9-18　D-D 剖面速度矢量图（通风竖井间距 20m）

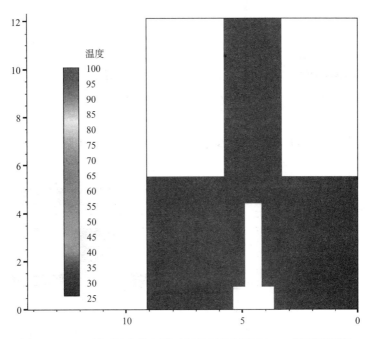

图 9-19 D-D 剖面温度分布图（通风竖井间距 20m、有区间隔断）

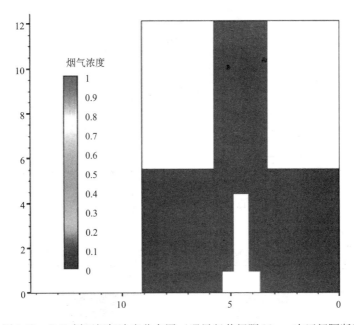

图 9-20 D-D 剖面烟气浓度分布图（通风竖井间距 20m、有区间隔断）

5. E-E 断面

沿区间隧道方向事故侧逃生平台位置纵断面（图 9-6 中 E-E 断面）计算结果整理如图 9-21～图 9-25 所示。

第9章 区间隧道火灾自然排烟

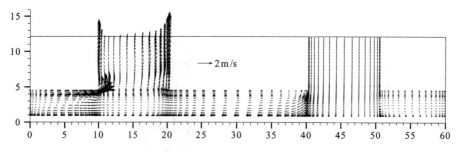

图 9-21　E-E 剖面速度矢量图（通风竖井间距 20m、有区间隔断）

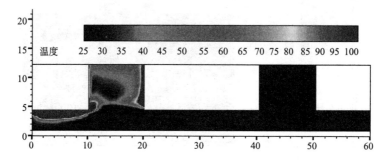

图 9-22　E-E 剖面温度分布图（通风竖井间距 20m、有区间隔断）

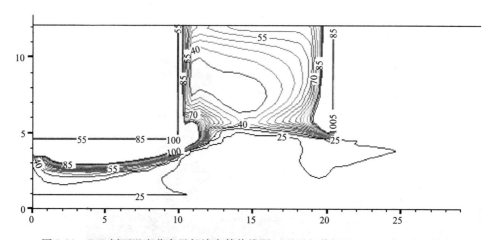

图 9-23　E-E 剖面温度分布局部放大等值线图（通风竖井间距 20m、有区间隔断）

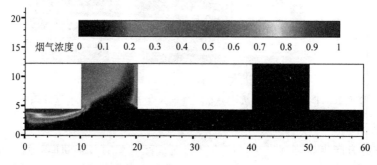

图 9-24　E-E 剖面烟气浓度分布图（通风竖井间距 20m、有区间隔断）

9.3 区间隧道火灾自然排烟模拟计算结果

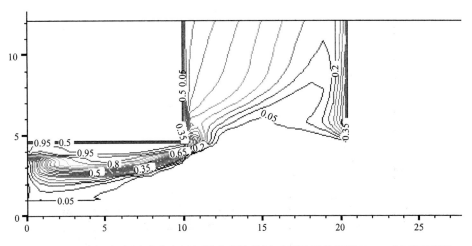

图 9-25 E-E 剖面烟气浓度分布局部放大等值线图（通风竖井间距 20m、有区间隔断）

9.3.2 通风竖井间距 20m，无区间隔断，不考虑局部阻力损失

1. A-A 断面

事故车厢中部断面（图 9-6 中 A-A 断面）计算结果整理如图 9-26 ~ 图 9-28 所示。

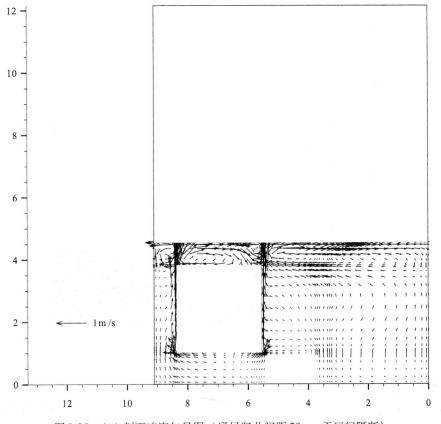

图 9-26 A-A 剖面速度矢量图（通风竖井间距 20m、无区间隔断）

239

第9章 区间隧道火灾自然排烟

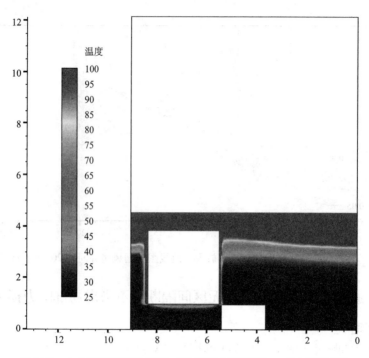

图 9-27　A-A 剖面温度分布图（通风竖井间距 20m、无区间隔断）

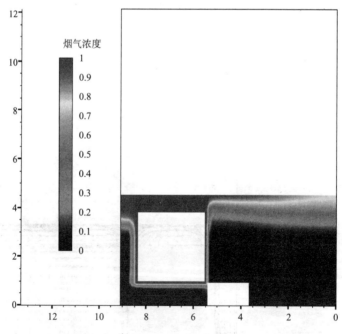

图 9-28　A-A 剖面烟气浓度分布图（通风竖井间距 20m、无区间隔断）

2. B-B 断面

事故车厢端部断面亦即通风竖井端部断面（图 9-6 中 B-B 断面）计算结果整理如图 9-29～图 9-33 所示。

9.3 区间隧道火灾自然排烟模拟计算结果

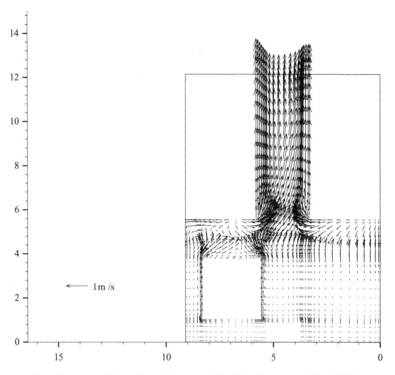

图 9-29　B-B 剖面速度矢量图（通风竖井间距 20m、无区间隔断）

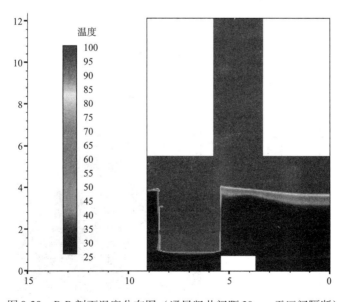

图 9-30　B-B 剖面温度分布图（通风竖井间距 20m、无区间隔断）

第 9 章 区间隧道火灾自然排烟

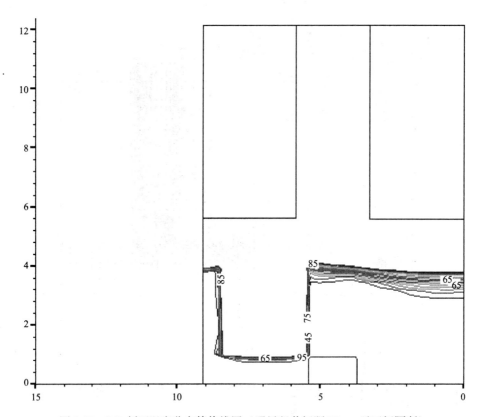

图 9-31 B-B 剖面温度分布等值线图（通风竖井间距 20m、无区间隔断）

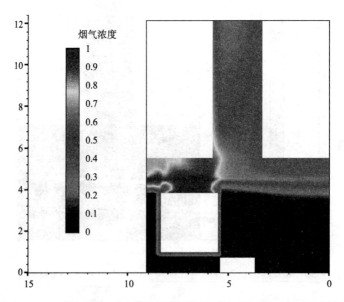

图 9-32 B-B 剖面烟气浓度分布图（通风竖井间距 20m、无区间隔断）

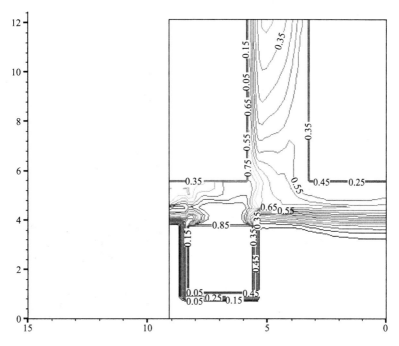

图 9-33 B-B 剖面烟气浓度分布等值线图（通风竖井间距 20m、无区间隔断）

3. C-C 断面

通风竖井端部断面亦即与事故车厢相邻的第一节车厢中部（图 9-6 中 C-C 断面）计算结果整理如图 9-34 ~ 图 9-36 所示。

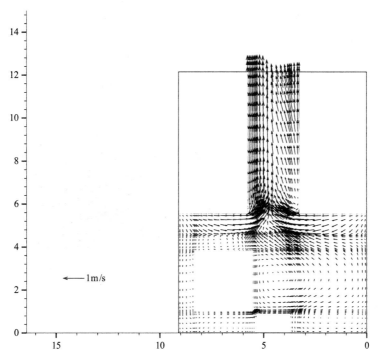

图 9-34 C-C 剖面速度矢量图（通风竖井间距 20m、无区间隔断）

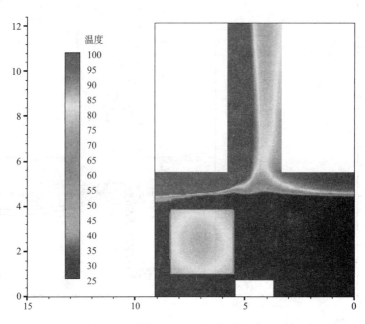

图 9-35　C-C 剖面温度分布图（通风竖井间距 20m、无区间隔断）

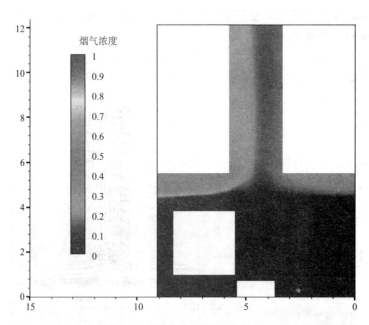

图 9-36　C-C 剖面烟气浓度分布图（通风竖井间距 20m、无区间隔断）

4. D-D 断面

与事故车厢相邻的第一节车厢尾部断面（图 9-6 中 D-D 断面）计算结果整理如图 9-37～图 9-39 所示。

9.3 区间隧道火灾自然排烟模拟计算结果

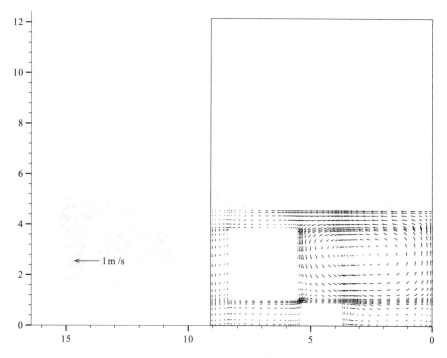

图 9-37 D-D 剖面速度矢量图（通风竖井间距 20m、无区间隔断）

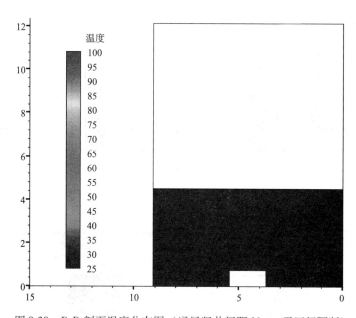

图 9-38 D-D 剖面温度分布图（通风竖井间距 20m、无区间隔断）

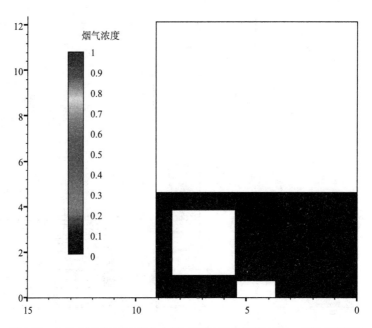

图 9-39　D-D 剖面烟气浓度分布图（通风竖井间距 20m、无区间隔断）

5. E-E 断面

沿区间隧道方向事故侧逃生平台位置纵断面（图 9-6 中 E-E 断面）计算结果整理如图 9-40～图 9-44 所示。

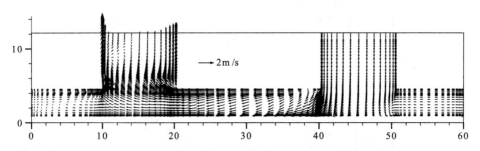

图 9-40　E-E 剖面速度矢量图（通风竖井间距 20m、无区间隔断）

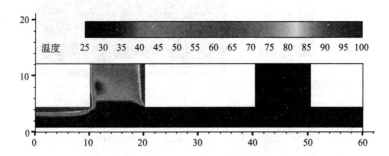

图 9-41　E-E 剖面温度分布图（通风竖井间距 20m、无区间隔断）

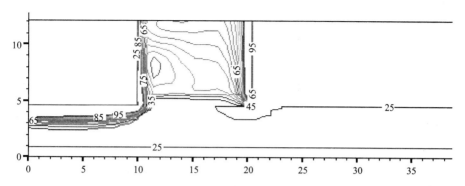

图 9-42　E-E 剖面温度分布局部放大等值线图（通风竖井间距 20m、无区间隔断）

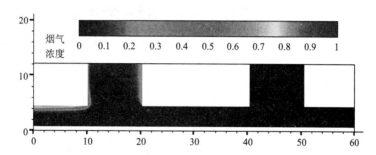

图 9-43　E-E 剖面烟气浓度分布图（通风竖井间距 20m、无区间隔断）

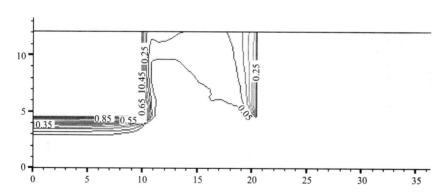

图 9-44　E-E 剖面烟气浓度分布局部放大等值线图（通风竖井间距 20m、无区间隔断）

9.3.3　通风竖井间距 20m，无区间隔断，局部阻力系数设为 2.0

1. A-A 断面

事故车厢中部断面（图 9-6 中 A-A 断面）计算结果整理如图 9-45～图 9-47 所示。

2. B-B 断面

事故车厢端部断面亦即通风竖井端部断面（图 9-6 中 B-B 断面）计算结果整理如图 9-48～图 9-52 所示。

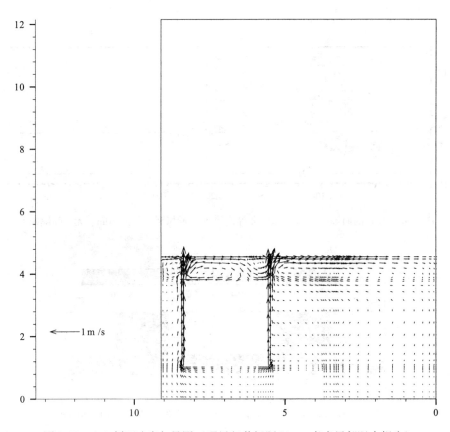

图 9-45　A-A 剖面速度矢量图（通风竖井间距 20m、考虑局部阻力损失）

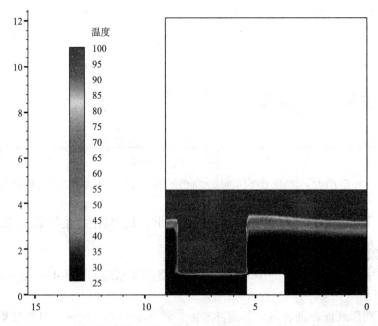

图 9-46　A-A 剖面温度分布图（通风竖井间距 20m、考虑局部阻力损失）

9.3 区间隧道火灾自然排烟模拟计算结果

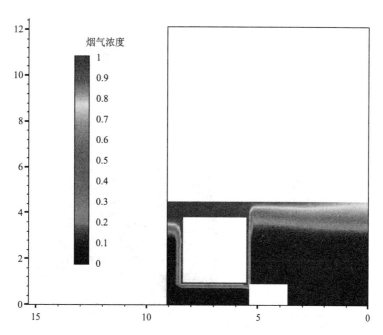

图 9-47 A-A 剖面烟气浓度分布图（通风竖井间距 20m、考虑局部阻力损失）

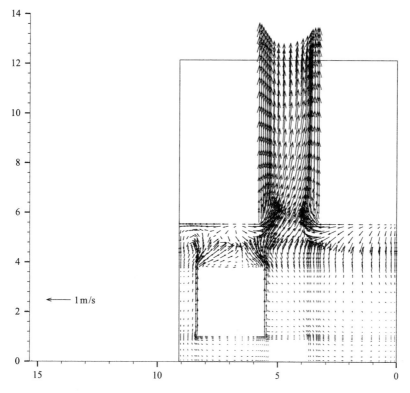

图 9-48 B-B 剖面速度矢量图（通风竖井间距 20m、考虑局部阻力损失）

第 9 章 区间隧道火灾自然排烟

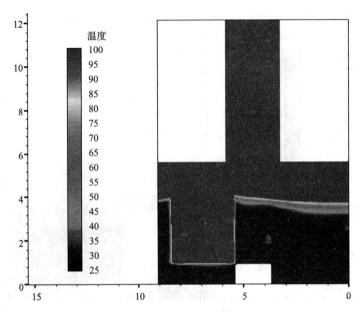

图 9-49 B-B 剖面温度分布图（通风竖井间距 20m、考虑局部阻力损失）

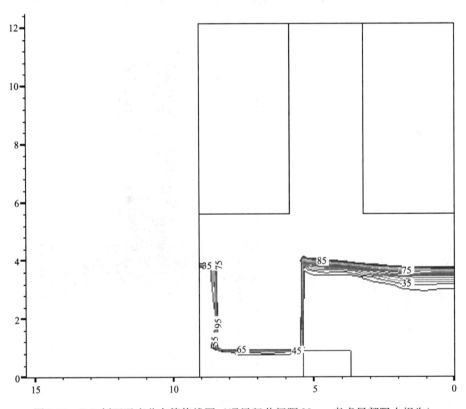

图 9-50 B-B 剖面温度分布等值线图（通风竖井间距 20m、考虑局部阻力损失）

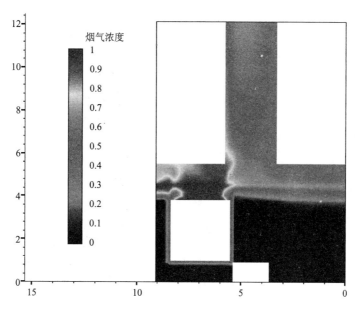

图 9-51 B-B 剖面烟气浓度分布图（通风竖井间距 20m、考虑局部阻力损失）

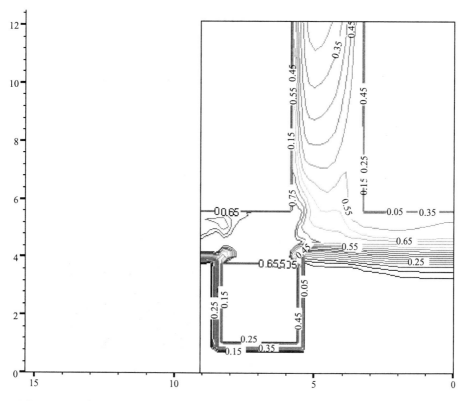

图 9-52 B-B 剖面烟气浓度分布等值线图（通风竖井间距 20m、考虑局部阻力损失）

3. C-C 断面

通风竖井端部断面亦即与事故车厢相邻的第一节车厢中部（图 9-6 中 C-C 断面）计算结果整理如图 9-53 ~ 图 9-55 所示。

第9章 区间隧道火灾自然排烟

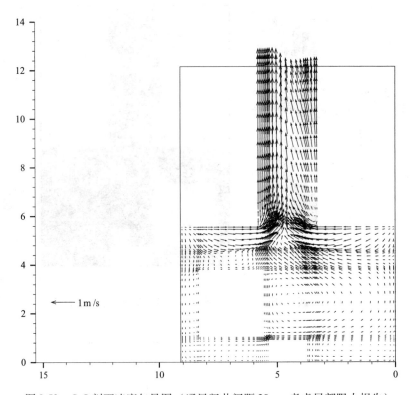

图9-53　C-C剖面速度矢量图（通风竖井间距20m、考虑局部阻力损失）

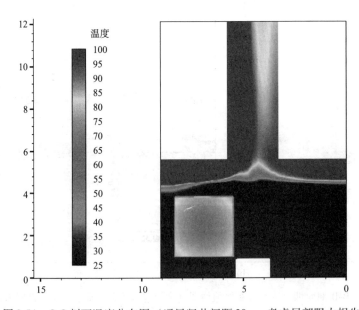

图9-54　C-C剖面温度分布图（通风竖井间距20m、考虑局部阻力损失）

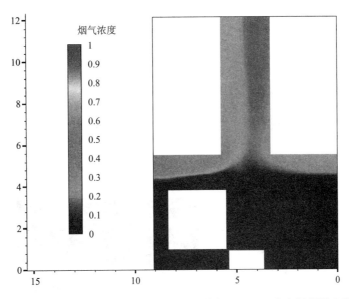

图 9-55 C-C 剖面烟气浓度分布图（通风竖井间距 20m、考虑局部阻力损失）

4. D-D 断面

与事故车厢相邻的第一节车厢尾部断面（图 9-6 中 D-D 断面）计算结果整理如图 9-56 ~ 图 9-58 所示。

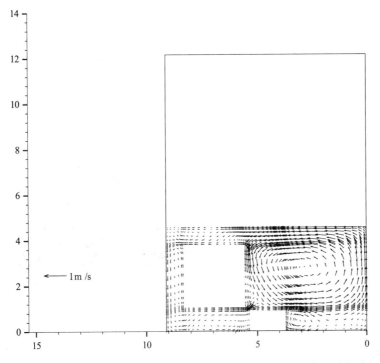

图 9-56 D-D 剖面速度矢量图（通风竖井间距 20m、考虑局部阻力损失）

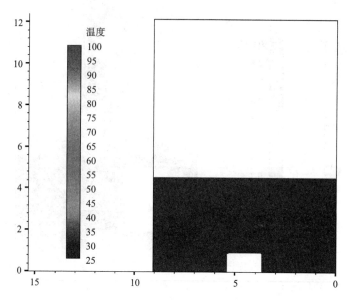

图 9-57　D-D 剖面温度分布图（通风竖井间距 20m、考虑局部阻力损失）

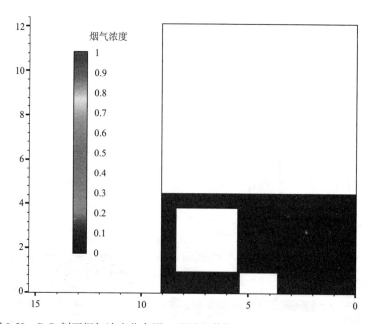

图 9-58　D-D 剖面烟气浓度分布图（通风竖井间距 20m、考虑局部阻力损失）

5. E-E 断面

沿区间隧道方向事故侧逃生平台位置纵断面（图 9-6 中 E-E 断面）计算结果整理如图 9-59～图 9-63 所示。

9.3 区间隧道火灾自然排烟模拟计算结果

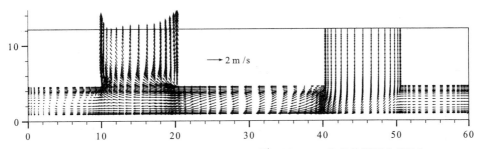

图 9-59 E-E 剖面速度矢量图（通风竖井间距 20m、考虑局部阻力损失）

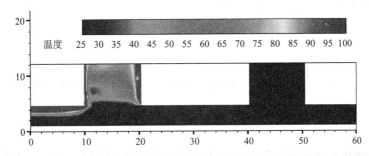

图 9-60 E-E 剖面温度分布图（通风竖井间距 20m、考虑局部阻力损失）

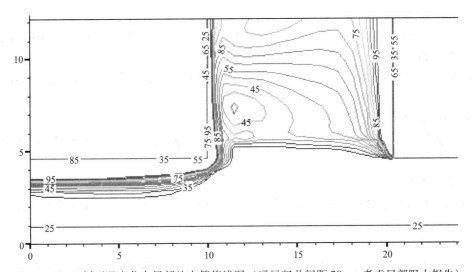

图 9-61 E-E 剖面温度分布局部放大等值线图（通风竖井间距 20m、考虑局部阻力损失）

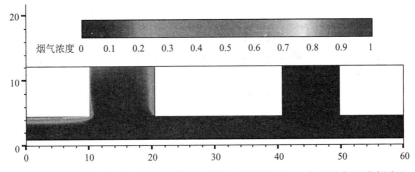

图 9-62 E-E 剖面烟气浓度分布图（通风竖井间距 20m、考虑局部阻力损失）

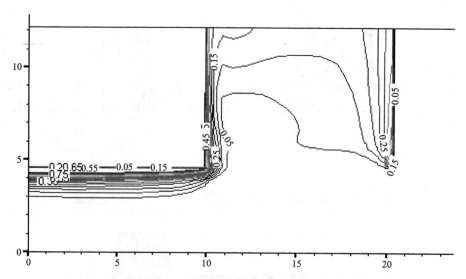

图 9-63 E-E 剖面烟气浓度分布局部放大等值线图（通风竖井间距 20m、考虑局部阻力损失）

9.3.4 通风竖井间距 30m，无区间隔断，不考虑局部阻力损失

1. A-A 断面

事故车厢尾部断面（图 9-64 中 A-A 断面）计算结果整理如图 9-65 ~ 图 9-67 所示。

2. B-B 断面

通风竖井靠近事故车厢端部断面（图 9-64 中 B-B 断面）计算结果整理如图 9-68 ~ 图 9-70 所示。

3. C-C 断面

通风竖井远离事故车厢端部断面（图 9-64 中 C-C 断面）计算结果整理如图 9-71 ~ 图 9-73 所示。

4. D-D 断面

与事故车厢相邻的第一节车厢尾部断面（图 9-64 中 D-D 断面）计算结果整理如图 9-74 ~ 图 9-76 所示。

5. E-E 断面

沿区间隧道方向事故侧逃生平台位置纵断面（图 9-64 中 E-E 断面）计算结果整理如图 9-77 ~ 图 9-81 所示。

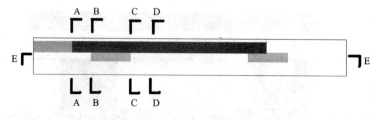

图 9-64 Phoenics 建模区间隧道俯视图

9.3 区间隧道火灾自然排烟模拟计算结果

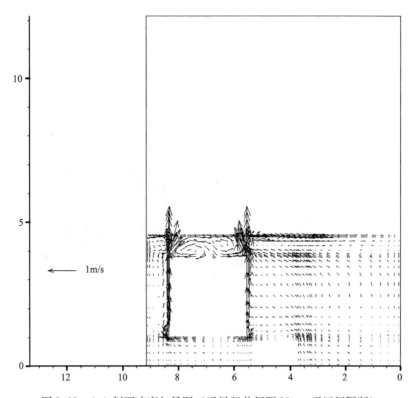

图9-65 A-A剖面速度矢量图（通风竖井间距30m、无区间隔断）

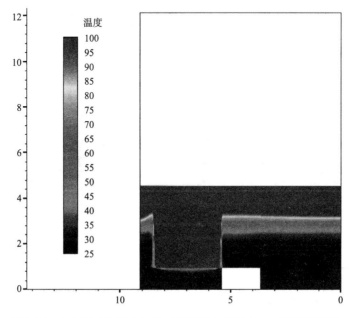

图9-66 A-A剖面温度分布图（通风竖井间距30m、无区间隔断）

第9章 区间隧道火灾自然排烟

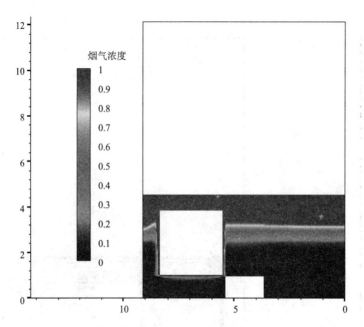

图 9-67 A-A 剖面烟气浓度分布图（通风竖井间距 30m、无区间隔断）

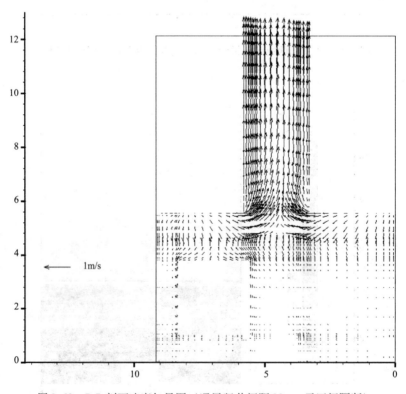

图 9-68 B-B 剖面速度矢量图（通风竖井间距 30m、无区间隔断）

9.3 区间隧道火灾自然排烟模拟计算结果

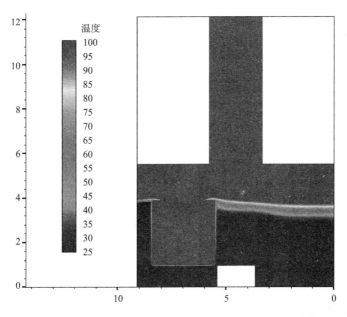

图 9-69 B-B 剖面温度分布图（通风竖井间距 30m、无区间隔断）

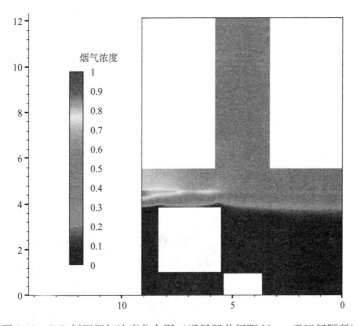

图 9-70 B-B 剖面烟气浓度分布图（通风竖井间距 30m、无区间隔断）

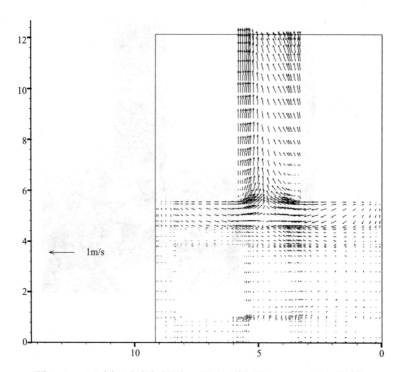

图 9-71　C-C 剖面速度矢量图（通风竖井间距 30m、无区间隔断）

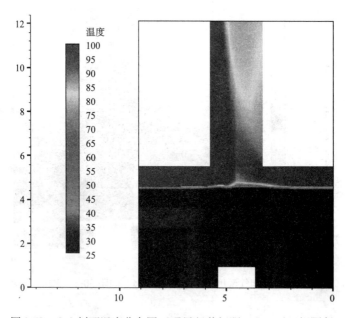

图 9-72　C-C 剖面温度分布图（通风竖井间距 30m、无区间隔断）

9.3 区间隧道火灾自然排烟模拟计算结果

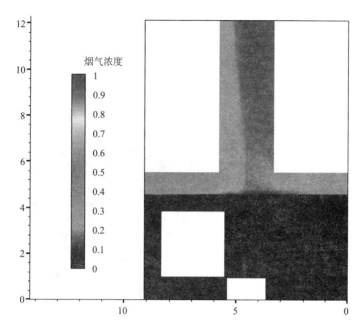

图 9-73 C-C 剖面烟气浓度分布图（通风竖井间距 30m、无区间隔断）

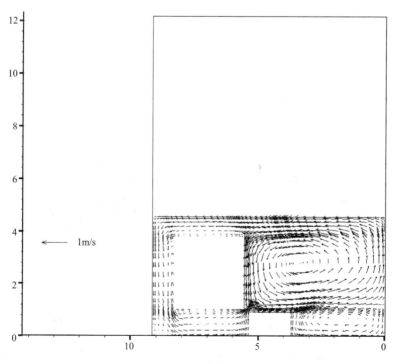

图 9-74 D-D 剖面速度矢量图（通风竖井间距 30m、无区间隔断）

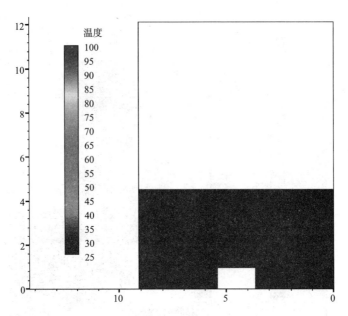

图 9-75　D-D 剖面温度分布图（通风竖井间距 30m、无区间隔断）

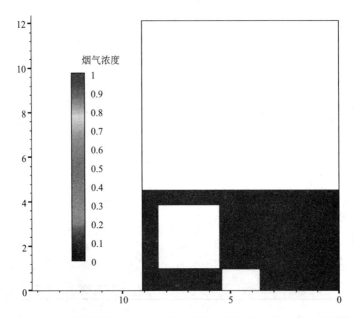

图 9-76　D-D 剖面烟气浓度分布图（通风竖井间距 30m、无区间隔断）

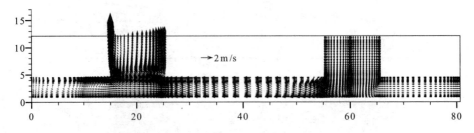

图 9-77　E-E 剖面速度矢量图（通风竖井间距 30m、无区间隔断）

9.3 区间隧道火灾自然排烟模拟计算结果

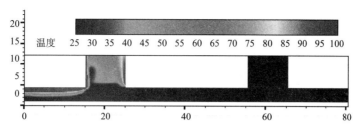

图 9-78 E-E 剖面温度分布图（通风竖井间距 30m、无区间隔断）

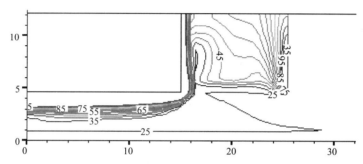

图 9-79 E-E 剖面温度分布局部放大等值线图（通风竖井间距 30m、无区间隔断）

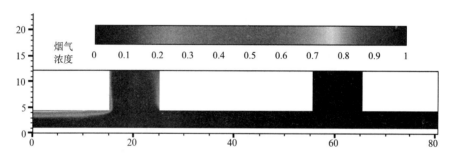

图 9-80 E-E 剖面烟气浓度分布图（通风竖井间距 30m、无区间隔断）

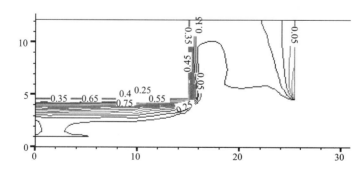

图 9-81 E-E 剖面烟气浓度分布局部放大等值线图（通风竖井间距 30m、无区间隔断）

图 9-82 Phoenics 建模区间隧道俯视图

9.3.5 通风竖井间距 40m，无区间隔断，不考虑局部阻力损失

1. A-A 断面

事故车厢尾部断面（图 9-82 中 A-A 断面）计算结果整理如图 9-83～图 9-85 所示。

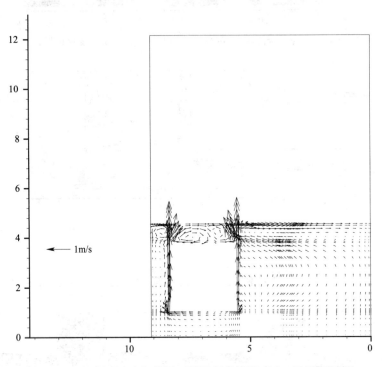

图 9-83　A-A 剖面速度矢量图（通风竖井间距 40m、无区间隔断）

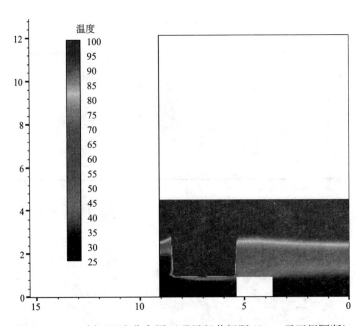

图 9-84　A-A 剖面温度分布图（通风竖井间距 40m、无区间隔断）

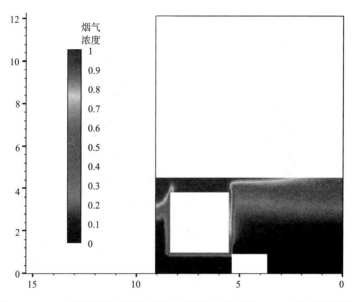

图9-85 A-A剖面烟气浓度分布图（通风竖井间距40m、无区间隔断）

2. B-B断面

通风竖井靠近事故车厢端部断面（图9-82中B-B断面）计算结果整理如图9-86～图9-88所示。

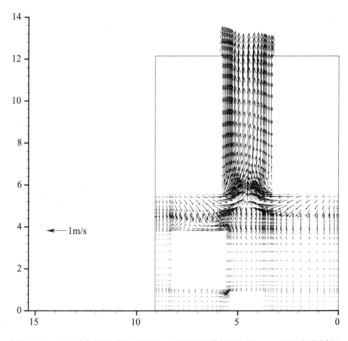

图9-86 B-B剖面速度矢量图（通风竖井间距40m、无区间隔断）

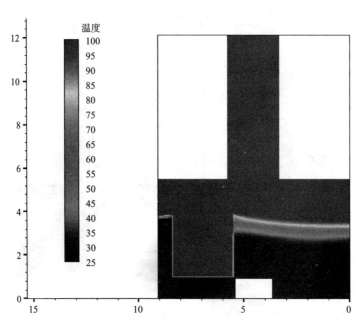

图 9-87　B-B 剖面温度分布图（通风竖井间距 40m、无区间隔断）

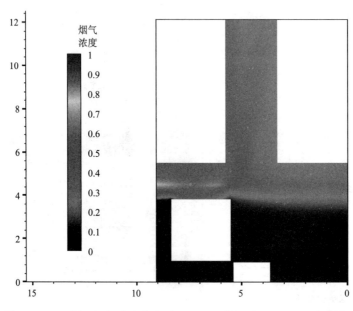

图 9-88　B-B 剖面烟气浓度分布图（通风竖井间距 40m、无区间隔断）

3. C-C 断面

通风竖井远离事故车厢端部亦即与事故车厢相邻的第一节车厢尾部断面（图 9-82 中 C-C 断面）计算结果整理如图 9-89～图 9-91 所示。

9.3 区间隧道火灾自然排烟模拟计算结果

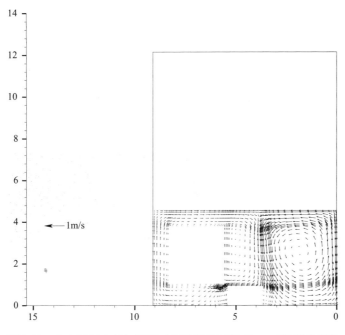

图 9-89 C-C 剖面速度矢量图（通风竖井间距 40m、无区间隔断）

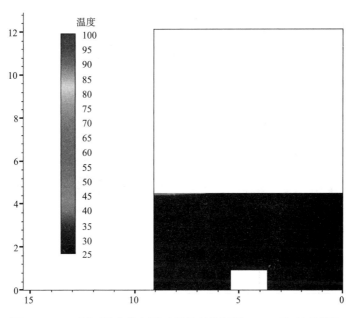

图 9-90 C-C 剖面温度分布图（通风竖井间距 40m、无区间隔断）

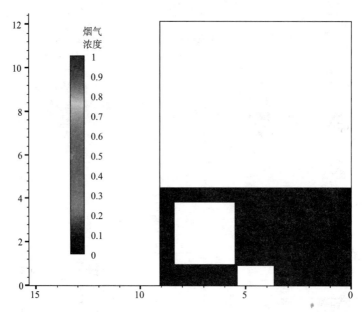

图 9-91 C-C 剖面烟气浓度分布图（通风竖井间距 40m、无区间隔断）

4. D-D 断面

沿区间隧道方向事故侧逃生平台位置纵断面（图 9-82 中 D-D 断面）计算结果整理如图 9-92～图 9-96 所示。

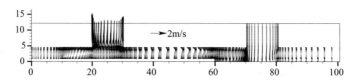

图 9-92 D-D 剖面速度矢量图（通风竖井间距 40m、无区间隔断）

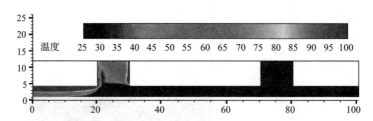

图 9-93 D-D 剖面温度分布图（通风竖井间距 40m、无区间隔断）

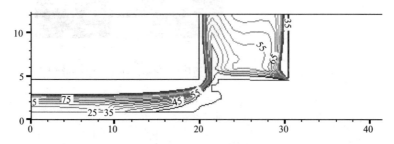

图 9-94 D-D 剖面温度分布局部放大等值线图（通风竖井间距 40m、无区间隔断）

9.3 区间隧道火灾自然排烟模拟计算结果

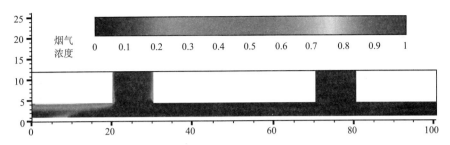

图 9-95 D-D 剖面烟气浓度分布图（通风竖井间距 40m、无区间隔断）

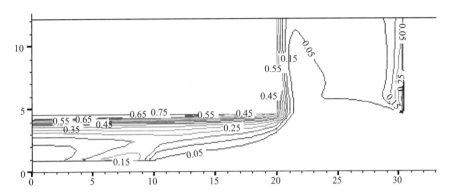

图 9-96 D-D 剖面烟气浓度分布局部放大等值线图（通风竖井间距 40m、无区间隔断）

9.3.6 通风竖井间距 50m，无区间隔断，不考虑局部阻力损失

1. A-A 断面

事故车厢尾部断面（图 9-97 中 A-A 断面）计算结果整理如图 9-98 ~ 图 9-100 所示。

图 9-97 Phoenics 建模区间隧道俯视图

2. B-B 断面

通风竖井靠近事故车厢端部断面（图 9-97 中 B-B 断面）计算结果整理如图 9-101 ~ 图 9-103 所示。

3. C-C 断面

与事故车厢相邻的第一节车厢尾部断面（图 9-97 中 C-C 断面）计算结果整理如图 9-104 ~ 图 9-106 所示。

4. D-D 断面

通风竖井远离事故车厢端部断面（图 9-97 中 D-D 断面）计算结果整理如图 9-107 ~ 图 9-109 所示。

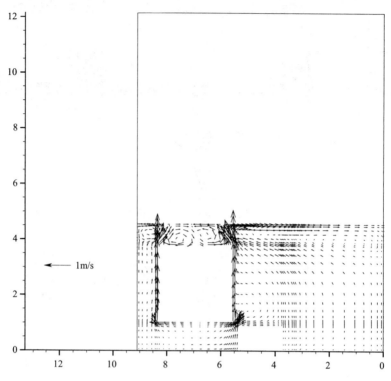

图 9-98　A-A 剖面速度矢量图（通风竖井间距 50m、无区间隔断）

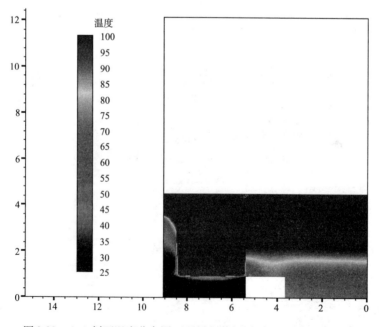

图 9-99　A-A 剖面温度分布图（通风竖井间距 50m、无区间隔断）

9.3 区间隧道火灾自然排烟模拟计算结果

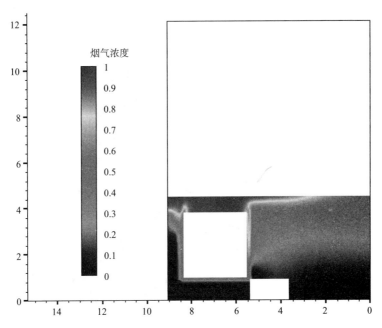

图 9-100 A-A 剖面烟气浓度分布图（通风竖井间距 50m、无区间隔断）

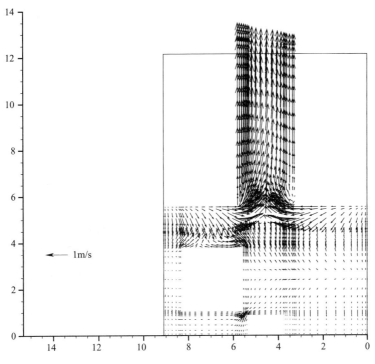

图 9-101 B-B 剖面速度矢量图（通风竖井间距 50m、无区间隔断）

第 9 章 区间隧道火灾自然排烟

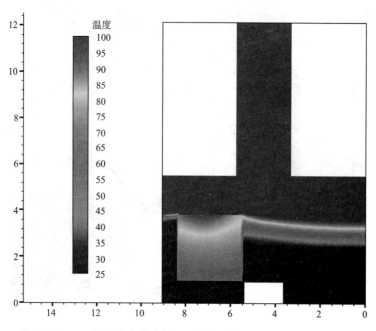

图 9-102 B-B 剖面温度分布图（通风竖井间距 50m、无区间隔断）

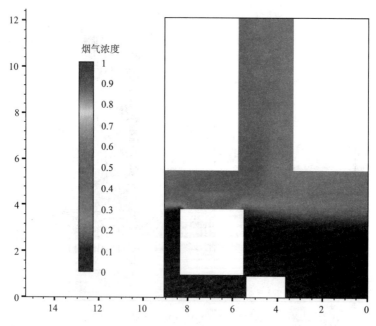

图 9-103 B-B 剖面烟气浓度分布图（通风竖井间距 50m、无区间隔断）

9.3 区间隧道火灾自然排烟模拟计算结果

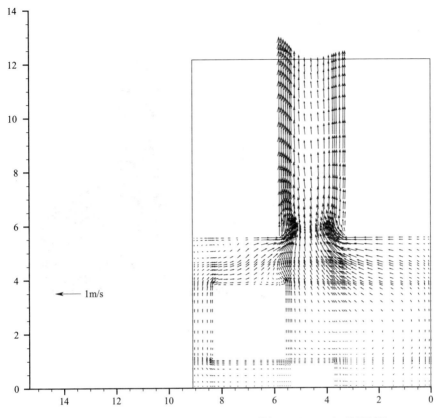

图 9-104 C-C 剖面速度矢量图（通风竖井间距 50m、无区间隔断）

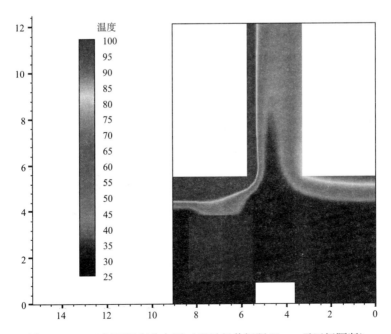

图 9-105 C-C 剖面温度分布图（通风竖井间距 50m、无区间隔断）

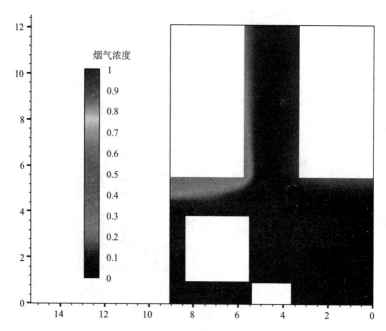

图 9-106　C-C 剖面烟气浓度分布图（通风竖井间距 50m、无区间隔断）

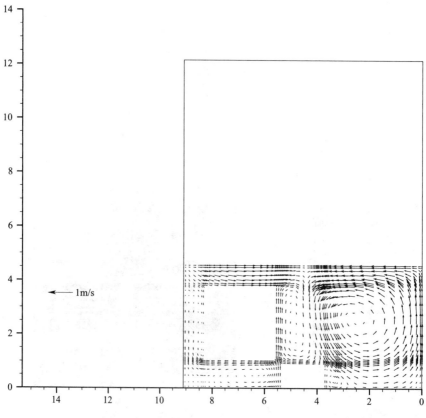

图 9-107　D-D 剖面速度矢量图（通风竖井间距 50m、无区间隔断）

9.3 区间隧道火灾自然排烟模拟计算结果

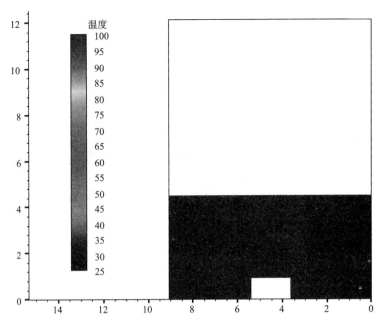

图 9-108　D-D 剖面温度分布图（通风竖井间距 50m、无区间隔断）

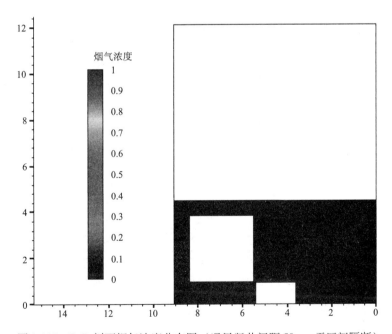

图 9-109　D-D 剖面烟气浓度分布图（通风竖井间距 50m、无区间隔断）

5. E-E 断面

沿区间隧道方向事故侧逃生平台位置纵断面（图 9-97 中 E-E 断面）计算结果整理如图 9-110～图 9-114 所示。

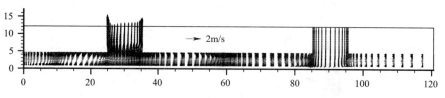

图 9-110　E-E 剖面速度矢量图（通风竖井间距 50m、无区间隔断）

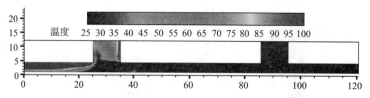

图 9-111　E-E 剖面温度分布图（通风竖井间距 50m、无区间隔断）

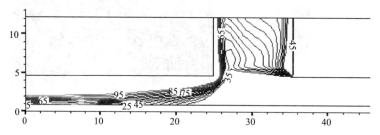

图 9-112　E-E 剖面温度分布局部放大等值线图（通风竖井间距 50m、无区间隔断）

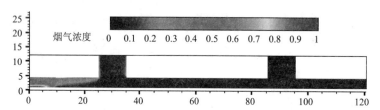

图 9-113　E-E 剖面烟气浓度分布图（通风竖井间距 50m、无区间隔断）

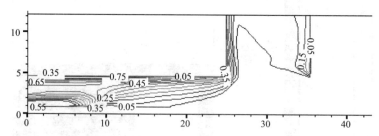

图 9-114　E-E 剖面烟气浓度分布局部放大等值线图（通风竖井间距 50m、无区间隔断）

9.3.7　通风竖井间距 100m，无区间隔断，不考虑局部阻力损失

1. A-A 断面

事故车厢尾部断面（图 9-115 中 A-A 断面）计算结果整理如图 9-116～图 9-118 所示。

9.3 区间隧道火灾自然排烟模拟计算结果

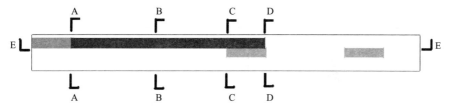

图 9-115 Phoenics 建模区间隧道俯视图

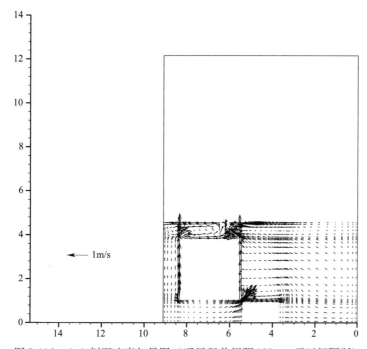

图 9-116 A-A 剖面速度矢量图（通风竖井间距 100m、无区间隔断）

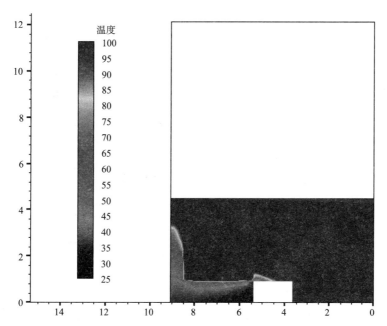

图 9-117 A-A 剖面温度分布图（通风竖井间距 100m、无区间隔断）

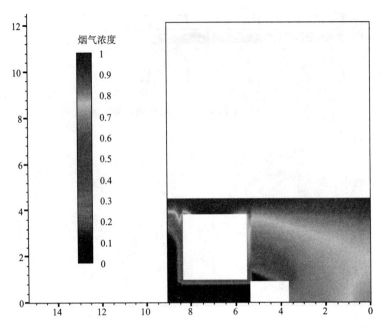

图 9-118 A-A 剖面烟气浓度分布图（通风竖井间距 100m、无区间隔断）

2. B-B 断面

与事故车厢相邻的第一节车厢尾部断面（图 9-115 中 B-B 断面）计算结果整理如图 9-119~图 9-121 所示。

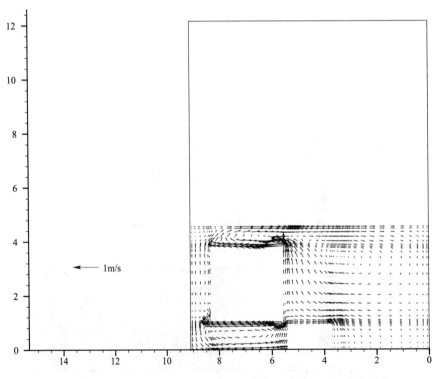

图 9-119 B-B 剖面速度矢量图（通风竖井间距 100m、无区间隔断）

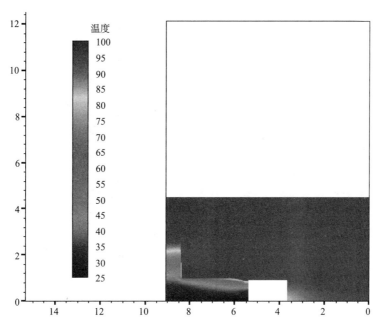

图 9-120 B-B 剖面温度分布图（通风竖井间距 100m、无区间隔断）

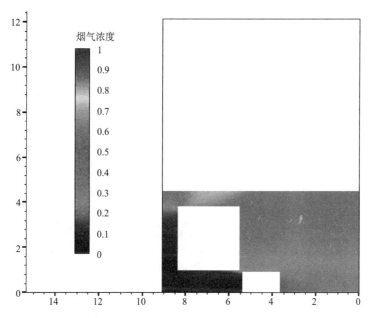

图 9-121 B-B 剖面烟气浓度分布图（通风竖井间距 100m、无区间隔断）

3. C-C 断面

通风竖井靠近事故车厢端部断面（图 9-115 中 C-C 断面）计算结果整理如图 9-122～图 9-124 所示。

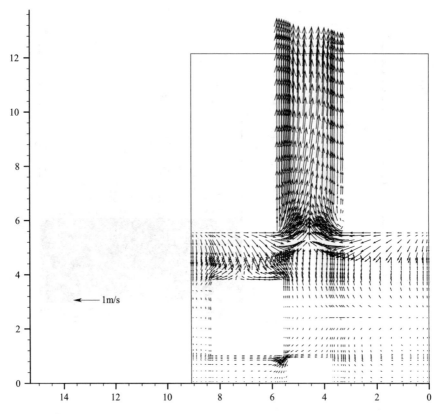

图 9-122　C-C 剖面速度矢量图（通风竖井间距 100m、无区间隔断）

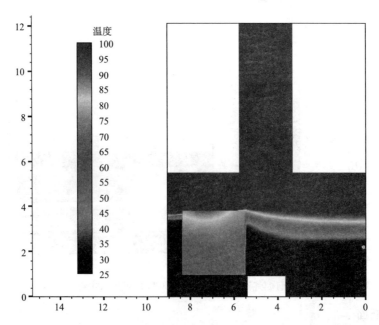

图 9-123　C-C 剖面温度分布图（通风竖井间距 100m、无区间隔断）

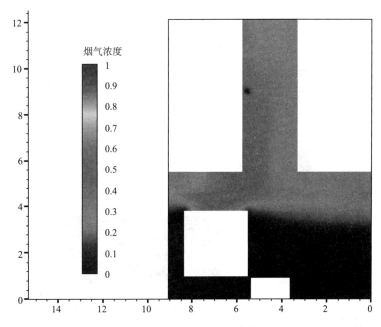

图 9-124 C-C 剖面烟气浓度分布图（通风竖井间距 100m、无区间隔断）

4. D-D 断面

通风竖井远离事故车厢端部亦即与事故车厢相邻的第二节车厢尾部断面（图 9-115 中 D-D 断面）计算结果整理如图 9-125 ~ 图 9-127 所示。

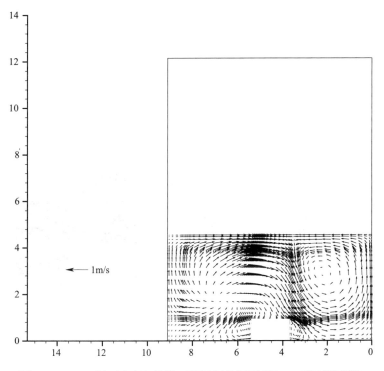

图 9-125 D-D 剖面速度矢量图（通风竖井间距 100m、无区间隔断）

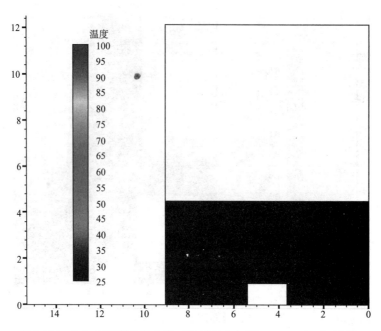

图 9-126 D-D 剖面温度分布图（通风竖井间距 100m、无区间隔断）

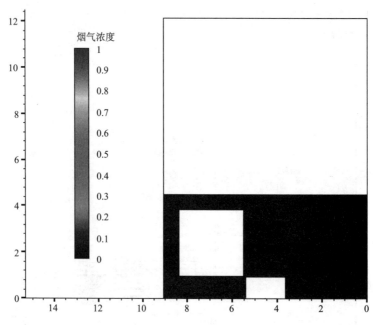

图 9-127 D-D 剖面烟气浓度分布图（通风竖井间距 100m、无区间隔断）

5. E-E 断面

沿区间隧道方向事故侧逃生平台位置纵断面（图 9-115 中 E-E 断面）计算结果整理如图 9-128～图 9-132 所示。

9.3 区间隧道火灾自然排烟模拟计算结果

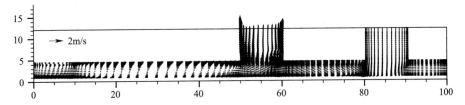

图 9-128　E-E 剖面速度矢量图（通风竖井间距 100m、无区间隔断）

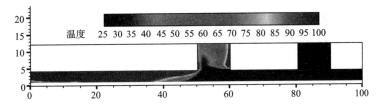

图 9-129　E-E 剖面温度分布图（通风竖井间距 100m、无区间隔断）

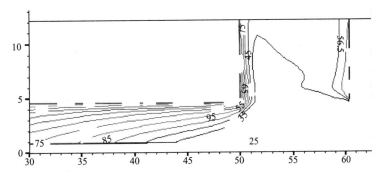

图 9-130　E-E 剖面温度分布局部放大等值线图（通风竖井间距 100m、无区间隔断）

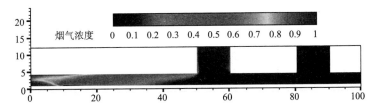

图 9-131　E-E 剖面烟气浓度分布图（通风竖井间距 100m、无区间隔断）

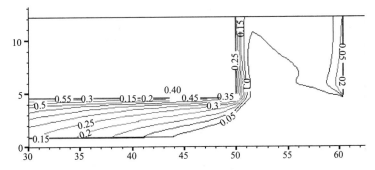

图 9-132　E-E 剖面烟气浓度分布局部放大等值线图（通风竖井间距 100m、无区间隔断）

9.4 模拟计算结果分析

9.4.1 关于是否在区间隧道设置隔断层

由上面计算结果可以看出,若在区间隧道中间加设隔断层,由于空间相对狭小,热量和烟气大量聚集,事故车厢周围烟气浓度很大,在距轨面 2.9m 高度处(人员站在逃生平台上的高度),烟气浓度高达 50%、温度在 70~80℃ 左右,通风竖井排风量仅为 29.3m³/s,列车断面风速仅为 0.9m/s 左右。若不设置隔断层,由计算结果可以看出,在同样的位置处烟气浓度低于 20%、温度低于 50℃,通风竖井排风量为 62.7m³/s,列车断面风速在 1.9m/s 左右。

综上所述,建议在区间隧道内不设置隔断层。

9.4.2 关于通风竖井间距

由上面各计算结果可以看出,当事故列车所停位置两端通风竖井的距离不断增大时(由 20m 增大至 100m),通风竖井的排风量基本不变,但是事故列车所在区间隧道段烟气温度和烟气浓度会急剧上升。且无论通风竖井间距大小,事故列车所停的两条通风竖井之间的区域烟气浓度和温度都很高,而这之外的区域可视为安全区。从火灾车厢端部(横坐标 10m 位置)起,沿区间隧道方向不同通风竖井间距下,距轨面 2.9m 处的温度变化曲线如图 9-133 所示。

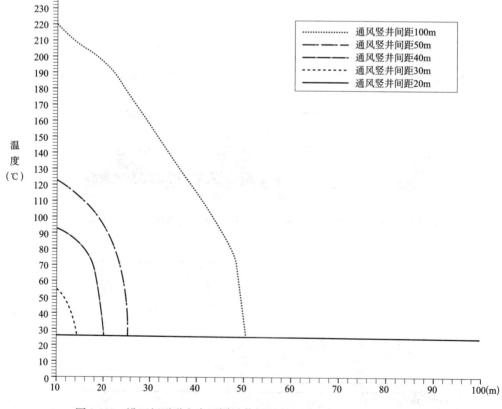

图 9-133 沿区间隧道方向不同风井间距下人呼吸高度温度变化曲线图

人体在温度超过体温的环境中，因为出汗过多，会出现脱水、疲劳和心跳加快等现象。对于呼吸而言，温度超过66℃便难以忍受，此温度领域可能会使消防人员救援及室内人员逃生迟缓。生存极限的呼吸温度（Breathing Level Temperature）约为131℃，但室内气温高达140℃时仍能存活短暂时间。当空气温度达到149℃时，由于人体吸收的热量超过身体表面散发的热量，体温超过正状态，使血压下降，毛细血管破坏，以致血液不能循环，特别是会因为脑神经中枢破坏而死亡。

鉴于以上考虑，本报告中将人员逃生路线安全温度上限定为66℃。

由图9-133可以看出，当通风竖井间距超过40m时，其间温度远超出66℃，当间距不超过30m时，温度则控制在60℃以下。

9.4.3 关于区间隧道内梁柱结构的影响

根据上面所得到的结论，针对通风竖井间距30m的工况，补充考虑区间隧道内梁柱结构对气流组织的影响，区间隧道内梁柱结构断面如图9-134、图9-135所示。

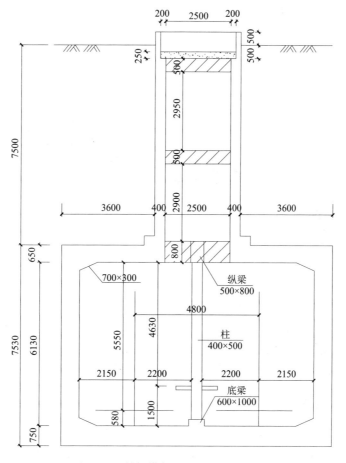

图9-134 结构横断面图（通风竖井处）

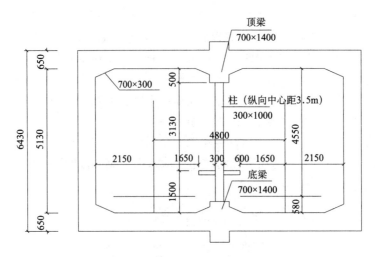

图 9-135　结构横断面图（无通风竖井处）

Phoenics 建模如图 9-136 所示。

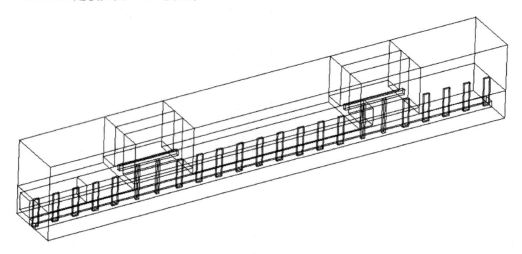

图 9-136　通风竖井间距 30m，考虑梁柱结构 Phoenics 建模

对比之前未考虑梁柱结构的计算结果，当通风竖井间距为 30m 时，从火灾车厢端部（横坐标 10m 位置）起，沿区间隧道方向距轨面 2.9m 处温度变化曲线如图 9-137 所示。

由上温度变化曲线图可以看出，当考虑区间隧道内梁柱结构对气流组织的影响时，在火灾车厢附近的局部区域温度有所上升，但仍低于 66℃。

9.4.4　关于通风竖井出口处局部阻力损失

设定通风竖井出口处局部阻力（钢板隔栅）阻力系数为 2.0。由计算结果统计得：考虑出口处局部阻力损失，通风竖井排风量将下降至 85%。若局部阻力更大，通风竖井出口处的设置如图 9-138、图 9-139 所示，从相关手册中可以查到，此种结构风井出口处局部阻力系数约为 15 左右，以通风竖井间距 20m 和间距 30m 工况为例，则通风竖井排风量都会下降至未考虑出口处局阻时的 41% 左右，具体如图 9-140～图 9-146 所示。

9.4 模拟计算结果分析

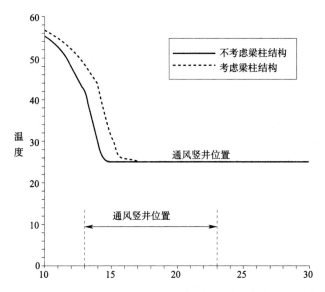

图 9-137 通风竖井间距 30m，沿区间隧道方向人呼吸高度温度变化曲线图

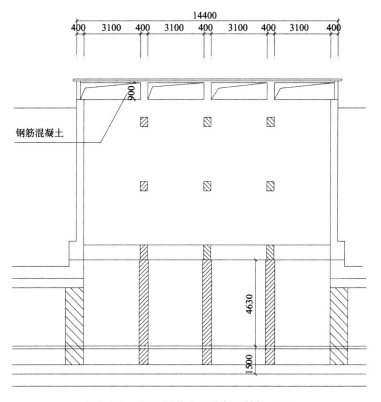

图 9-138 通风竖井出口处断面结构（1）

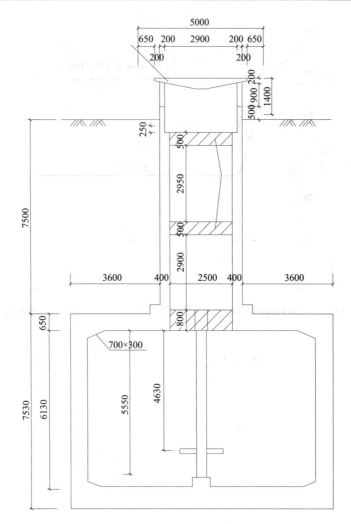

图 9-139 通风竖井出口处断面结构（2）（局部放大）

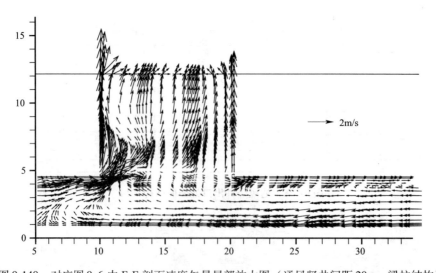

图 9-140 对应图 9-6 中 E-E 剖面速度矢量局部放大图（通风竖井间距 20m、梁柱结构）

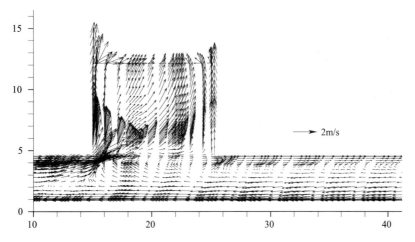

图 9-141　对应图 9-82 中 E-E 剖面速度矢量局部放大图（通风竖井间距 30m、梁柱结构）

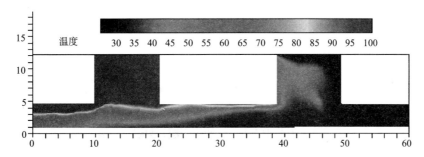

图 9-142　对应图 9-6 中 E-E 剖面温度分布图（通风竖井间距 20m、梁柱结构）

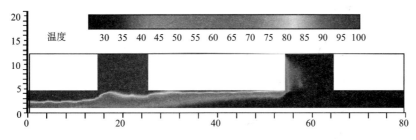

图 9-143　对应图 9-82 中 E-E 剖面温度分布图（通风竖井间距 30m、梁柱结构）

由图 9-142、图 9-143 可以看出两条通风竖井间的区间隧道区域内空气温度与图 9-133 相比明显上升；虽然图 9-143 中所示温度变化范围在 66℃ 以内（对应通风竖井间距 20m），但由图 9-140 可以看出，由于出口处局部阻力系数过大，两条通风竖井间的区间隧道区域顶部出现明显的逆流现象，且区间隧道断面平均风速小于 1.0m/s，这些都对排烟极为不利，由图 9-146 可以看出即便通风竖井间距为 20m，通风竖井间的区间隧道区间内烟气浓度在 25% 以上。即现行的设计方案（图 9-138、图 9-139 所示）对火灾自然通风排烟极为不利，应采取一定措施，使得通风竖井出口处局部阻力尽可能小，建议局部阻力系数不大于 2.0。

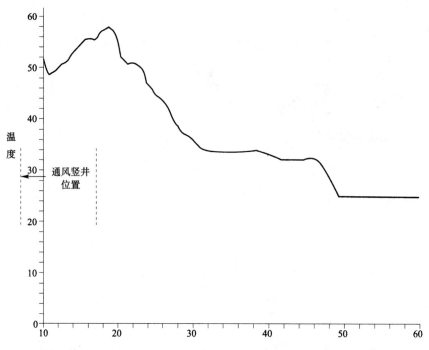

图 9-144 沿区间隧道方向逃生平台位置人呼吸高度温度变化曲线图
（通风竖井间距 20m、梁柱结构）

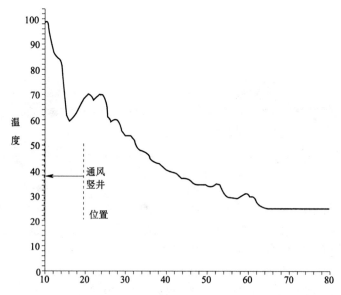

图 9-145 沿区间隧道方向逃生平台位置人呼吸高度温度变化曲线图
（通风竖井间距 30m、梁柱结构）

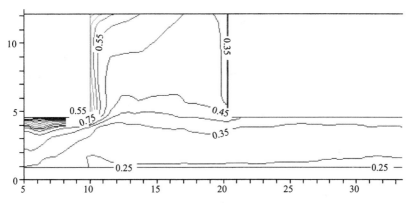

图 9-146 对应图 9-6 中 E-E 剖面烟气浓度场局部放大图
（通风竖井间距 20m、梁柱结构）

9.4.5 结论

针对通风竖井间距 20m 的工况，模拟结果表明在区间隧道设置隔断层之后，其总排风量下降了 53%，且人员逃生路线的温度和烟气浓度都很高，因此建议取消区间隧道隔断层。

与未考虑通风竖井出口处局部阻力损失相比较，当设定其出口处局部阻力系数为 2.0 时，其总排风量下降至约 85%；当设定出口处局部阻力系数为 15.0 时，其总排风量下降至 41% 左右，并且在通风竖井间的区间隧道内出现逆向流。因此建议能够采取一定措施，使得出口处局部阻力尽可能小，局部阻力系数应不大于 2.0。

当改变通风竖井间距时，无论其间距大小，事故列车所停的两条通风竖井之间的区域的烟气浓度和温度都很高，之外的区域可视为安全区，如图 9-147 所示。

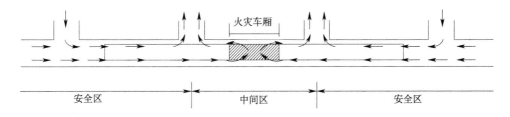

图 9-147 人员逃生位置沿区间隧道方向纵断面示意图

当通风竖井间距增大时，中间区的范围相应增大，其断面温度及烟气浓度也会大幅上升。将人员逃生路线安全温度上限定为 66℃。在此标准之下，并考虑区间隧道内梁柱结构对气流组织的影响，由模拟结果分析整理得到如下结论：

从温度因素考虑（人逃生路线区间隧道温度低于 66℃），建议通风竖井间距（本文所指间距，皆为两通风竖井相邻两侧壁面间距）不要超过 30m，即通风竖井中心间距不要超过 40m。

第10章 地层渗漏气体通风排除技术

10.1 概述

10.1.1 问题的提出

杭州市作为我国东部沿海重要的发达城市之一，经济增长速度快，人口密度非常大。为拓展城市空间，进一步加快经济发展，缓解城市南北交通紧张状况，有效地提高城市综合运输能力，经过多年的工程可行性论证，杭州市被国务院批准为城市轨道交通建设城市。

杭州市地铁1号线在进行详勘时，发现地面浅层15~30m和钱塘江江底一定深度范围内赋存有压力较高的可燃气体土层，相当多的静力触探孔有喷气、喷水和喷砂现象，喷出高度最高可达约9m，喷发持续时间0.5~4h不等，喷出的气体易燃，并可见明火，现场测定气体压力值约为0.2~0.4MPa。后续进行的补勘结果显示，在杭州地铁1号线江南段的滨康路站、滨康路站~西兴站区间、湘湖站~滨康路站区间、滨江站~富春路站过江隧道、下沙段等地段埋深21.0~29.5m的土层中都普遍存在这种易燃的有害气体。根据石油天然气部门资料和其他有关杭州湾地区的文献资料初步判断，杭州地铁所遇气体应为浅层天然气，其主要成分为甲烷（Methane），俗称沼气或瓦斯，是由于杭州地区独特的地质条件形成的浅层陆海相生物型气体。甲烷气体无色、无味、易燃、易爆，加之该区域范围内气藏埋深范围浅、分布广且气压大，势必会对正在修建的杭州地铁1号线工程带来不利影响。如何考虑消除含有害气体地层给地铁工程带来的危害以及对后期地铁运营的影响，确保杭州地铁1号线安全施工与顺利运营，同时也为后续的城市轨道交通线路的修建或其他类似工程提供宝贵经验，急需有针对性地开展此类有害气体防治对策研究。含有害气体地层的灾害性影响已成为城市轨道交通工程无法回避的难题，也是当前城市轨道交通设计和施工中亟待解决的一大技术性课题。

同时，在城市轨道交通工程建设过程中，由于可能遇到各种特殊工程地质条件，各类有害气体，尤其是易燃的有害气体出现的情况时有发生，这种状况为城市轨道交通的建设和建成后的运用都带来了巨大的安全隐患，急需加以研究解决。杭州地铁建设过程中遇到的易燃的有害气体的情况非常突出，因而，杭州地铁集团在经过充分调研和论证后，在国内城市轨道交通行业中率先决定以"杭州地铁地下有害气体向隧道渗漏情况下的运营与安全技术研究"为课题，委托北京城建设计研究总院有限责任公司来进行深入的研究工作，研究有害气体向隧道渗漏情况下的运营与安全技术，以揭示有害气体特性与工程性状，论证其对杭州地铁工程的影响和可能引起的灾变模式，并提出有效的灾害防治对策与处理措施。

杭州地铁1号线工程江南段勘察过程中，有害气体从钻孔中涌出，形成的燃烧、喷砂现象如图 10-1 所示。

图 10-1 燃烧、喷砂现象

10.1.2 研究现状与研究意义

1. 研究现状

事实上，在我国东部沿海和长江中下游地区的工程建设中，曾多次遇到过各种埋深较浅的含有害气体地层。因有害气体的释放而引起的隧道爆炸或火灾，从而造成重大人员伤亡和财产损失等情况在世界隧道建设和运营史上多有发生。

经过调研，以下列举了以往国内、国外隧道工程中因有害气体释放所引起的重大工程事故。

（1）美国 San Fernando 隧道：地震产生的断层带使得瓦斯大量溢出，隧道内设施成为点火源导致爆炸发生。这是加州历史上最严重的隧道事故，直接促使美国出台了最严格的隧道和矿井安全规定。事故损失情况：瓦斯爆炸，导致 17 人死亡，1 人幸存。

（2）美国 Port Huron 隧道：因通风系统设计不合理，瓦斯气体在通风不畅部分聚集，并被点火源引爆，导致发生了地下大爆炸。事故损失情况：瓦斯爆炸事故，导致 22 人死亡。

（3）加纳 Akosombo 水坝引水隧道：因隧道上游为泥岩，深水腐化的有机物产生的沼气是甲烷的源头，由于施工中有焊接操作，导致这次事故的发生。事故损失情况：瓦斯爆炸事故，导致 11 人死亡。

（4）瑞士 Hongrin 引水隧道：因通风系统设备故障，导致瓦斯爆炸。事故损失情况：瓦斯爆炸事故，导致 5 人死亡（图 10-2）。

（5）意大利 Great Apennine 隧道：因爆破作业后，可燃气体涌出，引燃了木支撑。事故损失情况：4 次爆炸，400m 长的通风设施被破坏，风机房被毁、仰拱坍塌，导致停工 7 个月，有 97 人为这条隧道献出了生命。

（6）贵昆线岩脚寨隧道发生了 5 次瓦斯燃烧和 2 次严重的瓦斯爆炸，被迫停工 76 天，伤亡人数逾百人。

（7）达成线炮台山隧道瓦斯爆炸死亡 13 人，被迫停工 7 个月。

图 10-2　瑞士 Hongrin 引水隧道瓦斯爆炸事故

（8）213 国道友谊隧道，先后发生瓦斯燃烧、爆炸 40 余次，并于 2004 年 12 月 7 日发生恶性瓦斯爆炸事故，造成 60 多人伤亡。

（9）董家山隧道于 2005 年 12 月 22 日发生特大瓦斯爆炸事故，造成 44 人死亡，11 人受伤，直接经济损失 2035 万元（图 10-3）。

图 10-3　董家山隧道特大瓦斯爆炸事故

可见，有害气体的存在对城市轨道交通工程中的隧道施工及开通后的运营安全均存在重大的安全隐患。因此亟待开展城市轨道交通地下有害气体向隧道渗漏情况下的运营与安全技术研究。

2. 研究意义

随着工程建设领域的空间不断拓宽，将会有越来越多的工程遇到类似的含有害气体地层气体的渗漏问题。目前国内对于铁路瓦斯隧道工程性状以及对工程的影响研究取得一定的进展；但诸如杭州地铁所遇到的浅层天然气对城市轨道交通隧道建设期及运营期的影响的研究工作，国内外可借鉴的工程经验和研究成果不多。系统地开展城市轨道交通工程地下有害气体向隧道渗漏情况下的运营与安全技术研究，是一个兼顾工程应用与理论和技术创新的课题，对整个城市轨道交通行业都具有很好的借鉴和参考意义。"杭州地铁地下有害气体向隧道渗漏情况下的运用与安全技术研究"的科研课题在此领域率先作出了探索和研究。

3. 主要研究内容

为了达到揭示城市轨道交通工程所遇到的含高压的有害气体向城市轨道交通隧道内渗漏情况下的运营与安全，并提出相应的工程灾害防治对策及依据的科研目标，以杭州地铁所要求的"杭州地铁地下有害气体向隧道渗漏情况下的运营与安全技术研究"课题为依托，确定研究项目的主要研究内容及研究成果如下：

（1）城市轨道交通所遇有害气体的成因、分布和赋存规律；
（2）有害气体在隧道内的灾变机理研究；
（3）城市轨道交通施工期和运营期内有害气体的渗气量估算；
（4）有害气体在隧道内的分布特性及城市轨道交通列车活塞风对其分布的影响理论分析和数值模拟计算；
（5）目前国外、国内有害气体监测系统调研分析；
（6）推荐城市轨道交通有害气体监测系统方案；
（7）城市轨道交通施工期间降低隧道内有害气体浓度通风建议方案。

10.2 杭州地铁所遇有害气体的成因、分布和赋存规律

生物成因气在世界各地都有发现，它们通常出现在较浅的未成熟沉积物中，包括沼泽、缺氧的淡水湖和近海滩的海湾以及厌氧硫酸盐还原地区的冰川和海洋沉积物中。除近代沉积外，煤、富有机质页岩和原油生物降解也能形成大量生物气，生物成因气在地质历史过程的循环中起着非常重要的作用。对于地下浅层，由于沉积物中的有机质在还原环境下经微生物作用可以形成游离气体（主要成分是甲烷），并可以大范围地生成且聚集起来，最终形成气藏。

10.2.1 杭州地区浅层气体的地质成因

杭州湾两岸杭嘉平原和萧绍平原面积约 12600 km^2，杭州位于太湖下切河谷和钱塘江下切河谷地带。

根据区域地质资料，杭州及杭州湾地区在第四季的几次海进、海退中，交替沉积了数套富含有机质的淤泥层和砂层，形成了许多浅层气藏。淤泥层中的有机质经厌氧菌的生物化学作用，产生生物气体（主要成分是甲烷）。经过运移、富集、储集在附近的砂层顶部。

10.2.2 杭州地区浅层气体的组分特征

所谓天然气，广义而言，是指自然界天然存在的一切气体。狭义而言，主要是指在以

沉积岩为主体的地壳上部岩石圈的天然气。天然气根据生成的原始物质来源，可分为无机成因气、有机成因气和混合成因气三大类。一般属于有机成因气，有机成因气是在沉积岩中由分散状或集中状的有机质或有机可燃矿产形成的天然气。有机成因气按有机质演化程度分为生物成因气、生物~热催化过渡带气、热解气和高温裂解气等。

国内外许多石油化学家已对天然气的成因类型进行系统而深入的研究，采用一系列的方法来鉴别天然气的类型，并取得较为一致的认识，即根据天然气产生过程和热演化成熟度的差异，将其分为生物化学作用和热催化作用形成的天然气。生物成因气从沉积开始产出，有机质经过厌氧细菌的生物化学分解作用而生成甲烷，产甲烷菌的最大埋深深度可达 1705m；热催化作用的天然气根据其热演化成熟度进一步分为石油伴生气和裂解气。

生物成因气是在有机质演化早期阶段，由微生物群体的发酵和合成作用而形成以 CH_4 气体为主的天然气，主要分布在中、新生代沉积岩中。各类有机质在适宜的环境中形成生物成因气，其组成为烃类和非烃类气体，烃类气体中以甲烷为主。

多年以来，石油天然气部门对该地区的浅层气体进行了不断地研究，对杭州及杭州湾地区浅层气体的组成、分布和赋存特性也有了较为充分的认识。有关专家将杭州及杭州湾地区的浅层气藏定义为属典型的未受重大次生作用影响的原生甲烷型生物成因气藏。

杭州及杭州湾地区浅层气体组分数据表　　　　表 10-1

地区	气体主要成分（%）			
	CH_4	N_2	CO_2	空气
萧山	98.95	0.49	0.5	—
余杭	98.43	0.29	1.28	—
慈溪桥	97.54	1.58	0.86	0.42

注：数据由浙江石油地质研究所提供。

杭州湾桥址浅层气体组分数据表　　　　表 10-2

地区	气体主要成分（%）			
	CH_4	N_2	CO_2	Ar、He
桥址 1	96.47	1.49	2.02	0.58
桥址 2	97.60	0.51	1.87	0.57
桥址 3	96.91	1.28	1.79	0.57

注：数据由浙江石油地质研究所提供。

由表 10-1、表 10-2 可以看出，杭州及杭州湾地区第四系中赋存的甲烷型生物成因气的主要特征是：甲烷含量多在 90% 以上，并含有少量氮气、二氧化碳，而乙烷以上的烃类含量甚微，不含硫化氢等有毒或腐蚀金属的成分。

根据浙江省地矿勘察院提供的对杭州地铁 1 号线沿线典型含气区段的地下气体取样和组分测试结果，以滨康路站为例，地下气体组分见表 10-3 所列。

滨康路站地下气体成分百分量表　　　　　表 10-3

孔号	气样号	CH_4	N_2	CO_2	CO_X
C9	1号	94.14	4.2	1.59	90
C15	2号	93.91	4.4	1.54	78
C17	3号	92.73	5.7	1.47	77
C30	4号	95.90	2.75	1.34	62
C37	5号	93.16	5.1	1.71	93
C43	6号	93.87	4.5	1.57	58
C50	7号	94.05	3.9	1.87	95
C55	8号	92.6	6.3	0.97	98
C57	9号	89.36	7.83	2.09	78
C60	10号	92.73	6.1	1.09	100

由表 10-3 可以看出：浅层气体成分以甲烷含量最高，约占 89.36%～95.90%，其次为氮气，约占 2.75%～7.83%，二氧化碳约占 1.34%～2.09%，不含乙烷以上重烃。气体成分与杭州及杭州湾其他地区浅层天然气成分类似，属于甲烷型生物成因气藏，俗称沼气，其分布特点和赋存条件亦符合前述的杭州及杭州湾地区浅层气的特征。

10.2.3　杭州地区浅层气体的分布特征

杭州及杭州湾地区在第四纪的几次海进、海退中，交替沉积了数套富含有机质的淤泥层和砂层。淤泥层中的有机质厌氧菌生物化学作用，产生生物气（主要成分是甲烷），经过运移、富集，储集在附近的砂层，形成了许多浅层气藏，埋深一般小于 55m。这些气藏埋深较浅、压力较低、分散且储量小，单位面积储量均在 $400×10^4 m^3/km^2$ 以下。经统计计算，该区总生气量为 $663×10^8 m^3$，资源量为 $28.35×10^8 m^3$，自 1991 年以来先后发现 6 个浅气田及一些小块的含气面积，已获控制储量 $3.43×10^8 m^3$，如夹灶、东塘、雷甸、义盛（头蓬）、海盐、黄菇浅气田，其中夹灶浅气田最具代表性，圈定含气面积 $2.21km^2$，控制储量 $0.15×10^8 m^3$。

10.2.4　杭州地区浅层气体的压力特征

压力系数为气藏地层压力与其所在深度静水压力的比值，气藏压力特征通常以压力系数来描述。按照 1990 年颁布的《天然气开发条例》，压力系数小于 0.7 的为异常低压气藏，压力系数大于 1.2 的为异常高压气藏。我国迄今已发现并报道的柴达木盆地、渤海湾盆地和杭州及杭州湾地区 9 个生物气田（气区）中的生物气藏均属常压气藏，在四川、贵州的裂缝碳酸盐岩气藏中，异常高压气藏占较大比例。

杭州及杭州湾地区的第三纪至第四纪浅层生物气藏（埋深 30～1500m）均属常压气藏，据统计，该区埋深小于 60m 的浅层生物气藏原始剩余压力为 0.12～0.46MPa，夹灶气田原始压力为 0.36～0.41MPa，其他气田原始压力为 0.25～0.46MPa。

根据目前我国石油天然气勘察部门的有关资料，杭州及杭州湾地区浅层天然气从总体来看，气藏分布广，属于常压气藏，气藏原始剩余压力为 0.12～0.46MPa，气藏埋深浅，一般在 30～55m，厚度不一，河漫滩中含砂质透镜体为生物气体的主要储集体，上覆盖淤泥质黏土为主要的生气层与盖层，储集体往往被非渗透性黏土包围，呈大小不等的串沟状或条带状透镜体，单个气藏面积小，浅气田由多个含气砂体在平面上错叠连片而形成。

10.3 有害气体在隧道内的灾变机理研究

以杭州地铁 1 号线工程建设遇到的实际情况为典型案例，杭州及杭州湾地区第四系中赋存的甲烷型生物成因气的主要特征是：甲烷含量多在 90% 以上，并含有少量氮气、二氧化碳，而乙烷以上的烃类含量甚微，不含硫化氢等有毒或腐蚀金属的成分。

10.3.1 甲烷气体特性

表 10-4 为甲烷（CH_4）及相关气体特性表。

甲烷及相关气体特性表　　表 10-4

性质		甲烷 CH_4	二氧化碳 CO_2	一氧化碳 CO	硫化氢 H_2S	乙烷 C_2H_6	丙烷 C_3H_8
分子量		16.042	44.01	28.01	34.08	30.07	44.09
密度（kg/m^3）		0.7168	1.98	1.25	1.54	1.36	2
对空气的比重		0.5545	1.53	0.97	1.17	1.05	1.55
沸点 K（101.3kPa）		111.3	194.5	83	211.2	184.7	230.8
爆炸下限（%）（293K，101.3kPa）		5		12.5	4.3	3	2.1
爆炸上限（%）（K293K，101.3kPa）		15	/	74.2	45.5	12.5	9.35
发热量（MJ/m^3）（288K）	最高值	37.11		11.86	23.5	64.53	98.61
	最低值	33.38		11.86	21.63	58.93	88.96

10.3.2 甲烷（瓦斯）爆炸燃烧特点

瓦斯爆炸的化学反应式如下：

$$CH_4 + 2O_2 \rightarrow CO_2 + 2H_2O + 833.28 J/mol$$

瓦斯爆炸会产生三种危害：

1. 火焰锋面

火焰锋面是沿隧道运动的化学反应带和烧热的气体，火焰锋面的传播速度一般为 500～700m/s。

2. 冲击波

冲击波是传播的压力突变。在正向冲击波叠加或返回时，可形成高达 10MPa 的压力。

3. 隧道空气成分改变

瓦斯爆炸会使隧道中的空气成分发生变化：氧化反应消耗了大量的氧，造成氧浓度降低；释放有害气体（如 CO_2、CO、高温 H_2O 气体等）；形成爆炸性气体。

10.3.3 甲烷（瓦斯）爆炸燃烧所需要的三个条件

瓦斯的爆炸需要三个条件：一定的瓦斯浓度；一定温度的引燃火源；足够的氧含量。

1. 瓦斯浓度

发生最初着火（爆炸）的瓦斯浓度见表10-5所列。

瓦斯爆炸浓度　　　　　　　　　　　　　　　　　表10-5

着火源	爆炸下限（%）	最佳爆炸浓度（%）	爆炸上限（%）
正常条件下的弱火源	5	最佳着火能量0.28MJ	15
强火源	2	0.85~10	75

另外，值得注意的是粉尘也具有爆炸性，混入粉尘可使瓦斯爆炸下限降低。例如，在其他条件相同时，如将空气中的含尘量由 $5g/m^3$ 增加到 $40g/m^3$ 时，爆炸下限将由4%降低到0.5%。

2. 火源

瓦斯爆炸的第二个条件是高温火源的存在。

（1）表10-6为不同浓度瓦斯的最低着火温度。

不同浓度瓦斯的最低着火温度　　　　　　　　　　　表10-6

CH_4含量（%）	2	3	3.95	7	9	10	11.75	14.35
最低着火温度（℃）	710	700	691	697	701	714	724	742

（2）火源作用的重要特性是其作用的持续时间。因为达到爆炸浓度的瓦斯遇到火源时不会立即爆炸，而需要延迟很短的时间——感应期（表10-7）。

不同浓度瓦斯的感应期　　　　　　　　　　　　　　表10-7

瓦斯浓度（%）	火源温度（℃）						
	775	825	875	925	975	1075	1175
	感应期（s）						
6	1.08	0.58	0.35	0.20	0.12	0.039	
7	1.15	0.60	0.36	0.21	0.13	0.041	0.010
8	1.25	0.62	0.37	0.22	0.14	0.042	0.012
9	1.30	0.65	0.39	0.23	0.14	0.044	0.016
10	1.40	0.68	0.41	0.24	0.15	0.049	0.018
12	1.64	0.74	0.44	0.25	0.16	0.055	0.020

这对瓦斯隧道爆破作业具有重要意义，只要炸药、雷管质量合格，炮泥充填符合要求，尽管炸药爆炸后产物可达4500℃高温，但其作用时间短，因而不会引起瓦斯爆炸。反之，若炸药、雷管质量不好，充填炮泥不符合要求，则爆炸后产物作用时间可能超过感应期而引起瓦斯爆炸。

3. 氧气浓度

在大气压力下瓦斯混合气体的爆炸范围可用 Coward 爆炸三角形进行判别。

图 10-4 中的 A 点表示通常的空气即含 O_2 为 20.93%，含 N_2 和 CO_2 为 79.07%；瓦斯空气混合气体用 AD 线表示；B、C 点分别表示爆炸下限和上限；BE 为混合气体爆炸下限线。在爆炸三角形 BCE 范围内的混合气体均有爆炸性，BEF 线左边的 2 区为不爆炸区，CEF 右边 3 区为补充氧气后可能爆炸区。

瓦斯爆炸范围随着混合气体氧浓度的降低而缩小，氧含量低于 12% 时，混合气体即失去爆炸性。

综合以上所述，瓦斯爆炸需要一定的瓦斯浓度、一定温度的引燃源、足够的氧含量，三者缺一不可。

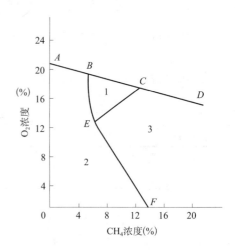

图 10-4　瓦斯空气爆炸界限与其中氧气和瓦斯浓度关系图

10.4　城市轨道交通运营期内有害气体的渗气量估算

以杭州地铁 1 号线工程的实际情况为例，对城市轨道交通运营期内有害气体的渗气量进行估算分析。杭州地铁 1 号线的前期的设计中确定了隧道的防水等级，但未对隧道渗水作明确限定。目前的研究表明：杭州地铁 1 号线遇到的有害气体为沼气，且其中甲烷含量 90% 以上，气体会对地铁的施工和运营产生极为不利的影响。杭州地铁 1 号线在滨江路～富春路、湘湖站～滨康站等区段的盾构隧道需要穿越该有害气体土层。为确保城市轨道交通工程在遇到浅层有害气体区段内施工和后期运营安全，有必要制定明确和严格的隧道防渗标准，保证城市轨道交通工程在施工和运营期的安全。

本章主要以杭州地铁 1 号线工程为典型案例，针对不同工况下城市轨道交通隧道的渗水和渗气进行计算分析，得出不同工况下隧道渗水渗气量。本章所涉及的相关内容和参数主要引自杭州地铁集团委托中科院武汉岩土力学研究所所做的《杭州地铁含有害气体土层特性与灾害防治技术研究报告》。

10.4.1　隧道渗水量计算

1. 概述

盾构法隧道的防水与渗漏治理对城市轨道交通工程来说是至关重要的，盾构法隧道渗水，除了带来地下工程渗漏的一般危害外，它还容易造成隧道及地面建筑物的不均匀沉降甚至破坏。而造成盾构法隧道渗漏的原因很多，防水设计方面的原因有：防水等级的确定不合理，防水措施选用不当；防水施工方面的原因有：选材不当，现场防水施工质量控制不严；验收方面的原因有：隐藏工程未按特定要求进行验收；维护管理方面的原因有：未能及时的检验和治理等。

《地下工程防水技术规范》(GB 50108—2008) 规定了地下工程防水等级分为四级，故盾构法隧道防水等级也如此划分。根据隧道的使用功能，选定相应的防水等级，对盾构法隧道防水设计的基本要求第一点就是"应定级准确"。"定级"，是指规定的防水等级，包括对整个工程或者单元工程、部位而言。整个工程的防水等级可与单元工程（区段）、重要部位的防水等级不同。

按《地铁设计规范》(GB 50157—2013) 工程防水的一般规定，地铁工程的防水设计应根据气候条件、工程地质和水文地质状况、结构特点、施工方法、使用要求等因素进行，以保证结构的安全、耐久和使用要求。地下工程防水应遵循"以防为主、刚柔结合、多道防线、因地制宜、综合治理"的原则，采取与其相适应的防水措施。

地下结构防水等级应符合下列规定：

地下车站及机电设备集中区段的防水等级应为一级，不允许渗水，结构表面无湿渍。

区间隧道及连接通道等附属的隧道结构防水等级应为二级，顶部不允许滴漏，其他部位不允许漏水，结构表面可有少量湿渍，总湿渍面积不应大于总防水面积的6/1000；任意 $100m^2$ 防水面积上的湿渍不超过4处，单个湿渍面积不小于 $0.2m^2$。

由于盾构法施工在含水层内的地下水土压力下工作，要防止地下水的渗入，首先要做到结构的自防水，而结构自防水性能是否达到工程的要求，就需要对各种工况条件下的渗漏量进行计算。

因盾构隧道渗漏的位置包括管片的接缝、管片自身的小裂缝、注浆孔和手孔等，而这些位置发生渗漏的影响因素较多，定量计算渗漏量较困难。故此，本报告中隧道渗水量是在考虑隧道管片加工制作精密且拼缝密闭材料满足质量要求不渗漏，施工严格按照规范达到设计要求不出现裂缝或渗漏点，不考虑隧道长期运行后因沉降产生的裂缝和管片混凝土的自身裂缝而引起的渗漏的情况，仅考虑管片混凝土的自防水而得到的计算结果。

2. 隧道渗水的理论值估算

本工程按照设计要求的防水应达到《地下工程防水技术规范》(GB 50108—2008) 的二级防水标准。二级防水标准要求采用防水混凝土，防水混凝土应通过调整配合比，掺加外加剂、掺合料配制而成，掺渗等级不得小于P6；防水混凝土的施工配合比应通过试验确定，抗渗等级应比设计要求提高一级（0.2MPa）。防水混凝土可掺入一定数量的粉煤灰、磨细矿渣粉、硅粉等。粉煤灰的级别不应低于二级，掺量不宜大于20%；硅粉掺量不应大于3%；其他掺合料的掺量应经过试验确定。根据《地下工程防水技术规范》(GB 50108—2008) 第8.1.4条规定：管片、砌块的抗渗等级应等于隧道埋深水压力的3倍，且不得小于P8，管片必须按设计要求经抗渗检验合格后方可使用；第8.1.10条规定：管片外防水涂层应符合管片外弧面混凝土裂缝宽度达到0.3mm时，仍能抗最大埋深处水压，不渗漏。

根据本工程设计文件规定：杭州地铁隧道内径 $r_1 = 2.75m$，隧道外径 $r_2 = 3.10m$，管片的厚度为350mm。整条隧道要求每昼夜（24h = 86400s）的渗漏量≤ $0.05L/m^2$（对应于本隧道为每延米隧道一昼夜的渗漏量应≤0.92L/m），任意 $100m^2$ 每昼夜渗漏量≤10L（即渗漏量≤ $0.1L/m^2$）。盾构区间混凝土管片强度等级是C50，抗渗等级为P10，同时检查氯离子的扩散（氯离子扩散系数≤ $1.2 \times 10^{-12} m^2/s$）。

参考上海市标准《盾构法隧道防水技术规程》(DBJ08-50-1996) 第2.2.3条有关

混凝土的渗透系数的规定：混凝土渗透系数 $K \leqslant 10^{-12}$ m/s，高水压、高侵蚀性地层则相应提高到 10^{-14} m/s。查阅有关资料显示一般混凝土 P10 的水渗透系数 $\varphi_水$ 约为 1.77×10^{-8} cm/s，抗渗等级为 P10 的防水混凝土对应的水渗透系数 $\varphi_水$ 量级约为 10^{-11} cm/s，综合上述计算取 $\varphi_水 = 1.77 \times 10^{-11}$ cm/s。每延米隧道内表面面积为 17.27m²，外表面面积是 19.468m²，取截面中心线对应的表面面积作为隧道的渗透面积为 18.369m²。

湘湖站~滨康路站区间、滨康路站~西兴站区间、滨江站~富春路站区间隧道埋深变化较大，隧道对应不同水压下的渗漏量可根据达西定律计算：

$$q = \varphi \frac{\Delta h}{L} A$$

式中　q——渗漏量（cm³）；
　　　φ——渗水系数（cm/s）；
　　　Δh——水头差（cm）；
　　　L——渗径（cm）；
　　　A——渗透面面积（cm²）。

根据以上所述的方法我们可以得到不同水压力下的隧道的渗透量，见表 10-8 所列。

不同水压条件下的隧道渗水量　　　　　　　表 10-8

水压力值（kPa）	对应水头（m）	混凝土抗渗等级	混凝土渗透系数（cm/s）	隧道每平方米一昼夜渗透量（L）	100 平方米面积隧道一昼夜渗透量（L）	每米隧道一昼夜渗透量（L）	是否满足设计要求
100	10	P10	1.77×10^{-11}	0.00044	0.044	0.008	满足
200	20	P10	1.77×10^{-11}	0.00087	0.087	0.016	满足
300	30	P10	1.77×10^{-11}	0.00132	0.132	0.024	满足
400	40	P10	1.77×10^{-11}	0.00176	0.176	0.032	满足
500	50	P10	1.77×10^{-11}	0.0022	0.22	0.04	满足

由表 10-8 可以看出，地铁隧道在设计抗渗等级为 P10，渗水系数量级为 1.77×10^{-11} cm/s 条件下，在表 10-8 中的各种可能水压力下，均能保证满足设计和规范的要求。

3. 隧道渗水的数值仿真

隧道外围全部为水的情况是渗漏量最大的时候，由于要在后续的计算中考虑隧道外围可能存在游离的浅层有害气体的情况，因此，在考虑隧道渗水量时，分为隧道被压力水全部浸没、1/2 隧道被压力水浸没和 1/3 隧道被压力水浸没三种情况，不同的水压力条件下的各工况利用有限分析软件分别进行了数值仿真计算，得到不同工况下，每延米隧道一昼夜的渗透流量。

（1）100kPa 水压下

1）隧道被压力水全部浸没

计算结果得：隧道在 100kPa 的压力水下，管片渗水系数为 1.77×10^{-11} cm/s 的情况下，隧道内表面边界积分的渗透流量为 9.453×10^{-11} m³/s，则每延米隧道一昼夜（24h）的渗透量为 0.00817L，与理论估算值接近，小于设计规定的每延米隧道一昼夜的渗透量限值 0.92L。

2) 1/2 隧道被压力水浸没

假设隧道下半部分被 100kPa 的压力水浸没,计算显示:在管片的渗水系数为 1.77×10^{-11} cm/s 的情况下,隧道内表面边界积分的渗透流量为 4.774×10^{-11} m^3/s,则每延米隧道一昼夜(24h)的渗透流量为 0.00413L,小于设计规定的每延米隧道一昼夜的渗透量限额 0.92L。

3) 1/3 隧道被压力水浸没

假设 1/3 隧道被 100kPa 的压力水浸没,计算显示:在管片的渗水系数为 1.77×10^{-11} cm/s 的情况下,隧道内表面边界积分的渗透流量为 2.4133×10^{-11} m^3/s,则每延米隧道一昼夜(24h)的渗透流量为 0.00209L,小于设计规定的每延米隧道一昼夜的渗透量限额 0.92L。

(2) 200kPa 水压下

1) 隧道被压力水全部浸没

计算结果得:隧道在 200kPa 的压力水下,管片渗水系数为 1.77×10^{-11} cm/s 的情况下,隧道内表面边界积分的渗透流量为 1.891×10^{-10} m^3/s,则每延米隧道一昼夜(24h)的渗透量为 0.01634L,与理论估算值接近,小于设计规定的每延米隧道一昼夜的渗透量限额 0.92L。

2) 1/2 隧道被压力水浸没

假设隧道下半部分被 200kPa 的压力水浸没,计算显示:在管片的渗水系数为 1.77×10^{-11} cm/s 的情况下,隧道内表面边界积分的渗透流量为 9.5485×10^{-11} m^3/s,则每延米隧道一昼夜(24h)的渗透流量为 0.00825L,小于设计规定的每延米隧道一昼夜的渗透量限额 0.92L。

3) 1/3 隧道被压力水浸没

假设 1/3 隧道被 200kPa 的压力水浸没,计算显示:在管片的渗水系数为 1.77×10^{-11} cm/s 的情况下,隧道内表面边界积分的渗透流量为 4.8266×10^{-11} m^3/s,则每延米隧道一昼夜(24h)的渗透流量为 0.00417L,小于设计规定的每延米隧道一昼夜的渗透量限额 0.92L。

(3) 300kPa 水压下

1) 隧道被压力水全部浸没

计算结果得:隧道在 300kPa 的压力水下,管片渗水系数为 1.77×10^{-11} cm/s 的情况下,隧道内表面边界积分的渗透流量为 2.8358×10^{-10} m^3/s,则每延米隧道一昼夜(24h)的渗透量为 0.0245L,与理论估算值接近,小于设计规定的每延米隧道一昼夜的渗透量限额 0.92L。

2) 1/2 隧道被压力水浸没

假设隧道下半部分被 300kPa 的压力水浸没,计算显示:在管片的渗水系数为 1.77×10^{-11} cm/s 的情况下,隧道内表面边界积分的渗透流量为 1.4322×10^{-10} m^3/s,则每延米隧道一昼夜(24h)的渗透流量为 0.0124L,小于设计规定的每延米隧道一昼夜的渗透量限额 0.92L。

3) 1/3 隧道被压力水浸没

假设 1/3 隧道被 300kPa 的压力水浸没,计算显示:在管片的渗水系数为 1.77×10^{-11}

cm/s 的情况下，隧道内表面边界积分的渗透流量为 $7.240 \times 10^{-11} \mathrm{m}^3/\mathrm{s}$，则每延米隧道一昼夜（24h）的渗透流量为 0.00626L，小于设计规定的每延米隧道一昼夜的渗透量限额 0.92L。

（4）400kPa 水压下

1）隧道被压力水全部浸没

计算结果得：隧道在 400kPa 的压力水下，管片渗水系数为 1.77×10^{-11} cm/s 的情况下，隧道内表面边界积分的渗透流量为 $3.78116 \times 10^{-10} \mathrm{m}^3/\mathrm{s}$，则每延米隧道一昼夜（24h）的渗透量为 0.0327L，与理论估算值接近，小于设计规定的每延米隧道一昼夜的渗透量限额 0.92L。

2）1/2 隧道被压力水浸没

假设隧道下半部分被 400kPa 的压力水浸没，计算显示：在管片的渗水系数为 1.77×10^{-11} cm/s 的情况下，隧道内表面边界积分的渗透流量为 $1.9097 \times 10^{-10} \mathrm{m}^3/\mathrm{s}$，则每延米隧道一昼夜（24h）的渗透流量为 0.0165L，小于设计规定的每延米隧道一昼夜的渗透量限额 0.92L。

3）1/3 隧道被压力水浸没

假设 1/3 隧道被 400kPa 的压力水浸没，计算显示：在管片的渗水系数为 1.77×10^{-11} cm/s 的情况下，隧道内表面边界积分的渗透流量为 $9.653 \times 10^{-11} \mathrm{m}^3/\mathrm{s}$，则每延米隧道一昼夜（24h）的渗透流量为 0.00834L，小于设计规定的每延米隧道一昼夜的渗透量限额 0.92L。

（5）500kPa 水压下

1）隧道被压力水全部浸没

计算结果得：隧道在 500kPa 的压力水下，管片渗水系数为 1.77×10^{-11} cm/s 的情况下，隧道内表面边界积分的渗透流量为 $4.72646 \times 10^{-10} \mathrm{m}^3/\mathrm{s}$，则每延米隧道一昼夜（24h）的渗透量为 0.0408L，与理论估算值接近，小于设计规定的每延米隧道一昼夜的渗透量限额 0.92L。

2）1/2 隧道被压力水浸没

假设隧道下半部分被 500kPa 的压力水浸没，计算显示：在管片的渗水系数为 1.77×10^{-11} cm/s 的情况下，隧道内表面边界积分的渗透流量为 $2.38715 \times 10^{-10} \mathrm{m}^3/\mathrm{s}$，则每延米隧道一昼夜（24h）的渗透流量为 0.0206L，小于设计规定的每延米隧道一昼夜的渗透量限额 0.92L。

3）1/3 隧道被压力水浸没

假设 1/3 隧道被 500kPa 的压力水浸没，计算显示：在管片的渗水系数为 1.77×10^{-11} cm/s 的情况下，隧道内表面边界积分的渗透流量为 $1.20666 \times 10^{-10} \mathrm{m}^3/\mathrm{s}$，则每延米隧道一昼夜（24h）的渗透流量为 0.01043L，小于设计规定的每延米隧道一昼夜的渗透量限额 0.92L。

隧道在不同水压及不同浸没条件下渗水量采用有限元分析软件计算的结果见表 10-9 所列。

不同水压条件下的隧道渗水量数值计算结果汇总表　　　　表10-9

水压力值（kPa）	混凝土抗渗等级	混凝土渗透系数（cm/s）	1/3隧道被压力水浸没条件下每米隧道一昼夜渗透量（L）	1/2隧道被压力水浸没条件下每米隧道一昼夜渗透量（L）	隧道全部被压力水浸没条件下每米隧道一昼夜渗透量（L）	是否满足设计要求
100	P10	1.77×10^{-11}	0.00209	0.00413	0.008	满足
200	P10	1.77×10^{-11}	0.00417	0.00825	0.016	满足
300	P10	1.77×10^{-11}	0.00626	0.0124	0.024	满足
400	P10	1.77×10^{-11}	0.00834	0.0165	0.032	满足
500	P10	1.77×10^{-11}	0.01043	0.0206	0.04	满足

由表10-9可以看出，隧道按照P10的抗渗等级，混凝土渗水系数为 $1.77\times10^{-11}\mathrm{cm/s}$ 时，在上述各种工况下均能满足设计和规范对于地铁隧道渗水的要求，与理论估算的结论一致。

10.4.2 隧道渗气量计算

1. 概述

由于设计文件中P10的抗渗等级主要是针对防水设计的，而检查氯离子的扩散主要是控制管片混凝土的耐久性的一项指标，设计文件没有对管片的防渗气指标提出明确的要求。

针对我国目前没有针对地铁设计施工遇浅层有害气体的规范或标准，本部分的计算主要借鉴现行的铁路部门行业标准《铁路瓦斯隧道技术规范》（TB 10120—2002）的有关规定来考虑。

《铁路瓦斯隧道技术规范》（TB 10120—2002）第1.0.3条规定：铁路隧道勘测与施工过程中，通过地质勘探或施工检测表明隧道内存在瓦斯，该隧道应定为瓦斯隧道。

《铁路瓦斯隧道技术规范》（TB 10120—2002）第4.1.1条规定：瓦斯隧道分为低瓦斯隧道、高瓦斯隧道及瓦斯突出隧道三种，瓦斯隧道的类型按隧道内瓦斯工区的最高级确定。

《铁路瓦斯隧道技术规范》（TB 10120—2002）第4.1.3条规定：当全工区的瓦斯涌出量小于 $0.5\mathrm{m^3/min}$（一昼夜流量为 $720\mathrm{m^3/天}$）时，为低瓦斯工区；大于或等于 $0.5\mathrm{m^3/min}$（一昼夜流量为 $720\mathrm{m^3/天}$）时，为高瓦斯工区。第4.2.1条规定：瓦斯工区根据其含瓦斯的情况，可划分为非瓦斯地段和三级、二级与一级三种含瓦斯地段，并分别采用不同的衬砌结构。二级地段的瓦斯压力 $\geqslant0.15\mathrm{MPa}$，$<0.74\mathrm{MPa}$，根据地铁勘查结果显示：滨康路站地段等含浅层有害气体地段的气压最大为 $0.5\mathrm{MPa}$，根据上述标准划分，应为二级瓦斯地段（表10-10）。

《铁路瓦斯隧道技术规范》（TB 10120—2002）第4.2.3条规定：瓦斯隧道的衬砌结构应有防瓦斯措施，不同瓦斯地段等级采用不同的衬砌防瓦斯措施。确定防瓦斯处理范围时，瓦斯较重、等级较高地段应向瓦斯较轻、等级较低地段适当延长。二级瓦斯地段要求的衬砌防瓦斯措施要求衬砌封闭措施要设置瓦斯隔离层，模筑混凝土中采用掺气密剂，施工缝采用气密处理（表10-11）。

瓦斯地段　　　　　　　　　　　　　　　　　　　　　　　　　　　表10-10

地段等级	吨煤瓦斯含量（m³/t）	瓦斯压力（MPa）
三	<0.5	<0.15
二	≥0.5	≥0.15，<0.74
一	—	≥0.74

注：当按吨煤瓦斯含量与瓦斯压力确定的地段等级不一致时，应取较高者。

衬砌防瓦斯措施表　　　　　　　　　　　　　　　　　　　　　表10-11

封闭措施	瓦斯地段等级		
	三	二	一
围岩注浆	—	—	选用
喷射混凝土中掺气密剂	—	选用	采用
设置瓦斯隔离层	—	采用	采用
模筑混凝土中掺气密剂	采用	采用	采用
模筑混凝土中掺钢纤维	—	—	选用
施工缝气密处理	采用	采用	采用

《铁路瓦斯隧道技术规范》（TB 10120—2002）第4.2.5条规定：喷射混凝土中掺用气密剂后，透气系数不应大于10^{-10}cm/s，模筑混凝土中掺用气密剂后，透气系数不应大于10^{-11}cm/s。模筑混凝土衬砌施工缝应进行气密处理，其封闭瓦斯性能不应小于衬砌本体。

《铁路瓦斯隧道技术规范》（TB 10120—2002）第4.2.6条规定：掺气密剂的混凝土施工材料应符合规定：气密剂宜选用FS-KQ型，掺量应符合设计要求，气密剂为硅灰、粉煤灰及高效减水剂的复合剂。

《铁路瓦斯隧道技术规范》（TB 10120—2002）第4.4.1条规定：瓦斯隧道在运营中，瓦斯浓度在任何时间、任何地点都不大于0.5%。

《铁路瓦斯隧道技术规范》（TB 10120—2002）第4.4.3条规定：隧道运营期间瓦斯检测断面的位置，应根据施工期间的瓦斯涌出情况确定。

《铁路瓦斯隧道技术规范》（TB 10120—2002）第4.4.6条规定：设置机械通风的瓦斯隧道的通风量，应在稀释隧道内瓦斯所需风量和防止瓦斯积聚最小风速之相应风量中取大者确定。算风压时需计入适量自然反风。防止瓦斯积聚的最小风速按1m/s计。

《铁路瓦斯隧道技术规范》（TB 10120—2002）第4.4.9条规定：瓦斯隧道运营期间宜采用定时通风；当隧道内瓦斯浓度达到0.4%时，必须启动风机进行通风，保证隧道内瓦斯浓度不大于0.5%。当瓦斯浓度降到0.3%以下时，可停止通风。

《铁路瓦斯隧道技术规范》（TB 10120—2002）第10.2.1条规定：瓦斯隧道竣工验收时，应达到瓦斯设防标准；在内拱顶以下25cm处的空气中瓦斯浓度不得大于0.5%。在有运营通风条件下，通风后应达到以上标准。

针对设计文件只提及防水等级P10，而资料显示防水混凝土P10对应的渗透系数$\varphi_水$

约为 1.77×10^{-11} cm/s，通过以下方法换算该防水等级的混凝土对应的透气性系数 $\varphi_{空}$。

2. 气体渗透系数 $\varphi_{空}$ 和液测渗透系数 $\varphi_{水}$ 的关系

由于渗透率 K（μm^2）和渗透系数是两种不同的描述介质渗透性的指标，一般条件下渗透率 K（μm^2）与渗透系数 φ（cm/s）关系有如下关系：

$$\varphi_{CH_4} = \frac{K_{CH_4}\rho_{CH_4}g}{\mu_{CH_4}} \tag{10-1}$$

$$\varphi_{水} = \frac{K_{水}\rho_{水}g}{\mu_{水}} \tag{10-2}$$

由式（10-1）和式（10-2）相比可得：$\frac{\varphi_{CH_4}}{\varphi_{水}} = \frac{K_{CH_4}\rho_{CH_4}g/\mu_{CH_4}}{K_{水}\rho_{水}g/\mu_{水}} = \frac{K_{CH_4}\rho_{CH_4}\mu_{水}}{K_{水}\rho_{水}\mu_{CH_4}}$，由标准状况下，甲烷气体的相对密度约为 0.55，故甲烷的密度约为 $\rho_{CH_4} = 0.668 \times 10^{-3}$ g/cm³；水的密度 $\rho_{水} = 1.0$ g/cm³，甲烷气体的黏度约为 $\mu_{CH_4} = 0.0105$ mPs，水的黏度 $\mu_{水} = 1.01$ mPs，带入上式可得：

$$\varphi_{CH_4} \frac{K_{CH_4} 0.668 \times 10^{-3} \times 1.01}{K_{水} 1.0 \times 0.0105} \varphi_{水} = 0.064 \frac{K_{CH_4}}{K_{水}} \varphi_{水} \tag{10-3}$$

据已有的研究结果表明：一般气测渗透率 $K_{气}$ 都要高于液测渗透率 $K_{水}$，混凝土的气测渗透率 $K_{气}$ 比液测渗透率 $K_{水}$ 高出 $10^1 \sim 10^2$ 量级（国外由 Kollek 在 1989 年提出的以 O_2 为渗透介质测定混凝土渗透系数的 Cembureau 法已获得国际上的广泛接受，并在 1999 年由 RILEM 组织作为推荐标准推出，我国《铁路瓦斯隧道技术规范》混凝土透气系数测定时采用的气体是空气）。P10 防水混凝土渗水系数取 $\varphi_{水} = 1.77 \times 10^{-11}$ cm/s，根据式（10-3），若按 K_{CH_4} 与液测渗透率 $K_{水}$ 相差约 10^2 量级计算，对应的气测渗气系数 $\varphi_{CH_4} = 1.13 \times 10^{-10}$ cm/s，若按 K_{CH_4} 与液测渗透率 $K_{水}$ 相差 10^1 量级计算，则对应的气测渗气系数 $\varphi_{CH_4} = 1.13 \times 10^{-11}$ cm/s。

3. 隧道渗气量计算

由于杭州地铁 1 号线遇到的浅层有害气体主要成分是甲烷，而在地下的甲烷是以溶存于地下水的溶存气体及存在于土颗粒孔隙中的游离气体两种形式存在于土层中。因此，浅层有害气体入渗隧道的途径主要有游离气体通过管片直接入渗，以及随含有溶存气体的水入渗两种途径，需要计算的渗气量也就由对应的两部分组成。

（1）由隧道渗水带入的溶存甲烷量计算

根据石油天然气部门的资料显示，杭州地区的地下浅层有害气体的气体组分中，甲烷含量占了近 97%，属于原生甲烷型生物成因气。而甲烷在水中的溶解度可以用亨利公式来表示：

$$q = C \times P \tag{10-4}$$

式中 q——溶解度，表示单位容积中溶解气体的体积（m³/m³）；

C——溶解系数（10^{-5} m³/m³Pa）；

P——气体压力（Pa）。

天然气中甲烷在标准状况下（20℃，1×10^5 Pa 下）的溶解度为 0.033 m³/m³。若按最危险条件下计算，假设隧道全部被压力水浸没，不同气压值条件下隧道渗水带入甲烷量计算见表 10-12 所列。

不同气藏压力条件下的隧道渗水带入的甲烷量表　　表 10-12

隧道周围绝对气压力值（kPa）	混凝土抗渗等级	当前气压下水中的甲烷溶解量（m^3/m^3）	100kPa 水压每延米隧道 1h 渗水带入（m^3）
100	P10	0.033	
200	P10	0.066	2.2×10^{-8}
300	P10	0.099	6.6×10^{-8}
400	P10	0.132	1.32×10^{-7}
500	P10	0.165	2.2×10^{-7}
600	P10	0.198	3.3×10^{-7}

由表 10-12 可以看出，当管片混凝土的抗渗等级为 P10，对应的渗水系数为 1.77×10^{-11} cm/s 时，随着渗透水而携带进入隧道的甲烷量非常少，可以忽略不计。

（2）隧道渗入游离甲烷量理论值估算

考虑最危险情况，隧道假设完全被气包围，隧道管片处于完全干燥状态下（因为在干燥状态下混凝土的透气性最好，渗气系数最大，对隧道最为不利。当混凝土浸水后，渗气系数衰减很快，这对于隧道防渗气是有利的，故按最不安全条件下进行计算），且不考虑隧道外防水涂层及注浆等提供的安全储备，仅考虑隧道管片的自身防渗气要求。理论估算公式可以假定气体在混凝土中渗透满足达西定律，由达西定律推得。

由于气体在混凝土中渗流时，在厚度范围内的每一断面的压力是不同的，因而流过混凝土的气体体积流量在混凝土内各点是变化的，它延着压力下降的方向不断膨胀、增大。因此气体在混凝土中任一点的流动状态可以采用达西定律的微分形式来表示：

$$q = -\frac{K_{气} A}{\mu} \frac{\mathrm{d}P}{\mathrm{d}L} \tag{10-5}$$

式中　q——单位时间的体积流量（cm^3/s）；

μ——气体的黏滞系数（mPas）；

L——渗透路径的长度（cm）；

A——气体流过的截面面积（cm^2）；

$K_{气}$——气测渗透率（μm^2）。

根据气体留过各端面上的质量流量不变，根据波义耳—马略特定律，在等温条件下气体体积流量随压力的变化关系可以表示为：

$$Pq = P_0 q_0 \tag{10-6}$$

式中　q、q_0——在 P、P_0 压力下的气体体积流量。因此：

$$K_{气} = -\frac{q_0 P_0 \mu}{A} \frac{\mathrm{d}L}{p \mathrm{d}p} \tag{10-7}$$

求解式（10-4）~式（10-7）可得：

$$K_{气} = \frac{2 q_0 P_0 \mu L}{A(p_1^2 - p_0^2)} \tag{10-8}$$

10.4 城市轨道交通运营期内有害气体的渗气量估算

式中 p_1、p_0——入口气压力和出口气压力,由渗透率和渗透系数的关系可以得到下式:

$$q_0 = \frac{\varphi_{\text{气}} A(P_1^2 - P_0^2)}{2P_0 L \rho_0 g} \tag{10-9}$$

式中 $\rho_0 g$——气体的重度（N/cm³）;

A——渗透面面积（cm³）。

根据式（10-4）~式（10-9）便可估算出隧道内的甲烷气体渗透量。

如果不考虑气体进入隧道以后的流动,按静态情况考虑,根据式（10-9）计算不同气压情况下隧道每延米的渗透量,以及按照甲烷全断面分布和甲烷聚集在隧道内拱下50cm的空间来计算甲烷浓度。由于气体的成分主要以甲烷为主,因此取 $\rho_0 g = 0.668 \times 10^{-5}$ N/cm³ 来计算气体的入渗量。

需要说明的是,考虑甲烷主要聚集在隧道内拱下50cm的空间,3h不通风,据此来计算相应的浓度,是基于杭州地铁1号线设计总体单位——北京城建设计研究总院及业主——杭州地铁集团相关部门提出的要求,作为一种浓度计算模式。浓度选择的计算方式不同,所得的结果自然会有所不同,应根据具体情况来选择浓度指标。本计算中将两种不同方式计算的浓度结果均一一列出。

每延米隧道内的空间体积为23.746m³,每延米隧道拱顶50cm空间体积为1.075m³,管片混凝土渗气系数按照 $\varphi_{\text{空}} = 1.13 \times 10^{-10}$ cm/s,计算结果见表10-13所列。

不同气藏压力条件下的隧道渗入甲烷量及浓度表（1） 表10-13

气藏绝对压力值（kPa）	混凝土抗渗等级	混凝土渗气系数（cm/s）	隧道每平方米1h渗甲烷量（L）	每延米隧道1h渗甲烷量（L）	每延米隧道3h不排风甲烷浓度（按全断面）	每延米隧道3h不排风甲烷浓度（按内拱下50cm）
100	P10	1.13×10^{-10}	0	0	0% <0.5%	0% <0.5%
200	P10	1.13×10^{-10}	0.26	4.79	0.06% <0.5%	1.34% >0.5%
300	P10	1.13×10^{-10}	0.70	12.79	0.16% <0.5%	3.57% >0.5%
400	P10	1.13×10^{-10}	1.31	23.95	0.3% <0.5%	6.68% >0.5%
500	P10	1.13×10^{-10}	2.09	38.32	0.48% <0.5%	10.7% >0.5%

由表10-13可以看出,如果隧道管片的渗气系数的量级为 10^{-10} cm/s,隧道在气藏绝对压力达到200kPa时,每延米隧道1h的渗水量可达4.79L,若在3h不通风条件下隧道按全断面计算的甲烷浓度为0.06%,小于最高的甲烷浓度限值0.5%;而按内拱下50cm空间计算的甲烷浓度为1.34%,则大于最高的甲烷浓度限值0.5%。因此,若按照全断面计算甲烷浓度时,各种可能气藏压力下,隧道内在3h不通风条件下的甲烷浓度均不超限;但若按内拱下50cm空间计算甲烷浓度时,气藏绝对压力在200kPa时,隧道顶部的甲烷浓度就可能超标。

管片混凝土渗气系数按照 $\varphi_{\text{空}} = 1.13 \times 10^{-11}$ cm/s 计算见表10-14所列。

309

不同气藏压力条件下的隧道渗入甲烷量及浓度表（2） 表 10-14

气藏绝对压力值(kPa)	混凝土抗渗等级	混凝土渗气系数(cm/s)	隧道每平方米1h渗甲烷量(L)	每延米隧道1h渗甲烷量(L)	每延米隧道3h不排风甲烷浓度（按全断面）	每延米隧道3h不排风甲烷浓度（按内拱下50cm）
100	P10	1.13×10^{-11}	0	0	0% <0.5%	0% <0.5%
200	P10	1.13×10^{-11}	0.03	0.48	0.006% <0.5%	0.13% <0.5%
300	P10	1.13×10^{-11}	0.07	1.28	0.016% <0.5%	0.36% <0.5%
400	P10	1.13×10^{-11}	0.13	2.4	0.03% <0.5%	0.67% >0.5%
500	P10	1.13×10^{-11}	0.29	3.83	0.048% <0.5%	1.07% >0.5%

由表 10-14 可以看出，如果隧道管片的渗气系数的量级为 10^{-11} cm/s，按全断面计算甲烷浓度时，各种可能的气藏压力下，3h 不通风工况隧道内甲烷浓度均小于 0.5%；而按照内拱下 50cm 空间计算甲烷浓度时，当气藏绝对压力在 400kPa 时，3h 不通风工况隧道顶部的甲烷浓度可能超标。

（3）隧道渗水甲烷量数值仿真

仿照隧道渗水的仿真计算，将隧道按照全被埋入压力气藏、1/2 隧道被埋入压力气藏和 1/3 隧道埋入压力气藏三种情况，利用有限元分析软件采用不同的渗气系数分别对以上各工况进行了隧道渗气的数值仿真计算，得到不同情况下每延米隧道的渗气流量。

由于前面的计算由隧道渗水带入的溶存甲烷量最大仅为每延米 3.30×10^{-4} L/h，与渗入的游离甲烷量相比小至少 4 个数量级。因此，在该部分隧道甲烷入渗量计算中可以将渗水带入的溶存甲烷量忽略不计。

第一种情况：对应渗气系数按照 $\varphi_{CH_4} = 1.13 \times 10^{-10}$ cm/s 计算。

1）气藏压力为 100kPa

由于以上气体的气藏压力值采用的是气体绝对压强值，所以，当气藏压力为 100kPa 时，气藏压力等于外界标准大气压（100kPa），隧道外围和隧道内部气压力相等，不会发生渗流。因此，以下数值计算中对于气藏压力为 100kPa 的情况均不予考虑。

2）气藏压力为 200kPa

①隧道全部埋入气藏

计算结果得：隧道在 200kPa 的气藏压力下，管片渗气系数为 1.13×10^{-10} cm/s 的情况下，隧道内表面边界积分的渗透流量为 1.323396×10^{-6} m³/s，则每延米隧道 1h（3600s）的渗透量为 4.764L，与理论估算值十分接近。按隧道全断面计算甲烷浓度，隧道每延米的空气体积是 23.746m³，可以得到每延米隧道在 3h 不通风的情况下的浓度为 0.0143/23.746 = 0.06% <0.5%；按隧道内拱下 50cm 空间计算甲烷浓度，可以得到每延米隧道 3h 不通风的情况下的浓度为 0.0143/1.075 = 1.33% >0.5%。

②1/2 隧道埋入气藏

假设隧道上半部分被 200kPa 的气藏包围，计算显示：在管片的渗水系数为 1.13×10^{-10} cm/s 的情况下，隧道内表面边界积分的渗透流量为 6.65737×10^{-7} m³/s，则每延米隧道 1h（3600s）的渗透量为 2.397L。按隧道全断面极端甲烷浓度，隧道每延米的空气体积是 23.746m³，可以得到每延米隧道在 3h 不通风的情况下的浓度为 0.0072/23.746 =

0.03% < 0.5%；按隧道内拱下50cm空间计算甲烷浓度，可以得到每延米隧道3h不通风的情况下的浓度为0.0072/1.075 = 0.67% > 0.5%。

③1/3隧道埋入气藏

假设1/3隧道被200kPa的气藏包围，计算显示：在管片的渗水系数为1.13×10^{-10}cm/s的情况下，隧道内表面边界积分的渗透流量为3.362217×10^{-7}m³/s，则每延米隧道1h（3600s）的渗透量为1.211L。按隧道全断面极端甲烷浓度，隧道每延米的空气体积是23.746m³，可以得到每延米隧道在3h不通风的情况下的浓度为0.0036/23.746 = 0.015% < 0.5%；按隧道内拱下50cm空间计算甲烷浓度，可以得到每延米隧道3h不通风的情况下的浓度为0.0036/1.075 = 0.34% < 0.5%。

3）气藏压力为300kPa

①隧道全部埋入气藏

计算结果得：隧道在300kPa的气藏压力下，管片渗气系数为1.13×10^{-10}cm/s的情况下，隧道内表面边界积分的渗透流量为3.4326093×10^{-6}m³/s，则每延米隧道1h（3600s）的渗透量为12.279L，与理论估算值十分接近。按隧道全断面计算甲烷浓度，隧道每延米的空气体积是23.746m³，可以得到每延米隧道在3h不通风的情况下的浓度为0.037/23.746 = 0.16% < 0.5%；按隧道内拱下50cm空间计算甲烷浓度，可以得到每延米隧道3h不通风的情况下的浓度为0.037/1.075 = 3.43% > 0.5%。

②1/2隧道埋入气藏

假设隧道上半部分被300kPa的气藏包围，计算显示：在管片的渗水系数为1.13×10^{-10}cm/s的情况下，隧道内表面边界积分的渗透流量为1.719476×10^{-6}m³/s，则每延米隧道1h（3600s）的渗透量为6.189L。按隧道全断面极端甲烷浓度，隧道每延米的空气体积是23.746m³，可以得到每延米隧道在3h不通风的情况下的浓度为0.019/23.746 = 0.078% < 0.5%；按隧道内拱下50cm空间计算甲烷浓度，可以得到每延米隧道3h不通风的情况下的浓度为0.019/1.075 = 1.73% > 0.5%。

③1/3隧道埋入气藏

假设1/3隧道被300kPa的气藏包围，计算显示：在管片的渗水系数为1.13×10^{-10}cm/s的情况下，隧道内表面边界积分的渗透流量为8.675975×10^{-7}m³/s，则每延米隧道1h（3600s）的渗透量为3.123L。按隧道全断面极端甲烷浓度，隧道每延米的空气体积是23.746m³，可以得到每延米隧道在3h不通风的情况下的浓度为0.0094/23.746 = 0.039% < 0.5%；按隧道内拱下50cm空间计算甲烷浓度，可以得到每延米隧道3h不通风的情况下的浓度为0.0094/1.075 = 0.87% > 0.5%。

4）气藏压力为400kPa

①隧道全部埋入气藏

计算结果得：隧道在400kPa的气藏压力下，管片渗气系数为1.13×10^{-10}cm/s的情况下，隧道内表面边界积分的渗透流量为6.1454938×10^{-6}m³/s，则每延米隧道1h（3600s）的渗透量为22.12L，与理论估算值十分接近。按隧道全断面计算甲烷浓度，隧道每延米的空气体积是23.746m³，可以得到每延米隧道在3h不通风的情况下的浓度为0.0664/23.746 = 0.28% < 0.5%；按隧道内拱下50cm空间计算甲烷浓度，可以得到每延米隧道3h不通风的情况下的浓度为0.0664/1.075 = 6.17% > 0.5%。

②1/2 隧道埋入气藏

假设隧道上半部分被 400kPa 的气藏包围,计算显示:在管片的渗水系数为 1.13×10^{-10} cm/s 的情况下,隧道内表面边界积分的渗透流量为 3.066725×10^{-6} m³/s,则每延米隧道 1h(3600s)的渗透量为 11.04L。按隧道全断面极端甲烷浓度,隧道每延米的空气体积是 23.746m³,可以得到每延米隧道在 3h 不通风的情况下的浓度为 $0.033/23.746 = 0.14\% < 0.5\%$;按隧道内拱下 50cm 空间计算甲烷浓度,可以得到每延米隧道 3h 不通风的情况下的浓度为 $0.033/1.075 = 3.08\% > 0.5\%$。

③1/3 隧道埋入气藏

假设 1/3 隧道被 400kPa 的气藏包围,计算显示:在管片的渗水系数为 1.13×10^{-10} cm/s 的情况下,隧道内表面边界积分的渗透流量为 1.5461678×10^{-6} m³/s,则每延米隧道 1h(3600s)的渗透量为 5.566L。按隧道全断面极端甲烷浓度,隧道每延米的空气体积是 23.746m³,可以得到每延米隧道在 3h 不通风的情况下的浓度为 $0.0167/23.746 = 0.07\% < 0.5\%$;按隧道内拱下 50cm 空间计算甲烷浓度,可以得到每延米隧道 3h 不通风的情况下的浓度为 $0.0167/1.075 = 1.55\% < 0.5\%$。

5)气藏压力为 500kPa

①隧道全部埋入气藏

计算结果得:隧道在 500kPa 的气藏压力下,管片渗气系数为 1.13×10^{-10} cm/s 的情况下,隧道内表面边界积分的渗透流量为 9.2867065×10^{-6} m³/s,则每延米隧道 1h(3600s)的渗透量为 33.432L,与理论估算值十分接近。按隧道全断面计算甲烷浓度,隧道每延米的空气体积是 23.746m³,可以得到每延米隧道在 3h 不通风的情况下的浓度为 $0.10/23.746 = 0.42\% < 0.5\%$;按隧道内拱下 50cm 空间计算甲烷浓度,可以得到每延米隧道 3h 不通风的情况下的浓度为 $0.10/1.075 = 9.33\% > 0.5\%$。

②1/2 隧道埋入气藏

假设隧道上半部分被 500kPa 的气藏包围,计算显示:在管片的渗水系数为 1.13×10^{-10} cm/s 的情况下,隧道内表面边界积分的渗透流量为 4.619582×10^{-6} m³/s,则每延米隧道 1h(3600s)的渗透量为 16.63L。按隧道全断面极端甲烷浓度,隧道每延米的空气体积是 23.746m³,可以得到每延米隧道在 3h 不通风的情况下的浓度为 $0.05/23.746 = 0.21\% < 0.5\%$;按隧道内拱下 50cm 空间计算甲烷浓度,可以得到每延米隧道 3h 不通风的情况下的浓度为 $0.05/1.075 = 4.64\% > 0.5\%$。

③1/3 隧道埋入气藏

假设 1/3 隧道被 400kPa 的气藏包围,计算显示:在管片的渗水系数为 1.13×10^{-10} cm/s 的情况下,隧道内表面边界积分的渗透流量为 2.327737×10^{-6} m³/s,则每延米隧道 1h(3600s)的渗透量为 8.38L。按隧道全断面极端甲烷浓度,隧道每延米的空气体积是 23.746m³,可以得到每延米隧道在 3h 不通风的情况下的浓度为 $0.0251/23.746 = 0.11\% < 0.5\%$;按隧道内拱下 50cm 空间计算甲烷浓度,可以得到每延米隧道 3h 不通风的情况下的浓度为 $0.0251/1.075 = 2.34\% > 0.5\%$。

渗气系数按照 $\varphi_{空} = 1.17 \times 10^{-10}$ cm/s 考虑,上述将隧道按照全被埋入压力气藏、1/2 隧道被埋入压力气藏和 1/3 隧道埋入压力气藏三种情况,利用有限元分析软件采用不同的渗气系数分别对以上各工况进行了隧道渗气的数值仿真计算,得到不同情况下每延米隧道渗气流量计算结果汇总，见表10-15及表10-16所列。

不同气藏压力条件下的隧道渗入甲烷量浓度数值计算结果汇总表（1）　　表10-15

气藏绝对压力值（kPa）	管片混凝土渗气系数（cm/s）	1/3隧道埋入压力气藏工况下每延米隧道1h渗入量（L）	1/2隧道埋入压力气藏工况下每延米隧道1h渗入量（L）	隧道全部埋入压力气藏工况下每延米隧道1h渗入量（L）
100	1.13×10^{-10}	0	0	0
200	1.13×10^{-10}	1.211	2.397	4.764
300	1.13×10^{-10}	3.123	6.189	12.279
400	1.13×10^{-10}	5.566	11.041	22.12
500	1.13×10^{-10}	8.38	16.631	33.432

不同气藏压力条件下的隧道渗入甲烷量浓度数值计算结果汇总表（2）　　表10-16

气藏绝对压力值（kPa）	管片混凝土渗气系数（cm/s）	1/3隧道埋入压力气藏工况下，3h不通风，隧道内甲烷浓度与安全浓度比较		1/2隧道埋入压力气藏工况下，3h不通风，隧道内甲烷浓度与安全浓度比较		隧道全部埋入压力气藏工况下，3h不通风，隧道内甲烷浓度与安全浓度比较	
		全断面计算	内拱下50cm	全断面计算	内拱下50cm	全断面计算	内拱下50cm
100	1.13×10^{-10}	0% <0.5%	0% <0.5%	0% <0.5%	0% <0.5%	0% <0.5%	0% <0.5%
200	1.13×10^{-10}	0.015% <0.5%	0.34% <0.5%	0.03% <0.5%	0.67% >0.5%	0.06% <0.5%	1.33% >0.5%
300	1.13×10^{-10}	0.039% <0.5%	0.87% >0.5%	0.078% <0.5%	1.73% >0.5%	0.16% <0.5%	3.43% >0.5%
400	1.13×10^{-10}	0.07% <0.5%	1.55% >0.5%	0.14% <0.5%	3.08% >0.5%	0.28% <0.5%	6.17% >0.5%
500	1.13×10^{-10}	0.11% <0.5%	2.34% >0.5%	0.21% <0.5%	4.64% >0.5%	0.42% <0.5%	9.33% >0.5%

由表10-16可以看出，隧道埋入不同压力气藏，3h不通风工况下，按照全断面体积计算隧道内甲烷浓度均小于浓度限值0.5%；但按内拱下50cm空间下体积计算出的甲烷浓度在大部分计算工况下均超限值。

第二种情况：对应渗气系数按照 $\varphi_{CH_4} = 1.13 \times 10^{-11}$ cm/s 计算。

1）气藏压力为200kPa

①隧道全部埋入气藏

计算结果得：隧道在200kPa的气藏压力下，管片渗气系数为 1.13×10^{-11} cm/s 的情况下，隧道内表面边界积分的渗透流量为 1.3233957×10^{-7} m³/s，则每延米隧道1h（3600s）的渗透量为0.477L，与理论估算值十分接近。按隧道全断面计算甲烷浓度，隧道每延米的空气体积是23.746m³，可以得到每延米隧道在3h不通风的情况下的浓度为0.0014/23.746＝0.006%＜0.5%；按隧道内拱下50cm空间计算甲烷浓度，可以得到每延米隧道3h不通风的情况下的浓度为0.0014/1.075＝0.133%＜0.5%。

②1/2 隧道埋入气藏

假设隧道上半部分被200kPa的气藏包围，计算显示：在管片的渗水系数为 1.13×10^{-11} cm/s 的情况下，隧道内表面边界积分的渗透流量为 $6.6573666 \times 10^{-8} m^3/s$，则每延米隧道1h（3600s）的渗透量为0.24L。按隧道全断面极端甲烷浓度，隧道每延米的空气体积是 $23.746m^3$，可以得到每延米隧道在3h不通风的情况下的浓度为 $0.00072/23.746 = 0.003\% < 0.5\%$；按隧道内拱下50cm空间计算甲烷浓度，可以得到每延米隧道3h不通风的情况下的浓度为 $0.00072/1.075 = 0.067\% < 0.5\%$。

③1/3 隧道埋入气藏

假设1/3隧道被200kPa的气藏包围，计算显示：在管片的渗水系数为 1.13×10^{-11} cm/s 的情况下，隧道内表面边界积分的渗透流量为 $3.3622168 \times 10^{-8} m^3/s$，则每延米隧道1h（3600s）的渗透量为0.121L。按隧道全断面极端甲烷浓度，隧道每延米的空气体积是 $23.746m^3$，可以得到每延米隧道在3h不通风的情况下的浓度为 $0.00036/23.746 = 0.0015\% < 0.5\%$；按隧道内拱下50cm空间计算甲烷浓度，可以得到每延米隧道3h不通风的情况下的浓度为 $0.00036/1.075 = 0.034\% < 0.5\%$。

2）气藏压力为300kPa

①隧道全部埋入气藏

计算结果得：隧道在300kPa的气藏压力下，管片渗气系数为 1.13×10^{-11} cm/s 的情况下，隧道内表面边界积分的渗透流量为 $3.4326093 \times 10^{-7} m^3/s$，则每延米隧道1h（3600s）的渗透量为1.235L，与理论估算值十分接近。按隧道全断面计算甲烷浓度，隧道每延米的空气体积是 $23.746m^3$，可以得到每延米隧道在3h不通风的情况下的浓度为 $0.0037/23.746 = 0.016\% < 0.5\%$；按隧道内拱下50cm空间计算甲烷浓度，可以得到每延米隧道3h不通风的情况下的浓度为 $0.0037/1.075 = 0.345\% < 0.5\%$。

②1/2 隧道埋入气藏

假设隧道上半部分被300kPa的气藏包围，计算显示：在管片的渗水系数为 1.13×10^{-10} cm/s 的情况下，隧道内表面边界积分的渗透流量为 $1.7194756 \times 10^{-7} m^3/s$，则每延米隧道1h（3600s）的渗透量为0.618L。按隧道全断面极端甲烷浓度，隧道每延米的空气体积是 $23.746m^3$，可以得到每延米隧道在3h不通风的情况下的浓度为 $0.0019/23.746 = 0.0078\% < 0.5\%$；按隧道内拱下50cm空间计算甲烷浓度，可以得到每延米隧道3h不通风的情况下的浓度为 $0.0019/1.075 = 0.17\% < 0.5\%$。

③1/3 隧道埋入气藏

假设1/3隧道被300kPa的气藏包围，计算显示：在管片的渗水系数为 1.13×10^{-10} cm/s 的情况下，隧道内表面边界积分的渗透流量为 $8.675978 \times 10^{-8} m^3/s$，则每延米隧道1h（3600s）的渗透量为0.312L。按隧道全断面极端甲烷浓度，隧道每延米的空气体积是 $23.746m^3$，可以得到每延米隧道在3h不通风的情况下的浓度为 $0.00094/23.746 = 0.0039\% < 0.5\%$；按隧道内拱下50cm空间计算甲烷浓度，可以得到每延米隧道3h不通风的情况下的浓度为 $0.00094/1.075 = 0.087\% < 0.5\%$。

3）气藏压力为400kPa

①隧道全部埋入气藏

计算结果得：隧道在400kPa的气藏压力下，管片渗气系数为 1.13×10^{-10} cm/s 的情况下，隧道内表面边界积分的渗透流量为 $6.1454938 \times 10^{-7} \text{m}^3/\text{s}$，则每延米隧道 1h（3600s）的渗透量为 2.212L，与理论估算值十分接近。按隧道全断面计算甲烷浓度，隧道每延米的空气体积是 23.746m^3，可以得到每延米隧道在 3h 不通风的情况下的浓度为 $0.00664/23.746 = 0.028\% < 0.5\%$；按隧道内拱下 50cm 空间计算甲烷浓度，可以得到每延米隧道 3h 不通风的情况下的浓度为 $0.00664/1.075 = 0.617\% > 0.5\%$。

②1/2 隧道埋入气藏

假设隧道上半部分被 400kPa 的气藏包围，计算显示：在管片的渗水系数为 1.13×10^{-10} cm/s 的情况下，隧道内表面边界积分的渗透流量为 $3.0666168 \times 10^{-7} \text{m}^3/\text{s}$，则每延米隧道 1h（3600s）的渗透量为 1.104L。按隧道全断面极端甲烷浓度，隧道每延米的空气体积是 23.746m^3，可以得到每延米隧道在 3h 不通风的情况下的浓度为 $0.0033/23.746 = 0.014\% < 0.5\%$；按隧道内拱下 50cm 空间计算甲烷浓度，可以得到每延米隧道 3h 不通风的情况下的浓度为 $0.0033/1.075 = 0.308\% < 0.5\%$。

③1/3 隧道埋入气藏

假设 1/3 隧道被 200kPa 的气藏包围，计算显示：在管片的渗水系数为 1.13×10^{-10} cm/s 的情况下，隧道内表面边界积分的渗透流量为 $1.546164 \times 10^{-7} \text{m}^3/\text{s}$，则每延米隧道 1h（3600s）的渗透量为 0.557L。按隧道全断面极端甲烷浓度，隧道每延米的空气体积是 23.746m^3，可以得到每延米隧道在 3h 不通风的情况下的浓度为 $0.0017/23.746 = 0.007\% < 0.5\%$；按隧道内拱下 50cm 空间计算甲烷浓度，可以得到每延米隧道 3h 不通风的情况下的浓度为 $0.0017/1.075 = 0.156\% < 0.5\%$。

4）气藏压力为 500kPa

①隧道全部埋入气藏

计算结果得：隧道在 500kPa 的气藏压力下，管片渗气系数为 1.13×10^{-11} cm/s 的情况下，隧道内表面边界积分的渗透流量为 $9.2867065 \times 10^{-7} \text{m}^3/\text{s}$，则每延米隧道 1h（3600s）的渗透量为 3.343L，与理论估算值十分接近。按隧道全断面计算甲烷浓度，隧道每延米的空气体积是 23.746m^3，可以得到每延米隧道在 3h 不通风的情况下的浓度为 $0.01/23.746 = 0.042\% < 0.5\%$；按隧道内拱下 50cm 空间计算甲烷浓度，可以得到每延米隧道 3h 不通风的情况下的浓度为 $0.01/1.075 = 0.93\% > 0.5\%$。

②1/2 隧道埋入气藏

假设隧道上半部分被 500kPa 的气藏包围，计算显示：在管片的渗水系数为 1.13×10^{-10} cm/s 的情况下，隧道内表面边界积分的渗透流量为 $4.6195924 \times 10^{-7} \text{m}^3/\text{s}$，则每延米隧道 1h（3600s）的渗透量为 1.664L。按隧道全断面极端甲烷浓度，隧道每延米的空气体积是 23.746m^3，可以得到每延米隧道在 3h 不通风的情况下的浓度为 $0.005/23.746 = 0.021\% < 0.5\%$；按隧道内拱下 50cm 空间计算甲烷浓度，可以得到每延米隧道 3h 不通风的情况下的浓度为 $0.005/1.075 = 0.46\% < 0.5\%$。

③1/3 隧道埋入气藏

假设 1/3 隧道被 500kPa 的气藏包围，计算显示：在管片的渗水系数为 1.13×10^{-10} cm/s 的情况下，隧道内表面边界积分的渗透流量为 $2.32766 \times 10^{-7} \text{m}^3/\text{s}$，则每延米隧道 1h（3600s）的渗透量为 0.838L。按隧道全断面极端甲烷浓度，隧道每延米的空气体积是 23.746m^3，可以得到每延米隧道在 3h 不通风的情况下的浓度为 $0.0025/23.746 = 0.011\%$

<0.5%；按隧道内拱下50cm空间计算甲烷浓度，可以得到每延米隧道3h不通风的情况下的浓度为 0.0025/1.075 = 0.23% < 0.5%。

渗气系数按照 $\varphi_空 = 1.17 \times 10^{-11}$ cm/s 考虑，上述将隧道按照全被埋入压力气藏、1/2 隧道被埋入压力气藏和1/3隧道埋入压力气藏三种情况，利用有限元分析软件对以上各工况进行了隧道渗气的数值仿真计算，得到不同情况下每延米隧道渗气流量计算结果汇总，见表10-17及表10-18所列。

不同气藏压力条件下的隧道渗入甲烷量浓度数值计算结果汇总表（3）　　表10-17

气藏绝对压力值（kPa）	管片混凝土渗气系数（cm/s）	1/3隧道埋入压力气藏工况下每延米隧道1h渗入量（L）	1/2隧道埋入压力气藏工况下每延米隧道1h渗入量（L）	隧道全部埋入压力气藏工况下每延米隧道1h渗入量（L）
100	1.13×10^{-11}	0	0	0
200	1.13×10^{-11}	0.121	0.24	0.477
300	1.13×10^{-11}	0.312	0.618	1.235
400	1.13×10^{-11}	0.557	1.104	2.212
500	1.13×10^{-11}	0.838	1.664	3.343

不同气藏压力条件下的隧道渗入甲烷量浓度数值计算结果汇总表（4）　　表10-18

气藏绝对压力值（kPa）	管片混凝土渗气系数（cm/s）	1/3隧道埋入压力气藏工况下，3h不通风，隧道内甲烷浓度与安全浓度比较		1/2隧道埋入压力气藏工况下，3h不通风，隧道内甲烷浓度与安全浓度比较		隧道全部埋入压力气藏工况下，3h不通风，隧道内甲烷浓度与安全浓度比较	
		全断面计算	内拱下50cm	全断面计算	内拱下50cm	全断面计算	内拱下50cm
100	1.13×10^{-11}	0% <0.5%	0% <0.5%	0% <0.5%	0% <0.5%	0% <0.5%	0% <0.5%
200	1.13×10^{-11}	0.0015% <0.5%	0.034% <0.5%	0.003% <0.5%	0.067% <0.5%	0.06% <0.5%	0.133% <0.5%
300	1.13×10^{-11}	0.0039% <0.5%	0.087% <0.5%	0.0078% <0.5%	0.17% <0.5%	0.016% <0.5%	0.345% <0.5%
400	1.13×10^{-11}	0.007% <0.5%	0.156% <0.5%	0.014% <0.5%	0.308% <0.5%	0.028% <0.5%	0.617% >0.5%
500	1.13×10^{-11}	0.011% <0.5%	0.23% <0.5%	0.021% <0.5%	0.46% <0.5%	0.042% <0.5%	0.93% >0.5%

由表10-18可以看出，当混凝土渗气系数达到量级 1.13×10^{-11} cm/s 时，除气藏绝对压力达到400kPa及以上时，隧道在3h不通风条件下，按照隧道内拱下50cm空间体积计算的甲烷浓度出现超标外，其余工况下计算得到的渗入隧道甲烷浓度均小于0.5%的限值。

4. 考虑隧道管片防水涂层或管片外注浆后的渗水系数计算

对于隧道外的防水和防气的屏障主要是隧道外注浆和管片外防水涂层。对于隧道外注浆的防水能力，参考上海市标准《盾构隧道防水技术规程》条文说明第2.2条的解释。说

10.4 城市轨道交通运营期内有害气体的渗气量估算

明在第2.2.3条中提到"盾构法隧道回填注浆,采用'水泥—粉煤灰系或其他具有抗渗功能的注浆材料,加上完善的注浆工艺',在衬砌环外壁形成环灌浆材料固结圈,可看作是'隧道防水屏障',也是隧道防水的第一道防线,这一点国内外均有共识,但考虑到此工艺主要应用于控制地面沉降,并未作为防水措施列入规范"。对于管片外防水涂层的有关参数也可以参照上海市标准《盾构法防水技术规程》条文说明第2.4条的解释。说明在第2.4.2条中提到"上海地铁总公司下达的地铁车站与区间隧道防水技术研究项目(A)对衬砌外防水涂料的技术要求是:粘结强度为0.4~1.0MPa。抗裂性为管片裂缝在0.3mm(地下铁道设计规范中钢筋混凝土管片最大裂缝宽度允许值是0.15~0.2mm)情况下,于0.6MPa水压下,不渗水。施工性应满足露天施工和冬季施工。根据上海建筑科学研究院为上海一号线工程研究的衬砌外防水涂料(复合性)的技术指标是渗透系数:$<10^{-11}$cm/s;涂层厚度:①环氧型0.3~0.4mm;②焦油氯磺化聚乙烯0.2~0.3mm。衬砌外防水涂层主要是一种预防措施,而不是衬砌自身防渗不合格的修补措施,虽然它也具有弥补抗渗性能差的衬砌的功能"。

若需发挥防水涂层的抗渗性能,可以按照多层复合结构的渗透系数来计算管片的渗透系数。但防水涂层的渗气系数无资料可查,暂按防水系数的量级取值,计算中防水涂层渗气系数取1.0×10^{-11}cm/s和1.0×10^{-12}cm/s两个不同量级分别计算。

多层复合结构的渗透系数按照下式进行计算:

$$\varphi = \frac{h}{\sum_{i=1}^{n}\left(\frac{h_i}{\varphi_i}\right)} \tag{10-10}$$

式中 h——总厚度;

h_i——各层自身厚度;

φ_i——各层自身的渗透系数。

不同渗气量级和不同厚度的涂层与管片组成的复合体渗气系数见表10-19、表10-20所列。

不同渗气量级和不同厚度涂层与管片组成的复合体渗气系数表(cm/s)(1)   表10-19

管片混凝土渗气系数(cm/s)	涂层渗气系数(cm/s)	涂层厚度				
		0.3mm	0.5mm	0.6mm	0.8mm	1mm
1.13×10^{-10}	1.0×10^{-11}	1.12×10^{-10}	1.11×10^{-10}	1.11×10^{-10}	1.10×10^{-10}	1.10×10^{-10}
	1.0×10^{-12}	1.03×10^{-10}	9.7×10^{-11}	9.48×10^{-11}	9.20×10^{-11}	8.57×10^{-11}
	1.0×10^{-13}	5.75×10^{-11}	4.32×10^{-11}	3.85×10^{-11}	3.16×10^{-11}	2.68×10^{-11}

不同渗气量级和不同厚度涂层与管片组成的复合体渗气系数表(cm/s)(2)   表10-20

管片混凝土渗气系数(cm/s)	涂层渗气系数(cm/s)	涂层厚度				
		0.3mm	0.5mm	0.6mm	0.8mm	1mm
1.13×10^{-11}	1.0×10^{-11}	1.13×10^{-11}	1.13×10^{-11}	1.13×10^{-11}	1.13×10^{-11}	1.13×10^{-11}
	1.0×10^{-12}	1.12×10^{-11}	1.11×10^{-11}	1.11×10^{-11}	1.11×10^{-11}	1.11×10^{-11}
	1.0×10^{-13}	1.03×10^{-11}	9.74×10^{-12}	9.48×10^{-12}	9.20×10^{-12}	8.57×10^{-12}

第 10 章 地层渗漏气体通风排除技术

由表 10-19、表 10-20 可以看出，防水涂层对于混凝土管片的防渗能力会稍有提高，但提高幅度并不大。当防水涂层的渗气系数比管片自身的渗气系数小 1 个数量级时，涂层对提高整体的防渗气性作用十分微弱，基本可以忽略；而当防水涂层的渗气系数比管片自身的渗气系数小 2 个数量级时，涂层对提高整体的防渗气性有一定的效果，可以减小渗透系数约 20%。减小防水涂层的渗气量级比增加涂层厚度效果显著。由此，若需发挥防水涂层的防渗气性时，则至少应选择比混凝土管片自身渗气系数小 2 个量级的材料，才能取得一定的效果。

同样，如需发挥管片外注浆的抗渗性能，也可以按照多层复合结构的渗透系数来计算管片的渗透系数。但要利用注浆混凝土来提高管片整体的抗渗性，则管片外注浆的渗透系数至少低于管片自身的渗透系数。有前述的分析可知，混凝土管片的渗气系数量级只要在 1.13×10^{-11} cm/s 时，除全断面被气包围、绝对气压大于 400kPa 时，按隧道内拱下 50cm 空间 3h 不通风计算甲烷浓度才会有超标，其他工况下隧道内甲烷浓度能满足要求；而当渗气系数量级在 1.13×10^{-10} cm/s 时，只有部分工况下隧道内甲烷浓度能满足要求。因此，在不能满足要求的条件下的补救措施就是提高防水涂层的抗渗性能和提高管片外注浆的抗渗性能，本次计算主要考虑混凝土管片的渗水系数在 10^{-10} cm/s 条件下，利用管片外注浆所能提高的抗渗效果。

如前所述，混凝土管片渗气系数为 1.13×10^{-10} cm/s，浆体材料渗气系数应不大于 10^{-11} cm/s，例如：取 1.0×10^{-11} cm/s 和 1.0×10^{-12} cm/s 两个量级，则不同厚度的注浆体及管片组成的复合体渗气系数采用式（4-10）计算，见表 10-21 所列。

不同厚度的注浆体和管片组成的复合体渗气系数（cm/s） 表 10-21

管片渗水系数 (cm/s)	注浆体渗气系数 (cm/s)	注浆体厚度				
		3cm	5cm	6cm	8cm	10cm
1.13×10^{-10}	1.0×10^{-11}	6.23×10^{-11}	4.94×10^{-11}	4.51×10^{-11}	3.87×10^{-11}	3.44×10^{-11}
	1.0×10^{-12}	1.15×10^{-11}	7.53×10^{-12}	6.50×10^{-12}	5.17×10^{-12}	4.36×10^{-12}

由表 10-21 可以看出，提高注浆体的抗渗透性能可以较明显地改善隧道的抗渗性，提高注浆体的抗渗气量级比增加注浆体的厚度所改善的隧道抗渗气性更为显著。将注浆体和混凝土管片组成的复合体的渗气系数下降至 1×10^{-11} cm/s 以下，在上述计算工况下，理论上隧道入渗的甲烷浓度能够满足要求。

10.4.3 隧道渗水量与渗甲烷量规律分析

根据上述 10.4.1 和 10.4.2 部分对于隧道渗水和渗甲烷的计算，将不同压力条件下不同工况下的隧道一昼夜渗水量和渗甲烷量进行统计。

由统计结果可以看出，按照设计要求的隧道管片混凝土抗渗等级为 P10，渗水系数取 1.77×10^{-11} cm/s，不同工况下隧道一昼夜的渗水量与隧道外水压力呈线性关系，随着水压的增加，渗入量级也增加，且在各工况下的一昼夜渗入量均小于设计和规范的限定值，满足抗水渗要求。

不同工况下隧道 3h 的渗甲烷量与隧道外气藏压力成非线性关系，随着气藏压力的增大，甲烷渗入量快速增加；当渗气系数取 1.13×10^{-10} cm/s 的量级时，隧道 3h 不通风条件下，按照全断面计算的渗入甲烷的浓度均小于 0.5% 的限值；而按照隧道内拱下 50cm/s 空间体积计算的入渗甲烷浓度在气藏绝对压力达 200kPa 及以上时，出现超限问题。而当渗气系数取 1.13×10^{-11} cm/s 的量级时，大部分工况下隧道渗入甲烷的浓度均小于 0.5%。

10.4.4 本章小结

本章的隧道渗水量和渗甲烷量计算是基于隧道管片加工制作精密且拼缝密闭材料满足质量要求不渗漏，施工严格按照规范达到设计要求不出现裂缝或渗漏点，不考虑隧道长期运行后因沉降产生的裂缝和管片混凝土的自身裂缝而引起的渗漏的情况，仅考虑管片混凝土的自防水防气而得出的计算结果（理想状态）。

根据计算分析可以初步得到以下结论：

管片选用 P10 的防水混凝土，在严格保证施工质量的前提下能够满足规范和设计对渗水的限定要求。

完全干燥状态下隧道的混凝土管片，渗气系数在 1.13×10^{-10} cm/s 和 1.13×10^{-11} cm/s 量级时，各计算工况下，按照全断面计算出的隧道内甲烷浓度均不超过 0.5%。但按照甲烷聚集于隧道内拱下 50cm 空间下来计算甲烷浓度时会得出不同的结果。混凝土管片渗气系数在 1.13×10^{-10} cm/s 量级时，气藏绝对压力达 200kPa 及其以上压力时，得出的甲烷浓度出现超限问题；而当混凝土管片渗气系数在 1.13×10^{-11} cm/s 的量级时，大部分工况满足安全浓度要求，只在隧道全断面埋入气藏，且气藏绝对压力达 400kPa 及其以上压力时，甲烷浓度才会出现超限问题。

当隧道管片不能满足抗渗透要求时，通过提高管片外防水涂层和注浆体的抗渗透性可以弥补不足。但一般设计中都把防水涂层和注浆体的抗渗透性作为安全储备。改善管片外注浆体的抗渗性较改善防水涂层的抗渗性显著。降低涂层或注浆体渗透系数的量级比增加其厚度更能改善抗渗性。涂层及管片外注浆体的渗透系数应小于 10^{-11} cm/s。

在浅层有害气体区段，隧道管片的加工和生产质量、混凝土管片自身的防渗水和防渗气要同时控制，需明确混凝土管片的防渗水指标和相应的防渗气指标，混凝土的渗气系数量级需小于 10^{-11} cm/s。

造成隧道渗漏有多种原因，但是隧道管片的自防渗和管片拼缝材料的质量是隧道防止渗漏的最关键环节。因此，加强对管片和密封材料的生产加工质量控制以及对于施工过程的质量控制是保证隧道顺利施工和今后运营安全的重要措施。

在工程建设过程中，施工单位应制定相关施工技术措施及安全措施确保城市轨道交通工程中的隧道施工能够满足设计、规范及安全要求。

10.5 有害气体在隧道内的分布特性

根据收到的关于有害气体的补堪报告，杭州地铁 1 号线含有害气体区段范围见表 10-22 所列。

第10章 地层渗漏气体通风排除技术

杭州地铁1号线含有害气体区段统计表　　　　表10-22

序号	区间名称	是否收到有害气体补勘报告	有害气体最大压力	有害气体储气层与隧道相对关系
1	湘湖站～滨康路站区间	是	0.4MPa	隧道下部有储气层,盾构底距离储气层顶板5.6m
2	滨康路站～西兴站区间	是	0.4MPa	隧道下部有储气层,盾构底距离储气层顶板5.6m
3	滨江站～富春路站区间（过钱塘江隧道）	是	0.4MPa	隧道局部或整体都在储气层中
4	城战站～湖滨站区间	否	—	—（可能含有害气体）
5	湖滨站～龙翔桥站区间	否	—	—（可能含有害气体）
6	龙翔桥站～凤起路站区间	否	—	—（可能含有害气体）
7	火车东站～彭埠站区间	是	0.4MPa	隧道贯穿储气层,隧道局部或整体都在储气层中
8	彭埠站～建华站区间	是	0.4MPa	隧道贯穿储气层,隧道局部或整体都在储气层中
9	彭埠站～七堡车辆段出入段线盾构段、明挖段及U形槽	否,但参考彭埠站～建华站区间	0.2MPa	隧道下部切削储气层,盾构底距离储气层顶板0m
10	红普路站～九堡站区间	是	0.21MPa	隧道下部有储气层,盾构底距离储气层顶板5.6m
11	九堡站～九堡东站区间	是	0.16MPa	隧道下部切削储气层,盾构底距离储气层顶板0m
12	下沙西站～下沙中站区间	是	0.25MPa	隧道下部有储气层,盾构底距离储气层顶板2.7m
13	下沙中站～下沙东站区间	是	0.22MPa	隧道下部有储气层,盾构底距离储气层顶板0.88m

说明：城战站～湖滨站、湖滨站～龙翔桥站、龙翔桥站～凤起路站由于目前我单位还没有收到有害气体补勘报告，无法最终确定以上区间是否需要增加监测系统，本次研究按照含有害气体区段考虑。

根据表10-22，选择有害气体最大压力的湘湖站～滨康路站区间作为分析对象，研究有害气体在隧道内的分布特性及地铁列车活塞风对其分布的影响。

10.5.1 研究的边界条件

1. 有害气体分布范围及进入隧道的数量

（1）依据武汉岩土所提供的渗气量，按照最不利情况考虑，湘湖站～滨康路站区间沼气渗入隧道的量：每延米隧道$1.18\times10^{-4}m^3/min$，渗气区间长度范围为150m。渗入隧道的沼气量：$1.062m^3/h$。

（2）由于隧道渗水带入隧道的沼气量：每延米隧道$1.10\times10^{-6}m^3/min$，渗气区间长度范围为300m。沼气量：$0.02m^3/h$。

（3）湘湖站～滨康路站区间隧道总的渗气量为以上两个数值的和：$1.082m^3/h$。

2. 有害气体的特性

由于有害气体的浓度很小，分子量不大，故采用被动气体运输方程计算其分布，误差很小并可大大降低计算量。湘湖站～滨康路站区间有害气体分布如图10-7所示。

3. 行车资料

设计的全日运营计划见表10-23所列。

全日运营计划表　　　　　　　　　　　　表 10-23

期限 时段	初期 （2013 年）	近期 （2020 年）	远期 （2035 年）
5：00~6：00	4/4	4/4	4/4
6：00~7：00	6/6	8/8	10/10
7：00~8：00	9/9	16/8/8	20/10/10
8：00~9：00	9/9	16/8/4	15/10/5
9：00~10：00	5/5	8/8	10/10
10：00~11：00	5/5	8/8	10/10
11：00~12：00	5/5	8/8	10/10
12：00~13：00	5/5	8/8	10/10
13：00~14：00	5/5	8/8	10/10
14：00~15：00	5/5	8/8	10/10
15：00~16：00	5/5	8/8	10/10
16：00~17：00	5/5	8/8	10/10
17：00~18：00	9/9	16/8/8	20/10/10
18：00~19：00	6/6	16/8/4	20/10/5
19：00~20：00	5/5	8/8	10/10
20：00~21：00	5/5	8/8	10/10
21：00~22：00	4/4	6/6	8/8
22：00~23：00	3/3	4/4	4/4

注：表中所列数据均为列车对数。

初期、近期、远期采用平峰时段"Y"字形岔线运营方式，高峰时段增开临平城北工业区~九堡东站小交路列车。表 10-23 中 20/10/10，20 为交路 1（湘湖站~16 号路站）列车开行对数，10 为交路 2（滨江站~汽车城站）列车开行对数，10 为交路 3（九堡东站~汽车城站）列车开行对数。

湘胡站~滨康路站区间的列车牵引曲线如图 10-5 所示。

4. 车辆资料

列车初、近、远期均采用 6 节编组，4 动 2 拖；

交流电机牵引、变频变压（VVVF）控制的电动车组；

牵引供电：DC1500V，接触网上部接触受流；

车辆基本尺寸：长×宽×高 = 19.52×2.8×3.8（m），带司机室的车辆适当加长；

车体材质：不锈钢或铝合金；

车辆轴重：≤14t；

每节车辆设置 2 台空调机组，每辆车制冷量为 42kW，冷凝器在车辆顶部。列车两端司机室各配 1 台司机室空调，每台制冷量约为 4.5kW，冷凝器在车辆顶部。

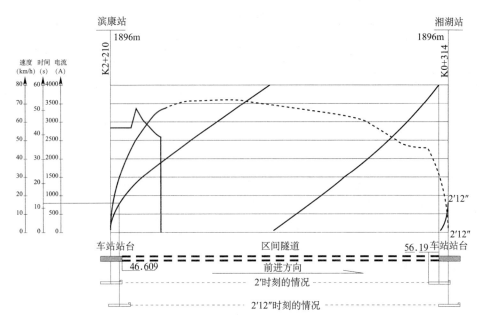

图 10-5 湘胡站~滨康路站区间的列车牵引曲线

5. 通风空调系统

湘胡站~滨康路站区间通风系统图如图 10-6。

6. 车站及区间土建资料

按照杭州地铁 1 号线施工图建立车站及区间模型。

10.5.2 有害气体分布特性的理论分析

1. 相关标准

《铁路瓦斯隧道技术规范》（TB 10120—2002）关于瓦斯浓度的标准和通风要求有如下规定：

（1）瓦斯隧道在运营中，瓦斯浓度在任何时间、任何地点都不大于 0.5%。

（2）瓦斯隧道运营期间宜采用定时通风；当隧道内瓦斯浓度达到 0.4% 时，必须启动风机进行通风，保证隧道内瓦斯浓度不大于 0.5%。当瓦斯浓度降到 0.3% 以下时，可停止通风。

（3）瓦斯隧道竣工验收时，应达到瓦斯设防标准；在内拱顶以下 25cm 处的空气中瓦斯浓度不得大于 0.5%。在有运营通风条件下，通风后应达到以上标准。

因此，以下理论和数值计算分析，都以有害气体浓度不超过 0.5% 作为满足运营要求的必要条件。

2. 有害气体静态特性的理论分析

根据有害气体组分分析得知，其为混合气体，其中甲烷占 90% 以上，其余的氮气、二氧化碳等，其平均密度小于空气的密度，在静态条件下应主要聚集在盾构隧道的顶部。

假设有害气体聚集特性为隧道顶部以下 500mm 的范围，按照 10.4 节的分析计算方法，计算出 1.5h 不通风时的有害气体静态浓度分布，见表 10-24 所列。

10.5 有害气体在隧道内的分布特性

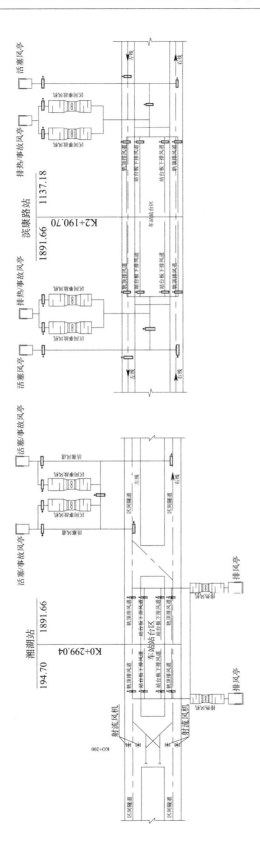

图10-6 湘湖站~滨康路站区间通风系统图

不同气藏压力条件下的隧道渗入甲烷量浓度数值计算结果汇总表 (5)　　表 10-24

气藏绝对压力值 (kPa)	管片混凝土渗气系数 (cm/s)	1/3 隧道埋入压力气藏工况下, 1.5h 不通风, 隧道内甲烷浓度与安全浓度比较		1/2 隧道埋入压力气藏工况下, 1.5h 不通风, 隧道内甲烷浓度与安全浓度比较		隧道全部埋入压力气藏工况下, 1.5h 不通风, 隧道内甲烷浓度与安全浓度比较	
		全断面计算	内拱下 50cm	全断面计算	内拱下 50cm	全断面计算	内拱下 50cm
100	1.13×10^{-11}	0% <0.5%	0% <0.5%	0% <0.5%	0% <0.5%	0% <0.5%	0% <0.5%
200	1.13×10^{-11}	0.0008% <0.5%	0.017% <0.5%	0.002% <0.5%	0.034% <0.5%	0.03% <0.5%	0.067% <0.5%
300	1.13×10^{-11}	0.002% <0.5%	0.044% <0.5%	0.0039% <0.5%	0.085% <0.5%	0.008% <0.5%	0.173% <0.5%
400	1.13×10^{-11}	0.004% <0.5%	0.078% <0.5%	0.007% <0.5%	0.154% <0.5%	0.014% <0.5%	0.309% <0.5%
500	1.13×10^{-11}	0.006% <0.5%	0.115% <0.5%	0.011% <0.5%	0.23% <0.5%	0.021% <0.5%	0.465% <0.5%

由表 10-24 可以看出, 当混凝土渗气系数达到量级 1.13×10^{-11} cm/s 时, 隧道在 1.5h 不通风条件下, 所有工况下计算得到的渗入隧道有害气体浓度均小于 0.5% 的限值。

3. 列车活塞风影响下有害气体分布特性的理论分析

根据上面的静态理论分析得知, 在 1.5h 不通风的条件下, 有害气体浓度满足安全要求, 即满足 1h 0.7 次换气时, 有害气体的浓度是保持在安全要求限度内的。

在非运营时段, 考虑安全系数, 须每小时将车站两端的事故风机开启对隧道进行机械通风。在运营时段, 需要计算列车活塞风是否满足 1h 0.7 次的换气要求, 若不满足也需要对隧道进行机械通风。列车活塞风的风量可以通过理论计算与数值模拟计算得到。

10.5.3 有害气体分布特性的一维数值模拟 (网络法模拟) 分析

1. 计算方法介绍

由清华大学开发的具有独立知识产权的地铁热环境模拟软件 STESS 以水力网络流动不稳定过程算法和长期不稳定传热的特征值为基础, 解决了长期预测的模拟计算发散问题。先后有国内外十几条城市轨道交通营建线路的可行性研究、方案选比和技术经济分析、设计咨询, 以及通风空调系统运行改造、自动控制系统设计指导等工程采用该软件。本研究中采用该软件的版本为 STESS V3.0。

2. 模拟计算结果

按照杭州地铁 1 号线通风空调系统运行模式, 在排热风机开启 (开式) 和关闭 (闭式) 两种模式下, 对列车产生的活塞风进行模拟计算, 设置单活塞风道的车站采用开启列车出站端活塞风道的方式。限于篇幅, 仅列出湘湖站~滨康路站下行区间 (图中滨康路左端区间结果) 部分发车对数下开、闭式通风模拟结果, 风量单位为 m^3/s。

发车对数为 3、6、8、10、15、20、24、30 时, 开启排热风机的风量模拟计算结果如图 10-7 ~ 图 10-14 所示。

10.5 有害气体在隧道内的分布特性

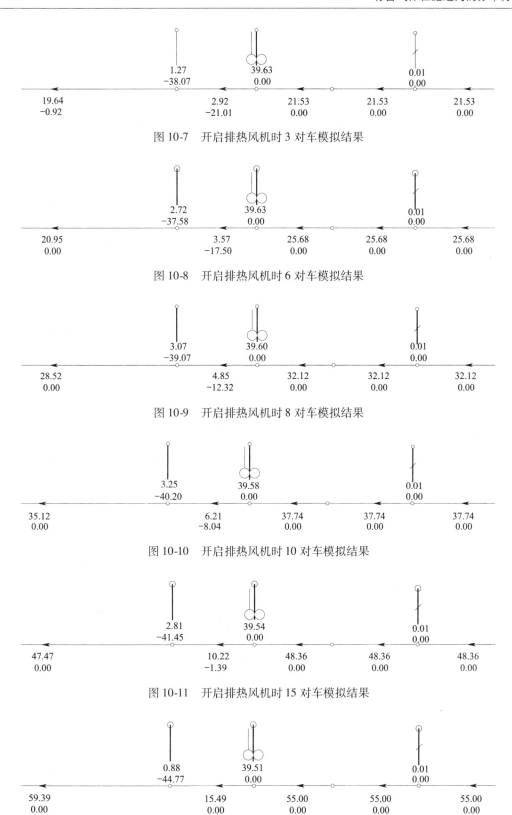

图 10-7 开启排热风机时 3 对车模拟结果

图 10-8 开启排热风机时 6 对车模拟结果

图 10-9 开启排热风机时 8 对车模拟结果

图 10-10 开启排热风机时 10 对车模拟结果

图 10-11 开启排热风机时 15 对车模拟结果

图 10-12 开启排热风机时 20 对车模拟结果

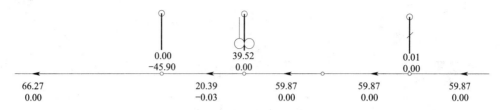

图 10-13　开启排热风机时 24 对车模拟结果

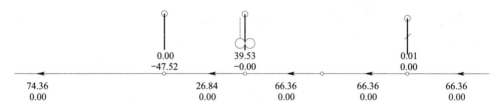

图 10-14　开启排热风机时 30 对车模拟结果

发车对数为 3、6、8、10、15、20、24、30 时，关闭排热风机的风量模拟计算结果如图 10-15 ~ 图 10-22 所示。

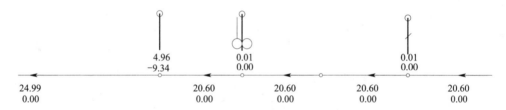

图 10-15　关闭排热风机时 3 对车模拟结果

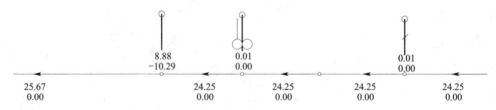

图 10-16　关闭排热风机时 6 对车模拟结果

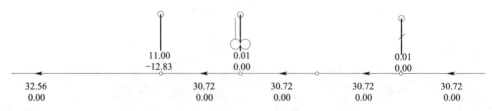

图 10-17　关闭排热风机时 8 对车模拟结果

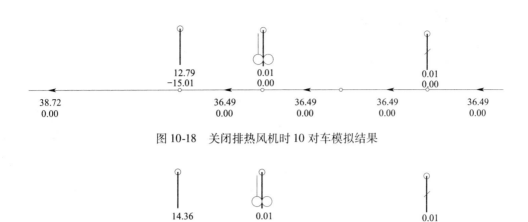

图 10-18 关闭排热风机时 10 对车模拟结果

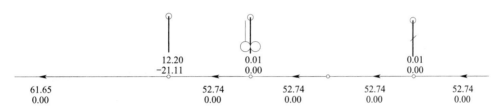

图 10-19 关闭排热风机时 15 对车模拟结果

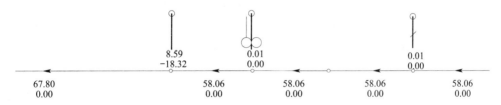

图 10-20 关闭排热风机时 20 对车模拟结果

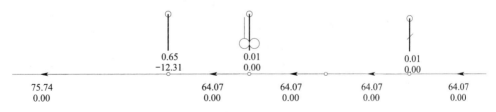

图 10-21 关闭排热风机时 24 对车模拟结果

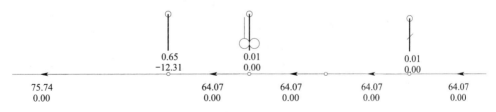

图 10-22 关闭排热风机时 30 对车模拟结果

按图 10-15 中最不利情况,关闭排热风机时 3 对车的活塞风量为 24.99m^3/s,其中新风量为 9.34m^3/s。此时湘胡站~滨康路站下行区间的换气次数为 9.34×3600/(1892×23.746)=0.7 次,满足最小换气要求,不需要对隧道进行机械通风。

整理图 10-7~图 10-22 中的模拟结果,计算出湘胡站~滨康路站下行区间的换气次数,见表 10-25 所列。

开、闭式通风模式下湘湖站～滨康路站下行区间换气次数结果汇总表　　表 10-25

发车对数	开式新风量（m³/s）	开式换气次数	闭式新风量（m³/s）	闭式换气次数
3	17.98	1.4	9.34	0.7
6	20.08	1.6	10.29	0.8
8	26.75	2.1	12.83	1.0
10	32.16	2.6	15.01	1.2
15	40.06	3.2	18.61	1.5
20	44.77	3.6	21.11	1.7
24	45.87	3.7	18.32	1.5
30	47.52	3.8	12.31	1.0

由表 10-25 可知，在开启和关闭排热风机的所有工况下，湘湖站～滨康路站下行区间隧道的换气次数均大于按 10.4 节中理论计算所要求的最小换气次数。故在杭州地铁 1 号线正常运营时段，均不需对该区间隧道进行机械通风。

10.5.4　有害气体分布特性的三维数值模拟（CFD 场模拟）分析

1. 计算方法介绍

随着计算机技术的日益发展，计算流体力学（Computational Fluid Dynamics，CFD）也得到了长足进步，已成为城市轨道交通通风空调设计和研究的重要工具，可以对城市轨道交通工程具体部位的空气速度场、温度场、浓度场等给出形象的描述。STAR—CD 软件是成熟的商用 CFD 软件之一，采用基于完全非结构化网格和有限体积方法的核心解算器，具有丰富的物理模型、最少的内存占用、良好的稳定性、易用性、收敛性和众多的二次开发接口。本课题采用该软件的版本为 STAR—CD V3.2。

2. 模拟计算结果

为计算湘湖站～滨康路站区间有害气体浓度分布规律，建模湘湖站～滨康路站区间并相邻区间，其中滨康路站开出站端活塞风道。采用非定常（瞬态）模拟，模拟时间 250s，按照不利工况，即关闭排热风机模式进行模拟计算。

CFD 计算结果中浓度单位是质量分数，将体积浓度 0.5% 折算为质量分数为 0.32%。模拟初始时刻，列车位置距湘湖站中心里程 430m。产生有害气体的范围坐标是 1232～1272m、1371～1489m。列车在不同时刻的位置坐标见表 10-26。

时刻 20s、40s、60s、80s、100s、105s、110s、115s、120s、125s、130s、135s、140s、150s、160s、180s、200s、220s、240s、250s，有害气体范围内的模拟计算结果如图 10-23～图 10-62 所示。计算结果中标尺物理量是质量浓度的百分数，单位为%（kg/100kg）。

10.5 有害气体在隧道内的分布特性

列车在不同时刻的位置坐标表　　表10-26

时刻(s)	列车位置(m)	时刻(s)	列车位置(m)	时刻(s)	列车位置(m)	时刻(s)	列车位置(m)	时刻(s)	列车位置(m)
0	0								
1	19	51	370.5	101	988	151	1938	201	2289.5
2	38	52	370.5	102	1007	152	1957	202	2289.5
3	57	53	370.5	103	1026	153	1976	203	2289.5
4	76	54	370.5	104	1045	154	1995	204	2289.5
5	95	55	370.5	105	1064	155	2014	205	2289.5
6	114	56	370.5	106	1083	156	2033	206	2289.5
7	133	57	370.5	107	1102	157	2052	207	2289.5
8	152	58	370.5	108	1121	158	2071	208	2289.5
9	171	59	370.5	109	1140	159	2090	209	2289.5
10	190	60	371	110	1159	160	2109	210	2290
11	208.5	61	372.5	111	1178	161	2127.5	211	2291.5
12	226	62	375	112	1197	162	2145	212	2294
13	242.5	63	378.5	113	1216	163	2161.5	213	2297.5
14	258	64	383	114	1235	164	2177	214	2302
15	272.5	65	388.5	115	1254	165	2191.5	215	2307.5
16	286	66	395	116	1273	166	2205	216	2314
17	298.5	67	402.5	117	1292	167	2217.5	217	2321.5
18	310	68	411	118	1311	168	2229	218	2330
19	320.5	69	420.5	119	1330	169	2239.5	219	2339.5
20	330	70	431	120	1349	170	2249	220	2350
21	338.5	71	442.5	121	1368	171	2257.5	221	2361.5
22	346	72	455	122	1387	172	2265	222	2374
23	352.5	73	468.5	123	1406	173	2271.5	223	2387.5
24	358	74	483	124	1425	174	2277	224	2402
25	362.5	75	498.5	125	1444	175	2281.5	225	2417.5
26	366	76	515	126	1463	176	2285	226	2434
27	368.5	77	532.5	127	1482	177	2287.5	227	2451.5
28	370	78	551	128	1501	178	2289	228	2470
29	370.5	79	570	129	1520	179	2289.5	229	2489
30	370.5	80	589	130	1539	180	2289.5	230	2508
31	370.5	81	608	131	1558	181	2289.5	231	2527
32	370.5	82	627	132	1577	182	2289.5	232	2546
33	370.5	83	646	133	1596	183	2289.5	233	2565
34	370.5	84	665	134	1615	184	2289.5	234	2584
35	370.5	85	684	135	1634	185	2289.5	235	2603
36	370.5	86	703	136	1653	186	2289.5	236	2622
37	370.5	87	722	137	1672	187	2289.5	237	2641
38	370.5	88	741	138	1691	188	2289.5	238	2660
39	370.5	89	760	139	1710	189	2289.5	239	2679
40	370.5	90	779	140	1729	190	2289.5	240	2698
41	370.5	91	798	141	1748	191	2289.5	241	2717
42	370.5	92	817	142	1767	192	2289.5	242	2736
43	370.5	93	836	143	1786	193	2289.5	243	2755
44	370.5	94	855	144	1805	194	2289.5	244	2774
45	370.5	95	874	145	1824	195	2289.5	245	2793
46	370.5	96	893	146	1843	196	2289.5	246	2812
47	370.5	97	912	147	1862	197	2289.5	247	2831
48	370.5	98	931	148	1881	198	2289.5	248	2850
49	370.5	99	950	149	1900	199	2289.5	249	2869
50	370.5	100	969	150	1919	200	2289.5	250	2888

图 10-23　20s 时有害气体范围内纵剖面浓度分布云图（一）

图 10-24　20s 时有害气体范围内纵剖面浓度分布云图（二）

图 10-25　40s 时有害气体范围内纵剖面浓度分布云图（一）

图 10-26　40s 时有害气体范围内纵剖面浓度分布云图（二）

图 10-27　60s 时有害气体范围内纵剖面浓度分布云图（一）

10.5 有害气体在隧道内的分布特性

图 10-28 60s 时有害气体范围内纵剖面浓度分布云图（二）

图 10-29 80s 时有害气体范围内纵剖面浓度分布云图（一）

图 10-30 80s 时有害气体范围内纵剖面浓度分布云图（二）

图 10-31 100s 时有害气体范围内纵剖面浓度分布云图（一）

图 10-32 100s 时有害气体范围内纵剖面浓度分布云图（二）

第 10 章 地层渗漏气体通风排除技术

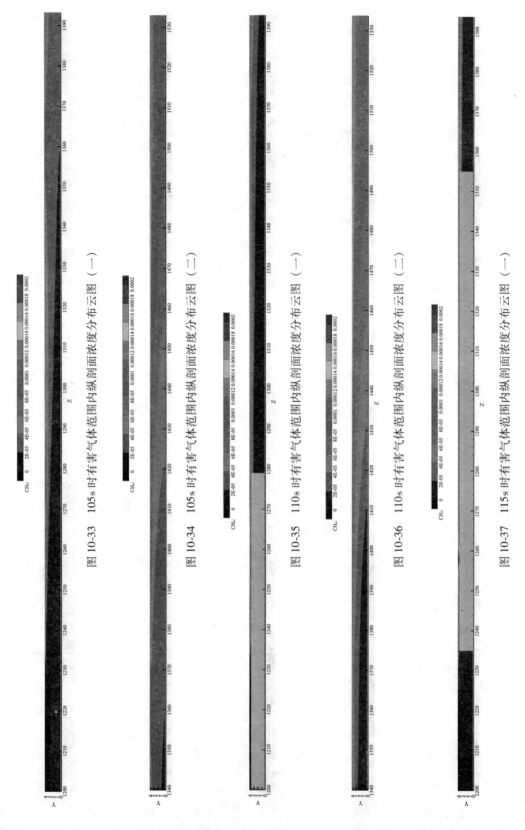

图 10-33　105s 时有害气体范围内纵剖面浓度分布云图（一）

图 10-34　105s 时有害气体范围内纵剖面浓度分布云图（二）

图 10-35　110s 时有害气体范围内纵剖面浓度分布云图（一）

图 10-36　110s 时有害气体范围内纵剖面浓度分布云图（二）

图 10-37　115s 时有害气体范围内纵剖面浓度分布云图（一）

10.5 有害气体在隧道内的分布特性

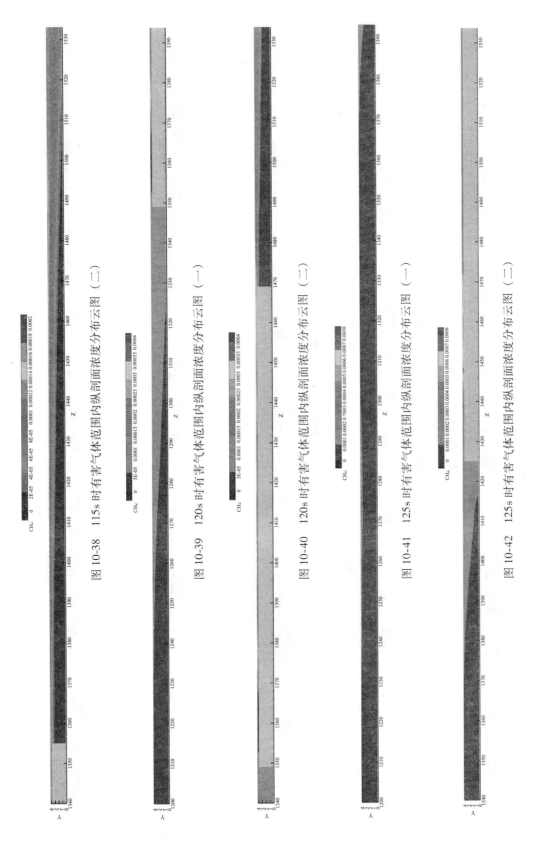

图 10-38 115s 时有害气体范围内纵剖面浓度分布云图（二）

图 10-39 120s 时有害气体范围内纵剖面浓度分布云图（一）

图 10-40 120s 时有害气体范围内纵剖面浓度分布云图（二）

图 10-41 125s 时有害气体范围内纵剖面浓度分布云图（一）

图 10-42 125s 时有害气体范围内纵剖面浓度分布云图（二）

图 10-43 130s 时有害气体范围内纵剖面浓度分布云图（一）

图 10-44 130s 时有害气体范围内纵剖面浓度分布云图（二）

图 10-45 135s 时有害气体范围内纵剖面浓度分布云图（一）

图 10-46 135s 时有害气体范围内纵剖面浓度分布云图（二）

图 10-47 140s 时有害气体范围内纵剖面浓度分布云图（一）

10.5 有害气体在隧道内的分布特性

图 10-48　140s 时有害气体范围内纵剖面浓度分布云图（二）

图 10-49　150s 时有害气体范围内纵剖面浓度分布云图（一）

图 10-50　150s 时有害气体范围内纵剖面浓度分布云图（二）

图 10-51　160s 时有害气体范围内纵剖面浓度分布云图（一）

图 10-52　160s 时有害气体范围内纵剖面浓度分布云图（二）

第 10 章　地层渗漏气体通风排除技术

图 10-53　180s 时有害气体范围内纵剖面浓度分布云图（一）

图 10-54　180s 时有害气体范围内纵剖面浓度分布云图（二）

图 10-55　200s 时有害气体范围内纵剖面浓度分布云图（一）

图 10-56　200s 时有害气体范围内纵剖面浓度分布云图（二）

图 10-57　220s 时有害气体范围内纵剖面浓度分布云图（一）

10.5 有害气体在隧道内的分布特性

图 10-58 220s 时有害气体范围内纵剖面浓度分布云图（二）

图 10-59 240s 时有害气体范围内纵剖面浓度分布云图（一）

图 10-60 240s 时有害气体范围内纵剖面浓度分布云图（二）

图 10-61 250s 时有害气体范围内纵剖面浓度分布云图（一）

图 10-62 250s 时有害气体范围内纵剖面浓度分布云图（二）

从图 10-23～图 10-62 中可以看出，有害气体的浓度在没有活塞风时最高，随着列车驶过有害气体范围，浓度迅速减少至最小值，随着列车的远去，有害气体浓度逐渐增加，随列车活塞风形成周期性变化。

在有列车行驶时，CFD 模拟出的浓度结果很小，证明活塞风对排除有害气体的作用非常明显，前述用理论计算和一维模拟的计算结果都偏保守，为安全值。

10.5.5 研究结论

本节主要通过理论计算和两种数值模拟计算对有害气体在城市轨道交通隧道内的分布特性及城市轨道交通中列车运行产生的活塞风对其分布的影响进行分析研究。以第 4 节中有害气体的产气量为边界条件，计算出隧道在 1.5h 不通风时，有害气体浓度小于 0.5% 的允许上限值；在不开排热风机时，列车运行对数大于 6 对时有害气体浓度小于 0.5% 的允许上限值。以湘胡站～滨康路站区间为例，进行了较为详细的一维和三维数值模拟计算，得出在杭州地铁 1 号线的运营时段，不需对该区间隧道进行机械通风的结论。但这个结论在此仅是针对杭州地铁 1 号线沿线区域的地质状况，同时结合杭州地铁 1 号线的建设及运营实际条件分析得出，其他区域的城市轨道交通建设可借鉴本文提出的研究方法进行具体分析，并得出相应的结论。

10.6 目前国外、国内有害气体检测系统调研分析

城市轨道交通在运营期的有害气体防治措施应根据有害气体的自身特点，有针对性地采取主动预防、防排结合的方法，加强监测预防力度的同时建立必备的应急措施和控制应急预案，建立应急制度，并配备应急人员，落实应急人员责任制。

根据前面的分析计算结论，并参照煤矿开采或瓦斯隧道运营过程中监测瓦斯的方法，城市轨道交通隧道内部有害气体聚集部位可以采取设置长期、实时监测有害气体浓度的监测系统的技术措施；该监测系统能够在有害气体浓度超标时进行报警，同时通过综合监控系统联动相关设备系统，有效降低气体浓度，保证有害气体的浓度在任何时间、任何地点都不大于 0.5%，达到安全运营的目的。

10.6.1 目前主要有害气体监测技术类型及说明

1. 目前主要有害气体监测技术类型

目前国际和国内有害气体（主要成分为甲烷 CH_4 气体）监测系统技术主要分为接触燃烧式有害气体传感器、半导体金属氧化物式有害气体传感器、电化学式有害气体传感器、光干涉型有害气体传感器、非色散红外式（NDIR）有害气体传感器、光纤有害气体传感器技术等。其中以接触燃烧式传感器中载体催化燃烧式有害气体传感器、光干涉型有害气体传感器、光纤有害气体传感器技术最为常见，技术最为成熟、应用也最为广泛。

2. 关于技术比较情况说明

经过广泛的调研了解到：半导体金属氧化物式有害气体传感器、电化学式有害气体传感器、非色散红外式（NDIR）有害气体传感器技术目前由于各种原因在应用技术方面还有所欠缺，应用领域有局限。下面对半导体金属氧化物式、电化学式、非色散红外式有害

气体检测技术予以简单地说明。

(1) 半导体金属氧化物式有害气体传感器技术

半导体金属氧化物式传感器采用金属氧化物或金属半导体氧化物材料做成的元件,与气体相互作用时产生表面吸附或反应,引起以载流子运动为特征的电导率或伏安特性或表面电位变化来测量的。

由该原理制成的有害气体传感器灵敏度较高、响应迅速一般,具有一定的选择性、结构简单、使用方便、价格低廉等优势。因此,已经在民用可燃性气体检测领域得到了较广泛的应用。但由于这种传感器在测量时受环境影响较大,并且线性、互换性、稳定性等方面一直存在严重的问题。

20世纪80年代初期,我国煤矿企业拒绝了半导体式气体传感器;直至目前,工业安全检测领域一直回避和限制使用这种气体传感器。目前主要应用于家用燃气报警器、空气清新机、换气空调、汽车尾气检测等领域。

(2) 电化学式有害气体传感器技术

相当一部分的可燃性的、有毒有害气体都有电化学活性,可以被电化学氧化或者还原。利用这些反应可以检测气体浓度。电化学气体传感器分很多子类:

1) 原电池型气体传感器,原理形同我们用的干电池,只是电池的碳锰电极被气体电极替代了。以氧气传感器为例,氧在阴极被还原,电子通过电流表流到阳极,在那里铅金属被氧化了。电流的大小与氧气的浓度直接相关。这种传感器可以有效地检测氧气、二氧化硫、氯气等。

2) 恒定电位电解池型气体传感器,用于检测还原性气体非常有效,它的原理与原电池型传感器不一样,它的电化学反应是在电流强制下发生的,是一种真正的库仑分析的传感器。这种传感器已经成功地用于硫化氢、氢气等气体的检测。

3) 浓差电池型气体传感器,具有电化学活性的气体在电化学电池的两侧,会自发形成浓差电动势,电动势的大小与气体的浓度有关,这种传感器的成功实例就是汽车用氧气传感器、固体电解质型二氧化碳传感器。

4) 极限电流型气体传感器,有一种测量氧气浓度的传感器利用电化池中的极限电流与载流子浓度相关的原理制备氧气浓度传感器,用于汽车的氧气检测,以及钢水中氧浓度检测。

电化学传感器通常对其目标气体具有较高的选择性。选择性的程度取决于传感器类型、目标气体以及传感器要检测的气体浓度。最好的电化学传感器是检测氧气的传感器,它具有良好的选择性、可靠性和较长的预期寿命。其他电化学传感器容易受到其他气体的干扰。干扰数据是利用相对较低的气体浓度计算得出;在实际应用中,干扰浓度可能很高,会导致读数错误或误报警。

(3) 非色散红外式有害气体传感器技术

非色散性红外(NDIR)技术是利用气体对红外光的吸收原理来检测气体的。这种传感器技术依赖于目标气体特有的、明确的吸收光谱。但非色散性红外(NDIR)技术在应用上还有一些技术难题,比如,滤光片的温度补偿问题就是一个。滤光片是非色散红外传感技术的主要部件,它由几十层晶体结构组成,它的性能稳定性决定了整个传感器的稳定性。但由于每个红外传感器的晶体结构的滤光片受温度变化影响的程度不同,需要很专业的技术人员通过详细的性能检测才能完成。

非色散红外式有害气体传感器技术的优点是测量浓度范围宽、响应快；缺点是易受环境气体的影响，标校、维护困难，不适用于粉尘、潮湿环境。

另外该传感器主要是用于流程工业或者大气环境质量监测，价格昂贵。最为重要的是，它们采用的都不是光纤传光的方式，不便于远距离传感，也不便用于分布式监测应用场合。因此，不能适应在地铁隧道多点分布式应用。

3. 有害气体监测应用技术小结

由上信息分析得：半导体金属氧化物式、电化学式、非色散红外式有害气体传感器技术在有害气体检测方面应用与本科研课题的要求有所欠缺，故对本科研课题意义不大。

鉴于此上分析，我们把城市轨道交通工程有害气体检测技术比较分析的重点放在了载体催化燃烧式有害气体检测技术和光学有害气体检测技术方面。

下面分别从技术原理、技术特点、技术参数、应用现状等几个方面来介绍和比较载体催化燃烧式、光干涉型、光纤型三种有害气体传感器技术。

10.6.2 技术比较

1. 技术原理介绍

（1）载体催化燃烧式有害气体传感器技术原理

载体催化燃烧式气体传感器是利用催化燃烧的热效应原理，由检测元件和补偿元件配对构成测量电桥，当遇到有害气体时，有害气体在检测元件载体表面及催化剂的作用下迅速发生化学无焰燃烧，载体温度就升高，通过它内部的铂丝电阻的电阻值也相应变化，从而使平衡电桥失去平衡，输出一个与有害气体浓度成正比的电信号，在经过后续计算得出被测有害气体的浓度信息。

（2）光干涉型有害气体传感器技术原理

根据不同种类、不同浓度的气体对光的折射率不同这一性质进行研究，针对有害气体设计适当的光路系统，把有害气体浓度的变化转换成光的干涉条纹的位置变化。具体地说，就是采用一个光源，经过适当的光学设计，使其分解为两列光波，一路通过标准空气室，另一路穿过采样气室后在某处相遇，此时由于满足光的相关条件，从而产生干涉条纹。把两气室都充有空气时的干涉条纹作为初始位置，当有害气体充入采样室后，由于光程差的结果，干涉条纹会相对于原位置移动一段距离，并且这个移动距离量与甲烷浓度成正比。因此只要测量该位移量，就可以计算得到有害气体在空气中的含量。

（3）光纤有害气体传感器技术原理

光纤有害气体传感器主要利用有害气体对在石英光纤透射窗口内传播的近红外光进行吸收，而该物理特性的吸收会使光强衰减，并且该光强衰减程度与被测有害气体的浓度成比例关系，由此测量由于有害气体吸收产生的光强衰减就可得到有害气体的浓度。具体地说，当一束光强为 I_0 的输入平行光通过待测气体时，如果光源光谱覆盖一个或多个气体的吸收谱线，则光通过气体时发生衰减。根据比尔-朗伯特（Beer-Lambert）定律，出射光强 I 与入射光强 I_0 和气体的体积分数之间的关系为：

$$I = I_0 \exp\left[-\alpha(v) CL\right]$$

式中　$\alpha(v)$——气体吸收系数；

　　　L——吸收路径的长度；

　　　C——气体的浓度。

图 10-63 所示为基于光谱吸收原理的光纤有害气体检测示意图。激光光源发出与有害气体吸收谱线波长相匹配的光，耦合进入光纤后，通过光纤连接安放在探测点处的气体探测光学探头的一端；光学探头是由两个光纤准直透镜组成的简单开放光路，该光路中若存在待测有害气体，则耦合进探头另一端的光强将被减弱；被减弱的光通过光纤引入到光电转换器，从而通过检测电信号的强弱变化计算待测有害气体浓度。

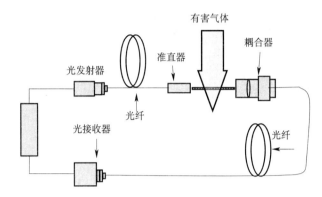

图 10-63　基于光谱吸收原理的光纤有害气体检测示意图

2. 技术特点

（1）载体催化燃烧式有害气体传感器技术特点

组成：探头部分与后续电信号处理部分固定在一起，不能分开。

探头原理：化学反应，结构较复杂，抗干扰性差。

探头寿命：短，每一周需人工标校，2~6 个月需更换传感元件。

优点：反应准确、能够定量检测。

缺点：使用寿命短、传感探头易中毒、稳定性差、抗干扰性差等缺点。

类型：电类传感器，通电有电火花产生而导致有害气体爆炸的潜在危险。

（2）光干涉型有害气体传感器技术特点

组成：探头部分与后续电信号处理部分固定在一起。

探头原理：光学物理反应，结构复杂，抗干扰性差。

探头寿命：一般，每一个月需人工调校，还需经常更换取样和过滤装置。

优点：反应准确、可靠性较好。

缺点：使用寿命一般、需经常调校、易受其他气体干涉的不足，可靠性及稳定性均较差，抗震性差，易受温度、压力变化的影响等缺点。

类型：光类传感器，但光学探头与后续电信号处理部分固定在一起，从而电信号处理部分有电火花产生，可导致有害气体爆炸的潜在危险。

（3）光纤有害气体传感器技术特点

组成：探头部分与后续电信号处理部分通过光纤连接分开。

探头原理：光学物理反应，结构简单，探头不带电，本质安全，抗干扰性强。

探头寿命：长，调校周期大于 6 个月，基本免标校。

优点：测量精度高、灵敏度高、气体鉴别能力高、性能稳定、结构牢靠、可靠性好；易于形成分布式测量和组成传感测量网络；对温度、湿度等干扰有强抵抗力。光纤传感器具有体积小、重量轻、电绝缘性好、无电火花、耐腐蚀、本质安全、抗电磁干扰、便于利用现有光通信技术组成遥测网等优点。

缺点：单点测量时成本较高。

类型：光类传感器，光纤探头与后续电信号处理部分分开，光纤探头不带电，为本质安全型传感器。

3. 技术参数指标

（1）载体催化燃烧式有害气体传感器技术参数

1）响应时间：慢，约为 30~60s。

2）量程：低浓度，遇高浓度瓦斯时传感器容易中毒。

3）灵敏度：低。

（2）光干涉型有害气体传感器技术参数

1）响应时间：较快，约为 20~30s。

2）量程：0~100%。

3）灵敏度：低。

（3）光纤有害气体传感器技术参数

1）响应时间：快，小于 5s。

2）量程：0~100%。

3）灵敏度：高。

4. 适用场合及应用现状

（1）载体催化燃烧式有害气体传感器应用现状

主要适用：城市轨道交通地下车站移动检测，单点测量。

应用现状：目前已面临逐步被淘汰的状态。

（2）光干涉型有害气体传感器应用现状

主要适用：城市轨道交通地下车站移动检测，单点测量。

应用现状：目前国内普遍使用的便携式瓦斯检定仪大都为此类型。

（3）光纤有害气体传感器应用现状

主要适用：城市轨道交通区间隧道固定式布设、分布式检测，多点组成测量网络系统。

应用现状：成功应用于煤矿采掘面恶劣环境有害气体多点分布式网络监测，相比其他两类有害气体传感器有明显的优势；目前正被国家相关部门和行业协会大力推广。

10.6.3　相关厂家及设备信息情况

1. 国外厂家及设备信息情况

（1）载体催化燃烧式有害气体监测系统厂家信息

1）关于国外载体催化燃烧式有害气体检测厂家及设备信息情况说明

根据有关调研了解到：载体催化燃烧式有害气体检测技术目前在国外已经基本淘汰。在载体催化燃烧式有害气体检测技术中，主要可以参考澳大利亚艾克利斯（Xtralis）公司气体探测系统技术。

2）国外载体催化燃烧式气体监测系统厂家及设备信息

厂家名称：澳大利亚艾克利斯（Xtralis）公司。

艾克利斯（Xtralis）公司是一家著名的气体检测公司。目前的产品是采用催化珠传感技术（电阻头）来探测可燃气体，用电化学细胞传感技术来进行有毒气体和氧气探测。气体探测器实际安装于空气采样烟雾探测管网上。如果是对整个区域进行监测，则气体探测器可安装在空气采样烟雾探测器的排气口上。如果是对相对小区域的探测，则可安装在空气采样烟雾探测器的每根进气管上。

产品信息：VESDA 空气采样烟雾探测系统（艾克利斯公司），如图 10-64 所示。

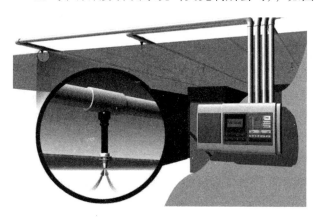

图10-64　VESDA 空气采样烟雾探测系统（艾克利斯公司）

①澳大利亚艾克利斯（Xtralis）公司气体探测系统优点

A. 主动进行空气采样（泵吸式）。

B. 针对探测需求可以进行定制。

C. 采用隐蔽式安装，可以用于需要考虑美观的场所。

②澳大利亚艾克利斯（Xtralis）公司气体探测系统缺点

A. 由于采用主动泵吸式通过长距离的管道对空气采样，就使得采样空气通过长距离的管道传输后到达处理仪表时已经不准确，失去了被采样现场的原始信号。

B. 当管道采样距离超过 100m 以上后，需增加中转仪器才能继续传输所采样空气；并且采样距离每增加 100m 就需要增加一台中转仪器。

C. 采用催化珠传感技术（电阻头）来探测可燃气体，具有载体催化燃烧式气体检测技术的所列缺点。

2. 国外光学瓦斯监测系统厂家信息简述

（1）关于国外光学瓦斯监测系统厂家信息情况说明

目前，能生产有害气体光学传感器的公司，国外也只有几家，如挪威纳斯克公司、瑞典 OPSIS 公司、美国 TE 公司、英国 SSC 公司、英国 Dynament 公司生产的 NDIR 原理设备，法国 OLDHAM 以及法国 ESA 公司的基于差分光谱法（吸收光谱法）原理的设备，都能用来测量甲烷（瓦斯）等气体，受到国外一些用户的青睐，在欧洲得到了较为广泛的应用。但是这些设备主要用于流程工业或者大气环境质量监测，价格昂贵；最为重要的是，它们采用的都不是光纤传光的方式，不便于远距离传感，也不便于分布式监测应用场合，因此不能适应在城市轨道交通隧道多点分布式应用。而最具发展和推广前景的光纤有害气体检测技术在国外也都停留在一些研究机构和大学中，也还没有形成产品。

其中以挪威纳斯克电子光学公司（Norsk Elektro Optikk A/S）和英国 SSC（Status Scientific Controls Ltd）公司、英国 Dynament 公司最为有名。

(2) 国外光学有害气体监测系统厂家信息

1) 厂家名称

①挪威纳斯克（NEO）电子光学公司；

②英国 Richbloom Holdings Ltd 公司（旗下包含：英国 SSC 公司和英国 Dynament 公司）。

2) 厂家声誉

①挪威纳斯克（NEO）电子光学公司

挪威纳斯克公司在整个欧洲也是最早开始研发基于激光技术的电子光学产品的厂商之一。由它自主研发的光谱探测领域独到的技术优势，成功地推出几大系列、三十余种型号的激光气体分析仪产品，比如 LaserGas Ⅱ 激光分析仪系列是其最为先进的气体检测仪。不像传统的 UV（紫外）或 IR（红外）测量仪，LaserGas Ⅱ 激光分析仪采用"单线光谱"原理，从而避免了其他组分的交叉干扰。

②英国 Richbloom Holdings Ltd 公司（旗下包含：英国 SSC 公司和英国 Dynament 公司）

该公司是专业研发和生产固定式气体检测设备、红外原理微型传感器的厂家，产品广泛应用在石化、冶金、电力、电信、造船、卫生和医疗领域。

产品信息：LaserGas Ⅱ 激光分析仪［挪威纳斯克（NEO）公司］，如图 10-65 所示。

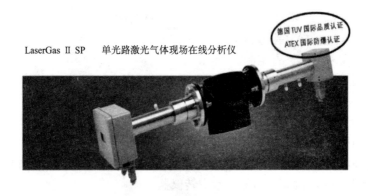

图 10-65 LaserGas Ⅱ 激光分析仪

A. 挪威纳斯克（NEO）公司气体探测系统优点：

a. 响应时间快，低至 2s。

b. 在线测量，气体自由扩散采样。

c. 无来自背景气体的干扰。

d. 光学物理反应，稳定校准，无零点漂移。

e. 产品主要技术指标：

测量范围：$0 \sim 100\%$ CH_4。

测量精度：$0 \sim 1\%$ $CH_4 \leqslant \pm 0.1\%$ CH_4；

$\qquad\qquad 1\% \sim 2\%$ $CH_4 \leqslant \pm 0.2\%$ CH_4；

$\qquad\qquad 2\% \sim 4\%$ $CH_4 \leqslant \pm 0.3\%$ CH_4；

10.6 目前国外、国内有害气体检测系统调研分析

4%～40% CH_4 或 >4～100% CH_4（误差符合规定）。

响应时间：2s。

调校周期：6个月。

使用寿命：4年。

B. 挪威纳斯克（NEO）公司气体探测系统缺点：

a. 探头部分与后续电信号处理部分固定在一起，不能分开。光学探头与后续电信号处理部分固定在一起，从而电信号处理部分有电火花产生可导致有害气体爆炸的潜在危险。

b. 体积庞大，重量重（单台重约12kg）。

c. 价格极为昂贵，单台价格至少40万元，测量成本昂贵。

d. 单点监测，组网困难；不适合地铁隧道分布式组网监测。

e. 所需安装空间大，安装固定困难。

③产品型号：LC4控制器及红外探头［英国 Richbloom Holdings Ltd 公司（含：英国 SSC 和 Dynament 公司）］，如图10-66所示。

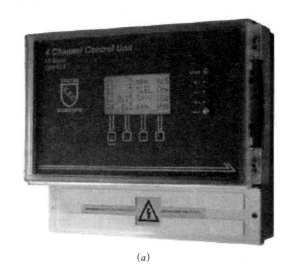

(a)

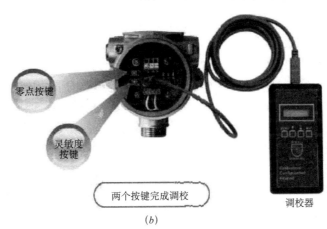

(b)

图 10-66　LC4 控制器及红外探头

(a) LC4 控制器；(b) 红外探头

A. 英国 Richbloom Holdings Ltd 公司气体探测系统优点：

a. 响应时间快。

b. 探头采用非色散性红外（NDIR）技术，灵敏度高。

c. 测量浓度范围宽。

d. 产品主要技术指标：

测量范围：0~5% CH_4。

测量精度：0~5% $CH_4 \leqslant \pm 0.1\%$ CH_4（误差符合规定）。

调校周期：1 个月。

使用寿命：4 年。

B. 英国 Richbloom Holdings Ltd 公司气体探测系统缺点：

a. 探头部分采用非色散性红外（NDIR）技术，所以探头部位带有光学驱动及与信号处理部分通信传输电路，故探头带电，从而有电火花产生可导致有害气体爆炸的潜在危险。

b. 容易受环境气体的影响，不适用于粉尘、潮湿环境。

c. 标校、维护困难。

d. 价格极为昂贵，测量成本相当昂贵。

比如：4 路控制器 23000 元/台；红外探头 17000 元/个。

e. 不便于远距离传感，也不便于分布式监测应用场合。

3. 国内厂家及设备信息情况

（1）载体催化燃烧式有害气体监测系统厂家信息

1）关于国内载体催化燃烧式有害气体检测厂家信息情况说明

根据相关调研了解到：国内生产载体催化燃烧式有害气体传感器的厂家比较多，鉴于此，这里把国内生产载体催化燃烧式有害气体传感器的厂家及设备信息情况的重点放在了实力较强的厂家。

2）载体催化燃烧式气体监测系统厂家信息

厂家名称：①重庆煤炭科学研究院；

②煤炭科学研究总院常州自动化研究院；

③济南瑞安电子有限公司。

厂家声誉：①重庆煤炭科学研究院

重庆煤炭科学研究院是煤矿安全技术国家工程研究中心的依托单位，国家煤矿防尘通风安全产品质量监督检验中心挂靠单位；在煤矿运营、瓦斯爆炸、通风、防火等领域积累了丰富的经验；特别是对有害气体处理和利用方面有较高的优势。

②煤炭科学研究总院常州自动化研究院

煤炭科学研究总院常州自动化研究院专业从事煤矿安全生产监测监控、生产过程自动化和通信产品的研发、生产、销售和服务，是集科研开发、工程设计、加工制造、系统集成和工程安装、服务于一体的科技实体，在国内有较高声誉。

③济南瑞安电子有限公司

集研发、生产、销售为一体，并为各类型电子公司提供技术支持、研发、生产服务的综合性技术公司。依托先进技术，专业研制、生产可燃/有毒气体报警器，并致力于可燃、有毒气体报警器的发展和完善的专业运营商。

产品信息：①产品型号：KG9000B 型低浓度甲烷传感器（重庆煤科院），其外观图片如图 10-67 所示。

A. 重庆煤炭科学研究院气体探测系统优点：

a. 检测范围大。

b. 性能稳定、灵敏度高。

c. 无来自背景气体的干扰。

d. 光学物理反应，稳定校准，无零点漂移。

e. 产品主要技术指标：

测量范围：0~10% CH$_4$。

测量精度：0~1% CH$_4$，误差满足：±0.10% CH$_4$。

响应时间：30~60s。

调校周期：1 周~1 个月。

使用寿命：1 年。

B. 重庆煤炭科学研究院气体探测系统缺点：

a. 响应时间慢（电化学/催化燃烧式传感器）。

b. 使用寿命短、传感探头易中毒、抗干扰性差等缺点。

c. 标校、维护困难。

d. 电类传感器，通电有电火花产生从而导致有害气体爆炸的潜在危险。

图 10-67　KG9000B 型低浓度甲烷传感器

②产品型号：RBK—6000 型智能气体报警控制装置和 RBT—6000 型气体探测器（济南瑞安电子有限公司），其外观图片如图 10-68 所示。

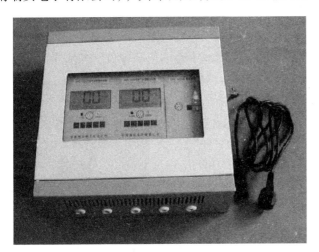

图 10-68　RBK—6000 型智能气体报警控制器和 RBT—6000 型气体探测器

A. 济南瑞安电子有限公司气体探测系统优点：

a. 检测范围大。

b. 性能稳定、灵敏度高。

c. 无来自背景气体的干扰。

d. 光学物理反应,稳定校准,无零点漂移。

e. 产品主要技术指标:

测量范围: $0\sim100\%$ CH_4。

测量精度: $0\sim100\%$ CH_4,误差满足: $\pm0.1\%\sim1\%$ CH_4。

响应时间: $30\sim60s$。

调校周期: 1周~1个月。

使用寿命: 1年。

B. 济南瑞安电子有限公司气体探测系统缺点:

a. 响应时间慢(电化学/催化燃烧式传感器)。

b. 使用寿命短、传感探头易中毒、抗干扰性差等缺点。

c. 标校、维护困难。

d. 电类传感器,通电有电火花产生从而导致有害气体爆炸的潜在危险。

e. 分布式组网监测困难,控制器通道最多为两条通道。

f. 传输距离有限,最大传输距离 1200m。

(2) 光干涉型有害气体监测系统厂家调研

1) 关于国内光干涉型有害气体检测厂家及设备信息情况说明

根据相关调研了解到:生产光干涉型有害气体传感器的厂家比较多,鉴于此,这里把国内生产光干涉型有害气体传感器的厂家信息情况的重点放在了实力较强的厂家。

2) 光干涉型气体监测系统厂家信息

厂家名称:①重庆煤炭科学研究院;

②郑州华致科技有限公司;

③徐州科安安全设备有限公司。

厂家声誉:

①重庆煤炭科学研究院

重庆煤炭科学研究院是煤矿安全技术国家工程研究中心的依托单位,国家煤矿防尘通风安全产品质量监督检验中心挂靠单位;在煤矿运营、瓦斯爆炸、通风、防火等领域积累了丰富的经验;特别是对有害气体处理和利用方面有较高的优势。

②郑州华致科技有限公司

郑州华致科技有限公司国内较著名检测设备生产的企业,在有毒气体检测仪、可燃气体检测仪及气体分析仪、报警仪等产品领域有一定的知名度。

③徐州科安安全设备有限公司

徐州科安安全设备有限公司在煤矿瓦斯治理、粉尘环保、安全仪器仪表、监测监控系统、安全装备、救护技术等方面有扎实的基础。在气体检测等领域有一定的知名度。

产品信息:①产品型号:GJG10A 型光干涉甲烷传感器(重庆煤炭科学院),其外观图片如图 10-69 所示。

图 10-69 GJG10A 型光干涉甲烷传感器

A. 重庆煤炭科学研究院气体探测系统优点：

a. 检测范围大。

b. 反应准确、灵敏度高。

c. 光学物理反应，稳定校准，无零点漂移。

d. 产品主要技术指标：

测量范围：$0 \sim 10\%$ CH_4。

测量精度：$0 \sim 1\%$ $CH_4 < \pm 0.10\%$ CH_4；

$1 \sim 4\%$ $CH_4 < \pm 0.2\%$ CH_4；

$4 \sim 7\%$ $CH_4 < \pm 0.30\%$ CH_4；

$7 \sim 10\%$ $CH_4 < \pm 0.35\%$ CH_4。

响应时间：$\leq 30s$。

调校周期：≤ 1 个月。

使用寿命：2 年。

B. 重庆煤炭科学研究院气体探测系统缺点：

a. 响应时间慢。

b. 易受其他气体干涉、易受温度和气体压力变化的影响。

c. 标校、维护困难、抗震性差。

d. 光学探头与后续电信号处理部分固定在一起，通电有电火花产生从而导致有害气体爆炸的潜在危险。

（3）光纤有害气体监测系统厂家调研

1）关于国内光纤有害气体检测厂家及设备情况说明

根据相关调研了解到：国内光纤有害气体传感技术研发，除极个别厂家外，大都处于实验室研究或产品研制阶段，尚未形成具备工业化生产能力的企业，成套硬件与软件系统的产品是空白的。鉴于此，我们把国内生产光纤有害气体传感器的厂家及设备信息情况的重点放在了科研转化实力较强的厂家。

2）光纤气体监测系统厂家调研信息

厂家名称：①武汉理工光科股份有限公司；

②武汉华德威传感有限公司；

③郑州格瑞特光栅技术有限公司。

厂家声誉：

①武汉理工光科股份有限公司

武汉理工光科股份有限公司是中国最大的光纤传感技术研究开发和生产基地，是国家发改委唯一批准建设的"光纤传感技术国家工程实验室"承建单位之一。在光纤气体检测技术研发领域能够探测的气体种类包括：瓦斯、乙炔、一氧化碳、二氧化碳、氧气等，拥有该领域的全部核心技术和多项专利成果，完全具有自主知识产权。该公司开发的能用于煤矿有害气体光纤传感技术已经取得了实质性飞跃，研制成功的有害气体光纤传感器的探测极限为 10×10^{-6}（10%），达到了煤矿瓦斯检测相关标准的技术要求。

研发实力：A. 依托国内唯一的光纤传感技术国家工程实验室；

B. 依托光纤传感技术国家重点工业性试验基地；

C. 依托光纤传感与信息处理教育部重点实验室。

②武汉华德威传感有限公司

武汉华德威传感有限公司专业研究、开发、生产、经营新型工业用光纤传感器智能仪表以及针对光电子教学、科研开发实验用组件、模块等。公司拥有现代化的光纤传感器设计、工艺、封装、生产、测试、可靠性、DSP 等实验室，采用国际先进的测试仪器加工设备。专门从事气体传感技术及检测仪器仪表的开发制造，在业界有一定优势。

③郑州格瑞特光栅技术有限公司

郑州格瑞特光栅技术有限公司是一家从事光纤光栅技术研发、生产、服务的高新技术企业，已初步形成了很强的科研开发实力和生产基础。公司致力于光纤瓦斯传感器、光栅传感器等的设计研制，公司研发生产的"基于光纤技术的煤矿安全监测系统"已列为重大科研攻关项目，也是 2008 年第十届中国科协大会的重点项目。

产品信息：①产品型号：GQC—J 光纤甲烷检测报警仪（武汉理工光科公司），其外观图片如图 10-70 所示。

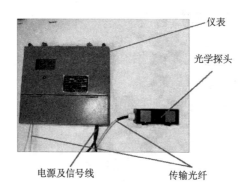

图 10-70 GQC—J 光纤甲烷检测报警仪

②产品主要技术指标：

测量范围：$0 \sim 40\%$ CH_4 或 $0 \sim 100\%$ CH_4。

测量精度：$0 \sim 1\%$ $CH_4 \leqslant \pm 0.1\%$ CH_4；

$1\% \sim 2\%$ $CH_4 \leqslant \pm 0.2\%$ CH_4；

$2\% \sim 4\%$ $CH_4 \leqslant \pm 0.3\%$ CH_4；

$4\% \sim 40\%$ CH_4 或 $>4\% \sim 100\%$ CH_4（误差符合国家规定）。

响应时间：单通道测量≤2s。

调校周期：≥6 个月，基本免调校。

使用寿命：5 年。

3）武汉理工光科股份有限公司开发的产品

①基于光谱吸收原理的光纤有害气体检测原理示意如图 10-71 所示。

②四通道光纤有害气体检测仪实物（武汉理工光科股份公司），用于地铁隧道多点分布式网络监测瓦斯。

③单通道光纤有害气体检测报警测仪实物（武汉理工光科股份公司），用于地铁车站不固定地点单点监测瓦斯。

10.6 目前国外、国内有害气体检测系统调研分析

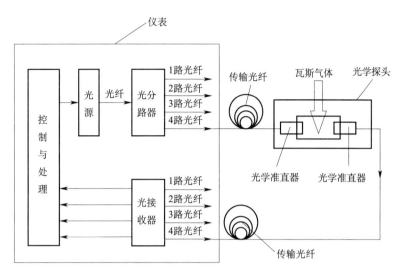

图 10-71 基于光谱吸收原理的光纤有害气体检测原理示意图

10.6.4 相关类型代表产品的综合性价比分析

1. 关于产品综合性价比分析的说明

（1）本次产品综合性价比较分析的前提条件的提出

在有害气体监测系统的全寿命周期内。

（2）有害气体监测系统的全寿命周期的解释

有害气体监测系统的全寿命周期：从该城市轨道交通区间隧道有害气体监测系统建成到运行的一个比较长的时间段周期内。

（3）运用"全寿命周期"的意义

运用"全寿命周期"来比较分析的意义在于：用可持续的科学发展思维来分析该有害气体监测系统。因为城市轨道交通区间隧道有害气体监测系统不同于其他领域里有害气体监测系统，一旦城市轨道交通建成投入运营后基本是全天候、全年月不间断运营。这就要求城市轨道交通区间隧道有害气体监测系统同样需要是基本全天候、全年月不间断运营。由此有害气体监测系统除了要满足其他技术指标外，还必须满足长周期运营性、长周期稳定性、长周期准确性、探头的长周期免调校性、探头本身的长周期安全性等与长周期指标相关的技术参数，并且这些长周期相关技术指标显得格外重要。由此，我们选用"全寿命周期"也即是"全寿命周期"来比较分析而非"短周期"。

（4）本次比较分析的"全寿命周期"具体时间周期：10 年。

（5）本次比较分析的 10 年"全寿命周期"选取的依据

综合城市轨道交通运营要求和当前国内外有害气体监测系统仪表的特性等综合因素，选取本次比较分析的"全寿命周期"具体时间周期：10 年。

2. 相关类型代表产品综合性价比具体分析

（1）关于载体催化型瓦斯传感器和光干涉型瓦斯传感器

通过以上的技术比较可以看出，载体催化型有害气体传感器和光干涉型有害气体传感器：

1）寿命短。一般为 6 个月。需要经常更换新的传感探头。更换传感探头后，还需要重新进行标定维护。

2）反应速度慢。一般为 30～60s。这是由其传感原理决定的，电化学反应或热传导都需要一定的时间，导致这些类型的传感器的反应速度很慢。

3）容易中毒。特别是催化燃烧式传感器，当环境中有害气体浓度超过一定数值时，传感器受到气体的冲击会失效，丧失探测能力。传感器一旦中毒，就必须及时更换新的传感探头。

4）稳定性差。不能用于进行长期稳定性监测。

5）不便维护。传感器需要每周标定一次，特别是在城市轨道交通区间隧道，如果每周都要对所有瓦斯传感器进行标定，其工作量和工作难度很大。

6）有电火花产生可能，有导致有害气体爆炸的潜在危险。

7）探头与仪表固定在一起，不能进行长距离测量，很难组成分布式网络测量。

因此，上述类型的瓦斯传感器不适合在城市轨道交通区间隧道内部使用；而光纤瓦斯传感器在城市轨道交通区间隧道内部使用则具有独特的优势。

（2）关于光纤有害气体传感器

相反，光纤气体传感技术适用于恶劣环境，以及抗电磁干扰、耐化学腐蚀的环境，可测量甲烷、乙炔、一氧化碳等可燃易爆气体且探测灵敏度高，用于气体传感，有着其他传感技术不可比拟的优势。另外，光纤传输损耗低、柔性强、结构简单，可长距离传输，适用于远距离测量与控制；光纤传感易于组成分布式传感网络进行长距离实时测量，可实现多功能、智能化的要求，采用多路复用技术使多个传感器共用一根光纤、同一光源和检测设备，可大大降低系统成本。

与其他气体传感技术相比，基于气体吸收谱测量的吸收型传感技术，具有高的检测灵敏度，极高的气体鉴别能力，快速的响应能力，对温度、湿度等干扰的强抵抗力，简单可靠的气体传感探头（气体吸收盒）以及易于形成网络等优点，是目前最有前途的气体传感技术之一。

光纤有害气体传感器除了具备普通光学传感器优点外，还具有下述独特的优点：

1）光纤有害气体传感器灵敏度高、精度高，容易组成传感系统。

由于目前使用的大部分气体传感器精度不高，传感器基本只能输出是否超过安全阈值的报警信号，仅仅起到报警器的作用，而不能给出合理的气体浓度变化趋势与规律，从而不能起到对可能事故的预报。光纤有害气体传感器通过精确获得有害气体浓度，不断总结规律，可以形成一套能预测预报的专家系统，将有害气体事故扼杀在萌芽状态，确保安全。

2）光纤有害气体传感器本质防爆，稳定可靠，探头寿命长。

光纤有害气体传感器由于使用本质防爆的光信号和光纤进行传感，因而在易燃易爆环境中具有本质防爆的先天优势。另一方面，现有的有害气体传感器由于使用寿命最多也只有 8～12 个月，如果因为管理不善或者安全人员疏忽，没来得及更换，可能导致灾难性事故发生。而基于吸收光谱式的光纤气体传感器一次性投资安装完成后，只要不发生器件的机械性损伤，传感器能长期稳定、可靠地工作，不必定期更换其中的元器件。

3）光纤有害气体传感器具有自检功能，能自我校正，基本免维护。

基于吸收光谱式的光纤气体传感器在这种环境中，一旦发生故障，它的自检功能就会主动告知人们，而且即使附着上了严重的污垢，通过本身的自我校正功能，仍然准确保持高精度输出；同样，在传感光源电子器件老化，输出能量衰减的情况下，传感器也还能快速准确响应。即使需要更换探头，只要替换上一个相同规格的探头，不需要再进行任何标定也能保证正常运行。

4）光纤有害气体传感器响应速度快，能达到对有害气体浓度的实时监测。

目前广泛使用的催化燃烧式由于有一个等待燃烧温升的过程，制作较好的传感器响应时间也要30s左右，而本传感器因为是光在传输，不存在任何化学反应，仅仅是简单的物理现象，所以其响应速度不言而喻，可以达到实时响应。

5）光纤有害气体传感动态范围大，不会发生中毒现象，测量结果不受环境中其他气体的影响。

传感器探测的是光强的变化，而目前光敏管能分辨到皮瓦光功率的变化，目前较多使用的LED探测光源，其功率最少也是毫瓦级，因此传感器动态范围非常宽，不会发生传感器无信号输出的现象。由于采用的是光谱吸收原理，不存在化学反应，因而也不会发生传感器中毒现象。由于采用的是单线光谱吸收，避开了其他气体对测量结果的干扰和影响。

6）光纤有害气体传感单元结构简单，容易进行分布式多点网络测量。

本传感器只需要光束通过被测气体，即可获得气体浓度，因此其结构非常简单，传感器之间也容易使用并联或串联方式复用。

总而言之，从技术发展趋势看，光纤有害气体传感器由于其独特优点，必将取代现有电化学类和催化燃烧类气体传感器，在各行各业中得到广泛应用。光纤有害气体传感检测仪已经经受住了煤矿井下严酷环境条件的考验，目前在煤矿中得到广泛应用。

由此可以得出如下结论：

1）光纤有害气体传感器能够用于对煤矿井下环境中甲烷浓度的长期监测。

2）光纤有害气体传感器与煤矿现有安全监测系统之间具有很好的兼容性。

3）光纤有害气体传感器各项技术指标均达到设计要求，符合煤矿安全监测设备相关标准的要求。

4）光纤有害气体传感器能够做到一次标定、长期使用。

5）光纤有害气体传感器对煤矿恶劣环境有较好的适应性，测量结果不受环境中其他气体（包括水汽）的影响，不受城市轨道交通区间隧道内列车振动和活塞风冲击的影响；只要透光率在10%以上即可进行准确测量，其测量结果也不受粉尘等可吸入颗粒物的影响。

6）光纤瓦斯传感器对瓦斯浓度变化的响应速度比载体催化燃烧式快。

3. 相关类型代表产品在"全寿命周期"内综合性价比汇总

表10-27为所了解到的城市轨道交通区间隧道有害气体监测相关类型代表产品在"全寿命周期"内综合性价比分析比较汇总表（注："全寿命周期"为10年）。

有害气体传感器类型综合比较表 表10-27

比较参数	热催化型瓦斯传感器	光干涉型瓦斯传感器	光纤瓦斯传感器
1. 工作原理	通过气体在催化剂表面的接触燃烧导致白金线圈温度变化，测定线圈的电阻变化反映气体浓度	干涉型光纤瓦斯传感器采用两束光干涉的方法检测气室中折射率的变化，而折射率的变化与浓度有关	光纤气体传感器主要利用气体对光吸收产生衰减的特性制成吸收型光纤气体传感器，测量由于气体吸收产生的光强衰减，得到气体的浓度
2. 基本特点	电类传感器通电有导致其爆炸的潜在危险	目前国内普遍使用的便携式瓦斯检定仪均是基于此原理。此类传感器需经常调校、易受其他气体干涉，可靠性及稳定性均较差，抗震性差，易受温度和气体压力变化的影响。需专门取样和过滤装置	采用单线光谱吸收原理，能避免环境气体对测量结果的影响。具有高的检测灵敏度，极高的气体鉴别能力，快速的响应能力，对温度、湿度等干扰的强抵抗力，简单可靠的气体传感探头（气体吸收盒）以及易于形成分布式和网络等优点
3. 响应速度	慢，30~60s	快，10~20s	快，小于5s
4. 量程范围	低浓度，遇高浓度瓦斯时传感器容易中毒	0~100%	0~100%
5. 测量精度	一般	较好	较好
6. 探头寿命	短，每周要人工标校，2~6个月需更换传感元件	每1个月要调校，需要经常更换取样和过滤装置	纯物理传感原理，寿命长，调校周期大于6个月，基本免标校
7. 探头长期安全性	电类传感探头，不安全	一般	纯光学探头，本质安全，很好
8. 仪表寿命	1年	2年	5年
9. 长期免调校性	很差	较差	很好
10. 长期稳定性	很差	一般	很好
11. 长期准确性	较差	一般	较好
12. 灵敏度	低	一般	高
13. 探头和仪表连接关系	固定在一起	固定在一起	分开，通过光纤连接
14. 分布式测量性	差	差	很好
15. 长距离测量性	差	差	很好
16. 组成测量网络性	差	差	很好
17. 在城市轨道交通区间隧道适用性	适用于地下车站移动监测	适用于地下车站移动监测	适用于城市轨道交通区间隧道固定式、分布式网络布设
18. 调研厂家	重庆煤炭科学研究院等	重庆煤炭科学研究院等	武汉理工光科股份有限公司
19. 调研产品	KG9000B型低浓度甲烷传感器	GJG10A型光干涉甲烷传感器	GQC—J型光纤甲烷检测报警仪
20. 产品认证	国家"煤安"和"防爆"认证	国家"煤安"和"防爆"认证	国家"煤安"和"防爆"认证

10.6 目前国外、国内有害气体检测系统调研分析

续表

比较参数	热催化型瓦斯传感器	光干涉型瓦斯传感器	光纤瓦斯传感器
21. 单点测量探头成本（注：1. 一测点处两个探头，下同 2. 一个典型区间内）	3000×2=6000 元	8000×2=16000 元	6500×2=13000 元
22. 单点探头固定支架及配套附件	250×2=500 元	250×2=500 元	250×2=500 元
23. 单点测量设备安装预计成本	1000×2=2000 元	800×2=1600 元	500×2=1000 元
24. 单点测量标定成本（10 年全寿命周期内）	100 元/次×2=200 元 每 7~10 天标定一次 200 元×360 次 =72000 元	200 元/次×2=400 元 每 30 天标定一次 400 元×120 次=48000 元	200 元/次×2=400 元 每 180 天标定一次 400 元×20 次=8000 元
25. 单点测量更换传感元件成本（10 年全寿命周期内）	800 元/次×2=1600 元 每 6 个月更换一次 1600 元×20 次 =32000 元	8000 元/次×2=16000 元 每 4 年更换一次 16000 元×2.5 次 =40000 元	6500 元/次×2=130000 元 每 5 年更换一次 13000 元×2 次=26000 元
26. 一个典型区间（一站）所需探头数	单隧道 10 个×2 =双隧道 20 个	单隧道 10 个×2 =双隧道 20 个	单隧道 10 个×2 =双隧道 20 个
27. 一个典型区间（一站）所需仪表数及成本	6 台仪表（1 个仪表带 4 个探头） 6 台×65000 元 =390000 元	6 台仪表（1 个仪表带，4 个探头） 6 台×65000 元 =390000 元	6 台仪表（一个仪表带，4 个探头） 6 台×65000 元 =390000 元
28. 一个典型区间单点测量总成本（10 年全寿命周期内）	6000 元×10 点+500 元×10 点+2000 元×10 点+72000 元×10 点+32000 元×10 点+390000 元=1515000 元	8000 元×10 点+500 元×10 点+1600 元×10 点+48000 元×10 点+40000 元×10 点+390000 元=1471000 元	13000 元×10 点+500 元×10 点+1000 元×10 点+8000 元×10 点+26000 元×10 点+390000 元=875000 元
29. 整个瓦斯监测系统分布式组网预计成本	375000 元	375000 元	375000 元
30. 整个瓦斯监测系统在全寿命周期内预计总成本（全线按 12.5 个区间段计算）	375000 元+1515000 元×12.5=19312500 元（将近 2 千万）	375000 元+1471000 元×12.5=18762500 元（1.9 千万）	375000 元+875000 元×12.5=10975000 元（1.1 千万）
31. 在全寿命周期内综合性价比分析结果	差	较差	好

10.7 推荐的杭州地铁 1 号线有害气体监测系统方案

鉴于目前有害气体的分布和聚集特性以及对目前国际和国内有害气体监测系统信息情况的掌握情况，杭州地铁 1 号线在含有害气体地层内的区间隧道可以考虑设置固定式有害气体监测系统。

固定式有害气体监测系统由有害气体光学探头、光纤、有害气体光纤传感检测仪等组成。在含有害气体地层内的地下车站，由于地下车站的站台层设置了屏蔽门，而且车站的轨行区设置了排热通风系统，有害气体进入地下车站内的数量非常小，绝大部分被排热风机排除，可不设置固定式有害气体监测系统，仅在地下车站配备一台移动式有害气体监测仪即可满足要求。

10.7.1 杭州地铁 1 号线含有害气体区段统计

杭州地铁 1 号线含有害气体区段统计见表 10-28 所列。

杭州地铁 1 号线含有害气体区段统计表　　　表 10-28

序号	区间名称	是否收到有害气体补勘报告	有害气体最大压力	有害气体储气层与隧道相对关系
1	湘湖站~滨康路站区间	是	0.4MPa	隧道下部有储气层，盾构底距离储气层顶板 5.6m
2	滨康路站~西兴站区间	是	0.4MPa	隧道下部有储气层，盾构底距离储气层顶板 5.6m
3	滨江站~富春路站区间（过钱塘江隧道）	是	0.4MPa	隧道局部或整体都在储气层中
4	城战站~湖滨站区间	否	—	—（可能含有害气体）
5	湖滨站~龙翔桥站区间	否	—	—（可能含有害气体）
6	龙翔桥站~凤起路站区间	否	—	—（可能含有害气体）
7	火车东站~彭埠站	是	0.4MPa	隧道贯穿储气层，隧道局部或整体都在储气层中
8	彭埠站~建华站区间	是	0.4MPa	隧道贯穿储气层，隧道局部或整体都在储气层中
9	彭埠站~七堡车辆段出入段线盾构段、明挖段及 U 形槽	否，但参考彭埠站~建华站区间	0.2MPa	隧道下部切削储气层，盾构底距离储气层顶板 0m
10	红普路站~九堡站区间	是	0.21MPa	隧道下部有储气层，盾构底距离储气层顶板 5.6m
11	九堡站~九堡东站区间	是	0.16MPa	隧道下部切削储气层，盾构底距离储气层顶板 0m
12	下沙西站~下沙中站区间	是	0.25MPa	隧道下部有储气层，盾构底距离储气层顶板 2.7m
13	下沙中站~下沙东站区间	是	0.22MPa	隧道下部有储气层，盾构底距离储气层顶板 0.88m

说明：城战站~湖滨站、湖滨站~龙翔桥站、龙翔桥站~凤起路站由于此前没有收到有害气体补勘报告，无法最终确定以上区间隧道是否需要增加监测系统，暂时按照含沼气区段考虑，并进行系统设备配置。

10.7.2 以有害气体压力较高的湘湖站~滨康路站为例说明监测系统设计情况

1. 湘湖站~滨康路站有害气体分布情况简介

根据浙江省地矿勘察院勘测气体压力分布图得知：湘湖站~滨康路站主要在 K1+023~K1+384 的里程范围内分布着压力大小不一的有害气体，长度约360m。主要成分为甲烷（瓦斯），其体积约占 92.6%~94.7%。

2. 湘湖站~滨康路站有害气体监测探头平面布点设计说明

（1）布点间距确定参照的技术标准及规范

由于国内目前缺少关于城市轨道交通区间隧道内部瓦斯监测探头安装布设的技术标准，所以可以参照执行《煤矿安全监控系统及检测仪器使用管理规范》（AQ 1029—2007）以及《铁路瓦斯隧道技术规范》（TB 10120—2002）等相关标准，实施瓦斯光学探头的布设与安装。

（2）综合杭州地铁1号线运营的具体情况并结合以上两个行业规范和浙江省地矿勘察院的气体勘测数据，同时考虑到杭州地铁1号线设计运营列车长度为120m；把该区间内的城市轨道交通区间隧道有害气体监测探头布点分为两个区域进行设计布点。这两个区域是勘测含有有害气体区域；勘测不含有害气体区域。

1）含瓦斯区瓦斯探头布点设计

依据《铁路瓦斯隧道技术规范》（TB 10120—2002）中第4.4.3条"隧道运营期间瓦斯检测断面的位置，应根据施工期间的瓦斯涌出情况确定。施工期间有瓦斯涌出地段，每50~100m设置一处，其他地段视具体情况确定"内容；同时考虑到杭州地铁1号线设计运营列车初、近、远期均为6节编组，长度为120m。确定含有害气体区探头布点间距确定为120m左右，并在含有害气体区起点和终点处各布置一个探头。设计时根据每个含有害气体区域的具体长度来具体确定布点间距，使布点间距在100~140m之间。具体到湘湖站~滨康路站，其含瓦斯区域长度约为361m。所以湘湖站~滨康路站含瓦斯区探头布点间距确定为120m，并在含瓦斯区起点（K1+023）和终点（K1+384）处各布置一个探头。

2）非含瓦斯区瓦斯探头布点设计

依据《煤矿安全监控系统及检测仪器使用管理规范》（AQ 1029—2007）中第6.3.4条"高瓦斯和煤与瓦斯突出矿井采煤工作面的回风巷长度大于1000m时，必须在回风巷中部增设甲烷传感器"内容的规定；同时考虑到杭州地铁1号线隧道勘测的有害气体涌出量远低于《煤矿安全监控系统及检测仪器使用管理规范》中第6.3.4条规定。决定不含有害气体区瓦斯探头布点间距确定为500m左右，设计时根据每个不含有害气体区域的具体长度来具体确定布点间距，使布点间距在350~600m之间。具体到湘湖站~滨康路站：①其中湘湖站右端点（K0+454）到含有害气体区起点（K1+023）区域长度约为569m；所以湘湖站到含有害气体区起点区域探头布点间距确定为569m。②含有害气体区终点（K1+384）到滨康路站右起点（K2+111）区域长度约为727m，所以含有害气体区端点到滨康路站右起点区域探头布点间距确定为727/2=363.5m。

3. 湘湖站~滨康路站瓦斯探头断面安装设计

（1）有害气体监测探头断面安装设计依据的技术标准及规范

依据《铁路瓦斯隧道技术规范》（TB 10120—2002）中第 4.4.3 条"人工检测点或自动检测探头应位于隧道断面中部拱顶下 25cm 处。自动检测时，检测系统应能抗强电磁干扰，探头的安装结构应便于定时检查维修"中的内容规定，同时为了提高探头检测的准确性；结合杭州地铁 1 号线区间隧道中顶部安装有接触网的具体情况。决定将有害气体监测探头对称安装在区间隧道中顶部接触网两旁，两个探头在同一端面上，探头相隔间距根据接触网尺寸大小予以确定。

（2）有害气体监测探头断面安装设计

两个瓦斯探头对称安装布置在区间隧道中顶部接触网两旁距隧道断面中部拱顶下 25cm 处；两个探头在同一断面上，探头中心间距根据接触网尺寸大小确定为相隔 1280mm。

10.7.3 检测仪表所在位置及数量

光纤传感检测仪按照 4 通道设计，即每块仪表连接 4 个有害气体监测探头，见表 10-29 所列。

杭州地铁 1 号线各站检测仪表所在位置及数量统计表　　表 10-29

序号	检测仪表所在位置	光纤传感检测仪数量（台）	备注
1	湘湖站	4	站台层配电室
2	滨康路站	8	站台层配电室
3	滨江站	6	站台层配电室
4	富春路站	4	站台层配电室
5	湖滨站	14	站台层配电室
6	龙翔桥站	10	站台层配电室
7	火车东站	4	站台层配电室
8	彭埠站	12	站台层配电室
9	建华站	8	站台层配电室
10	红普路站	6	站台层配电室
11	九堡站	10	站台层配电室
12	九堡东站	4	站台层配电室
13	下沙西站	4	站台层配电室
14	下沙中心站	14	站台层配电室

注：区间隧道有害气体监测系统的光缆的最大外径为 120mm，过区间人防门及防淹门处考虑设置 DN120 套管，目前光缆设置于区间隧道疏散平台一侧（线路行车方向左侧）。

10.7.4 系统概况

光纤有害气体监测报警系统由有害气体光学探头、光纤、有害气体光纤传感检测仪、检测仪的供电源及与外部通信等部分组成。

(1) 光学瓦斯探头

光学瓦斯传感探头是一个管状的开放式准直光路，实现对瓦斯气体浓度信息的感知，它安装在隧道内部选定的探测点处；该探头具有防潮防尘功能，能在恶劣的环境中正常工作。瓦斯光学探头通过光纤和瓦斯光纤传感检测仪连接，把感知的瓦斯气体浓度信息传递给检测仪进行处理。另外该瓦斯光学探头由光学器件和光纤组成，探头不带电、传输距离远；可工作于强电磁干扰和恶劣的工业环境中；具有灵敏度高、稳定性好、结构灵活等优点。

(2) 光纤瓦斯传感检测仪

1) 光纤瓦斯传感检测仪简介

光纤瓦斯传感检测仪是一个具有四个独立测量通道的瓦斯检测仪表，对外可以连接四路瓦斯光学探头。仪表内部包含有五大模块：光源控制模块、光电转换模块、信号调理模块、采集处理模块和控制输出模块。它实现对从瓦斯探头返回的光信号的转换和处理，计算出相应通道的瓦斯浓度值并显示，还可以通过通信接口将检测结果数据传送给城市轨道交通地下车站站台综合监控室上位机。当某个通道或者多通道出现瓦斯浓度超标或突发增高时，该检测仪可以输出报警信号和开关量控制信号，以便控制区间隧道风机运行（图10-72）。

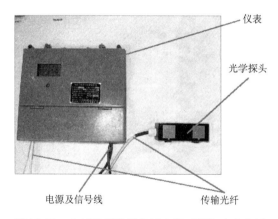

图 10-72 光纤瓦斯检测仪及光学瓦斯探头实物图

2) 光纤瓦斯传感检测仪的主要技术指标如下：

①测量范围：$0 \sim 40\%$ CH_4 或 $0 \sim 100\%$ CH_4。

②测量误差：$0 \sim 1\%$ CH_4，$\leqslant \pm 0.1\%$ CH_4；

$1\% \sim 2\%$ $CH_4 \leqslant \pm 0.2\%$ CH_4；

$2\% \sim 4\%$ $CH_4 \leqslant \pm 0.3\%$ CH_4；

$4\% \sim 40\%$ CH_4 或 $>4\% \sim 100\%$ CH_4（误差符合国家规定）。

③工作电流：$\leqslant 300mA$。

④工作电压：$DC\ 9 \sim 24V$。

⑤响应时间：单通道测量$\leqslant 5s$；多通道测量$6 \sim 10s$。

⑥工作环境：温度：$\sim 40 \sim 120\mathrm{℃}$；相对湿度：$\leqslant 98\%$；大气压力：$(80 \sim 116)\ kPa$；

风速：不大于 8m/s。

⑦输出信号：200～1000Hz 50%脉宽脉冲频率量；或与外部通过 RS485 协议进行通信。

⑧调校周期：≥6 个月，基本免调校。

⑨使用寿命：5 年。

（3）检测仪的供电源及与外部通信部分

检测仪的供电源及与外部通信部分主要由检测仪表的供电源、检测仪表与外部通信两部分组成。

1）检测仪表的供电源

该瓦斯光纤检测报警仪表工作时需要外部提供电源。一台检测仪表工作的供电源指标为工作电流：≤300mA；工作电压：DC 9～24V。

2）检测仪表与外部的通信

瓦斯光纤检测报警仪自带检测结果的显示功能，能扫描切换显示一个通道的浓度值等信息。除了可显示外，还可以通过通信接口和通信协议将检测结果数据传送给城市轨道交通地下车站综合监控室上位机。当某个通道或者多通道出现瓦斯浓度超标或突发增高时，该检测仪可以输出报警信号和开关量控制信号，以便控制区间风机运行。

该瓦斯光纤检测报警仪的输出信号为：

①200～1000Hz 50%脉宽脉冲频率量；

②与外部设备通过 RS485 协议原理进行通信。

依据 RS485 原理，仪表通过 RS485 接口与外部上位机组成半双工网络，通过两根连线与外部传输通信。抗噪声干扰性好、传输距离长（可达数百千米）、传输速率高（最高传输速率为 10Mbps），但传输速率与传输距离成反比。

总之，单台瓦斯光纤检测报警仪通过屏蔽四芯绞线（两根电源供电线，其余两根为 RS485 通信线）配备通用航空插头与外部设备连接。

10.8　施工期间降低隧道内有害气体浓度通风建议方案

根据《铁路瓦斯隧道技术规范》（TB 10120—2002）第 7 章施工通风规定："7.1.1 在隧道的施工组织中，应编制全线隧道和各工区的施工通风设计，并考虑各工区贯通后的风流调整"；"7.1.2 隧道施工期间，应建立瓦斯通风监控、检测的组织系统，测定气象参数、瓦斯浓度、风速、风量等参数。低瓦斯工区可采用便携式瓦斯检测仪。"以上要求为隧道土建施工阶段需要遵守的规定。

10.8.1　目前含有害气体隧道土建施工通风技术介绍

1. 压入式通风

压入式通风的优点是有效射程大，冲淡、排出有害气体的效果好；工作面的污浊空气沿隧道流出，沿途带走隧道内的瓦斯、粉尘及施工机械尾气，对改善工作面环境、降低工作面瓦斯浓度更有利。压入式通风的缺点主要在于长距离掘进排出有害气体需要的风量大，通风排烟时间较长，回风流污染整条隧道。根据绝大多数隧道无轨运输施工特点，采用压入式通风可以使工作面的污染度最小，通风机不需经常移动，且压入式的有效射程比吸入式的有效吸程大得多，利于工作面设备布置和作业，管理上也方便，因而更宜机械化作业。故独头掘进长度小于2km的瓦斯隧道多采用压入式通风（图10-73）。

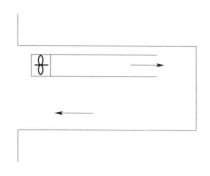

图10-73　压入式通风示意图

2. 抽出式（压出式）通风

抽出式（压出式）通风的优点是：在有效吸程内排出有害气体和炮烟效果好，所需风量小，回风流不污染隧道，适于采用有轨运输的隧道施工通风。

抽出式（压出式）通风的缺点是：有效吸程很短，只有当风管管口离工作面很近时才能达到通风效果，往往造成工作面设备布置困难，通风设备有被爆破飞石损坏的可能（图10-74、图10-75）。

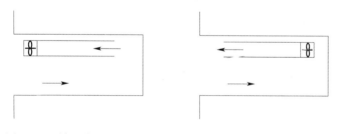

图10-74　抽出式通风示意图　　图10-75　压出式通风示意图

3. 混合式通风

混合式通风系统如图10-76所示。抽出式（在柔性风管系统中作压出式布置）风机的功率较大，是主风机；压入式风机是辅助风机。

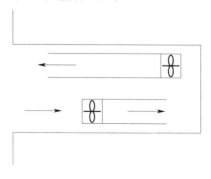

图10-76　混合式通风示意图

混合式通风系统中压入风机的送风长度相对较短，需要的风量也较主风机系统小，有时可用压气引射器代替。

混合式通风的优点在于这种方式综合了压入式通风和抽出式通风两种方式的优点，利用压入式风机有效射程长的特点，把有害气体、炮烟及废气等搅混、稀释并排离工作面，再由抽出式（压出式）风机吸走，适合于大断面、长距离隧道通风，在机械化作业时更为有利。

混合式通风的缺点是必须保证两台风机同时运转，通风系统较复杂，可靠性差，不便于管理，且运行成本高。

目前，混合式通风在煤矿系统中应用较多，在公路隧道和铁路隧道中也有一定应用，如圆梁山隧道等瓦斯隧道施工过程中曾阶段性采用过混合式通风。

4. 巷道式通风

巷道式通风适用于设有平导的长隧道或左、右线分离的平行隧道，尤其适于瓦斯隧道，特别是高瓦斯隧道施工通风。正洞和平导前面的独头掘进隧道，可以采用局部的风管式通风（图10-77）。

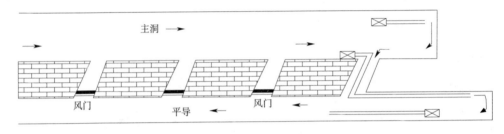

图 10-77 巷道式通风示意图

早期隧道施工中，巷道式通风局限于传统的矿山巷道式通风，即压入式风机安装在进风隧道内，污染空气沿平导或另一条平行隧道排出。南昆线家竹箐隧道即采用这种通风方式，成功解决了高瓦斯隧道通风的难题。

5. 射流风机通风

华蓥山隧道施工通风中引入射流风机，摒弃了传统的采用大功率主风机向洞内输送新鲜空气的通风方式，利用先进的射流技术推动洞内外空气的交换，把洞口到射流风机的区段变为真正意义上的巷道式通风（进风道为新鲜风流），在射流风机到掘进面之间实现单一的压入式通风（轴流风机置于新鲜风带中）。

射流巷道式通风充分发挥了巷道式通风的优势，具有通风效果好、能耗低、现场操作简单、可靠性高等优势，是长大高瓦斯隧道（双线隧道或有平导的长大隧道）最适合的施工通风方式，在近几年瓦斯隧道建设中得到大量推广应用，如都汶高速公路紫坪铺隧道、龙溪隧道，垫邻高速公路明月山隧道 、铜锣山隧道以及忠垫高速公路谭家寨隧道等均采用此种施工通风方式，取得了显著的防治瓦斯的效果。

10.8.2 目前瓦斯隧道土建施工中瓦斯局部积聚处理

国内外的煤矿、隧道有害气体爆炸事故分析表明，约一半以上的爆炸事故是由于局部有害气体积聚发生的。因此，预防和处理局部有害气体积聚是高瓦斯隧道通风的一项重要工作。

有害气体积聚一般是由于隧道里风速偏低或隧顶有有害气体涌出源煤线或生烃岩层引起的。为了及时发现和消除隧道有害气体局部积聚,要加强对可能出现有害气体积聚地区的甲烷浓度测量。通常,在隧道断面形状突变处、横通道处、洞壁不平齐处等处易聚集有害气体。

在瓦斯隧道施工中可有如下防止瓦斯积聚的主要措施:

(1) 提高光面爆破效果,使隧道壁面尽量平整,既可减少有害气体积聚空间,又可减小通风阻力,达到通风气流顺畅。

(2) 及时喷混凝土封堵岩壁的裂隙和残存的炮眼,减少有害气体渗入隧道。

(3) 增大风速,减少有害气体积聚可能。

(4) 向有害气体积聚部位送风驱散有害气体。

10.8.3 区间隧道设备安装期建议方案

城市轨道交通区间隧道贯通后的设备安装期,由于通风等系统设备没有安装到位无法运转对隧道通风,同时列车没有运行,不能产生活塞风对隧道通风换气,而此时城市轨道交通正处在设备安装期间,区间隧道内有工作人员作业容易产生火花。一旦有害气体渗入区间隧道,就会在局部聚集,当有害气体浓度达到危险值,同时满足爆炸的三个基本要求时,就会发生爆炸,对区间隧道内施工人员安全造成威胁。

由于有害气体的密度很小,浓度不高,可认为其基本是被动扩散的。按照《铁路瓦斯隧道技术规范》(TB 10120—2002) 第 7.2.7 条:瓦斯隧道施工中防止瓦斯积聚的风速不宜小于 1m/s 的规定,保证在城市轨道交通在隧道贯通后的设备安装期间,应加强区间隧道内部有害气体浓度的实时监测,可采用人工监测的方式;同时在施工隧道两端或含有害气体地层范围内设置移动式的通风设备,建议设置射流风机,根据有害气体浓度,定期对隧道进行纵向通风,保证隧道内风速不小于 1m/s(图 10-78)。

图 10-78 移动式隧道射流风机图

10.9 主要结论及建议

本研究分析是以杭州地铁1号线工程为依托，以勘察过程中遭遇的地下含浅层有害气体地层为研究对象，围绕城市轨道交通运营期如何应对渗入城市轨道交通工程内部的有害气体，采用广泛了解相关信息情况、理论分析与数值计算、数值模拟计算等研究方法和手段，对有害气体基本物理特性、工程性状及其对城市轨道交通工程建成后运营期的影响进行较为系统的研究，并就在含有害气体地层内的城市轨道交通运营期的灾害模式和防治对策进行探讨，提出主要结论及建议如下：

（1）杭州地铁1号线所遇到的有害气体气藏为浅层气藏，杭州所处的特殊地理位置和气候条件使得该地区地质形成了许多超浅层气藏。气藏属常压气藏，埋深较浅、厚度不等且分布不均。气体属典型的生物成因气，主要成分为甲烷，气体压力在0.2~0.4MPa之间。

（2）对有害气体（甲烷）在隧道内的灾变机理进行研究。瓦斯爆炸会产生火焰锋面、冲击波和隧道内空气成分改变三种危害；瓦斯的爆炸需要一定的瓦斯浓度、一定温度的引燃火源、足够的氧气含量这三个条件，引入Coward爆炸三角，得出瓦斯爆炸范围随着混合气体氧浓度的降低而缩小，氧含量低于12%时，混合气体即失去爆炸性。

（3）针对城市轨道交通区间隧道在不同工况下的渗水和渗气量进行计算分析表明，隧道盾构管片选用P10的防水混凝土，在严格保证施工质量的前提下，盾构区间隧道管片混凝土渗气系数小于10~11cm/s的量级时，渗入隧道内的有害气体浓度在静态条件下一般都能够满足安全浓度不超过0.5%的要求，只有在隧道全断面埋入气藏，且气藏绝对压力达到400kPa及以上压力时，有害气体浓度才可能出现超限情况。建议对隧道盾构管片的加工、生产质量、管片自身的自防水和防渗气量加强控制，管片加工时应明确防水和防渗气指标，渗气系数量级需要小于10~11cm/s。管片的自防渗和管片间的密封材料的质量是隧道防渗漏、控制进入隧道内有害气体浓度的最关键环节。

（4）采用一维数值模拟（STESS网络法模拟）分析法和三维数值模拟（CFD场模拟）分析法，建立模型，分析计算渗入隧道的有害气体在城市轨道交通区间隧道内的分布、聚集特性及城市轨道交通列车运行产生的活塞风对其分布的影响。以10.4节中有害气体的产气量为边界条件，计算出杭州地铁1号线区间隧道在1.5h不通风时，有害气体浓度小于0.5%的允许上限值；在不开排热风机时，列车运行对数大于6对时有害气体浓度小于0.5%的允许上限值。以杭州地铁1号线湘胡站~滨康路站区间为例，进行了较为详细的一维和三维数值模拟计算，得出：在杭州地铁1号线运营时段，不需对区间隧道进行机械通风，仅依靠列车运行形成的活塞风换气即可满足安全要求；在杭州地铁1号线停运时段，需要定期对区间隧道进行机械通风的结论。针对其他城市轨道交通建设和运营的实际情况，可以按照本分析所遵循的原则和程序，进行具体的分析研究，并得出相应的研究结论，作为采取技术措施的前提和依据。

（5）根据10.4节和10.5节的分析计算结论：建议在含有害气体地层的城市轨道交通区间隧道内部设置长期监测有害气体浓度的监测系统，该系统能够在有害气体浓度超标时进行报警，同时通过综合监控系统联动相关系统，从而达到有效降低气体浓度，达到安全运营的目的；在城市轨道交通的地下车站内，可以通过设置移动式（手持式）有害气体监测仪，定期监测实现对地下车站有害气体浓度监测的目的。

对目前国际、国内瓦斯隧道采用的有害气体监测系统、生产厂家及设备的信息情况进行了初步的了解和对比分析，对采用较广泛的载体催化燃烧式有害气体检测技术和光学有害气体检测技术的技术原理、技术特点、技术参数、应用现状等几个方面进行了分析介绍。引入"全寿命周期"概念，对有害气体监测系统进行了性价比分析，最终推荐光纤光栅有害气体监测系统为杭州地铁1号线工程上的实施方案。

（6）以杭州地铁1号线湘湖站~滨康路站区间为例，对光纤光栅有害气体监测系统的设计方案及相关系统接口进行了详细介绍，可以作为城市轨道交通工程项目遇到类似实际问题时所采取技术实施手段的具体参考。

（7）对城市轨道交通工程施工期，特别是区间隧道贯通后的设备安装期如何有效控制有害气体浓度，提出了建议方案。并提出了在城市轨道交通区间隧道设备安装期间设置移动式射流风机，保证隧道内风速不小于1m/s，防止有害气体聚集的基本技术标准参数。

第 11 章 城市轨道交通通风空调新技术相关设备

伴随着城市轨道交通通风空调系统多项新技术的出现与实际应用，与系统技术紧密呼应，对通风空调设备以及与通风空调系统紧密相关的设备都提出了发展和创新的要求，目前，在国内城市轨道交通工程领域，一批新的通风空调设备也相应研发成功，并在城市轨道交通工程项目中得以实际应用，经过城市轨道交通实际运营的检验，均取得了非常好的应用效果，达到了系统技术与产品预期的研发目标。下面针对其中具有典型代表意义的可电动开启式表冷器、可调通风型站台门和板管型蒸发冷凝式冷水机组等项产品和设备进行简单的介绍。

11.1 可电动开启式表冷器

11.1.1 简介

城市轨道交通通风空调多功能设备集成系统的应用非常有利于城市轨道交通通风空调系统的节能，而其与传统的城市轨道交通通风空调系统的不同之处之一便是在其系统构成中采用了可电动开启式表冷器这一崭新的设备，与原有的通风空调设备不同，可电动开启式表冷器的出现最初完全是为适应城市轨道交通通风空调系统技术的发展而研发的，最早是配合城市轨道交通地下车站不设置屏蔽门时的通风空调系统而采用的，并首先在北京地铁 5 号线得以实际应用，取得了非常好的技术效果和显著的经济效益，经过这些年的发展与研究，现在对于地下车站设置屏蔽门等城市轨道交通通风空调系统条件也具有了很好的适用性，并且还可以与传统的空调机组相结合，构造出崭新的节能型空调机组，从而使其适用面更加广泛，配合以合理的系统构成与系统运行模式，可以更好地发挥其节能特性。

可电动开启式表冷器有门式可电动开启表冷器和中立轴旋转式可电动开启表冷器两种类型。

11.1.2 门式可电动开启表冷器

1. 门式可电动开启表冷器的结构

门式可电动开启表冷器由箱体框架、表冷器门外框架、表冷器门体、开启机构、表冷器管路和挡水板等主要部分组成。

表冷器门体由两扇或若干扇模块式表冷器所构成，每扇表冷器门体上安装有多个较小体积的模块式表冷器，有利于设备的生产、运输与安装维护，表冷器门体安装在表冷器门外框架上。

表冷器管路中的进出水总管通过立水管和软管或者带有水封的轴承连接装置等连接到表冷器门体上的模块化表冷器上。

表冷器门外框架支撑表冷器门体，提供足够的强度和刚度（图11-1）。

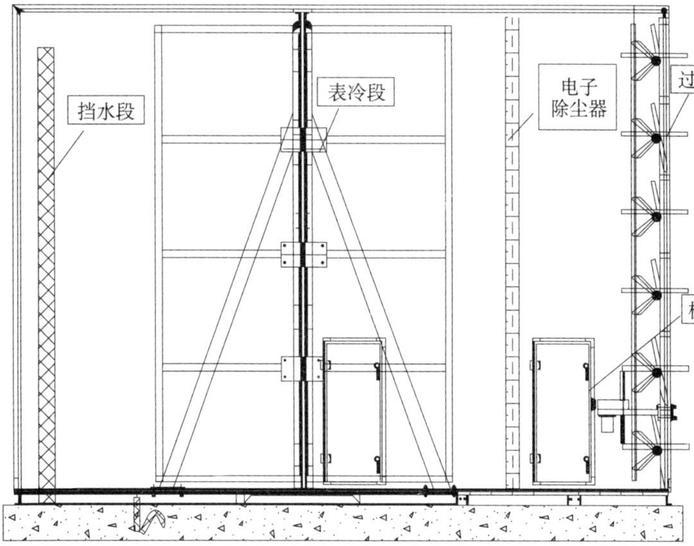

图11-1 门式可电动开启的电动表冷器空调机的正视图

开启机构对表冷器门体实施开启或关闭操作，并且可以实现表冷器的电动控制开启和人工手动开启两种操作功能（图11-2）。

图11-2 门式可电动开启的表冷器设备的开启结构

挡水板可以集中设置，也可以分散开与表冷器门体结合设置。

2. 门式可电动开启表冷器的结构特性

门式可电动开启表冷器的表冷器门体可根据城市轨道交通自动监控系统和火灾监控的指令要求，围绕门轴转动，实现开启或者关闭，也可根据需要，由人工实施开启或者关闭。

表冷器开启或者关闭运动时，表冷器管路内的水量不发生变化，也就是表冷器水管路在实际使用中需要实现带载动作。

3. 门式可电动开启表冷器的运用特性

在空调季节，表冷器门体处于关闭状态，对进入机组设备的气流进行冷却处理。

在过渡季节和冬季，表冷器门体需要处于打开状态，进入机组设备的气流不再垂直经过表冷器面板，而是直接经由表冷器箱体内的空腔部分进入室内，减小表冷器机组的阻力，实现运行节能。

在发生火灾事故时，表冷器所在的通风空调系统参与实施火灾排烟时，电动控制将表冷器沿轴向旋转打开，处于开启状态。

门式可电动开启表冷器在实施电动开启或者关闭时，完成从关闭到开启的整个行程，所需要的时间严格控制在不超过30s。

11.1.3 中立轴旋转式可电动开启表冷器

1. 中立轴旋转式可电动开启表冷器的结构

中立轴旋转式可电动开启表冷器由箱体框架、表冷器门外框架、表冷器旋转门体、开启机构、表冷器管路和挡水板等主要部分组成。

表冷器旋转门体为若干扇模块式表冷器所构成，每扇表冷器旋转门体上安装有多个较小体积的模块式表冷器，有利于设备的生产、运输与安装维护，表冷器门体的水平方向中部设有转动立轴，该立轴安装在表冷器门外框架上，可以独立设置，也可以与表冷器的进出水立管结合设置。转动立轴可以带动表冷器门体旋转动作。

表冷器管路中的进出水总管通过立水管和软管或者带有水封的轴承连接装置等连接到表冷器门体上的模块化表冷器上。

表冷器门外框架支撑表冷器门体，提供足够的强度和刚性。

开启机构对表冷器门体实施开启或关闭操作，并且可以实现电动控制开启和人工手动开启两种操作功能。

挡水板可以集中设置，也可以分散开与表冷器门体结合设置。

2. 中立轴旋转式可电动开启表冷器的结构特性

中立轴旋转式可电动开启表冷器的表冷器门体可根据城市轨道交通自动监控系统和火灾监控的指令要求，围绕中立轴旋转动作，实现开启或者关闭，也可根据需要，由人工实施开启或者关闭。

表冷器旋转开启或者关闭运动时，表冷器管路内的水量不发生变化，也就是表冷器水管路在实际使用中需要实现带载动作。

3. 表冷器的运用特性

在空调季节，表冷器门体处于关闭状态，对进入机组设备的气流进行冷却处理。

在过渡季节和冬季，表冷器门体需要处于打开状态，进入机组设备的气流不再垂直经过表冷器面板,而是直接经由表冷器箱体内的空腔部分进入室内,减小表冷器机组的阻力,实现运行节能。

在发生火灾事故时,表冷器所在的通风空调系统参与实施火灾排烟时,表冷器应电动控制沿轴向旋转打开,处于开启状态。

中立轴旋转式可电动开启表冷器在实施电动旋转开启或者关闭时,完成从关闭到开启的整个行程,所需要的时间严格控制在不超过30s(图11-3、图11-4)。

图11-3 可开启式表冷器外部照片

图11-4 可开启式表冷器内部照片(开启状态)

11.2 可调通风型站台门

11.2.1 概述

为积极响应国家节能减排的战略目标,根据城市轨道交通通风空调系统节能研究,对安装在城市轨道交通车站的站台边缘的传统意义上的屏蔽门和安全门以崭新的技术理念作为指导,进行了大量的创新性的研究,上海嘉成轨道安全保障系统有限公司作为上海高新企业的代表,并通过产学研相结合,率先在城市轨道交通行业中开展了屏蔽门/安全门转换技术产品研发工作,实现了通风空调系统与屏蔽门系统的有机衔接,并于2009年底初步试制成功行业内首创的城市轨道交通节能型屏蔽门转换样机。

2010年上半年对节能型屏蔽门的关键部件特别是风阀机构进行了进一步的优化。2010年6月底,"城市轨道交通新型屏蔽门技术综合应用研究"科研课题组特别邀请国内城市轨道交通行业和暖通空调行业的多位资深专家召开了专家咨询会。在咨询会上由行业内的专家共同商讨,将此种新设备命名为可调通风型站台门。随后,上海嘉成公司对与会专家提出的宝贵意见进行总结研究,再次对风阀结构进行了优化设计并生产出第二代风阀样机。2010年12月,上海嘉成公司委托上海建科院对可调通风型站台门系统进行了系统检测,检测内容包括:(1)风阀开启角度分别为30°、45°、90°时,风阀空气流量参数;(2)风阀开启角度分别为30°、45°、90°时,屏蔽门系统啸叫声测试;(3)风阀完全关闭时,风阀气密性测试。

在此基础上,又经过近一年的研发设计、样机试制、结构优化,上海嘉成公司现在试制的可调通风型站台门样机已经能够满足城市轨道交通屏蔽门系统工程设计的条件。目前,可调通风型站台门在上海地铁的云锦路车站已经安装完毕,并通过了项目验收。

11.2.2 可调通风型站台门系统构成

可调通风型站台门系统是由上海11号线屏蔽门系统(由上海嘉成公司设计生产安装)基础上优化设计而来的,上海11号线屏蔽门系统的所有设备经过工程验证表明是运行可靠、性能先进、结构简单、维修方便、质量稳定、外形美观的成熟产品。此外,系统的硬件和软件也充分考虑其可靠性、可维修性和可扩展性,并具备故障诊断、在线修改等功能,同时遵循模块化设计的原则。

可调通风型站台门系统主要由机械和电气两部分构成(图11-5、图11-6)。

11.2.3 机械系统

机械部分包括地槛、上部连接结构、前后盖板组件、门体结构、立柱组件、门机传动系统和风阀系统。

1. 地槛

地槛包括底部支承结构、与站台板连接的紧固螺栓、绝缘件以及踏步板。

底部支撑结构承受屏蔽门的重力荷载以及各工况下最大叠加荷载压力,包括乘客挤压力和振动等外界负荷。

11.2 可调通风型站台门

图 11-5　可调通风型站台门的模型图

图 11-6　可调通风型站台门的外观图

底部支撑结构组件与屏蔽门门体结构与土建结构的相关结构连接固定。屏蔽门安装所需的所有连接件和紧固件都采用防松设计。底部支撑结构组件采用机械性能不低于 Q235A 的钢结构，结构零件表面处理良好，热浸镀锌层厚度不小于 70μm，防腐处理能保证使用寿命 30 年。

地槛承受固定门长期的垂直荷载，同时能够承受乘客荷载（按 150kg，即 2 人计）。滑动下方部分门槛承受乘客荷载（按 300kg，即 4 人计），滑动门下部门槛结构中有滑动导槽，与滑动门配合滑动自如，并且便于清扫，不藏杂物与灰尘。门槛与滑动门导靴之间摩擦系数为 0.1，相对运动时无明显的摩擦噪声。

地槛由铝合金一次挤压成型加工而成，门槛面板采用不锈钢（304L）材料，同时表面采用蚀刻工艺做防滑处理，具有耐磨、防滑、美观、安装拆卸方便等优点。

地槛与站台的安装采用绝缘安装，可调通风型站台门门体结构对地绝缘值≥0.5MΩ（用500V兆欧表测试）。

2. 上部连接结构

上部连接结构包括上部连接件、与站台顶板连接的紧固螺栓、伸缩装置、绝缘件等。

上部连接结构与可调通风型站台门门体结构土建结构的相关结构连接固定。上部结构安装所需的所有连接件和紧固件都采用防松设计，采用机械性能不低于Q235A的钢结构，结构零件表面处理良好，热浸镀锌层厚度不小于70μm，防腐处理能保证使用寿命30年。

伸缩装置可实现x、y、z三个方向的自由调节，以吸收可调通风型站台门系统安装和土建施工产生的误差，采用机械性能不低于Q235A的钢结构，结构零件表面处理良好，热浸镀锌层厚度不小于70μm，防腐处理能保证使用寿命30年。

3. 门体结构

门体结构包括滑动门、滑动门门楣组件、固定门、固定门门楣组件等。

（1）滑动门

滑动门采用不锈钢矩形型材框架结构，外观美观大方实用。

滑动门玻璃采用8mm厚的钢化玻璃。玻璃边缘有装饰性边框，边框设有彩釉边。

滑动门设有手动解锁功能，工作人员可以在紧急情况下，用专用解锁钥匙打开滑动门。

滑动门关闭时可作为地下车站站台公共区与区间隧道区域的屏障；打开时，为乘客提供上、下列车的通道；也可作为在车站隧道区域发生火灾或故障时乘客的疏散通道。

滑动门关门受阻时，相关机构能感觉到有障碍物存在并释放关门力，并后退一定距离，门停顿片刻后再次关门，重复关门三次，门仍不能关闭，滑动门全开，门体停止待处理，并发出故障报警提醒工作人员。

滑动门在轨道侧设有手动解锁装置，如电源供应或控制系统故障门不能自动打开时，乘客可从轨道侧手动开门。手动开门把手旁设简单醒目的操作标示。

门体在最不利的荷载作用下，其任何一点的变形量不得大于15mm。

关门力不能超过150N。

滑动门能满足四级控制方式要求，即系统级控制、站台级控制、手动操作和火灾模式应急控制，手动操作优先级最高，其次是火灾模式应急控制，系统级控制最低。

系统级控制是由信号系统对可调通风型站台门进行开/关门控制，站台级控制由驾驶员或站务人员在站台就地控制盘上进行开/关操作，手动操作由站台人员在站台侧用钥匙或乘客在轨侧用开门把手进行操作。站台火灾时，在车站控制室IBP盘上用按钮能发出开门命令给可调通风型站台门系统。

滑动门在轨道侧设有开门把手，当系统级控制和站台级控制失败时，乘客可从轨侧用开门把手将门打开；滑动门在站台侧设钥匙孔，站台工作人员可用钥匙进行手动操作。开门把手设有明显的指示标识，具体形式由投标人提供方案，由招标人确认。

滑动门每扇门都设有锁紧装置。滑动门关闭后该锁紧装置与门机梁组件的门锁装置配合自锁，可防止外力作用将门打开。滑动门自动开启时，门锁装置能自动释放；手动开门时，开门把手和钥匙联动使锁紧装置释放。锁紧装置正常运行时可自动解锁。

滑动门与固定门间设有密封橡胶条组件。

滑动门锁闭信号和解锁状态信号应反馈到中央接口盘。

（2）固定门

固定门采用不锈钢矩形型材框架结构，外观美观大方实用。

固定门下部下横梁紧挨着固定门下部风阀组件。

固定门玻璃采用10mm厚的钢化玻璃。玻璃边缘有装饰性边框，边框设有彩釉边。

固定门与固定门门楣、左右立柱通过螺钉连接在一起，固定门与门楣组件通过销钉安装在一起。

（3）前后盖板组件

前后盖板组件的前盖板兼作车站导向指示牌和站台边缘导向灯带反射板，前盖板上的导向内容采用贴膜方式，以方便更换导向内容，贴膜经久耐用，贴上后不易脱落，且更换方便。

前后盖板组件的前盖板采用不锈钢，前盖板内外两侧表面采用三层涂氟碳喷涂，涂层厚度大于35μm，保证防腐蚀寿命达30年以上；顶箱后盖板采用发纹不锈钢材料，后盖板的防腐蚀寿命不得少于30年。

前后盖板组件上设置照明导向灯带，灯带结构有防尘功能。导向照明灯带沿站台边缘屏蔽门顶箱全长布置。

前盖板在解锁后可以打开，前盖板设有不小于70°开度并设置自动伸缩的支撑装置，方便维修，并确保足够的维修空间。

顶箱上标注有门单元编号的标识，标识美观大方、易于识别，并在屏蔽门寿命期内不磨损或脱落。

（4）门机传动系统

门机梁组件设置有门单元驱动机构、门锁装置、电机、导轨、线槽及顶梁等部件。

传动部件采用同步带传动方式传动，各种传动部件固定安装在门机梁顶梁上，通过电气控制系统控制滑动门的开关与闭合。

顶梁与左右立柱的上部通过螺栓与顶梁的滑槽结构连接在一起，滑槽设计可以方便门机梁组件的左右调整。

顶梁采用铝合金一次挤压成型加工而成，具有较高的直线度、表面粗糙度的优点，且不易变形。

（5）风阀系统

风阀系统包括固定门上部风阀组件、固定门下部风阀组件、滑动门上部风阀组件及风阀对应的百叶结构。

风阀的驱动工作原理：电机转动通过联轴器带动叶片轴转动，叶片轴通过平行四杆机构驱动其他叶片同时转动。风阀的开度分为：全闭状态、30°开度、45°开度、90°开度。并可以根据不同的要求进行转换。

1）上部风阀组件

上部风阀组件包括固定门上部风阀组件与滑动门风阀组件，每个组件包括风阀和百叶组件。其与可调通风型站台门系统上部连接结构通过相关连接机构紧固在一起。风阀下部设置有密封盖板组件，密封盖板组件的橡胶条紧贴门机梁顶梁，起到密封作用，如图11-7、图11-8所示。

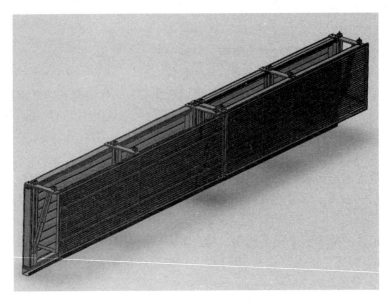

图 11-7　可调通风型站台门上部百叶模型图

图 11-8　可调通风型站台门上部百叶

固定门上部风阀组件与滑动门上部风阀组件具有相同的机械结构和电气传动机构，都是由风阀、百叶组件、风阀支架组成，如图 11-9 所示。

风阀由风阀支架、叶片、传动机构、电机以及相关组件组成。风阀通过顶部和侧面的连接螺栓与风阀支架可靠连接，如图 11-10 所示。

风阀叶片采用柳叶形叶片，叶片采用铝合金一次挤压成型工艺，并在叶片端部加装密封件形式，密封组件在叶片完全关闭时可以起到密封作用，如图 11-11 所示。

百叶叶片的设计为向上折弯的弧度设计，其目的为避免隧道风直接吹在旅客身上，避免乘客直接观察到门体内部的构造，给乘客美观、舒适的整体感觉，如图 11-12 所示。

图 11-9　可调通风型站台门上部百叶结构图（1）

图 11-10　可调通风型站台门上部百叶结构图（2）

2）固定门下部风阀组件

固定门下部风阀组件包含固定门下部风阀和百叶组件。其位于固定门下方，通过两侧的螺栓与可调通风型站台门的左右立柱相连。

固定门下部风阀组件的驱动机构采用与上部风阀组件相同的传动机构，如图 11-13、图 11-14 所示。

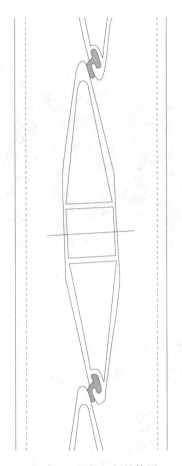

图 11-11　风阀细部结构图

图 11-12　风阀外观图

图 11-13 可调通风型站台门下部百叶模型图

图 11-14 可调通风型站台门下部百叶结构示意图

11.2.4 电气系统

电气系统包括可调通风型站台门控制系统、风阀控制系统和供电系统。

1. 可调通风型站台门控制系统

（1）可调通风型站台门控制子系统的构成

可调通风型站台门控制子系统由以下几个主要部分构成：单元控制器（PEDC）、就地控制盘（PSL）、门控单元（DCU）组、接口模块、通信介质（设备）及通信接口等设备。

每个车站的每侧站台的可调通风型站台门具有独立的一套逻辑控制单元，为一个相对独立的控制子系统。每个车站至少有一套远程状态监视系统（即远程监视设备）；每个车站内的可调通风型站台门系统内具有足够的与其他系统设备进行接口的接线端子、接口设备。每座车站的可调通风型站台门控制系统由两个控制子系统组成。每个车站的两个 PEDC 单元及 PEDC 与系统内其他设备、接线端子、接口设备、PEDC 的控制配电回路组合成中央接口盘（PSC）。每座车站均设置一个 PSC，PSC 内设置显示终端。

(2) 可调通风型站台门控制子系统的功能

1) 控制功能

可调通风型站台门控制系统具有系统级控制、站台级控制、手动操作和火灾模式应急控制这四级控制方式。四种控制方式中以手动操作优先级最高，其次为火灾模式应急控制，系统级最低。

①系统级控制

系统级控制是在正常运行模式下由信号系统直接对可调通风型站台门进行控制的方式。在系统级控制方式下，列车到站并停在允许的误差范围内时，信号系统向可调通风型站台门发送开/关门命令，控制命令经信号系统（SIG）发送至可调通风型站台门单元控制器，单元控制器通过 DCU 对门体进行实时控制，实现可调通风型站台门的系统级控制操作。

②站台级控制

站台级控制是由列车驾驶员或站务人员在站台 PSL 上对可调通风型站台门进行开/关门的控制方式。当系统级控制不能正常实现时，如 SIG 故障、单元控制器对 DCU 控制失败等故障状态下，列车驾驶员或站务人员可在 PSL 上进行开门、关门操作，实现可调通风型站台门的站台级控制操作。

③手动操作

手动操作是由站台人员或乘客对可调通风型站台门进行的操作。当控制系统电源故障或个别可调通风型站台门操作机构发生故障时，站台工作人员在站台侧用钥匙或乘客在轨道侧用开门把手打开可调通风型站台门。此时，单元控制器上的"ASD/EED 手动操作"状态指示灯点亮。

④IBP 火灾控制模式

可调通风型站台门系统在车站控制室设置综合备份盘（IBP），使得在应急状态下由专人通过 IBP 盘对可调通风型站台门的开门进行控制。所有连接采用硬线。IBP 上"应急控制"开关转到"IBP 操作允许"位置后，按下"开门"按钮后，全部 PSD 将打开。当乘客全部撤离后，PSD 由专人按"关门"按钮关闭 PSD。

在执行 IBP 的火灾应急功能时，信号系统与 PSL 对 PSD 的控制权被取消。

2) 监测功能

每侧可调通风型站台门单元中所有设备的状态信息均通过现场总线传送到每个可调通风型站台门控制子系统的 PEDC 上，可以从 PEDC 上查询到这些设备的当前状态。PEDC 将与运营相关的屏蔽门状态及故障信息通过电缆或光缆通道发送至综合监控系统，综合监控系统在车站控制室设备信息终端，可以实现可调通风型站台门相关状态的查询及故障报警，并可以利用可调通风型站台门系统传送的数据进行运营月报表生成、运营故障记录等。可调通风型站台门运行的关键状态及故障信息由与综合监控系统的接口通过光纤发送至控制中心服务器。

3）可调通风型站台门控制系统与综合监控系统的通信功能

可调通风型站台门控制系统能够通过单元控制器提供的接口与综合监控系统相联系，以便传送可调通风型站台门系统的故障信号至综合控制室，在综合监控系统中实现故障监视、故障位置查询及声光报警。

在紧急状况下对可调通风型站台门进行开门操作的功能是通过可调通风型站台门单元控制器的接口与综合监控系统应急备份盘（IBP）的硬线连接来实现的，通过操作 IBP 盘上的按钮实现对可调通风型站台门的控制。

（3）网络系统的组成

可调通风型站台门控制系统采用现场总线技术，按照控制系统向分散化、网络化、智能化发展的要求，把 DCU 组作为网络节点挂接在总线上、网络节点的设备，连接为网络集成式的全分布控制系统。现场总线传输速度、准确性高，能满足城市轨道交通运营对可调通风型站台门的工作要求，能通过网络上的 PEDC、DCU 等设备以实现对可调通风型站台门的基本控制、参数修改、报警、显示、监视等综合自动化功能，具备现场总线系统的开放性、可操作性与互用性、结构的高度分散性及对现场环境的适应性。

2. 风阀控制系统

风阀的控制可以分为远程控制模式、就地控制模式、紧急状态控制模式。

远程控制模式可以根据通风空调专业的不同信号进行风阀的相关位置动作；就地控制模式只接受手动信号控制；紧急状态控制模式能够快速关闭风阀。

还可以实时监控及上传风阀动作状态及位置信息实现智能控制。

（1）控制原理

通过调节电压的大小来控制风阀的开度，0V 对应风阀的开度为 0，即风阀处在全关状态，随着输入电压逐渐增大，风阀开度也逐渐增大直至风阀开度 100%，即风阀全开。风阀的开度位置还可以得到信号反馈值，当风阀全关时，输出电压；当风阀开度逐渐增大，输出电压值也逐渐增大直至风阀全开。因此，通过对电压的控制可以实现风阀任意的开度。

（2）控制方案

根据可调通风型站台门的特点及风阀安装的位置，可分为以下两种控制方式：

第一种方式为上部和下部分开控制的方式。即可调通风型站台门上部风阀为一组，下部风阀为另外一组，这两组之间控制没有直接关联。每组之间又可以分成几个小组，每个小组根据实际现场环境温度的需要可以独立开、关。

第二种方式为上部和下部共同控制的方式。即以可调通风型站台门本体为 1 个控制单元，包括上部的风阀和下部的风阀共同控制信号，各个控制单元也可以根据现场环境温度分组控制。

控制方案还可以沿列车运行方向的不均匀性要求而设计。

（3）远端控制方式

风阀的远端控制可以和可调通风型站台门控制系统集成在一起，通过 PSC 柜上的转换开关控制，也可以通过 PSC 柜上的触摸屏直接开关控制或者通过输入风阀的开度量控制风阀开度。还可以在车站控制室通过 PSA 工控机控制风阀的动作。

风阀的远端控制可以与车站的空调通风控制系统连接在一起，空调系统通过检测站台环境温度，自动控制风阀开或关，或者开度大小，实现根据季节变化给定温度自动调节的方案。

3. 供电系统

可调通风型站台门系统为一级负荷，车站低压配电系统将通过电源自动切换箱，提供两路三相 380V 电源。可调通风型站台门系统电源包括驱动电源、控制电源和照明灯带电源。电源设备以及电源自动切换箱设置在屏蔽门系统的设备室内。

可调通风型站台门系统电源 UPS 作为独立的一个系统进行配置，采用成熟、可靠的高品质产品，UPS 能实现在线、离线工作，正常工作状态为在线工作。本系统所有 UPS 采用国际知名品牌。每站屏蔽门设备房内每侧站台各设置一个照明配电箱，提供整个车站所有站台可调通风型站台门顶箱上导向照明灯带用电源。

11.2.5 可调通风型站台门的测试及结果

1. 测试装置

为了得到可调通风型站台门的风阀阻力系数以及风阀的漏风量、啸叫声等参数，对可调通风型站台门的样机进行了实际测试。测试参照《建筑外门窗气密、水密、抗风压性能分级及检测方法》GB/T 7106—2008 及《Ventilation for building terminals performance testing of louvres subject to simulated sand》EN 13181：2001 进行。

图 11-15 和图 11-16 是测试现场的样机外观图，为准确得到相应的样机参数。所进行的测试是对样机实物进行的测试。

图 11-15　测试现场样机外观图（一）

图 11-16　测试现场样机外观图（二）

可调通风型站台门，样品长约 8m，高约 3.6m，由两扇固定门和两扇移动门组成，固定门上下有高 560mm、宽 2496mm 的风阀（外侧有装饰百叶），百叶宽为 1~2mm，百叶开启角度可调，通风口内侧有风阀。图 11-17 ~ 图 11-22 是测试现场的样机照片以及样机和风阀的剖面图及平面图。这些图表示了风阀安装前后的照片和对比。样机采用的是电动开启的风阀，风阀的前面安装百叶，百叶主要起到遮挡风阀和美观的视觉效果的作用。

图 11-17　顶部框架现场照片

图 11-18　安装前风阀照片

图 11-19　风阀安装完成正面照片

为得到风阀在开启不同角度下的阻力系数，同时得到风阀产生啸叫声的风速标准，在测试现场对样机进行安装和密封，进行了漏风量和阻力测试。

2. 测试参数

（1）风阀的核心面积 A

由互不相关的风阀叶片组装起来的风阀的前面开口的最小高度与最小宽度的乘积，如图 11-23 所示。

11.2 可调通风型站台门

图 11-20 风阀安装完成背面照片

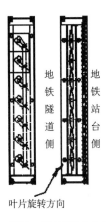

图 11-21 通风口风阀及百叶布置剖面图

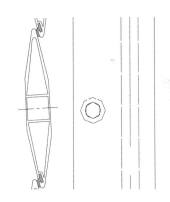

图 11-22 单个风阀与百叶叶片图

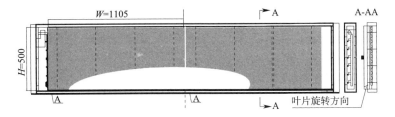

图 11-23 风阀核心面积图

(2) 实际空气流量 Q_v

风阀出口实际测量得到的空气流量。

(3) 空气密度 ρ

空气流量测量处的空气密度。

383

(4) 风阀的压降 P_d

在一定的风阀面风速下,空气流过风阀产生的压降。

(5) 理论空气流量 Q

空气流量为风阀的核心面积与空气流速的乘积,空气流速用通过风阀的压降作为速度压强来计算。

(6) 风阀的空气流量系数 C_E

在给定的通过风阀的压差下,用实际的空气流量除以理论的空气流量。

$$C_E = \frac{Q_V}{Q} = \frac{Q_V}{A \times \sqrt{\dfrac{2 \times P_d}{\rho}}}$$

3. 测试过程

(1) 风阀空气流量系数测试过程

1) 利用可调通风型站台门、木板及支撑结构模拟了地铁隧道内的通风情况,试验系统示意图如图 11-24 所示。

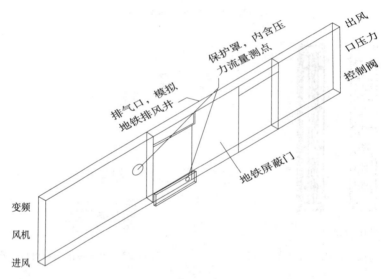

图 11-24 试验系统示意图

2) 由于样品高度太高,为保证试验所需的空气流量和压力,在测试中将搭建的箱体内部分割为上、中、下三个部分,上、下隔仓高度约为 650mm。

3) 通过变频风机和出口压力控制装置调节空气通道内的压力和流速。

4) 将可调通风型站台门的风阀调节到测试的角度(30°、45°、90°),测量通过风阀的进出口空气压差和空气流量。

图 11-25 ~ 图 11-27 分别是风阀开启角度为 30°、45°、90°时的现场图片。

(2) 可调通风型站台门啸叫测试过程

通过变频风机调节空气通道内的流速(5 ~ 17m/s),监听并记录是否有啸叫声。

(3) 风阀气密性测试过程

1) 取可调通风型站台门下部的一个风阀和开启门部分为测试对象。

2）测试系统附加渗漏量。

3）将可调通风型站台门开启门缝部分密封，关闭风阀进行测试。

图 11-25　风阀开启角度 30°

图 11-26　风阀开启角度 45°

图 11-27　风阀开启角度 90°

4. 测试结果

（1）空气流量系数测试结果

风阀开启角度30°时空气流量系数值　　　表 11-1

风阀压降 P_d (Pa)	风阀面风速 (m/s)	空气流量测量值 (m³/s)	理论空气流量 (m³/s)	流量系数 C_E
8	1	0.553	1.985	0.278
17	1.5	0.829	2.893	0.286
25	1.8	0.995	3.508	0.283
40	2.3	1.271	4.438	0.286
51	2.6	1.437	5.011	0.287
平均 C_E				0.284

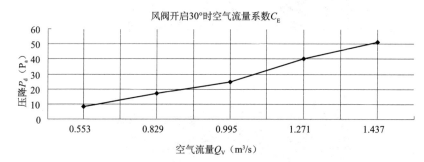

图 11-28　风阀开启角度30°时空气流量系数曲线

风阀开启角度45°时空气流量系数值　　　表 11-2

风阀压降 P_d (Pa)	风阀面风速 (m/s)	空气流量测量值 (m³/s)	理论空气流量 (m³/s)	流量系数 C_E
8	1.6	0.884	1.985	0.445
14	2	1.105	2.625	0.421
21	2.5	1.381	3.215	0.430
30	3	1.658	3.843	0.431
40	3.5	1.934	4.438	0.436
平均 C_E				0.433

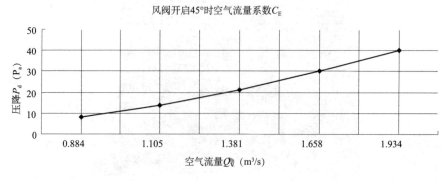

图 11-29　风阀开启角度45°时空气流量系数曲线

风阀开启角度90°时空气流量系数值　　　　　　　表 11-3

风阀压降 P_d (Pa)	风阀面风速 (m/s)	空气流量测量值 (m³/s)	理论空气流量 (m³/s)	流量系数 C_E
8	2.8	1.547	1.985	0.779
10	3.2	1.768	2.219	0.797
13	3.6	1.989	2.530	0.786
16	4.1	2.265	2.807	0.807
22	4.8	2.652	3.291	0.806
平均 C_E				0.792

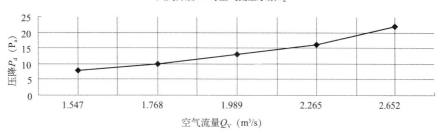

图 11-30　风阀开启角度90°时空气流量系数曲线

表 11-1 至表 11-3 为风阀开启角度分别是 30°、45°、90°时的空气流量系数表，图 11-28～图 11-30 为风阀开启角度分别是 30°、45°、90°时的空气流量曲线。当风阀开度为 30°时，空气流量系数 C_E 均值为 0.284；当风阀开度为 45°时，空气流量系数 C_E 均值为 0.433；当风阀开度为 90°时，空气流量系数 C_E 均值为 0.792。

（2）风阀气密性试验结果

风阀气密性试验值　　　　　　　表 11-4

	正压 500Pa（通道内高压）	负压 500Pa（通道内低压）
附加渗透量（m³/h）	214	223
总渗透量（m³/h）	256	315
净渗透量（m³/h）	42	92
样品面积（m²）	1.3978	
单位面积渗透量 [m³/(m²·h)]	30	66

从表 11-4 可以得到，风阀的漏风量在正压 500Pa 时，为 30m³/(m²·h)，在负压 500Pa 时，为 66m³/(m²·h)。满足风量调节阀的密封性要求。因此该风阀能够作为可调通风型站台门的转换机构，满足在关闭状态下对密封性的要求。

（3）可调通风型站台门啸叫声试验结果

风阀分别开启 30°、45°、90°时，通道内风速从 5m/s 增加到 17m/s，没有听到啸叫声。

而列车在城市轨道交通区间隧道内运行时，活塞风的最大风速不超过 12m/s，所以列车的活塞风不会引起该风阀的啸叫声。从而避免了风阀啸叫声的发生。也就是说在列车正常运行情况下,可调通风型站台门的风阀都不会产生啸叫声。

11.3 板管型蒸发冷凝式冷水机组

城市轨道交通蒸发冷凝式通风空调系统的冷源系统构成中的关键设备是蒸发冷凝式冷水机组设备,而且,与一般建筑工程上的应用不同,蒸发冷凝式冷水机组设备应用于城市轨道交通工程上进行了很多与实际相适应的改进和变换,具有了新的特点。目前在城市轨道交通工程项目上已经投入实际使用,并且还存在巨大应用潜力的是蒸发冷凝式冷水机组设备中的一种,即板管型蒸发冷凝式冷水机组设备,因此,这里需要对板管型蒸发式冷凝技术进行具体的介绍。

11.3.1 板管型蒸发式冷凝技术

板管型蒸发式冷凝技术在结构形式上也依然是将水冷冷凝器和冷却塔合二为一,省略冷却水从冷凝器到冷却塔的传递阶段;充分利用水的蒸发潜热冷却工艺流体,用水量仅相当于水冷式冷凝器的50%(图11-31);

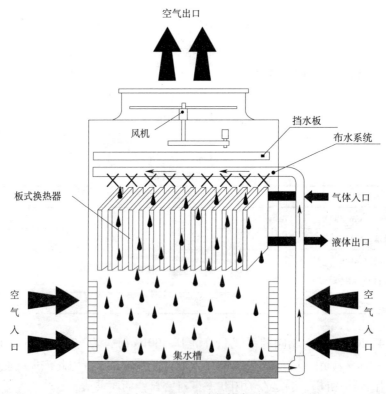

图 11-31 蒸发式冷凝技术原理

11.3.2 板管型蒸发冷凝式冷水机组工作原理

板管型蒸发冷凝式冷水机组是以水和空气作冷却介质,利用水的蒸发带走气态制冷剂的冷凝热。

工作时冷却水由水泵送至冷凝管组上部喷嘴,均匀地喷淋在冷凝排管外表面,形成一层很薄的水膜,高温气态制冷剂由冷凝排管组上部进入,被管外的冷却水吸收热量冷凝成液体从下部流出,吸收热量的水一部分蒸发为水蒸气,其余落在下部集水盘内,供水泵循环使用,风机强迫空气以 3~5m/s 的速度掠过冷凝排管促使水膜蒸发;强化冷凝管外放热,并使吸热后的水滴在下落的进程中被空气冷却,蒸发的水蒸气随空气被风机排出,未被蒸发的水滴被挡水板阻挡住落回水盘。

水盘中设浮球阀,自动补充冷却水量。

11.3.3 板管型蒸发冷凝式冷水机组的特点

板管型蒸发冷凝式冷水机组标准工况下整机能效比达 4.4~4.8,明显优于冷水机组能源效率国家最新等级指标 I 级($COP=3.40$)水平,比冷水机组节能 20% 以上,更比一般风冷机组节能 35% 以上。

无需配置冷却水塔和大功率冷却水泵,冷凝风机、水泵的配电动力及工程的初投资明显降低。

完全杜绝了冷却塔存在的"飞水"现象,与使用冷却塔的水冷机组相比,可实现节水率 50% 以上。

能量调节范围广。根据空调冷负荷的实际需求,机组制冷量能够在 0、50%、75%、100% 范围内分级能量调节,若有特殊要求,也可在 15%~100% 范围内实现无级调节(图 11-32)。

图 11-32 蒸发式冷凝机组现场安装图

第12章 城市轨道交通通风空调新技术应用运营案例及实效

本书所介绍的城市轨道交通通风空调新技术全部是结合城市轨道交通实际工程的发展和解决已存在的突出问题等需要所研发和创新的，其中的很多项新技术已经在城市轨道交通工程中得以实际应用，取得了非常好的运营实效，并经相关的责任部门与单位进行了详细的测试与对比分析，在此将其中的一些新技术的实际应用情况和运行效果进行介绍。

12.1 暗挖车站新型通风空调系统

适合暗挖施工形式的城市轨道交通地下车站的新型通风空调系统技术，可以减少土建等建造费用，并降低系统的运营能耗，广州地铁2号线的江南西站的地下车站主体全部采用暗挖工法施工，经过大量的研究和论证，在江南西站通风空调系统的设计中，首次应用了暗挖车站新型通风空调系统技术，即将空气—水空调系统经按照符合城市轨道交通工程特点和规律需求进行调整和创新后应用为地下车站公共区的通风空调系统。下面将这一系统在实际应用中的详细布置情况，以及系统实际运行过程的效果测试情况进行介绍。

12.1.1 江南西站基本情况

1. 工程概况

广州市地铁2号线首期工程全程约23.245km，设20个车站。江南西站编号为209，车站有效站台中心里程为YDK10+490，位于江南大道下方，南临海珠涌，呈南北走向。车站总长度为180.7m，标准段线间距为28.20m，为两端盖挖，车站主体暗挖岛式地下车站，北端盾构出井。车站南端风亭设于南海石油大厦前，北端风亭设于江南大厦东侧、供电局汽修厂前的台地处，中风亭设于南油大厦与南丰商场间的小道路处（附图1）。

2. 江南西站主要组成部分

江南西站建筑物主要由三部分组成：车站主体，车站中风道及中风井、风亭，南北风道、风亭及出入口。

车站主体：包括车站主体隧道、南北站厅结构及斜隧道。其中主体隧道为双洞马蹄形结构，采用暗挖法施工；南北站厅结构为地下四层双跨矩形框架结构，采用盖挖顺作法施工；斜隧道为单洞马蹄形结构，采用暗挖法施工。另外，两主体隧道与斜隧道之间设有横向联系通道，为单洞矩形结构，采用暗挖法施工。

车站中风道及中风井、风亭：中风道隧道位于车站中部，横跨车站主体隧道，为单洞三层马蹄形结构，采用暗挖法施工；中风井位于中风道西端的空地上，为圆形结构，采用倒挂井壁明挖法施工，此风井兼作中风道及主体隧道的施工竖井。设中风亭两个。

南北风道、风亭及出入口结构：南风道由南站厅地下二层接出，北风道设在北站厅主体结构内；本车站共设有5个出入口，均为单层单跨框架结构，采用明挖法施工；车站的南、北风道各设风亭1个。

3. 江南西站建筑构成的特点

江南西站的车站主体的各层平面图及风道纵剖面、车站横剖面图如附图2~附图6所示。

主体部分可以分为三层：地下一层为南北两个端头厅（附图2），这两个端头厅的面积都较小，这是由于施工场地的限制决定的；地下二层为南北两个设备层（附图3），位于端头厅下方，通过竖向楼梯与端头厅层和站台层相连，该层面积与站厅层相同，主要由通风空调机房以及风道构成，另有少量设备及管理用房；地下三层为站台层（附图4），由两端的矩形盖挖区域和中间的两条暗挖隧道构成，两端的矩形区域设置变电所等附属房间，两条暗挖隧道内布置列车轨行区和站台公共区。

附图5为车站风道的纵剖面图从纵剖面图可以看到风道设备之间的相对位置关系。附图6为车站主体的横剖面，从横剖面可以看到车站设备布置的位置。

12.1.2 江南西站公共区通风空调系统分析

1. 概述

（1）工程概况

江南西站北端根据区间隧道通风系统要求设有区间隧道通风设备，南端在区间隧道距车站端部约200m处设有区间隧道通风设备，车站公共区和设备及管理用房区根据运营和工艺要求设有通风空调和防排烟系统。

（2）设计依据

《广州市地下铁道2号线首期工程可行性研究报告》（报批稿）1998.10；
《广州地铁2号线首期工程初步设计技术要求》（试行稿）1999.8；
《广州市地下铁道2号线首期工程总体设计》（送审稿）1999.8；
广州地铁2号线江南西站站初步设计合同；
业主和总体部提供的其他有关文件。

（3）设计规范、标准

《地铁设计规范》（GB 50157—2003）；
《民用建筑供暖通风与空气调节设计规范》（GB 50736—2012）；
《声环境质量标准》（GB 3096—2008）；
《建筑设计防火规范》（GB 50016—2006）；
《高层民用建筑设计防火规范》（GB 50045—1995）；
《工业企业设计卫生标准》（GBZ 1—2010）；
《暖通空调制图标准》（GB/T 50114—2010）。

（4）设计范围及与其他系统的接口

1）设计范围

①区间隧道通风系统

根据区间隧道通风系统的要求，在江南西站两端布置相应的区间隧道通风设施，区间隧道通风设施由区间隧道通风机、活塞通风道、活塞风阀、机械通风道以及与区间隧道通风机相配合的风阀、消声器等构成。

②车站公共区通风空调和防排烟系统

根据广州地铁 2 号线运营环境的要求，在江南西站的站厅、站台的公共区部分设置通风空调和防排烟系统，正常运行时为乘客提供过渡性舒适环境，事故状态时迅速组织通风和排除烟气。

③车站管理及设备用房的通风空调和防排烟系统

根据广州地铁 2 号线设备及管理用房的工艺要求和运营管理要求，江南西站设置了设备及管理用房通风空调和防排烟系统，正常运行时为运营管理人员提供舒适的工作环境和为设备正常工作提供必需的运行环境，事故状态时迅速组织通风和排除烟气。

2）与其他系统的接口

①与区间隧道通风系统的接口

区间隧道通风系统负责提供其在江南西站所要求的系统设备配置情况以及有关布置要求，并在通风空调系统设计单位的指导下完成通风空调系统设备在江南西站的布置，区间隧道通风系统的工艺设计由通风空调系统设计单位统一完成。

②与集中供冷系统的接口

广州地铁 2 号线全线设置了若干座集中供冷冷站，负责为全线的所有地下车站的通风空调系统提供空调冷源，因此，江南西站仅负责提供最终的车站大系统设计冷负荷需求、协调集中供冷管线过站和提供江南西站冷冻水支管所要求的系统压力，并根据集中供冷系统要求设置相应的调节阀门，集中供冷系统负责提供江南西站冷冻水系统的所有相关资料。

（5）主要设计参数及标准

1）室外空气计算参数

空调室外空气计算干球温度：32.5℃；

空调室外空气计算湿球温度：26.9℃；

夏季通风室外空气计算温度：31.0℃；

冬季通风室外空气计算温度：13.0℃。

2）车站内空调负荷计算标准

①车站内公共区设计参数

站厅、集散厅空气标准：干球温度：29℃，相对湿度：45%～65%。

站台空气标准：干球温度：27℃，相对湿度：45%～65%。

出入口通道空气标准（超过 30m 时）：干球温度为 30℃。

②设备及管理用房设计参数按照《广州地铁 2 号线工程初步设计技术要求》执行。

3）人员新风量标准

站厅、站台：空调季节≥12.6m^3/人·h；非空调季节≥30m^3/人·h。

设备及管理用房：≥30m^3/人·h。

4）空调送风温差

站厅：$\Delta T \approx 9$℃；

站台：$\Delta T \approx 7$℃。

5）车站空气品质标准

二氧化碳浓度：<1‰。

含尘浓度：<0.5mg/m³。

6）风速

区间隧道夜间冷却通风风速：≥2.0m/s；

区间隧道内事故风速：≥2.0m/s；

钢制风管最大排烟风速：≤20m/s；

钢制风管主风管风速：≤8m/s；

钢制风管分支风管风速：5~6m/s；

混凝土风道最大排烟风速：≤15m/s；

混凝土风道风速：≤6m/s；

自然引风道风速：1~3m/s；

风亭百叶迎面风速：3~4m/s（百叶有效面积取70%）；

自然引风百叶迎面风速：1~3m/s（百叶有效面积取60%）；

消声器片间最大风速：≤12m/s；

方形风道的宽高比例：≤4：1。

7）噪声标准

①正常运行时

车站公共区：≤70dB（A）；

设备用房：≤70dB（A）；

通风及空调机房：≤90dB（A）；

工作室、休息室：≤60dB（A）；

地面风亭：符合《声环境质量标准》（GB 3096—2008）及《广州市环境噪声污染防治规定》（1994年5月通过）。

②事故运行时

事故区域：≤90dB（A）。

8）防排烟标准

①车站站厅、站台排烟量按防烟分区每分钟每平方米建筑面积1m³计算，排烟设备按同时排除两个防烟分区烟量配置。站台层发生火灾时，保证站台与站厅间的楼梯、扶梯口部向下的迎面风速不小于1.5m/s。

②超过20m的封闭内走道有排烟设施，排烟口距最不利排烟点不超过30m。

③地下建筑物超过两层或地下建筑总高度超过10m的防烟楼梯间设置加压送风系统。

④区间隧道风机要求在150℃条件下能连续有效工作1h，车站隧道排风机和车站大、小系统排烟设备要求在280℃条件下能连续有效工作30min。

⑤所选择的防排烟设备均需具备国家指定部门的检测合格证书及本地消防部门的准销证书。

9）其他有关计算参数

①人员散热量和散湿量

站厅（空气的设计干球温度29℃）：

显热量：39W；

潜热量：142W；

散湿量：212g/h。

站台（空气的设计干球温度27℃）：

显热量：52W；

潜热量：129W；

散湿量：193g/h。

出入口通道（空气的设计干球温度30℃）：

显热量：35W；

潜热量：147W；

散湿量：220g/h。

②设备散热量

照明：20W/m²；

广告牌：720W/台；

自动扶梯：按实际电机功率进行计算；

售票机：300W/台；

检票机：220W/台；

指示牌、导向牌：100W/块。

③结构壁面散湿量

车站侧墙、顶板、底板：1~2g/m²·h。

④渗透风对车站的影响

车站出入口的渗透风：200W/m²（断面面积计算）；

屏蔽门漏风量：10m³/s·站。

⑤空调通风计算人员数量（按乘客在车站停留时间折算）

车站公共区：

上车客流车站停留时间为4min，其中集散厅停留1.5min，站台停留2.5min。下车客流车站停留时间为3min，集散厅、站台各停留1.5min。

车站设备及管理用房：

车站设备及管理用房计算人员数量按房间表中"人员构成"数量，无人值班设备房按不少于2人计算。

(6) 设计原则

1) 地下车站通风空调系统按车站的站台设置屏蔽门系统设计。

2) 车站公共区通风空调系统采用集中冷站供冷，车站设备及管理用房通风空调系统冷源采用风冷式冷水机组。

3) 按远期2029年夏季晚高峰运营条件进行车站内空调负荷计算，按远期2029年夏季早高峰运营条件进行新风量核算。

4) 当出入口通道长度超过30m时，设置空调和空气幕；当长度超过60m时，设置通风排烟系统。

5) 地铁内发生火灾或事故时，通风空调系统为乘客和消防人员提供新鲜空气，迅速排除烟气、为乘客撤离现场创造条件。事故或火灾按区间隧道、站台、站厅同时只有一处发生考虑。

6）通风空调系统设备采用技术先进、可靠性高、节省空间、便于安装和维护、运行安全且高效低耗的国产化设备。

(7) 车站通风空调系统

1) 区间隧道通风系统的要求

①根据区间隧道通风系统要求，江南西站的两端对应于每一条区间隧道设置一台可正反风运行的区间隧道通风机（共4台）和相应的风阀（车站北端的区间隧道通风系统设置在车站设备层空调通风机房内，车站南端的区间隧道通风系统设置在区间隧道距车站南部端部约200处）。区间隧道风机的风量为$60m^3/s$，全压约900Pa，叶轮直径约2m，采用卧式安装。根据通风空调系统要求区间隧道风机的布置既可满足车站两端的两台区间隧道风机独立运行，又可以相互备用或同时向同一侧区间隧道内送风或排风，区间隧道风机前后设有变径管和消声器，消声器采用片式结构型式，并设置于土建风道内，以防止区间隧道风机动力噪声的传播。在区间隧道风机旁留有面积不小于$16m^2$的旁通风道，保证正常运行时活塞风的进出。旁通风道以及区间隧道风机上设有组合式风阀，通过风阀的转换满足正常、阻塞、火灾工况的转换运行要求。活塞风道中的部分位置加设导流板，减小通风气流阻力损失。

②根据区间隧道通风系统的要求，江南西站的车站隧道设置排风系统，每条车站隧道的排风量近期为$40m^3/s$，远期为$50m^3/s$。车站隧道排风系统以车站中心线为基准作对称布置，分别负担半个车站的车站隧道的排风。车站隧道排风机房设于车站两端站厅的设备用房区内，采用两台并联卧式轴流风机，风机的风压约为700Pa。车站隧道的轨道顶部所置的排风道和站台板下部设置的排风道均采用土建式风道，通过集中风室把站台板下部与轨道顶部的排风道连起来，通过风阀的开度调节轨道顶部排风为60%，站台板下部排风为40%。

2) 车站公共区通风空调系统

江南西站公共区通风空调系统采用空气—水空调系统，通风空调机房设于车站中风道和车站两端设备用房内。通风空调系统主要由风机盘管、站台空调新风机、站台全新风机、站台排风、排烟风机、南站厅和南扶梯廊送、排风机、排烟风机、北站厅和北扶梯廊送、排风机、排烟风机、消声器、风阀和风道等组成。

当空调季节室外新风焓值大于车站排风焓值时，采用空调新风运行；当过渡季节室外新风焓值小于车站排风焓值，但大于空调送风点焓值时，采用全新风运行；当室外新风焓值小于空调送风点焓值时，关闭空调系统，转入全通风运行，站厅、站台排风直接排至室外，室外新风经送风机送入车站。车站排风风道兼作排烟风道，排烟时关闭回/排风机，启动耐高温排烟风机进行排烟。站厅的气流组织方式采用上送上回方式；站台的气流组织方式也采用上送上回方式，送、回风口沿站台纵向均匀布置。

3) 车站设备及管理用房通风空调系统

根据江南西站设备及管理用房的实际布置情况，在满足各房间使用功能的前提下，共设有13个通风空调小系统。

设备及管理用房空调小系统采用空气—水（风机盘管加新风）系统，风机盘管设于室内吊顶顶棚内，风机盘管供水管上设温控电动二通阀，温控操作器均设于房间进门墙上便于操作处，可以根据室内实际使用情况对风机盘管进行手动温度控制和风机转速三档调节。排风风管兼做排烟，厕所、污水泵房等只设排风，新风由设在墙上和门上的百叶风口靠负压引入。

①车站设备及管理用房通风空调系统1

车站设备及管理用房系统1服务范围包括中风道的地下检修通道、中风道的环控电控室。

②车站设备及管理用房通风空调系统2

车站设备及管理用房系统2服务范围包括警务、安全局办公室、南端的配电室。

③车站设备及管理用房通风空调系统3

车站设备及管理用房系统3服务范围包括民用通信设备、票务管理、银行、维修室。

④车站设备及管理用房通风空调系统4

车站设备及管理用房系统4服务范围包括南端的环控电控室、南端的蓄电池室、南端的气瓶室、车站备品库、南端的备用室。

⑤车站设备及管理用房通风空调系统5

车站设备及管理用房系统5服务范围包括低压室、高压室、整流变压器室、控制室、检修贮藏室。

⑥车站设备及管理用房通风空调系统6

车站设备及管理用房系统6服务范围包括南端的空调机房。

⑦车站设备及管理用房通风空调系统7

车站设备及管理用房系统7服务范围包括站长室、站务、盥洗室、茶水室、男更衣室、女更衣室、AFC维修室、会议室。

⑧车站设备及管理用房通风空调系统8

车站设备及管理用房系统8服务范围包括车站控制室、票务室。

⑨车站设备及管理用房通风空调系统9

车站设备及管理用房系统9服务范围包括北端的环控电控室、北端的配电室、北端的备用室。

⑩车站设备及管理用房通风空调系统10

车站设备及管理用房系统10服务范围包括信号设备信号电源室、通信设备室、通信电源室、屏蔽门室、北端的气瓶室、跟随式变电所、北端的蓄电池室。

⑪车站设备及管理用房通风空调系统11

车站设备及管理用房系统11服务范围包括北端的站厅层的通风空调机房。

⑫车站设备及管理用房通风空调系统12

车站设备及管理用房系统12服务范围包括北端的站台层的空调机房。

⑬车站设备及管理用房通风空调小系统13

车站设备及管理用房系统13服务范围包括污水泵房、女卫生间、男卫生间。

4）车站水系统

①江南西站为海珠广场集中供冷站供冷范围，通过敷设在区间隧道中的冷冻水管输送冷冻水至江南西站公共区通风空调系统的末端设备，江南西站的车站接管管径为$DN\ 250$。

计算总冷量为990kW，设备选型总冷量为1229kW。风机盘管额定水流量之和为90L/s，供回水温度为7/12℃，经计算江南西站车站部分的水阻力为230kPa。

②江南西站设备及管理用房通风空调系统的冷源结合车站的风亭设置专用的风冷冷水机组，提供江南西站设备及管理用房的空调冷冻水。冷水水管沿风道进入车站，再分送至末端。水系统采用一次泵变流量系统，末端设备供水管设电动二通阀，通过室内温度调节水量，冷水机组主机进出水主管间设压差控制器。计算总冷量为368kW，设2台30AEA065型冷水机组。冷冻水管路做保温。

5）车站防排烟设计

江南西站的设备及管理用房区与公共区分别为独立的防火分区。

车站公共区的站台、南站厅和南扶梯廊、北站厅和北扶梯廊分别设置防烟分区，站台、站厅的送/排风管上设置电动复位防火阀。

南站厅和南扶梯廊设有排烟风机，排烟量为13.32m³/s，全压755Pa，该风机可在280℃高温条件下连续有效运转0.5h。当南站厅和南扶梯廊发生火灾时，关闭站台排风道上的电动复位防火阀以及站厅送风管上的防火阀，关闭南站厅和南扶梯廊的回/排风机，开启南站厅和南扶梯廊的排烟风机，利用排风管进行排烟，新风由出入口和站台补入，乘客迎着新风方向疏散至地面。

北站厅和北扶梯廊设有排烟风机，排烟量为13.65m³/s，全压704Pa，该风机可在280℃高温条件下连续有效运转0.5h。当北站厅和北扶梯廊发生火灾时，关闭站台排风道上的电动复位防火阀以及站厅送风管上的防火阀，关闭北站厅和北扶梯廊的回/排风机，开启北站厅和北扶梯廊排烟风机利用排风管进行排烟，新风由出入口和站台补入，乘客迎着新风方向疏散至地面。

中风道设有站台排烟风机，站台排烟风机具备双速运行功能，高速运行时排烟量为21.12m³/s，全压819Pa，低速运行时排烟量为15.84m³/s，全压461Pa，站台排烟风机可在280℃高温条件下连续有效运转0.5h。当站台层发生火灾时，关闭南、北站厅和扶梯廊的排风管及站台送风管上的电动复位防火阀，利用站台的排风管进行排烟，同时给站厅和扶梯廊送风以保持楼梯通道内一定的风速，乘客迎着新风方向疏散。

车站设备及管理用房的排风机兼作排烟风机或单设排烟风机，根据火灾发生的具体位置组织排烟。

6）消声与减振

通风机、水泵、冷水机组是产生噪声和振动的主要设备，根据实际情况选择噪声小，运转平稳的产品；车站通风空调系统根据噪声控制计算采取相应的消声措施。风管、水管与设备连接处设置减振措施。风机、水泵的基础根据计算及厂家的要求预留。

7）车站通风空调系统控制模式设计

江南西站通风空调系统控制由中央控制、车站控制和就地控制三级组成。

中央控制设置在控制中心，是以中央监控网络和车站设备监控网络为基础的网络系统，对广州地铁2号线全线的通风及空调系统进行监控，向车站下达各种运行模式指令或执行预定运行模式。

车站控制设置在车站控制室，对车站和所管辖区的各种通风空调设备进行监视，向中央控制系统传送信息，并执行中央控制室下达的各项命令。火灾发生和在控制中心授权的条件下,车站控制室作为车站指挥中心,根据实际情况将有关通风空调系统转入灾害模式运行。

就地控制设置在江南西站的环控电控室,具有单台设备就地控制和模式控制功能,便于各设备及子系统调试、检查和维修。

就地控制具有优先权;现场操作按钮设于设备旁便于操作处,满足单台设备的现场调试、检查和维修。

2. 通风空调系统的基本数据

江南西站公共区通风空调系统需要处理的空间包括:江南西站的南站厅和南扶梯斜通道、北站厅和北扶梯斜通道、站台公共区这三个部分。

通风空调系统设备容量按远期2029年空调负荷进行设置。2029年晚高峰客流量为24028人/h(表12-1)。

江南西站冷负荷及风量分配表　　　　表12-1

空间	空调冷负荷 (kW)	全新风量 (m³/h)	小新风量 (m³/h)	回排风量 (m³/h)
南站厅及扶梯廊	192	46560	4320	49750
北站厅及扶梯廊	192	46560	4320	49750
站台层	610	114000	4320	114000

3. 车站公共区通风空调系统设备总体布局

常规的城市轨道交通地下车站公共区通风空调系统的做法,一般是在地下车站两端对称地设置两套通风空调设备及管路,分别承担地下车站公共区一半面积的通风空调负荷,同一端的站厅和站台由同一套通风空调设备负责。但对于江南西站,这一布置方式很难实现。从本站的建筑布局中可以看出,车站的设备层和站台层之间可供风管穿过的空间非常少,在设置了列车顶部排风道和站台板下部排风道(属于车站隧道通风系统)后,已经没有多余的空间留给车站公共区的风管了(附图3)。因而,江南西站将站厅层和站台层的通风空调设备分开设置,具体方式为:

在车站南端设备层设置风机,负责南站厅和南扶梯斜通道的通风及排烟;

在车站北端站厅层设置风机,负责北站厅和北扶梯斜通道的通风及排烟;

在车站的中风道设置风机,负责站台层的通风及排烟;

在车站站厅顶部、扶梯斜通道顶部以及站台层侧墙处设置风机盘管承担整个车站的空调负荷。

车站的南、北两端头厅及扶梯斜通道基本上是对称的,通风空调系统处理方式一致,因此本文只对其中一端进行详细分析。江南西站的冷冻水来源于设在海珠广场的集中制冷站,因而在车站不设置制冷机房。

4. 站厅和扶梯斜通道通风空调系统具体布置

图12-1为江南西站北端车站公共区通风空调系统的原理图,具体的布置情况如附图2和附图3所示。

12.1 暗挖车站新型通风空调系统

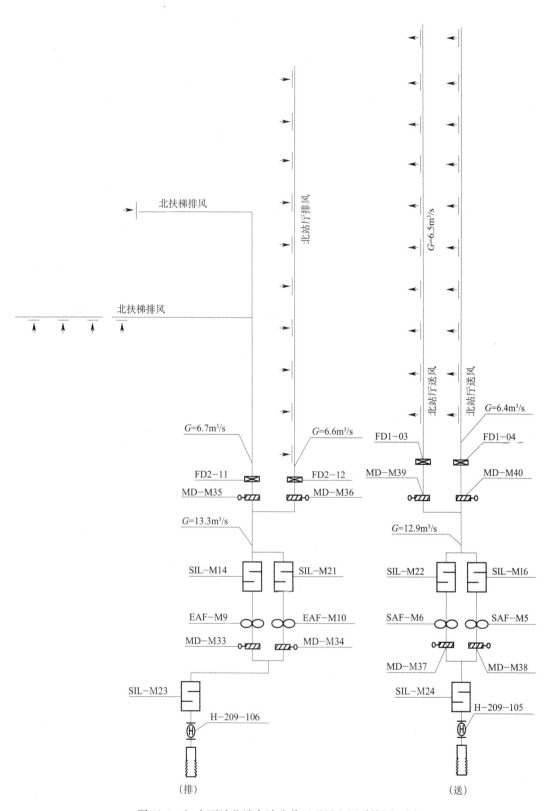

图 12-1　江南西站北端车站公共区通风空调系统原理图

如图12-1所示，江南西站车站公共区通风空调系统由送风系统和排风系统组成。

在站厅的通风机房（附图2）内设置一台全新风风机（编号SAF-M5）和一台小新风风机（编号SAF-M6），两风机并联，风机前都设有风阀，风阀和风机联动开启和关闭。根据运行工况的不同确定所需要运行的风机，在小新风空调季节，小新风风机运行，关联风阀打开，全新风风机及关联风阀关闭；在全新风空调季节或通风季节，全新风风机运行，关联风阀打开，小新风风机及风阀关闭。送风管布置在站厅层顶部，送风口均匀布置在吊顶内，向下送风。

在通风机房内设置一台小风量排风机（编号EAF-M10）和一台排风/烟风机（编号EAF-M9），两风机并联，风机前设有风阀，风阀和风机联动开启和关闭。根据运行工况的不同确定所需要运行的风机，在小新风空调季节，小风量排风机运行，关联风阀打开，排风/烟风机及关联风阀关闭；在全新风空调季节或通风季节，排风/烟风机低速运行，关联风阀打开，小风量排风机及关联风阀关闭；在站厅发生火灾时，排风/烟风机高速运行，关联风阀打开，小风量排风机及关联风阀关闭。排风管布置在站厅层顶部和扶梯斜通道的顶部，排风口均匀布置在吊顶内，向上排风。站厅的气流组织为上送上回方式。

风机盘管布置在站厅和扶梯斜通道的顶部（附图3），冷冻水系统的供、回水管敷设在顶部吊顶内。位于站厅的风机盘管，冷凝水集中排放到站厅的地漏或侧墙排水沟处；位于扶梯斜通道的风机盘管，冷凝水集中排到行车轨道排水沟里。站厅层和扶梯斜通道的风机盘管与风管没有进行连接，在空调季节，室外新风不经过处理，直接送入站厅，与风机盘管的冷风在室内进行混合。

江南西站的站厅层为盖挖施工，空间比较规则，对通风空调系统的管路布置比较方便，风机盘管和风管均很容易在吊顶空间内进行设置。

5. 站台层通风空调系统具体布置

从前文对江南西站建筑特点的分析可以知道，江南西站的站台层空间构成复杂，对通风空调系统的管路以及设备的布置会造成一定困难，因而站台层通风空调系统的管路和设备布置比较复杂。为了比较清晰地了解整个通风空调系统的组成，本节分别介绍江南西站的站台公共区和中风道的通风空调系统设备及管线的具体布置情况。图12-2为江南西站中风道通风空调系统原理图，反映中风道以及站台层公共区的通风系统布置情况。

（1）公共区通风空调系统及排烟系统

江南西站站台公共区风管及风机盘管的布置如附图4所示。江南西站站台层公共区顶部的空间被分隔为三个土建风道，分别为小新风道、全新风道和排风/排烟道。在站台公共区的结构墙和装修隔墙间的狭窄空间内设置立式风机盘管，风机盘管出风口接管至装修隔墙上部，隔墙下部设置回风口，现场照片如图12-3、图12-4所示。风机盘管的冷冻供、回水管敷设在站台板下，冷凝水管集中引流到行车轨道排水沟内。

在排风/排烟道上设置排风口对站台进行排风，兼做排烟口；全新风道上设置送风口对站台进行送风；小新风道对风机盘管所在的风机盘管室开口，新风与回风在这个风机盘管室内混合后送入风机盘管。因为几条风道内都没有处理后的空调送风，所以风道不需要进行保温。

这种布置方式最大限度地利用了江南西站站台层顶部的拱形空间，装修隔墙与结构墙之间原本难以使用的空间也得到了有效的利用。

12.1 暗挖车站新型通风空调系统

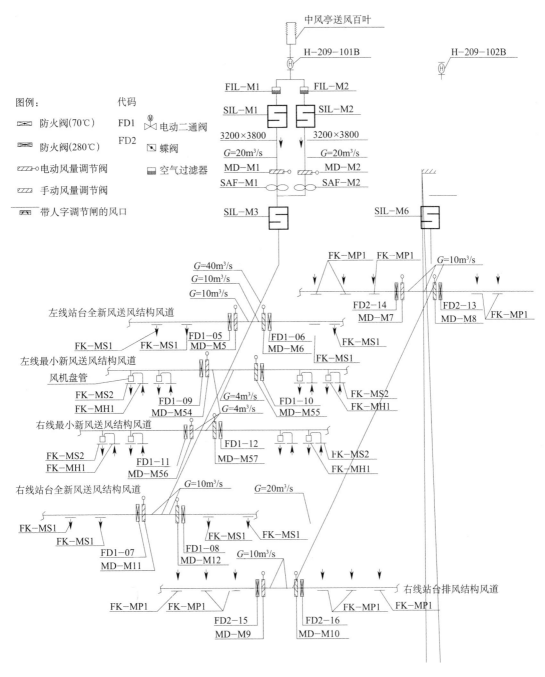

图 12-2 江南西站中风道通风空调系统原理图

（2）中风道通风空调系统及排烟系统

江南西站站台层的送风和排风都来自于中风道。

从平面上看，中风道与站台垂直交叉，共有三层，其中地下一层和地下二层为江南西站公共区通风空调系统的风道。中风道与中风井相连，中风井是由进风井和排风井组成，相应的中风道由送风道和排风道组成。地下一层由一条送风道和一条排风道并排组成，地下二层也是由一条送风道和一条排风道并排组成，两层的送风道之间由风洞连通，两层的

401

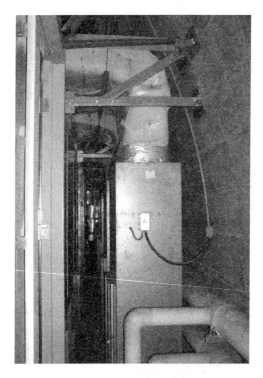

图 12-3 站台风机盘管施工安装图

图 12-4 站台风机盘管实际布置照片

排风道间也由风洞连通。

地下一层内的送风机和地下二层的送风机是并联的关系。在车站主体之内,两层的送风道合并为一层,与两个站台顶部的小新风道和全新风道通过风阀连通。两台送风机均为双速风机。

地下一层内的排风机和地下二层的排风机也是并联的关系。在车站主体之内,两层的排风道合并为一层,与两个站台顶部的排风/烟道通过风阀连通。两台排风机均为双速排烟风机。

6. 车站公共区通风空调系统的运行模式

车站公共区通风空调系统的正常运行工况可以分为小新风空调工况、全新风空调工况和通风工况。

(1) 小新风空调工况

当室外空气的焓值大于车站排风的焓值时,采用小新风空调工况运行。在这种工况下,站厅层小新风机和小风量排风机开启;中风道排风机关闭,中风道送风机开启一台,且低速运行;站厅、扶梯斜通道、站台的风机盘管全部运行。站厅的新风直接送入公共区,中风道的新风送入站台层风机盘管,经处理后送入站台。站台只有机械送风,排风由屏蔽门泄入区间隧道,使站台保持正压。在站厅、站台均设有温、湿度测点,风机盘管冷冻供回水管上设有电动二通阀,当某个区域的空气温度偏离设定值时,相应区域的风机盘管冷冻供回水阀门进行开大或关小,这样就可以在保证室内环境要求的情况下,做到尽可能的通风空调系统运行节能。

(2) 全新风空调工况

当室外空气的焓值小于车站排风的焓值,但高于空调送风焓值时,采用全新风空调工况。这时,站厅小风量排风机关闭,排风/烟风机开启;站厅全新风送风机开启,小新风机关闭;中风道两台送风机高速运行,两台排风机低速运行;所有风机盘管全部运行。新风此时不经过风机盘管,直接送入站厅、站台。站厅的送风稍大于排风,保持站厅正压;站台的送风大于排风量和屏蔽门漏风量,保持站台的正压。风机盘管的供/回水量根据所在区域的空气温度自动调节。

(3) 通风工况

当室外空气焓值低于空调送风焓值时,采用通风工况。通风工况下风机运行模式与全新风空调工况相同,但所有风机盘管停止运行。

12.1.3 江南西站热环境测试

广州地铁2号线于2003年6月投入运行使用。2003年8~9月间对江南西站的通风空调系统运行下的热环境进行了测试。

1. 测试设备

温度测试仪器:温度测试仪器采用清华同方生产的RHLOG智能型温度自计仪,该自计仪使用铂热敏电阻,精度为±0.15℃,可连续记录超过6000组温度值,启动时间可自行设定,采样间隔根据实际情况亦可自行设定,测量数据可以导入计算机中存储如图12-5所示。该温度自计仪在测试前,已由清华大学建筑技术科学系进行"恒温水浴法"标定,满足使用精度要求。

图12-5 清华同方RHLOG温度自计仪

2. 测试方案及测点布置

测试夏季某日,站台和站厅的通风空调系统运行期间,江南西站站内的站厅层、站台层空气温度分布。测点一般布置在吊顶下,具体布置位置如图12-6和图12-7所示。

图 12-6 为站台层测点布置图。在站台层布置了测点 1~4，分别位于两侧走道两端，所有测点均尽量远离强电，以免温度自计仪内部电路受到强电干扰，影响数据准确性。测点高度 2.5m，考虑到一方面防止被乘客摘下，一方面尽可能接近人体的活动区域，以保证测试的准确性。所有测点的探头均悬空，未与任何壁面接触，并加有防辐射套，确保测量值为真实可靠的空气温度。

图 12-7 为站厅测点布置图。在南站厅布置测点 5~8，在楼梯上依次布置测点 9~13。

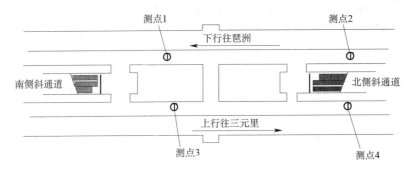

图 12-6　站台层测点布置图

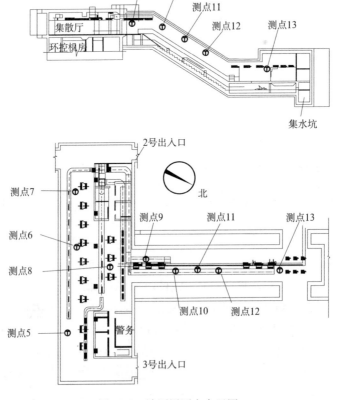

图 12-7　站厅层测点布置图

3. 测试结果及结论

本测试实验于 2003 年夏季进行，选取室外气象条件接近于设计参数的 8 月 29 日、30

日进行测量工作,测量时段为 5:00~23:00,设定每隔半分钟记录一组空气温度值,共记录 6536 组数据,取 8 月 30 日 5:00~23:00 时间段的数据进行分析。

江南西站站台夏季空气设计温度为 28℃,而站台空气温度逐时变化图 12-8 中,站台平均空气温度约为 22.5℃,温度偏低。这是由于广州地铁 2 号线刚刚开通,人员流量未达到设计满负荷,导致通风空调系统运行时站台空气温度偏低。但经乘客调查问卷反映,人员舒适性较好。图 12-8 中,各测点空气温度偏差约为 2℃,可见站台各处空气温度分布较为均匀;并且在地铁运行的 6:00~22:00 时间段内,各测点空气温度随时间变化波动不大,均在 0.5℃ 以内并保持平稳。可以认为:站台空气温度场较为均匀,舒适性较好,站台层空气环境较为理想。

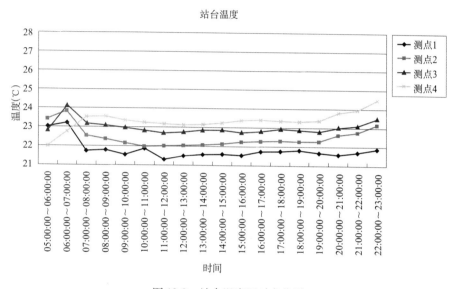

图 12-8 站台温度逐时变化图

图 12-9 为南站厅测点空气温度逐时变化图,从图中可以看出,站厅总体空气温度分布均匀,各点空气温度保持平稳,波动幅度在 1℃ 以内;只有测点 7 的空气温度稍高于其他测点 1~2℃。分析其原因就在于测点 7 位于南站厅西部出入口附近,而南站厅西部出入口有南北两个对外的口部,并兼做地面道路的过街通道,同时在这两个口部按广州地铁 2 号线的统一规定,没有加装风幕,此处受到的外界气流扰动较大,因此其空气温度反映出来的结果要稍高于其他测点。

图 12-10 为南站厅楼梯测点空气温度逐时变化图,从图中反映出,楼梯处的空气温度分布有明显的梯度,沿楼梯从站厅到站台方向空气温度逐步下降,同时各测点空气温度保持平稳,波动幅度在 0.5℃ 以内。江南西站站厅层夏季空气设计温度为 30℃,而从图 12-11 中可以发现,实际站厅平均空气温度约为 24.5℃,总体看来空气温度偏低。这是由于广州地铁 2 号线刚开通,人员流量未达到远期设计参数,导致通风空调系统运行时站厅空气温度偏低。同时,从图 12-10 可以看出,通往站台的楼梯处的空气温度要低于站厅空气温度,说明从站厅到楼梯存在空气温度的梯度,符合人体的生理舒适性需求。

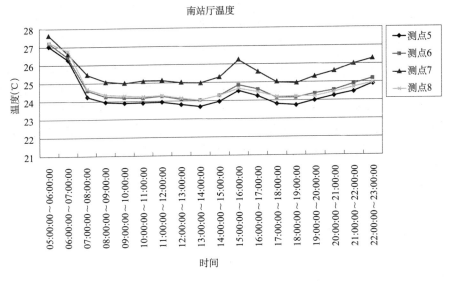

图 12-9 南站厅测点温度逐时变化图

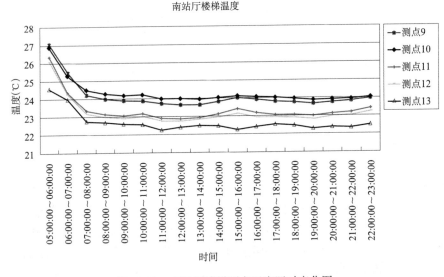

图 12-10 南站厅楼梯测点温度逐时变化图

从江南西站各处温度逐时变化图（图 12-12），可以看出测试日室外空气温度约为 32℃（室外空气温度测点布置在新风道内部），与夏季空调设计室外参数 32.4℃接近，因此这次测试具有代表性。

江南西站的列车运行时间为 6:00～23:00，由图 12-11 可见，在此时间段内"室外→站厅→站台"空气温度呈逐渐降低的趋势，即当乘客从地铁入口进入后，沿途空气温度逐渐降低，符合人体的生理舒适性要求，同时可达到节能的目的，说明达到了通风空调系统设计的要求。

同时由图 12-12 可见，江南西站各处的空气温度都要低于设计要求，这是由于广州地铁 2 号线刚刚开通，人员流量未达到设计的满负荷，导致站内空气温度偏低，但是通过问

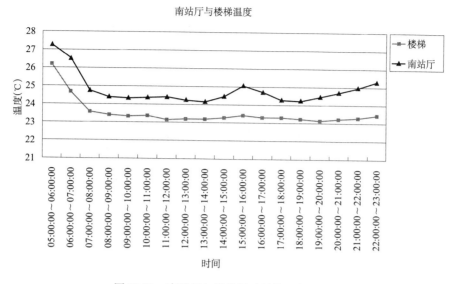

图 12-11 南站厅与楼梯逐时平均温度对比图

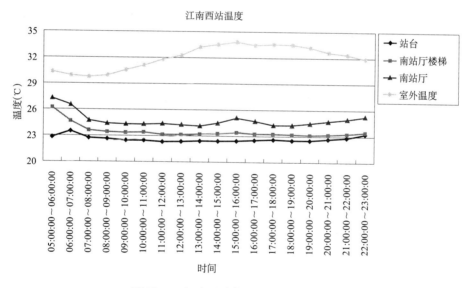

图 12-12 江南西站各处温度逐时变化图

卷调查,人们对此热环境还是比较满意的。

4. 测试结论

江南西站的测试做了大量工作,对广州地铁 2 号线江南西站的出入口、站厅(及楼梯)、站台的空气温度场进行了测试及分析。

(1)根据广州地铁提出的标准要求,站厅的空气设计温度为 30℃,站台的空气设计温度为 28℃。由图 12-7、图 12-9、图 12-10 可见,实际空气温度均低于设计值。

(2)在通风空调系统开始启动后的 2h 内(上午 6:00~8:00),各个测点测得的空气温度逐步下降,然后各测点空气温度保持平稳,其波动较小。

从江南西站整体空气温度图中可明显看出此车站的空气温度从室外→站厅→站台逐步

降低，符合了当初的设计要求，满足了乘客的生理舒适性要求。

通过本次对江南西站热环境的测试和分析，可以得到结论：江南西站通风空调系统运行正常，达到了设计要求的目标。

12.2 暗挖车站新型通风空调系统技术经济分析

本章以采用新型通风空调系统的广州地铁 2 号线江南西站为例，分别与地下车站典型的全空气通风空调系统及全空气变频通风空调系统进行比较，从通风空调系统的初投资和运行费用两个方面分析新型通风空调系统在暗挖车站应用中的优势。

12.2.1 新型通风空调系统初投资分析

城市轨道交通通风空调系统的初投资分析应包括通风空调设备及材料初投资以及由于所需建筑面积不同而带来的土建工程量投资的比较。

针对通风空调系统的设备及材料而言，通常的城市轨道交通地下车站全空气通风空调系统的初投资主要包括：制冷机组、组合式空调机组、风机、风管、水管管道附件及管道保温材料等。采用空气—水通风空调系统方案的城市轨道交通地下车站的初投资主要包括：制冷机组、风机、风管、风机盘管、水管、管道附件及管道保温材料等。计算表明，新型空气—水通风空调系统相比较全空气通风空调系统，在风道系统方面投资几乎持平。空调—水通风空调系统在末端采用了分散布置的风盘管处理站内空气，虽然取代了全空气通风空调系统的空调机组，但是风机盘管、相应的冷冻水和冷却水供/回水管、冷凝水管道及水管保温材料的初投资也很可观。以广州地铁 2 号线江南西站为例，按照当年的造价标准，通风空调系统投资占该类型车站总投资额的 8% 左右，约为 1135 万元。表 12-2 是三种类型的通风空调系统的分项初投资相对比较。

三种通风空调系统初投资比较　　　　表 12-2

投资项目		全空气通风空调系统	空气-水通风空调系统	全空气变频通风空调系统
土建投资		大	小	大
冷源设备投资		适中	适中	适中
风系统投资	主要设备投资	大	小	大
	风道等投资	大	大	大
水系统投资	冷源设备投资	大	大	大
	末端投资	小	大	小
控制系统投资		小	适中	很大

由表 12-2 可以看出，新型空气—水通风空调系统最大的优点不在于系统本身的设备初投资，而在于减少了通风空调机房面积，节约了大量土建空间。全空气通风空调系统的风道、风口等设备分散布置在车站内，能够利用吊顶等空间，不占用较大平面面积。但城市轨道交通地下车站的中央制冷机房与通风空调机房通常需要较大的面积，导致土建投资大大增加。具体所需面积与地下车站的负荷等因素有关。以江南西站为例，采用新型通风

空调系统方案后，能够减小通风空调机房面积约500m²，如果按照目前国内城市轨道交通地下车站的土建费用约为6000元/m²标准计算，可以节约土建投资300多万元。因此，仅该新型通风空调系统的机房，就能节省大量的土建工程投资。

综合而言，新型通风空调系统方案与传统的全空气通风空调系统方案相比，设备初投资二者基本持平，在土建初投资上，前者由于能够大量节省通风空调设备机房面积，从而初投资比后者有较大降低。

12.2.2 新型通风空调系统运行条件

广州地铁2号线江南西站的气象条件采用广州市的气象条件。

1. 空调设计室外气象参数

该修建地铁的城市室外气象参数如下：

夏季室外计算空气干球温度：空气调节：32.4℃；
　　　　　　　　　　　　　空调日平均空气温度：30℃；
　　　　　　　　　　　　　通风温度：31℃。
冬季室外计算空气干球温度：空气调节：8℃；
　　　　　　　　　　　　　采暖温度：10℃；
　　　　　　　　　　　　　通风温度：15℃。
夏季空调室外计算湿球温度：27.3℃。
冬季空调室外计算相对湿度：71%。

广东某地区全年室外气象参数如图12-13所示。

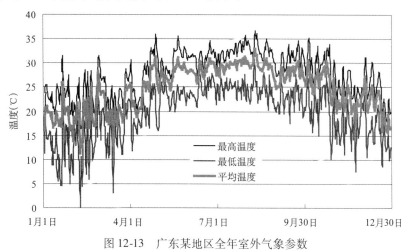

图12-13　广东某地区全年室外气象参数

2. 空调设计室内参数

站厅：
夏季空气标准：30℃，65%±5%；
冬季空气标准：24℃；
新风量：12.6m³/h，且不小于系统总风量的10%。
站台：
夏季空气标准：28℃，65%±5%；

冬季空气标准：24℃；

新风量：12.6m³/h，且不小于系统总风量的10%。

3. 室内设备发热量

车站公共区：

垂直电梯：根据初设报告全日平均发热量：站厅、站台各3.4kW；

自动扶梯：全日平均发热量：站厅、站台各6.7kW；

照明灯具：20W/m²；

自动售检票机：500W/台，共11台，全部设在站厅；

广告灯箱：50kW/站，站厅、站台各25kW；

各种设备发热量共110kW。

设备及管理用房：

空调负荷约187kW。该部分负荷属常年稳定负荷。由于设备及管理用房与车站公共区冷源分置，风系统也是独立的，本模拟中该部分没有考虑在内。

4. 远期客流密度

乘客在车站内逗留的时间按原设计的数据给出如下：

上车乘客在车站内逗留的时间为4.5min；下车乘客在车站内逗留的时间为3min。

其中：

上车乘客进站在站厅内逗留的时间为2.5min，在站台内逗留的时间为2min；

下车乘客出站在站厅内逗留的时间为1.5min，在站台内逗留的时间为1.5min。

由于初始设计中没有相应数据，参照北京地铁、南京地铁的有关数据给出该地铁站的小时客流密度系数见表12-3所列。

地铁客流密度　　　　　　　　表12-3

时刻	1:00	2:00	3:00	4:00	5:00	6:00
客流密度	0	0	0	0	0	0.21
时刻	7:00	8:00	9:00	10:00	11:00	12:00
客流密度	1	0.47	0.28	0.28	0.27	0.28
时刻	13:00	14:00	15:00	16:00	17:00	18:00
客流密度	0.31	0.34	0.39	0.36	0.8	0.65
时刻	19:00	20:00	21:00	22:00	23:00	24:00
客流密度	0.42	0.27	0.24	0.25	0.20	0

5. 通风空调系统运行时间

广州地铁2号线运营中，早6:00~晚23:00为列车运行期，因而，通风空调系统工作时间也为6:00~23:00。

12.2.3　新型通风空调系统运行费用分析

新型通风空调系统运行费用主要包括通风空调系统冷水机组能耗费用以及风机能耗费用。这里以我国广东省广州市新建江南西站地铁的远期运行为代表，着重分析采用新型"空气—水"通风空调系统的全年运行费用，同时对比采用传统的全空气通风空调系统定风量和变频两种方式的全年运行费用。

由于早晚两个客流及负荷高峰的存在，使送风量出现两个峰值，其他时候的风量较小。传统的全空气通风空调系统采用定送风量做法，为了满足两个峰值的风量，要求送风风机长时间处于大功率状态，这样当负荷在非峰值时，其风量显然浪费了，如果按照全天均为平均风量计算，其风机能耗仅为全天按峰值风量计算时的70%左右；由于送风温度接近恒温，不能根据城市轨道交通地下车站内部负荷的变化而变化，因而在地下车站负荷较低的时候仍然输送较大冷量，造成了冷量的浪费。实现风机变风量最有效、节能的方法是对风机变频调速。这样可以保持风机的效率不因风量的减小而减小，从而达到明显的节能效果。该类型系统在恒定送风温度下根据地下车站内负荷的变化而变化送风量，始终使通风空调系统输送冷量负荷等同于地下车站内的负荷，既节约了冷量，又节约了大量风机能耗。变频方式调节范围大，调节灵活。

以往对以地铁为典型代表的城市轨道交通通风空调系统的分析表明，城市轨道交通通风空调系统运行能耗中风机的能耗所占比例最大。冷水机组能耗虽然也很大，但由于地下车站负荷的特点，发热量和新风量都不可能有大的减少，即使选用高效冷水机组，冷水机组节能的余地也不大，因此节能潜力主要还是在风系统。

本文提出的空气—水通风空调系统设计采用恒定的送风温度，在一定的冷负荷下送风量一定，送风量随冷负荷分级变化。新型空气—水通风空调系统是根据地下车站内负荷的变化分级调节，仍然具有灵活的调节能力，该类型通风空调系统末端的分级调节相比较风机变频方式的精度要低，其冷负荷能耗和风机能耗介于全空气定风量通风空调系统和全空气变频通风空调系统之间。

在实际应用当中，通风空调系统能耗还与其全年不同季节的运行控制方式有关。一般设计时，从最节能角度出发采用的运行控制方式为：室外空气焓值高于站内空调系统的回风焓值时，采用小新风空调方式；室外空气焓值高于空调系统送风焓值而低于站内空调系统的回风焓值时，采用全新风空调方式；室外空气焓值低于空调系统的送风焓值时，采用全通风方式。在全新风空调工况和通风工况，当室外新风焓值低于站内空气的设定焓值时，可以充分利用新风冷负荷降温，节省系统的冷负荷能耗。

1. 地下车站运行能耗及运行费用分析

在此，采用小新风空调工况、全新风空调工况、通风工况的三个代表日进行计算，分别比较城市轨道交通的暗挖型式的地下车站采用新型空气—水通风空调系统、全空气通风空调系统的定风量和变频方式的系统运行能耗以及运行费用。

城市轨道交通的地下车站一般埋于地面5m以下，不受太阳辐射的影响，土壤温度波动很小。室内人员、灯光、设备等的发热量是影响内部空气环境热状况的主要因素。灯光和设备的发热量可以认为是个定值；以广州地铁2号线江南西站为案例进行具体分析。该地下车站的通风空调系统采用站台设置屏蔽门的方案制式，因此没有列车运行产生的活塞效应经过乘客出入口给车站带来额外的新风负荷，列车发热量对车站的影响也大大减小。取高峰时期区间隧道通过屏蔽门进入车站的渗透风量为$10m^3/s$（区间隧道内的空气温度约为35℃，相对湿度为45%），非高峰时期近似按发车密度比例确定。电动扶梯发热量暂按全天恒定考虑（实际上非高峰时应相应减少）。此时的车站内发热量的变化主要是由于乘客流量的不同引起人员发热量的变化所造成的。如果忽略站内围护结构的热惯性，则站内的逐时发热量可近似看做是逐时空调冷负荷（图 12-14、图 12-15）。

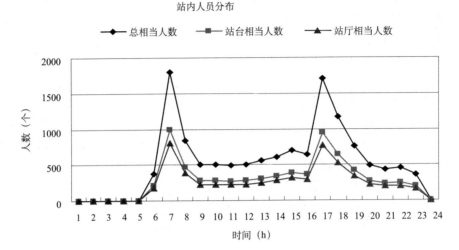

图 12-14　车站客流分布

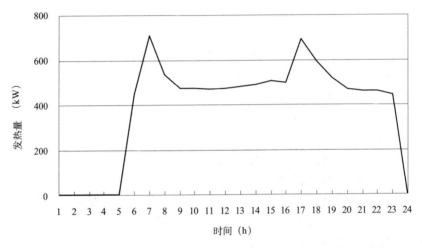

图 12-15　车站设计日站内发热量

三种类型的通风空调系统方式的控制条件分别为：

在新型空气—水通风空调系统控制中（以江南西站为例），风机盘管分三组启停控制，冷冻水供水温度保证恒定，站内送风风量为开启的风机盘管的送风风量，新风在小新风空调工况取为恒定的最小新风量 22706m³/h（江南西站内按照 1800 人/h 驻留量，12.6m³/h 每人的空调新风量标准确定），全新风空调工况取全新风量（等于风机盘管的送风风量），通风工况取一天中最大负荷时刻的通风风量。新型空气—水通风空调系统的风机盘管选用 FP-20 型，制冷量为 10.2kW，输入功率为 150W，出风量为 2040m³/h，共 100 台，分三组启停控制。

全空气变频通风空调系统，冷冻水的供水温度恒定，送风风量由风机依据室内空气温度情况进行变频调节，新风在小新风空调工况取为恒定的最小新风量，全新风空调工况取为全新风量（等于最大送风风量），通风工况取为全通风风量（即送风风量）。

全空气定风量通风空调系统，冷冻水的供水温度恒定，送风量全年按不同季节进行控制，取值为该季节最大负荷时的送风风量。新风在小新风空调工况取为恒定的最小新风量，全新风空调工况取为全新风量（等于最大送风风量），通风工况取为全通风风量（即送风风量）。

三种类型的通风空调系统按每个工作日开关控制，在广州地铁 2 号线运行时间 6:00 ~ 23:00 内运行。

送风风机能耗和新风风机能耗按照表 12-4 提供的阻力计算。

送风风机、新风风机特性表　　　　　　　　表 12-4

部位	阻力特性系数 $S\,[Pa/(m^3/s)^2]$	估计长度 (m)	风量 (m^3/h)	风量 (m^3/s)	最大风量阻力 (Pa)
送风段	1.00	160	110000	15.28	326
空调风柜段	1.85	20	110000	15.28	603
回排风道段	0.85	160	110000	15.28	206
回排风机段	0.275	20	110000	15.28	67
回混风段	0.45	20	86000	11.94	109

（1）小新风空调工况

三种形式的通风空调系统形式在小新风空调工况代表日 7 月 21 日所需的最小新风量相同，新风负荷相同（新风负荷指将新风处理到站内通风空调空气温度所需的冷量负荷），因而造成三种形式的通风空调系统运行能耗不同的原因是站内冷负荷能耗和所需风机能耗的差异。

三种形式的通风空调系统中，新型空气—水通风空调系统和集中式通风空调系统统一按照保证冷冻水供水温度不变（即保证送回风温差不变）考虑，由已知冷负荷求得送风风量。新型空气—水通风空调系统风量取为满足此时冷负荷的风机盘管组数的风量作为控制时刻风量；全空气定风量通风系统选取一天中最大的风量作为送风量。

新型空气—水通风空调系统将新风直接送入地下车站内，因此只考虑新风风机能耗和盘管风机能耗；全空气变频通风空调系统的风机能耗包括新风风机能耗、送风风机能耗和混合压头损失等；定风量系统风机能耗与变频系统类似。三种形式的通风空调系统供冷量如图 12-16 所示，送风风量如图 12-17 所示，风机能耗如图 12-18 所示。

将冷水机组能耗按照 COP 为 4.5 的关系转化为电能，制冷耗电量和风机电量之和如图 12-19 所示。从以上诸图中可以看出，全空气变频通风空调系统是三种形式的通风空调系统中最优的，全空气定风量通风空调系统性能最差，新型空气—水通风空调系统介于两者之间。

在城市轨道交通地下车站通风空调系统中，风机所占的能耗通常占主要部分。全空气变频通风空调系统可以根据地下车站内部的空调负荷的变化改变送风风量，由于需要克服送风风道阻力，因此其风机能耗大于风机盘管的风机能耗。由于定风量系统风量是根据夏季中最大负荷时风量确定的，并且保持不变，当冷冻水供水温度恒定时，定风量系统冷负荷恒定为最大值，此时送风风量也是最大值。定风量系统控制方式只有每天的启停控制，所以能耗大，浪费严重，控制不方便。新型空气—水通风空调系统可以根据地下车站内部

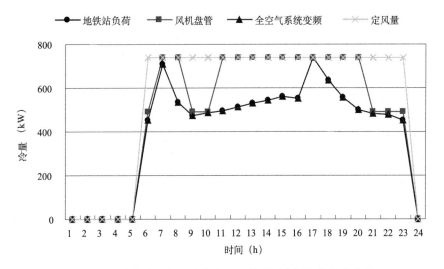

图 12-16 小新风空调工况代表日三种通风空调方案的供冷量

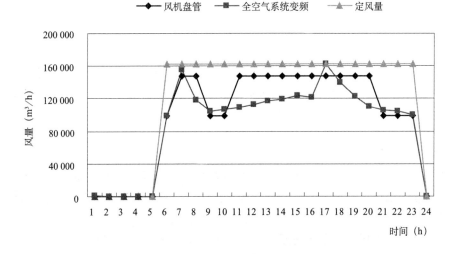

图 12-17 小新风空调工况代表日三种系统送风风量

的空调负荷和新风负荷的大小控制开启风机盘管的数量，因此冷负荷是分级调节。该方式虽然不像变频方式那样精确，但相比较定风量系统而言，减少了土建投资，增加了调节度，大大节约了能源。新型空气—水通风空调系统送风风量由风机盘管开启数量确定，相比变频通风空调系统，新型空气—水通风空调系统没有送风风道阻力，因而，风机能耗大大降低。同时，冷量主要由水作为媒介输送，效率大大提高，对于节省通风空调系统的运行能耗效果极为显著。

相比定风量通风空调系统方式，采用新型空气—水通风空调系统在小新风空调工况代表日可节约用电量 3700kW·h 左右，按照目前电价 0.69 元/kW·h 标准计算，合电费 2560 元。

（2）全新风空调工况

为了对比三种形式的城市轨道交通通风空调系统方式，全新风空调工况采用相同的控

12.2 暗挖车站新型通风空调系统技术经济分析

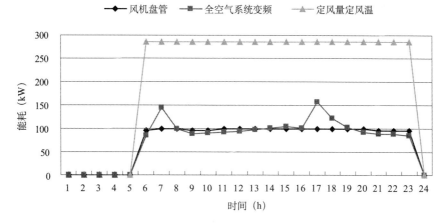

图 12-18 小新风空调工况代表日三种系统风机能耗

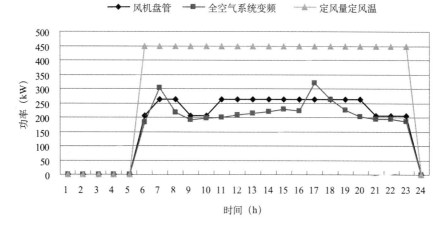

图 12-19 小新风空调工况代表日三种系统总电能耗

制模式,即当室外新风焓值低于排风焓值时,采用全新风模式,代表日为4月10日。

新型空气—水通风空调系统控制中,风机盘管分三组启停控制,冷冻水供水温度保证恒定,站内送风风量为开启的风机盘管组数的送风风量,当室外空气干球温度低于站内通风空调温度时全新风量等于风机盘管总循环送风风量,当室外空气干球温度高于站内通风空调温度时恢复最小新风空调控制模式。

全空气变频通风空调系统,冷冻水系统的供水温度恒定,由站内负荷确定恒定送风温差下最大送风风量,作为全新风空调工况的全新风风量。当室外空气干球温度高于站内通风空调温度时恢复最小新风空调工况控制模式,停止风机的变频,最大限度地利用新风降温。

全空气定风量通风空调系统,冷冻水系统的供水温度恒定,全新风量等于送风量,取值等于夏季最大负荷时送风风量。当室外空气温度高于站内通风空调温度时,转换到小新风空调工况,新风量取为最小风量,在室外空气温度低于通风空调温度时采用最大新风量,可以最大限度利用新风降温。

全新风空调工况下,三种形式的通风空调系统的风机运行能耗计算方法与小新风空调工况时类似，如图 12-20、图 12-21 所示。

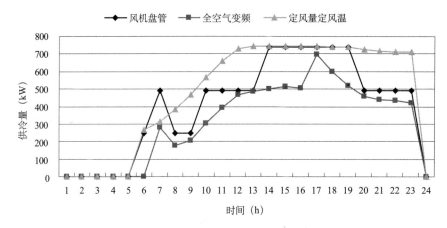

图 12-20　全新风空调工况代表日供冷量

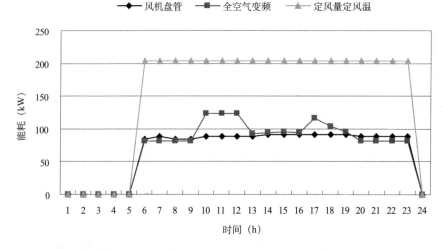

图 12-21　全新风空调工况代表日风机能耗

取 COP 等于 4.5，将三种形式的通风空调系统的供冷量转换为制冷电量。制冷电量和风机电量之和如图 12-22 所示。

从图 12-22 中可以看出，新型空气—水通风空调系统与全空气变频通风空调系统在全新风空调工况的总能耗基本持平，定风量系统能耗最大。按照 0.69 元/kW·h 电价计算，新型空气—水通风空调系统在全新风空调工况代表日可以比定风量系统节约电费近 1700 元（2500kW·h/天）。

(3) 通风季节

在通风季节，室外新风干球温度通常低于冬季室外计算通风温度，一般采用全通风模式。如江南西站，新风从新风竖井送入站台，然后沿着站台→站厅→出入口的顺序排出地下车站。在该控制模式下，三种形式的通风空调系统的冷源均关闭，只启动通风风机，因而三者的通风风量相同，允许能耗也相同。

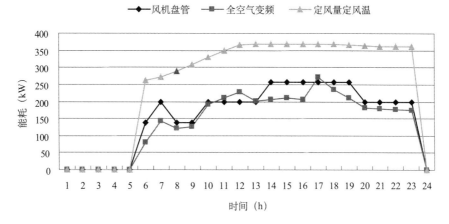

图 12-22　全新风空调工况代表日总电能耗

2. 冷凝水蒸发吸热分析

该新型空气—水通风空调系统中使用风机盘管作为末端,风机盘管产生的冷凝水排至列车行车隧道内的明渠,然后由明渠汇总到集水池,统一排走。由于是明渠排水,温度较低的冷凝水会在流动过程中不断蒸发,蒸发吸收的热量可以降低行车隧道内的空气温度。假设高峰时段,某侧行车隧道内每2min一趟列车(30对/h),每趟列车进站/出站时速度剧变,按平均值风速为30km/h温度为35℃(相对湿度60%)的区间隧道空气计算,区间隧道截面积为21.5m²;排水明渠表面宽度为0.1m,长度为220m;冷凝水温度为26℃。35℃空气的密度为1.139kg/m³,比热容为1.005kJ/(kg·K),导热系数为2.76W/(m·K),动力黏滞系数为16.48×10⁻⁶ m²/S,普朗特数 Pr 为0.700。对应的刘易斯数 Le 取为0.86,水蒸发潜热为2400kJ/kg(30℃)。

列车运行带来的8.33m/s(30km/h)的区间隧道风量相对于明渠冷凝水(假设凝水为静止状态)的雷诺数为:

$$Re = (u \cdot L)/v = (8.33 \times 220) / 16.48 \times 10^{-6} = 1.112 \times 10^8$$

对应的对流换热系数为:

$$h_l = \frac{N_i \cdot K}{L} = \frac{0.664 \cdot Re^{1/2} Pr^{1/3} \cdot k}{L} = 78 \text{kW/m}^2 \cdot K$$

每趟列车从进站/停止大约需要20s,因此吸热量为:

$$Q = q_e \cdot t = 128.3 \times 20 = 2566 \text{kJ}$$

在单列列车进站/出站时引起的区间隧道通风能吸收约2566kJ吸热量,从而达到降低区间隧道内空气温度的目的。实际运行中,每趟列车停车和开车之间有一段时间间隔,各趟车之间亦有时间间隔,所以实际的蒸发吸热量会略小于计算值。

12.2.4　通风空调系统经济比较

本节从通风空调系统初投资和运行费两方面对新型空气—水通风空调系统方案与传统全空气通风空调系统方案进行了分析,有了一个综合的经济比较。

以江南西站为例,与全空气集中通风空调系统的比较见表12-5所列。

通风空调系统经济比较表（万元）　　　　　　　　　表 12-5

投资项目	新型空气—水通风空调系统	全空气通风空调系统
通风空调系统设备投资	1135	1000~1500
通风空调系统土建投资	255	555
年耗电费	1587	1660

新型空气—水通风空调系统方案的初投资较传统全空气通风空调系统方案有较大降低，可以带来很好的经济效益。就通风空调系统运行情况和费用而言，新型的空气—水通风空调系统控制相对灵活，能够根据地下车站内部的负荷的变化调整风机盘管启停组数，改变送风量；同时在不同季节，根据室外空气温度的变化，合理选用新风量，充分利用室外新风降低地下车站内部的空气温度，减少风机盘管承担的冷负荷。在城市轨道交通地下车站的通风空调系统中，风机的能耗通常占据很大比例。新型的空气—水通风空调系统中每个风机盘管电机仅用于提供站台的循环风量，因而，所需功率较小；室外新风经过新风风道送入站内，由于新风风量较小，同时不再经过空调机组等阻力部件，因此新风风机能耗也不是很高。计算表明，新型空气—水通风空调系统的风机运行能耗要低于定风量全空气通风空调系统，因此新型空气—水通风空调系统要比定风量通风空调系统更加实用，运行上也更加节能。

与全空气变频系统比较，新型空气—水系统调节能力有限，只能够分组控制表冷器启停组数，能耗要大于理想变频全空气系统。

综上所述，新型的空气—水通风空调系统吸取了全空气变频通风空调系统易于调节的优点，克服了定风量通风空调系统无法根据负荷变化细致调节的缺点。结合新型空气—水通风空调系统减少了通风空调机房中空调机组的布置面积，节省了大量土建投资，因而对暗挖型式的地下车站引入新型空气—水通风空调系统无疑是一种有效的城市轨道交通地下车站通风空调系统形式。

12.2.5　相关数据和调查报告

1. 附件一：原始测试数据

表 12-6~表 12-9 为广州地铁 2 号线江南西站温度测试数据。

站台温度测试数据（°）　　　　　　　　　表 12-6

站台	1	2	3	4
05:00:00~06:00:00	22.94	23.41	22.85	22.00
06:00:00~07:00:00	23.21	23.83	24.15	22.77
07:00:00~08:00:00	21.75	22.52	23.18	23.53
08:00:00~09:00:00	21.78	22.36	23.08	23.55
09:00:00~10:00:00	21.57	22.14	22.96	23.35

续表

站台	1	2	3	4
10:00:00~11:00:00	21.91	21.97	22.84	23.24
11:00:00~12:00:00	21.29	22.00	22.68	23.17
12:00:00~13:00:00	21.50	22.04	22.77	23.13
13:00:00~14:00:00	21.55	22.07	22.84	23.15
14:00:00~15:00:00	21.58	22.10	22.85	23.22
15:00:00~16:00:00	21.53	22.24	22.77	23.40
16:00:00~17:00:00	21.75	22.26	22.82	23.41
17:00:00~18:00:00	21.78	22.29	22.94	23.36
18:00:00~19:00:00	21.81	22.28	22.87	23.32
19:00:00~20:00:00	21.66	22.27	22.79	23.37
20:00:00~21:00:00	21.60	22.62	23.04	23.79
21:00:00~22:00:00	21.70	22.74	23.12	23.93
22:00:00~23:00:00	21.88	23.15	23.51	24.46

南站厅温度测试数据（℃）　　　　表 12-7

南站厅	5	6	7	8
05:00:00~06:00:00	27.07	27.16	27.60	27.23
06:00:00~07:00:00	26.28	26.44	26.62	26.78
07:00:00~08:00:00	24.26	24.59	25.44	24.71
08:00:00~09:00:00	23.95	24.27	25.09	24.36
09:00:00~10:00:00	23.90	24.19	24.99	24.30
10:00:00~11:00:00	23.91	24.16	25.12	24.26
11:00:00~12:00:00	23.95	24.26	25.14	24.30
12:00:00~13:00:00	23.80	24.07	25.01	24.16
13:00:00~14:00:00	23.69	24.00	24.95	24.07
14:00:00~15:00:00	23.95	24.25	25.30	24.32
15:00:00~16:00:00	24.57	24.84	26.27	24.66
16:00:00~17:00:00	24.24	24.60	25.55	24.48
17:00:00~18:00:00	23.81	24.14	25.00	24.21
18:00:00~19:00:00	23.74	24.15	24.93	24.18
19:00:00~20:00:00	23.97	24.34	25.30	24.21
20:00:00~21:00:00	24.26	24.52	25.59	24.46
21:00:00~22:00:00	24.46	24.86	26.00	24.70
22:00:00~23:00:00	24.89	25.15	26.28	24.95

第12章 城市轨道交通通风空调新技术应用运营案例及实效

南站厅楼梯温度测试数据（℃）　　　　表12-8

南站厅楼梯	9	10	11	12	13
05:00:00~06:00:00	27.04	26.88	26.35	26.06	24.56
06:00:00~07:00:00	25.43	25.27	24.36	24.25	23.96
07:00:00~08:00:00	24.23	24.48	23.33	23.15	22.76
08:00:00~09:00:00	23.97	24.26	23.15	22.98	22.69
09:00:00~10:00:00	23.88	24.17	23.05	22.91	22.59
10:00:00~11:00:00	23.87	24.18	23.17	23.00	22.55
11:00:00~12:00:00	23.73	23.94	22.92	22.72	22.26
12:00:00~13:00:00	23.68	23.99	22.86	22.75	22.42
13:00:00~14:00:00	23.65	23.95	22.93	22.85	22.52
14:00:00~15:00:00	23.82	24.02	23.12	22.94	22.48
15:00:00~16:00:00	24.03	24.09	23.40	23.11	22.27
16:00:00~17:00:00	23.91	24.04	23.18	22.90	22.40
17:00:00~18:00:00	23.80	24.02	23.07	22.91	22.53
18:00:00~19:00:00	23.76	23.93	23.06	22.88	22.47
19:00:00~20:00:00	23.67	23.85	22.99	22.77	22.29
20:00:00~21:00:00	23.77	23.87	23.13	22.94	22.37
21:00:00~22:00:00	23.86	23.91	23.19	23.00	22.35
22:00:00~23:00:00	24.01	24.01	23.41	23.22	22.51

车站温度测试数据（℃）　　　　表12-9

车站	站台温度	楼梯温度	站厅温度	室外温度
05:00:00~06:00:00	22.80	26.18	27.27	30.36
06:00:00~07:00:00	23.49	24.65	26.53	29.91
07:00:00~08:00:00	22.74	23.59	24.75	29.74
08:00:00~09:00:00	22.69	23.41	24.42	29.96
09:00:00~10:00:00	22.51	23.32	24.35	30.51
10:00:00~11:00:00	22.49	23.35	24.36	31.11
11:00:00~12:00:00	22.28	23.11	24.41	31.82
12:00:00~13:00:00	22.36	23.14	24.26	32.26
13:00:00~14:00:00	22.40	23.18	24.18	33.24
14:00:00~15:00:00	22.44	23.28	24.46	33.52
15:00:00~16:00:00	22.48	23.38	25.09	33.87
16:00:00~17:00:00	22.56	23.28	24.72	33.45
17:00:00~18:00:00	22.59	23.27	24.29	33.61
18:00:00~19:00:00	22.57	23.22	24.25	33.52
19:00:00~20:00:00	22.52	23.12	24.46	33.20
20:00:00~21:00:00	22.76	23.22	24.71	32.67
21:00:00~22:00:00	22.87	23.26	25.01	32.37
22:00:00~23:00:00	23.25	23.43	25.32	31.90
	22.66	23.52	24.82	32.06

2. 乘客调查报告

2004年7月10~20日，下午5~7点，在广州地铁2号线江南西站进行针对车站内环境舒适度的问卷调查。此段时间室外空气温度约为32.0℃，相对湿度为80%。

（1）问卷调查内容及被调查对象

调查采用问卷方式，共有200人参与填写问卷。

问卷包括以下5个问题：

1）（温度方面）您觉得地铁站内(　　)。

　A. 太热了，不能接受　　　　B. 比较热，但还能接受
　C. 温度正好，比较舒服　　　D. 有点冷，但还能接受
　E. 太冷了，不能接受

2）车站各处温度均匀性(　　)。

　A. 均匀，很舒适　　　　　　B. 比较均匀，比较舒适
　C. 不太均匀　　　　　　　　D. 很不均匀

3）（空气质量）您觉得地铁站内(　　)。

　A. 空气比较新鲜　　　　　　B. 空气不新鲜

4）（湿度方面）您觉得地铁站内(　　)。

　A. 有点闷热　　　　　　　　B. 不觉得闷热

5）（空气流速）您觉得地铁站内(　　)。

　A. 风太大了，不能接受　　　B. 风有点大，但还能接受
　C. 对风速比较满意　　　　　D. 没有风，不舒服

6）（噪声）您觉得地铁站内(　　)。

　A. 太吵了，很不舒服　　　　B. 有点吵，但还能接受
　C. 不觉得吵，比较安静

参与调查的人员中，共有8~13岁儿童23人，55~65岁老人35人，成年人142人（男78人，女64人），共合计200人。

（2）问卷填写结果及分析

问题1：8人选择B（比较热，但还能接受），占4%；
　　　　63人选择C（温度正好，比较舒服），占31.5%；
　　　　109人选择D（有点冷，但还能接受），占54.5%；
　　　　20人选择E（太冷了，不能接受），占10%。

分析：从调查结果可以看出，大部分被调查者认为本站环境温度偏冷，少数人感觉偏热，没有人感觉过热。这说明本站环境温度设定总体偏低，应该适度减少空调系统供冷量。

问题2：62人选择A（均匀，很舒适），占31%；
　　　　125人选择B（比较均匀，比较舒适），占62.5%；
　　　　13人选择C（不太均匀），占6.5%。

分析：从调查结果可以看出，车站的整个温度场是均匀的，能满足大部分乘客的舒适性要求。

问题3：183人选择A（空气比较新鲜），占91.5%；

17人选择B（空气不新鲜），占8.5%。

分析：根据调查结果，大部分被调查者对于本站空气质量满意。说明本站新风量满足使用要求。

问题4：8人选择A（有点闷热），占4%；

192人选择B（不觉得闷热），占96%。

分析：根据调查结果，大部分被调查者对于本站空气湿度满意。

问题5：12人选择A（风太大了，不能接受），占6%；

31人选择B（风有点大，但还能接受），占15.5%；

157人选择C（对风速比较满意），占78.5%。

分析：根据调查结果，大部分被调查者对于本站空气流速满意，少数人感觉风速偏高。从现场情况分析，感觉风速过高的被调查者填写问卷时大都是站在站台层扶梯口附近或站台层送风口附近。因为空调季节送风都是由风机盘管送出，因此该结果说明部分风机盘管的风速设定偏高，舒适度减小。

问题6：27人选择A（太吵了，很不舒服），占13.5%；

173人选择B（有点吵，但还能接受），占86.5%。

分析：根据调查结果，大部分被调查者对于本站环境噪声能够接受。

结论：经过各年龄阶段的乘客调查分析，大部分乘客对江南西站的站内环境状况包括空气的质量、温湿度、气流组织等方面比较满意。本车站的通风空调系统能够满足目前客流状况下的乘客需要，效果很好，并蕴藏着适应远期客流不断增加状况的潜力（图12-23）。

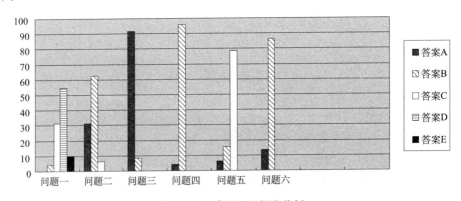

图12-23 乘客调查报告分析

12.3 城市轨道交通通风空调多功能设备集成系统的应用与测试

城市轨道交通通风空调多功能设备集成系统具有崭新而独特的特点，北京地铁5号线、北京地铁4号线、北京地铁6号线等城市轨道交通实际工程中，都采用了城市轨道交通通风空调多功能设备集成系统，下面以北京地铁5号线为例，系统分析该集成系统的功能与适应性，并对该系统进行的测试和分析情况进行介绍。

12.3.1 概述

1. 设计范围

北京地铁 5 号线的通风空调系统设计范围为：16 座地下车站、各地下车站两端的地下区间隧道及折返线等车站配线隧道、6 座地上车站。

本节所述的北京地铁 5 号线的车站和区间情况论述及通风空调模拟，是以《北京地铁 5 号线的初步设计》文件为基础而定的，与目前实际运营的北京 5 号线情况有局部差别。

2. 车站

全线共设 16 座地下车站，车站概况见表 12-10 所列。

车站概况表　　　　表 12-10

车站名称	车站形式	站台宽度（m）	备注
宋家庄	单层地下侧式	10	换乘站
刘家窑	双层地下岛式	12	
蒲黄榆	双层地下岛式	12	
天坛东门	双层地下岛式	14	
磁器口	双层地下岛式	12	
崇文门	双层地下岛式	14	换乘站
东单	双层地下岛式	14	换乘站
灯市口	双层地下岛式	12	
东四	双层地下岛式	14	换乘站
张自忠路	双层地下岛式	12	
北新桥	双层地下岛式	12	
雍和宫	三层地下混合式	混合宽度	换乘站
和平里北街	双层地下岛式	12	
和平西桥	双层地下岛式	12	
北土城东路	双层地下岛式	12	
干杨树	单层地下侧式	4×2	

3. 区间隧道

全线地下区间隧道长约 17.11km，地下区间隧道及地下车站除车站出入口、风亭及两端区间隧道洞口外，基本与大气隔绝，概况见表 12-11 所列。

区间隧道概况表　　　　表 12-11

区段名称	长度（m）	区间隧道形式	典型区间隧道断面图
洞口—宋家庄	630	矩形双线（有中隔墙）	图 12-24
宋家庄—刘家窑	1665	圆形单线	图 12-25
刘家窑—蒲黄榆	900	马蹄形单线	
蒲黄榆—天坛东门	1945	马蹄形单线	
天坛东门—磁器口	1145	马蹄形单线	图 12-26
磁器口—崇文门	875	马蹄形单线	
崇文门—东单	810	马蹄形单线	

第12章 城市轨道交通通风空调新技术应用运营案例及实效

续表

区段名称	长度（m）	区间隧道形式	典型区间隧道断面图
东单—灯市口	968	圆形单线	图 12-25
灯市口—东四	833	圆形单线	
东四—张自忠路	1024	圆形单线	
张自忠路—北新桥	788	圆形单线	
北新桥—雍和宫	873	圆形单线	
雍和宫—和平里北街	1174	圆形单线	
和平里北街—和平西桥	1010	马蹄形单线	图 12-26
和平西桥—北土城东路	1040	马蹄形单线	图 12-26
北土城东路—干杨树	1120	马蹄形单线	图 12-26
干杨树—洞口	310	矩形双线	图 12-27

4. 迂回风道及活塞风道

为减少闭式运行活塞风对车站的影响，在双洞区间隧道地下车站的端部设置迂回风道。迂回风道内部设置电动卷帘门，面积为 $30m^2$。

由于北京地铁5号线线路均走在规划道路下面，道路红线较宽，风亭要控制在道路红线以外，活塞风道势必过长，活塞风效果不明显，因此地下车站均未设置活塞风道。

5. 通风亭

每个地下车站的两端各设置一座新风井和一座排风井，风井面积根据通风量确定。

蒲黄榆—天坛东门特长区间中部设区间隧道中间风井，风井内置风机，在区间隧道通风和区间隧道事故工况时运行。

6. 吊装孔和运输通道

通风空调机房布置考虑设备吊装、运输和安装用的吊孔和通道，地下双层车站的通风空调机房根据需要设置吊装孔，其尺寸根据最大吊装设备设置。

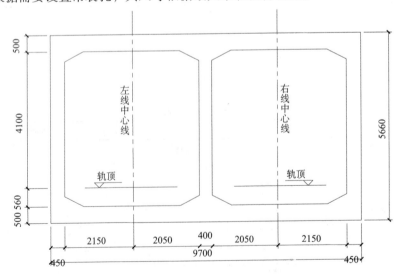

图 12-24 区间隧道双跨直线段矩形断面形式

12.3 城市轨道交通通风空调多功能设备集成系统的应用与测试

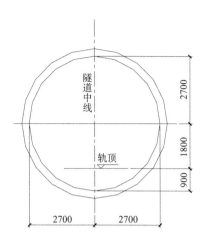

图 12-25 盾构区间隧道断面形式图

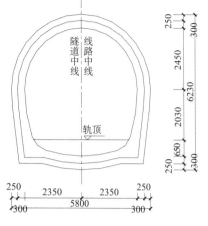

图 12-26 区间隧道单洞直线段马蹄形断面形式

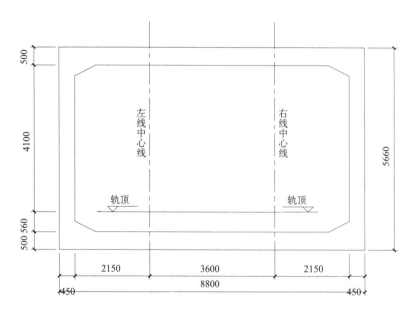

图 12-27 区间隧道单跨直线段矩形断面形式

12.3.2 输入数据

1. 列车行车计划、站间运行时间、停站时间、运行交路及站位

(1) 5 号线全日列车运行计划见表 12-12 所列。

全日列车运行计划表　　　　　　　表 12-12

时间＼年限	开通期	初期	近期	远期
5:00~6:00	4	6	10	10
6:00~7:00	8	10	12	15
7:00~8:00	12	15	15+5	20+10

425

续表

年限 时间	开通期	初期	近期	远期
8:00~9:00	8	12	15	15
9:00~10:00	6	10	12	15
10:00~11:00	6	10	12	15
11:00~12:00	6	8	10	12
12:00~13:00	6	8	10	12
13:00~14:00	6	8	10	12
14:00~15:00	6	8	10	12
5:00~16:00	6	10	12	15
16:00~17:00	8	10	12	15
17:00~18:00	10	12	15	16+8
18:00~19:00	8	10	12	15
19:00~20:00	8	10	10	12
20:00~21:00	6	8	10	12
21:00~22:00	6	6	8	10
22:00~23:00	4	6	8	10
合计	124	167	188+5	243+18

（2）站间运行时间、停站时间见表 12-13 所列。

站间运行时间、停站时间表　　　　表 12-13

车站	停站时间（s）	站间运行时间（s）
宋家庄	35	—
宋家庄—刘家窑	—	116
刘家窑	25	—
刘家窑—蒲黄榆	—	104
蒲黄榆	25	—
蒲黄榆—天坛东门	—	170
天坛东门	30	—
天坛东门—磁器口	—	70
磁器口	25	—
磁器口—崇文门	—	78
崇文门	25	—
崇文门—东单	—	100
东单	25	—
东单—灯市口	—	66
灯市口	20	—

续表

车站	停站时间（s）	站间运行时间（s）
灯市口—东四	—	82
东四	20	—
东四—张自忠路	—	62
张自忠路	25	—
张自忠路—北新桥	—	82
北新桥	25	—
北新桥—雍和宫	—	80
雍和宫	25	—
雍和宫—和平里北街	—	98
和平里北街	25	—
和平里北街—和平西桥	—	80
和平西桥	25	—
和平西桥—北土城东路	—	82
北土城东路	25	—
北土城东路—干杨树	—	94
干杨树	25	—

（3）列车运行交路如图12-28所示。

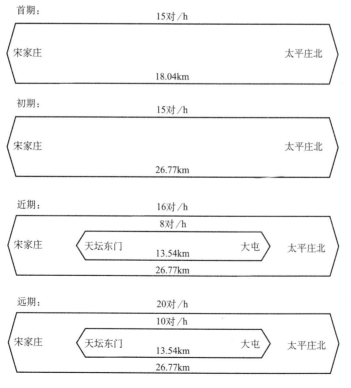

图12-28 列车运行交路图

（4）站位及站间距见表 12-14 所列。

站位及站间距表　　　　　　表 12-14

车站	中心里程	站间距（m）
宋家庄	K0+430	—
宋家庄—刘家窑	—	1665
刘家窑	K2+095	—
刘家窑—蒲黄榆	—	900
蒲黄榆	K2+995	—
蒲黄榆—天坛东门	—	1945
天坛东门	K4+940	—
天坛东门—磁器口	—	1145
磁器口	K6+085	—
磁器口—崇文门	—	875
崇文门	K6+950	—
崇文门—东单	—	810
东单	K7+770	—
东单—灯市口	—	968
灯市口	K8+738	—
灯市口—东四	—	833
东四	K9+571	—
东四—张自忠路	—	1024
张自忠路	K10+595	—
张自忠路—北新桥	—	788
北新桥	K11+383	—
北新桥—雍和宫	—	873
雍和宫	K12+256	—
雍和宫—和平里北街	—	1174
和平里北街	K13+430	—
和平里北街—和平西桥	—	1010
和平西桥	K14+440	—
和平西桥—北土城东路	—	1040
北土城东路	K15+480	—
北土城东路—干杨树	—	1120
干杨树	K16+600	—

2. 客流量

远期（2031 年）高峰小时断面流量见表 12-15 所列。

12.3 城市轨道交通通风空调多功能设备集成系统的应用与测试

远期（2031年）高峰小时断面流量　　　　表 12-15

北行			站别	南行		
上车	下车	断面流量		断面流量	上车	下车
13921	0		宋家庄		0	10419
		13921		10419		
4116	356		刘家窑		737	4174
		17681		13856		
6465	672		蒲黄榆		1121	6471
		26378		22030		
7570	1368		天坛东门		1550	6744
		32580		27224		
5719	2043		磁器口		2044	5487
		36256		30667		
3237	3167		崇文门		3119	3275
		36326		30823		
3332	2199		东单		1958	2905
		37459		30770		
1620	1275		灯市口		956	1806
		37804		32620		
1701	1679		东四		1464	2413
		37826		33569		
3555	2686		张自忠路		2831	3072
		38695		33810		
3306	3140		北新桥		3025	3088
		38861		33873		
4961	3662		雍和宫		3588	4686
		40160		34971		
2626	4959		和平里北街		4091	1393
		37827		32273		
2746	5687		和平西桥		4725	1288
		34886		28836		
2154	6095		北土城东路		5223	1382
		30945		24995		
1940	6960		干杨树		5722	934
		25925		20207		
1114	5221		大屯		4067	481
		21818		16621		
699	4185		公路一环		3238	244
		18332		13627		
501	3916		大羊坊		3458	233
		14917		10402		
341	3701		立水桥		3218	162
		11557		7346		
151	3051		立水桥北		2533	58
		5557		4821		
60	2030		太平庄		1682	18
		3587		3157		
0	3587		太平庄北		3157	0

3. 车辆

列车长度：120m，6节编组（3动3拖）。

车辆最大宽度：2800mm。

车辆高度：3700mm（车顶距轨顶面高度）。

动车空车重量：不大于36t。

拖车空车重量：不大于29t。

额定载客量：带司机室车：230人（座席不少于36人）；
　　　　　　不带司机室车：242人（座席不少于46人）。

乘客平均重量：60kg/人。

正常运行列车平均加速度：不小于 $0.83m/s^2$。

正常运行列车平均制动减速度：不小于 $0.94m/s^2$。

紧急制动平均减速度：不小于 $1.2m/s^2$。

每节动车内安装4台牵引电机,电机功率为180kW/台。

牵引电机效率：85%；额定工作电压：750V。

列车辅助设备功率（不含空调）：10kW。

列车刹车制动采用再生回收。

每节列车设两台车顶单元式空调。

列车燃烧发热量：5MW。

4. 区间隧道

区间隧道横断面积：19.2m^2、18.7m^2、22.9m^2。

钢筋混凝土衬砌厚度：350~600mm。

衬砌导热系数：$\lambda = 1.55$W/m·K。

衬砌导温系数：$\alpha = 7.39 \times 10^{-7}$ m^2/s。

5. 土壤热工特性

导热系数：$\lambda = 1.367$W/m·K。

导温系数：$\alpha = 7.74 \times 10^{-7}$ m^2/s。

土壤温度：12℃。

6. 车站设备

照明：20W/m^2。

广告牌：按实际设计数量每台以400W计算。

自动扶梯：按实际电机功率进行计算。

售票机：按实际设计数量每台以300W计算。

检票机：按实际设计数量每台以220W计算。

指示牌、导向牌：按实际设计数量每块以100W计算。

7. 壁面产湿量

车站侧墙、顶板、底板按1~2g/m^2·h计算。

区间隧道壁面按1~2g/m^2·h计算。

8. 人员负荷

上车客流车站停留时间为4min,其中集散厅停留1.5min,站台停留2.5min。下车客流车站停留时间为3min,集散厅、站台各停留1.5min。

乘客在车站区域人体产热按145W/人计算,乘客在列车上人体产热按111W/人计算。

12.3.3 设计原则及标准

1. 设计原则

（1）地下车站空调通风系统按闭式系统设计。

（2）通风空调系统设计按远期2031年晚高峰运营条件设计。

（3）北京地铁5号线通风与空调系统应为乘客提供较舒适的乘车环境,为地铁工作人员和设备提供良好的工作条件。当发生火灾时,通风及空调系统应为乘客和消防人员提供新鲜的空气并排除烟气,以保证乘客安全地疏散。阻塞运行时,区间隧道的空气温度应满足列车空调器的运行要求。

（4）本设计按区间隧道、站厅或站台同时只有一处发生火灾事故考虑。

(5) 通风及空调系统应采用技术先进、可靠性高、节省空间、便于安装和维护、运行安全且高效低耗的设备。空调通风设备全部国产化。

2. 设计标准

(1) 设计计算参数标准

1) 空气计算参数及标准

空调室外计算干球温度：32.0℃；

空调室外计算相对湿度：65%；

夏季通风室外计算温度：25.8℃；

冬季通风室外计算温度：-5.0℃。

集散厅：干球温度：30.0℃，相对湿度范围：45%~65%。

站台：干球温度：29.0℃，相对湿度范围：45%~65%。

列车：干球温度：27.0℃，相对湿度范围：45%~65%。

区间隧道允许最高平均干球温度 正常运行≤35.0℃，阻塞运行≤40.0℃。

空调送风温差：$\triangle T \approx 10℃$。

设备及管理用房设计参数见表 12-16 所列。

设备及管理用房设计参数　　　　表 12-16

房间名称	室内空气计算温度（℃）		小时换气次数		备注
	冬季	夏季	进风	排风	
站长室	16	27	6	6	空调
站务室	16	27	6	6	空调
会议室	16	27	6	6	空调
车站控制室	18	27	6	4	空调
公安值班室	16	27	6	6	空调
更衣室	16	27	6	6	空调
清扫工具室	—	—	自然进风	4	通风
茶水室	—	—	自然进风	10	通风
盥洗室	—	—	自然进风	4	通风
男女洗手间	—	—	自然进风	每坑位按 100m³/h	通风
补票亭	16	27	6	6	空调
乘务员休息室	16	27	6	6	空调
车站备品库	—	—	自然进风	3	通风
通风空调机房	—	—	6	6	通风
气瓶室	—	—	自然进风	3	通风
整流变压器室	18	36	—	—	通风或冷风降温
高压室	18	36	—	—	通风或冷风降温
低压室	18	36	—	—	通风或冷风降温
控制室	18	27	6	6	空调
检修室	16	27	6	6	空调

续表

房间名称	室内空气计算温度（℃）		小时换气次数		备注
	冬季	夏季	进风	排风	
照明配电室	16	30	—	—	空调
酸性蓄电池室	16	30	自然进风	18	通风
碱性蓄电池室	16	30	自然进风	6	通风
电缆井	—	—	自然进风	3	通风
AFC用房	16	27	—	—	空调
通信设备室	16	27	—	—	空调
通信电源设备室	16	27	—	—	空调
信号设备室	16	27	—	—	空调
人防信号室	16	27	6	6	空调
信号电源设备室	16	27	—	—	空调
电梯/扶梯机房	—	30	自然进风	8	通风
污水泵房	5	—	自然进风	4	通风
废水泵房	5	—	自然进风	4	通风
备用房	16	27	6	6	空调

2）人员新风量标准

空调季节每个计算人员按≥12.6m^3/人·h计，且新风量不小于系统总风量的10%；非空调季节每个计算人员按30m^3/人·h计，且换气次数大于5次。

3）空气质量标准

二氧化碳浓度：<1‰；

含尘浓度：<0.5mg/m^3。

4）流速设计标准

区间隧道阻塞通风风速：≥2.0m/s；

区间隧道内事故排烟风速：≥2.0m/s；

钢制风管最大排烟风速：≤20m/s；

钢制风管：主风管风速：<10m/s；

　　　　　分支风管风速：5~6m/s；

　　　　　设备管理用房进、排风总管：<5m/s；

混凝土风道最大排烟风速：≤15m/s；

混凝土风道风速：≤6m/s；

风亭百叶迎面风速：3~4m/s（百叶有效面积取75%）；

消声器片间最大风速：≤10m/s。

5）噪声标准

正常运营时：

站厅、站台：≤70dB（A）；

车站管理用房：≤60dB（A）；

地面风亭符合《声环境质量标准》(GB 3096—2008)。

6) 防排烟设计标准

车站站厅、站台的排烟量应按每分钟每平方米建筑面积 $1m^3$ 计算，排烟设备应按同时排除两个防烟分区的烟量配置。

超过 20m 的封闭内走道及超过 60m 的地下通道应有排烟设施，排烟口距最不利排烟点不应超过 30m。

7) 设备选型附加系数

风量流量：$K = 1.10$；

风压扬程：$K = 1.15 \sim 1.20$；

冷量：$K = 1.10$。

8) 风亭设置要求

地面进风风亭设在空气洁净的地方，周围 30m 范围内禁止设置垃圾收集站或三类以下（含三类）的厕所，周围 100m 范围内禁止排放有毒有害气体、恶臭气体以及超过污染物排放标准的烟尘、粉尘、污水和固体废弃物。任何建筑物距通风亭的口部直线距离不小于 10m。当进排风亭合建时，排风口应比进风口高 5m。

进风亭百叶底部距地面高度大于 2m，当布置在绿化地带内时，高度可降低至 1m。

当进风亭与排风亭合建时，进风口与排风口方向尽量错开，避免二次污染，各风口边沿之间的距离一般 ≥5m。

12.3.4 通风空调系统制式和组成

1. 通风空调系统制式

根据《地铁设计规范》(GB 50157—2003) 第 6.2.1 条规定：夏季当地最热月平均温度超过 25℃，且地下铁道高峰时间内每小时行车对数和每列车车辆数乘积大于 180 时，可采用空调系统。北京最热月空气平均温度为 25.8℃，大于 25℃，北京地铁 5 号线高峰小时地铁列车对数为 30 对/h（远期），每列车 6 节编组，两者乘积为 180。因此北京地铁 5 号线考虑采用空调系统。

目前城市轨道交通所采用的通风、空调系统形式主要有以下几种：

（1）开式：地下车站及区间隧道与外界大气相同，活塞风、机械通风成为车站及区间隧道通风降温的主要方式。

（2）闭式：地下线路内部与外界大气相隔。但补充少量新鲜空气组织气流内部循环。地下车站内部的降温主要依靠空气调节装置。

（3）屏蔽门式：区间隧道与地下车站以屏蔽门为界，严格划分为两个区域。区间隧道、涤洗车站的通风、空调系统完全独立，自成体系。

根据模拟分析，北京地铁 5 号线若采用屏蔽门式通风空调系统，车站的空调负荷及设备装机容量仅为采用非屏蔽门式通风空调系统的 1/3，通风空调系统的用电能耗接近不设置屏蔽门系统时的 2/3。因此在空调季节期间，屏蔽门式通风空调系统对节省通风空调系统的运行能耗是非常有利的。对于空调季节较长的地区，由于可采用国产屏蔽门，同时通风空调系统装机容量大大减少，导致通风空调系统设备投资和车站的土建投资减少，增加屏蔽门设备的初投资可以在比较短的时间内收回。

但是，对于北京地铁特定的情况来说，由于全年需要空调的期间比较短，屏蔽门式通风空调系统全年仅能节能运行约 3 个月左右。而地下车站内的发热量全年却是比较恒定的，如果采用屏蔽门式通风空调系统，就无法在非空调季节充分利用列车活塞风作用从车站出入口或活塞风道吸入室外冷空气为地下车站和区间隧道降温，从而使屏蔽门式通风空调系统的空调运行及车站机械通风时间延长。采用屏蔽门式通风空调系统，车站两端需设活塞风道来冷却区间隧道，但由于北京地铁 5 号线线路均走在规划道路下面，而且地面道路的红线较宽，风亭要控制在道路红线以外，活塞风道势必过长，严重影响活塞风效果，造成区间隧道内部空气超温，必须用机械通风的方式来冷却区间隧道，从而增加系统的运行能耗。考虑到以上综合因素，屏蔽门式通风空调系统全年运行就达不到预期的节能作用，而且还增加了管理的复杂性和费用。经初步估算，北京增加屏蔽门设备的初投资要经过 20 年左右的时间才能收回。

因此，对于北京市这样的空调季节时间较短，冬季室外空气温度较低的城市轨道交通工程来说，采用无屏蔽门的开式与闭式结合的空调通风系统更为合适。

2. 通风空调系统组成

北京地铁 5 号线通风空调系统由以下四部分组成：
1）车站站厅和站台公共区空调、通风兼防排烟系统；
2）车站设备及管理用房空调、通风兼防排烟系统；
3）空调水系统；
4）区间隧道正常通风及事故通风系统。

（1）车站公共区通风空调系统

车站公共区空调采用全空气通风空调系统。由于北京地铁 5 号线地下线路主要布置在红线较宽的道路下方，风道较长，为有效利用风道长度节约车站内机房面积，在车站两端的送风道内设置了可电动开启式表冷器，并利用车站送排风道及其内部的送风机和排风机、自动清洗式空气过滤器、消声器、组合风阀等组成空气处理系统。通过风阀的转换及表冷器的开启，该系统能满足空调季节最小新风运行、过渡季节全新风运行和非空调季节的通风运行。

车站公共区空调、通风系统同时兼做站台、站厅的排烟系统，排风机兼排烟风机。

站厅和站台采用上送上回排的气流组织方式，回排风管兼火灾时排烟管。站台层空调回排风管设置在车行道上方，采用土建结构风道形式。风口设于列车空调冷凝器位置的对应位置。车站设置站台板下的回/排风风道，用于不同季节的回/排风，站台板下的排风口均匀布置。

（2）区间隧道通风系统

区间隧道通风系统正常运行时，利用列车活塞风作用带来的车站气流冷却区间隧道。

车站每端的车站送排风机同时兼做区间隧道的夜间及事故通风机。另外，在蒲黄榆至天坛东门的特长区间隧道的中部设置区间隧道中间风亭及区间隧道中间风井风机，在火灾和阻塞工况时，本车站与相邻车站的风机或区间隧道风机联合运行对区间隧道进行排烟或通风。在正常运行时，可组成纵向夜间通风系统。

由于宋家庄站后设有折返线，宋家庄至洞口的活塞风速低，故不需设置洞口空气幕来减少车站与外界的空气交换。而且外界空气能进入洞口至折返线的隧道，但不进入车站，有利于利用自然通风作用冷却区间隧道。干杨树站至洞口为单洞双线区间隧道，活塞风速低，亦不需设置洞口空气幕。

蒲黄榆至天坛东门，和平里北街至和平西桥区间设有存车线及渡线。由于配线影响，阻塞和火灾时，正线气流不易组织。因此在该区段考虑设置区间隧道射流风机。

车站送风机和排风机前后设置扩压器和消声器。区间隧道风机为在150℃条件下可持续有效运行1h的耐高温设备，且要求能正反转，正反风比为100%，正反向转换时间<1min。风机通过变频控制，使风量、风压满足列车阻塞、火灾运行以及各工况下的节能运行要求。

双洞区间隧道车站端部设置迂回风道，以减少闭式运行活塞风对车站的影响。若车站两端的区间隧道为盾构法施工时，则迂回风道设置在车站内，若为其他方法施工时，则迂回风道设在区间隧道内。迂回风道内部设置电动卷帘门。根据模拟计算，迂回风道应设置在地下车站的站前或站后约30m处，面积按30m^{2}设置。

（3）车站设备及管理用房通风空调系统

北京地铁5号线地下车站的站厅层和站台层虽设有集中式空调通风系统，但由于设备及管理用房与车站公共区的全年空调、通风系统使用时间并不同步，总结了其他各线的经验后，采用了独立于车站公共区的通风空调系统。设备及管理用房采用全空气通风空调系统，设置空调机组及回/排风机，根据要求进行空气过滤和除湿降温处理。

设备及管理用房的排风系统兼排烟系统。在发生火灾时，回/排风机兼排烟风机，根据火灾发生的具体位置组织排烟。

设备及管理用房一般采用上送上回方式，但对于发热量较高且有通风要求的电气设备房采用下送上回方式。

蓄电池室、泵房、气体消防室、茶水间、厕所、清扫间、垃圾间等用房设置独立的排风系统。

（4）空调水系统

车站公共区的空调冷源供应根据车站冷负荷选择了2台制冷能力相同的水冷螺杆式冷水机组。冷冻水泵、冷却水泵及冷却塔与冷水机组台数相对应。设备及管理用房独立设置一台水冷冷水机组，冷冻水泵、冷却水泵及冷却塔亦独立设置，但空调水系统与车站公共区冷源间设置了连通管，达到备用的目的。冷冻站集中设置在车站一端的空调通风机房内。

空调冷冻水温度为：供水7℃，回水12℃；冷却水温度为：供水32℃，回水37℃。冷冻水系统采用一次泵系统，可度开启式表冷器或空调机组的水系统设置了电动二通阀，供/回水干管或集水器和分水器间设置了压差式旁通阀。

由于空调水管冬季有泄水防冻要求，在北京地铁5号线应用的空调水管采用了衬塑钢管，避免泄水后普通钢管的氧化腐蚀问题。

12.3.5 正常工况模拟结果

1. 车站空调冷负荷计算结果

北京地铁5号线的车站冷负荷分析见表12-17～表12-32所列。

宋家庄站车站负荷分析表　　　　表 12-17

序号	分项	负荷
1	列车运行产热（kW）	956
2	区间隧道传热量（kW）	216
3	列车产热带入车站部分（kW）	496
4	人体在车站上散热（kW）	256
5	人体在车上散热带入车站部分（kW）	169
6	区间隧道照明发热（kW）	102
7	其他发热量（kW）	206
8	发热量汇总（kW）	1228
9	人体在车站上散湿（kg/h）	429
10	区间隧道散湿量（kg/h）	21
11	其他散湿量（kg/h）	220
12	散湿量汇总（kg/h）	670
13	热湿比 ε（kJ/kg）	6600
14	计算送风量 L（$\times 10^4 \mathrm{m}^3/\mathrm{h}$）	21.9
15	新风量（$\times 10^4 \mathrm{m}^3/\mathrm{h}$）	2.2
16	计算盘管系统冷负荷（kW）	1507

刘家窑站车站负荷分析表　　　　表 12-18

序号	分项	负荷
1	列车运行产热（kW）	1188
2	区间隧道传热量（kW）	291
3	列车产热带入车站部分（kW）	601
4	人体在车站上散热（kW）	97
5	人体在车上散热带入车站部分（kW）	164
6	区间隧道照明发热（kW）	139
7	其他发热量（kW）	18
8	发热量汇总（kW）	1020
9	人体在车站上散湿（kg/h）	239
10	区间隧道散湿量（kg/h）	28
11	其他散湿量（kg/h）	34
12	散湿量汇总（kg/h）	301
13	热湿比 ε（kJ/kg）	12205
14	计算送风量 L（$\times 10^4 \mathrm{m}^3/\mathrm{h}$）	28.3
15	新风量（$\times 10^4 \mathrm{m}^3/\mathrm{h}$）	2.8
16	计算盘管系统冷负荷（kW）	1335

12.3 城市轨道交通通风空调多功能设备集成系统的应用与测试

蒲黄榆站车站负荷分析表　　　　　　　　　　　　表12-19

序号	分项	负荷
1	列车运行产热（kW）	1318
2	区间隧道传热量（kW）	358
3	列车产热带入车站部分（kW）	644
4	人体在车站上散热（kW）	152
5	人体在车上散热带入车站部分（kW）	182
6	区间隧道照明发热（kW）	139
7	其他发热量（kW）	20
8	发热量汇总（kW）	1137
9	人体在车站上散湿（kg/h）	322
10	区间隧道散湿量（kg/h）	35
11	其他散湿量（kg/h）	34
12	散湿量汇总（kg/h）	390
13	热湿比 ε（kJ/kg）	10497
14	计算送风量 L（$\times 10^4 \mathrm{m}^3/\mathrm{h}$）	28.4
15	新风量（$\times 10^4 \mathrm{m}^3/\mathrm{h}$）	2.8
16	计算盘管系统冷负荷（kW）	1452

天坛东门站车站负荷分析表　　　　　　　　　　　　表12-20

序号	分项	负荷
1	列车运行产热（kW）	1695
2	区间隧道传热量（kW）	388
3	列车产热带入车站部分（kW）	875
4	人体在车站上散热（kW）	179
5	人体在车上散热带入车站部分（kW）	257
6	区间隧道照明发热（kW）	139
7	其他发热量（kW）	22
8	发热量汇总（kW）	1473
9	人体在车站上散湿（kg/h）	408
10	区间隧道散湿量（kg/h）	38
11	其他散湿量（kg/h）	34
12	散湿量汇总（kg/h）	480
13	热湿比 ε（kJ/kg）	11053
14	计算送风量 L（$\times 10^4 \mathrm{m}^3/\mathrm{h}$）	35.1
15	新风量（$\times 10^4 \mathrm{m}^3/\mathrm{h}$）	3.5
16	计算盘管系统冷负荷（kW）	1825

磁器口站车站负荷分析表 表12-21

序号	分项	负荷
1	列车运行产热（kW）	1407
2	区间隧道传热量（kW）	255
3	列车产热带入车站部分（kW）	772
4	人体在车站上散热（kW）	158
5	人体在车上散热带入车站部分（kW）	212
6	区间隧道照明发热（kW）	139
7	其他发热量（kW）	15
8	发热量汇总（kW）	1296
9	人体在车站上散湿（kg/h）	377
10	区间隧道散湿量（kg/h）	25
11	其他散湿量（kg/h）	34
12	散湿量汇总（kg/h）	435
13	热湿比 ε（kJ/kg）	10718
14	计算送风量 L（$\times 10^4 m^3/h$）	32.4
15	新风量（$\times 10^4 m^3/h$）	3.2
16	计算盘管系统冷负荷（kW）	1633

崇文门站车站负荷分析表 表12-22

序号	分项	负荷
1	列车运行产热（kW）	1170
2	区间隧道传热量（kW）	212
3	列车产热带入车站部分（kW）	642
4	人体在车站上散热（kW）	132
5	人体在车上散热带入车站部分（kW）	227
6	区间隧道照明发热（kW）	139
7	其他发热量（kW）	12
8	发热量汇总（kW）	1151
9	人体在车站上散湿（kg/h）	338
10	区间隧道散湿量（kg/h）	21
11	其他散湿量（kg/h）	34
12	散湿量汇总（kg/h）	392
13	热湿比 ε（kJ/kg）	10578
14	计算送风量 L（$\times 10^4 m^3/h$）	28.8
15	新风量（$\times 10^4 m^3/h$）	2.9
16	计算盘管系统冷负荷（kW）	1469

12.3 城市轨道交通通风空调多功能设备集成系统的应用与测试

东单站车站负荷分析表　　　　　　　　　　　　　　表 12-23

序号	分项	负荷
1	列车运行产热（kW）	1226
2	区间隧道传热量（kW）	204
3	列车产热带入车站部分（kW）	685
4	人体在车站上散热（kW）	107
5	人体在车上散热带入车站部分（kW）	221
6	区间隧道照明发热（kW）	139
7	其他发热量（kW）	13
8	发热量汇总（kW）	1165
9	人体在车站上散湿（kg/h）	301
10	区间隧道散湿量（kg/h）	20
11	其他散湿量（kg/h）	34
12	散湿量汇总（kg/h）	355
13	热湿比 ε（kJ/kg）	11822
14	计算送风量 L（$\times 10^4 m^3/h$）	30.6
15	新风量（$\times 10^4 m^3/h$）	3.1
16	计算盘管系统冷负荷（kW）	1492

灯市口站车站负荷分析表　　　　　　　　　　　　　表 12-24

序号	分项	负荷
1	列车运行产热（kW）	1253
2	区间隧道传热量（kW）	193
3	列车产热带入车站部分（kW）	711
4	人体在车站上散热（kW）	57
5	人体在车上散热带入车站部分（kW）	184
6	区间隧道照明发热（kW）	139
7	其他发热量（kW）	13
8	发热量汇总（kW）	1104
9	人体在车站上散湿（kg/h）	227
10	区间隧道散湿量（kg/h）	19
11	其他散湿量（kg/h）	34
12	散湿量汇总（kg/h）	279
13	热湿比 ε（kJ/kg）	14241
14	计算送风量 L（$\times 10^4 m^3/h$）	34.5
15	新风量（$\times 10^4 m^3/h$）	3.5
16	计算盘管系统冷负荷（kW）	1453

东四站车站负荷分析表　　　　　　　　　　　表12-25

序号	分项	负荷
1	列车运行产热（kW）	1295
2	区间隧道传热量（kW）	199
3	列车产热带入车站部分（kW）	734
4	人体在车站上散热（kW）	73
5	人体在车上散热带入车站部分（kW）	182
6	区间隧道照明发热（kW）	139
7	其他发热量（kW）	13
8	发热量汇总（kW）	1142
9	人体在车站上散湿（kg/h）	251
10	区间隧道散湿量（kg/h）	19
11	其他散湿量（kg/h）	34
12	散湿量汇总（kg/h）	303
13	热湿比 ε（kJ/kg）	13550
14	计算送风量 L（$\times 10^4 m^3/h$）	33.6
15	新风量（$\times 10^4 m^3/h$）	3.4
16	计算盘管系统冷负荷（kW）	1486

张自忠路站车站负荷分析表　　　　　　　　　表12-26

序号	分项	负荷
1	列车运行产热（kW）	1253
2	区间隧道传热量（kW）	193
3	列车产热带入车站部分（kW）	711
4	人体在车站上散热（kW）	126
5	人体在车上散热带入车站部分（kW）	210
6	区间隧道照明发热（kW）	139
7	其他发热量（kW）	13
8	发热量汇总（kW）	1199
9	人体在车站上散湿（kg/h）	329
10	区间隧道散湿量（kg/h）	19
11	其他散湿量（kg/h）	34
12	散湿量汇总（kg/h）	382
13	热湿比 ε（kJ/kg）	11313
14	计算送风量 L（$\times 10^4 m^3/h$）	31.6
15	新风量（$\times 10^4 m^3/h$）	3.2
16	计算盘管系统冷负荷（kW）	1532

12.3 城市轨道交通通风空调多功能设备集成系统的应用与测试

北新桥站车站负荷分析表   表 12-27

序号	分项	负荷
1	列车运行产热（kW）	1142
2	区间隧道传热量（kW）	176
3	列车产热带入车站部分（kW）	648
4	人体在车站上散热（kW）	129
5	人体在车上散热带入车站部分（kW）	219
6	区间隧道照明发热（kW）	139
7	其他发热量（kW）	12
8	发热量汇总（kW）	1147
9	人体在车站上散湿（kg/h）	227
10	区间隧道散湿量（kg/h）	19
11	其他散湿量（kg/h）	34
12	散湿量汇总（kg/h）	279
13	热湿比 ε（kJ/kg）	14241
14	计算送风量 L（$\times 10^4 m^3/h$）	34.5
15	新风量（$\times 10^4 m^3/h$）	3.5
16	计算盘管系统冷负荷（kW）	1453

雍和宫站车站负荷分析表   表 12-28

序号	分项	负荷
1	列车运行产热（kW）	1407
2	区间隧道传热量（kW）	216
3	列车产热带入车站部分（kW）	798
4	人体在车站上散热（kW）	174
5	人体在车上散热带入车站部分（kW）	227
6	区间隧道照明发热（kW）	164
7	其他发热量（kW）	15
8	发热量汇总（kW）	1377
9	人体在车站上散湿（kg/h）	401
10	区间隧道散湿量（kg/h）	21
11	其他散湿量（kg/h）	38
12	散湿量汇总（kg/h）	461
13	热湿比 ε（kJ/kg）	8923
14	计算送风量 L（$\times 10^4 m^3/h$）	26
15	新风量（$\times 10^4 m^3/h$）	2.6
16	计算盘管系统冷负荷（kW）	1444

和平里北街站车站负荷分析表　　　　表 12-29

序号	分项	负荷
1	列车运行产热（kW）	1504
2	区间隧道传热量（kW）	250
3	列车产热带入车站部分（kW）	840
4	人体在车站上散热（kW）	135
5	人体在车上散热带入车站部分（kW）	227
6	区间隧道照明发热（kW）	139
7	其他发热量（kW）	16
8	发热量汇总（kW）	1356
9	人体在车站上散湿（kg/h）	343
10	区间隧道散湿量（kg/h）	24
11	其他散湿量（kg/h）	34
12	散湿量汇总（kg/h）	401
13	热湿比 ε（kJ/kg）	10770
14	计算送风量 L（$\times 10^4 \mathrm{m}^3/\mathrm{h}$）	30
15	新风量（$\times 10^4 \mathrm{m}^3/\mathrm{h}$）	3.0
16	计算盘管系统冷负荷（kW）	1523

和平西桥站车站负荷分析表　　　　表 12-30

序号	分项	负荷
1	列车运行产热（kW）	1421
2	区间隧道传热量（kW）	257
3	列车产热带入车站部分（kW）	780
4	人体在车站上散热（kW）	149
5	人体在车上散热带入车站部分（kW）	220
6	区间隧道照明发热（kW）	139
7	其他发热量（kW）	15
8	发热量汇总（kW）	1303
9	人体在车站上散湿（kg/h）	334
10	区间隧道散湿量（kg/h）	17
11	其他散湿量（kg/h）	34
12	散湿量汇总（kg/h）	385
13	热湿比 ε（kJ/kg）	10720
14	计算送风量 L（$\times 10^4 \mathrm{m}^3/\mathrm{h}$）	28.7
15	新风量（$\times 10^4 \mathrm{m}^3/\mathrm{h}$）	2.9
16	计算盘管系统冷负荷（kW）	1463

北土城东路站车站负荷分析表　　　　　　　　　　　　　　表 12-31

序号	分项	负荷
1	列车运行产热（kW）	1504
2	区间隧道传热量（kW）	272
3	列车产热带入车站部分（kW）	825
4	人体在车站上散热（kW）	153
5	人体在车上散热带入车站部分（kW）	227
6	区间隧道照明发热（kW）	139
7	其他发热量（kW）	16
8	发热量汇总（kW）	1359
9	人体在车站上散湿（kg/h）	369
10	区间隧道散湿量（kg/h）	26
11	其他散湿量（kg/h）	34
12	散湿量汇总（kg/h）	429
13	热湿比 ε（kJ/kg）	11547
14	计算送风量 L（$\times 10^4 m^3/h$）	35.5
15	新风量（$\times 10^4 m^3/h$）	3.5
16	计算盘管系统冷负荷（kW）	1732

干杨树站车站负荷分析表　　　　　　　　　　　　　　表 12-32

序号	分项	负荷
1	列车运行产热（kW）	1212
2	区间隧道传热量（kW）	200
3	列车产热带入车站部分（kW）	678
4	人体在车站上散热（kW）	160
5	人体在车上散热带入车站部分（kW）	215
6	区间隧道照明发热（kW）	102
7	其他发热量（kW）	299
8	发热量汇总（kW）	1453
9	人体在车站上散湿（kg/h）	380
10	区间隧道散湿量（kg/h）	19
11	其他散湿量（kg/h）	318
12	散湿量汇总（kg/h）	717
13	热湿比 ε（kJ/kg）	6808
14	计算送风量 L（$\times 10^4 m^3/h$）	24.2
15	新风量（$\times 10^4 m^3/h$）	2.4
16	计算盘管系统冷负荷（kW）	1648

2. 正常工况区间隧道空气温度模拟结果

在北京地铁 5 号线可行性研究阶段 STESS 模拟计算的基础上，结合最新的土建及通风空调系统的配置资料，对北京地铁 5 号线的典型区段（宋家庄洞口—磁器口车站）进行了 SES 模拟计算。

正常工况区间隧道空气温度模拟曲线如图 12-29、图 12-30 所示。

通过模拟得出结论：远期夏季热环境，由于在地下车站设有空调，地下车站内部空气不会超温；区间隧道空气温度亦能达到要求温度。图 12-29 为各区段均按每 2min 1 列车的模拟结果，图 12-30 为各区段按实际情况，即宋家庄~天坛东门每 3min 1 列车估算的模拟结果。

12.3.6 阻塞工况模拟结果

典型区段（宋家庄站~磁器口站）阻塞工况模拟结果如图 12-31~图 12-33 所示。

通过模拟得出结论：在阻塞工况下，区间隧道空气温度能满足小于 40℃ 的要求；标准的双洞单线区间的风速能满足大于 2m/s 的要求，但洞口段须将宋家庄站的车站风机风量增加至 70m³/s，存车线段须增加射流风机以达到风速标准。

12.3.7 火灾工况模拟结果

典型区段（宋家庄站~磁器口站）火灾工况模拟结果如图 12-34~图 12-36 所示。

通过模拟得出结论：在火灾工况下，标准的双洞单线区间的风速能满足大于 2m/s 的要求，但洞口段须将宋家庄站的车站风机风量增加至 70m³/s，存车线段须增加射流风机以达到风速标准。

12.3.8 车站公共区通风空调系统全年运行工况分析与运行模式

1. 车站公共区通风空调系统全年运行工况分析

车站公共区通风空调系统根据室外气象条件分为空调季节小新风运行工况、空调季节全新风运行工况和非空调季节通风运行工况。

（1）空调季节小新风运行工况

当外界空气焓值高于车站通风空调系统的回风空气焓值时，采用小新风空调运行，一部分排风排出车站外，另一部分回风循环使用。另外，根据负荷的变化，调节冷水机组的制冷量，并利用变频风机调节与冷量相适应的风量，达到节能效果。

（2）空调季节全新风运行

当外界空气焓值低于或等于车站通风空调系统的回风空气焓值时，采用全新风空调运行，表冷器处理室外新风后送至空调区域，排风则全部排至车站外。

（3）非空调季节通风运行

当外界空气温度低于车站通风空调系统的送风温度时，停止冷水机组运行，控制可电动开启式表冷器开启，外界空气不经冷却处理直接送至车站的公共区，排风则全部排出车站外界。

冬季室外气温低，采用活塞风从出入口自然换气的方式或采用变风量机械通风，保证车站有足够的新鲜空气，并可保证冬季全线车站空气温度不低于 7℃，但不高于 16℃。此

12.3 城市轨道交通通风空调多功能设备集成系统的应用与测试

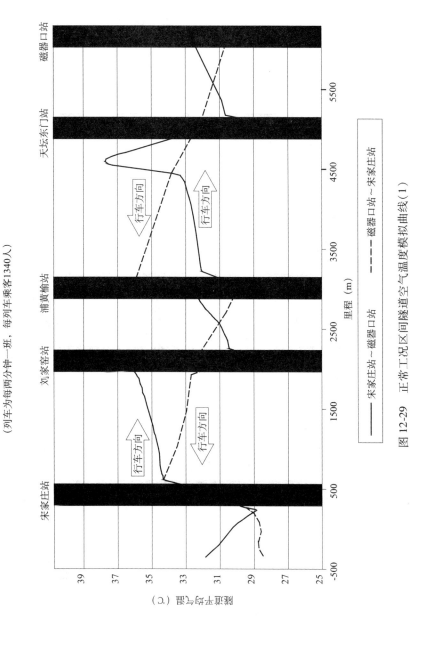

图 12-29 正常工况区间隧道空气温度模拟曲线（1）

第12章 城市轨道交通通风空调新技术应用运营案例及实效

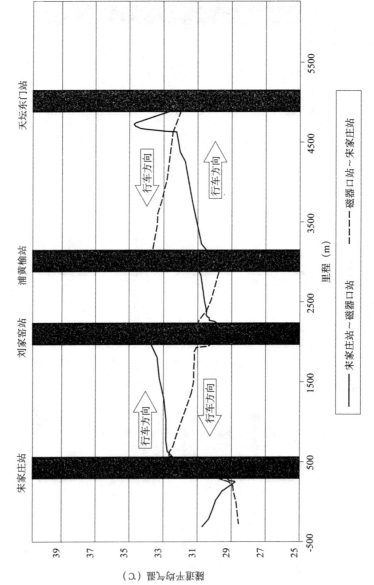

图12-30 正常工况区间隧道空气温度模拟曲线（2）

12.3 城市轨道交通通风空调多功能设备集成系统的应用与测试

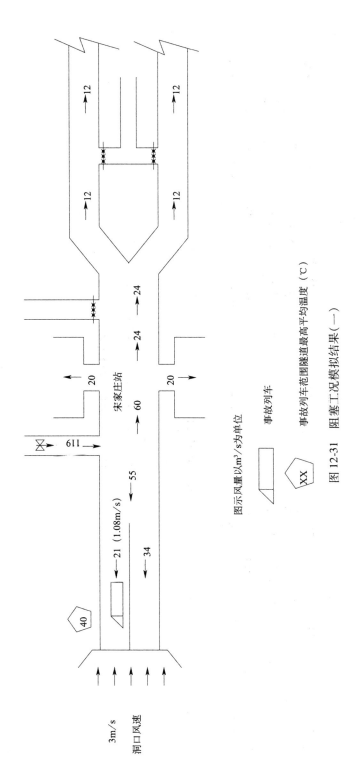

图 12-31 阻塞工况模拟结果（一）

第12章 城市轨道交通通风空调新技术应用运营案例及实效

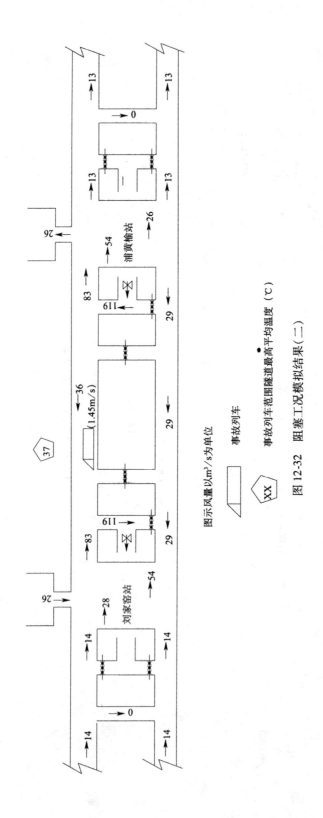

图12-32 阻塞工况模拟结果（二）

12.3 城市轨道交通通风空调多功能设备集成系统的应用与测试

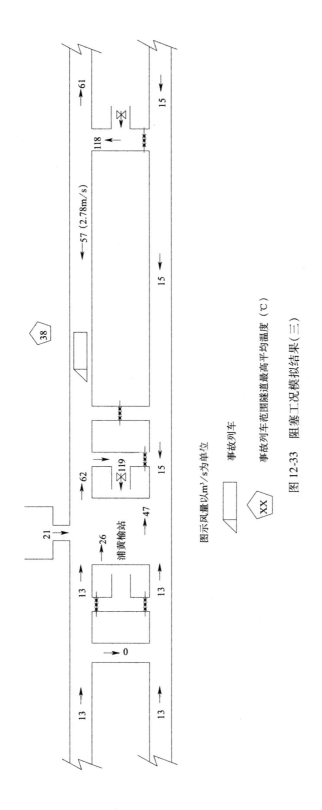

图12-33 阻塞工况模拟结果(三)

第 12 章 城市轨道交通通风空调新技术应用运营案例及实效

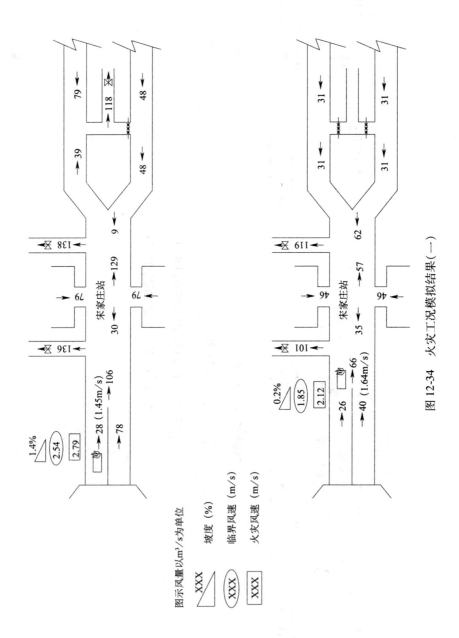

图 12-34 火灾工况模拟结果（一）

12.3 城市轨道交通通风空调多功能设备集成系统的应用与测试

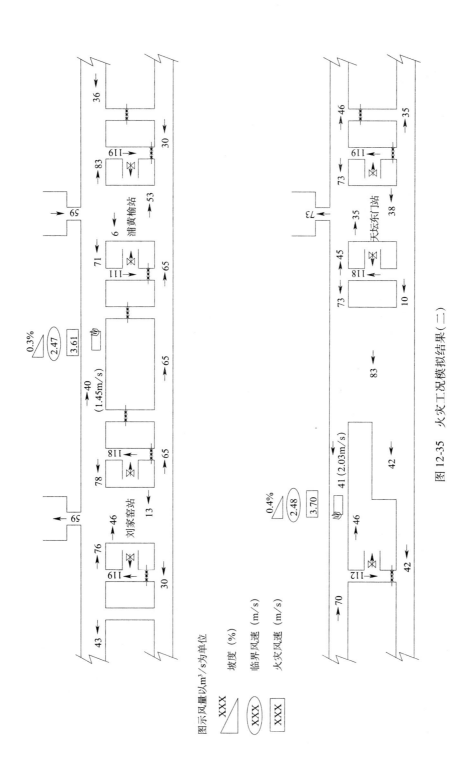

图12-35 火灾工况模拟结果(二)

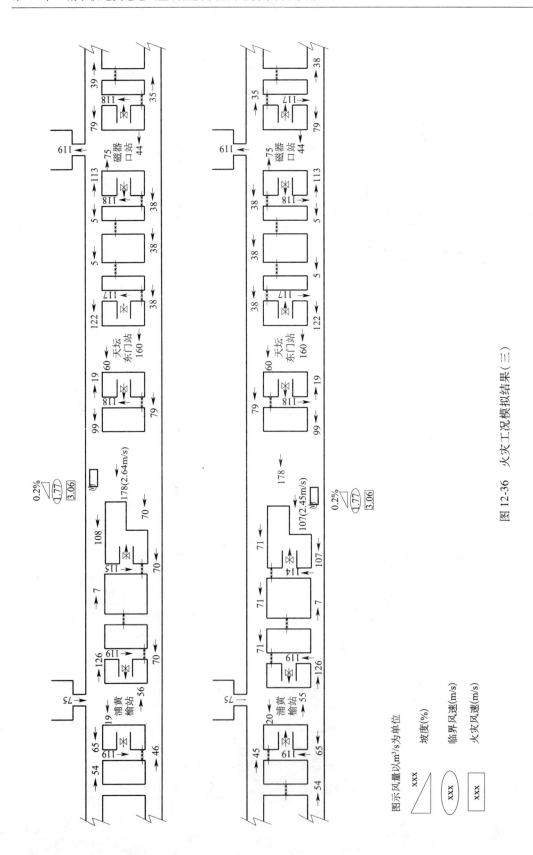

图 12-36 火灾工况模拟结果（三）

时,可通过吹扫将组成可电动开启式表冷器的若干个小表冷器中的冷冻水泄空,防止冻裂。

2. 通风空调系统运行模式

(1) 区间隧道通风系统运行模式

1) 正常运行

利用列车运行产生的活塞风作用携带部分车站气流冷却区间隧道。

2) 夜间运行(空调季节或通风季节)

采用夜间通风,目的在于利用北京室外空气的日夜温差进行蓄冷降温,抑制白天站台或区间隧道空气温度的上升。利用车站送/排风机通风,采用隔站送排的方式运行。为使各站之间冷却均匀,每隔几天应将送/排的车站进行对调。

3) 阻塞运行

当列车因故障或前方车站未发车而必须停在区间隧道超过 4min 时,每站的 4 台车站送/排风机同时送风或排风,采用隔站送排的方式运行,车站的通风空调系统正常运行。由于送风采用的是空调风,可以确保控制区间隧道内部的空气温度在可接受范围内。

4) 火灾事故运行

当列车在区间隧道内起火时,应根据列车起火的不同部位采用不同的事故通风运行方式,当区间隧道内列车的一个端头着火时,列车着火端下游站的车站风机均进行排风,上游站的车站风机均进行送风。乘客向上游车站撤离。

区间隧道内列车的中部着火时,距列车较近的车站的车站风机进行送风,较远的车站的车站风机进行排风。乘客向较近的车站撤离。

在以上两种排烟工况运行模式中,其通风空调机房内的可电动开启式表冷器及空气过滤器均控制开启。

(2) 车站公共区通风空调系统运行模式

1) 正常运行

根据全年运行工况分析进行运行。

2) 火灾事故运行

车站内发生火灾时,立即停止车站空调水系统,自动开启可电动开启式表冷器和空气过滤器,转换车站公共区通风空调系统进入火灾模式。

当站台层发生火灾时,站台回/排风系统进入排烟状态,同时站厅内送风。

当站厅层发生火灾时,站厅回/排风系统进入排烟状态,同时站台内送风。

3) 人防清洁式通风

人防清洁式通风采用平战结合方式。战时开启风道中密闭门上的送/排风机及部分平时通风设备,即开启车站一端的一台设备及管理用房空调机组内的送风机,另一端的一台设备及管理用房回排风机与风道中密闭门上的送/排风机以串联方式进行送风和排风;通风管则利用公共区的送风管和排风管,设备及管理用房风管与公共区风管之间设置常闭防火阀,且平时隔断,战时开启。若设备及管理用房风机与人防风机不匹配,可在通风空调机房内设置人防接力风机。

12.3.9 正常通风空调工况的效果实测

1. 测试背景与目的

为验证城市轨道交通通风空调多功能设备集成系统在正常工况下运行的实际效果，分别选择夏季典型日与冬季典型日，对北京地铁 5 号线的东单车站的通风空调多功能设备集成系统的实际运行情况进行了现场实测，获得了车站与区间隧道的热环境参数，并检验了城市轨道交通通风空调多功能设备集成系统的实际应用效果。

2. 测试仪器与方案

测试中所用仪器主要包括各类空气温度或温/湿度传感器、风速传感器与水流量传感器。其中，单一型空气温度传感器采用清华同方 RHLOG 智能型温度自计仪，温/湿度一体型传感器采用清华同方 RHLOG 智能型温湿度自计仪，风速传感器采用转杯风速自计仪，水流量传感器采用 SCL-6 型数字式超声波流量计（图 12-37～图 12-40）。

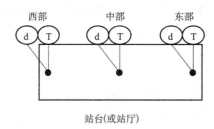

图 12-37　车站空气热环境参数测点布置示意图（T 表示空气温度测点，d 表示空气湿度测点）

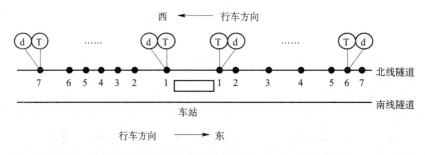

图 12-38　区间隧道空气与壁面热环境参数测点布置示意图（T 表示空气温度测点，d 表示空气湿度测点）

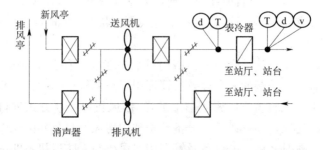

图 12-39　送风参数测点布置示意图（T 表示空气温度测点，d 表示空气湿度测点，v 表示风速测点）

12.3 城市轨道交通通风空调多功能设备集成系统的应用与测试

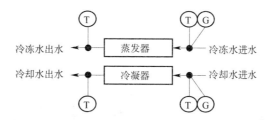

图 12-40 空调系统冷水机组运行参数测点布置示意图（T 表示温度测点，G 表示流量测点）

3. 测试结果分析

（1）通风空调多功能设备集成系统夏季运行实测

通过测试得到了城市轨道交通通风空调多功能设备集成系统正常工况下车站夏季热环境参数实测曲线（图 12-41～图 12-45）及正常工况下车站夏季热环境参数统计结果（表 12-33～表 12-38）。

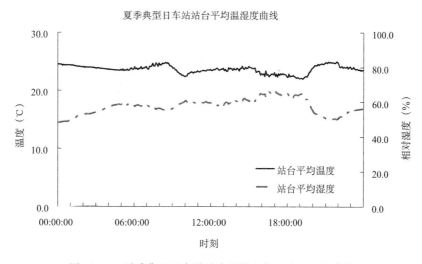

图 12-41 夏季典型日车站站台平均空气温度与湿度曲线

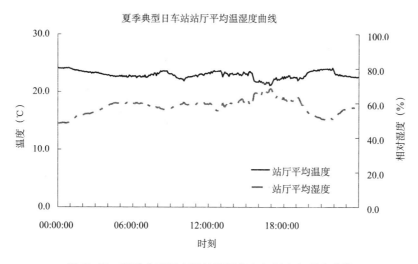

图 12-42 夏季典型日车站站厅平均空气温度与湿度曲线

455

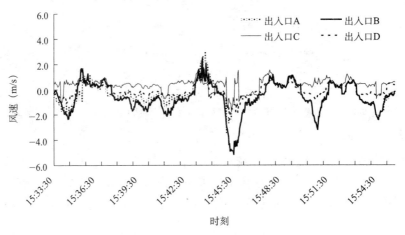

图 12-43　夏季典型日车站出入口空气流速曲线

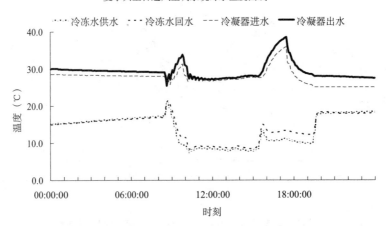

图 12-44　夏季典型日车站通风空调系统冷水温度曲线

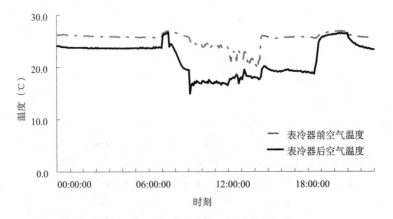

图 12-45　夏季典型日通风空调系统表冷器前后空气温度曲线

夏季车站热环境参数测试结果统计 表12-33

车站位置	空气温度（℃）			空气湿度（%）		
	最高	最低	平均	最高	最低	平均
室外	27.4	19.6	22.3	65.0	41.0	54.6
站台	25.0	22.0	23.7	66.3	48.1	57.5
站厅	24.2	21.1	23.0	68.5	48.2	58.0
表冷器前	27.0	19.6	25.3	69.2	44.1	51.3
表冷器后	26.6	15.0	21.7	87.5	46.2	61.2

夏季车站冷水系统参数测试结果统计 表12-34

车站位置	温度（℃）		
	最高	最低	平均
冷冻水供水	20.6	7.6	13.7
冷冻水回水	21.4	8.3	14.3
冷凝器进水	35.8	25.1	27.7
冷凝器出水	38.5	25.5	29.4

夏季区间隧道热环境参数测试结果统计（1） 表12-35

北线东隧道位置	温度（℃）			湿度（%）		
	最高	最低	平均	最高	最低	平均
空气测点1	26.9	22.7	24.7	54.00	32.60	43.8
空气测点2	27.6	24.0	25.9	58.30	45.80	52.2
空气测点3	27.3	24.2	25.7	—	—	—
空气测点4	27.6	24.7	26.1	56.90	47.90	53.4
空气测点5	27.8	25.0	26.3	54.30	42.90	50.1

夏季区间隧道热环境参数测试结果统计（2） 表12-36

北线西隧道位置	温度（℃）			湿度（%）		
	最高	最低	平均	最高	最低	平均
空气测点1	25.4	23.0	24.1	62.2	48.6	55.9
空气测点2	25.6	23.5	24.3	60.7	49.4	55.4
空气测点3	25.0	23.5	24.2	60.7	49.1	55.6
空气测点4	25.2	24.1	24.6	62.2	51.0	57.3
空气测点5	25.3	24.3	24.8	57.3	45.7	51.8

夏季区间隧道热环境参数测试结果统计（3） 表12-37

北线东隧道位置	温度（℃）		
	最高	最低	平均
壁面测点1	25.2	23.7	24.3
壁面测点2	25.9	24.4	25.2

北线东隧道位置	温度（℃）		
	最高	最低	平均
壁面测点 3	26.0	24.7	25.4
壁面测点 4	26.2	25.2	25.7
壁面测点 5	26.0	24.9	25.5

夏季区间隧道热环境参数测试结果统计（4） 表 12-38

北线西隧道位置	温度（℃）		
	最高	最低	平均
壁面测点 1	24.0	23.3	23.6
壁面测点 2	24.0	23.4	23.7
壁面测点 3	24.0	23.6	23.9
壁面测点 4	24.4	24.1	24.2
壁面测点 5	24.6	24.3	24.5

车站空气热环境参数的变化受多方面因素的影响，主要包括室外气象条件、列车发车对数、车站客流、通风空调设备开启情况等。由测试数据可以看出，在每日凌晨北京地铁 5 号线通风空调系统停止运营时，车站的站厅、站台空气温度变化情况与室外气象条件变化规律一致，但站内空气参数的变化幅度明显小于室外空气参数变化幅度。

在每日运行时段的早高峰时期（早 8 点左右），由于列车发车对数随客流量明显上升，车站空气温度有一定升高，此时车站冷水系统尚未开启。在每日运行时段的冷水机组开启时期（早 9 点左右至晚 21 点左右）内，车站通风空调系统向站内空间输送较低温度的空气，将车站冷却，站内空气温度维持在 23～24℃ 左右。由于晚高峰时段（晚 18 点左右）冷水机组仍然处于开启状态，因而列车与客流的上升并未导致站内空气温度的明显上升。在晚间冷水机组停止运行后（晚 21 点左右），由于没有低温空气持续送入站内，在列车与客流发热的影响下，车站空气温度在短时间内明显回升，至晚 23 点左右地铁系统停止运营为止，空气温度有一定回升。站厅通过出入口与外界相连，在测试期间，站厅空气温度一般低于站台空气温度 1～2℃ 左右。站厅与站台的空气湿度差异不大，全天中站厅与站台的空气相对湿度差值在 ±5% 左右。由车站夏季全天热环境参数变化情况可以看出，在通风空调多功能设备集成系统正常运行工况下，车站空气温度和湿度情况均能满足人员热舒适要求，符合《地铁设计规范》（GB 50157—2003）第 12.2.11 条规定。

通风空调多功能设备集成系统的冷冻水供/回水温差为回水温度减去供水温度，此温差在冷水机组开启时一般在 2℃ 左右；冷凝器进出水温差为出水温度减去进水温度，此温差在冷水机组开启时一般在 2.5℃ 左右。表冷器前后空气温度差值为表冷器前空气温度减去表冷器后空气温度，在冷水机组开启时，表冷器前后空气温差一般在 6℃ 左右，送风温度一般在 20℃ 左右。由测试数据可以看出，通风空调多功能设备集成系统的风机与冷水机组运行情况稳定正常。

由测试数据可以看出，车站各个出入口空气流动情况不尽相同，其中出口 B 测得的风速较其他出入口稍高。车站出入口空气流动具有一定的周期性，主要与列车周期到站或离站有关，由测试曲线可看出较为明显的周期性特征。各个出入口风速大小一般不超过2m/s，只有在某些短暂时间内风速较高，并不会给进出站的乘客带来不适感，符合《地铁设计规范》（GB 50157—2003）第12.2.20条规定。

区间隧道一般不与外界空气相连（除区间风井外），区间隧道内部的空气温度主要受列车运行情况影响较大。

通过实测数据可以看出，在每日凌晨北京地铁5号线停运时期，各位置的区间隧道空气温度变化趋势一致，且与车站及室外空气温度变化趋势一致，至凌晨5点左右出现当日最低空气温度。当日间列车运行时期内，由于列车运行产生的热量（主要为刹车散热），各位置的区间隧道空气温度在每日5点之后（地铁开始运营）均有明显提升，并且伴随着列车周期性的运行，各位置的区间隧道空气温度均有较大幅度的波动。在早晚高峰时段（早8点左右，晚18点左右），随着列车运行对数与客流量的增加，各位置的区间隧道空气温度有较大幅度的增长，可由数据曲线看到较为明显的"波峰"。由于列车发热主要为刹车散热，因而上游区间隧道（北线东区间隧道）的空气温度的数值与波动幅度均明显大于下游区间隧道（北线西区间隧道）。全天中，上游区间隧道空气温度的平均值一般为24.5~26.5℃，波动范围一般在3~4℃左右，下游区间隧道空气温度的平均值一般为23.9~25.0℃，波动范围一般在2℃左右，符合《地铁设计规范》（GB 50157—2003）第12.2.3条规定。

此外，由于车站通风空调系统的冷水机组设备开启，站台日平均空气温度一般为23.7~24.3℃，所以上下游区间隧道的空气温度一般略高于站台空气温度，区间隧道接近车站位置的空气温度一般低于区间隧道中部位置的空气温度。相比于空气温度，区间隧道的壁面温度具有相似的变化规律，但变化幅度小于区间隧道空气温度的波动幅度，区间隧道壁面温度全天中的变化一般不超过2℃，且区间隧道壁面日平均温度低于同位置的区间隧道空气日平均温度。

（2）通风空调多功能设备集成系统冬季运行实测

通过测试得到了通风空调多功能设备集成系统正常工况下车站冬季热环境参数实测曲线（图12-46、图12-47）及正常工况下车站冬季热环境参数统计结果（表12-39~表12-43）。

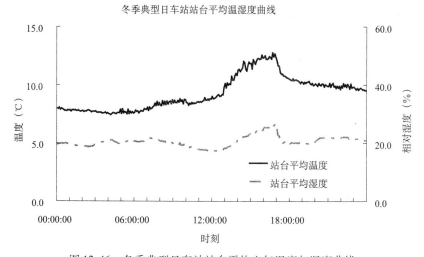

图12-46 冬季典型日车站站台平均空气温度与湿度曲线

第12章 城市轨道交通通风空调新技术应用运营案例及实效

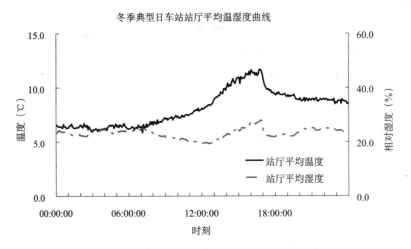

图 12-47 冬季典型日车站站厅平均空气温度与湿度曲线

冬季车站热环境参数测试结果统计　　　　表 12-39

车站位置	温度（℃）			湿度（%）		
	最高	最低	平均	最高	最低	平均
站台西侧	12.7	6.6	9.0	26.1	16.1	19.9
站台中部	13.2	9.0	10.5	26.1	16.4	19.8
站台东侧	12.5	6.1	8.4	28.0	18.7	22.0
站厅西侧	11.7	5.3	8.1	29.8	20.5	24.9
站厅中部	12.0	6.0	8.4	26.5	18.0	21.5
站厅东侧	11.5	5.0	7.8	—	—	—
西北出口	10.4	2.9	6.7	28.2	17.3	22.7
东南出口	9.3	1.4	5.2	31.1	20.2	25.3

冬季区间隧道热环境参数测试结果统计（1）　　　　表 12-40

北线东隧道位置	温度（℃）			湿度（%）		
	最高	最低	平均	最高	最低	平均
空气测点1	15.5	6.8	10.4	23.6	15.9	19.2
空气测点2	15.6	8.0	11.8	25.4	16.5	20.5
空气测点3	16.0	9.2	12.9	23.9	15.3	19.0
空气测点4	15.9	10.1	13.5	25.4	16.8	20.1
空气测点5	16.0	11.3	14.2	23.9	15.5	18.4
空气测点6	16.1	11.8	14.1	22.5	14.9	17.4
空气测点7	16.3	14.4	15.1	23.0	14.8	17.9

车站空气热环境参数的变化受多方面因素的影响，主要包括室外气象条件、列车发车对数、车站客流、通风空调设备开启情况等。

冬季区间隧道热环境参数测试结果统计（2） 表 12-41

北线西隧道位置	温度（℃）			湿度（%）		
	最高	最低	平均	最高	最低	平均
空气测点 1	13.4	7.0	9.7	—	—	—
空气测点 2	13.4	8.5	10.7	27.9	18.2	22.1
空气测点 3	13.9	9.3	11.6	25.8	16.9	20.6
空气测点 4	13.7	10.3	11.9	27.1	18.1	21.5
空气测点 5	13.9	11.1	12.7	26.9	17.1	20.6
空气测点 6	14.0	11.8	13.0	27.9	17.8	21.4
空气测点 7	14.8	11.2	13.2	—	—	—

冬季区间隧道热环境参数测试结果统计（3） 表 12-42

北线东隧道位置	温度（℃）		
	最高	最低	平均
壁面测点 1	13.0	9.8	11.1
壁面测点 2	13.9	10.5	12.0
壁面测点 3	14.8	11.4	13.3
壁面测点 4	15.0	12.6	14.1
壁面测点 5	15.3	13.4	14.5
壁面测点 6	15.4	14.0	14.8
壁面测点 7	15.9	15.2	15.5

冬季区间隧道热环境参数测试结果统计（4） 表 12-43

北线西隧道位置	温度（℃）		
	最高	最低	平均
壁面测点 1	11.4	7.1	9.0
壁面测点 2	12.3	10.3	11.2
壁面测点 3	12.9	11.6	12.3
壁面测点 4	13.2	12.1	12.6
壁面测点 5	13.5	12.8	13.2
壁面测点 6	13.8	13.1	13.5
壁面测点 7	14.3	13.5	14.0

由测试数据可以看出，在每日凌晨北京地铁 5 号线系统停止运营时，车站的站厅和站台的空气温度变化情况与室外气象条件变化规律一致，但站内空气参数的变化幅度明显小于室外空气参数变化幅度，且形成"站台—站厅—室外"方向上的空气温度梯度变化。在每日运行时段的早高峰时期（早 8 点左右）与晚高峰时期（晚 17 点左右），由于列车发车对数与客流量的明显上升，车站空气温度有一定升高。站厅通过出入口与外界相连，在测试期间，室外为典型的冬季气候条件，室外空气温度较低，因而站厅空气温度一般低于

站台空气温度 1~2℃ 左右。站厅与站台的空气湿度差异不大。

区间隧道一般不与外界空气相连（除区间风井外），区间隧道内部的空气温度主要受列车运行情况影响较大，且同时受车站冬季机械通风的影响。

通过实测数据可以看出，在每日凌晨地铁停运时期，各位置的区间隧道空气温度变化趋势一致，且与车站及室外空气温度变化趋势一致，至凌晨 5 点左右出现当日最低空气温度。当日间列车运行时期内，由于列车运行产生的热量（主要为刹车散热），各位置的区间隧道空气温度在每日 5 点之后（地铁开始运营）均有明显提升，并且伴随着列车周期性的运行，各位置的区间隧道空气温度均有较大幅度的波动。在早晚高峰时段（早 8 点左右，晚 18 点左右），随着列车运行对数与客流量的增加，各位置的区间隧道空气温度有较大幅度的增长，达到一天内的最高值。由于列车发热主要为刹车散热，因而上游区间隧道（北线东区间）的空气温度的数值与波动幅度均明显大于下游区间隧道（北线西区间）。全天中，上游区间隧道空气温度的平均值一般为 9.8~15.5℃，波动范围一般在 2℃ 左右，下游区间隧道空气温度的平均值一般为 8.2~13.6℃，波动范围一般在 1℃ 左右，符合《地铁设计规范》（GB 50157—2003）第 12.2.3 条规定。

此外，由于车站日间部分时段开启机械通风，因而站台日平均空气温度一般为 7.0~11.6℃，所以上下游区间隧道的空气温度一般略高于站台空气温度，区间隧道接近车站位置的空气温度一般低于区间隧道中部位置的空气温度。相比于空气温度，区间隧道的壁面温度具有相似的变化规律，但变化幅度小于区间隧道空气温度的波动幅度，且区间隧道壁面日平均温度高于同位置的区间隧道空气日平均温度。

12.3.10 事故通风工况的效果实测

1. 地下双层车站火灾工况测试

在采用城市轨道交通通风空调多功能设备集成系统的某地下双层车站的北端站厅到站台楼梯和扶梯口处设置 1 个测量断面，记作 CZ（车站）—A，断面示意图及 CZ-A 断面测点布置如图 12-48~图 12-50 所示，共设置 31 个测点。

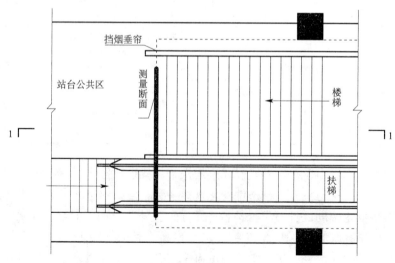

图 12-48　地下双层车站测量断面 CZ-A 位置示意平面图

12.3 城市轨道交通通风空调多功能设备集成系统的应用与测试

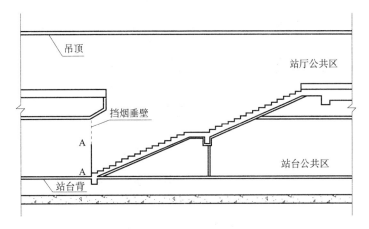

图 12-49 地下双层车站测量断面 1—1 剖面

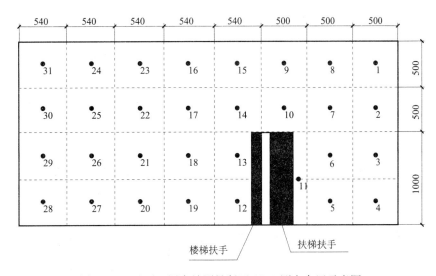

图 12-50 地下双层车站测量断面 CZ-A 测点布置示意图

检测工况为车站南端、北端站台火灾,车站通风空调系统的 4 台风机（ZSF-Ⅰ、ZSF-Ⅱ、ZPF-Ⅰ、ZPF-Ⅱ）联合排烟,楼梯口测量断面处的气流速度为 1.90m/s,符合《地铁设计规范》（GB 50157—2003）第 19.1.39 条规定。

2. 地下三层车站火灾工况测试

在某地下三层车站的南端站厅到站台楼梯和扶梯口处设置 1 个测量断面,记作 CZ（车站）—A,断面示意图及 CZ—A 断面测点布置如图 12-51 ~ 图 12-53 所示,共设置 36 个测点。

检测工况为本站南端、北端站台火灾,车站通风空调系统的 4 台风机（ZSF-Ⅰ、ZSF-Ⅱ、ZPF-Ⅰ、ZPF-Ⅱ）联合排烟,楼梯口测量断面处的气流速度为 2.28m/s,符合《地铁设计规范》（GB 50157—2003）第 19.1.39 条规定。

3. 标准区间隧道火灾工况测试

在某标准区间隧道左线内设置 1 个测量断面,记作 QJ（区间）—A,断面示意图及 QJ—A 断面测点布置如图 12-54、图 12-55 所示,共设置 46 个测点。

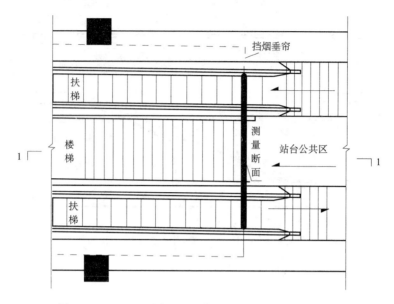

图 12-51　地下三层车站测量断面 CZ-A 位置示意平面图

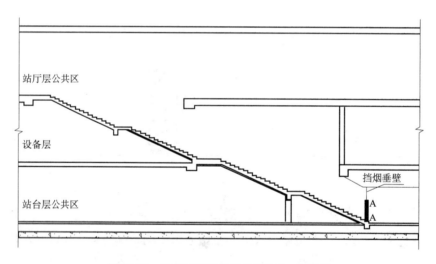

图 12-52　地下三层车站测量断面 1—1 剖面

检测工况为某标准区间隧道左线中的列车尾部发生火灾，前方车站的所有送排风机联合送风、后方车站的所有送排风机联合排烟，左线区间隧道断面处的气流速度为 2.70m/s，符合《地铁设计规范》（GB 50157—2003）第 19.1.40 条规定。

4. 长大区间隧道火灾工况测试

在某长大区间隧道右线内设置 1 个测量断面，记做 PTQJ（区间）—A，断面示意图及 PTQJ—A 断面测点布置如图 12-56、图 12-57 所示，共设置 45 个测点。

检测工况为长大区间隧道右线中的列车尾部发生火灾，前方车站、后方车站的所有送排风机、区间隧道射流风机及区间隧道中间风井的风机联合通风和排烟，右线区间隧道断面处的气流速度为 3.56m/s，符合《地铁设计规范》（GB 50157—2003）第 19.1.40 条规定。

12.3 城市轨道交通通风空调多功能设备集成系统的应用与测试

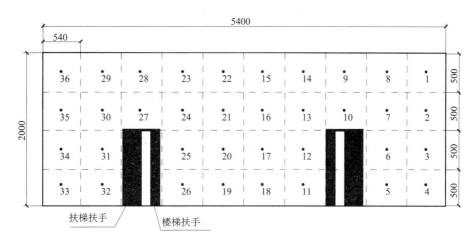

图 12-53 地下三层车站测量断面 CZ-A 测点布置示意图

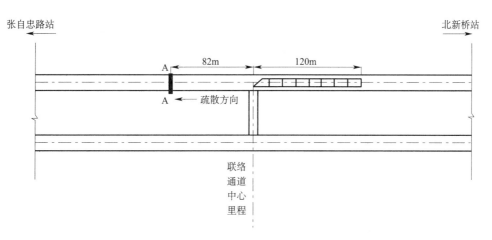

图 12-54 标准区间隧道测量断面 QJ—A 位置示意平面图

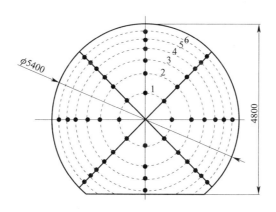

图 12-55 标准区间隧道测量断面 QJ—A 测点布置示意图

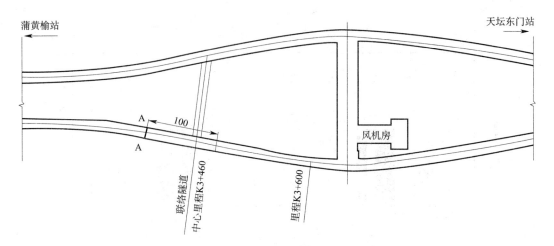

图 12-56　长大区间隧道测量断面 PTQJ—A 位置示意平面图

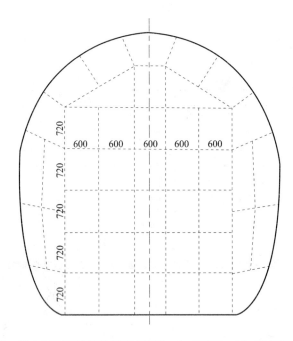

图 12-57　长大区间隧道测量断面 HHQJ—A（PTQJ—A）测点布置示意图

通过对城市轨道交通通风空调多功能设备集成系统的应用效果进行正常工况、阻塞工况和火灾工况下的模拟，并对正常工况和事故工况下的运行效果进行测试；测试数据和模拟结果均证明城市轨道交通通风空调多功能设备集成系统能够满足规范规定的技术要求，从而在理论上和实际测试上都验证了城市轨道交通通风空调多功能设备集成系统的可行性和实际效果。

12.4　严寒地区通风系统

城市轨道交通严寒地区通风系统在国内城市轨道交通中首先投入应用的实际工程是沈

阳地铁1号线，为分析论证此通风系统运行的实际效果，有关部门和单位专门组织了对沈阳地铁1号线内部空气热环境的测试。

12.4.1 测试背景与目的

沈阳地铁1号线是我国北方严寒地区修建并投入实际运营的第一条城市轨道交通线路，线路全长27.9km，共设车站22座。图12-58为沈阳地铁1号线一期工程及西延线示意图。

图12-58 沈阳地铁1号线一期工程及西延线示意图

根据沈阳市当地的气候条件，沈阳地铁1号线的通风系统进行了相应的适应性设计。地下车站的公共区采用通风系统，即没有空调系统，同时站台与区间隧道采用安全门进行分隔。为了解北方寒冷地区城市轨道交通地下车站及区间隧道内热环境情况，所进行的测试选取沈阳地铁1号线典型地下车站及区间隧道，测试冬季列车运行时，地下车站公共区以及区间隧道的热环境情况，以及不同工况下活塞风对车站出入口以及站台热环境的影响。通过对测试数据的分析，实现了对沈阳地铁1号线的冬季热环境情况进行总体了解的目的，同时也对严寒地区通风系统的实际效果进行了检验，也为以后的严寒地区城市轨道交通的通风系统设计提供了实验数据支持。

12.4.2 测试内容

根据要求，测试内容如下：
（1）测试车辆段附近出入段线区间隧道内空气温度、湿度及壁面温度；
（2）测试线路中段典型区间隧道内的空气温度、湿度及壁面温度；
（3）测试典型地下车站的站台及站厅热环境参数随时间的变化情况；
（4）测试改变活塞风阀开关和热风幕开关状态后，典型地下车站内活塞风对车站出入口风速、温度影响的变化情况；
（5）测试典型地下车站内活塞风对站台空气温度变化的影响；
（6）测试典型地下车站的站台、站厅以及地铁车厢内的CO/CO_2浓度；
（7）简单调研选定的典型地下车站内工作人员对热环境的满意度。

经过对现场测试条件的实际考察,最后选定十三号街站至车辆基地间上下行区间隧道测试洞口附近区间隧道内空气温度、湿度及壁面温度。典型区间隧道选择沈阳站站至南市场站之间开往黎明广场方向的区间隧道,典型地下车站选择太原街站和中街站。

12.4.3 测试人员及仪器

测试人员:由天津大学和北京城建设计研究总院有限责任公司人员共同组成。

测试仪器:测试中使用的仪器主要包括空气温湿度自记仪、红外线测温仪、TSI Q-Trak 室内空气品质测试仪。其中 TSI Q-Trak 室内空气品质测试仪可以同时测量空气温湿度、风速、CO/CO_2 浓度,并带有记录功能。Fluke 数据采集仪用于连接热电偶,布点测量站台的空气温度分布并带有记录功能。具体仪器型号及参数见表 12-44 所列。

测试仪器参数列表　　　　　　　　　　　　表 12-44

测量项目	使用设备名称	型号	量程	分辨度	测量精度
数据采集仪	Fluke	2688			
壁面温度	UNI-T 标准数字万用表	UT58E	$-20 \sim 250℃$	$0.1℃$	±(1%读数+30字数)
壁面温度	红外线测温仪	T20xb	$-32 \sim 535℃$	$0.1℃$	±1%
空气温湿度	温湿度自记仪	RR002	$-40 \sim 85℃$	$0.01℃$	±0.5℃
空气温湿度	阿斯曼干湿球温度计		$-25 \sim 50℃$	$0.1℃$	±0.2℃
空气温度	铜-康铜热电偶		$-200 \sim 200℃$	$0.001℃$	±0.1℃
空气温度	干湿球温度计		$-30 \sim 60℃$	$0.1℃$	±0.6℃
空气湿度	干湿球温度计		$0 \sim 100\%$	0.1%	±2.5%
风速	TSI Q-Trak 室内空气品质测试仪	7565	$0 \sim 40 \text{m/s}$	0.01m/s	±3%读数或±0.02m/s
CO 浓度			$0 \sim 500 \times 10^{-6}$	1×10^{-6}	±3%读数或±3×10^{-6}
CO_2 浓度			$0 \sim 5000 \times 10^{-6}$	1×10^{-6}	±3%读数或±50×10^{-6}

12.4.4 测试过程

由于测试内容较多,因此测试过程根据测试地点的不同分为以下四个部分:

(1) 车辆段附近出入段线区间隧道内空气温度、湿度及壁面温度。

(2) 沈阳站站至南市场站上行区间隧道内空气温度、湿度及壁面温度。

(3) 太原街站热环境参数测试,包括:车站的站台及站厅热环境参数随时间的变化情况;不同工况下,活塞风对车站出入口风速、空气温度影响的变化情况;站台、站厅以及地铁车厢内的 CO/CO_2 浓度;同时在乘客和地铁工作人员中,对沈阳地铁地下车站内部空气环境的满意度进行简单调研。

(4) 中街站热环境参数测试,包括:不同工况下,活塞风对车站出入口风速、空气温度影响的变化情况;站台、站厅内的 CO/CO_2 浓度;活塞风对站台空气温度变化的影响;简单调研。

(5) 测点编号说明

A1 ~ A22:车辆段附近出入段线区间隧道内空气温度、湿度及壁面温度测点。

B3~B21：沈阳站站至南市场站上行区间隧道内空气温度、湿度及壁面温度测点。

C1~C2，C11~C15：太原街站温度、湿度自记仪测点。C22：室外空气温度、湿度测点。

D1~D3：太原街站风速、空气温度测点。D4~D9：中街站风速、空气温度测点。

E1~E11：太原街站 CO/CO_2 浓度测点。E12：列车车厢内 CO/CO_2 浓度测点。

E13~E20：中街站 CO/CO_2 浓度测点。

1. 车辆段附近出入段线区间隧道内空气温度、湿度及壁面温度

车辆段附近出入段线区间隧道内热环境参数测量的主要内容包括：车辆基地出入段线罩棚内的空气温度、湿度，区间隧道内的空气温度、湿度及区间隧道壁面温度，测点布置如图12-59所示，见表14-45所列，编号核实图中CDK0+xxx代表出段线里程，RDK0+xxx代表入段线里程，Ax代表测点编号。区间隧道内每个测点均放置一台空气温度、湿度自记仪，并用红外线测温仪测试壁面温度。罩棚内每个测点均放置一台空气温度、湿度自记仪，同时在室外放置测点A22测量室外空气的温度和湿度变化情况。

测试时间：2011年1月20日2:40~2011年1月22日22:00。

车辆段附近出入段线区间隧道及罩棚内测点分布表　　表12-45

车辆基地→十三号街（出段）方向			十三号街→车辆基地（入段）方向		
位置	里程标	测点编号	位置	里程标	测点编号
1（罩棚内）	CDK0+692.5	A11	1（室外）	室外	A22
2（罩棚内）	CDK0+630	A12	2（罩棚内）	RDK0+570	A18
3（隧道内）	CDK0+540	A13	3（隧道内）	RDK0+500	A21
4（隧道内）	CDK0+500	A8	4（隧道内）	RDK0+450	A2
5（隧道内）	CDK0+450	A7	5（隧道内）	RDK0+350	A17
6（隧道内）	CDK0+350	A6	6（隧道内）	RDK0+200	A3
7（隧道内）	CDK0+200	A14	7（隧道内）	RDK0+100	A4
8（隧道内）	CDK0+000 DK0+224	A15	8（隧道内）	RDK0+000 DK0+224	A16
			9（十三号街）	站端	A5

2. 区间隧道内空气温、湿度及壁面温度

典型区间隧道选择为沈阳站站~南市场站之间开往黎明广场方向的区间隧道，位于整条沈阳地铁1号线的中段，长度约为2km。区间隧道热环境参数测量的主要内容包括：区间内空气温湿度、壁面温度等，测点布置如图12-60所示，区间隧道内每相邻两个测点间距为100m或200m，具体测点位置可参见表12-46所列。其中以中原街站站台中点位置为坐标零点，向沈阳站站方向为负，向南市场站方向为正。东区间与西区间第一个测点位置为太原街站东西两端，每个测点均放置一台空气温湿度一体自计仪记录空气温湿度参数，并在布置测点时利用红外线测温仪测试隧道壁面温度。除此以外，在车站内区间中点（DK13+10）布置一个测点B14，测量站台安全门外区间内的空气温湿度情况。

测试时间：2011年1月23日1:30~2011年1月24日22:00。

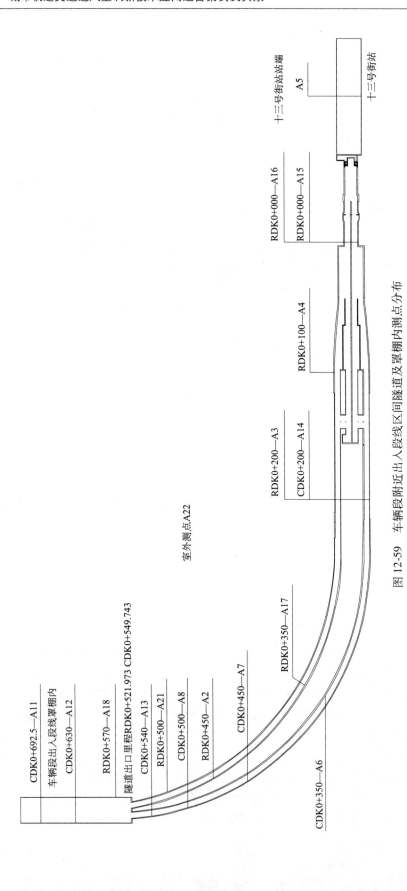

图 12-59 车辆段附近出入段线区间隧道及罩棚内测点分布

12.4 严寒地区通风系统

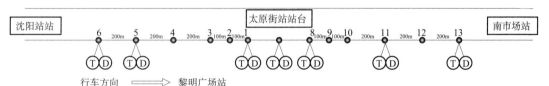

图 12-60　沈阳站站~南市场站之间开往黎明广场方向区间隧道测点分布

区间隧道热环境参数测量的测点布置情况　　　　　　表 12-46

沈阳站→太原街方向区间隧道			太原街→南市场方向区间隧道		
位置	里程标	测点编号	位置	里程标	测点编号
1（-075）	936	B16	8（+095）	105	B3
2（-175）	840	B17	9（+195）	205	B4
3（-275）	740	B19	10（+295）	305	B5
4（-485）	540	B20	11（+495）	505	B6
5（-675）	340	B18	12（+695）	705	B7
6（-875）	140	B21	13（+895）	905	B8
7（站内区间中点）		B14			

3. 太原街站

太原街站位于沈阳地铁 1 号线的中段，共有 A、B、C 三个出入站口。其中 C 口暂未开通，其余两个出入站口均设置了热风幕及塑料门帘。大致结构如图 12-61、图 12-62 所示。太原街站热环境参数测试主要包括：车站的站台及站厅热环境参数随时间的变化情况；不同工况下，活塞风对车站出入口风速、空气温度影响的变化情况；站台、站厅以及地铁车厢内的 CO/CO_2 浓度；简单调研。具体测试方法如下：

（1）站台及站厅热环境参数随时间的变化情况

主要测试太原街站 A 口进站通道、站厅与站台的空气温度、湿度分布，共布置测点 7 个，测点分布如图 12-61、图 12-62 所示，见表 12-47 所列，每个测点均放置一台空气温度、湿度一体自记仪。其中测点 C22 为室外参数测点。

测试时间：2011 年 1 月 23 日 1:30~2011 年 1 月 24 日 22:00。

太原街站站台及站厅热环境参数测量所用仪器布置表　　　　　　表 12-47

A 口	A 口靠近站厅侧 仪器编号：C12	A 口入口 仪器编号：C11	A 口入口外 仪器编号：C22
站厅	站厅西侧 仪器编号：C2		站厅东侧 仪器编号：C1
站台	站台西侧 仪器编号：C13		站台东侧 仪器编号：C15

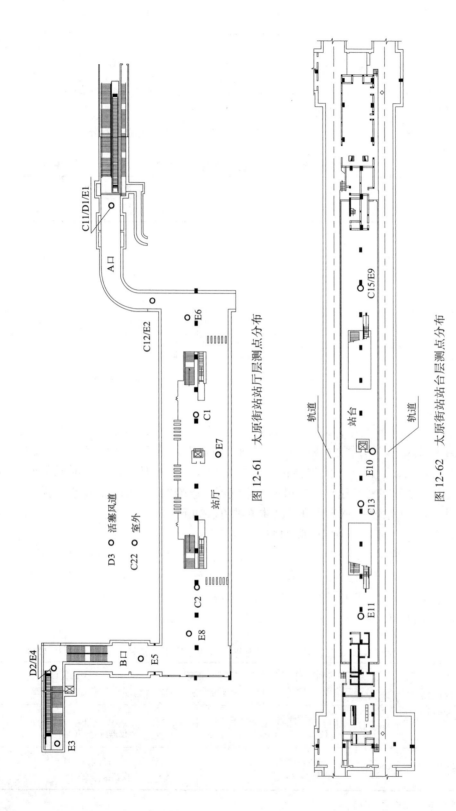

图 12-61 太原街站站厅层测点分布

图 12-62 太原街站站台层测点分布

12.4 严寒地区通风系统

(2) 不同工况下,活塞风对车站出入口风速、空气温度影响的变化情况

主要使用 TSI Q-Trak 室内空气品质测试仪测试改变活塞风阀开关和热风幕开关状态后,活塞风对车站出入口风速、空气温度影响的变化情况。首先测量活塞风阀关闭状态下,热风幕打开和关闭时,A、B 出入口在列车进出站时的风速、空气温度变化情况。然后测量活塞风阀打开,热风幕打开时,A 出入口和活塞风道在列车进出站时的风速、空气温度变化情况。测点高度 1.4m。具体测点分布如图 12-61 所示。具体测量内容见表 12-48 所列。

测试时间:2011 年 1 月 21 日下午。

太原街站活塞风对车站出入口影响测量内容及仪器布置　　　　表 12-48

测试项目 \ 测试工况	工况 I 热风幕:打开 活塞风阀:关闭	工况 II 热风幕:关闭 活塞风阀:关闭	工况 III 热风幕:打开 活塞风阀:打开
A 口 测点位置 D1	风速、空气温度变化, 数据编号 test1	风速、空气温度变化, 数据编号 test4	风速、空气温度变化, 数据编号 test5
B 口 测点位置 D2	风速、空气温度变化, 数据编号 test2	风速、空气温度变化, 数据编号 test3	
活塞风道 测点位置 D3			风速、空气温度变化, 数据编号 test6

(3) 站台、站厅以及地铁车厢内的 CO/CO_2 浓度

使用 TSI Q-Trak 室内空气品质测试仪测试太原街站站台、站厅以及地铁车厢内的 CO/CO_2 浓度。测点分布如图 12-61、图 12-62 所示,见表 12-49 所列。

测试时间:2011 年 1 月 21 日 18:00~18:30。

太原街站及地铁车厢内的 CO/CO_2 浓度测点分布　　　　表 12-49

A 口	A 口靠近站厅侧 测点编号:E2	A 口入口 测点编号:E1	车厢内部 测点编号:E12
B 口	B 口靠近站厅侧 测点编号:E5	B 口中部 测点编号:E4	B 口入口 测点编号:E3
站厅	站厅西侧 测点编号:E8	站厅中部 测点编号:E7	站厅东侧 测点编号:E6
站台	站台西侧 测点编号:E11	站台中部 测点编号:E10	站台东侧 测点编号:E9

(4) 简单调研

简单调研太原街站内工作人员以及部分乘客对站台、站厅以及相关的设备及管理用房内热环境的满意度。调研时间:2011 年 1 月 21 日下午。

4. 中街站

中街站位于沈阳地铁 1 号线的东段,共有 A、B、C 三个出入站口。其中 B 口与过街通道相连,没有设置热风幕。A、C 口设置了热风幕及塑料门帘。大致结构如图 12-63、图

12-64 所示。中街站热环境参数测试主要包括：不同工况下，活塞风对车站出入口风速、空气温度影响的变化情况；活塞风对站台风速、空气温度变化的影响；站台、站厅内的 CO/CO_2 浓度；简单调研。具体测试方法如下：

（1）不同工况下，活塞风对车站出入口风速、空气温度影响的变化情况

主要使用 TSI Q-Trak 室内空气品质测试仪测试改变热风幕开关状态后，活塞风对车站出入口风速、空气温度影响的变化情况。首先测量活塞风阀关闭状态下，热风幕打开时，A、B、C 出入口在列车进出站时的风速、空气温度变化情况。然后测量活塞风阀关闭，热风幕也关闭时，A、C 出入口在列车进出站时的风速、空气温度变化情况。测点高度 1.4m。除此以外，使用红外线测温仪测量各个出入口附近的壁面温度。具体测点分布如图 12-63 所示。具体测量内容见表 12-50 所列。

测试时间：2011 年 1 月 22 日下午。

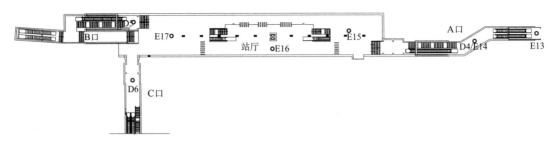

图 12-63 中街站站厅层测点分布

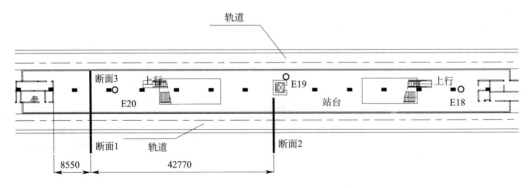

图 12-64 中街站站台层测点分布

中街站活塞风对车站出入口影响测量内容及仪器布置　　　　表 12-50

测试项目 \ 测试工况	热风幕：打开 活塞风阀：关闭	热风幕：关闭 活塞风阀：关闭
A 口 测点位置 D4	风速、空气温度变化， 数据编号 test8	风速、空气温度变化， 数据编号 test12
B 口（无热风幕） 测点位置 D5	风速、空气温度变化， 数据编号 test9	
C 口 测点位置 D6	风速、空气温度变化， 数据编号 test10	风速、空气温度变化， 数据编号 test11

(2) 活塞风对站台风速、空气温度变化的影响

为了测试活塞风对站台的影响，根据中街站的现场测试条件，在中街站站台层空间选取了 3 个垂直于轨道的测试断面，用以代表站台沿列车行驶方向的进站端、中部、出站端三个区域。这三个断面分别位于开往黎明广场方向进站端的断面 1、站台中部的断面 2，以及开往十三号街方向出站端的断面 3，如图 12-64 所示。在每一个测试断面上取 8 个测点，测点的空间分布如图 12-65 所示。使用热电偶连接 Fluke 数据采集仪，采集地铁列车进出站时，空间测点的空气温度变化。同时使用 TSI Q-Trak 室内空气品质测试仪测试活塞风对不同断面风速的影响情况。测点高度 1.4m。具体测量内容见表 12-51 所列。

测试时间：2011 年 1 月 22 日下午。

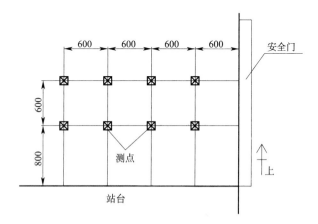

图 12-65 中街站站台层垂直断面上的空气温度测点分布 (mm)

中街站活塞风对站台风速、空气温度影响测量内容　　　表 12-51

断面 1	黎明广场方向进站端，距离站台西侧 8.55m	分 8 个点测量空间空气温度变化，结果编号 123.csv	使用 TSI 测量风速、空气温度变化，结果编号 Test14
断面 2	黎明广场方向站台中部，距离断面 1 西侧 42.77m	分 8 个点测量空间空气温度变化，结果编号 122.csv	使用 TSI 测量风速、空气温度变化，结果编号 Test13
断面 3	十三号街方向出站端，距离站台西侧 8.55m	分 8 个点测量空间空气温度变化，结果编号 124.csv	使用 TSI 测量风速、空气温度变化，结果编号 Test14

(3) 站台、站厅内的 CO/CO_2 浓度

使用 TSI Q-Trak 室内空气品质测试仪测试中街站站台、站厅内的 CO/CO_2 浓度。测点分布如图 12-63、图 12-64 所示，见表 12-52 所列。

测试时间：2011 年 1 月 22 日 17:00~17:30。

中街站及地铁车厢内的 CO/CO_2 浓度测点分布　　　表 12-52

A 口	A 口中部 测点编号：E14	A 口入口 测点编号：E13	
站厅	站厅西侧 测点编号：E17	站厅中部 测点编号：E16	站厅东侧 测点编号：E15
站台	站台西侧 测点编号：E20	站台中部 测点编号：E19	站台东侧 测点编号：E18

5. 简单调研

简单调研中街站内工作人员和部分乘客对站台、站厅以及相关的设备及管理用房内热环境的满意度。调研时间：2011年1月22日下午。

12.4.5 测试数据及分析

1. 室外气象条件

本测试中室外气象条件由布置在室外的空气温湿度自记仪记录得到。测量结果如图12-66所示，见表12-53所列。

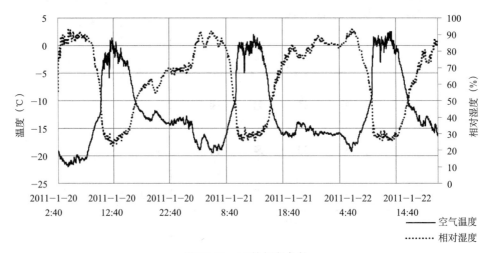

图12-66 室外气象条件

室外气象条件汇总　　　　　　　　　　　表12-53

温湿度	最大值	最小值	平均值
2011年1月20日2:40~2011年1月20日23:59			
温度（℃）	1.4	-21.9	-12.4
湿度（%）	94	23	61
2011年1月21日0:00~2011年1月21日23:59			
温度（℃）	2.1	-19.4	-11.9
湿度（%）	92	26	65
2011年1月22日0:00~2011年1月22日22:00			
温度（℃）	2.6	-19.2	-11.0
湿度（%）	94	26	65
2011年1月23日1:30~2011年1月24日1:29			
温度（℃）	6.2	-15.3	-8.0
湿度（%）	87	21	63
2011年1月24日1:30~2011年1月24日22:00			
温度（℃）	6.7	-16.6	-7.3
湿度（%）	87	18	60

由于测试时间为一月份，属于沈阳市的最冷月份，因此室外气象条件为较不利条件。而后23~24日有一个升温过程，因此气温较20日高，空气相对湿度较低。

2. 车辆段附近出入段线区间隧道内的空气温度、湿度及壁面温度

（1）出入段线区间隧道内空气温度变化曲线如图12-67所示。

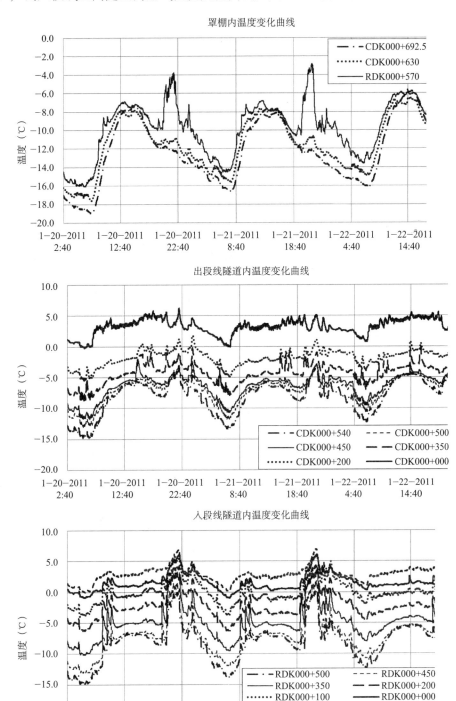

图12-67 出入段线区间隧道内空气温度变化曲线

(2) 出入段线区间隧道内空气湿度变化曲线

由于区间隧道内不同位置的空气相对湿度变化较小，基本在30%~40%之间，因此仅列出了位置4.7.10的空气相对湿度曲线代表区间隧道内的空气相对湿度的变化情况。

(3) 出入段线区间隧道内空气温度及壁面温度一维分布曲线如图12-68、图12-69所示。

(4) 出入段线区间隧道内空气温度、湿度及壁面温度汇总见表12-54~表12-57所列。

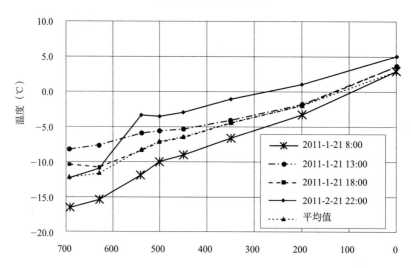

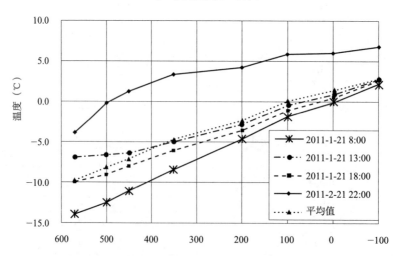

图12-68 出入段线区间隧道内空气温度一维分布图

注：上图入线段区间隧道内空气温度一维分布中里程-100代指十三号街站站端测点A5。

12.4 严寒地区通风系统

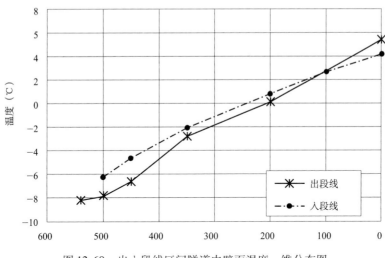

图 12-69 出入段线区间隧道内壁面温度一维分布图

2011 年 1 月 20 日 2:40～23:59 出入段线区间隧道内空气温度、湿度汇总 表 12-54

位置	里程标	测点编号	空气温度（℃）			空气相对湿度（%）		
			最大值	最小值	平均值	最大值	最小值	平均值
车辆基地→十三号街（出段）方向	CDK0+692.5	A11	-7.4	-18.9	-12.9	68	33	50
	CDK0+630	A12	-7.8	-17.6	-12.1	66	36	53
	CDK0+540	A13	-3.5	-14.8	-8.7	61	32	43
	CDK0+500	A8	-3.6	-12.9	-7.6	61	35	43
	CDK0+450	A7	-2.3	-11.8	-6.9	56	30	39
	CDK0+350	A6	-0.8	-8.7	-4.7	56	28	35
	CDK0+200	A14	1.2	-5.5	-2.1	48	25	30
	CDK0+000	A15	6.2	-0.3	3.2	46	26	32
十三号街→车辆基地（入段）方向	RDK0+570	A18	-3.8	-16.1	-10.2	72	36	49
	RDK0+500	A21	0.0	-14.9	-8.6	61	36	46
	RDK0+450	A2	1.5	-13.1	-7.6	60	37	46
	RDK0+350	A17	3.2	-10.2	-5.1	54	31	36
	RDK0+200	A3	4.2	-6.3	-2.3	49	27	33
	RDK0+100	A4	5.5	-4.0	-0.1	46	26	32
	RDK0+000	A16	6.1	-0.9	1.5	44	26	31
	十三号街站站端	A5	7.1	0.0	2.8	44	27	32

2011年1月21日0:00~23:59出入段线区间隧道内空气温度、湿度汇总 表12-55

位置	里程标	测点编号	空气温度（℃）			空气相对湿度（%）		
			最大值	最小值	平均值	最大值	最小值	平均值
车辆基地→十三号街（出段）方向	CDK0+692.5	A11	-7.4	-18.9	-12.9	68	33	50
	CDK0+630	A12	-7.8	-17.6	-12.1	66	36	53
	CDK0+540	A13	-3.5	-14.8	-8.7	61	32	43
	CDK0+500	A8	-3.6	-12.9	-7.6	61	35	43
	CDK0+450	A7	-2.3	-11.8	-6.9	56	30	39
	CDK0+350	A6	-0.8	-8.7	-4.7	56	28	35
	CDK0+200	A14	1.2	-5.5	-2.1	48	25	30
	CDK0+000	A15	6.2	-0.3	3.2	46	26	32
十三号街→车辆基地（入段）方向	RDK0+570	A18	-3.8	-16.1	-10.2	72	36	49
	RDK0+500	A21	0.0	-14.9	-8.6	61	36	46
	RDK0+450	A2	1.5	-13.1	-7.6	60	37	46
	RDK0+350	A17	3.2	-10.2	-5.1	54	31	36
	RDK0+200	A3	4.2	-6.3	-2.3	49	27	33
	RDK0+100	A4	5.5	-4.0	-0.1	46	26	32
	RDK0+000	A16	6.1	-0.9	1.5	44	26	31
	十三号街站站端	A5	7.1	0.0	2.8	44	27	32

2011年1月22日0:00~22:00出入段线区间隧道内空气温度、湿度汇总 表12-56

位置	里程标	测点编号	空气温度（℃）			空气相对湿度（%）		
			最大值	最小值	平均值	最大值	最小值	平均值
车辆基地→十三号街（出段）方向	CDK0+692.5	A11	-7.4	-18.9	-12.9	68	33	50
	CDK0+630	A12	-7.8	-17.6	-12.1	66	36	53
	CDK0+540	A13	-3.5	-14.8	-8.7	61	32	43
	CDK0+500	A8	-3.6	-12.9	-7.6	61	35	43
	CDK0+450	A7	-2.3	-11.8	-6.9	56	30	39
	CDK0+350	A6	-0.8	-8.7	-4.7	56	28	35
	CDK0+200	A14	1.2	-5.5	-2.1	48	25	30
	CDK0+000	A15	6.2	-0.3	3.2	46	26	32
十三号街→车辆基地（入段）方向	RDK0+570	A18	-3.8	-16.1	-10.2	72	36	49
	RDK0+500	A21	0.0	-14.9	-8.6	61	36	46
	RDK0+450	A2	1.5	-13.1	-7.6	60	37	46
	RDK0+350	A17	3.2	-10.2	-5.1	54	31	36
	RDK0+200	A3	4.2	-6.3	-2.3	49	27	33
	RDK0+100	A4	5.5	-4.0	-0.1	46	26	32
	RDK0+000	A16	6.1	-0.9	1.5	44	26	31
	十三号街站站端	A5	7.1	0.0	2.8	44	27	32

12.4 严寒地区通风系统

出入段线区间隧道内壁面温度测试结果汇总　　　　表 12-57

车辆基地→十三号街（出段）方向				十三号街→车辆基地（入段）方向			
位置	里程标	测点编号	壁面温度（℃）	位置	里程标	测点编号	壁面温度（℃）
3（隧道内）	CDK0+540	A13	-8.2	3（隧道内）	RDK0+500	A21	-6.2
4（隧道内）	CDK0+500	A8	-7.8	4（隧道内）	RDK0+450	A2	-4.6
5（隧道内）	CDK0+450	A7	-6.6	5（隧道内）	RDK0+350	A17	-2
6（隧道内）	CDK0+350	A6	-2.8	6（隧道内）	RDK0+200	A3	0.8
7（隧道内）	CDK0+200	A14	0.2	7（隧道内）	RDK0+100	A4	2.7
8（隧道内）	CDK0+000 DK0+224	A15	5.4	8（隧道内）	RDK0+000 DK0+224	A16	4.2

结合上述图表，初步分析如下：

出入段线区间隧道内空气温度同时受到室外温度和列车运行情况影响。其中罩棚内空气温度变化和室外空气温度变化大体一致，区间隧道内的空气温度变化幅度随着离洞口距离的增大而逐渐减小。到达 DK0+224 位置时，基本全天温度变化幅度很小，且维持在 0℃ 以上。到达十三号街站站端的位置时，空气温度基本上就只受列车运行情况的影响。列车停止运行以后，空气温度较低，而列车运行时段空气温度则较高。观察曲线发现有两个空气温度升高的时段：一个是中午前后，区间隧道内的空气温度随室外空气温度的升高而升高；另一个是晚上 20:30~22:00 之间，此时区间隧道内的空气温度最高，尤其是入段线区间隧道。推断这一时段气温升高原因可能是不断有列车返回车辆段，经过该段区间隧道。列车自身放出的热量以及带来的活塞风的热量共同作用，使气温升高。区间隧道内的相对湿度和空气温度的变化方向基本相反，随着空气温度升高，空气的相对湿度降低。在晚高峰空气温度升高时，其相对湿度也升高，由此可见空气温度升高主要与活塞风带来的地下车站的热湿空气相关。

从一维分布看，区间隧道内的空气温度基本上是随着离洞口距离的增大而逐渐增大的。壁面温度也遵循相同的规律。同时对比壁面温度和空气温度发现，壁面温度和空气温度相差不大，在十三号街站附近壁面温度略高于空气温度。

3. 区间隧道内空气温度、壁面温度一维分布曲线如图 12-70、图 12-71 所示。

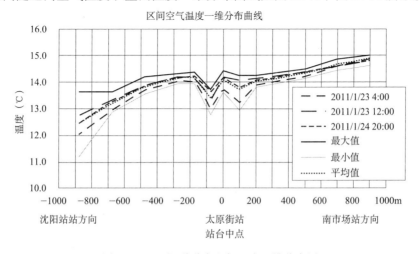

图 12-70　区间隧道内空气温度一维分布图

第12章 城市轨道交通通风空调新技术应用运营案例及实效

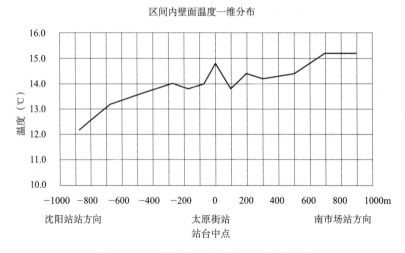

图 12-71 区间隧道内壁面温度一维分布图

4. 区间隧道空气温度、湿度及壁面温度汇总见表 12-58 ~ 表 12-60 所列。

2011 年 1 月 23 日 1:30 ~ 1 月 24 日 1:29 区间隧道内空气温度、湿度汇总表　　表 12-58

位置	测点编号	空气温度（℃）			空气相对湿度（%）		
		最大值	最小值	平均值	最大值	最小值	平均值
6（-875/沈阳站站）	B21	13.6	11.2	12.4	44	28	37
5（-675）	B18	13.6	12.9	13.2	40	31	37
4（-475）	B20	14.2	13.6	13.9	40	30	36
3（-275）	B19	14.3	13.9	14.1	38	30	35
2（-175）	B17	14.4	13.9	14.2	38	30	35
1（-75）	B16	13.7	12.8	13.3	40	32	37
7（0/太原街站）	B14	14.4	13.6	14.1	39	30	36
8（+095）	B3	14.3	12.9	13.7	44	33	39
9（+195）	B4	14.3	13.8	14.1	46	35	42
10（+295）	B5	14.3	13.9	14.1	42	34	39
11（+495）	B6	14.5	14.1	14.3	42	34	39
12（+695）	B7	14.9	14.4	14.7	41	33	38
13（+895）	B8	15.0	14.6	14.8	42	34	39

2011 年 1 月 24 日 1:30 ~ 22:00 区间隧道内空气温度、湿度汇总表　　表 12-59

位置	测点编号	空气温度（℃）			空气相对湿度（%）		
		最大值	最小值	平均值	最大值	最小值	平均值
6（-875/沈阳站站）	B21	12.9	10.9	12.4	42	31	37
5（-675）	B18	13.6	12.8	13.2	40	30	37
4（-475）	B20	14.1	13.6	13.8	40	30	36

续表

位置	测点编号	空气温度（℃）			空气相对湿度（%）		
		最大值	最小值	平均值	最大值	最小值	平均值
3（-275）	B19	14.3	13.9	14.1	38	29	35
2（-175）	B17	14.3	13.9	14.1	38	29	35
1（-75）	B16	13.6	12.5	13.4	40	32	37
7（0/太原街站）	B14	14.5	13.6	14.1	39	31	36
8（+095）	B3	14.3	12.9	13.8	44	32	39
9（+195）	B4	14.3	13.8	14.1	44	35	41
10（+295）	B5	14.3	13.9	14.1	41	33	39
11（+495）	B6	14.5	14.1	14.3	41	34	39
12（+695）	B7	14.9	14.4	14.6	40	33	38
13（+895）	B8	14.9	14.6	14.8	42	34	39

沈阳站站～南市场站之间开往黎明广场方向区间隧道内空气
温度、湿度及壁面温度测试结果汇总表　　　　　　表12-60

位置	测点编号	空气温度（℃）			空气相对湿度（%）			壁面温度（%）
		最大值	最小值	平均值	最大值	最小值	平均值	
6（-875/沈阳站站）	B21	13.6	10.9	12.4	44	28	37	12.2
5（-675）	B18	13.6	12.8	13.2	40	30	37	13.2
4（-475）	B20	14.2	13.6	13.8	40	30	36	13.6
3（-275）	B19	14.3	13.9	14.1	38	29	35	14.0
2（-175）	B17	14.4	13.9	14.2	38	29	35	13.8
1（-75）	B16	13.7	12.5	13.4	40	32	37	14.0
7（0/太原街站）	B14	14.5	13.6	14.1	39	30	36	14.8
8（+095）	B3	14.3	12.9	13.8	44	32	39	13.8
9（+195）	B4	14.3	13.8	14.1	46	35	41	14.4
10（+295）	B5	14.3	13.9	14.1	42	33	39	14.2
11（+495）	B6	14.5	14.1	14.3	42	34	39	14.4
12（+695）	B7	14.9	14.4	14.6	41	33	38	15.2
13（+895）	B8	15.0	14.6	14.8	42	34	39	15.2

结合上述图表，初步分析如下：

该区间隧道内的空气温度主要受列车运行情况影响较大。通过实测数据可以看出，在每日凌晨地铁停止运行以后，空气温度较低，而地铁运行时段空气温度较高。当日间列车运行时期内，由于列车运行产生的热量，各位置的区间隧道内的空气温度在每日地铁开始运营后开始提升，并且由于活塞风阀处于关闭状态，各位置的空气温度在运营时段温度变化较小。

区间隧道内的相对湿度变化较小，在30%～40%间波动。在地铁停运后空气温度下降时,空气的相对湿度也下降,由此可见空气湿度的变化主要与活塞风带来的地下车站的热湿空气相关。

从一维分布看,区间隧道内的空气温度从沈阳站站到南市场站是在逐渐上升的,而站台两端活塞风阀附近空气温度较低,尤其是停运后空气温度会降低的更多。壁面温度也遵循相同的规律。同时对比壁面温度和空气温度发现,壁面温度和空气温度相差不大,在太原街站附近的壁面温度高于空气温度。

5. 太原街站空气温度、湿度汇总见表12-61所列。

太原街站站台及站厅热环境参数汇总　　　　表12-61

位置	测点编号	空气温度（℃）			空气相对湿度（%）		
		最大值	最小值	平均值	最大值	最小值	平均值
2011年1月23日1:30~2011年1月24日1:29							
A口入口	C11	13.0	7.1	10.6	42	18	35
A口靠近站厅侧	C12	14.9	11.4	13.7	40	19	36
站厅东侧	C1	15.2	14.1	14.9	43	28	37
站厅西侧	C2	15.2	14.4	14.9	43	28	35
站台东侧	C15	15.3	14.5	15.0	38	30	35
站台西侧	C13	15.0	14.1	14.6	38	30	35
2011年1月24日1:30~2011年1月24日22:00							
A口入口	C11	12.6	7.6	10.8	41	20	35
A口靠近站厅侧	C12	14.7	11.4	13.9	40	22	36
站厅东侧	C1	15.4	13.9	14.9	40	29	37
站厅西侧	C2	15.4	14.1	15.0	39	30	36
站台东侧	C15	15.3	14.5	15.0	37	30	35
站台西侧	C13	15.0	14.1	14.6	36	30	35

结合上述图表,初步分析如下:

该车站站台与站厅的空气温度基本保持稳定,全天变化范围在1.5℃内,空气温度变化主要受列车运行情况影响。通过实测数据可以看出,在每日凌晨地铁停止运行以后站台空气温度较地铁运行时低大约1℃。站厅空气温度在下午6:00~11:00间温度较低,其余时间较为稳定。分析原因可能是室外条件对站厅空气温度的影响。这一时段室外空气温度较低,地铁运行时的活塞风会使得部分室外冷空气通过进出口吸入,使得站厅空气温度下降。而站台候车人员较多,且有站厅进行预热,因而对站台空气温度影响不大。晚上地铁停止运行以后活塞风影响减小且车站出入口关闭,使得站厅空气温度回升。

车站内的空气相对湿度变化较小,在30%~40%间波动。

车站出入口的空气温度、湿度变化受到活塞风和室外条件影响更加明显。白天运营时段空气温度较低,且不稳定。夜间停运后空气温度较高,且保持稳定。进出口的空气温度在7℃以上,空气的相对湿度小于40%。

6. 活塞风对车站出入口风速、空气温度的影响

（1）太原街站测试结果

测试中，定义列车车头驶过站端屏蔽门起点的时刻为进站时刻，列车关门后开始启动的时刻为出站时刻。每个测点位置、每个工况都测量了若干趟地铁列车进出站时的风速和空气温度变化情况（表12-62、表12-63），然后去除双向列车进出站相互影响的数据，选取了具有代表性的典型进出站过程列举在图12-72～图12-77中，每个典型过程为6min，除test6外，其余过程均以某一出站时刻为最终时刻，向前取6min数据，包括一次完整的出站和一次完整的进站过程，作为典型过程。Test6中，由于开启的是黎明广场方向出站端的活塞风阀，活塞风道内风速和空气温度主要受开往黎明广场方向的列车影响，因此选取未受开往十三号街站方向列车影响，且包含开往黎明广场站方向列车一次完整进出站过程的6min数据，作为典型过程。

太原街站活塞风对车站出入口影响的测量工况及仪器布置　　　　表12-62

测试项目 \ 测试工况	工况 I 热风幕：打开 活塞风阀：关闭	工况 II 热风幕：关闭 活塞风阀：关闭	工况 III 热风幕：打开 活塞风阀：打开
A口 测点位置 D1	风速、空气温度变化， 数据编号 test1	风速、空气温度变化， 数据编号 test4	风速、空气温度变化， 数据编号 test5
B口 测点位置 D2	风速、空气温度变化， 数据编号 test2	风速、空气温度变化， 数据编号 test3	
活塞风道 测点位置 D3			风速、空气温度变化， 数据编号 test6

太原街站测试位置尺寸　　　　表12-63

位置	宽度（m）	高度（m）	截面积（m²）
A口/D1	4.75	2.5	11.88
B口/D2	4.9	2.5	12.25
活塞风道/D3	5.7	4.3	24.51

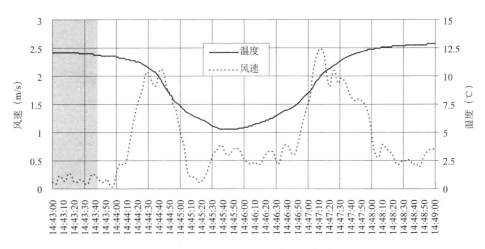

图12-72　A口工况 I 温度风速曲线

注：测试工况：黎明广场方向14：43：42出站；十三号街方向14：47：57进站，14：49：00出站。

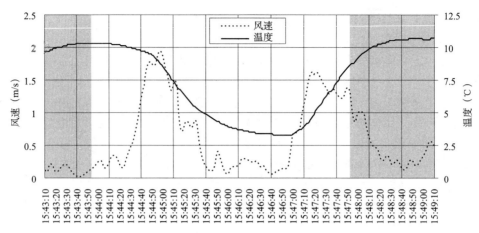

图 12-73　A 口工况 II 温度风速曲线

注：测试工况：黎明广场方向 15：43：53 出站；十三号街方向 15：47：52 进站，15：49：10 出站。

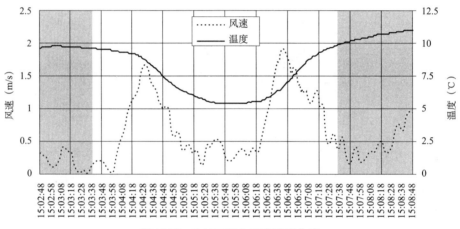

图 12-74　B 口工况 I 温度风速曲线

注：测试工况：黎明广场方向 15：03：39 出站；十三号街方向 15：07：35 进站，15：08：48 出站。

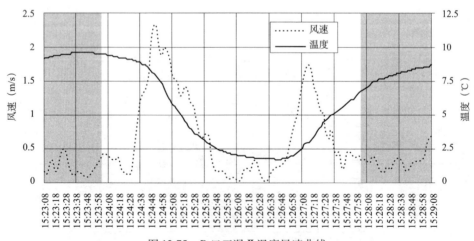

图 12-75　B 口工况 II 温度风速曲线

注：测试工况：黎明广场方向 15：24：03 出站；十三号街方向 15：28：05 进站，15：29：08 出站。

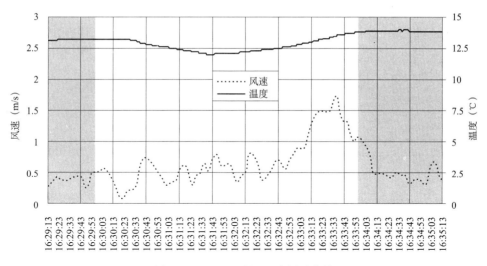

图 12-76 A 口工况Ⅲ温度风速曲线

注：测试工况：十三号街方向 16:29:57 出站；黎明广场方向 16:33:59 进站，16:35:13 出站。

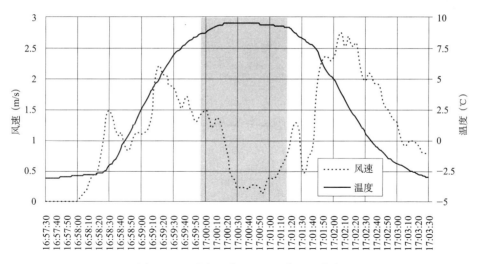

图 12-77 活塞风道工况Ⅲ温度风速曲线

注：测试工况：黎明广场方向 16:59:56 进站，17:01:16 出站。

（2）中街站测试结果见表 12-64 所列。

中街站活塞风对车站出入口影响的测量内容及仪器布置　　　　　表 12-64

测试项目 \ 测试工况	热风幕：打开 活塞风阀：关闭	热风幕：关闭 活塞风阀：关闭
A 口 测点位置 D4	风速、空气温度变化， 数据编号 test8	风速、空气温度变化， 数据编号 test12
B 口（无热风幕） 测点位置 D5	风速、空气温度变化， 数据编号 test9	
C 口 测点位置 D6	风速、空气温度变化， 数据编号 test10	风速、空气温度变化， 数据编号 test11

测试中，定义列车车头驶过站端屏蔽门起点的时刻为进站时刻，列车关门后开始启动的时刻为出站时刻。每个测点位置每个工况测量了若干趟地铁列车进出站时的风速和空气温度变化情况（表12-65），然后去除双向列车进出站相互影响的数据，选取了具有代表性的典型进出站过程列举在图12-78~图12-82中，由于测试中中街站客流量较大，且双向列车进站时间比较接近，因此每个典型过程取12min，包括两个方向各一次完整的进站和出站过程。

中街站测试位置尺寸 表 12-65

位置	宽度（m）	高度（m）	截面积（m²）
A 口/D4	5.16	2.5	12.90
B 口/D5	5.1	2.5	12.75
C 口/D6	4.6	2.5	11.50

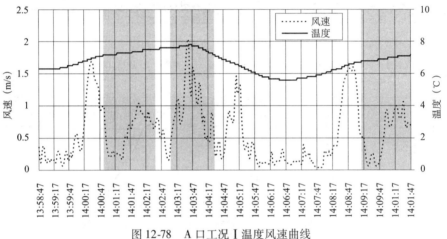

图 12-78　A 口工况 I 温度风速曲线

注：测试工况：十三号街方向14:00:52进站，14:02:35出站，14:09:13进站，14:10:47出站；黎明广场方向14:03:03进站，14:04:26出站。

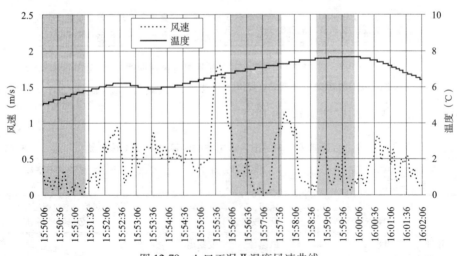

图 12-79　A 口工况 II 温度风速曲线

注：测试工况：十三号街方向15:56:06进站，15:57:39出站；黎明广场方向15:50:06进站，15:51:28出站，15:58:43进站，16:00:00出站。

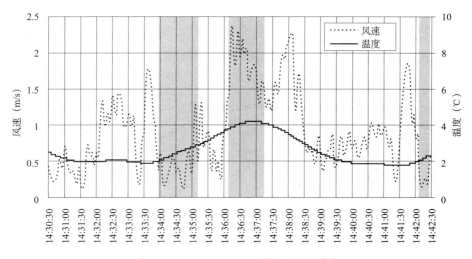

图 12-80 B口工况 I 温度风速测试曲线

注：测试工况：十三号街方向 14:33:59 进站，14:35:29 出站，14:42:01 进站；黎明广场方向 14:36:05 进站，14:37:15 出站。

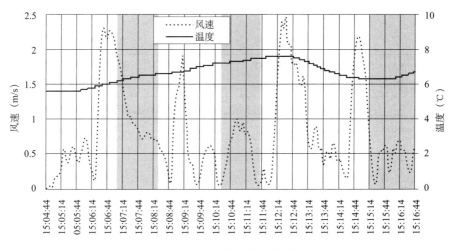

图 12-81 C口工况 I 温度风速曲线

注：测试工况：十三号街方向 15:07:04 进站，15:08:25 出站，15:15:10 进站，15:16:44 出站；黎明广场方向 15:10:23 进站，15:11:43 出站。

(3) 数据汇总与分析见表 12-66 所列。

结合上述图表，初步分析如下：

列车运行产生的活塞风对地铁车站环境影响较大，主要体现在列车进站时，活塞风将区间隧道内的空气带入站台，站台层处于正压，空气在正压的作用下进一步通过出入口带到室外；而在列车出站工况下，活塞风会抽吸站台层的空气，站台层处于负压，室外空气在负压作用下进入站台。而沈阳市处于严寒地区，冬季室外空气温度很低，因此活塞风的影响更大一些。

正常情况下（工况 I），从太原街出入口情况看：列车出站时的抽吸作用出现在列车驶入区间隧道后，室外空气在负压作用下进入车站，车站出入口进风，风速从 0.5m/s 以

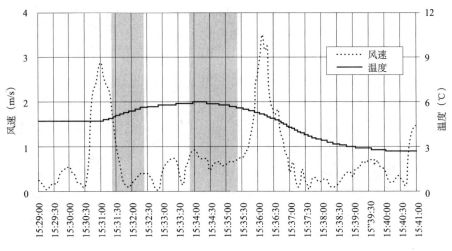

图 12-82　C 口工况 Ⅱ 温度风速曲线

注：测试工况：十三号街方向 15:31:20 进站，15:32:24 出站；黎明广场方向 15:33:49 进站，15:35:25 出站。

活塞风测试结果汇总　　　　　　　　　　　　　　　　　表 12-66

位置	工况	数据编号	温度（℃）			风速（m/s）		
			最大值	最小值	平均值	最大值	最小值	平均值
太原街站	A 口	工况 Ⅰ	test1	12.9	5.3	9.8	2.50	0.02	0.87
	A 口	工况 Ⅱ	test4	10.7	3.3	7.6	1.95	0.02	0.60
	B 口	工况 Ⅰ	test2	11.0	5.4	8.4	1.93	0.02	0.64
	B 口	工况 Ⅱ	test3	9.6	1.7	6.1	2.34	0.03	0.59
	A 口	工况 Ⅲ	test5	14.0	12.0	13.0	1.74	0.08	0.63
	活塞风道	工况 Ⅲ	test6	9.5	−3.1	3.4	2.77	0.00	1.13
中街站	A 口	工况 Ⅰ	test8	7.8	5.6	6.7	2.00	0.04	0.57
	A 口	工况 Ⅱ	test12	7.7	5.0	6.6	1.83	0.01	0.47
	B 口	工况 Ⅰ	test9	4.2	1.8	2.6	2.41	0.09	0.92
	C 口	工况 Ⅰ	test10	7.6	5.6	6.6	2.48	0.00	0.81
	C 口	工况 Ⅱ	test11	6.0	2.7	4.6	3.55	0.03	0.74

内上升到 2m/s 左右，这一过程持续时间约 1min。由于室外气温较低，因此在这一过程中车站出入口的空气温度持续下降直到下一个进站过程。列车进站前约 1min，车站出入口处于出风状态，风速也会从 0.5m/s 以内上升到 2m/s 左右，此时空气温度也随之升高。

列车进站时，A 口风速大于 1m/s 的时间约为 67s，平均风速约为 1.80m/s，风量约为 1300m³。B 口风速大于 1m/s 的时间约为 56s，平均风速约为 1.30m/s，风量约为 900m³。出站时，A 口风速大于 1m/s 的时间约为 46s，平均风速约为 1.72m/s，风量约为 950m³。B 口风速大于 1m/s 的时间约为 38s，平均风速约为 1.57m/s，风量约为 730m³。总体看，列车进站时影响时间更长一些，A 口由于弯道较少，因此通风量较大。

对比工况Ⅰ和工况Ⅱ的结果可以看出，热风幕的开关对出入口的风速影响很小，但是对于出入口的温度影响较大。太原街站两个出入口在热风幕关闭以后风速变化很小，但是空气的平均温度分别下降了2.2℃和2.3℃。可见热风幕的影响主要体现在加热吸入的室外空气上。

对比工况Ⅰ和工况Ⅲ的结果可以看出，活塞风阀的开关状态对于出入口热环境影响较大。在工况Ⅲ下，A口的风速大部分时间都在1m/s以下。仅在列车进站的时候风速短暂地超过1m/s。温度也基本保持在10℃以上，变化幅度大大减小。此时活塞风基本通过活塞风道进出区间隧道。活塞风道内风速最大值超过2.5m/s，温度在-3～10℃间变化。列车进站时，活塞风道风速大于1m/s的时间约为87s，平均风速约为1.51m/s，风量约为3200m³。出站时，活塞风道风速大于1m/s的时间约为82s，平均风速约为2.04m/s，风量约为4000m³。

中街方向由于两个方向列车进站时间相近，因此活塞风受影响较大，在C口工况Ⅱ的测试中，受两个方向列车同时出站的影响，最大风速达到了3.55m/s。而在A口工况Ⅱ的测试中，在15:58:00附近由于一列车进站同时另一列车出站，两者左右互相抵消，最大风速仅为1.2m/s左右。

但是比较工况Ⅰ和工况Ⅱ，B口由于没有热风幕等的遮挡，温度明显小于其他两个出口。而C口的空气温度在热风幕关闭后出现了2℃左右的下降。需要说明的是A口在热风幕开关前后变化不是很大，分析原因发现A口出口处的玻璃损坏，因此室外空气通过损坏的玻璃进出，热风幕的作用变得不明显。另外，中街站的站内空气温度在10℃左右，较太原街站低约3℃，因此出入站口受活塞风影响的空气温度变化也比较不明显。

7. 中街站出入口壁面温度

本测试中使用红外线测温仪测量了中街站各个出入口内的壁面温度，测试结果见表12-67所列。

中街站出入口壁面温度测试结果　　　　　表12-67

A口	测试时间：2011年1月22日14:17	
进站口内侧	地面	-0.6℃
	金属梁	-1.6℃
	玻璃	-2.0℃
楼梯下平台	墙面	7.0℃
	顶	12.4℃
	地面	9.4℃
B口	测试时间：2011年1月22日14:22	
进站口内侧	地面	-1.0℃
	金属梁	-3.4℃
	玻璃	-3.2℃
楼梯下平台	墙面	-1.6℃
	顶	-0.4℃
	地面	-0.2℃

续表

C口		测试时间：2011年1月22日14：31
进站口内侧	地面	0.2℃
	金属梁	4.6℃
	玻璃	2.8℃
		测试时间：2011年1月22日14：41
当地室外气象条件	温度	-5.4℃
	湿度	40%

对以上结果进行分析，C口由于有太阳直射，因此壁面温度较其他口高一些。在几个出入口内的壁面温度测试过程中，温度在5~8℃之间，湿度在30%~40%。当温度为8℃、湿度为40%时，露点温度约为-4.36℃，略低于所测得的壁面温度。但是傍晚随着温度下降，出入口壁面温度可能进一步降低，结露的风险加大。当温度为10℃、相对湿度为40%时，会发生结露现象。这一现象基本上会出现在车站出入口的玻璃和金属结构上。

8. 中街站站内活塞风对站台空气温度变化的影响

为了测试活塞风对站台的影响，根据中街站的现场测试条件，在中街站站台层空间选取了3个垂直于轨道的测试断面，用以代表站台沿列车行驶方向的进站端、中部、出站端三个区域。测试中，定义列车车头驶过进站端屏蔽门起点的时刻为进站时刻，列车关门后开始启动的时刻为出站时刻。每个测点位置、每个工况都测量了若干趟地铁列车进出站时的风速和空气温度变化情况，然后去除双向列车进出站相互影响的数据，选取了具有代表性的典型进出站过程列举在图12-83~图12-91中，每个典型过程为8min左右。测试结果如下：

（1）站台进站端（断面1）测试结果如图12-83~图12-85所示。

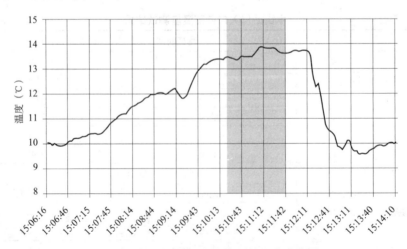

图12-83 进站端断面1空气平均温度变化图

注：测试工况为黎明广场方向15：10：24进站，15：11：44出站。

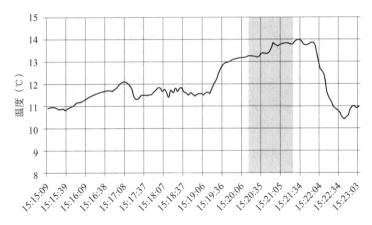

图 12-84　进站端断面 1 空气平均温度变化图

注：测试工况为黎明广场方向 15：20：17 进站，15：21：23 出站。

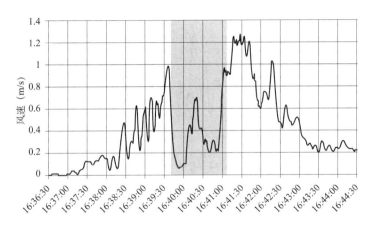

图 12-85　进站端断面 1 风速变化图

注：测试工况为黎明广场方向 16：39：40 进站，16：41：06 出站。

（2）站台中部（断面 2）测试结果如图 12-86～图 12-88 所示。

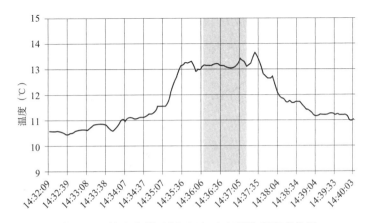

图 12-86　站台中部（断面 2）空气平均温度变化图

注：测试工况为黎明广场方向 14：36：07 进站，14：37：17 出站。

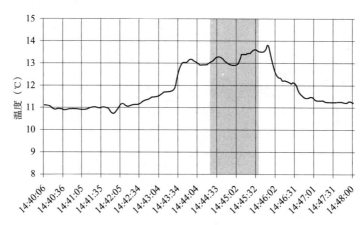

图 12-87 站台中部（断面 2）空气平均温度变化图

注：测试工况为黎明广场方向 14：44：20 进站，14：45：38 出站。

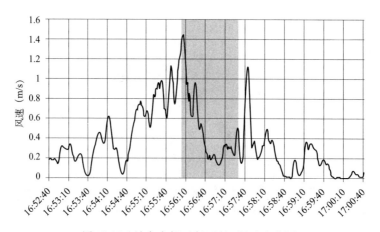

图 12-88 站台中部（断面 2）风速变化图

注：测试工况为黎明广场方向 16：56：04 进站，16：57：28 出站。

（3）站台出站端（断面 3）测试结果如图 12-89～图 12-91 所示。

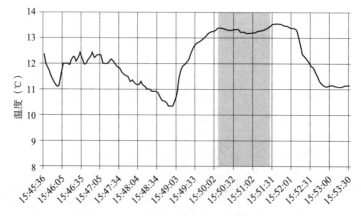

图 12-89 站台出站端（断面 3）空气平均温度变化图

注：测试工况为十三号街方向 15：50：06 进站，15：51：30 出站。

12.4 严寒地区通风系统

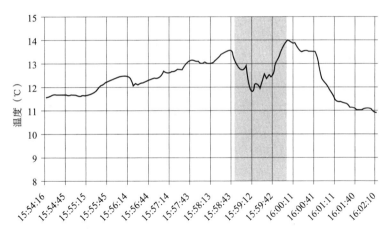

图 12-90 站台出站端（断面 3）空气平均温度变化图

注：测试工况为十三号街方向 15:58:45 进站，16:00:02 出站。

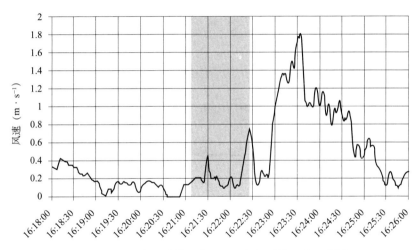

图 12-91 站台出站端（断面 3）空气平均温度变化图

注：测试工况为十三号街方向 16:21:10 进站，16:22:27 出站。

（4）断面空气温度分布见表 12-68～表 12-70 所列。

站台进站端（断面 1）空气温度分布（℃）　　　　表 12-68

站台进站端	与安全门距离 高度	2.4m	1.8m	1.2m	0.6m	
列车进站前 180s	1.4m	10.9	10.6	11.0	10.9	安全门
参考风速：0.01m/s	0.8m	9.8	9.4	10.3	10.2	
站台进站端	与安全门距离 高度	2.4m	1.8m	1.2m	0.6m	
列车进站前 40s	1.4m	13.0	13.0	13.1	13.0	安全门
参考风速：0.88m/s	0.8m	12.8	13.0	12.9	12.9	

495

续表

站台进站端	与安全门距离 高度	2.4m	1.8m	1.2m	0.6m	安全门
列车出站前20s	1.4m	14.0	14.0	13.8	13.8	
参考风速：0.18m/s	0.8m	13.6	14.0	13.6	13.7	
站台进站端	与安全门距离 高度	2.4m	1.8m	1.2m	0.6m	安全门
列车出站后60s	1.4m	10.7	10.6	10.9	10.6	
参考风速：1.03m/s	0.8m	9.9	9.8	10.6	10.2	

站台中部（断面2）空气温度分布（℃） 表12-69

站台中部	与安全门距离 高度	2.4m	1.8m	1.2m	0.6m	安全门
列车进站前180s	1.4m	10.9	10.7	10.9	10.8	
参考风速：0.30m/s	0.8m	10.4	10.2	10.5	10.6	
站台中部	与安全门距离 高度	2.4m	1.8m	1.2m	0.6m	安全门
列车进站前40s	1.4m	12.7	12.8	12.7	12.9	
参考风速：0.80m/s	0.8m	12.6	12.7	12.5	12.7	
站台中部	与安全门距离 高度	2.4m	1.8m	1.2m	0.6m	安全门
列车出站前10s	1.4m	13.4	13.8	13.7	13.4	
参考风速：0.20m/s	0.8m	13.1	13.5	13.1	13.3	
站台中部	与安全门距离 高度	2.4m	1.8m	1.2m	0.6m	安全门
列车出站后20s	1.4m	12.7	12.3	12.1	11.9	
参考风速：1.03m/s	0.8m	11.7	11.7	11.7	11.7	

站台出站端（断面3）空气温度分布（℃） 表12-70

站台出站端	与安全门距离 高度	2.4m	1.8m	1.2m	0.6m	安全门
列车进站前120s	1.4m	12.4	12.4	12.6	12.7	
参考风速：0.04m/s	0.8m	12.1	12.0	12.2	12.3	
站台出站端	与安全门距离 高度	2.4m	1.8m	1.2m	0.6m	安全门
列车进站前40s	1.4m	13.3	13.2	13.2	13.1	
参考风速：0.07m/s	0.8m	13.1	13.3	13.0	13.0	

续表

站台出站端	与安全门距离 高度	2.4m	1.8m	1.2m	0.6m	
列车出站前 20s	1.4m	12.7	12.7	12.7	12.3	安全门
参考风速：0.16m/s	0.8m	12.3	12.2	12.0	12.2	
站台出站端	与安全门距离 高度	2.4m	1.8m	1.2m	0.6m	
列车出站后 40s	1.4m	12.2	11.8	12.2	11.2	安全门
参考风速：1.30m/s	0.8m	10.7	10.9	11.6	11.3	

（5）数据分析

从断面空气温度的分布情况来看，在列车进出站时活塞风的风速较大，形成紊流。此时断面各点空气温度基本一致。在没有列车经过，以及列车进站停止后，风速较小。此时断面较高位置的空气温度比低处的空气温度略高一些。

从断面空气平均温度和风速随时间的变化情况看。地铁列车进站前约90s活塞风的影响开始显现，列车出站后约30s活塞风开始增大。其中进站端受活塞风影响时间较长，而且空气温度变化比较明显。列车进站时，升温速度较慢，但是变化时间长一些。列车出站时，受活塞风影响空气温度下降较快。最大风速比车站出入口低，约为1.2m/s左右。站台中部在列车进站时空气升温较快，出站时空气温度下降也较快。最大风速约为1.2m/s左右。站台出站端受进站活塞风影响很小，推断是由于出站端较远，活塞风通过站厅排出去一部分。因此，出站端主要受列车出站时的活塞风影响，最大风速约为1.6m/s左右，空气温度下降快，且受影响时间较长。

9. CO/CO_2 浓度

（1）太原街站 CO/CO_2 浓度测试结果见表 12-71 所列。

太原街站 CO/CO_2 浓度测试结果 表 12-71

测点编号	测点位置	CO（$\times 10^{-6}$）	CO_2（$\times 10^{-6}$）	温度（℃）	湿度（%）
E1	A 口入口	1.0	428	4.5	26%
E2	A 口站厅侧	1.7	474	5.6	40%
E3	B 口入口	1.5	653	10.8	40%
E4	B 口中部	1.5	578	11.2	33%
E5	B 口站厅侧	0.8	640	13.6	41%
E6	站厅东部	0.5	557	12.1	54%
E7	站厅中部	0.5	563	12.9	48%
E8	站厅西部	0.5	630	13.3	43%
E9	站台东部	1.1	630	14.6	36%
E10	站台中部	1.4	545	14.5	37%
E11	站台西部	1.2	569	14.4	36%
E12	列车内部	1.5	699	14.9	40%

(2) 中街站 CO/CO_2 浓度测试结果见表 12-12 所列。

中街站 CO/CO_2 浓度测试结果　　　　表 12-72

测点编号	测点位置	CO（$\times 10^{-6}$）	CO_2（$\times 10^{-6}$）	温度（℃）	湿度（%）
E13	A 口入口	1.2	347	2.7	14%
E14	A 口中部	1.6	391	7.9	17%
E15	站厅东部	1.6	660	9.7	31%
E16	站厅中部	1.8	681	9.8	32%
E17	站厅西部	1.6	658	10.4	31%
E18	站台东部	1.6	625	11.0	37%
E19	站台中部	1.3	681	10.8	34%
E20	站台西部	1.6	636	11.7	41%

(3) 数据分析

根据以上测试结果，车站及车厢内 CO/CO_2 浓度都在 1000×10^{-6} 以内，符合一般公共场所的空气品质要求。中街站的站内空气温度在 10℃ 左右，较太原街站低约 3℃。

10. 简单调研结果

经过简单调研，车站内乘客和工作人员对车站内热环境及空气品质表示基本满意。

普遍反映，中街站较太原街站的空气温度低一些，已经由实测数据证明。同时，站内空气温度为 13℃ 左右，相对室外温暖一些，但不至于温差太大，同时站内风速并不高，因此大部分站内乘客和工作人员表示对热环境满意。

在活塞风的通风作用下，车站内的空气品质可以满足要求，因此站内乘客和工作人员对空气品质也表示满意。

12.4.6　总结

通过本次测试，取得了沈阳地铁 1 号线冬季列车运行时，地下车站公共区以及区间隧道的热环境情况的相关详细数据。

主要结论如下：

(1) 沈阳地铁 1 号线的区间隧道内的空气温度主要受列车运行情况影响。出入段线区间隧道内的空气温度同时也受到室外空气温度的影响，内部空气温度较低。

(2) 车站出入口的空气温度受活塞风影响较大，热风幕和塑料门帘具有一定的作用。

(3) 车站站台站厅内的空气温度主要受室外气象条件、列车运行情况及客流情况的影响。总体看，站台站厅内热环境基本满足乘客的要求，空气品质较好。

通过测试数据，可以对沈阳地铁 1 号线冬季热环境情况进行总体了解，对严寒地区通风系统的实际效果进行检验，也为以后的严寒地区的城市轨道交通通风系统的设计提供了实验数据支持。测试及分析表明，城市轨道交通严寒地区通风系统具有很好的实际应用效果。

第13章 城市轨道交通通风空调技术发展展望

13.1 中国的城市轨道交通存在巨大的需求

城市轨道交通的诞生和发展已有150年左右的历史，目前世界上著名的大都市如东京、纽约、伦敦、巴黎、新加坡和香港等都已经基本建成了以城市轨道交通为骨干的现代城市交通体系。城市轨道交通所承担的客运量已占到这些城市总客运量的50%以上。

新中国成立60多年来，我国的城市轨道交通从无到有，从单一线路到网络化的四通八达，实现了跨越式发展。由于经济实力和技术水平的限制，相对于世界发达国家而言，中国的城市轨道交通建设起步比较晚。第一条投入运营的城市轨道交通线路是1969年建成通车的北京地铁一期工程，其线路长度总计为23.6km。进入21世纪以来，城市轨道交通在优化城市空间结构、缓解城市交通拥挤、保护环境等方面均显示出积极的促进作用，已日益成为中国走新型城镇化道路的重要战略举措。伴随着中国城市化进程的加快，城市交通需求剧增，城市轨道交通也进入了高速发展时期。

目前中国已经成为世界上城市轨道交通发展最快的国家。在2008年的世界地铁排行榜（按地铁运营里程排名）上中国就已经位列第三位，仅在美国和日本之后。到2013年，上海地铁以420km的运营里程数，北京地铁以442km的运营里程数已经稳居在世界城市轨道交通运营里程的前列。

早在2009年5月底，上海市轨道交通线路日均客运量就已经为341万人次，承担了24%的公共交通客流量。而据北京市交通委的统计，目前北京市轨道运营线路日均运营人次也已承担了超过20%的公共交通客运量。

在城市人口和经济快速增长以及公共政策措施的强力推动下，中国城市轨道交通正在进入一个快速发展的新阶段。可以预见，城市的人口规模将持续增长，随着生活水平的提高，城市居民对交通出行的质量（速度、灵活性、舒适性和安全性）将有更高的要求。

目前，世界上发达国家的城市大多拥有比较成熟与完整的城市轨道交通系统，并且其城市轨道交通所承担的客运量占城市公交运量的比重已经达50%以上，有的甚至高达80%。例如，拥有1000万人口的巴黎，城市轨道交通承担了70%的公共交通量；而人口为700万人的伦敦，早已实现了公共交通以城市轨道交通为主的目标；莫斯科和香港的城市轨道交通也分别承担了55%的城市客运量；日本的东京，城市轨道交通占公共交通量的80%以上。这些城市的道路交通只起辅助作用，主要用于向城市轨道交通系统集散客流。可见，城市轨道交通在国外大城市的公共交通中发挥着重要作用。而在中国，城市轨道交通最发达的两座城市——北京、上海，城市轨道交通分别承担了24%、19.24%的公共交通客流量，还远远低于世界发达国家水平，还具有很大的发展空间。

城市轨道交通对于城市而言，还可以起到引导交通需求、缓解道路拥堵、节能减排、改变城市面貌的作用，并成为城市远景集约化、可持续发展的一个重要支柱。因而，国内很多相关的研究结论都认为城市轨道交通将会成为中国未来投资热点并成为带动城市经济稳定增长的新的增长点，其建设需求将会维持一个相当长的阶段，还存在巨大的发展需求。

13.2 城市轨道交通建设快速发展为城市轨道交通通风空调技术创新和应用提出了迫切的需求

城市轨道交通由于其自身独有的特点，使得其建设和运营过程中都面临着巨大的挑战。

首要的一点是资金不足，众所周知，城市轨道交通经常被称为"天价工程"，其建设投资巨大，目前，通常建设1km的地下线路需要投资近5亿~6亿元人民币，高架方式需要投资约3.5亿元人民币。城市轨道交通要实现降低建设初投资的目的，实现可持续的发展，就不可避免需要从解决最主要的问题入手，研究合理的解决办法，寻找切实可行的解决途径。

通风空调系统作为城市轨道交通工程上不可或缺的组成部分，虽然其系统设备自身的初投资在城市轨道交通总投资中所占的份额不是很高，但由于通风空调系统设备和管线的设置以及安装占据了巨大的面积和空间，基本上是城市轨道交通名列首位的占地大户，可以说是对城市轨道交通建设的土建投资的贡献远远超过了其他的设备系统。

因此，如何在保持完善的城市轨道交通通风空调系统功能的前提下，实现消减其占用的土建面积和空间规模，就是摆在城市轨道交通建设面前迫切需要解决的重要课题之一，要破解这个课题，依靠原有的技术手段只能是修修改改，小打小闹，不可能取得较大的成效，需要切实实现城市轨道交通通风空调技术上的突破和创新。城市轨道交通通风空调多功能设备集成系统、暗挖车站新型通风空调系统等新技术的出现就是一种有益的探索和实践。

城市轨道通风空调多功能设备集成系统等新技术结合工程实际，对城市轨道交通通风空调系统的功能、系统构成以及运营模式等都进行了详细研究；对系统方案进行了计算机模拟和实测研究，对方案效果进行了验证；从技术性、经济性、安全性以及运营成本等方面与城市轨道交通通风空调传统系统技术进行了综合比较分析。

工程实践表明，城市轨道交通多功能设备集成系统等新技术在确保城市轨道交通通风空调系统的全部功能的前提下，基本上实现了减少通风空调系统机房占用的土建面积和空间，降低地下车站规模，减少土建造价的目的。

其次，由于城市轨道交通投入运营后，运营成本居高不下。其中最大的成本来源于各个系统运行中的能源消耗费用。由于运量大，城市轨道交通总的耗电量非常巨大。据测算，2008年北京市轨道交通线网规划用电为6.5亿kW·h，约占北京市用电总量的1%；到2015年，北京市轨道交通线网规划用电为13.9亿kW·h，约占北京市用电总量的1.2%，年耗电量增幅平均达12%。而即便是现有的城市轨道交通在节约能耗方面仍存在巨大的潜力。

通风空调系统在城市轨道交通中依然扮演着能源消耗大户的角色。根据城市轨道交通所在城市的气候条件的不同，通风空调系统基本上是消耗了城市轨道交通电力资源总量的约30%~50%，由此可以看出，城市轨道交通通风空调系统运行能耗的降低，对于城市轨道交通的运营成本节约来说意义重大。

城市轨道交通可调通风型站台门式通风空调系统等新技术就是出于充分利用外界自然条件等方面的考虑，并与城市轨道交通运营特点相适应而研发的，这些新的系统技术，可以实现较大幅度降低城市轨道交通通风空调系统运行能耗，节约运行费用的目的。

根据我国不同地区的气候特征，通过分别对夏热冬冷地区、寒冷地区、严寒地区的新型节能通风空调系统方案进行的分析和研究（包括不同地区的通风空调系统的组成、功能分析、能耗比较等），证明可调通风型站台门式通风空调系统可以满足上述地区的城市轨道交通的设计要求，而且比传统的通风空调系统更加节能，更加有利于降低城市轨道交通的运营能耗，满足节约型社会的发展要求。

在合肥地区（夏热冬冷地区），可调通风型站台门式通风空调系统比屏蔽门式通风空调系统可节约运行费用14%左右；在北京地区（寒冷地区），可调通风型站台门式通风空调系统相比传统的闭式通风空调系统可节约运行费用21%左右。在寒冷地区和夏热冬冷地区，可调通风型站台门式通风空调系统的节能优势明显，过渡季节越长，节能优势就越为突出。

通过对可调通风型站台门式通风空调系统的气流及热环境进行的模拟分析，表明可调通风型站台门式通风空调系统能够满足设计规范的各项要求，温度场和速度场能够满足设计要求和人员的热舒适性，亦能证明分析得出的节能效果的结论。

各方面的分析和实践都表明，城市轨道交通通风空调技术的创新确实能够作为可供采取的重要手段之一，用以破解城市轨道交通可持续发展过程中遇到的巨大难题，应该作为一项重要的举措，持之以恒地坚持下去。

13.3 城市轨道交通通风空调系统的发展趋势

随着城市轨道交通建设规模的日益壮大，建设速度的加快和技术水平的不断提高，通风空调系统技术也将取得越来越快的发展进步，从国家工程建设、城市发展和人员需要等多方面的需求上分析，其未来发展趋势将主要是围绕着"安全健康、经济节能、环保美观"这三个大的方面。

13.3.1 安全健康

通风空调系统担负着城市轨道交通内部整体的空气环境控制的重任，事关乘客和工作人员的健康与安全，在系统设置和设备配置上一定要以此为最基本的出发点，以往工程上采用的系统形式也都是以此为前提的，但随着工程建设的加快，越来越多的实际状况涌现出来，例如城市地下长大隧道、山岭隧道、过江（河、海）隧道等不断出现，山岭隧道经常伴随着大埋深情况，过江（河、海）隧道经常具有较大长度，因此在区间隧道中部设置中间风亭的代价将极其巨大，甚至技术上不可实施，长大隧道由于结构施工的要求，其结构形式多种多样，区间隧道通风和排烟仅依赖已有的技术措施已不能完全满足要求或者技术经济合理性很差，这些都导致传统的通风空调系统的设置和运行模式已经无法适应当前工程实际的需要。中庭式车站、双洞或三洞式全暗挖地下车站等多种新型建筑和结构形式车站目前也屡见不鲜，通风空调系统必须根据实际需要进行发展，实现既满足人员健康要求又保证安全的目标。

在实际工程建设的地质勘查过程中，也不断发现在地下遇到气压较高的有害气体的情况。当城市轨道交通线路穿越储气层时，在设计、施工和未来运营过程中，一定要将有害气体对工程的危害以及对工程后期运营带来的不利影响细致考虑，这也是通风空调系统面临的新的问题，如果没有合理可靠的技术手段，将切实影响到人员的健康尤其是安全。华东地区的一些城市轨道交通线路的建设中就已经遇到了类似的难题，需要予以妥善解决。这也要求通风空调系统适应新情况，发展新技术，解决新问题。

随着列车运行速度的提高，区间隧道内的空气压力也随之发生变化，国内已经有若干条城市轨道交通线路列车最高运行时速达到了120km/h，有些线路还在研究140km/h或者更高的列车最高运行时速，空气压力的波动对人员的舒适度会造成较大影响，情况严重时甚至会危及健康，针对这种情况，需要多个专业共同解决，通风空调系统无疑是其中重要的一环，需要针对空气压力的变化，结合人员的健康需求，提出合理有效的控制标准，并会同有关专业共同采取稳妥有效的技术措施来加以解决。

城市轨道交通的地下部分相对较为闭塞，随着人们健康意识的提高，对地下空间的空气环境也将提出越来越高的要求，如人员新风量要求、内部环境空气温度随季节和室外气候变化的要求等，另外对于空气品质的要求也不断提高，这些都需要对通风空调专业的不断研究、不断发展来逐项加以解决，对此类问题新版《地铁设计规范》中已经提出了一些条款的要求，如区间隧道内人员的新风量标准等，但现在还只是处于起步阶段，还需要进行大量的工程实践新探索。另外，针对地下线路含尘量大，列车运行中轮轨摩擦以及刹车过程中刹车片和轨道与车轮摩擦等产生大量的粉尘，以及日常对在地下车站中应用的过滤器的清理难度较大等实际状况，需要研究相应的自动或半自动清洗装置，对过滤器或其他设施进行清洗，更好地保证空气品质，为城市轨道交通提供更加健康的内部空气环境。

13.3.2 经济节能

传统的城市轨道交通通风空调系统存在两大突出的特点，一是占用的土建面积和空间巨大，一般来说地下车站设备及管理用房的一半面积都被通风空调机房占用；二是系统运行能耗极高，对南方城市而言约50%的运营能耗为通风空调系统耗能，对于北方城市来讲，通风空调系统的能耗也达到运行总能耗的近1/3。

如何更加合理有效的解决这两大难题，是城市轨道交通通风空调系统要高度给予重视和研究的方向之一。目前出现的城市轨道交通通风空调多功能设备集成系统等就是在这方面作出的有意尝试，但这些与工程建设的需要，尤其是国家节能减排的国策要求还有不小的差距，还需要继续努力，继续探索，要从通风空调系统的精确计算、系统制式的选择、系统设备的配置、系统控制、系统运行模式以及新设备的研发与应用等多个角度开展大量的工作，并实现自身的长足发展。

从城市轨道交通通风空调系统制式的选择上看，合理的系统方式设置对于节省所占用的土建空间以及运营节能都至关重要，应当结合气候条件、运力因素、土建结构类型、地质情况、建设标准和经济实力等多方面的因素进行综合的技术经济比较，发展和采用合理的系统制式。"可调通风型站台门式通风空调系统"就是一项意义重大的创新和探索。这项技术开创性地提出了可调通风型站台门的理念,研制了相应的产品,同时提出了基于可调通风型站台门适用于不同气候条件的新型通风空调系统形式,能够很好地满足城市轨道交通各种正常及事故工况下通风空调系统的全部功能需求,并且节能效果显著;此外,还可以有效解决严寒地区的城市轨道交通地下车站冬季站内空气温度偏低的技术难题。

在城市轨道交通通风空调系统方式和系统构成方案确定后,系统设备的选用及配置就成为重要的环节,在工程建设中,考虑到不同运营时期,客流量和热负荷的不同,通风空调系统应采用不同的设备配置标准以适应负荷的变化,可以达到极大的运行节能效果,因此,应该大力提倡设备的科学分期安装实施,即使会带来建设管理上的事务增加,也要推行此措施。另外应从建设和运营管理以及投资体制方面综合研究适当的对策和政策。

上述几方面涉及的都是系统结构型式的变化,是设备资源和系统设置理念方面的调整,在系统控制模式的发展上,也应给予高度重视,这是系统能否实现高效节能运行的关键。目前在这个方面也出现了一些可喜的情况,例如在南京地铁1号线的BAS系统的设置中,首次为其通风空调系统设计了高度智能化的方案,并应用地下车站空气温度的全年控制标准取代目前的夏季空气温度标准和冬季空气温度下限,从而尝试着解决通风空调系统在非最热季的优化控制问题,以实现通风空调系统的运行节能。

科学合理地确定城市轨道交通通风空调系统的运行模式对于实现其系统节能具有至关重要的作用,城市轨道交通通风空调系统的运行应根据季节变化、客流变动、运营时间和各地的气候特点,本着充分利用外界自然条件,有效适应内部负荷变化规律的原则予以合理设定,这样才能有效节省运营能耗。在运行模式方面应当结合工程实际,投入精力进行充分的研究。

13.3.3 环保美观

城市轨道交通是城市交通的主动脉,对城市具有多方位的影响,城市轨道交通通风空调系统也需要对此高度关注。

从城市景观角度考虑,突出地面的风亭和设置在地面的冷却塔、风冷机组等设施与设备无疑会对城市环境造成影响。在一些敏感区域和道路、建筑物布局紧张地段,以及居民集中地区,这些矛盾极为突出。这就需要在风亭位置的选择、风亭尺寸的选用、风亭建筑形式等方面多加研究。对于通风空调系统而言,也应进行创新性研究,以利于此类问题的解决。蒸发冷凝式通风空调系统就是其中的一项实际举措,这项技术采用蒸发冷凝式冷水机组取代了传统意义上的冷却塔装置,并设置在地下,大大地缓解了对地面景观的影响,并充分利用水的汽化潜热将热量进行散发,实现了制冷效率的提高,非常有利于节能。

城市轨道交通通风空调系统对城市环境的噪声与振动影响也不容忽视。城市轨道交通线路可能穿越城市不同环境要求的区段,这就要求其对周边的环境噪声与振动影响满足环保的要求,从这个意义上分析,城市轨道交通通风空调设备需要努力实现低噪声、低振动和低能耗。

总之,城市轨道交通通风空调系统技术需要总结国内外城市轨道交通通风空调系统的实际应用经验,结合新的理念,采用新的技术,改造和提升传统系统方式,加快系统技术的更新和促进技术进步,并且,应更加充分地结合工程建设的具体情况,探索在技术上和运行上解决所存在的诸多不足,实现通风空调技术在城市轨道交通领域的科学的、理性的探索和符合工程实际、满足国家需要的高水平持续发展。

13.4 城市轨道交通通风空调创新技术的应用应遵循全面分析、统筹考虑的原则

13.4.1 城市轨道交通通风空调创新技术应因地制宜地加以应用

城市轨道交通的建设与运营不是千篇一律的，它是根据不同的地区、不同的地质条件、不同的建造形式、不同的城市客流以及不同的城市发展形态等多方因素而进行的有针对性的抉择，在符合基本规律的基础上，各个城市的轨道交通又具有各自不同的特点。城市轨道交通通风空调创新技术的出现首要的前提应该是解决城市轨道交通存在的实际问题，任何一项创新技术都不具备普遍的适用性，应结合所进行建设的城市轨道交通工程的不同情况、所在城市的不同气候特点等因素做到因地制宜地加以应用。

当地下车站不设置屏蔽门时，城市轨道交通多功能设备集成系统的应用可以实现节省土建造价，节省运行能耗的作用，但当城市轨道交通位于夏季炎热，而且炎热气候持续时间较长的地区时，地下车站一般设置屏蔽门，城市轨道交通多功能设备集成系统虽然仍是新的系统技术，但其将不具有很好的工程适应性，应将目光转向其他的技术措施，不能盲目地照抄照搬。

同样，采用暗挖工法施工的地下车站，如不加分析地沿用明挖工法或者盖挖工法施工的地下车站的通风空调系统形式，也会造成工程建设和系统运营上的浪费，有些情况下甚至会加大工程的建设风险。

13.4.2 城市轨道交通通风空调创新技术应进行综合应用

城市轨道交通的建设与运营即便在同一个城市、同一条线路上，也往往是存在着各种不同的实际情况的。城市轨道交通通风空调系统应根据所面临的不同需求，综合考虑，将各项创新技术综合地应用于工程项目上，而不只是简单地单独地采用某一项技术。

举例而言，在城市轨道交通的同一条线路上存在着沿线环境条件的不同，在经过繁华地段，线路周边建筑物密集，风亭出地面的空间寻找都非常困难时，完全可以采用蒸发冷凝式通风空调系统，消除需要在地面设置冷却塔所带来的环境和景观影响。而在其他地段，如条件允许，则同时可以进行区间隧道自然通风和排烟技术的应用。这些创新技术手段和措施相互之间不是互为排斥的关系，在城市轨道交通的同一项实际工程上，通风空调创新技术的应用，也不应简单僵化的只是固着于某项单一的新技术，而是可以根据实际情况，将多种创新技术协调配合地加以采用，以达到工程上的技术经济的最优结果。

13.4.3 城市轨道交通通风空调应做到新系统技术与新产品研发并举

城市轨道交通通风空调技术包括系统技术和产品技术两大类型，二者相互提出需求，互为促进。

在工程实际中，有些情况下，新的产品会先期出现，细心的专业技术人员会敏锐地捕捉到其应用上的优势，并在对新产品提出改进需求的基础上予以实际应用，从而促进系统

技术的发展。城市轨道交通蒸发冷凝式通风空调系统就是这样一种情况。当工程建设中出现了周边用地紧张或者需要避免环境景观影响时，以往的做法只能是多方寻找安放冷却塔的位置，有时冷却塔的安置距离非常远，造成工程实施上的难度加大和整个通风空调系统效率的降低，在香港地铁和广州地铁中，曾经采用了设置集中冷冻站的方式解决这个问题；其他工程上有些还采用了冷却塔下沉式布置方式，将冷却塔安置在地面下，这些手段在当时是较稳妥的解决途径，但由此带来的不利因素现在看来是显而易见的。蒸发冷凝式空调产品的出现，就使得解决此类问题有了新的思路。

同样，在实际工程上，可能首先出现新的系统技术，并要求研发新的产品对其提供支撑。城市轨道交通通风空调多功能设备集成系统就是此类情况的典型代表。当北京市轨道交通建设速度加快，为实现可持续发展，迫切需要降低土建规模、减少运行能耗时，通风空调系统首先研发出了新的系统技术方案，但随之而来的问题是，其中的关键系统构成设备——可电动开启式表冷器在当时还完全是一个崭新的东西，在国内外都没有这种产品的先例，而如果没有它的加盟，新的集成系统技术将只是空中楼阁，只能停留在美好的构想上。正是由于通风空调系统技术创新提出的需求，导致了新产品——可电动开启式表冷器的研发与应用，二者共同为城市轨道交通的内部空气环境提供了新的技术保证手段，也为城市轨道交通建设资金的降低和运营费用的节省作出了巨大贡献。

由此可见，城市轨道交通通风空调系统在进行新的技术研发与应用时，应对系统技术与产品技术这两方面的创新与探索都同时加以关注，不能失之偏颇，应寻求有效的互为促进的创新方式和做法，取得相辅相成的创新实效。

附 图

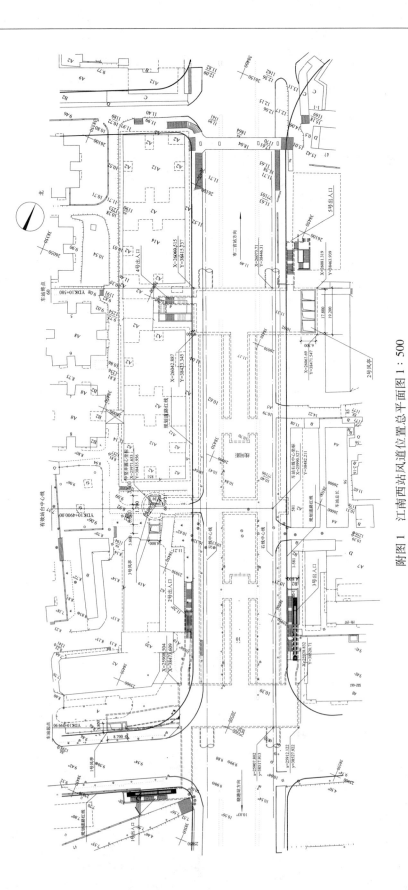

附图1 江南西站风道位置总平面图 1:500

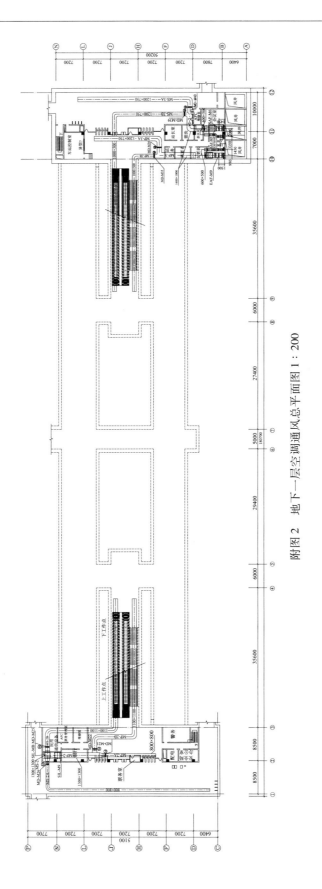

附图 2 地下一层空调通风总平面图 1:200

附 图

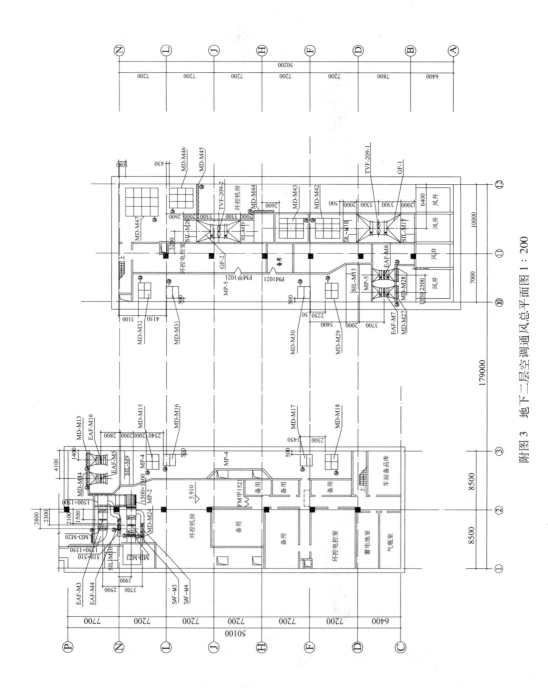

附图 3 地下二层空调通风总平面图 1：200

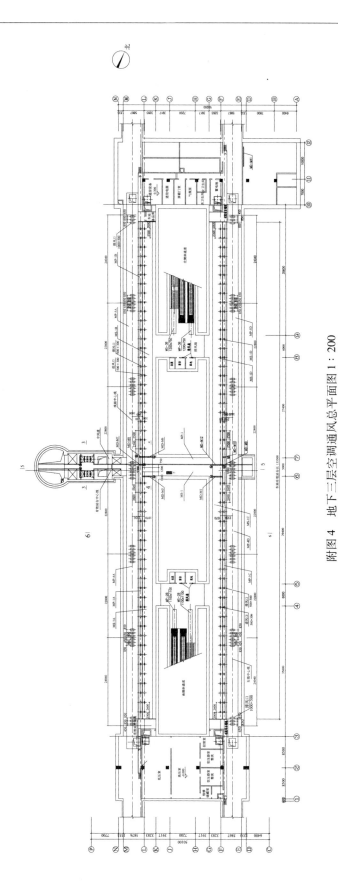

附图 4 地下三层空调通风总平面图 1：200

附 图

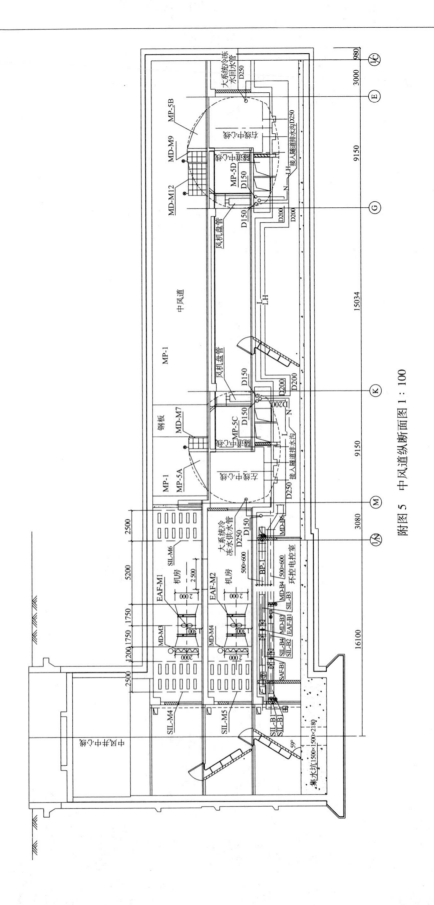

附图 5 中风道纵断面图 1:100

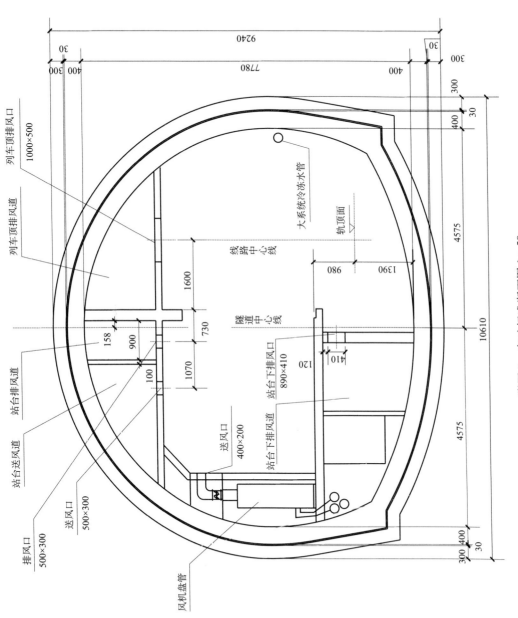

附图 6 车站标准断面图 1：50

附 图

图 例

序号	名 称	图 例 平面图	图 例 系统图	备 注
1	车站送风机 ZSF			兼区间通风机
2	车站回排风机 ZPF			兼区间通风机
3	区间通风机 SDF			设于区间中部
4	设备管理用房空调机组 K			
5	设备管理用房新风机组 XK			
6	设备管理用房回/排风机 H			
7	排烟风机 PY			
8	设备管理用房送风机 S			
9	设备管理用房排风机 P			
10	人防加压风机 RF			
11	风道大型空气过滤表冷段 BLQ			
12	片式消声器 XSQ			
13	管式消声器 XSQ			
14	电动组合风阀 DZ/DZS			
15	电动多叶风量调节阀 DT/DTS			
16	手动多叶风量调节阀			
17	防烟防火阀 70℃ FH			
18	排烟防火阀 280℃ PYFH			
19	电动防烟防火阀 70℃ DFH			
20	风止回阀			
21	送风口			
22	排风口			
23	常闭排烟口 DPYK			
24	新风管	—X—		
25	送风管	—S—		
26	排风管	—P—		
27	回风管	—H—		
28	冷水机组 LS			
29	冷冻水泵 LD			
30	冷冻水供水管	—L1—	—L1—	
31	冷冻水回水管	—L2—	—L2—	
32	膨胀管	—B—	—B—	

续表

序号	名　称	图例		备注
		平面图	系统图	
33	上水管	—— J ——	—— J ——	
34	蝶阀			
35	截止阀			
36	水止回阀			
37	水过滤器			
38	电动两通阀 TV			
39	电动三通阀 STV			
40	电动压差式旁通阀 Pdt			
41	自动流量平衡阀			
42	电磁阀			
43	安全阀			
44	集（分）水器 JSQ，FSQ			
45	定压补水装置 DY			
46	橡胶软接头			
47	电子水处理器			
48	补水箱 SX			
49	压力表			
50	温度表			
51	多联分体空调室内机 V	风管式 四面出风式 两面出风式 壁挂式		
52	多联分体空调室外机 V			
53	凝水管	—— n ——	—— n ——	
54	冷媒管	—— m ——	—— m ——	
55	金属软管			
56	水流开关			
57	电暖气			
58	电动蝶阀 FV			
59	排气扇 PQS			
60	分体空调	室外机 室内机		
61	风机盘管			
62	手动平衡阀			
63	余压阀			
64	防火风口			

参 考 文 献

[1] GB 50157—2013 地铁设计规范 [S]. 北京：中国计划出版社，2003.5.
[2] 王梦恕. 我国城市交通的发展方向 [J]. 铁道工程学报，2003，77（10）.
[3] Subway Environmental design handbook. Volume Ⅱ. Subway environmental simulation computer program (SES) part Ⅰ. Transit development corporation, October, 1975.
[4] Jurij Modic. Fire simulation in road tunnels [J]. Tunnelling and Underground Space Technology, 2003, 18（6）.
[5] Jojo S. M. Li, W. K. Chow. Numerical studies on performance evaluation of tunnel ventilation safety systems [J]. Tunnelling and Underground Space Technology, 2003, 18（5）.
[6] R. O. Carvel, A. N. Beard, P. W. Jowitt. The influence of longitudinal ventilation systems on fires in tunnels [J]. Tunnelling and Underground Space Technology, 2001, 16（1）.
[7] Ming-Tsun Ke, Tsung-Che Cheng, Wen-Por Wang. Numerical simulation fro optimizing the design of subway environmental control system [J]. Building and Environment, 2002, 37（8）.
[8] Zhang Lin, Feng Jiang, T. T. Chow, etc.. CFD analysis of ventilation effectiveness in a public transport interchange [J]. Building and Environment, 2006, 41（3）.
[9] Shih-Cheng Hu, Jen-Ho Lee. Influence of platform screen study on energy consumption of the environment control system of a mass rapid transit system: case study of the Taipei MRT system [J]. Energy Conversion and Management, 2004, 45（7）.
[10] Kazuhiro Fukuyo. Application of computational fluid dynamics and pedestrian-behavior simulations to the design of task-ambient air-conditioning systems of a subway station [J]. Energy, 2006, 31（7）.
[11] Wonhwa Hong, Samuel Kim. A study on the energy consumption unit of subway stations in Korea [J]. Building and Environment, 2004, 39（12）.
[12] 李国庆，张春生. 地铁中的屏蔽门创新 [J]. 都市快轨交通，2007，22（5）.
[13] 广州市地铁二号线试验段工程施工设计-江南西路站空调通风图. 北京城建设计院，1999.
[14] 李国庆. 地铁通风空调多功能设备集成系统 [J]. 暖通空调，2009，5.
[15] GB 50736—2012 民用建筑供暖通风与空气调节设计规范 [S]. 北京：中国计划出版社，2012.
[16] 沈阳地铁一号线一期工程通风空调系统设计. 北京城建设计研究总院有限责任公司，2005.
[17] 城市轨道交通新型节能环控系统综合技术研究报告，北京城建设计研究总院有限责任公司，2010，12.
[18] （美）帕坦卡. 张政译. 传热与流体流动的数值计算 [M]. 北京：科学出版社，1984.
[19] Barth T J, Jespersen D C. The design and application of upwind schemes on unstructured meshes [J]. AIAA Paper, 1989, 89:366-390.
[20] Barth T J. Numerical aspects of computing viscous high Reynolds number on unstructured meshe [J]. AIAA Paper, 1991, 91:721-740.
[21] 陶文铨. 数值传热学 [M]. 西安：西安交通大学出版社，2001.
[22] 重庆西部国际会展中心配套市政交通工程（会展中心~礼嘉段）蒸发冷凝通风空调方案专题报告. 北京城建设计研究总院有限责任公司，2010.